LE VOLEUR D'ÉTERNITÉ

DU MÊME AUTEUR

chez le même éditeur

LA LIONNE DU BOULEVARD, 1984
UN HOMME FATAL, 1987
L'ABSENT, 1991
FANNY STEVENSON, 1993
ARTEMISIA, 1998
LE SALON DES PETITES VERTUS, 2000

ALEXANDRA LAPIERRE

LE VOLEUR D'ÉTERNITÉ

La vie aventureuse de William Petty
érudit, esthète et brigand

ROBERT LAFFONT

© Éditions Robert Laffont, S.A., Paris, 2004
ISBN : 2-221-09172-8

« Knowledge is power. »
Francis Bacon, *Meditationes sacrae*

« Il ne fit jamais que ce qu'il voulait, et son cœur était pur. »
Karen Blixen, *La Ferme africaine*

Au lecteur

Sur les routes d'Angleterre, d'Italie, de Grèce et de Turquie, sur tous les théâtres de son impossible quête, j'ai poursuivi William Petty. Je l'ai traqué durant quatre ans, le cherchant à travers les siècles, au fond des déserts et des mosquées, des palais et des ruines.

Je ne l'ai jamais trouvé où je l'attendais. Il me rattrapait ailleurs. À des heures, en des lieux surprenants. Chacune de nos rencontres me confortait dans la même exigence : rendre justice à sa mémoire perdue. Porter témoignage de ses exploits. Et de sa liberté.

J'ai pensé le cerner en accumulant les preuves, les gages. J'ai écumé les bibliothèques, les archives, les comptes, les correspondances et les inventaires. J'y découvrais son empreinte. Des traits. Des ombres... À l'instant où je croyais le saisir, il s'échappait encore.

Pour l'arrêter dans sa course et fixer son visage, je l'ai pris à revers. En traître. Ultime ironie du personnage : je n'ai pu m'emparer de l'« insaisissable W.P » qu'en recourant aux ruses du metteur en scène.

Par le rêve et l'imaginaire, j'espère lui avoir restitué le destin que le temps et l'histoire lui ont volé.

Le lecteur peut toutefois considérer que les lieux, les dates et tous les faits en notre connaissance sont exactement rapportés dans ce livre. Il trouvera en fin de volume, si l'aventure l'amuse, les indices que William Petty a bien voulu nous laisser pour brosser son portrait.

A. L.

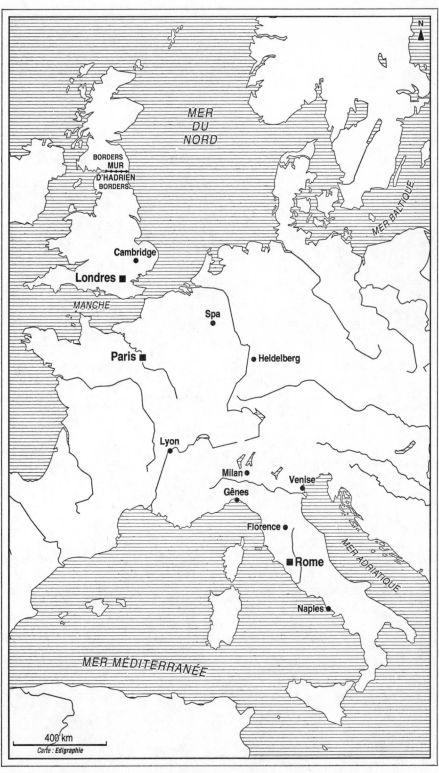

MER
DU
NORD

MER BALTIQUE

BORDERS
MUR
D'HADRIEN
BORDERS

Cambridge

Londres

MANCHE

Spa

Paris

Heidelberg

Lyon

Milan

Venise

Gênes

Florence

Rome

MER ADRIATIQUE

Naples

MER MÉDITERRANÉE

N

400 km

Carte : *Edigraphie*

Des Borders à Naples :
les voyages de William Petty vers les cabinets de peinture

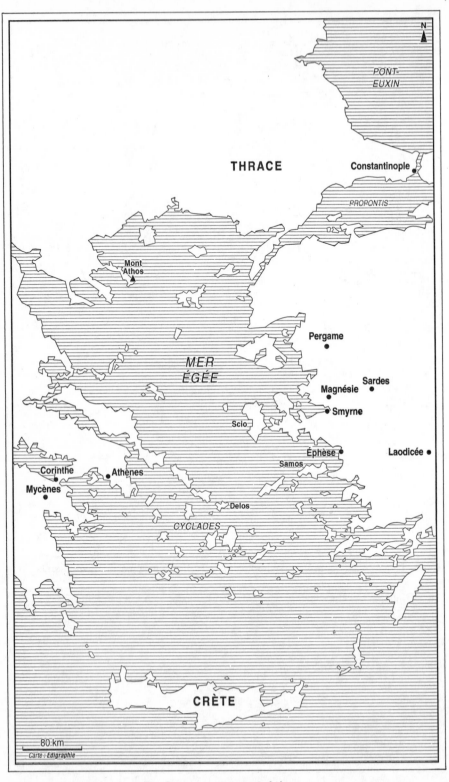

De Smyrne au mont Athos :
les voyages de William Petty sur les traces d'Homère

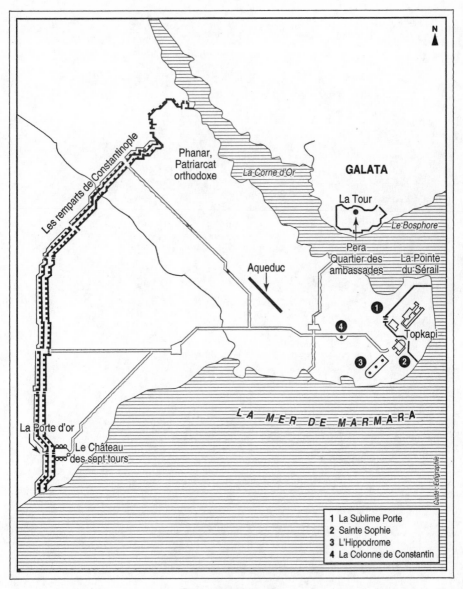

Constantinople
au temps de William Petty

Prologue

PORTRAIT
D'UN
GENTILHOMME INCONNU

Londres
Le quartier du Strand
Seconde moitié du XXᵉ siècle

En ce lundi de septembre 1972, l'équipe de l'entreprise en bâtiment chargée de la construction d'un hôtel de luxe non loin de Trafalgar Square se hâte de mettre en route ses pelleteuses. Le terrassement de la parcelle qui borde le musée de Somerset House, un vaste rectangle entre la Tamise et le Strand, doit être achevé dans la journée. Telle est, du moins, la consigne de la direction.

Dressé comme un rempart sur le fond gris du fleuve, l'asphalte se soulève par plaques. L'un des deux bulldozers achève de rompre la couche de bitume de l'ancienne plate-forme qui surplombe le quai. Le second avance lentement dans son sillage, déblayant la terre à grandes morsures.

Mais depuis quelques instants, les chenilles patinent, les mâchoires d'acier raclent le sol. Le conducteur se penche hors de la cabine. Il observe le trou devant lui et répète sa manœuvre. Les dents de la pelle mécanique se heurtent à un obstacle. La machine ne parvient ni à le saisir ni à le briser. L'ouvrier saute dans la boue, saisit une pioche et tente de dégager, en quelques coups, ce bloc de pierre qui semble particulièrement coriace. Impossible. Il s'incline vers le sol. Ce qu'il va découvrir ne manquera pas de l'étonner. Des serpents de marbre courent sous l'asphalte. Un visage de femme surgit de la terre.

Son chef de chantier se baisse à son tour sur ces yeux béants, sur cette bouche hurlant dans la glèbe : une tête de Gorgone. L'enlèvement d'un tel objet ne relève pas de leurs compétences.

Le chef de chantier appelle l'architecte des travaux. Ce dernier fait taire le vacarme des moteurs. Dans le brusque silence, six hommes essaient d'extraire la sculpture qui s'avère plus lourde que prévu. Le dégagement partiel révèle qu'il ne s'agit pas d'une tête seule, mais d'une frise comportant deux visages de femmes. L'ensemble mesure environ un mètre de long, sur soixante centimètres de haut. Peut-être un vestige de l'occupation de Londres par les légions de l'empereur Hadrien ?

Cette découverte n'est rien de moins qu'une catastrophe. Elle oblige l'architecte à décrocher son téléphone pour avertir les archéologues, un geste qui crucifie les bâtisseurs du monde entier. Les archéologues exigeront des sondages, s'assureront que les différentes couches du sous-sol ne seront pas détruites par l'aveugle brutalité des pelleteuses, bloqueront l'avancement des travaux jusqu'à ce qu'ils aient obtenu la garantie que la moindre trace du passé, squelette d'oiseau ou tesson, sera préservée. À Londres, comme à Paris ou à Rome, leur intervention demeure le cauchemar des promoteurs.

*

Quelques jours plus tard, les érudits de la London and Middlesex Archeological Society, spécialistes de la préhistoire, antiquisants ou médiévistes, quadrillent le petit périmètre qui s'étend entre la Tamise et le Strand, entre Somerset House et l'Embankment Tube Station.

Stupéfaits, ils constatent que la frise de Gorgones ne provient pas d'un temple de l'antique Londinium et qu'elle ne remonte pas à l'invasion de l'Angleterre par les légions de Rome. Le marbre aurait appartenu à l'un des plus beaux monuments romains de la Grèce. Il s'agirait d'une partie de l'entablement du Trajanéum de Pergame. Ou alors, disent certains, d'un fragment du temple de Didyme en Turquie. Quelle que soit la réponse, le mystère reste entier : pourquoi ces têtes de Gorgones, à ce jour inconnues, se trouvent-elles enfouies sous l'asphalte des rues de Londres ?

Les fouilles exhumeront bientôt six autres reliques, dont un autel décoré de têtes de taureaux en haut relief ; un pied de colosse chaussé d'une sandale ; un fragment de table telle qu'on les fabriquait à Délos au IVe siècle avant Jésus-Christ ; une inscription funéraire provenant d'un mausolée lycien. Quand, comment ces très anciens vestiges d'Asie Mineure se sont-ils échoués sur les bords de la Tamise ?

D'importants articles parus dans le *London Times*, le *Burlington Magazine*, la revue *Apollo* rappelleront qu'en 1962 et 1968 plusieurs fragments d'époque hellénistique avaient été découverts au nord de Londres, les uns encastrés dans le mur d'une petite maison de village, les autres dans les niches et les jardins d'une école. Dans les deux cas, il s'agissait de morceaux du fameux autel de Zeus à Pergame, en Turquie. Par quel hasard ces fragments achevaient-ils leur course dans des lieux si improbables ?

L'histoire de l'autel de Pergame, monument célèbre et bien documenté, ne présente aucun mystère. Démonté et transporté pierre à pierre par les Allemands au début du xxe siècle, l'autel se trouve aujourd'hui exposé à Berlin... Mais incomplet. Sur l'un des reliefs manquent, entre autres, les attributs du roi des dieux. La main et le foudre de Zeus : les fragments retrouvés en 1962 dans un mur de cottage anglais.

Mais quelle relation avec les sept marbres découverts dans le quartier du Strand en septembre 1972 ?

Le rapport de fouilles, que publie la London and Middlesex Archeological Society, propose des éléments de réponse. Il semble que la frise de Gorgones, exhumée par les constructeurs de l'hôtel, ait été arrachée très tôt d'Asie Mineure, et qu'elle se soit trouvée à Londres dès le début du xviie siècle. Elle inspira Inigo Jones, l'illustre architecte des Stuarts, qui la reproduisit en miniature sur une corniche de la chapelle royale au palais St James. Elle apparaît en outre dans une œuvre de la première période anglaise de Van Dyck, un tableau qui fut offert au duc de Buckingham par l'un de ses ennemis politiques, son rival parmi les amateurs d'art : le comte d'Arundel.

Or la demeure du comte d'Arundel s'élevait précisément ici, sur le Strand, et servait d'écrin à ses collections de peintures et d'antiques. Les sculptures comprenaient, aux dires des témoins, trente-sept statues, cent vingt-huit bustes, deux cent cinquante inscriptions et Dieu seul savait combien de frises, de stèles et de sarcophages.

Les historiens de la Society rappellent qu'en dépit de son prestige ce palais fut rasé en 1694 par les héritiers du comte qui espéraient se bâtir une résidence plus confortable et tirer profit du terrain en le lotissant.

Par chance, les tableaux, les manuscrits et certains marbres, parmi les plus précieux, avaient quitté le quartier avant cette démolition, tel le corpus d'inscriptions offert à l'université d'Oxford. Ce don, antérieur à la destruction de la maison, permit leur sauvegarde. D'autres objets, hérités précédemment par les membres de la famille ou cédés à des amateurs lors de ventes publiques, avaient eux aussi disparu du site d'Arundel House. Il ne s'agissait toutefois que d'une infime partie des sculptures.

Ce que révèlent les bulldozers du Strand, c'est que beaucoup d'autres pièces étaient restées sur place : les figures trop monumentales ou trop petites, les têtes trop abîmées, les effigies trop effacées. Ainsi la frise de Gorgones, le piédestal orné de têtes de taureaux, la table de Délos...

Après avoir survécu aux guerres de l'Antiquité, aux mutilations de la Chrétienté, à l'indifférence de l'Islam, après avoir dormi des siècles sous les pierres et le sable, ces reliques finirent dans les remblais d'un lotissement que les générations futures démoliraient et reconstruiraient encore. Quant au foudre de Zeus et aux morceaux de l'autel de Pergame qui manquent au musée de Berlin, s'ils n'ont pas sombré dans la boue, c'est que les promeneurs d'autrefois s'étaient servis dans les décombres des chantiers successifs. Les uns scellèrent leurs fragments dans les niches de leur maison de campagne. Les autres les abandonnèrent. Tous semèrent leurs trophées aux quatre vents, les oublièrent et les perdirent.

Telles sont les pistes qu'ouvre le rapport de fouilles. Les conclusions s'appuient sur d'anciennes gravures, sur la première publication des inscriptions d'Oxford, sur mille témoignages. Poèmes qui chantent la beauté des statues, pamphlets qui conspuent leur indécence : les preuves ne manquent pas. Au XVIIe siècle, l'exposition de cet extraordinaire ensemble avait suscité chez les contemporains une émotion telle qu'elle bouleversa leur vision du monde. Les trophées du comte d'Arundel furent une révélation.

Dans cette île coupée de l'univers méditerranéen par les guerres de Religion, nul n'avait encore vu de sculptures grecques. Et soudain, là, au bord de la Tamise, parmi la foule des puritains et des iconoclastes, les monstres de l'Antiquité surgissaient de la brume. Les héros et les dieux se dressaient nus. Les Satyres caressaient les Nymphes, les Trois Grâces se déhanchaient, Aphrodite naissait de l'onde. Et les splendeurs d'une civilisation perdue apparaissaient aux yeux fascinés du nord de l'Europe. Pour la première fois !

Cet éblouissement allait transformer le goût des Anglais, à jamais. L'architecture néoclassique du XVIIIᵉ siècle, les voyages de plusieurs générations de Lords et d'érudits sur les traces d'Homère, le pillage du Parthénon résultent de cette découverte.

L'émotion initiale date d'un froid matin de janvier 1627, quand les dépouilles d'Asie Mineure vinrent s'exhiber sur un terrain du Strand.

Plus de trois siècles plus tard, en ce même lieu mythique, les Gorgones, la bouche ouverte sur le silence et l'oubli, resurgissent de la boue qui les avait englouties.

*

Étrange caprice de l'histoire qui confond tous les âges pour unir sous l'asphalte d'une capitale contemporaine le siècle de Périclès à l'Angleterre baroque ! Quel fil, reliant ces univers, continue de courir à travers l'espace et le temps ? Quelles forces joignant les antipodes, quels projets, quelles chimères convergent autour de ces marbres ? Quels exploits ?

Deux personnages furent à l'origine de leur odyssée jusqu'à Londres. Deux hommes, que tout séparait. Le rang, la foi, le rythme du sang qui battait dans leurs veines. Deux êtres, taraudés par la même passion, qui n'auraient pu, l'un sans l'autre, assouvir leur folie.

L'un ? Le propriétaire de la collection, bien sûr : Lord Thomas Howard, comte d'Arundel. Issu de l'illustre famille qui donna l'une de ses épouses à Henry VIII, il finança l'acquisition des sculptures et leur transport jusque dans sa merveilleuse demeure au bord de la Tamise.

L'autre ? Un érudit, fils de paysan, qui grandit aux confins des mondes civilisés, dans les tourbières et les landes sans chemin, sur les terres de frontière entre l'Écosse et l'Angleterre : les *Borders*. La région la plus primitive et la plus tragique des deux nations. Un no man's land livré aux barbares depuis la nuit des temps : voleurs de bétail, mais aussi voleurs de femmes et d'enfants que les clans enlevaient, rançonnaient, violaient, mutilaient, égorgeaient.

Au cœur de cette sauvagerie, un garçon avait tenté de s'affranchir des lois de la misère qui le destinaient à l'ignorance. Il galopait à la poursuite d'un rêve, le plus improbable de tous pour un fils des Borders. L'aventure des marbres du Strand, ce chasseur-là en porte l'entière responsabilité. C'est à lui que nous devons la présence des amazones et des centaures dans les brumes du Nord. Il entreprit leur quête. Un poète. Un savant. Un conquérant.

En un temps où les mœurs des Turcs terrifiaient les Chrétiens, cet audacieux traqua le savoir et la beauté jusqu'au fond de l'Empire ottoman. Il fit le pari fou de rapporter en Occident non seulement les plus splendides statues de la Grèce, mais les inscriptions, les monnaies, les gemmes, tous les vestiges, tous les jalons d'une civilisation. Au prix de travaux dont la postérité a tout oublié.

L'homme qui a tenté de conquérir la mémoire de l'humanité, qui a rêvé de la préserver, a été dépouillé de son propre passé. Il n'a plus d'identité, plus d'histoire.

*

Très tôt, dès les années 1640, au lendemain même de sa mort, dans le chaos de la guerre civile et des fureurs iconoclastes qui mèneront Cromwell au pouvoir, ses contemporains l'ont confondu avec deux autres érudits.

De commun avec lui, ces hommes avaient le nom, la religion et la pauvreté. Tous fréquentèrent Oxford et Cambridge. Tous furent révérends. Tous s'appelèrent *William Petty*. Mais ceux-là occupèrent tranquillement leur cure et se consacrèrent à la rédaction de quelques brillants sermons.

Durant les décennies suivantes, le souvenir de ces trois « révérends William Petty » se perdit encore, cette fois complètement, pour s'incarner en un quatrième individu. Celui-là, *Sir William Petty*, médecin des armées de Cromwell, brillant économiste et membre fondateur de la Royal Society, figure dans tous les dictionnaires. Par son éclat, la renommée du « Sir » continue de masquer l'existence d'un homonyme plus secret : un personnage auquel le temps a ravi ses titres de gloire.

*

Son visage fut pourtant fixé à Venise, en 1636, par le pinceau d'un peintre italien. D'autres portraits, exécutés dans sa maturité et copiés plusieurs fois après sa mort, ornent toujours les palais de la Sérénissime et les châteaux anglais. Mais les plaques de cuivre qui pâlissent, tels de petits miroirs sans tain sous les cadres, répètent à l'infini le même vide et la même absence : « *Portrait of an Unknown Gentleman* ». Portrait d'un gentilhomme inconnu.

Anonyme, obstinément.

Qu'on ne s'y trompe pas : cette obscurité, le « gentilhomme inconnu » l'a voulue. Les feintes, la fuite, l'incognito sont ses outils de pillage. L'ombre et le jeu, ses tactiques de conquête. Quant au silence, il reste le garant de sa liberté.

*

Ses amis le disaient narquois, subtil et secret. Ses ennemis, canaille et rusé. Il parlait peu, et savait observer. Mais plus que sa discrétion, plus que son indépendance et son ironie, le trait qui le caractérise serait sans doute le besoin impérieux de transgresser toutes les limites.

Qui regarde les dates de ses voyages, les distances parcourues, la difficulté et l'ampleur des tâches accomplies, demeure stupéfié par son énergie. La rapidité de ses déplacements témoigne de sa jubilation à se fondre dans le paysage.

Les grands collectionneurs qui le faisaient suivre par leurs agents sur les chemins d'Anatolie mettaient leurs espions en garde contre les fausses apparences du « gentilhomme inconnu » : « *Beware William Petty !* Méfiez-vous de William Petty ! Aussi absent qu'il puisse vous paraître, il occupe le terrain », écrivaient-ils dans leurs instructions. « ... Cet homme ne travaille à se faire oublier que pour nous duper. Ainsi perdure-t-il, en toute liberté. Si par malheur vous deviez perdre sa trace, il aurait licence de mener à bien son affaire, et de conclure sans nous... Partout, toujours, souvenez-vous de lui ! »

Livre premier

PARCOURS INITIATIQUE D'UN *BORDERER*

1587-1608

Chapitre 1er

AUX CONFINS
DE TOUS LES MONDES CIVILISÉS
1587-1604

1. Soulby, un hameau entre l'Écosse et l'Angleterre, dans le comté du Westmorland, 1587-1597

À l'heure où la reine Elizabeth décapitait le parti catholique, où, dans la cour de la prison de Fotheringhay, le bourreau brandissait la tête tranchée de Marie Stuart, un paysan à la croisée des chemins entre l'Écosse et l'Angleterre présentait pieusement son dernier-né à la miséricorde divine.

« Baptisé ce jour William, fils de William, lui-même fils de William Petty de Bonny Gate Farm, au village de Soulby. »

Les registres de la paroisse de Kirkby Stephen, le bourg le plus proche, témoignaient de bien d'autres baptêmes chez les William-Petty-de-Soulby. Ils appartenaient à une famille nombreuse dont les membres se mariaient entre eux et peuplaient la région. Cousins, oncles, beaux-frères habitaient les villages de Ravenstonedale, Warcop, Witton et Brough, ainsi que plusieurs fermes fortifiées. Ces grosses tours carrées, qu'occupaient les Petty les plus riches, surgissaient sur la lande, lugubres et solitaires, sans autre porte d'entrée que celle de l'étable, sans fenêtre, sans même d'escalier. Juste une échelle qu'on tirait de l'intérieur, par des trappes, d'un étage à l'autre. Au sommet, tel un gibet entre les créneaux, se dressaient les deux montants d'une énorme cloche : le tocsin qu'on sonnait pour donner l'alarme. Et puis, à côté de la cloche, le tas de bois du bûcher. De là, on envoyait des signaux de détresse, nuages de fumée qui indiquaient aux autres tours dans les lointains les mouvements des hordes de barbares.

Ces pillards, qui terrorisaient le comté au point que la peur de leurs attaques avait modifié l'architecture de toute une région, on les appelait les *Reivers*.

Bandits venus d'Écosse – gardiens de vaches ou paysans comme leurs victimes –, les Reivers franchissaient la frontière pour ravager les terres des fermiers anglais. Leur efficacité reposait sur la vitesse de leur incursion, et sur une prompte retraite avec le butin. Cette tactique impliquait le raid de nuit et l'attaque par surprise. Ils disparaissaient dans les brumes de leur pays, aux premières lueurs. Au même moment, les bandits anglais galopaient en sens inverse, rejoignant leurs tanières avec le bétail volé en Écosse : ceux-là massacraient les vachers des Highlands. En théorie.

Car, en pratique, les Reivers, qu'ils soient Reivers anglais ou Reivers écossais, assassinaient avec la même sauvagerie les paysans de leur propre nation.

À la ferme de Bonny Gate, une tour plusieurs fois brûlée et réduite à son rez-de-chaussée en lisière nord du hameau de Soulby, les générations s'entassaient. Ceux-là, les William Petty de Soulby, étaient peu prospères. Ils vivaient à neuf dans la paille de cette masure qui tenait davantage de la grange que de la demeure d'une vieille lignée. D'abord l'aïeul, William Petty Senior. Puis le fils, William Junior, et sa femme, Ellen, une veuve qui avait apporté son maigre douaire – trois moutons, deux poules, quelques pains d'avoine, un fromage –, et une gamine du premier lit. Quatre autres filles étaient nées de leur union. Puis un fils : George.

En cet hiver 1587, la naissance d'un second garçon, *William*, dit « Will » pour le différencier de son père et de son grand-père, semblait de bon augure. Ce petit dernier, on le garderait à la ferme, on le marierait à la terre. Et jamais on ne le laisserait approcher du char à bœufs qui surgissait chaque matin à la porte du village, pour ramasser les enfants mâles.

Ce lourd véhicule, tiré par deux bêtes, traversait péniblement les terres en friche à la lueur de la lune. On le repérait de loin. Ici, rien n'arrêtait le regard. On le voyait se hisser sur les masses noires des collines et disparaître dans les tranchées des vallons, pour resurgir encore. Le vent cinglait l'immensité, tordant au ras du sol les buissons et les ronces. Mais, à chaque rotation des roues, on entendait comme des pépiements d'oiseaux. Seuls les corbeaux, les busards et les hiboux criaient, ici. Pourtant, qui écoutait avec attention aurait peut-être reconnu, mêlées au sifflement de la bise, les voix claires de jeunes garçons.

Ce n'était pas à la barbarie des Reivers que les adolescents du Westmorland devaient ce périple quotidien, c'était même la seule course qu'ils ne leur devaient pas ! Ils se pliaient à la tyrannie posthume de Lord Thomas Wharton, le plus avide de leurs suzerains. Ce dernier, après avoir pressuré leurs parents et grands-parents durant vingt-cinq ans, s'était offert une conscience et sa place au paradis en fondant, sur son lit de mort, une école au bourg de Kirkby Stephen.

L'enseignement public pour les mâles entre sept et douze ans, l'emploi aux frais de la municipalité d'un maître formé dans l'une des deux grandes universités d'Angleterre, un seul professeur investi d'un pouvoir illimité sur tous les garçons d'un comté : la création des fameuses *grammar schools* allait devenir l'une des pierres angulaires du rayonnement de la reine Elizabeth. L'école de Lord Wharton se différenciait toutefois des autres établissements. Elle était *obligatoire*. Un cadeau, certes. Mais empoisonné. Le char, qui venait jusqu'aux portes des fermes ramasser les fils en état de labourer, ôtait aux fermiers les bras dont ils avaient besoin pour subsister.

Aucun d'entre eux ne possédait la terre. Ils louaient les friches aux seigneurs, les granges, les maisons, le champ qu'ils n'avaient pas la liberté de quitter. S'ils s'éloignaient un seul jour du lopin qu'ils cultivaient, ils le perdaient. *Ascriptus glebae*. Rivé à la glèbe... Un reliquat du servage.

Une fierté pourtant, un bien leur restait : leurs enfants mâles. Ils en produisaient beaucoup. Six garçons par famille, en moyenne. La plupart disparaissaient en bas âge. Les survivants, coriaces, devenaient des gaillards que les morsures du vent et la violence des mœurs fortifiaient encore. S'ils n'étaient pas tués par la peste et les raids, ils mouraient vieux.

Depuis vingt ans, bon nombre d'entre eux savaient lire. Leur éducation, ils en étaient redevables à ce damné tombereau qui terminait sa longue course matinale par les quatre kilomètres de lande séparant le hameau de Soulby de l'école de Kirkby Stephen... Et, depuis vingt ans, les fermiers résistaient au ramassage, en cachant leurs garçons. À leurs risques et périls : ils savaient que les archers viendraient les prendre de force et que, pour l'exemple, la milice de Lord Wharton en tuerait quelques-uns. Au fil des ans, les plus entêtés avaient fini par céder. Mais, à chaque assemblée, ils réitéraient leur inquiétude et leurs objections. Les enfants restaient chez le maître jusqu'à la nuit tombée et personne ne gardait les moutons dans les collines de l'Eden Valley. Personne ne défendait les vaches et les chevaux contre les assauts répétés des Reivers. Ceux-là ne se promenaient pas en chariot! Les Reivers voyageaient léger, rapides, s'emparant du bétail, des vivres et des outils, violant, tuant, coupant les jambes, les mains, balafrant les visages.

Le saccage des maigres cultures, piétinées par leurs chevaux, et la destruction des dernières provisions par les soldats du gouvernement qui cherchaient à affamer ces bandits en brûlant ce qu'ils n'avaient pas encore pris, tout contribuait à maintenir les paysans dans un état de terreur. Et d'indigence.

Pourtant ce n'était pas toujours la misère, et s'ils ne se nourrissaient que de lait, de fromage et de pain d'avoine, ils mangeaient à peu près à leur faim. Chaque village dépendait de sa seule production et vivait en autarcie. On partageait les outils. On labourait les champs en commun. Les lectures de la Bible scandaient les saisons, prières que l'on offrait à Dieu pour le salut du groupe. Et gare à qui n'obéissait pas aux lois de la collectivité. La survie reposait sur le respect des codes tribaux. Envers ceux qui enfreignaient les règles, la punition du clan pleuvait, plus aveugle, plus cruelle, plus injuste souvent que l'arbitraire d'une tyrannie.

*

À quatre ans, le petit Will ne détestait rien tant que rester enfermé entre les murs d'une basse-cour. Indépendant, obstiné, malin, il présentait déjà tous les traits qui le caractériseraient dans l'âge adulte, et n'en faisait qu'à sa tête. Malgré les ordres qui lui interdisaient de s'approcher du chariot, il rêvait de suivre George, son frère aîné, sur la lande. Comment résister à la tentation de s'embarquer avec ses grands cousins, dans cette aventure qui les emportait au loin?

Pas de chant du coq, aucun cri de basse-cour ne saluait la brève station du char devant l'enceinte de Bonny Gate Farm. Mais le petit, couché dans la paille, le guettait et l'entendait venir. Il se précipitait pour retirer les barres de fer du portail, et livrer passage à George qui se faufilait dehors.

Les bœufs reprenaient leur lent cheminement, de lieu-dit en hameau, gravissant les boursouflures des friches, allant toujours.

Un matin, Will n'y tint plus. Profitant de l'obscurité, il grimpa dans le tombereau.

*

En embrigadant un garçon si jeune, Mr Finch, l'instituteur, contrevenait au règlement. Il ne devait accepter que des élèves déjà capables de signer leur nom et de déchiffrer la Bible. L'apprentissage de la lecture revenait aux pères de famille qui pouvaient ânonner les Psaumes, grâce à l'enseignement de son prédécesseur. Le maître se réservait la responsabilité d'initier les enfants à l'histoire grecque, de les instruire en calcul et, surtout, de leur enseigner le latin. Imprimer le latin, la langue universelle, celle de Dieu et des « auteurs moraux », dans l'esprit des hommes, constituait la mission de la *grammar school*.

Les protestations de la communauté de Soulby contre la capture du dernier fils Petty restèrent vaines : Mr Finch était un missionnaire consciencieux, prosélyte et zélé. Il confondait la science du bien et du mal avec les règles de la grammaire latine et domptait les âmes en leur inculquant les déclinaisons. Il s'empara avec voracité de ce petit être tombé dans son escarcelle.

Désormais, Will quittait Bonny Gate à quatre heures du matin, comme les autres. Il se présentait au bourg six jours sur sept, avec du papier, de l'encre, un quignon de pain, et une bougie. Il apportait aussi un arc, des flèches et un gant pour s'entraîner au tir, le sport pratiqué dans la cour de l'école.

De plain-pied, l'édifice accolé à l'église consistait en une seule salle de classe. Sur la terre battue, une trentaine d'élèves de tous âges et de toutes conditions s'asseyaient en tailleur aux pieds de l'instituteur. Ils tenaient de la main gauche, à la verticale, le cierge qui éclairait leur leçon.

Finch, qu'assistait le plus pauvre parmi les aînés, un suppléant armé d'un fouet, présidait aux exercices en marchant dans les rangs.

Apprendre par cœur. Réciter ensemble. Disputer en latin, deux par deux, un point de grammaire ou de théologie. Développer l'argument avant que les autres aient eu le temps de compter jusqu'à dix. Tels étaient les principes de la pédagogie ordinaire.

Malgré son ardeur et ses très réelles connaissances, Finch était un mauvais maître. Les Petty de Bonny Gate, comme tous les hommes de la lande depuis vingt ans, ne gardaient de son enseignement que le souvenir de sa trique. Rompu comme eux à la violence des Borders, Finch vivait en colère et régnait par la terreur. De la bastonnade à l'autoflagellation ; de la mise au pilori dans la cour de l'école aux mea culpa dans le chœur de l'église, le châtiment lui tenait lieu de méthode. Il maintenait tous ses garçons dans un état de panique qui conduisait, chez certains, à la paralysie de toutes leurs facultés mentales. Les paysans sortaient de chez lui pleins de haine et de peur, plus sauvages et plus stupides que leurs aînés.

Le plus jeune d'entre eux n'échappait pas à la règle. Will Petty n'avait aucun goût pour l'étude et se repentait amèrement de sa première désobéissance. Il mentait avec insolence et rendait coup pour coup.

*

— Où est ton petit frère ?

Secoué sur sa litière de paille, George Petty, treize ans, haussa les épaules et grommela dans un demi-sommeil :

— Qu'est-ce que j'en sais ?

— Il est resté à l'école ?

L'adolescent, se réveillant tout à fait, se mit sur son séant.

En dépit de l'obscurité, il vit que le père, agenouillé au-dessus de lui entre le cheval et la vache, avait endossé le *jack*, l'épais gilet matelassé, treillissé de laine et d'acier, semblable à celui des Reivers. Aucun trait physique ne différenciait les fermiers de Bonny Gate des bandits qui les spoliaient. Quand ils ne portaient pas leur béret enfoncé jusqu'aux yeux, ils arboraient le casque espagnol, relique des guerres du début du siècle, effilé, pointu, ses bords relevés sur les côtés : le célèbre *morion* des Borders. Ils se protégeaient avec les mêmes cuissardes et les mêmes boucliers de cuir clouté. Ils montaient les mêmes poneys, le bourrin des tourbières, un petit animal poilu, robuste, le pied sûr, qui ne requérait aucun soin. Mais si les Petty de Soulby, comme les Reivers, chevauchaient derrière leurs troupeaux toute l'année ; s'ils étaient, comme eux, des éleveurs de bétail qui moissonnaient l'avoine en septembre et braconnaient l'hiver, ils n'égorgeaient pas systématiquement leurs semblables.

Avec violence, le père répéta sa question :

— Où est-il ? À Kirkby ?

— Cet après-midi Finch l'a traîné par l'oreille à travers toute la salle de classe et précipité, tête la première, contre le mur.

— Pourquoi ?

Le garçon haussa les épaules en signe d'ignorance.

— Pour rien. Peut-être qu'il ne savait pas sa leçon ? Finch l'a tellement rossé qu'il saignait comme un bœuf... Quand je l'ai laissé, Will avait la moitié du visage arrachée et jurait de nous débarrasser de Finch. Une bonne fois pour toutes. C'est pour ça qu'il est resté dans la salle de classe cette nuit. Pour nous venger.

— Vous venger de Finch ?

Un mauvais ricanement salua cette perspective :

— Je lui souhaite bien du plaisir.

La grimace édentée du père se perdit sous les poils de sa moustache. Son visage disparaissait dans l'ombre du grand casque d'acier. George ne percevait que le frémissement de la lance dans sa main, la lance des vachers qui partaient à la poursuite des troupeaux.

Dehors on entendait l'aboiement furieux des chiens, les *bloodhounds* qui suivaient la trace des voleurs sur la lande, jusque dans leurs terriers d'Écosse ; les chevaux qui piaffaient ; les lointains tocsins qui se répondaient au sommet des tours.

— ... Éventrer ce porc de Finch : d'autres, avant ton imbécile de frère, l'ont tenté !

— Il s'est juré qu'il aurait sa peau cette nuit.

— Si les milices du Lord de Soulby le prennent loin de chez nous après le coucher du soleil...

George savait que l'absence de son frère équivalait à une faute passible du pire châtiment. La survie reposait sur un pacte d'assistance mutuelle entre les hameaux appartenant au même maître : gare au vacher qui n'endossait pas le *jack* en entendant le tocsin, au bouvier qui n'enfourchait pas le cheval en apercevant les feux. La poursuite immédiate des voleurs jusque dans leurs lointaines tanières du Nord était un devoir de clan, un devoir qui portait un nom : *the Hot Trod*. De village en village, le *trod* drainait tous les hommes à sa suite. Le fermier qui refusait de se laisser emporter par ce tourbillon était consi-déré comme complice des Reivers. Et pendu. Les adolescents les premiers.

George conclut avec placidité :

— Des ennuis, Will en redemande, et des coups aussi, car Finch est plus fort que lui.

— Attends que je le récupère : s'il aime les coups au point de dormir à l'école, je saurai l'allonger ici. Définitivement... Tu entends la cloche ? Elle sonne au nord. Les Reivers sont à War-cop Bridge. Qui sait s'ils ne parviendront pas jusqu'au bourg ?

— C'est sur leur attaque que compte Will pour saigner Finch.

— L'imbécile ! Prends le cheval. Va le chercher. File !

Une expression de terreur passa sur le visage de George.

— Tout seul ? Mais si les Reivers descendent jusqu'à Kirkby, si je tombe sur eux...

Le père l'enveloppa d'un regard glacial : décidément on ne ferait rien de ce garçon. Il était lâche. Seul le petit avait quelque chose dans le ventre. Celui-là promettait... Il saurait protéger les siens.

En admettant que Finch ne mutile pas l'enfant et que les Reivers ne l'égorgent pas avant qu'il soit en âge de leur répondre, les brigands trouveraient bientôt à qui parler.

Avec mépris, le père ordonna :

— Rejoins tes cousins. J'y vais, moi. Tu prendras le poney de Buffield. Je vous retrouverai au pont.

Sans ajouter un mot, il se releva, enfourcha le cheval, sauta le muret et disparut dans un lourd galop vers le bourg où le toc-sin sonnait.

*

Le toit du bâtiment contigu à la paroisse était en feu. Le long de la rivière, des formes armées de seaux se démenaient, cherchant à empêcher que l'incendie ne gagne l'église.

Il ne fallut qu'un instant au cavalier pour franchir le pont et pénétrer à cheval dans l'école.

La salle de classe était vide. Mais les flammèches qui embrasaient la charpente dansaient, joyeuses, en se reflétant dans une grande nappe rouge au cœur de la terre battue. Un corps y baignait. Il avait la gorge tranchée. Le cavalier n'accorda qu'un bref regard au cadavre de Master Finch.

Lance au poing, il restait dans l'encadrement de la porte. De l'œil, il fouillait l'obscurité. C'est alors qu'il aperçut, se dégageant lentement du rideau de fumée, la haute silhouette de son fils.

En dépit de ses dix ans, Will atteignait une taille d'homme. Il n'était pas trapu comme ses semblables, mais long et maigre. Il n'avait ni les cheveux paille ni les yeux clairs. Et bien que le vent ait rougi sa peau, il gardait le teint mat de sa mère, ses pupilles sombres, sa tignasse de boucles noires. Seule l'étroitesse du visage, la figure imberbe toute tuméfiée, le regard fiévreux qui fixait le cavalier, trahissaient la faiblesse et l'angoisse de l'enfant. Et le corps frêle, comme entraîné de l'avant par un poids trop lourd. Le père ne douta pas que Will portait, serrée contre lui, l'arme qui avait tué Finch, une hache probablement.

— Pose-la.

L'enfant n'obéit pas. Il se retourna vers le mur. De sa main libre, il tirait furieusement sur quelque chose, une corde, un lien qui ne cédait pas.

— Lâche ça !

— Ils sont attachés.

— Monte en croupe !

— Ils vont brûler...

— Saute derrière moi, te dis-je !

Le cavalier, poussant brutalement sa bête vers l'enfant, distingua enfin ce qu'il portait dans ses bras. C'était une pile de livres, retenus derrière lui aux rayonnages de la bibliothèque par des anneaux et de longues chaînes. Le père partit d'un ricanement.

— Après ce que tu viens de faire, tu n'en as plus besoin !

— On pourrait les vendre à la foire. Ils coûtent cher.

— Tu dépouilles tes victimes, petit ?

— Je ne vole rien.

— Ah non ?

De la pointe de sa lance, le père feuilleta les volumes :

— Ce n'est pas du pillage, ça ? railla-t-il.

L'enfant n'eut pas l'air d'entendre. Du menton, il montrait le mort.

— Il avait trouvé ce moyen – les enchaîner – pour qu'ils ne sortent pas d'ici. Mais il a perdu la clef des cadenas.

— Mon gars, tu commences jeune ! Non seulement tu l'expédies en enfer, mais avant de l'égorger, tu lui extorques son trousseau, sa bourse, son trésor... Note que c'est bien fait. Tôt ou tard, le porc devait finir ainsi. Et cette saleté d'école avec lui !

— Sur l'honneur, je lui ai donné...

— Sur l'honneur, vraiment ? Étrange façon d'assassiner les gens !

— Mais...

Comprenant enfin le sens des sarcasmes paternels, l'enfant s'écria :

— ... Ce n'est pas moi qui ai tué Finch !

Ils n'eurent pas le temps de poursuivre. Une poutre s'effondra. Saisissant son fils à bras-le-corps, le cavalier lui fit lâcher prise et le hissa derrière lui. Ils sortirent d'un bond, au moment où la charpente de l'école s'écroulait. Les livres s'écrasèrent dans les flammes.

*

— Après l'avoir frappé, les Reivers ont mis le feu...

Le père et le fils chevauchaient dans la nuit. Ils longeaient les méandres de l'Eden vers Warcop Bridge. On entendait le bruit des rapides en contrebas.

— Des Écossais ?

— Anglais.

— Combien ?

— Une vingtaine... Ils sont partis en remontant la rivière. Moi j'étais caché dehors, dans un trou du mur, au fond de la cour. C'est par là qu'avec George on s'échappe, quand Finch tape trop fort... J'attendais mon heure. Je comptais lui rendre ses coups. Mais quand je l'ai entendu crier, que j'ai vu ce qu'ils lui faisaient...

À cette évocation, la voix de l'enfant se cassa. Il se tut longuement, comme si le vent lui avait coupé le souffle. Le père, s'il l'écoutait, ne manifesta pas son intérêt. Les Petty parlaient peu. Un trait de famille. Impossible d'échanger avec eux plus de dix paroles d'affilée. Ils s'exprimaient par leurs actes. Par la force de leur poignée de main, quand ils scellaient un accord ; par la violence de leurs coups, quand ils se vengeaient. Will ne faisait pas exception.

Mais cette fois, au terme de son silence, il reprit son récit. Il cherchait à s'expliquer. C'était contraire aux usages.

Il se hâta de dire, avant que le silence retombe :

— ... Lorsque je l'ai vu, la gorge tranchée, râlant dans son sang, je lui ai promis tout ce qu'il a voulu. J'ai promis de sauver ses livres. Et encore autre chose...

Collé au dos de son père, il enserrait sa taille comme pour empêcher qu'il ne lui échappe. Il chuchota à son oreille :

— J'ai fait le serment de poursuivre à l'école d'Appleby. J'irai là-bas étudier avec le maître. J'ai juré sur la Bible et sur la tête de tous les Petty... Encore cinq ans.

Le père se garda de riposter. Inutile. Plus d'une dizaine de lieues séparaient Soulby de ce bourg du Nord. La parole donnée à un mourant restait sacrée, mais l'école d'Appleby était bien trop distante pour que Will puisse tenir son engagement.

2. *Soulby-Appleby, 1598-1603*

— Comment s'y rend-il ? À cheval, à poney, à mule ? Qui lui prête une monture ? Le premier que je prends à l'aider, je le tue... À pied ! Il ira à pied. Aller et retour...

Les colères de Master Finch semblaient s'être réincarnées dans la fureur de William Petty père.

Il demeurait le seul mécontent.

Depuis la nuit de Kirkby Stephen, aucun diplômé de Cambridge ou d'Oxford n'était venu remplacer Finch. La municipalité, répugnant à la dépense pour les réparations du toit, laissait le poste vacant. Les archives en témoignent : vingt ans sans maître. L'incendie de l'école avait rendu aux fermes les bras de tous les garçons en âge de travailler.

Sauf à Bonny Gate Farm.

George, l'aîné, n'était pourtant pas le seul fils capable de seconder son père ! À treize ans, le cadet pouvait s'atteler aux labeurs les plus rudes. S'il restait différent, trop brun, trop long, trop fin, Will ressemblait à tous les garçons des Borders. Il avait leur endurance, leur obstination, leur ruse. Nul ne savait mieux que lui prendre les renards au piège. Troquer un outil sans valeur contre l'échelle du voisin. S'emparer, par l'astuce, du fourreau qu'il convoitait, du poignard, de l'arquebuse. Un *surviver*, comme les autres. Renfermé, âpre et madré : il appartenait bien à la communauté de Soulby.

En s'enfuyant pour étudier, en refusant de participer à la vie communautaire, il désertait. Sa conduite apparaissait comme une trahison. Elle n'indignait pas seulement les Petty de Soulby, elle ulcérait tout le clan.

La trique s'abattait sur son dos avec une violence sans égale. Il n'esquissait pas un geste de défense, ne poussait pas un cri, ne protestait pas. Les dents serrées, les yeux pleins de larmes, il encaissait.

Quand il gisait sanglant dans la boue, son grand-père venait l'interroger. L'aïeul lui disait sobrement sa tristesse et sa honte. Il lui démontrait la bassesse de sa conduite et l'exhortait à demander pardon au Ciel pour le mal qu'il infligeait aux siens.

— Ta place est ici. Tu appartiens à Soulby. Pourquoi t'obstines-tu à déserter ton poste?

Le visage contre le sol, Will se taisait. Il ne pouvait dire ce qui l'attirait là-bas, ce qui le retenait... Il ne le savait pas.

— Pourquoi nous abandonnes-tu?

Il hochait la tête en signe de refus. Il n'avait pas le droit de se justifier. Il se jugeait, lui aussi, coupable et damné.

— Mais te rends-tu compte, malheureux, que tu désobéis aux Commandements du Créateur! *Honoreras ton père et ta mère...* La trique, les marques sur ton dos ne sont rien au regard des châtiments qui t'attendent en enfer!... Tu ne peux t'affranchir des lois les plus saintes, Will. Ni toi ni personne! Quant à l'honneur, le tien ou celui de tous les William Petty de Soulby, il ne consiste pas à s'obstiner dans le mal...

Will savait son grand-père juste et sage. Ses admonestations l'ébranlaient.

— Le Seigneur ton Dieu souffre par ta faute. Il condamne tes trahisons...

Le vieillard lui parlait alors de fidélité. Fidélité à la parole donnée. Mais surtout fidélité au Tout-Puissant et fidélité au clan.

— Tu n'es pas seul sur terre, et tu n'y es pas libre!

... Fidélité à la tradition, aux principes, au service.

En l'écoutant, Will vibrait au plus profond. Il tremblait de remords, il avait peur et doutait.

Mais l'angoisse ne modifiait pas son comportement. À peine remis, il trouvait le moyen de s'enfuir et disparaissait durant des semaines entières.

— La prochaine fois que ce bâtard reste dormir à Appleby, hurlait le père, il ne marchera plus jamais sur ses deux jambes: moi aussi, j'en fais le serment!

Le père devinait bien que ce n'était pas par *fidélité* à une promesse que Will les abandonnait, lui et toute la famille. Non, ce n'était pas par devoir que les terribles matins d'hiver le trouvaient présent à l'appel malgré la distance et les représailles.

C'était par plaisir.

Dans la salle de classe, le garçon avait connu une forme de coup de foudre.

*

L'homme qui régnait sur l'école n'avait pourtant rien de séduisant. Négligé, le cheveu long, la barbe mal tenue, il semblait sorti d'un bois ou des entrailles de la terre. Un gnome ou un sage. Le nez camus ; la bouche ourlée de lèvres épaisses ; l'œil vif et perçant sous la broussaille du sourcil. Une laideur d'animal intelligent. Ou de philosophe.

Cinq ans de grammaire latine et d'histoire grecque chez Finch avaient dû laisser quelques traces dans l'esprit de Will car, devant ce personnage enveloppé d'un manteau et les pieds nus, il avait songé à l'affreux Diogène dans son tonneau. À Socrate qui corrompait la jeunesse.

Le maître d'Appleby s'appelait Reginald Bainbridge. S'il n'appartenait pas à la noblesse, sa famille demeurait l'une des plus anciennes du Westmorland. L'un de ses oncles avait même été cardinal à Rome, du temps des Catholiques. Pour sa part, il était né dans une grosse métairie à quelques lieues d'ici. Un enfant du pays qui avait étudié dans cette école, jusqu'à l'orée de l'adolescence. Il était ensuite resté à la ferme, aidant aux champs pendant que ses frères guerroyaient dans les rangs des Howard de Greystoke. De longues années, il avait chevauché derrière les troupeaux de son père, il avait trait les vaches, tondu les moutons. Comme tout le monde. Puis, en 1569, bien qu'il fût le plus jeune des fils Bainbridge, il avait hérité.

Et il avait tout vendu ! Bétail, moutons, chevaux, tout. Avec le produit de son héritage, il comptait financer une nouvelle aventure. Ce ne serait ni la guerre en Terre sainte ni une expédition dans le Nouveau Monde. Ce serait une carrière universitaire. Le choix paraissait étonnant. À Oxford comme à Cambridge, les élèves entraient à quinze ans. Reginald Bainbridge en avait presque trente.

Au terme de ses études à Queen's College d'Oxford, il fut brillamment reçu *Master of Arts*. Le 19 décembre 1579, l'évêque de Carlisle signa sa nomination comme *headmaster* de la *grammar school* d'Appleby.

Il avait aujourd'hui cinquante ans. Son école était la passion de sa vie. Il ne la quitterait plus.

Pour maintenir l'ordre dans son unique salle de classe, Bainbridge recourait, lui aussi, aux châtiments corporels. Une variante avec Finch, cependant : il n'y mettait pas de haine et n'y trouvait aucun plaisir. Autre différence : son enseignement n'était pas obligatoire. Aucun soldat n'irait arracher les élèves aux fermes des alentours, pour les traîner ici. Leurs familles les envoyaient chez lui de plein gré. Pour le reste, mêmes horaires, mêmes conditions de travail. Au programme : apprentissage de l'hébreu, lecture de la Bible en grec, et connaissance des auteurs latins si chers à Finch : Caton, Virgile, Pline, Catulle.

Bainbridge n'enchaînait pas les livres. Mais il leur vouait un culte proche de la vénération. Avec régularité, il vérifiait leur état de conservation, fouettait quiconque avait corné une page, et dressait l'inventaire de ses rayonnages. Vol ou négligence, la disparition d'un fascicule le jetait dans des colères redoutables. Sur ce point, il se montrait sans pitié. Il excluait de son enseignement tout élève soupçonné d'avoir égaré un volume. Bainbridge achetait ses précieux textes aux foires, trente en dix ans, obtenus de haute lutte avec les marchands. Ses dépenses phénoménales grevaient le budget de l'école et suscitaient la grogne de la municipalité d'Appleby.

À sa mort, Bainbridge laisserait à son successeur deux cent quatre-vingt-quinze titres !

Non content de constituer la plus extraordinaire des bibliothèques aux paysans des Borders, il entretenait une correspondance avec ses lointains collègues, les érudits d'Oxford. Il y gardait de nombreux amis qu'il informait de ce qu'il voyait autour de lui. Ses descriptions d'une région où les savants ne se rendaient qu'avec répugnance leur étaient d'un grand secours pour leurs propres publications sur l'histoire et la géographie d'Angleterre. À leur intention, Bainbridge notait le résultat de ses recherches et le produit de ses trouvailles...

Car il avait une lubie : découvrir les vestiges de l'occupation romaine. Et les préserver.

Sur ce point, certains de ses anciens condisciples le prenaient pour un original. Ou pour un adepte des cultes païens, ce qui mettait son âme en grand danger. Le malheur voulait que ce ne fût pas à la Bible et aux Saintes Écritures que Master

Reginald Bainbridge réfléchît avec ses élèves. Mais aux preuves tangibles de l'existence d'anciennes civilisations sur le sol d'Angleterre. Il rêvait des Latins qui avaient envahi son pays.

Quand il ne traduisait pas Pline ou Tite-Live, il emmenait ses ouailles tamiser les labours et creuser de grands trous dans leurs champs. Ensemble ils recherchaient les traces des légions – une borne milliaire, une pièce de monnaie, une inscription –, les précieuses reliques d'un monde à jamais disparu.

Or, à quelques heures au nord de l'école d'Appleby, entre les monticules de tourbe où se retranchaient les Reivers avec leurs otages et leur bétail volé, couraient plus de cent kilomètres de ruines romaines. Là se dressait la formidable muraille construite, au IIe siècle après Jésus-Christ, par les soldats de l'empereur Hadrien. L'extrême limite de l'empire. Un gigantesque rempart qui filait d'est en ouest, cantonnant les barbares de l'Antiquité au bout de l'île, défendant le monde civilisé des invasions et de la destruction. Les deux bandes de terre qui bordaient ce garde-fou avaient été rayées de la carte de l'Écosse et de l'Angleterre depuis la nuit des temps : théâtre de toutes les horreurs, elles appartenaient de fait aux brigands des deux royaumes qui s'y massacraient impunément.

Bainbridge était venu fureter deux fois sur ces lugubres champs de bataille. En 1599 et en 1601. Seul. Il avait pris des notes. Il avait dessiné des plans. Il avait même repéré deux colonnes – les restes d'un temple ? – encastrées dans une construction du Moyen Âge... Le Mur d'Hadrien, autrefois jalonné de forts et de villes de garnison, Bainbridge rêvait de l'explorer. Et d'y conduire ses élèves.

S'armer de pelles, de pioches. Marcher jusqu'à la frontière, à la hauteur de l'ancien camp de Birdoswald. Creuser au pied des fondations. Chercher les outils des légionnaires, les petits autels élevés à leurs dieux tutélaires, les inscriptions, les armes, tous les témoignages de la vie quotidienne des soldats. Rapporter ces vestiges à Appleby. Les sauver de toute destruction ultérieure en les scellant dans le mur de l'école. Présenter ainsi l'histoire de leur région aux paysans du Westmorland.

Le dessein de Reginald Bainbridge paraissait aussi absurde que dérisoire à son entourage. Son projet de fouilles était pourtant révolutionnaire. Isolé dans son village, le maître d'école d'Appleby avait découvert ce qui deviendrait une science : l'archéologie. Et une institution : le musée.

Pour l'heure, cette promesse de voyage dans l'espace et le temps suffisait à justifier les courses de Will, la nuit, le long de la rivière Eden. Aucun doute : Bainbridge et ses projets insensés corrompaient la jeunesse. William, le chef de famille à Bonny Gate, n'était pas le seul à le clamer.

Plus qu'à son savoir, le professeur devait son influence à son enthousiasme, à la force des images qu'il savait susciter chez ses élèves. Et à la qualité des relations qu'il réussissait à instaurer entre eux.

Avec ses condisciples, des garçons nommés John Atkinson, Hugh Hartley, Ed Cook, Will partageait la curiosité, l'impatience. Et la soif d'aventure. Il découvrait un pays plus inconnu encore que l'histoire des invasions romaines ! Il découvrait l'émulation intellectuelle. Il découvrait l'estime. Il découvrait l'amitié.

*

— Le Seigneur m'a donné deux fils, psalmodiait son père sur un ton de prophète. Le premier est un poltron. Le second un traître qui abandonne son village, déserte sa famille et laissera crever de faim sa propre mère.

La bataille contre l'école, Petty Senior l'avait perdue. La ténacité de Will avait forcé l'admiration des femmes du clan. Ses cousines Buffield et ses grandes sœurs étaient devenues complices de ses ruses, témoins admiratifs de ses fugues. Toutes le soutenaient.

Sa dignité sous le fouet avait même surpris Ellen Petty, sa mère... Ellen l'aidait-elle à s'échapper ? se demandait Petty père. Sûrement pas ! Mais elle devait savoir. Elle laissait faire et se taisait. Qui lui trouvait une monture ? Qui lui fournissait des vivres ? Qui le logeait ? Était-ce Ann, sa demi-sœur, la fille d'Ellen richement mariée à un cousin Buffield de Warcop, non loin d'Appleby ? Ou bien ce Bainbridge de malheur ?

Quand Will daignait se présenter à Soulby, il ne livrait pas ses secrets. Que le diable l'emporte ! Pourquoi revenait-il se faire insulter, corriger, enfermer ici chaque mois ? Il aurait aussi bien pu s'enfuir et disparaître pour de bon ! Quelles affections le rappelaient ? Sa mère ? Elle était aussi coriace et mystérieuse que lui... Une jeune fille ? Le père avait remarqué qu'en plus du reste Will courait la gueuse ! Fréquentait-il une fille en particulier ? George rapportait que Will était amoureux fou des yeux sombres de Mary, la plus petite de ses cousines...

Mais Mary n'existait plus. La peste l'avait prise l'an passé. L'épidémie avait décimé tout le village, fauchant les enfants et les anciens. Elle avait tué l'aïeul.

C'était Will qui avait enseveli son grand-père aux côtés de Mary, creusant en cachette deux tombes sur la lande, malgré les lois qui commandaient qu'on balance les cadavres dans la fosse commune.

En cet hiver 1602, le fléau sévissait à nouveau. Et Will était de retour. Le garçon réapparaissait toujours dans les moments rudes. Il rentrait au village in extremis, mais il rentrait à coup sûr, et partageait les souffrances des siens. Sa présence et son soutien ne faisaient pas défaut, le père lui rendait cette justice. C'était même une règle de conduite, la seule à laquelle Will paraissait obéir... Apaisait-il sa conscience, en resurgissant ainsi, de temps à autre ? Ah non, c'était trop facile ! s'insurgeait le père. S'il croyait remplir tous ses devoirs d'un coup, effacer ses défections passées, se racheter à peu de frais, il se trompait ! Aider à enterrer les morts ne suffisait pas. Qu'il contribue donc à l'existence des vivants ! Le temps pressait.

Aujourd'hui la lugubre botte de paille, signe que la peste avait encore touché Bonny Gate, pendait au-dessus de la porte et se balançait à un croc. On emportait dans l'ancien char à bœufs les cadavres de deux des filles Petty. Plus de dot à rassembler, plus de vaches à céder, plus de sacs d'avoine à fournir. Leur disparition ne semblait une grande perte pour personne. Sauf pour Will.

Cette fois, la douleur le rendait sensible aux accusations paternelles et vulnérable à tous les reproches.

Tête basse, il écoutait.

— ... En dehors de la solidarité entre les Petty, les Buffield et les Pool, en dehors de Soulby, il n'y a de salut ni pour toi ni pour personne. Et si la maladie devait m'emporter...

Si le père succombait, en effet, il laisserait sa veuve enceinte. Avec un enfant d'un an à la mamelle. Encore deux filles à marier. George, seize ans, qui pour être vigoureux n'en restait pas moins incapable de diriger la ferme. Et Will.

— ... Que deviennent les fermiers qui quittent leur village ? Des hors-la-loi ! Des exclus ! Des errants ! Si tu abandonnes tes bêtes, tu rejoindras les hordes de vagabonds qui vont mendier de bourg en bourg, et qu'on chasse de partout... Ou bien tu rallieras les Reivers qui pillent et massacrent. Avant de finir pendus !

— Qu'espères-tu obtenir de Master Bainbridge? coupa durement une voix féminine.

L'intervention d'Ellen Petty rendait l'échange plus intense. C'était une grande femme brune, sèche, usée par les maternités. Elle trimait depuis l'aube, s'occupait de la basse-cour, trayait les vaches, lavait le linge et battait le beurre. Elle ne prononçait pas trois mots par jour et n'exprimait jamais sa pensée. Aussi ses paroles pesaient-elles lourd. On racontait que, du temps où elle était l'épouse de Robert Chamberlain à Ravenstonedale, une bande de Reivers l'avait violée. Qu'ensuite ils s'étaient amusés à la « cacheter », brûlant son sexe au fer rouge avec la barre qui servait à marquer les bœufs. Cette mutilation visait à la rendre stérile. Les grossesses successives d'Ellen mettaient en échec la dernière barbarie dont elle avait été victime.

— Qu'espères-tu de Bainbridge? répéta-t-elle. Qu'il te prenne avec lui à l'école, qu'il fasse de toi son suppléant? Tu recevras vingt-six shillings par an, l'aumône des pauvres qu'on enferme à l'asile. C'est avec cela que tu comptes nous faire vivre?

Will releva la tête.

— Je suis le meilleur de l'école.

Il ne mettait aucune forfanterie dans cette affirmation. Il pesait ses mots :

— Je pourrais aller à l'université.

— Ils en ont fait l'idiot du village, explosa le père, un total imbécile!

— Bainbridge y a bien été, lui!

— Reginald était l'héritier des Bainbridge de Hilton, rétorqua la mère. Il possédait des vaches, des chevaux. Toi, tu n'as – et tu n'auras – rien!

— Je pourrais obtenir une bourse. Le règlement de l'école d'Appleby prévoit trois bourses...

— Les enfants de Soulby ne relèvent pas de la charité d'Appleby.

— Mais ils relèvent de Kirkby Stephen et l'école de Kirkby Stephen dispose de bourses, elle aussi! Trois livres, six shillings, huit pence par an... Pour étudier à Oxford pendant sept ans... Comme Bainbridge!

D'ordinaire, par orgueil, Will refusait d'argumenter. Cette fois, il leur livrait ses pensées, dévoilant d'un coup son rêve le plus intime. Un aveu. Ellen Petty en mesura les implications.

Le sujet était clos.

Trois jours après ce court entretien, l'affreux bubon des pestiférés creva l'aine de William Petty père.

Le fils cadet n'échapperait plus à Bonny Gate : Ellen en faisait son affaire. Elle saurait fixer à la ferme ce garçon – cet homme de quatorze ans – qui resterait rivé à son morceau de champ.

À la veuve Petty, on obéissait. Même Will.

*

Avec la fin de l'hiver, la Mort s'en était allée faucher un peu plus loin. La vie reprenait ses droits, plus furieuse. Vite, on voulait goûter aux plaisirs que concédait la Divine Providence, profiter de l'instant avant la prochaine catastrophe.

Durant les premiers jours de ce mois de mars balayé par les pluies, les noces se succédèrent. On s'épousait partout. On dansait à Ravenstonedale, on buvait à Kirkby, on s'aimait à Soulby. Quant à Reginald Bainbridge, il se hâtait de mettre à exécution tous ses projets : il comptait réaliser son vieux rêve.

— Il remonte mardi vers le Mur. Avec nous... Dépêche-toi !

Averti par ses anciens condisciples, Will rongeait son frein. Il n'avait pas mis les pieds à l'école depuis la mort du chef de famille. Le regard sur les sillons, le nez dans la glèbe, il poussait la charrue, fauchait, bêchait et lisait les Écritures. Ses efforts pour remplacer son père, sa volonté de répondre à toutes les attentes de ses proches le rendaient ombrageux.

Les quatre garçons s'étaient donné rendez-vous à la rivière. Le dos appuyé à un arbre, Will écoutait les dernières nouvelles d'Appleby. Devant lui, l'Eden, large d'une dizaine de mètres, grossi par les pluies, roulait en cascade d'immenses cailloux de grès.

— ... Bainbridge a construit une annexe sur le terrain de l'école, lui racontait Atkinson, un adolescent poupin qui criait pour se faire entendre dans le chahut du torrent. Il a composé des inscriptions latines qu'il nous a fait graver au-dessus de la porte... Des inscriptions à la manière de celles qu'il avait trouvées, il y a deux ans... On va en chercher de nouvelles sur le Mur... Viens !

— Les gens d'ici ne me laisseront pas m'en aller.

— Et alors ? File sans rien dire. Si tu crois que nous, on va demander la permission !

Will ne répondit pas, se gardant de rappeler à John Atkinson, à Hugh Hartley, à Ed Cook, qu'ils étaient nés gentlemen et que, pour eux, les règles du jeu différaient. L'école pouvait bien asseoir côte à côte les plus riches et les plus pauvres, au même niveau, à ras de terre dans la même salle de classe. Les élèves pouvaient bien mener la même vie, aider à la ferme, conduire les bêtes sur la lande : la limite – totalement invisible – entre ceux qui possédaient la terre et ceux qui ne la possédaient pas n'en était pas moins rigide.

— ... Pars tout de suite avec nous.

— J'ai donné ma parole que je ne m'enfuirais plus.

— Tu nous rases avec tes serments !

— C'est vrai, ça : quand tu l'ouvres, Will, c'est pour jurer des âneries à tous les morts que tu rencontres.

— Et que t'offrent-ils en échange, tes macchabées... à part les coups qu'ils ne sont plus là pour te mettre ?

Si les jeunes visages d'Atkinson, de Hartley et de Cook ne ressemblaient pas aux trois têtes sifflantes du Serpent tentateur, ils en avaient la voix.

Will les regarda partir. Il ne poussa pas un soupir, n'exprima pas de regret... Sinon le regret de l'absence du père, du grand-père, de ses deux sœurs dont les bras allaient cruellement manquer pour la moisson de septembre. Concentré sur sa tâche, il travaillait à remplir ses obligations. Nul à Soulby, pas même George ou les cousines Buffield, ne se doutait qu'il piaffait d'impatience ; que le chant des sirènes l'appelait au loin, à la frontière, sur le Mur.

Il résista, ainsi, trois semaines.

Puis une nuit, sans aucun signe annonciateur de changement, il vola deux chevaux. Et disparut.

*

Remontant la rivière à la faveur de l'obscurité, passant régulièrement d'une monture à l'autre pour économiser ses bêtes, Will se montra d'abord prudent. Un vieil instinct.

Mais il retrouva bientôt le bonheur physique des courses sans contrainte, les plaisirs fous de la solitude et du rêve... Il était César, il était Alexandre partant à l'assaut de l'immensité. Couché sur l'encolure, tous les sens en éveil, il galopait, aspirant à pleins poumons sa liberté qui lui brûlait la gorge et le grisait.

*

Si les landes des Borders n'avaient guère de secrets pour lui, manquait à Will une carte maîtresse : la connaissance des événements qui bouleversaient sa nation. L'épisode que, dans son isolement, il continuait d'ignorer n'était pourtant pas sans importance : le décès de la reine.

La nuit de sa mort – le 24 mars, une semaine plus tôt –, un cavalier avait secrètement quitté Londres en direction d'Édimbourg : il allait offrir, au nom de la cour d'Angleterre, la couronne d'Elizabeth Tudor au fils de Marie Stuart. Jacques VI, roi d'Écosse, devenait Jacques Ier, roi de Grande-Bretagne. Bien que de mère catholique, le nouveau souverain avait grandi dans le culte anglican. Protestant d'éducation, il ne manifestait aucune intention de changer de religion. C'était même la condition sine qua non de son accession au trône. Mais, du fait de ses origines, le sort des papistes promettait de s'améliorer. Pour quelque temps.

Aujourd'hui, 2 avril 1603, il s'apprêtait à pénétrer dans ses nouveaux États en franchissant par l'est la limite qui séparait l'Écosse de l'Angleterre.

De ces rapides mouvements de l'histoire, les paysans anglais de l'Ouest n'étaient pas informés. Mais, du côté écossais, la nouvelle descendait à vive allure, d'Édimbourg vers la frontière : l'Écosse occupait Londres, l'Écosse s'appropriait Westminster ! Tous les clans, les MacGregor, les Graham, les Amstrong, les Eliott, voyaient en l'accession de Jacques Stuart au trône d'Angleterre une victoire nationale. Un triomphe personnel. Ils avaient finalement dompté leur vieille rivale, leur trop puissante voisine. Partout les tribus s'alliaient pour parachever le travail. Deux mille Reivers se massaient sur le Mur. Ils venaient participer à la razzia des terres annexées et s'emparer de leur part de butin. En se préparant au plus lucratif de leurs pillages, ils comptaient jouir de l'impunité des vainqueurs.

*

Au loin, sur trois tertres, se profilaient trois tours, dernières traces de civilisation avant les marécages.

Le danger de s'aventurer dans les tourbières, Will ne le connaissait que trop. Le vent lui cinglait les oreilles, charriant le parfum âcre de la boue séchée. L'odeur montait des grosses buttes de terre et de mousse qui dissimulaient les forteresses des brigands. Mais, ivre de sa liberté recouvrée, il mariait avec fureur l'idée du risque avec celle du plaisir, et filait à découvert, rapidement, sans détours. Il mit toutefois plusieurs jours avant de rejoindre le Mur.

Il l'imaginait comme une gigantesque palissade qui lui fermerait le ciel et lui barrerait l'horizon. Il crut s'être égaré, car ses chevaux, loin de grimper vers les nuages, glissaient sur la pente d'une sorte de douve, et pataugeaient au fond d'un fossé. Il eut toutes les peines à leur faire gravir l'autre versant : c'est alors qu'il vit surgir l'interminable ruine. Elle courait d'est en ouest. À perte de vue. Un trait noir, visible de partout, une hachure de pierre, haute par endroits de deux mètres, laminée jusqu'à ses fondations à d'autres, une ligne qui grimpait, verticale, à flanc de coteau ; qui crénelait les collines ; plongeait à pic dans les vallons ; zébrait de son ombre segmentée l'ocre des marais, le vert des rares bosquets, la lande infinie.

Will mit pied à terre. Il suivit le zigzag vers l'ouest, en direction du camp de Birdoswald où il comptait retrouver Bainbridge. Il tenait les chevaux par la bride, avançant péniblement. Les bêtes trébuchaient sur les éboulis des fortins, sur les tourelles écroulées et les restes de camps qui jalonnaient la muraille. Ici, le rempart lui arrivait à l'épaule. Il effleurait, de sa main libre, ce petit parapet qui avait borné le plus grand empire de l'Histoire. L'idée qu'il mettait ses pas dans ceux d'Hadrien le grisait ; qu'il foulait la terre, l'herbe qu'avaient foulée les soldats de l'empereur ; qu'il frôlait les pierres que Suétone, le secrétaire d'Hadrien, l'auteur des *Douze Césars*, avait peut-être touchées. Il marchait à pas lents, calculant que le gouverneur Aulus Platorius Nepos et les cohortes de la VIᵉ légion Victrix avaient respiré l'air qu'il respirait aujourd'hui – mille quatre cent quatre-vingts années avant lui. L'Antiquité, ce rêve dont Bainbridge avait bercé son adolescence, restait vivante, elle devenait palpable. Le monde des Héros et des Dieux continuait d'exister !

Ce fut dans cet état d'exaltation qu'il entendit gronder, du côté écossais, comme une lointaine rumeur de chevaux. Il se remit en selle, bifurqua au galop vers l'intérieur des terres, rejoignit le bras de la rivière qui le mènerait au pied du promontoire où fouillaient ses condisciples.

Ce qu'il allait y découvrir le ferait déchanter.

Le souvenir de cette première semaine d'avril 1603 reste-rait gravé dans sa mémoire. Et dans la mémoire des Borders. En Grande-Bretagne, cette période de l'histoire porte un nom : la « Semaine maudite ».

3. *Le Mur d'Hadrien et toutes les régions de frontière, avril 1603 – La Semaine maudite*

À la hauteur du fortin de Birdoswald, la muraille mesurait jadis près de trois mètres d'épaisseur. Il n'en restait aujourd'hui qu'un mince parapet. Mais, sur les ruines de l'ancienne ville de garnison, nul besoin de creuser profond : les vestiges affleu-raient. Cela expliquait le choix du maître d'Appleby et de ses quinze élèves qui campaient dans le champ.

Quant aux Reivers, ils avaient, eux aussi, une excellente raison d'occuper le terrain à cet endroit de la frontière : la faible hauteur du Mur leur en facilitait le passage.

À jet continu, une horde de cavaliers sautait l'obstacle. Les sabots de leurs chevaux heurtaient les pierres qu'ils entraî-naient avec eux, achevant la destruction du mur, pulvérisant les fragments d'objets alignés dans l'herbe, les morceaux de stèles, les amphores et les inscriptions, toutes les modestes reliques découvertes par les disciples de Bainbridge. Lances au poing, leurs barbes blondes effleurant le *jack*, le front bas sous le *morion* qui leur masquait le visage, les Reivers chargeaient droit devant, renversant et piétinant les gamins, dévalant la plaine avec de longs cris gutturaux. Cette clameur de guerre se propageait jusqu'à l'Eden qui coulait en contrebas. Will enten-dait fondre droit sur lui ce terrible hurlement.

Caché dans l'eau entre les rochers, il assistait, impuissant, au passage de la troupe.

Si les Reivers découvraient ce fils de fermier anglais qui les espionnait avec deux chevaux, ils voleraient ses bêtes, et lui couperaient la langue, la main droite et le pied, selon l'usage, pour qu'il n'aille pas répandre dans la vallée la nouvelle de leur descente.

Quand les cavaliers, l'éclaboussant, l'eurent dépassé sans le voir, Will attacha ses montures aux arbres de la rivière et rampa jusqu'à la colline.

Sur le plateau, le petit champ de fouilles n'était plus qu'un cimetière. Ses camarades gisaient çà et là, massacrés au hasard, entre les trous et les outils. Il s'aplatit dans la boue, parmi les enfants morts.

Tout près de lui, les fantassins franchissaient le mur à la suite des cavaliers. Armés d'arquebuses, ils achevaient les blessés à bout portant, d'un coup de feu en plein visage. Les crânes explosaient dans une odeur de poudre.

Mais, très vite, l'attention des Reivers fut captée par une cible plus intéressante : les quelques survivants qui tentaient de s'enfuir. Ceux-là, ils s'amusaient à les chasser dans la plaine, et les tiraient comme des lapins.

Relevant la tête, Will aperçut plusieurs silhouettes qui couraient vers le bois dans l'espoir de se mettre à couvert... Silhouettes bientôt roidies par une arquebusade. C'est alors qu'il vit Bainbridge. Le vieux professeur, empêtré dans sa robe, trébuchait. Tournant le regard dans la direction opposée, celle d'où venaient les coups de feu, Will repéra ce qu'il redoutait : un Reiver, le mousquet appuyé dans la fourche d'un bâton, visait Bainbridge. Il faisait durer son plaisir, attendant que sa proie fût presque à l'abri. Il ne fallut qu'une seconde à Will pour bondir, dévier le tir, se précipiter sur son maître et le porter dans le bois. Il reparut le temps d'y traîner John Atkinson, tombé à la lisière des fourrés. Ils restèrent cachés là, parmi les branches qui s'enflammaient à chaque salve. L'incendie gagnait la forêt : les Reivers ne se donnèrent pas la peine de les en déloger.

À coups de talon et de crosse, la dernière vague de pillards, privée de cibles mouvantes, brisait les fragments de tuiles et de céramiques. Avec une joie féroce, ils écrasaient ces miettes de civilisation qui retournaient à la terre et à l'oubli. Quand ils eurent tout détruit, ils détalèrent vers la rivière. Les cris des traînards se propagèrent dans la vallée, un écho chargé de haine.

Les Reivers descendaient l'Eden. En direction de Soulby.

*

Je les maudis quand ils naissent et je les maudis quand ils meurent
Je les maudis debout, je les maudis couchés
Je les maudis à pied, je les maudis à cheval
Je les maudis mangeant, je les maudis buvant.

Ces imprécations de l'évêque de Glasgow, Will les répétait à son tour. Il ne les tonnait pas en chaire comme l'évêque. Mais il les murmurait jour et nuit, dans l'horreur des spectacles qu'il découvrait. Toutes les fermes entre Carlisle et Kirkby : brûlées. Cinquante mille têtes de bétail volées. Sans compter les chevaux et les moutons. « Seigneur, mon Dieu, accordez-moi d'arriver à temps ! »

Les Reivers, assurés de l'immunité, ou se croyant tels, ne mettaient aucun frein à leur barbarie. « Faites qu'ils ne parviennent pas jusqu'à Bonny Gate ! »

Paysans torturés. Femmes éventrées. Jeunes filles violées et mutilées. Garçons enlevés et rançonnés. « Épargnez ma mère et mes sœurs ! Sauvez ma famille ! »

Si son maître s'était tiré sain et sauf du petit bois de Birdoswald, ainsi que John Atkinson et quelques autres camarades, Will ne perdait rien pour attendre : le pire restait à venir. Il le sentait.

Je les maudis riant, je les maudis pleurant
Je les maudis...

Dans sa course pleine d'effroi vers Bonny Gate, ce retour halluciné vers les siens, la réalité se confondait avec le cauchemar.

*

La prophétie de son père s'était réalisée : « Le Seigneur m'a donné deux fils. Le premier est un poltron. Le second un déserteur qui abandonnera sa famille et laissera crever sa propre mère. »

En ne participant pas aux combats de Soulby, en ne défendant pas son propre village, en ne partageant pas le calvaire de ses proches, Will avait trahi.

De ses sentiments devant le cadavre de sa mère pendu à un croc, se balançant au-dessus de la porte calcinée de Bonny Gate, il ne pourrait jamais parler.

*

Exposé sur le « Tabouret du Repentir », l'escabelle à trois pieds où l'on exhibait les blasphémateurs, les fornicateurs, les adultères, William Petty de Soulby allait être humilié publiquement.

La foule se pressait au fond de l'église. On venait de loin, de Warcop et d'Appleby, pour assister à la cérémonie. Il ne s'agissait pas d'un supplice ni même d'un châtiment. Il s'agissait d'une condamnation à la mort civile et à l'errance morale Une éradication du monde : la mise au ban.

Tous ses camarades, John Atkinson, Ed Cook, Hugh Hartley étaient présents. Même Bainbridge se contraignait d'assister à ce rite funèbre dont il se sentait en partie responsable.

En paraissant à Kirkby Stephen parmi les membres décimés de la famille Petty, le maître d'école d'Appleby prenait le risque d'essuyer la colère du clan. C'était bien le moins qu'il puisse faire pour cet élève qui avait tout bravé afin de suivre ses leçons. Devant l'ardeur du garçon, Bainbridge éprouvait une forme de fierté rétrospective. Cette volonté acharnée d'étudier avec lui flattait le vieux professeur. S'il avait distingué, de longue date, la force de concentration de Will Petty, son intelligence et sa curiosité, il n'avait jamais pris la mesure des liens qui l'entravaient. L'adolescent n'avait rien laissé paraître de ses difficultés.

Maintenant il était trop tard pour lui prodiguer son soutien. Bainbridge n'apercevait que sa nuque qui s'offrait à la honte.

On l'avait mis nu dans le transept, et recouvert d'un suaire, comme un mort. Un trou pour la tête, deux pour les bras. Il portait un cierge à la main et une pancarte au cou : *This person is without honour*, « Cette personne est sans honneur ». Ni prénom ni patronyme. Il n'avait plus d'identité.

Les Petty, les Buffield, les Pool, tous les parents, tous les amis qui avaient échappé au massacre défileraient devant sa dépouille. L'un après l'autre, ils clameraient leurs origines et leurs qualités, avant de lui cracher au visage en signe de rejet. Ainsi rompaient-ils leur lien avec un paria désormais sans lignage.

Son frère aîné s'avança le premier. Sa voix résonna claire et distincte sous la voûte :

— George Petty, fermier de Soulby.

Il marqua une pause. Le silence s'abattit, lourd de la présence de la mère pendue et des sœurs assassinées. George cracha droit devant lui, touchant son cadet au front.

Will frémit. Il ne leva pas les yeux. Ceux qui l'avaient connu orgueilleux et digne sous la trique s'étonnèrent de le voir se tasser sous l'insulte, comme s'il avait peur. Sa faiblesse multiplia leur désir de le frapper.

— John Petty, métayer de Ravenstonedale.

— John Pool, paysan de Greystoke.

— John Atkinson, gentleman d'Appleby.

En recevant la salive de l'ami auquel il avait sauvé la vie au camp de Birdoswald, Will sembla se recroqueviller. Mais il ne chercha pas à se dérober. Il reçut le mépris, tête basse, fuyant les regards. La honte l'avait transformé en une loque qui n'avait d'humain que la douleur.

Ce que ses accusateurs ne pouvaient mesurer, c'étaient les sentiments qu'il nourrissait envers lui-même. Eût-il été livré à son propre mépris, le condamné se serait châtié avec plus de colère et de dégoût. Si faire se peut.

— Ann, du village de Warcop...

La voix ne clamait ni ne revendiquait rien. Elle répéta très doucement :

— ... Ann Buffield.

C'était à cette femme, sa demi-sœur, une grande brune sèche qui ressemblait à leur mère, qu'il avait dû sa survie à Appleby. C'était Ann qui l'avait hébergé et nourri, rendant possible par son hospitalité dans le hameau voisin ses années d'étude chez Bainbridge.

Immobile devant lui, elle le contemplait avec une pitié infinie.

Il attendait qu'elle crachât. Il n'eut pas conscience qu'elle ne le faisait pas. Il ne leva pas les yeux. Même sur elle.

Ceux qui l'aimaient ne pouvaient plus l'atteindre. Sa faute le rendait intouchable. Elle le mettait hors de portée de toute affection et de toute haine.

Pourtant, quand il avait entendu nommer « Ann Buffield », Will aurait pleuré. S'il avait pu, s'il avait su.

*

Un vagabond sans repères, une volonté brisée, une âme avilie par le sentiment de sa culpabilité, tel était l'adolescent qu'allait recueillir le maître d'Appleby. De cet exclu, Bainbridge comptait faire un philosophe et un savant. La tâche s'avérerait ardue.

*

Will vivait désormais terré dans le galetas de l'école. Il y réparait les fenêtres, sciait du bois, fabriquait des tables et des rayonnages, s'activait du matin au soir.

Mais il refusait d'ouvrir un livre.

Il ne participait pas aux leçons et semblait incapable d'effectuer le moindre travail intellectuel. Les lectures les plus faciles ne fixaient pas son attention. Même l'enseignement de son bienfaiteur, ses discours enthousiastes sur les mœurs des Romains, n'éveillaient pas son intérêt. Virgile, Pline, Tite-Live, les auteurs qu'il avait tant aimés l'avaient trahi. Ils ne le touchaient plus. La curiosité était synonyme de péché. « Ce garçon promettait pourtant de devenir un excellent latiniste ! » se désolait Bainbridge en le regardant s'absorber, avec une obstination farouche, dans les tâches les plus basses. « ... Comment avait-il trouvé en lui l'énergie d'apprendre, autrefois ? Quels mystères avait-il entrevus, quelles échappées sur le monde du savoir lui avaient donné, jadis, une telle soif de connaissance ? »

Le maître ne réussissait même pas à lui rendre l'espérance.

Infidèle à Dieu, aussi !

À la suite du décès d'Ellen Petty, les oncles de la branche Ravenstonedale avaient fait reconstruire Bonny Gate. Leurs fils cadets s'y étaient installés en compagnie de George, afin que la ferme ne passe pas à d'autres locataires. Bonny Gate restait donc habitée par les « Petty de Soulby ». Mais nul ne s'intéressait plus au sort du banni. Pour tous, Will avait cessé d'exister. On l'avait *oublié*. Même ses anciens camarades acceptaient l'évidence et le tenaient pour quantité négligeable... Si négligeable qu'ils pouvaient se permettre de mentir ou de voler devant lui. Ainsi John Atkinson, qui avait hurlé avec les loups lors de la « mise au ban », déroba-t-il, en sa présence, un volume qu'il convoitait dans la bibliothèque de l'école.

Le regard que les deux garçons échangèrent à cette occasion scella entre eux un pacte de mépris réciproque. Mais peu importait le désaveu de Will Petty. Atkinson savait que son camarade ne le dénoncerait pas. Il savait que Petty se tairait. Un être sans honneur ne pouvait intervenir. Un mort n'interférait pas avec les vivants.

4. Neuf mois plus tard, Naworth Castle, l'une des nombreuses propriétés de la famille Howard dans le comté du Westmorland, 1604

Les murailles crénelées du château de Naworth, superbe masse de pierres rousses et grises, se découpaient sur le vert cru de la forêt : un spectacle familier au regard de Reginald Bainbridge. Mais le va-et-vient des ouvriers sous le blason de la poterne, la rumeur qui montait des deux cours en enfilade, l'embouteillage dans l'étroit passage conduisant de l'une à l'autre, et les coups de marteau qui ébranlaient la tour de droite, une tour trapue où l'on construisait un escalier et une bibliothèque, toute cette agitation dans un lieu longtemps abandonné détonnait.

Le personnage, le très grand seigneur, auquel Bainbridge venait régulièrement rendre visite sur ce chantier était une vieille connaissance. Les deux hommes appartenaient à la même académie scientifique – l'Antiquarian Society –, dont ils étaient tous deux membres fondateurs depuis 1572. Ils partageaient les mêmes complices à Oxford, les mêmes amis à Cambridge, les mêmes correspondants à Londres.

Là s'arrêtait leur ressemblance.

Bainbridge était petit. Avec ses grosses lèvres, sa barbe trop longue et ses sandales, il évoquait un faune sorti du bois. Son hôte mesurait plus d'un mètre quatre-vingt-dix. Le front dégagé – un front si haut qu'il lui dévorait la moitié du visage –, il arpentait en guerrier les propriétés qu'il restaurait à grands frais.

Quand le seigneur et le maître d'école traversaient ensemble l'immense hall, qu'ils passaient devant les étranges animaux qui flanquaient la cheminée, devant le grand taureau rouge des Dacre, devant le griffon ailé, le dauphin des Greystoke et l'agneau des Multon, on eût dit que les deux hommes appartenaient au même univers peuplé de mythes et de symboles. Un gnome et un géant. Deux emblèmes. Deux légendes. Reginald Bainbridge avait trouvé un interlocuteur à sa mesure. Lord William Howard de Naworth, baptisé *Bauld Willie*, « Willie l'Audacieux », par ses contemporains, était une force de la nature dont, quatre siècles après sa mort, on parlerait encore dans le Westmorland.

Passionné d'histoire, il s'intéressait aux vieilles pierres et partageait avec le professeur d'Appleby le même regard sur le passé. Un regard de savant. Ils se souciaient peu d'esthétique. L'élégance d'une inscription, les proportions d'un autel, la beauté d'une statuette les laissaient assez indifférents. Mais l'origine de l'objet ? Sa fonction ? Son évolution ? Lors de leurs équipées dans la campagne, les deux compères se posaient de doctes questions et raisonnaient en érudits.

Pourtant, depuis quelque temps, Bainbridge donnait à la conversation un tour plus personnel. Il revenait notamment sur les mérites de l'élève qui lui servait aujourd'hui de suppléant. Sur ses qualités morales et ses dons intellectuels... À petites doses. Mais avec insistance.

— Je connais ce jeune homme depuis des années... Une rapidité, une mémoire prodigieuses... en dépit des obstacles !

Devant Lord William, Bainbridge se gardait d'évoquer le « Tabouret du Repentir » et le déshonneur qui stigmatisait son protégé. Il ne disait pas que l'adolescent s'était coupé du monde depuis cet épisode. Il n'avouait pas sa propre difficulté à communiquer avec lui.

— Il lit le grec à livre ouvert... Et je ne sais qu'en faire !

— Votre protégé vous assiste, c'est un début.

— Et une fin. Balayer l'école et fouetter les cancres ? Il mérite mieux que cela.

— Pourquoi ne l'envoyez-vous pas à Oxford ?

— Si c'est moi qui l'y recommande, il n'a pas une chance.

— Comment ? Avec le crédit dont vous jouissez à Queen's College ?

— Côté boursiers, j'ai épuisé mon quota.

— Vous m'étonnez !

— Voilà vingt ans que j'envoie à Queen's tous les fils de gueux dont l'université pourra faire de tolérables pasteurs. Les professeurs protestent. Ils attendent de moi que je leur propose des fils de nobles. Pas des miséreux. Ils veulent des gentlemen dont les parents enrichiront le collège par leurs dons, par leur protection, et par leurs legs. Ils ont grand besoin d'étudiants fortunés qui accroîtront leur prestige... Mes élèves ne sont plus acceptés, à moins qu'ils n'aient un revenu de cinquante livres par an. Si Votre Grâce, en revanche, voulait bien écrire au doyen de son collège à Cambridge...

— Mais enfin, Master Bainbridge, interrompit le seigneur en souriant, que trouvez-vous donc de si extraordinaire à ce garçon, qui vaille que je prenne, moi, la peine de le recommander à Cambridge ?

Le vieux maître hocha la tête, réfléchit, et dit :

— Votre Grâce désire-t-elle vraiment en finir avec la sauvagerie des Borders ?

— À votre avis, Bainbridge ?

— Alors Votre Grâce doit éduquer les enfants du Westmorland.

— Si je vous comprends bien, vous voudriez que j'envoie tous vos protégés à l'université... sur ma cassette personnelle ?

— Quelques-uns.

— Vous n'avez pas répondu à ma question : pourquoi celui-là ?

— Parce que Will Petty est digne de vous, digne des Howard et de leur grandeur !

Bainbridge laissa son interlocuteur méditer cette déclaration et se tut un instant. Changeant subtilement de sujet, il évoqua le sort d'un autre jeune homme :

— Le malheureux neveu de Votre Grâce, Thomas Howard, fils de feu votre frère Philip, doit avoir l'âge de mon élève. Un peu plus âgé peut-être ?... Seize ou dix-sept ans ?... Votre Grâce, je le sais bien, Votre Grâce ne peut rien pour secourir son pauvre neveu, pour le protéger et l'éduquer ! Mais pour mon suppléant, Votre Grâce peut tout...

Sous ses airs d'homme des bois, Reginald Bainbridge était un négociateur habile. En évoquant le fantôme du frère aîné de Lord William et le dénuement de son neveu Thomas, héritier du titre, du nom et des armes des comtes d'Arundel, le maître d'école éveillait chez son interlocuteur une inquiétude et un remords.

L'histoire familiale de Lord William Howard était aussi sanglante que la terre dont il venait reprendre possession. Son père, accusé de complicité avec Marie Stuart, avait été décapité par la reine Elizabeth. Difficile début pour un enfant. Toutefois, quand Lord William eut quatorze ans, son avenir sembla s'éclaircir. Son frère aîné, Philip Howard, fils d'un premier lit de son père, fréquentait la cour et passait aujourd'hui pour le nouveau favori de la reine. Elizabeth raffolait du jeune homme et ne pouvait s'en passer...

Si Lord William s'était cru tiré d'affaire grâce à la bonne fortune de son aîné, il se trompait. L'amour de la souveraine allait leur coûter cher.

Les deux frères avaient épousé deux sœurs, les deux héritières des *Dacre of the North*, les plus redoutables féodaux anglais qui possédaient la terre et les forteresses des Borders... Deux ferventes papistes. Deux épouses délaissées.

L'une, la femme de William, n'avait pas neuf ans au moment du mariage. L'autre, l'épouse de Philip, était arrivée dans sa vie à l'heure de ses royales amours, quand il ne s'occupait que de plaire à Sa Majesté.

Toutefois, à force de patience, l'une et l'autre avaient fini par attirer leurs fougueux conjoints dans leur lit. Elles ne bornèrent pas leur victoire à ce triomphe de coquetterie. Elles ramenèrent leurs maris à la religion, la seule, la vraie, celle de leurs ancêtres : la religion catholique !

Pour avoir été tardive, la conversion de Philip et de William Howard n'en fut que plus sincère. L'un la paya de sa vie. L'autre de sa fortune.

Philip, le favori, fut emprisonné à la Tour de Londres : il y succomba, victime de la jalousie d'Elizabeth et des mauvais traitements de ses geôliers. Certains murmurèrent qu'il périt empoisonné. Quel qu'ait été le moyen employé pour le faire disparaître, il mourut au terme de longues années de souffrance, en martyr de sa foi, et sans obtenir la permission de voir son fils, le petit Thomas Howard, né en 1585, durant sa captivité. À cet héritier, Elizabeth, vindicative, confisquait ses biens et son titre : l'orphelin ne pourrait ni se faire appeler « comte d'Arundel » comme son père, ni demeurer à « Arundel House », la demeure familiale sise au bord de la Tamise, sur le Strand. Quant à la mère de l'enfant, la veuve inconsolable de Philip, elle perdait tous ses domaines, les nombreux châteaux des Dacre sur les Borders.

Lord William connut les mêmes désastres. Mais l'indifférence de la reine lui épargna une longue incarcération. Et la mort.

Enfant, il avait étudié à Cambridge. Les vicissitudes du destin le confirmèrent dans son amour immodéré du savoir. Et de la vie au grand air. En gentleman-farmer, en chasseur de cerfs, en amateur de livres, il attendit donc à la campagne des jours meilleurs. Jusqu'à l'âge de quarante ans. Jusqu'à cette première semaine d'avril 1603 !

La Semaine maudite avait bouleversé son existence... À lui aussi.

Avec l'avènement au trône du fils de Marie Stuart, Lord William Howard rentrait en grâce. Son propre père n'était-il pas mort sur l'échafaud pour avoir tenté de sauver la reine d'Écosse ?

En baron fidèle, il était donc monté accueillir le nouveau souverain sur la frontière : il comptait l'accompagner jusqu'à Londres. Mais le spasme qui secouait la région à quelques kilomètres de Newcastle, où le roi séjournait, changea le cours de sa destinée. Dans la seconde où Jacques Ier reçut la nouvelle des massacres, il comprit que les Reivers empêchaient l'unification de son royaume, qu'ils conduisaient l'Angleterre et l'Écosse à la guerre civile, qu'ils menaçaient la légitimité de son trône. « Châtiez ces rebelles ! » hurla-t-il. Son accès de fureur n'eut d'égal que sa détermination à s'en débarrasser. Le roi promulgua une série d'édits qui se résumaient à trois mots : *Lynchez-les tous*. « Si un Anglais vole en Écosse, si un Écossais vole en Angleterre, quelque bien que ce soit qui vaille douze pence ou plus, il sera pendu sans autre forme de procès. » Le gouvernement royal se donnait les moyens d'appliquer la loi : il envoyait sur le théâtre des atrocités cinq mille hommes en armes, conduits par les meilleurs de ses barons.

Lord William Howard galopait en tête.

Il avait un intérêt vital à l'extermination des pillards. En ce mois d'avril 1603, son épouse, ses six fils et ses six filles se trouvaient assiégés à Thornthwaite, la demeure qu'il louait non loin d'Appleby, en attendant de reprendre possession de ses fiefs, notamment de celui de Greystoke et du château de Naworth, l'immense forteresse qui tombait en ruine sur le Mur d'Hadrien, à la hauteur de l'ancien camp romain de Birdoswald... Les Reivers avaient cru à l'impunité ? Les excès de la Semaine maudite signaient leur arrêt de mort : Lord William en faisait son affaire !

Non seulement il arriva à temps pour sauver sa famille, mais en quinze jours il fit se balancer aux gibets d'Appleby les cadavres de plus de trois cent soixante Reivers. Un prélude. Durant les quarante ans à venir, William Howard de Naworth travaillerait au domptage des Borders. Il y parviendrait.

Héros sur le champ de bataille, juge équitable aux assises, administrateur habile, agronome, bibliophile, antiquaire, bon père, bon mari, « Willie l'Audacieux » avait encore une dernière corde à son arc : c'était un prédateur avide, un parent sans scrupule qui travaillait à spolier la femme de son frère. Profitant de la faiblesse de la veuve et de l'orphelin, il avait réussi à s'emparer de l'ensemble de l'héritage familial, des biens des Howard et de ceux des Dacre, au profit de ses propres enfants.

À cette croisée des chemins l'attendait Reginald Bainbridge.

Échanger l'éducation de Thomas Howard – l'enfant de Philip, ce neveu que Lord William cherchait à dépouiller – contre l'éducation d'un fils de paysan. Troquer l'entretien d'un gentilhomme contre une bourse d'études destinée à un fermier. Racheter, par ce marché avec la morale, sa malhonnêteté à l'égard de son parent. Apaiser sa conscience en se montrant généreux, et paraître bienveillant envers la jeunesse du Westmorland... Tout bénéfice.

C'était sur cette tortueuse casuistique que reposaient les allusions du maître d'école.

En mettant sur un même plan le rejeton d'une illustre lignée et son misérable suppléant, deux garçons prêts pour l'université, il conduisait Lord William où il désirait le mener. Les luttes d'intérêt entre les membres de la plus puissante famille du royaume allaient profiter au plus obscur de leurs administrés.

Bainbridge, en plus du philosophe, avait quelques traits du jésuite. Par ses marchandages, il liait le sort de Thomas, l'héritier dépossédé des comtes d'Arundel, et celui du gueux qu'il tentait d'envoyer à l'université. Si Thomas Howard et Will Petty devaient un jour maîtriser les armes de leurs ambitions, chacun posséderait peut-être ce dont l'autre serait dépourvu. Au premier, la fortune. À l'autre, la connaissance. Deux destins, unis dès l'origine, que les Parques filaient ensemble.

5. *Appleby, 1604*

— Lis cette lettre.

Bainbridge, le visage en feu, la barbe en bataille, arrivait dans la cour de l'école. Il brandissait deux papiers. L'un était cacheté et scellé, l'autre déplié. Il marcha sur Will.

— Lâche ce marteau. Assieds-toi sur ce banc. Et lis !

Bainbridge lui tendit la feuille ouverte. Will obéit et s'assit. Le maître resta debout :

— Lis à haute voix.

— *Je désire que le porteur de cette lettre, Mr William Petty, qu'on me dit très sérieux et d'une piété exemplaire, soit immatriculé à l'université de Cambridge...*

La voix se brisa.

Will avait laissé retomber ses mains sur ses genoux. Le maître ne remarqua pas son expression.

— Continue ! ordonna-t-il.

— *... qu'il soit admis à Christ's College ; et qu'il paie le prix de ses études en travaillant...*

— Tu appartiens désormais à la parentèle de Lord William Howard de Naworth !

Bainbridge exultait. Le plus doué de ses élèves suivait ses traces. Fier de son succès, il posa sur l'établi devant Will sa seconde missive : le trophée. C'était la précieuse minute de la recommandation, le document qui portait le sceau des Howard :

— Tu remettras ceci, en main propre, au doyen de ton collège... Une telle protection t'ouvre toutes les portes !

Il y eut un instant de silence. Le maître savourait son triomphe.

— Je ne peux pas accepter.

— Comment ?

— Je n'irai pas.

— Tu n'iras pas !... Pourquoi ?

— Je vous remercie de la peine que vous vous êtes donnée.

— La Providence t'envoie cette grâce...

— Je n'en suis pas digne.

— Blasphème ! On ne refuse pas la Grâce de Dieu...

Ulcéré, Bainbridge soudain s'emporta :

— ... En effet tu n'en es pas digne ! Qui es-tu, toi, pour décider à la place du Ciel ? Dans sa générosité infinie, le Seigneur réalise ton vœu le plus cher...

Le professeur s'interrompit pour reprendre son souffle.

Rouge d'indignation sous le poil, il dévisageait son élève avec sévérité. Will brava sa fureur et soutint son regard. Un instant. Puis il détourna les yeux et se leva. Rassemblant les planches de la bibliothèque qu'il consolidait, il esquissa le geste de s'en aller. Bainbridge lui barra le passage, lui fit face et continua durement :

— Tu ne *peux* pas accepter, parce que tu désires aller à Cambridge, et que tu le désires de toute ton âme ! C'est cela, n'est-ce pas ? « Le Bourreau de Soi-même », *J'ai pensé que mes torts seraient un peu moins grands, si je me condamnais à souf-frir.* En mettant bêtement en pratique ces lignes de Térence, tu me prouves que tu n'as rien compris aux auteurs de l'Antiquité ! *J'ai senti que je ne devais me permettre aucune jouissance...* Mais qui te parle de jouissance ? explosa Bainbridge. Qui te parle de désir ou de plaisir ? Désormais tu serviras le Seigneur ton Dieu, ta vie sera dédiée à l'Église comme celle de tous tes condisciples auxquels la naissance ne garantit pas un héritage assez avantageux pour prétendre à une autre carrière.

Bainbridge le saoulait, empêchant par son déluge de paroles la moindre objection. Il reprit plus posément, du ton dont il usait pour asséner les vérités premières :

— ... Cambridge est née d'une scission d'Oxford... Certains clercs de chez nous furent contraints au xiiie siècle de s'installer ailleurs... Ils se fixèrent à Cambridge, pour leur plus grande perte !

Même dans son emportement, le maître d'Appleby restait un *Oxfordman*. Il ne pouvait s'empêcher de souligner la primauté de sa propre université : la rivalité entre les deux institutions restait virulente.

— ... Mais Oxford ou Cambridge, à toi peu importe : ton cursus sera le même. Tu étudieras la grammaire latine durant trois ans, la rhétorique et la logique. Ce premier cycle s'appelle le *trivium*. Une fois bachelier, tu recevras les ordres mineurs. Alors tu pourras compter sur une paroisse, riche ou pauvre, selon la protection dont tu jouiras auprès du doyen. Je te signale au passage que le doyen du collège où je t'envoie a été boursier. Il est entré comme toi, en élève de troisième catégorie. Un *sizar*, lui aussi, qui a reçu sa *size* de pain et sa portion de lait contre un labeur domestique. Tu le serviras à ton tour pour payer ton écot, lui ou l'un des professeurs, ou quelque élève moins pauvre que toi... La concurrence est féroce entre les *sizars*, je t'en avertis. Tu trouveras grand intérêt à te montrer plus assidu et plus brillant que les autres. Une réussite spectaculaire pourrait t'assurer, plus tard, une élection à la chaire de latin ou de grec : une *fellowship*. Pourvu, bien sûr, que tu renonces au mariage. Et, par voie de conséquence, au commerce avec les femmes...

Will écoutait, fasciné. La manœuvre semblait réussir : Bainbridge bombardait son élève de tant de détails que ce dernier ne pouvait ni l'interrompre ni l'interroger.

— ... Les mêmes succès ne sont pas requis des *pensioners*, les fils de marchands et de propriétaires terriens qui financent leurs études, poursuivait-il, imperturbable. Ceux-là finissent plutôt comme hommes de loi dans les Inns of Court. Quant aux fils de l'aristocratie, les *fellow commoners*, pourvu qu'ils enrichissent leur collège par des cadeaux en nature, on ne leur demande rien. Ils disposent, bien sûr, des meilleures chambres et dînent à la *high table*, avec le doyen et les professeurs. Mais toi... Toi, la nécessité te force à te surpasser. Fais-moi honneur. Révèle-toi le meilleur de tous. Quand tu seras prêtre et bachelier, tu pourras, comme moi, obtenir la direction d'une école. Tu pourras aussi t'engager dans un second cycle de quatre ans, le *quadrivium* : arithmétique, musique, géométrie et astronomie, auxquelles viendront s'ajouter les trois philosophies d'Aristote. Sept ans au total pour étudier les arts libéraux, les techniques où le travail intellectuel domine... Sept ans, comme l'apprentissage des artisans chez les maîtres des corps de métier. Ce parcours fera de toi un professeur à ma mesure. Ou alors un ministre du culte à la mesure de sa tâche au service de Dieu...

Will ne doutait pas de la vérité de ce discours. Il ne songeait même pas à s'interroger sur sa propre vocation religieuse ! On lui assurait qu'il serait « ministre du culte ». Bien. Mais de quel culte ? Bainbridge ne le précisait pas... Catholique ? Anglican ? Luthérien ? Calviniste ? Puritain ? Telle était pourtant la question.

Depuis l'excommunication du roi Henry VIII, il n'y avait plus de curés en Angleterre, plus de moines et plus d'abbés ! Mais, après sa mort, sa fille aînée, la reine Marie Tudor, farouchement papiste, avait rouvert les couvents, rétabli toute la hiérarchie catholique : prêtres, archiprêtres et cardinaux. Dignités à nouveau supprimées par la seconde fille de Henry, la reine Elizabeth, enfant d'un divorcé, et donc bâtarde aux yeux de Rome.

Les universités suivaient le mouvement. Les collèges renouvelaient le mobilier des chapelles, installaient ou bannissaient les grandes orgues, abaissaient ou surélevaient les autels, selon les périodes. Mais rien ne changeait, sinon les professeurs. Quand ils s'opposaient par leur enseignement à la religion du pouvoir royal, ils étaient remplacés, et quelquefois décapités.

Au terme de quarante années d'un long règne, Elizabeth avait réussi à imposer sa vision du monde. En ce printemps 1604, son successeur respectait sa volonté. Jacques Ier servait même avec une recrudescence de zèle la religion du parti qui lui donnait le trône. Il se piquait de théologie et veillait personnellement à la conformité des pasteurs que formaient ses universités. Will allait donc pénétrer dans le sanctuaire de l'Église anglicane, un temple où toute sympathie envers l'idolâtrie papiste était réprimée.

Pourtant, ultime reliquat des origines monastiques des universités, le célibat, aboli partout ailleurs parmi les membres du clergé anglais, restait un diktat imposé aux professeurs, comme le lui rappelait Bainbridge. Quant aux élèves... Service biquotidien à la chapelle. Vingt-quatre heures de cours de théologie par semaine. Deux cent trente conférences par an sur le Péché originel, sur la Grâce, sur la Foi et sur la Bible.

— Si tu veux expier tes fautes, tu pourras faire pénitence : les lieux s'y prêtent... L'université t'offrira toutes les formes de châtiments possibles. Ne t'en prive pas ! Tu souffriras, si c'est la douleur que tu cherches.

Le maître ajouta, voulant atténuer la dureté de ses derniers mots :

— Je ne t'envoie pas seul... Sa Grâce Lord William, dans son immense générosité envers les enfants du Westmorland, étend sa protection sur un autre de mes élèves, le meilleur parmi tes camarades. Ton ami Atkinson t'accompagne... Mais ne crois pas que je vous fasse un cadeau. Vous ne dormirez pas sur un lit de plumes et de roses avant longtemps.

Bainbridge reprit la missive qu'il avait posée sur l'établi :

— ... Que tu le veuilles ou non, tu vas quitter ce refuge, mon garçon : je te chasse ! Et maintenant...

Il lui lança le précieux parchemin :

— ... à toi de jouer !

Will, par réflexe, rattrapa l'épais carré de papier qu'alourdissaient les rubans et la cire : Cambridge, l'impossible rêve du paysan des Borders !

Chapitre 2

DANS LE DÉDALE DES SAVOIRS
1604-1608

6. *Premier séjour à Cambridge, Christ's College,*
1604-1607

En galopant à travers l'Angleterre au fond du vieux carrosse des Atkinson, la « personne sans honneur » du Tabouret du Repentir n'était plus aussi certaine de vouloir son propre malheur. On a beau être très sérieux à dix-sept ans, les résolutions cèdent quelquefois devant la curiosité. De ce périple, qui promettait d'être la grande aventure de son existence, Will ne garda cependant aucun souvenir. À peine celui des rideaux de cuir noir qui claquaient contre les portières, les cris des postillons et les mauvaises odeurs. Son insensibilité ne tint pas tant à ses états d'âme qu'à l'atmosphère qui régnait dans la voiture. Le père de John Atkinson les avait mis tous deux sous la garde d'un Reiver repenti et gâteux qui les conduisait à un train d'enfer, comme des jeunes filles qu'on enlèverait. Interdiction de paraître à la fenêtre, de se dégourdir les jambes, de boire une chope à la taverne. La réclusion totale : un moyen efficace pour prévenir les rencontres. Les voleurs guettaient les voyageurs aux relais de poste et dans les cours d'auberge. Ils évaluaient leur fortune à leurs chevaux, aux chambres qu'ils occupaient, aux repas qu'ils réclamaient... Le chaperon connaissait le métier. En bouclant ses ouailles, il protégeait le pécule que Sir John Atkinson devrait remettre au maître qui gérerait ses dépenses à l'université pour trois ans.

Né gentleman, Atkinson n'entrait pas à Christ's College comme *sizar*, mais comme élève de seconde catégorie qui payait grassement ses études. Will ferait son lit, cirerait ses bottes, et s'acquitterait de toutes les menues besognes qu'un *pensioner* pouvait requérir de son *sizar*. Cette inégalité de fortune entre les camarades avait présidé au choix de Bainbridge : il équilibrait la pauvreté de l'un avec l'or de l'autre. Le tandem était indissociable. Pas de danger toutefois qu'on les confonde !

Atkinson était petit. Le cheveu fin, d'un blond cendré, la figure ronde et rose, le nez court et pointu, il paraissait toujours de bonne humeur. Et bien qu'il ne fût ni beau, ni laid, il savait plaire. L'étendue de ses connaissances, quand il ne craignait pas de se montrer curieux, la vivacité de son regard le rendaient même assez séduisant. Quant à ses qualités intellectuelles, le maître affirmait sans mentir qu'il avait été le premier de sa classe durant dix ans. Son intelligence n'était pas aussi rapide que celle de Petty, certes. Il n'avait pas sa puissance de concentration. Mais il n'avait pas non plus ses défauts. Chez lui, ni tourments ni éclipses. Il travaillait avec régularité. Sur tous les plans, Atkinson respirait la santé. Petty, le conflit.

Cette dissemblance s'incarnait aujourd'hui dans leurs costumes. Atkinson avait troqué ses hardes de paysan contre le pourpoint du *squire*. Sans être richement vêtu, ni même vaguement élégant, il était correct. On ne pouvait en dire autant de Will, plus misérable que jamais dans les braies que lui avait données Bainbridge, le cheveu en bataille et l'air sauvage.

S'il était toujours aussi long et maigre, Petty avait perdu son air d'enfant poussé trop vite. À s'activer à la ferme, puis dans l'école de Bainbridge, il avait forci. La sévérité de son regard accentuait l'impression de puissance qui se dégageait de toute sa personne.

Atkinson, la tête dans l'encoignure, fermait les yeux. Son père l'avait si terriblement prévenu contre les dangers de la route qu'il ne reviendrait à la vie que derrière les murs d'enceinte de Christ's. En vérité, depuis la Semaine maudite et l'épisode du Mur, Atkinson ne se ressemblait plus. La peur l'avait rendu muet et méfiant.

Malgré l'horreur de ses souvenirs, il gardait un gentil sourire aux lèvres. Ce trait, qui tenait plus du tic que de l'état d'âme, était caractéristique d'Atkinson : en toute circonstance, il conservait quelque chose d'avenant et de sympathique. À cet air de contentement, il avait aujourd'hui du mérite. La puanteur alentour était irrespirable. Il passerait pourtant la nuit, assis dans le carrosse de son père, sur une décharge d'équarrisseurs comme toutes les nuits précédentes : un charnier trop immonde pour que les humains, bandits ou autres, songent à fréquenter les lieux.

— Ne pourrait-on pas dételer ailleurs ? suggéra Will. Voilà trois jours que ces pauvres chevaux broutent une herbe imbibée de viandes en décomposition.

Atkinson ouvrit les yeux.

— Tu as une langue ? Je suis heureux que tu saches toujours t'en servir...

La réflexion allait provoquer un accrochage. Petty choisit le retour au silence. Mais Atkinson, souriant toujours, semblait lancé.

— ... On voit que ce n'est pas de ta bourse qu'il s'agit ! Si tu craignais pour ton or, Will, tu ne proposerais pas de t'arrêter au milieu d'une forêt.

Bien davantage que leur allure et leur expression, ce qui distinguait les deux étudiants, c'étaient leurs voix : Bainbridge n'avait pas seulement misé sa réputation sur les capacités intellectuelles de ses élus. Il offrait à Christ's deux formidables tessitures. En un temps où chacun des seize collèges était libre de son règlement et financièrement autonome, la concurrence pour attirer chez soi les élèves de prestige s'étendait à tous les domaines. À la naissance ou à l'excellence bien sûr, mais aussi aux potentiels musicaux des recrues. Selon Bainbridge, l'un de ses protégés était doté d'une magnifique voix de basse. La voix de Will, chaude et profonde, résonnait en effet avec une intensité qui n'était pas exempte de douceur. Une rareté. Parfaite pour les lectures dans le hall, les conférences et les disputations. La voix d'Atkinson ne manquait pas d'agrément non plus. Un contralto. Haute, comme si le garçon n'avait pas mué, perçante, pointue, elle avait la pureté de l'innocence et la séduction de la jeunesse. Idéale pour la chapelle de Christ's et les chœurs de chantres qui faisaient la réputation de Cambridge.

— ... Tu as les narines bien délicates, pérorait Atkinson. Je n'imaginais pas que quelqu'un comme toi puisse être gêné par ce genre de choses.

— La puanteur des charognes ne me gêne pas.

— Allons donc : depuis que tu as quitté le purin de Soulby, tu ne supportes plus l'odeur du fumier ! Je suis heureux que tu réagisses ainsi. Ta sensibilité aux petits désagréments me soulage. J'avais craint que la philosophie des stoïciens ne t'ait rendu indifférent à la grâce d'être accepté à l'université.

Depuis leur départ, aucun signe ne témoignait de leur hostilité.

Ils n'avaient jamais fait allusion au livre dérobé, à la colère de Bainbridge, au châtiment du garçon renvoyé de l'école pour un forfait qu'il n'avait pas commis. Will avait obstinément refusé de fouetter l'innocent. Sans pour autant désigner le coupable.

Ils n'évoqueraient plus cet épisode qui entérinait la faute d'Atkinson et la mort symbolique de Petty : leurs hontes respectives. John ne s'était pas servi dans la bibliothèque, Will ne l'avait pas vu faire.

Mais chacun savait sur l'autre ce que l'autre eût voulu lui cacher. L'un, Atkinson, que Petty avait subi l'humiliation suprême. Petty, qu'Atkinson était un voleur et un lâche.

Avec son amabilité habituelle, Atkinson conclut :

— Je crois qu'avant d'arriver nous devrions nous entraîner au vouvoiement... Il n'est plus convenable, à notre âge, de nous appeler par nos prénoms.

Will, narquois, dévisagea son camarade.

— Et comment désires-tu que je t'appelle ?

— Eh bien, je ne sais pas...

Les cahots de la voiture leur coupèrent un instant la parole.

— Tu ne sais pas ?

Quelque chose dans le ton poussa Atkinson à la retraite. Il haussa les épaules.

— Comme tu veux.

— Votre Grandeur ?

— Tu te crois drôle ?

— Sa Grâce ?

John détourna le regard.

— Mr Atkinson suffira.

— C'est un peu simple, persifla Will. *My Lord Baronet of Atkinson of Appleby of my Arse* eût été préférable. Et moi ?

— Toi ?

— Oui, moi, comment m'appellerez-vous, Mr Atkinson ?

— Par ton nom, je suppose.

— C'est-à-dire ?

— Je t'appellerai comme on me dira de le faire, voilà tout. Sur ce point, mon père comme Master Bainbridge ont été catégoriques : *In Cambridge, do as the others do.* Faites comme les autres !

Le silence retomba.

Nez bouché, bouche close, ils mirent moins de cinq jours pour traverser le pays. De l'éternel sourire de l'un à l'impassibilité de l'autre, le peu de sympathie qui leur restait laissa place, au terme de ce court tête-à-tête, à l'exécration la plus totale.

En découvrant la rivière qui serpentait sous les arches des ponts, les enseignes des bouquinistes, les pâtisseries et les tavernes qui pullulaient dans la riche petite ville de Cambridge, ils découvrirent le monde. Et quand le carrosse stationna devant la porte de leur collège, ils partagèrent la même stupéfaction.

Là, ce fut un choc!

Dans le carillon des cloches de Pâques, dans les volées rapides, violentes, ininterrompues qui montaient de St Andrew, de St Benet, de St Botolphe, de St Edward, de St Mary, des dix églises de la ville et des seize chapelles des collèges, une forêt de flèches dont les dentelles de pierre crevaient le ciel, Will resta assommé. Pourtant il remarqua tout, l'air bleu, saturé, qui semblait vibrer entre les créneaux des deux tourelles du porche, et les cheminées rousses, une haute futaie de briques sur les toits de Christ's, le long de la rue. Il vit même la statue de la fondatrice qui se dressait, Bible en main, dans une niche au-dessus du portail. Présente dans la mémoire comme dans les prières, Lady Margareth Beaufort n'était pas la seule femme à régner sur l'université. La plupart de ces halls, de ces dortoirs et de ces escaliers, de tous ces bâtiments peuplés de garçons, étaient nés d'un rêve de dame. La comtesse de Pembroke avait fondé *Pembroke College*; Lady de Clare : *Clare's College*; la reine Marguerite d'Anjou et la reine Elizabeth de Woodville : *Queen's College*. Les boucles de la rivière, les fleurs au bord de l'eau, la douceur de l'air, même les dentelles et la blancheur de la pierre parlaient de Cambridge au féminin.

Ces réflexions, Will se les ferait dans quelques mois, en découvrant la tendresse des filles et les délices de l'amour. Pour l'heure, il tentait vainement de se repérer.

Il traversa une cour carrée que le haut mur couvert de vigne vierge et les vitraux de la chapelle fermaient à gauche. Au centre : les appartements nobles et le hall. À droite : la bibliothèque et les dortoirs. Devant l'ampleur et la solennité de l'ensemble, il abandonna soudain toute maîtrise de soi. Il ne vit, ne sentit plus rien. Sinon la terreur de pénétrer dans un tel univers, sans la moindre idée de la façon d'y survivre.

*

— Le règlement est pourtant simple, Mr Petty. Lever :
quatre heures. Vous réveillerez Mr Atkinson un peu plus tard...

L'homme qui parlait à Will dans la petite salle d'étude du
rez-de-chaussée pouvait avoir quarante ans. Il s'appelait William Ames, mais signait « Amis », et faisait précéder son nom
du titre auquel lui donnait droit son diplôme : *Docteur William
Amis*. Il était D.D., *Doctor of Divinity*, docteur en théologie, la
plus haute distinction dans la hiérarchie des professeurs, les
sacro-saints *fellows*. En tant que *tutor* de Mr Atkinson et de Will
Petty, le Dr Amis tiendrait le premier rôle dans leur existence
durant les trois années à venir. Superviseur des études, conseiller en éducation, logeur, garant du travail et gardien de la
moralité, le *tutor* agissait *in loco parentis*. En lieu et place des
parents. Will étant orphelin, l'autorité du Dr Amis sur sa personne physique, morale et spirituelle ne connaîtrait aucune
limite.

Le Dr Amis veillait en outre sur une dizaine d'autres garçons, de tous âges et de toutes conditions, auxquels il dispensait leçons particulières, cours collectifs, et châtiments
corporels. Son indulgence allait aux *pensioners* dont les
familles dotaient le collège : la passion du Dr Amis pour les
murs qui bornaient son horizon faisait de lui la proie de petites
faiblesses envers les nantis et les nobles. Sur le reste, il était
incorruptible.

— ... Vous vous présenterez avec Mr Atkinson au service
de six heures à la chapelle, avant d'assister aux cours magis-
traux de Masters Bainbridge Junior et Senior – Cuthbert Bainbridge et Thomas Bainbridge –, cousins de votre ancien maître
et titulaires des chaires de latin et de grec. Vous suivrez ensuite
les conférences ordinaires du collège. La cloche du dîner sonne
à midi dans le hall. Même quand vous servirez à table, vous
vous y rendrez en toge : vous ne porterez jamais d'autre costume, j'entends donc que vous la gardiez propre et dans l'état
où je vous la remets... Mr Atkinson n'ayant pas jugé utile
d'amener avec lui un serviteur, il vous incombe de veiller sur
son linge. Vous vous chargerez en outre de remonter l'horloge
de la chapelle, et de rentrer le bois pour la flambée du soir en
hiver. Quant au reste, vous avez entendu le discours du doyen :
quiconque se baigne dans la rivière sera exposé au pilori dans

le réfectoire. Les jeux de hasard, les cartes, les dés, sont formellement interdits, ici ou en ville. Si Mr Atkinson devait être pris en train de faire des dettes, vous seriez personnellement responsable de sa faute : je serais au regret de vous fouetter et de prélever trois pence sur sa pension. Pour ce qui touche aux besoins de Mr Atkinson, je vous saurai gré de m'en rendre compte afin que j'acquière pour lui ce qu'il désire, livres, papier, encre. Je vous rappelle au passage qu'en première année vous n'êtes ni l'un ni l'autre autorisés à sortir du collège. Excepté une fois par semaine avec moi, le dimanche, pour entendre le sermon à St Mary's, la paroisse de Cambridge. La plupart des prêches de ces messieurs d'Emmanuel College sont scandaleux et nous examinerons ensemble la religion du prédicateur avant de nous y rendre... Quant à vos relations avec les élèves des autres collèges, je vous prierai de les réduire au strict minimum. La chose ne présente aucune difficulté puisque vous n'êtes pas censé sortir de cette enceinte. Et j'insiste sur le fait que vous ne devez accepter aucune partie de football avec quiconque n'appartenant pas à Christ's. Les matches se disputent entre nos équipes et sur notre propre green. Me suis-je fait clairement comprendre ?

Will fit un effort pour hocher la tête. Le visage couvert de sueur froide, il craignait que son interlocuteur ne remarque sa difficulté à suivre son discours. Il sentait ses jambes flageoler. De grands cercles noirs lui brouillaient la vue. Il n'avait rien avalé depuis vingt-quatre heures et la violence d'émotions contradictoires, la longue station debout durant les harangues de bienvenue dans le hall, le sermon du doyen, des *proctors*, des treize professeurs, l'interminable procession des élèves jusqu'à la chapelle, et maintenant cette avalanche d'informations débitées en latin aggravaient son trouble. Prenant sur lui, Will s'obligea à relever les yeux. Son regard rencontra celui de son interlocuteur.

Le torse et les membres complètement perdus dans les longs plis noirs de sa toge, le Dr Amis évoquait un corbeau. Il en avait le bec, la maigreur, l'œil dur et vitreux.

— ... Enfin, la question du logement qui est, semble-t-il, votre grande affaire à tous ! Comme vous avez pu le constater, nous manquons de place et nos salles sont divisées en loges, même au grenier. Certains de nos étudiants de troisième année doivent habiter Brazen George, l'hôtel de la rue St Andrews ! Une situation déplorable, totalement contraire au règlement !

Mais tant que vos familles ne se décideront pas à nous construire un nouveau bâtiment, fût-il de bois dans la seconde cour, le scandale durera. Cela ne concerne pas les *sizars* qui dorment où ils peuvent ; mais je compte beaucoup sur l'appui des *pensioners*. Mr Atkinson aura chez moi, dans cet appartement du rez-de-chaussée, sa propre chambre. Eu égard à son statut, je vous autorise à coucher chez lui.

L'orateur ne semblait pas mesurer à quel point l'esprit du garçon se trouvait éloigné de telles préoccupations. Will n'avait jamais rien vu d'aussi vaste et d'aussi solennel que ces lieux dont on déplorait l'exiguïté ! La blancheur éclatante des murs, l'odeur des poutres et des lambris, même le dallage de pierre noire incarnaient à ses yeux tout le luxe du monde. Son nouveau maître avait manifestement oublié ses propres émotions, quand, près d'un quart de siècle plus tôt, lui-même s'était présenté ici.

Pourtant Will reconnaissait chez Amis l'accent des Borders. Christ's College passait pour le quartier général des natifs du nord de l'Angleterre. On disait même qu'en marge de la fortune la naissance dans l'un des quatre comtés de la frontière était ici la meilleure des recommandations : les *sizars* originaires d'autres comtés se plaignaient amèrement du favoritisme dont jouissaient ceux qui roulaient les « r ». Outre les deux professeurs Bainbridge, le doyen avait grandi dans le Westmorland : il aimait à partager sa table avec des *fellows* de sa propre région. Celui qui s'adressait à Will avait certainement vu le jour non loin de Soulby.

Il vivait chichement. La pièce minuscule où il palabrait n'était ornée d'aucune inscription. Pas de citation latine, contrairement à ses collègues qui faisaient peindre leurs devises dans les encadrements de fenêtres, ni de versets de la Bible, ni même les armoiries des nobles dont il avait la charge. Et pas de crucifix évidemment, pas de représentation de saints. Le Dr Amis laissait ses murs nus et sa pauvre chambre évoquait la cellule d'un moine dans un couvent catholique. Ce constat l'eût indigné.

Membre de l'Église réformée, Amis tenait les rites de l'ancienne foi pour l'œuvre du Malin. Il traquait partout les vestiges de l'idolâtrie, dénonçait les restes et les résurgences du papisme, tonnait chaque dimanche contre le port de la toque universitaire. Cette toque carrée qui n'épousait pas la forme naturelle du crâne était contraire à la volonté du Créateur !

Amis la disait d'origine romaine, empruntée aux prêtres de Baal. « Sacrilège ! » Comme ce vêtement de dentelle blanche, l'infâme surplis que les élèves et l'ensemble des professeurs arboreraient durant les offices à la chapelle.

Les imprécations d'Amis ne plaisaient pas à tout le monde.

Deux autres directeurs d'étude de Christ's, qui jalousaient sa récente élévation au titre de *Doctor of Divinity*, tonnaient en retour que le surplis, cet « oripeau » comme l'appelait leur collègue égaré, était « l'armure de Lumière qu'avait prescrite Pierre, le prince des Apôtres » !

Au sein même des Protestants – ceux qui avaient protesté contre l'autorité du pape en 1542 –, c'était la guerre. Parmi toutes les églises issues du schisme, combien d'écoles, de tendances, de variations, de nuances qui tentaient de se rapprocher de la Vérité et s'affrontaient.

La faction puritaine, à laquelle appartenait Amis, semblait la plus rigoriste. Attachée à la lettre de l'Écriture, elle ne reconnaissait aucun intermédiaire entre l'homme et Dieu. Pas de chef spirituel, pas de prélats, pas de haut clergé. Aucune hiérarchie ecclésiastique. Ni cérémonie, ni grandes orgues. Sur tous ces points, les « Puritains » s'opposaient aux « Anglicans » dont l'Église avait pour chef infaillible... le roi d'Angleterre. C'était Jacques Ier, monarque de droit divin, qui nommait les évêques et les archevêques. Enfin, plus proches des Catholiques, les « Arminiens », qui refusaient le dogme de la prédestination, une secte que les deux autres accusaient de félonie et d'intelligence avec Rome.

Puritains, Calvinistes, Luthériens, Anglicans, Arminiens, tous se reprochaient de trahir le Verbe, tous se vouaient au pilori, et tous se prédisaient les tortures de l'enfer. Les menaces dont ils étayaient leurs sermons n'étaient pas seulement des figures de style. En s'attaquant au surplis, Amis faisait preuve d'un vrai courage : il risquait gros. Il risquait sa tête. Affirmer que le surplis rappelait la « chasuble des suppôts de Satan », exiger qu'il soit brûlé publiquement, c'était remettre en question le cérémonial religieux imposé par le roi. Les tribunaux ecclésiastiques de Jacques Ier coupaient le nez et les oreilles pour moins que cela.

Will venait d'échouer dans ce labyrinthe, un univers où les professeurs brandissaient leur orthodoxie comme une arme de pouvoir.

— ... Maintenant, déculottez-vous.

Il crut n'avoir pas compris et, dans sa surprise, demeura sans réaction.

— Vous n'entendez pas ? Je vous ai dit de me présenter votre postérieur, s'impatienta Amis.

— Pourquoi ?

— Pour vous apprendre, à vous, l'humilité, monsieur ; pour m'apprendre, à moi, la sorte d'élève que vous êtes. La peau de votre derrière, lisse ou tannée par la trique de vos anciens maîtres, me donnera, mieux que leurs recommandations, la mesure de votre respect envers vos professeurs.

*

— Avec le Dr Amis, tu as tiré le pire, commenta un *sizar* de troisième année, guettant Will qui émergeait, l'air éperdu, dans le couloir du rez-de-chaussée. Un démon qui cherchera à te dépouiller de l'Amour du Seigneur et de toutes ses consolations... Suis-moi, je vais te conduire à l'office où le *steward* nous remettra la part de pain qui nous revient. Ensuite, je t'apprendrai à dresser les tables dans le réfectoire.

Will l'accompagna. C'était le premier témoignage de sympathie qu'il recevait d'un camarade depuis longtemps.

Ils traversèrent la cour. L'air le revigora. Mais, plus que le vent du printemps, ce qui lui fit battre le sang dans les veines, ce fut le spectacle de leurs ombres projetées sur la pelouse. Ils marchaient du même pas, identiques tous deux, semblables à tous les autres. La toge de laine sombre qui noyait la silhouette de Will jusqu'aux pieds, le grand capuchon qui pendait dans son dos, le calot noir, rond, des élèves non diplômés avaient fait de lui un étudiant de Cambridge. Cette brusque et fugitive sensation d'appartenance l'enveloppa d'une bouffée de joie. L'impression dura peu. Mais elle suffit à le griser.

Le réfectoire – le hall –, avec son long toit, ses fenêtres en ogive, ses contreforts et son clocheton, évoquait, de l'extérieur, une petite église. Cette ressemblance induisait les étrangers à le confondre avec la chapelle. Peu importait. Toute la vie du collège se concentrait sur ces deux bâtiments.

Avec patience, le *sizar* de dernière année montra à Will comment installer, perpendiculairement à l'estrade qui barrait le fond de la salle, les trois longs tréteaux et les neuf bancs, où viendraient prendre place la centaine d'étudiants. Il lui expliqua la manière de disposer les plats d'argent sur la *high table*, les aiguières et les salières pour les professeurs et les nobles qui siégeaient au-dessus des élèves.

— ... Amis t'a demandé de te déculotter? interrogeait-il avec passion. Ne le laisse pas faire. C'est un damné qui a pris le masque du Bien pour désespérer l'Humanité!

Malgré les encouragements à se confier, Will tut ses premières impressions. Laconique selon son habitude, il ne fit aucun commentaire. Bien lui en prit. Les murs avaient des oreilles.

Le surlendemain de leur rencontre, le 4 mai 1604, l'effigie de son nouvel ami brûlait en place publique.

Le feu embrasa sa toge, ses livres, son crucifix et ses médailles. La fouille opérée par le Dr Amis avait révélé qu'il cachait en outre plusieurs chapelets parmi ses effets. Le bûcher engloutit aussi une grande boîte noire, symbole de son cercueil.

Les étudiants de première année n'assistèrent pas à cet autodafé donné en ville pour les bourgeois de Cambridge et les nobles des collèges. Mais tous surent que le garçon avait réussi à prendre la fuite et qu'il retournait au séminaire de Saint-Omer en France... Un papiste, infiltré à Christ's dans le but de pervertir ses condisciples!

« Parmi tous les anciens, le seul qui m'ait témoigné de la sympathie était donc un traître, visant ma conversion? » De cette première expérience à Cambridge, Will conçut une méfiance qui contribua grandement à son isolement.

Quant à Atkinson, l'idée que son *sizar* soit allé choisir un suppôt du pape pour initiateur l'amusait beaucoup : « Sacré Petty, il ne tiendra pas longtemps à Christ's. Encore un faux pas, et il est grillé – c'est le cas de le dire! » songeait-il avec son sourire coutumier.

Côté sourire, Atkinson aurait eu tort de se priver. Il trouverait rarement l'occasion d'user de ce mouvement des lèvres qui convenait si bien à sa physionomie.

*

Des trois années qu'il passa à Cambridge, Will se souviendrait comme de trois vies distinctes. Impossible de réunir dans une même aventure trois expériences aussi contradictoires!

La première période fut si pénible qu'elle lui permit d'expier, d'un seul coup, toutes ses fautes passées. L'austérité de ses études, le poids de son service, les délires de son *tutor*, les petites cruautés d'Atkinson pesèrent lourd dans l'épreuve. Mais la difficulté résida surtout dans la découverte de sa détresse au milieu des plus humbles, des fils de paysans et de pasteurs. Ses pareils. Ils avaient tous grandi dans l'obsession du péché, dans la peur du Malin, dans la terreur de Rome, dans les multiples haines qu'encourageaient leurs professeurs aujourd'hui. La plupart se destinaient à l'Église depuis l'enfance. Ils étaient bien placés pour savoir que seuls la calotte et le col dur leur apporteraient l'aisance et la sécurité. Mais, pour l'heure, la précarité de leur situation à l'université les rendait cruels entre eux et serviles envers les maîtres. Leur fanatisme religieux, l'une des formes que prenait leur émulation, témoignait quelquefois d'une intelligence si courte et d'un savoir si borné que Will, en leur compagnie, se sentait submergé par le doute. « Ils ressemblent à Finch, pensait-il. Ils ont ses certitudes, son ignorance et sa brutalité. »

Il ne les méprisait pas. Le sentiment de sa différence était bien plus pernicieux que le dédain, que l'antipathie, que la pitié même. Cette impression le mettait dans l'impossibilité du moindre partage.

Le véritable défi consista donc à mener la même existence qu'eux, sans appartenir à leur fratrie et sans briguer la protection d'aucune autre caste. Ni *sizar*, ni *pensioner*, ni *fellow commoner*. Un pari absurde, impossible à tenir, dans un système d'éducation communautaire fondé sur le respect de la hiérarchie et la capacité de vivre en groupe! Les élèves prenaient leurs repas ensemble, ils priaient ensemble, lisaient ensemble, dormaient ensemble. Même les examens, qui consistaient exclusivement en une série de problèmes débattus à l'oral, se disputaient en public. Le rythme de cette vie en commun ne laissait aucune marge à un garçon solitaire pour conquérir sa liberté. Les rapports individuels étaient en outre sévèrement réprimés. Interdiction de bavarder à table avec son voisin, fût-ce en latin. Durant les repas, un *sizar*, debout derrière le lutrin, lisait les Psaumes à haute voix.

Will eut donc recours à ses méthodes d'autrefois, du temps des scènes et des coups de son père : l'évasion dans les textes anciens. Contre toute attente, il n'éprouva aucune difficulté à renouer avec les auteurs qu'il avait reniés durant sa période de prostration à l'école d'Appleby. Le lien amoureux se rétablit, aussi instinctif, plus passionné encore d'avoir été rompu. Il s'enchaîna aux récits d'Hérodote et de Thucydide, aux poèmes d'Homère et de Virgile, à l'étude solitaire de la Bible et des Saintes Écritures. Son acharnement à l'étude sembla lui réussir. Il y acquit une forme d'indépendance.

À l'exception de Mr Amis qui reconnaissait l'esprit de révolte et l'orgueil du Malin dans son isolement, ses maîtres le jugeaient appliqué, discipliné, sobre et sérieux. Ses condisciples s'en méfiaient. Ils le trouvaient à la fois distant et compétitif. À raison. Will avait compris le message de Bainbridge : ces heures à la bibliothèque représentaient le salut. C'était le recours contre la misère, la porte ouverte sur le monde. Il n'oubliait pas ses obligations envers son ancien professeur. Son affection pour Bainbridge et sa gratitude restaient immenses : elles le poussaient à lui faire honneur. *Ne pas trahir* le seul être auquel il se sentait lié !

Tel fut son état d'esprit durant la première année.

*

— Aristote affirme que l'homme qui se complaît dans la solitude est soit un animal, Mr Petty, soit un dieu. Dans quelle catégorie placeriez-vous un cul-terreux morose et taciturne tel que vous ?

Quatorze ans, un visage de chérubin, le garçon qui s'adressait à Will sur ce mode s'appelait Robert D'Oyly. Il appartenait à la classe des *nobiles*. Et John Atkinson avait réussi à se l'attacher. Tout à l'honneur d'Atkinson, ce besoin de s'élever en ne frayant qu'avec des camarades qui lui étaient supérieurs par la naissance et la fortune ! Il dominait pourtant son noble ami sur deux points : l'intelligence et l'âge. Il était son aîné de quatre ans.

Fils cadet de Lord Edmund D'Oyly, dont tous les enfants passaient par Christ's, le jeune Robert accompagnait à Cambridge son frère plus âgé, Lord Charles D'Oyly. Du prestige et des largesses des grands aristocrates dépendait tout l'avenir du collège : on les y acceptait donc, quelles que soient leurs aptitudes et leur maturité. L'important était qu'ils gardent un bon souvenir de leur passage. Pour les frères D'Oyly, le doyen avait choisi un directeur d'étude qui les rendrait heureux. En cette année 1605, ce précepteur-là s'appelait le Dr William Power. Chef du parti anglican, le Dr Power s'opposait trait pour trait, et sur tous les points de doctrine, au Dr Amis. Attaché à la pompe du cérémonial religieux, il ne dédaignait pas les liturgies chantées. Il partageait même avec ses pupilles de haut rang le goût du faste auquel leur éducation les avait habitués. À ces jeunes gens, futurs chefs d'armée, le Dr Power n'interdisait pas les exercices physiques. Il ne condamnait ni la natation, ni la paume, ni les quilles. Pourvu que ses élèves ne jouissent pas des plaisirs du corps hors de sa très haute surveillance. Il n'affichait pas d'horreur pour les cartes et les dés, pas d'antipathie non plus envers le vin rouge. Pourvu que le jeu et la bouteille restent aux frais de ses ouailles, et sous son coude. Le Dr Power n'exprimait même aucune préférence quant aux lieux où il dispensait son savoir, aucun préjugé quant à l'érudition de son auditoire : il ne se montrait jamais plus brillant qu'au cabaret. Sinon, peut-être, au bordel.

Telle fut la découverte de Will à l'orée de sa deuxième année, l'invraisemblable révélation ! Dans les cours de Christ's, l'existence avait deux visages. D'une part : le jeûne, les Psaumes, l'observance du repos dominical. De l'autre : la ripaille, les filles, la bière et les cartes.

Comment concilier les deux expériences avec sérénité ? Comment, dans la vie pratique et sur le plan spirituel, combiner les antipodes ? À l'automne 1605, la perplexité de Will se résumait à ces interrogations.

Le jour de son arrivée, il les avait pourtant aperçues, ces centaines d'enseignes qui se balançaient au fond des ruelles, enseignes des pâtissiers, des bouquinistes, des auberges, des tripots, des salles de théâtre, des maisons closes qui battaient contre les murs d'enceinte ! Mais il avait été si frappé par la solennité de son collège, par la chapelle, le hall, la bibliothèque, qu'il avait effacé de sa mémoire sa toute première impression de la ville.

Ensuite, le nez dans ses livres, il n'avait pas soupçonné que la vie à Cambridge reposât sur d'autres lois, aussi réelles, aussi palpables, que les règles exposées par Amis. Et qu'à côté des corridors blancs et des escaliers noirs existât une autre sorte de dédale.

En septembre, il comprit.

Il résumait un texte dans l'une des stalles de la bibliothèque, quand il entendit des éclats de voix sur St Andrews Street, des voix de femmes. Il posa sa plume, leva la tête, écouta. Elles s'apostrophaient à quelques pas de lui, derrière le mur d'enceinte, elles criaient, riaient, chantaient dans la nuit. Toutes semblaient ivres. Pris d'un violent désir de les voir, il grimpa sur le banc. Mais les fenêtres ne donnaient pas sur la rue : elles s'ouvraient sur la cour. Le vent souffla sa flamme. Il enfila rapidement l'étroit couloir qui divisait la bibliothèque, trébucha sur les lutrins et les mappemondes, traversa le vestibule, secoua la porte au pied de l'escalier. Comme tous les soirs à huit heures, les surveillants l'avaient verrouillée. Une rumeur de foule en liesse montait de la ville entière, elle planait sur les grands arbres, s'accrochait aux cheminées des toits, aux tours blanches des chapelles, envahissait tout le ciel de Christ's.

Et pour cause !

Cambridge n'était pas seulement une ville universitaire. Chaque année, en début d'automne, le bourg devenait le plus important marché du centre de l'Angleterre : plusieurs milliers de commerçants convergeaient vers son champ de foire.

Entre la Saint-Barthélemy, le 24 août, et la Saint-Michel, le 29 septembre, les auberges bondées déversaient le trop-plein de leurs clients sur les pavés des ruelles. Vendeurs, acheteurs, baladins et prostituées, debout, un pichet à la main, y faisaient leurs affaires. La bière moussait dans les chopes ; le claret coulait à flots et la nuit tournait à la bacchanale.

Depuis les origines, la richesse et la fièvre du fameux marché engendraient le conflit entre les bourgeois et les professeurs, deux groupes qui briguaient le contrôle de la Foire. Mais si la *Town* et la *Gown*, la Ville et la Toge, se disputaient les prérogatives d'un pouvoir économique et moral, leurs luttes incessantes dépassaient largement la saison des échanges commerciaux.

Aujourd'hui, au terme d'innombrables batailles, les deux camps avaient enfin trouvé un modus vivendi.

La ville et ses édiles conduisaient en grande pompe la cérémonie d'ouverture de la Foire, les années paires. Le privilège en revenait à l'université, les années impaires. Cette division des honneurs s'étendait à la répartition des richesses. Ainsi, un *nobilis* tel que Lord Charles D'Oyly – le frère aîné de Robert, le nouvel ami d'Atkinson – offrait à Christ's une splendide coupe ciselée, pièce d'orfèvrerie en argent lourd. Mais il faisait aussi courir, pour le plus grand plaisir du peuple, une meute de lévriers sur le terrain communal ; et son cousin, Henry D'Oyly, possédait un ours qui combattait chaque jeudi contre les chiens des fils de notables. Ces spectacles rapportaient aux organisateurs jusqu'à cent cinquante livres par représentation. Sans parler des bénéfices aux parieurs. Une manne !

La cité et les collèges affectaient de condamner ces jeux qui endettaient les uns, enrichissaient les autres et se concluaient immanquablement par des rixes. À intervalles réguliers, le règlement de l'université réitérait l'interdiction absolue, pour *tous* les élèves, de posséder chiens, chevaux, taureaux, ours ou coqs ; de fréquenter les arènes et les tripots ; de porter les cheveux longs, d'arborer des rubans, des manchettes de dentelle et des chaussures à nœuds. Les bourgeois, pour leur part, se plaignaient à grands cris des vices de la jeunesse dorée qui pervertissaient leurs propres enfants. Cependant les autorités se gardaient d'intervenir. *Town* et *Gown* fermaient les yeux, pourvu que les fauteurs de troubles dispensent leurs largesses à parts égales entre les parties. À ce prix, l'impunité des nobles s'étendait jusqu'à leurs protégés...

Jusqu'au Sieur Atkinson, notamment. Ce dernier, bien que gentleman, n'était pas considéré comme un aristocrate. Il ne jouissait d'aucune prérogative particulière, en dehors des services de son *sizar*. Il n'était même pas autorisé à paraître dans les salles du jeu de paume, deux bâtiments qu'on appelait *tennis*, et dont seuls les *nobiles* possédaient la clef. Cette prohibition ne l'empêchait pas d'y disputer une partie chaque jour. L'amitié du petit Lord Robert D'Oyly lui procurait ce plaisir. Parmi beaucoup d'autres.

À son corps défendant, Will ramassait leurs balles. Il ne détestait rien tant que ces moments en compagnie des deux garçons.

— ... Une bête ou un dieu ? répéta le jeune Lord, renvoyant d'un coup de raquette le projectile blanc qui alla s'écraser contre le mur enduit de peinture noire sur toute sa hauteur, pour que la balle y reste bien visible... Dans quelle catégorie aristotélicienne situeriez-vous un cul-terreux de votre espèce, Mr Petty ?

— Les culs-terreux, Monseigneur, jettent leur merde au visage de ceux qui les reniflent. C'est du moins ce que dit Aristote...

— Il dit cela, Aristote ?

— Quant aux dieux, ils la donnent à bouffer aux mortels qui les font chier. Dans quelle catégorie souhaiteriez-vous que je me place ?

— L'animal a l'orgueil chatouilleux, excusa Atkinson de sa voix de fausset.

— Je crois, Mr Petty, que je vous placerais dans une troisième catégorie, celle qui pourrit dans la cage des suppliciés, à la croisée des chemins entre Cambridge et Caxton.

— Ne vous donnez pas cette peine, My Lord, intervint Atkinson, conciliant. Will tisse tout seul la corde qui le pendra.

C'était bien dans la manière Atkinson, ce ton. Il affectait l'apaisement pour provoquer la bagarre. Il n'y participait pas, laissant à un tiers le soin d'affronter l'adversaire. Un an de vie commune lui avait inspiré la peur de Will, peur de son dédain et de ses persiflages : il aspirait à s'en débarrasser. Mais il n'osait demander au jeune D'Oyly son appui pour le faire renvoyer. Quant à recourir à l'arbitrage d'Amis, c'était prendre pour soi-même de méchants risques. Sur ce point, Will et Atkinson s'entendaient. Impossible de prévoir les réactions de leur *tutor*, elles ne répondaient qu'à une seule logique : l'absence totale de logique. Atkinson attaquait donc son *sizar* à fleuret moucheté ; mais, s'il ratait les balles et laissait gagner Lord Robert au tennis, il manquait rarement son coup avec Will. Ce dernier s'en tirait d'ordinaire par une repartie plus blessante encore, ou par une pirouette. Mais l'arrivée de Robert D'Oyly dans le jeu d'Atkinson le mettait réellement en danger. Il commettait une faute grave en osant même répliquer. Quant à sa grossièreté, c'était un crime qui pouvait lui valoir ce dont Lord Robert l'avait menacé : la cage des suppliciés à la croisée des chemins.

— J'ai tout de même bonne envie de le faire fouetter !

— Encore ? Pauvre Will. Se déculotter de nouveau, à son âge, devant Amis... Notez, il est tellement constipé que, si on lui en donnait le choix, je ne sais ce qu'il préférerait : nous montrer ses fesses ou partager un petit coup de claret avec nous, en bon camarade.

— Vous êtes généreux, Atkinson ! Du vin à votre *sizar* ? Des perles aux cochons !

En dépit de ses quatorze ans, Lord Robert buvait beaucoup. Son rang lui conférait ce privilège. Il se grisait à la *high table* et se saoulait dans les auberges. Atkinson n'était pas en reste, bien qu'il ne rentrât jamais ivre chez le Dr Amis. La compagnie du jeune Lord, auprès duquel il affectait de jouer les chaperons, lui épargnait le blâme des surveillants. Mais, s'il réussissait à faire surprendre Will le gobelet à la main, il n'aurait plus besoin, pour le chasser, de s'étendre sur ses griefs personnels. Une fois, une seule, suffirait. L'exclusion serait immédiate. Renvoyé de son service. Et renvoyé de Cambridge. Oui, que Will les accompagne en ville, une fois. Qu'il s'empare, une fois, de cette raquette. Qu'il cède une fois à un plaisir quelconque !

À cette fin, Atkinson le provoquait, via le jeune D'Oyly qui répétait ce qu'il lui faisait dire. Ils se moquaient de ses prétentions intellectuelles, de son sérieux, de sa solitude. Ils affectaient de croire que Will, par son ostentatoire sobriété, prétendait leur infliger une leçon de morale et les poussait au vice.

— Le péché n'existerait pas, sans des garçons comme vous, Mr Petty ! récitait Lord Robert. C'est votre faute, si nous fuyons la mélancolie dans la bouteille : nous buvons pour vous oublier, vous, et l'ennui torride que vous dégagez... Est-ce vrai, ce que me dit Mr Atkinson ? Que si par malheur vous goûtiez à une goutte d'alcool, vous ne sauriez plus vous en passer ? Que vous avez cela dans le sang, comme vos semblables ? Il prétend que votre tempérance n'est due qu'à la peur. Est-ce vrai, Mr Petty, vous avez peur ? Reculez-vous devant vos propres faiblesses, ou bien craignez-vous d'être surpris par les surveillants ? Pourquoi refusez-vous les parties de natation dans la Cam et les matches de foot sur les Backs ? Parce qu'une ancienne désobéissance vous a coûté si cher que vous en tremblez toujours ? Sachez, Mr Petty, que la peur est le crime des lâches...

« Ils attendent de moi que je me perde en ripostant ? Leur refuser ce plaisir, songeait Will dans un serrement de dents. Apprendre à se taire. *Plus nos colères sont proches de l'impassibilité, plus grande est notre puissance.* » Malgré les phrases qu'il se servait avec fermeté, il résistait assez peu stoïquement aux provocations de ce jeune imbécile. Par chance, il trouvait ailleurs des compensations.

La beauté de sa voix quand il lisait ses pastiches d'Ovide lui valait aujourd'hui un succès certain auprès de ses condisciples. Les étudiants, les maîtres, tout Cambridge versifiait. Même les doyens pondaient d'interminables odes dans la langue des Anciens, élégies, ballades, sonnets à la gloire de Dieu et du roi, qui circulaient officieusement d'un collège à l'autre : une frénésie que chacun prenait très au sérieux. Ceux qui rimaillaient avec talent se comptaient sur les doigts d'une main. Will avait toutefois découvert que plusieurs *sizars* de Christ's le valaient, et même le surpassaient en ce domaine. Notamment un certain Joseph Mead et deux frères, du nom de James et Francis Quarles. Les échanges avec ces quelques garçons lui procuraient des plaisirs de l'esprit où n'entrait plus la fuite hors de la réalité des premiers temps. Il admirait leur érudition. Il respectait la sincérité de leur foi. Certes, la difficulté de ses relations avec le Dr Amis et la tension de ses rapports avec D'Oyly le gardaient sur le qui-vive. Mais il perdait de sa raideur. Il s'animait. Il pouvait se montrer drôle. Les élèves qu'il fréquentait appréciaient sa trop rare compagnie. Ses maîtres reconnaissaient ses aptitudes. Il commençait à trouver sa place. Il devenait même populaire.

Et c'était sur ce début de bien-être, sur ces premiers signes d'abandon que tablait Atkinson. Une question de jours, selon lui, une question d'heures, avant que Will ne cède à l'appel des sirènes.

En cette fin de septembre 1606, les voix des femmes et les rires des prostituées qui célébraient l'ouverture de la Foire ne le surprirent plus à la bibliothèque : depuis le début du mois d'août il les écoutait, collé contre le mur d'enceinte, entre les ruches où bourdonnaient les abeilles et le linge qui séchait au fond du jardin, guettant leurs chansons dans la nuit.

Pendant que les autres élèves rentraient chez leurs parents, squires ou fermiers, pour aider aux moissons, il était resté travailler l'été au collège. L'absence d'Atkinson et de D'Oyly lui avait permis de se lier avec les serviteurs extérieurs à Christ's. En besognant au bûcher, au cellier, dans le potager, il avait eu tout le loisir de s'approprier les mille secrets des communs. Il savait notamment où se cachaient les cordes et les échelles.

Mais, ce soir, Atkinson allait regagner l'appartement d'Amis... Ils allaient à nouveau partager la même chambre, la même table, quelquefois le même lit. Toute une nouvelle année à ce rythme... Cette proximité multipliait l'urgence de la fuite. Ce soir ? La première et dernière nuit de liberté. Que n'en avait-il profité plus tôt ! Ce soir ou jamais.

Comme au temps où Will volait les chevaux de Soulby pour rejoindre le Mur, sa décision fut aussi soudaine que définitive.

Il ôta sa toge, la roula dans un massif et sauta le mur.

Au terme d'un parcours sans faute et de dix trimestres consécutifs à Cambridge, il se perdait sans remords. Il avait choisi le moment le plus risqué pour jeter sa gourme. Il devait passer *Bachelor of Arts* fin mars. Un suicide !

Le jeu en valait la chandelle.

Il n'eut pas besoin d'aller très loin. Pour avoir traversé la ville certains dimanches avec le Dr Amis, le trajet lui était familier. L'auberge À l'Enseigne de la Bible se trouvait sur Cury, à quelques pas de Christ's. Elle était toujours fermée quand il passait devant le porche, le jour du Seigneur. Mais une servante se tenait chaque fois sur le pas de la porte. Il ne l'avait vue qu'assise devant la taverne, le dos appuyé au chambranle, les pieds nus dans ses sabots, les jambes écartées sous sa jupe, se penchant sur les légumes qu'elle triait ou qu'elle épluchait, selon la saison. En ces jours de repos dominical, préparer le repas restait la seule besogne licite, et l'activité de la servante ne présentait rien de choquant. Mais si elle avait osé lever les yeux vers les étudiants d'Amis : gare ! Elle les dévisageait pourtant, les jaugeant entre les mèches de ses cheveux roux qui lui retombaient sur le visage. Un à un. Son regard s'était attardé plusieurs fois sur le même garçon, un *sizar* plus grand que les autres, sombre, sérieux, l'air d'étouffer dans sa toge trop courte. Will s'était senti repéré. Il avait répondu aux œillades par d'imperceptibles saluts, essayant d'apercevoir la ligne des seins sous le fichu, cette gorge pigeonnante, toute perlée de sueur et de petites taches de son, l'été.

Aux voix des femmes qui chantaient derrière le mur, il avait associé l'image des seins de la fille, de ses cuisses, de ses bras roses et dodus.

La nuit de sa première escapade, il n'avait pourtant pas une idée bien précise de ce qu'il venait faire à l'Enseigne de la Bible.

Il traversa la salle bondée sans s'asseoir, cherchant une silhouette dans le rideau de fumée qui montait des pipes et des mauvaises bougies. Au fond de la salle, il parvint à une porte ouverte qui donnait sur la cour. La servante se trouvait là, sous l'arbre, apportant la bière à des tablées de clients. Elle était grande et robuste, les cheveux roux et la poitrine ferme, telle qu'il se la rappelait. Il ne ressentit aucune timidité à son égard. Il alla droit vers elle. Elle déposait les chopes, affectant de ne pas le voir. Mais elle lui lança par-dessus l'épaule, comme si elle le connaissait de longue date et que sa venue fût une chose convenue : « Va m'attendre là-bas. »

Du menton, elle désignait les écuries.

Il l'attendit, dans l'allée centrale, entre les box des chevaux. Le sang battait dans ses veines... Allait-elle vraiment venir ? Cette perspective l'excitait, il palpitait d'impatience. Était-ce bien à lui qu'elle s'était adressée ? L'éventualité qu'il l'ait mal comprise lui fit si peur qu'il en eut le souffle coupé. Il dut s'appuyer contre le mur de paille, un instant...

Sur son visage grave et tendu, rien ne trahissait la nature de sa fièvre. Il reprenait le fil du rêve qui l'avait propulsé autrefois vers des silhouettes féminines, vers les compagnes de ses sœurs à l'époque des moissons, vers la petite Mary et ses cousines Buffield. Ces élans précédaient l'horreur de la Semaine maudite, la destruction de Soulby, la honte du Tabouret du Repentir.

Depuis, tout désir était mort.

La porte de l'écurie s'ouvrit. Elle s'avança, en nage, comme il l'avait vue la première fois. « J'aurais cru que tu viendrais me trouver plus tôt ! » dit-elle en se collant contre lui. Elle rit, parce qu'elle sentit combien elle lui plaisait. Ils roulèrent dans la paille. Elle rit encore : « Ici, y a pas de lit, tu m'excuses ? » Il pensa qu'elle le prenait pour un étudiant riche, et voulut lui dire qu'il n'avait pas d'argent à lui donner. Elle avait plaqué sa bouche sur la sienne et déjà sa langue se faisait familière. Il oublia ce qu'il voulait lui dire et céda au charme des mains puissantes qui le mettaient nu.

Leurs ébats menés à bonnes fins, elle se releva, rabattit sa jupe, et s'épousseta en remarquant, narquoise :

— Ainsi ce n'était pas ta première fois ?

— Ni la tienne, éluda-t-il avec un sourire.

— Combien de femmes tu as eues ?

— Comment tu t'appelles ?

— Jenny.

— Reviens près de moi.

— Faut que je retourne servir, regretta-t-elle.

Sans l'écouter il la rattrapa par le poignet. Il l'attira contre lui. Elle se laissa retomber dans le foin, riant toujours :

— Tu aimes ça, dis donc !

Il lui ferma la bouche d'un baiser, puis enfouit son visage entre les beaux seins, fermes et roses.

Quand ils eurent à nouveau fort agréablement conclu, elle le dévisagea :

— Avec toi, c'est comme qui dirait tout ou rien, murmura-t-elle, haletante et bouleversée. J'aurais jamais cru... Mon cochon, tu fais ça bien ! Tu as quel âge ?

— Dix-neuf ans.

— Tu parais plus jeune ! Alors, tu as de l'expérience...

Encore une fois, Will préféra éluder :

— Et toi, tu as quel âge ?

Elle sauta sur ses pieds, et recommença à s'épousseter :

— C'est pas une question qu'on pose aux dames... Bon, maintenant je dois vraiment y aller... Attends-moi là et ne disparais plus !... Je finis vers deux heures.

Lorsqu'elle l'eut laissé seul, il mit quelque temps à se remettre. Allongé dans la paille, il humait l'odeur de la transpiration, de la bière et du foin qui lui collait à la peau. L'odeur de la vie.

La prudence eût voulu qu'il rentrât maintenant à Christ's. L'échelle, qu'il avait cachée dans la rue, pouvait être découverte par les vigiles qui patrouillaient avec un zèle accru en cette période de marché. Il songea à Atkinson, à Amis qui dormaient dans l'appartement du rez-de-chaussée. Il ferma les yeux.

« Encore une fois, une toute petite fois avec Jenny. Ensuite... Ce sera terminé à jamais. »

Il s'exagérait ses résolutions.

Ensuite ?... Il allait faire le mur chaque nuit.

Pour l'heure, les yeux mi-clos, il s'étirait dans le foin, en comptant les dix coups qui sonnaient à St Mary's.

« Elle me retrouve ici dans... quatre heures ? D'ici là... Foutu pour foutu, si ce salaud d'Atkinson doit me dénoncer demain, autant en profiter. »

En suivant la Cam qui bordait l'aire de la Foire, Will fut ébahi par ce qu'il découvrait. Il en avait pourtant vu, des marchés ! Celui-là ne ressemblait à rien, ni à la foire de Kirkby Stephen ni à celle d'Appleby. Les péniches, les barges, et les mille petits mâts d'une flottille amarrée aux môles de la rivière dansaient sous les étoiles. Les négociants arrivaient du bout du monde pour vendre ici leurs denrées. Marchands anglais bien sûr, marchands de blé, d'orge et de bestiaux, mais aussi marchands-aventuriers qui commerçaient en pays lointains, écoulant ici, à Sturbridge Fair, les épices achetées aux caravanes du Levant, dans les bazars de Bagdad, de Brousse et de Smyrne.

Sur les longs pontons qui couraient perpendiculairement à la berge, devant la proue des voiliers arrimés jusqu'au milieu du cours d'eau, les équipages avaient déchargé des sacs ventrus, des caisses et des barils recouverts de bâches. Assis, jouant aux dés, les marins montaient la garde au pied de ces marchandises informes d'où s'échappaient d'étranges odeurs, des parfums sucrés, entêtants, écœurants, totalement inconnus de Will. La narine frémissante, il s'approcha. Une forêt de pancartes, piquées dans ces grands monticules, ou dans de mystérieux petits tas, se dressait devant lui : « Noix de galle », « Cire », « Scammonée », « Rhubarbe », « Opium », « Aloès », « Tutie », « Galbanum », « Gomme arabique », « Gomme adragante », « Encens », « Zedoaria ». Il resta là, grisé, répétant mentalement ces noms, les respirant à longs traits, s'enivrant de cet exotisme qui suscitait en lui des échos familiers, les récits d'Hérodote, les conquêtes d'Alexandre, la Perse, la Grèce, l'Anatolie, un rêve de sang, d'amour et d'Orient. Un groupe de joueurs, remarquant cette haute silhouette qui tentait de soulever les toiles pour voir à quoi ressemblait leur marchandise, refoula l'intrus à coups de crosse, du ponton jusqu'à la rive.

Loin des bateaux, l'air sentait la saucisse, la friture, la bière, le crottin – surtout le crottin. Des vaches, des cochons, des mules, des chevaux broutaient partout dans des enclos gardés par leurs propriétaires. À eux seuls, les drapiers comptaient huit mille chevaux de trait qui avaient convoyé leurs chariots remplis de balles de coton et de rouleaux de laine. Ils les parquaient à l'extérieur, aux franges du marché.

Le champ de foire était conçu comme une ville. Dans la boue et l'herbe piétinée, les artères bordées de tentes et de baraques se coupaient à angle droit. Des torches, fixées à des piquets, brûlaient tous les dix mètres, longues lignes de feu qui filaient à perte de vue. À cette heure tardive, les *redcoats* – la police de la foire en hauts-de-chausses rouge – avaient sonné la fermeture. Mais sur les stands où logeaient les forains se poursuivaient âprement les affaires. On apercevait, dans leurs minuscules abris bourrés de sacs comme des entrepôts, des silhouettes assises en cercle autour d'un tonneau d'ale, discutant, se chamaillant, ou clouant des planches pour s'en faire des couchettes. Chaque métier avait sa rue, quelquefois même plusieurs rues : faiseurs de chandelles, charbonniers, chaudronniers. La rue des libraires passait pour la plus courte et la plus onéreuse; celle des ferrailleurs, la plus longue et la plus abordable. C'était là, dans cette rue, que les marchands d'épices qui commerçaient avec le Levant venaient s'approvisionner en acier, en cuivre, en étain, en plomb. Les dépouilles des églises catholiques, qu'on écoulait en pièces détachées à Sturbridge Fair, leurs cloches brisées et leurs statues pulvérisées, servaient à fabriquer l'alliage que les Anglais vendaient aux armées turques de l'Empire ottoman : le bronze dont le Grand Seigneur fabriquerait ses canons.

Devant les guérites où s'empilaient les huîtres, les morues et les harengs saurs, des foules compactes faisaient la queue, se dispersant pour se regrouper sous les grands chapiteaux qui servaient de tavernes. Là, entre de longs tréteaux, parmi les barils et les buveurs, déambulaient les cracheurs de feu, les montreurs d'animaux et les danseuses du ventre achetées aux Turcs.

Will s'engouffra sous la tente. Encore prudent, il ne se conduisit pas, lors de cette première fois, comme il se conduirait plus tard : il ne joua pas sa chope aux cartes, ne s'enflamma pas sous le regard d'une « garce », ne blasphéma pas comme s'il avait grandi dans les tripots, ne tricha pas et ne se colleta pas avec ceux qui lui cherchaient querelle. Mais ce qu'il y fit allait se révéler infiniment plus dangereux pour son avenir : il écouta. Et ce qu'il entendit acheva de l'échauffer, changeant définitivement sa perception de Cambridge et de ses raffinements.

— ... Quand un Turc veut honorer un visiteur, racontait un gros marchand barbu à ses compagnons de beuverie, il lui donne trois choses...

Le ton laissait augurer de telles jouissances que Will ne put s'empêcher de s'attabler.

— ... D'abord il lui fait apporter une tasse de *cahué*, un philtre d'amour tout noir et bouillant, qu'il lui sert avec un peu de cardamome dans une porcelaine très fine et bien fraîche aux lèvres. Cette boisson a des vertus miraculeuses. Elle facilite la digestion, empêche que les fumées de l'estomac ne remontent à la tête et vous garde éveillé toute la nuit pour satisfaire les dames... Ensuite le Turc offre le *sorbet*, un second breuvage fait de sucre, de jus de citron, de musc, d'ambre gris et d'eau de rose ; et enfin... enfin la *cassolette* ! Ah, la cassolette...

Ces mots auraient suffi, sans doute, à exciter l'imagination de Will. Mais la jubilation du marchand suscita chez le jeune homme une kyrielle d'idées dont Jenny profiterait tout à l'heure.

— ... Une petite esclave circassienne vous met sur la tête une serviette de soie tiède. Une autre apporte un grand encensoir qu'elle vous place sous la barbe. La première enferme la fumée avec la serviette. Ce que fait la seconde ?... Ah, mes enfants, ce que fait l'autre vous conduit tout droit au paradis !

Ce fut dans ce nuage de fantaisies parfumées aux épices que le *sizar* de Christ's se hâta de rejoindre la serveuse à l'Enseigne de la Bible. Elle l'attendait, assoupie dans le foin. Le réveil de la pulpeuse endormie ne décevrait pas ses espérances. Leurs premières étreintes dataient de quelques heures à peine ; mais la friponnerie des jeux de l'aube ne ressemblait déjà plus à leurs rapides ébats du soir. Jenny avait défloré un garçon tendu, sérieux, vorace. Elle retrouva un amant enthousiaste, plein de curiosité et prêt à toutes les expériences.

*

Par chance, Amis et Atkinson avaient eux aussi découché. Le premier rendait ses devoirs à ses protecteurs de Londres, avant d'entamer six ans de résidence continue à Christ's. Le second, en cette veille de rentrée scolaire, avait dormi dans les appartements de son mentor D'Oyly. Le jeune Robert logeait désormais, avec son aîné, à l'hôtel Brazen George, l'annexe luxueuse de Christ's à l'extérieur de l'enceinte. Le hasard avait voulu que le factotum qui y gérait la vie des étudiants en lieu et place de leur *tutor*, surveillant leurs horaires et leur moralité, se nommât Troylus Atkinson. Ce parent pauvre de John se garderait bien de décourager sa présence auprès de maîtres tels que les puissants frères D'Oyly.

Aussi bien que le vieux Troylus, Will connaissait les règles du jeu : il avait su, lui aussi, se ménager certains appuis.

Il dut au Ciel, qui avait eu la clémence de placer sa paillasse sous une fenêtre du rez-de-chaussée, son salut. Autant qu'à un réseau de complicités si ténues qu'elles eussent fait sourire Atkinson, s'il en avait eu connaissance. Ce furent pourtant les aides-jardiniers, le portier et Mrs. Nellie, la lingère, qui lui donnèrent les moyens de sa liberté. La vieille Nellie, que l'économe avait choisie aussi venimeuse et contrefaite que possible pour décourager toute velléité de séduction parmi les élèves, adorait ce garçon qui l'aidait à porter ses paniers. Il ne l'accablait d'aucune cruauté et ne manifestait pas de dégoût particulier envers ses verrues. Un édit royal imposait aux domestiques du beau sexe un âge minimum de cinquante ans : la lingère répondait à tous les critères de vieillesse, de laideur et de méchanceté. Elle pouvait, sans risque pour son emploi, rendre son favori instantanément présentable. Elle nettoyait sa toge souillée, et raccommodait sa seule culotte mise en lambeaux dans les rixes... *De l'utilité des anonymes, des hommes de l'ombre et des femmes sans éclat* : une leçon d'esthétique dont il saurait se souvenir. Pour l'heure, son souci le plus vif restait le manque d'argent.

À Cambridge, l'argent circulait cependant. Un penny y semblait aussi facile à rafler... qu'à perdre. En plein air et chez les particuliers, à l'université, à la ville et à la foire, dans les bordels et les tripots ; aux cartes, aux dés, aux dames, aux échecs, au jacquet, aux quilles, à la paume, sans parler des mille petits jeux de hasard au coin des rues, on engageait partout sa fortune : les joueurs misaient sur leur propre victoire ; et le public pariait sur les joueurs. À qui savait y faire, ces mœurs offraient de belles opportunités.

Rapide, rusé, Will Petty n'était pas né sur les terres de frontière, il n'avait pas vécu quinze ans sous la menace des Reivers, sans conserver quelques traits de ses origines. L'atavisme revenait au galop, notamment l'astuce, le goût du risque et la pratique du secret. En sus, il semblait doté d'un certain sens des affaires.

D'autant qu'avec le jeu venait la fraude. Au fond des allées borgnes, à la périphérie du marché, sévissait tout un trafic de balles de tennis, de quilles et de boules aimantées. Les aigrefins venaient s'y fournir en *gords* : les faux dés, évidés d'un côté. En *fullans* : les dés remplis de plomb. Sturbridge Fair, ou la foire à l'arnaque. Un commerce florissant qui pouvait rapporter gros.

Au mois de septembre 1606, un manuel du vice, calligraphié en belle écriture, fit son apparition à l'entrée des tavernes : « Prenez garde, jeunes gens qui tentez le diable ! »

Cette brochure, de la main de Will, fut la source de ses premiers revenus. Il y dressait, avec la bénédiction des escrocs, l'inventaire des produits offerts et des services rendus : vaste programme publicitaire qui, sous couvert de protéger les innocents, les invitait à se perdre dans les tripots. Il vendit son catalogue fort cher aux pigeons qui faisaient la queue pour se faire plumer : « Surveillez, ô naïfs enfants des collèges, surveillez les cartes maculées de taches de gras ; les cartes à peine cornées ou rayées d'un trait d'ongle ; les soupirs des filles, les éternuements, les mille signes qui s'échangent par le regard... Attention surtout aux fausses querelles entre vrais complices. » À quelque degré qu'on prenne l'ironie de ses sages conseils, Will insistait sur le seul point qui lui causait souci : la nécessité pour les *cheators* et les *fingerers*, pour les tricheurs et les tripoteurs, de sévir en bande. Or il ne jouissait, lui, d'aucun réseau dans la pègre et travaillait en cavalier seul.

Sur ce front, Jenny assurait. Habile pédagogue, partenaire douée, elle excellait dans son rôle d'entremetteuse : depuis dix ans qu'elle servait la bière à l'Enseigne de la Bible, elle connaissait les ficelles et tous ceux qui les tiraient.

Une compagne idéale, n'était sa jalousie...

*

— D'où sors-tu ? Je ne te suffis pas ?
— Tu es la meilleure de toutes, Jenny, si délicieuse que...
— Que tu sautes tout Cambridge !
— Que tu m'as donné le goût de l'amour.
— Canaille !
— Merveille !

Pour cadre de leurs amours, ils se satisfaisaient des écuries. Mais les plaisirs plus coûteux leur suscitaient quelques difficultés financières.

Dans les débuts, la chance avait souri à Will.

À l'époque où il ne savait pas encore jouer aux cartes, une suite de gains inespérés lui avait permis d'offrir quelques rubans à Jenny et de partager avec elle de bons petits clarets. Mais les réalités de la vie le contraignaient à user de moyens chaque nuit moins innocents. Certains soirs, lors des rixes qui couronnaient ses victoires, il n'échappait aux poursuites de ses dupes qu'in extremis.

Nécessité aidant, il devenait rapide à dégainer son couteau. Et, le cas échéant, à en user.

Pourtant, rien dans sa conduite ne laissait imaginer l'ampleur du changement. Pâle, dégingandé, tout de sombre vêtu, il gardait l'allure des étudiants sérieux. Il dessaoulait le jour, penché sur ses livres comme on l'avait toujours vu faire. La nuit, même ivre mort, il ne poussait pas de grands cris. S'il avait le vin gai, il parlait peu et restait en deçà des plaisanteries. Son silence ne trompait pas les taverniers et les tenancières : ce garçon aimait la bouteille et la noce. De la bibliothèque aux bras des courtisanes, il sautait le pas sans états d'âme. Et bien qu'il ne jouât pas les meneurs, il était craint. La distance qui se manifestait par une imperceptible raillerie dans toutes les circonstances de sa vie, et particulièrement dans l'excès de ses vices, lui conférait une forme d'autorité sur l'ensemble de ses compagnons. Les beuveries en groupe, les alliances entre bandes, la bagarre l'intéressaient modérément. Il ne recherchait pas les amitiés masculines. Plutôt la compagnie des femmes, servantes ou putains... Ah, pour ce qui touchait aux garces, il savait les regarder, les écouter et les faire rire. L'intérêt était réciproque. Il rendait rapidement, sans effusion sentimentale mais avec fougue, la sympathie de celles qui lui faisaient la cour. À la grande fureur de Jenny, elles étaient nombreuses. Il les fréquentait toutes et prodiguait ses faveurs sans discrimination de taille, de poids et d'âge.

La passion de Will pour les filles de joie et la constance de son amitié envers les élues de son corps deviendraient bientôt proverbiales dans les bas-fonds de Cambridge. En ces tardifs moments d'indiscipline, il rattrapait des années de désert affectif : de ses amours avec Jenny, mais aussi Molly, Daisy, Lizzie, Lucy, allait naître l'immense tendresse de Will Petty pour les femmes. Enfin, une certaine forme de tendresse... pour une certaine sorte de dame.

*

— Ah non, ma biche, on ne touche pas à ça, gouailla-t-il en écartant la main de Jenny qui s'égarait.

Allongés dans le foin après l'amour, ils philosophaient.

— ... À tout, sauf à la bourse du gueux !

Elle rit.

— Tu prêches pour ta paroisse ?

— Et pour la tienne.

— Foutaise. Les gueux sont moins dangereux à plumer que tes petits camarades. Une source d'emmerdes, les étudiants ! Ils poussent des cris d'orfraie dès qu'ils doivent cracher au bassinet...

Sur ce point, ils ne s'accordaient pas. Elle avait, elle, pour seul principe de ne s'attaquer qu'aux plus modestes parmi les fils du petit peuple. Ceux-là réglaient leurs comptes en privé, sans faire appel aux *redcoats*. Ils craignaient la milice plus qu'une perte au jeu. Will défendait la théorie inverse. Il trichait. Il gagnait. Mais seulement contre les riches. S'il pipait les dés et les paris, il ne dépouillait pas les apprentis et les artisans, du moins les plus pauvres. La charité, la solidarité, l'honneur n'entraient en rien dans cet aveugle respect de la plèbe. Juste un souci d'efficacité. *If you cheat, cheat big.* « Si tu fraudes, fraude en grand. » Cette devise résumait sa pratique. Il excellait à l'étrillage des aristocrates. Ceux-là, les *fellow commoners* en manchettes de velours qui venaient s'encanailler, il les plumait sans états d'âme. Un sport dont il avait fait sa spécialité dans les arènes.

7. *Les arènes de Cambridge, 1607*

Ici, point de préséances. La foule des paysans, des bourgeois, des garçons bouchers et des étudiants nobles enfilait la galerie de bois qui encerclait l'arène à ciel ouvert, cherchant une place sur le banc circulaire. Le spectacle promettait d'être long. La plupart le regarderaient debout. Trois taureaux et trois ours allaient combattre les chiens de trois propriétaires. Six rounds en perspective. Dans l'attente de l'ouverture des jeux, un ours brun gesticulait sur la piste. Il était aveugle. On lui avait brisé les dents à coups de masse, et les enfants pouvaient le piquer sans risque. Un prologue. Tout à l'heure l'animal serait reconduit dans sa cage et remplacé par un monstre, que les bull-mastiffs de Lord Henry D'Oyly – le cousin de Charles et de Robert D'Oyly – allaient tenter de dompter, en le saignant à mort. À ces chiens, les crocs ne seraient pas limés. Eussent-ils eux-mêmes les entrailles perforées et la gueule arrachée, ils ne lâcheraient pas leur proie. Les parieurs pouvaient miser sans crainte sur leur obstination.

Les bookmakers se tenaient au pied des trois escaliers qui montaient à la galerie. En pleine bousculade, hurlant pour se faire entendre, les parieurs leur donnaient leur nom et celui de leur favori. Les ours, les taureaux, les chiens étaient tous affublés de sobriquets. Nul ne jouait sur parole : on payait comptant. Will inscrivait le montant des mises sur une grande ardoise et versait les pièces dans un coffre.

Afin de n'être pas reconnu par les jeunes gens dont il aurait pu servir le souper à la *high table* de Christ's, il conservait son chapeau sur la tête et restait assis – ce qui l'obligeait à quelques contorsions entre l'ardoise et le coffre. Le risque d'une rencontre semblait mince. Christ's était d'obédience si strictement protestante que peu d'étudiants, même parmi les plus libertins, se hasardaient jusqu'ici. Tel n'était pas le cas des *nobiles* de King's et de St John's qu'il côtoyait au service du dimanche à St Mary, la paroisse de Cambridge. Mais les *fellow commoners* ne prêtaient aucune attention aux *sizars* qu'ils considéraient comme d'invisibles laquais. Sa haute taille pouvait toutefois le faire repérer partout, à l'église comme dans les bouges. Aussi, recroquevillé sur sa chaise, Will gardait-il profil bas.

— ... Lord Charles D'Oyly : vingt livres sur les mastiffs de mon cousin.

Il ne leva pas le nez, mais son sang se glaça. Il connaissait bien Lord Charles. Son arrogance et sa dureté ne se comparaient pas aux gauches saillies de son cadet Robert qui tentait bêtement d'imiter ses vices. Outre les courses et le jeu, Lord Charles aimait trop les garçons. « La sodomie, de tous les péchés, le plus infâme. » Sa réputation d'homosexualité lui eût coûté la vie, s'il n'eût été si riche et si titré. On l'avait pourtant surpris deux fois en flagrant délit à l'auberge : un scandale sans suite pour sa sécurité personnelle. Le sort de ses partenaires ou de ses victimes était une autre affaire.

Grand, maigre, superbe, béret de velours sur l'œil et cravache à la main, Lord Charles observa Will, tandis qu'il inscrivait son pari.

— ... N'es-tu pas le domestique du mignon de mon frère ? demanda-t-il, l'accent traînant, avec cet air négligent de fatigue et d'ennui qu'affectaient les aristocrates de haut rang.

— Plût au Ciel, Votre Excellence ! Y a-t-il un chien particulier sur lequel vous...

— C'est curieux, j'aurais cru que tu étais un étudiant de Christ's.

— Votre Excellence me fait trop d'honneur !

— Comment t'appelles-tu ?

— On me nomme *Billie-the-Tip*.

— Will-le-Bon-Tuyau, en effet... Le « Mr Petty » d'Atkinson.

— Et je conseillerai à Votre Excellence, si je puis me permettre...

Will se pencha et murmura, rapide et concis :

— ... Rex et Babington sont drogués ce soir, ne mettez rien sur les chiens de votre cousin, l'ours l'emportera au troisième round...

— Tu achètes mon silence ?

— Je vous offre la victoire.

— Si tu me fais perdre ?

— Ce serait bien la première fois !

Ce fut bien la première fois, en effet, que les tuyaux de « Billie » permettaient à un riche *primus* de troisième année de gagner quelques livres. Mais l'alerte était chaude et le salut à ce prix.

Il passa une mauvaise soirée et dormit d'un sommeil agité. Il s'attendait au pire, à une réflexion de Lord Charles, à la dénonciation d'Atkinson.

Ses nuits, naturellement courtes, devinrent inexistantes. Il s'abstint de faire le mur, se tint tranquille toute une semaine, et profita des circonstances pour se reposer. Rien ne vint. Rassuré, il reprit sa double vie, évitant les lieux trop fréquentés par les étudiants.

Peine perdue. On savait désormais où le trouver.

8. *À l'Enseigne du Vieux Faucon, une taverne à la périphérie de Cambridge, 1607*

— Je vous dérange peut-être ?

Oui, en effet. Will, attablé dans l'ombre, au fond d'une encoignure, s'était fait apporter une pipe allumée qu'il s'apprêtait à déguster tranquillement. Tabac de Virginie : du grand luxe. Il leva les yeux à regret. Âgé d'une cinquantaine d'années, son interlocuteur avait le col élégamment déboutonné, la fraise ouverte sur un sobre pourpoint de drap, le cheveu court et gris, le bouc taillé au carré, un anneau à l'oreille et les ongles faits.

— ... M'autorisez-vous à prendre ce siège ?

La question avait été posée civilement. Will ne pouvait empêcher ce gentilhomme de s'attabler.

— Faites, grommela-t-il, sans empressement.

L'étranger posa la bouteille qu'il avait apportée et s'assit face à lui.

— Me permettez-vous de vous offrir de cet excellent vin de Bordeaux qu'il eût été bien triste de boire tout seul ?

Will crut reconnaître l'accent du Nord. Sans attendre sa réponse, l'étranger lui servit un verre. De toute sa personne émanait quelque chose de propre et d'affable qui sentait le marchand d'importance. Un reliquat des négociants de Sturbridge Fair, sans doute. Du type de ceux que Will avait entendus raconter leurs voyages sous le chapiteau.

— ... Puis-je me présenter : Mr Robin Poley, de Kendal Westmorland.

Un homme de son pays, Will ne s'était pas trompé. L'individu ne ressemblait pourtant pas à un Borderer.

Un fragment de seconde, Will eut l'intuition que ce personnage lui était envoyé par Lord Charles D'Oyly. Il n'y prit pas garde. Il omit seulement de décliner sa propre identité.

Leurs propos ne présentèrent d'abord rien que d'assez banal. Les buveurs devisèrent du climat dans le Westmorland et du mérite comparé des bouteilles qu'on servait à Cambridge. L'inconnu s'échauffait. Il devenait familier. Dans le feu du bavardage, il l'appela d'un nom qu'il n'était pas censé savoir :

— *Cher, bien cher Mr Petty*, nous ne nous connaissons guère, mais j'ai pour vous la plus chaleureuse des sympathies : vous me rappelez le garçon que j'étais à votre âge... Savez-vous que je fus *sizar*, moi aussi ? Pour ma part je n'appartenais pas à Christ's, mais à Clare's. C'était il y a – mon Dieu ! – vingt ans ! À l'époque, on ne fumait pas autant qu'aujourd'hui. Mais rien ne change à Cambridge. Pas même cette auberge où j'ai jadis pas mal bu ! Puis-je me permettre de vous parler en ami ? Puis-je me permettre de vous dire à quel point vous vous fourvoyez, en vous complaisant dans cette solitude ?

Will, la pipe à la bouche, le visage impénétrable derrière l'écran de fumée, s'était reculé dans l'ombre. En d'autres circonstances, il aurait sèchement clos l'entretien d'un sarcasme, d'une menace, ou, si les jurons n'imposaient pas silence, d'un direct du droit. Mais cet homme semblait bien informé. Il savait son nom, sa fonction, son collège. La prudence lui commandait d'attendre. Il se tint coi et laissa venir.

— ... Pour un jeune homme d'esprit comme vous, pontifiait l'individu, de nombreux chemins mènent à la gloire. Mais toutes les routes qui conduisent au succès, toutes les routes,

Mr Petty, partent de la maison des protecteurs que vous saurez servir; et toutes vous y ramèneront!... Votre réussite, cher, repose sur l'appartenance à la domesticité d'un grand personnage.

S'agissait-il d'un rabatteur de Lord Charles? Que voulait ce bavard cauteleux dont les petits yeux gris cherchaient à distinguer ses réactions dans l'ombre? Venait-il, au nom de son maître, lui faire des propositions malhonnêtes? Will tentait vainement de démêler le sens de toutes ces circonvolutions. Les nombreuses pauses entre les phrases permettaient d'interrompre l'orateur à tout moment. Will s'en gardait bien. Il ne posait pas de questions. Il ne donnait pas prise.

Pourtant, malgré lui, il avait laissé mourir le feu de sa pipe.

— ... Si vous choisissiez le chemin de l'Église, Will – vous me permettez de vous appeler Will? –, vous trouveriez votre niche dans le cercle de l'évêque de Canterbury; ou dans celui de l'évêque d'Ely : votre appartenance au clergé vous donnerait peut-être une paroisse... Si vous deviez pénétrer dans les cercles de la *gentry*, vous deviendriez probablement le répétiteur, logé, nourri, d'un fils de famille... Si vous arriviez jusqu'aux cercles de la cour, vous pourriez sans doute obtenir le poste de secrétaire particulier d'un Lord et vivre luxueusement à Londres, en sa demeure du Strand... Mais dans le meilleur des cas, dans *tous* les cas, vous graviteriez au ras de terre, loin de la seule sphère à laquelle un gentleman se doit vraiment d'*appartenir*...

Le ton restait pédagogique, raisonnable et onctueux. L'affectation de neutralité rendait ces lieux communs d'autant plus inquiétants.

— ... Car au-dessus du clergé, au-dessus de la noblesse et de la cour, il y a un maître, le plus grand de tous! C'est ce maître-là que je viens vous proposer de servir. Le roi!

Will ne put réprimer une réaction. La surprise lui fit croiser et décroiser les jambes.

— ... Sa Majesté vous réclame, Mr Petty! Elle a besoin de votre esprit, de votre force, Elle a besoin de vous pour La défendre.

S'agissait-il d'une plaisanterie? L'indiscret se moquait-il de lui? Un farceur, au bout du compte?

Will perdait son sang-froid, il s'agitait. Son interlocuteur prit bonne note de ce sursaut. Le moment semblait venu d'entrer enfin dans le vif du sujet.

Il exposa son propos clairement, et avec fermeté :

— Vous n'êtes pas sans savoir que le roi a échappé au plus abominable des complots, et que cet assassinat fut tramé par les Catholiques. Dans sa miséricorde infinie, le Seigneur, qui voit toutes choses, a permis un miracle. Les barils de poudre qui devaient faire sauter la Chambre des Lords à l'heure où Sa Majesté ouvrait la séance, ces barils ont été découverts la veille de l'attentat.

Will, ainsi que tous les étudiants de Cambridge, était parfaitement informé de l'événement auquel Poley faisait allusion. Les péripéties de la Conspiration des Poudres, largement diffusées par la propagande du gouvernement, avaient mis l'Angleterre en état de choc, déclenchant partout une vague de phobie anti-papiste. Depuis deux ans, matin et soir, les services d'action de grâces se succédaient dans la chapelle de Christ's. Il n'y avait pas de jour où Will ne remerciât son Créateur pour le salut du roi.

— ... Mais le péril n'est qu'écarté, Mr Petty, les traîtres reviennent à l'attaque, ils sont en chemin pour accomplir leur abominable forfait !

L'homme parlait maintenant si bas qu'il obligeait Will à se rapprocher de lui le plus possible pour suivre la plaidoirie. La lumière de la bougie dansait dans son regard attentif... Première défaite de Petty. Avantage à Poley :

— ... Une lettre, interceptée par nos services, mais envoyée de Cambridge, chuchotait-il, informe le général des Jésuites en résidence à Rome qu'un prêtre s'est infiltré dans l'université. Qu'il a déjà recruté huit étudiants. Et qu'ils ont tous répété le serment d'assassiner le roi... Deux se sont enfuis au séminaire de Saint-Omer en France. Qui sont les six autres ?... Et qui est ce prêtre ? Nous savons qu'il se cache sous une fausse identité, qu'il est pourvu d'or et dispose des prérogatives d'un *fellow commoner*. Mais nous ignorons à quel collège il appartient... Vous avez, je crois, connu naguère l'un de ces espions papistes qui s'est enfui à Saint-Omer. Il vous suffirait de renouer avec de semblables sympathies. Et de pousser plus avant, en affectant de recevoir la communion à genoux par exemple, ou de tenir des propos injurieux à l'égard de votre directeur d'étude. Rien de bien méchant. Dites seulement, ici et là, qu'à vos yeux les Protestants ne sont que des ânes et des hypocrites. Chantez bien fort les psaumes à la chapelle, et signez-vous longuement quand on prononce le nom de Marie... En donnant à penser que vous êtes, vous aussi, un catholique qui se cache – tant bien que mal –, vous aurez quelque chance d'être approché par ce prêtre ou par l'un de ses complices... Outre l'honneur de servir votre pays en démasquant ces traîtres, vous toucherez trois livres par mois...

Poley esquissa un sourire et poursuivit, sur un ton aussi naturel que rassurant :

— Et vous n'aurez rien à changer à vos habitudes. Continuez à faire le mur chaque soir et continuez à fréquenter les mauvais lieux. Nos ternes et fades Puritains se rencontrent rarement dans les tavernes ; mais les Idolâtres, eux, aiment le vin, la danse, le jeu et les femmes. Toutes vos dépenses seront prises en charge. Eussiez-vous besoin de quoi que ce soit pour réussir dans votre mission : réclamez à Lord Charles D'Oyly. N'hésitez pas... La Connaissance, Will, la Connaissance ne se paie jamais trop cher ! Et si les précieux renseignements que vous nous fournirez sur vos nouveaux amis devaient se révéler d'importance, comme je n'en doute pas, vous pourrez compter sur la gratitude de Sa Majesté... Dieu sait à quel sommet vous hissera la faveur royale ?

À la suite de cette prometteuse envolée, il y eut un long silence. Comment l'attention d'un chef de réseau tel que ce Poley, qui devait appartenir à Robert Cecil, premier conseiller du roi, comment cette attention avait-elle pu se fixer sur un modeste petit étudiant comme lui ?

À cette question, Will devait répondre rapidement !

Pétrifié, il ne parvenait plus à raisonner... Pour trois livres par mois, tous frais payés, quel étudiant n'eût joyeusement contribué à la destruction de cette dangereuse faction de conspirateurs qu'étaient les Catholiques ? La fortune ! Et contre quoi ? Quelques informations arrachées à des traîtres... Il ne pouvait qu'accepter l'offre de cet homme. Et pourtant son instinct lui commandait la fuite.

Will attendit encore, s'assurant que le soliloque de Poley était bien terminé.

— Je suppose que c'est à la générosité de Lord Charles D'Oyly que je dois l'immense faveur dont Votre Excellence a la bonté de me gratifier, commença-t-il avec prudence... Lord D'Oyly m'a fait trop d'honneur en parlant de moi en des termes si élogieux qu'ils ont pu donner à croire que je mènerais à bien semblable mission. Mais je ne suis qu'un humble fils de paysan, un pauvre rustre des Borders.

— Je connais vos origines, Will... Protégé de Lord William Howard de Naworth : un Lord catholique ! Vous le voyez : vous

faites parfaitement l'affaire. Nul ne mettra en doute votre allégeance à la foi de votre bienfaiteur.

— J'entends, Votre Excellence, j'entends. Mais un agent,
un agent double notamment, ne doit-il pas être doté de certaines qualités... en plus de l'éducation d'un gentleman ? Je
veux dire : ne doit-il pas savoir faire preuve de sang-froid ? Maîtriser l'art de la dissimulation, de la comédie, de la flatterie
– que sais-je ?... Moi, Votre Excellence, que me vienne un désir,
une envie, un caprice, j'y cède dans la seconde : je suis incapable de résister à la tentation !

— Vous vous faites plus petit poisson – ou plus grand
pécheur – que vous n'êtes, railla Poley. On dit qu'aucun étudiant ne parle le latin à Christ's, n'écrit le grec et l'hébreu
comme vous. Ne passez-vous pas pour un modèle de sérieux ?
D'austérité ? Quant à votre religion, il n'est pas jusqu'à votre
terrible *tutor* qui ne s'en porte garant. Nul ne soupçonne où
vous passez vos nuits, pas même votre ami Atkinson ! Et votre
inconduite dure depuis... Depuis combien de temps, Will ?
Deux mois ? Trois mois ? Un record ! La feinte n'a aucun mystère pour vous. Le roi de l'astuce... En outre, quand vous jouez,
il semblerait que vous trichiez. Et, d'après mes informateurs,
vous volez avec le plus grand sang-froid.

— Les informateurs de Votre Excellence ont de bons yeux ;
ils voient loin et raisonnent juste. Ils disent vrai en vous rappor-
tant que je hais tout ce qui touche à la papauté ! La papauté est
la Bête ; et Rome, la putain de Babylone ! Je hais ces chiens idolâtres qui ont l'outrecuidance de représenter le Seigneur ; qui
vénèrent les images et les statues comme les prêtres de Baal
adoraient le veau d'or. Je hais tout leur attirail superstitieux de
reliquaires, d'ostensoirs, d'Agnus Dei et de rosaires bénits par
le pape ! Voilà toute la réalité : mon horreur des Catholiques est
telle que je ne pourrais jamais passer pour l'un d'entre eux ! Or,
il me semble qu'afin d'être un bon espion...

— Qui vous parle d'*espionnage*, Mr Petty ? coupa froide-
ment Poley. Il ne s'agit que du service du roi !

— ... Il me semble qu'un serviteur du roi, afin d'être cré-
dible auprès de ceux qu'il cherche à démasquer, doit s'appuyer
sur une part de vérité... Pour ma part je ne saurais me modeler
sur un catholique ! Je ne saurais entendre que Mr Amis est un
monstre sans bondir pour le défendre ! Je ne saurais clamer
que les Puritains sont des hypocrites et des imbéciles !

Une lueur sarcastique passa dans le regard du Sieur Poley.

— Ces choses-là s'apprennent, Mr Petty.

— Monseigneur, on ne triche pas avec Dieu! Je ne saurais ni vénérer un crucifix ni embrasser une médaille... Et je ne saurais prendre la communion autrement que debout!

— Vos dettes, Mr Petty, vos dettes, persifla son interlocuteur, *saurez*-vous les payer?

— Oh, je n'ai pas de dettes, Votre Excellence, lança-t-il, narquois... juste des frais. Et pour ce qui regarde ce vin de Bordeaux, vous êtes bien évidemment mon invité. Non, ne me remerciez pas. C'est à la générosité de Lord D'Oyly que nous devons cette bouteille. Quand je lui aurai touché un mot de notre entretien, Milord m'avancera certainement deux ou trois pence...

Chez Poley, l'agacement le disputait maintenant à la colère.

— Je vous conseillerai de vous taire, Mr Petty. Je vous conseillerai même de ne parler à personne de tout ceci. Ni à Lord Charles. Ni à quiconque!... Mais, reprit-il plus posément, j'accepte votre refus. Sa Majesté requiert un engagement librement consenti des hommes qui La servent. Et je ne doute pas qu'avec le temps vous réviserez, à la hausse, votre jugement sur vos propres capacités. Comme l'Amour de Dieu, le service du roi est une évidence, réfléchissez à cela, Mr Petty... Dans l'intérim, nous ne nous connaissons pas.

— Cela va sans dire : je n'ai pas le bonheur d'avoir rencontré Votre Excellence! Et Votre Excellence ne m'a jamais vu dans une taverne, de nuit...

*

Cette petite discussion eut la vertu de rendre Will définitivement insomniaque. Non qu'il éprouvât la plus petite velléité d'*appartenir* à ce réseau d'agents doubles, d'agents triples et d'agents provocateurs qui grenouillaient à Cambridge, comme partout ailleurs en Europe. Mais il prenait conscience que sa vie nocturne débouchait immanquablement sur son exclusion de Christ's, au mieux. À la prison pour vol, au pire.

Ou, alors, sur son recrutement par les services secrets.

Qui avait recommandé sa candidature?

Il s'agitait sur sa paillasse, tant cette question le tourmentait. Était-ce vraiment Lord Charles D'Oyly? Milord, en le rencontrant aux arènes, avait-il songé à faire de « Billie-the-

Tip », ce *sizar* astucieux, roué, habile et désargenté, un espion
du gouvernement ? D'Oyly lui-même devait payer la pratique de
ses vices du prix, sans doute très élevé, de ses renseignements
aux autorités. « Sa discrétion s'explique donc par l'imminence
de mon recrutement ? » À moins que D'Oyly ne se soit contenté
de donner sa caution à une suggestion plus ancienne ? Qui
d'autre à Christ's pouvait se montrer assez certain de sa discrétion et de ses aptitudes pour prendre le risque de le faire approcher par un professionnel ? Qui ? Atkinson ? Il vivait
aujourd'hui au Brazen George Hotel, servi par les domestiques
de Lord Robert ; il se souciait de son *sizar* comme d'une
guigne... Non, Atkinson n'entrait en rien dans l'affaire : il était
si corrompu qu'il aurait compris l'offre de ce Robin Poley
comme une faveur... En revanche, Amis ? Comment croire
qu'un homme comme le Dr Amis, chez lequel Will continuait
d'habiter, ait pu ignorer ses escapades ? « Bien sûr, il sait !
Depuis le début, il sait : il ferme les yeux volontairement. Il
attend que je ne puisse me dépêtrer du guêpier où je me suis
fourré. Ainsi piégé, je traquerai pour lui, avec lui, ses bêtes
noires... Combien d'entre nous à Christ's appartiennent déjà au
réseau anticatholique d'Amis ? Et combien d'autres travaillent
pour la partie adverse ? Le jésuite infiltré à Cambridge qu'évoquait Poley, tous les Catholiques qui complotent ici contre le
roi, qui sont-ils ?... Croire à l'aveuglement d'un docteur Amis !
Durant trois mois ! Comment ai-je pu être naïf à ce point ? » Un
pigeon. Une dupe. Manipulé comme les dindons qu'il mettait
en garde dans ses brochures contre les dés pipés.

Will se sentait acculé. Il avait peur.
Renseigner les ministres ; dénoncer les individus ; agiter les
foules au gré des besoins de l'État, cela seul pouvait le protéger
des maux qui le menaçaient. Et régler d'un coup ses soucis
financiers. C'était d'une logique imparable. Pourquoi résister ?
Quel inconvénient trouvait-il à cette solution ? D'autres élèves,
et non des moindres, appartenaient à cette armée des ombres
qui œuvrait pour le salut de l'Angleterre. Ne murmurait-on pas
que le rival de Shakespeare, le très célèbre auteur de théâtre
Christopher Marlowe, avait rendu d'appréciables services à la
Couronne ? Un ancien élève de Cambridge, lui aussi. Certes,
Marlowe avait fini assassiné d'un coup de couteau dans l'œil.
Le meurtre datait d'une dizaine d'années et passait pour un
accident. Mais ceux qui avaient connu Marlowe à l'université
murmuraient qu'il était mort dans une rixe entre agents. Ce

que Will ignorait, c'est que Robin Poley, son recruteur, avait assisté à ce règlement de comptes.

... Non, l'inconvénient – unique –, Will le mesurait avec netteté. Pieds, poings et tête liés. À jamais. En acceptant les trois livres par mois de ce Poley, il vendait sa conscience et sa liberté. Il se connaissait assez pour savoir que, s'il ne tenait pas tant à la première, la seconde, fût-elle illusoire, lui avait déjà coûté trop cher pour qu'il accepte d'y renoncer sans combattre.

Ses réflexions se conclurent par un repli précipité entre les murs d'enceinte de son collège. Ce recul stratégique s'accompagna d'une ostentatoire retraite religieuse. Si les confessionnaux, reliquats de l'ancienne foi, n'avaient été brûlés, il s'y serait enfermé, se collant aux grilles des isoloirs, se cloîtrant derrière les portes closes. Il se contenta de longues stations debout à la chapelle, en tête à tête avec son Créateur. Ce retour à Dieu s'accompagna d'une assiduité accrue à la bibliothèque, aux conférences ordinaires et extraordinaires, aux prêches, aux sermons, à toutes les manifestations de Christ's.

9. *Les écuries de l'Enseigne de la Bible, 1607*

— Je sais, tu me quittes, c'est la dernière fois, je sais, sanglotait Jenny, au terme de la tournée d'adieux qui avait conduit Will chez toutes ses amies.

Cette triste salve de départ s'achevait sur une botte de foin, dans les écuries de l'Enseigne de la Bible. Jenny, assise, comme il l'avait vue la première fois, les jambes écartées, les seins offerts, prenait congé à sa façon :

— ... Mais moi, ce n'est pas pareil, je ne peux m'empêcher de t'aimer !... Et puis, veux-tu que je te dise ? C'est ta voix que je vais regretter ! Elle a quelque chose qui me fait chaud au cœur. C'est un signe d'amour, ça, non ?... Mais je te pardonne, si tu m'offres un petit quelque chose.

— Tout ce que tu voudras.

Will l'avait prise dans ses bras. La perspective de ne plus la toucher le renvoyait à sa tristesse d'autrefois. Il avait la gorge nouée. Comment pourrait-il résister à l'épreuve de son enfermement à Christ's ? Comment ne plus jamais la rejoindre ici ?

— Tu vas tant me manquer ! murmura-t-il en la serrant contre lui.

Quelle nécessité l'obligeait à s'amputer ainsi de la présence qui lui tenait le plus à cœur ? Il s'insurgeait, incapable soudain d'accepter la séparation... Folie, folie, folie de s'imposer à soi-même un tel sacrifice ! Pourquoi renoncer à Jenny ? Au grain de sa peau, à son odeur, à son rire ; pourquoi renoncer volontairement à leur complicité, à leur affection ? Il pouvait parer à l'imminence du désastre d'une façon plus supportable... Limiter les risques, espacer les rencontres, s'enfuir moins souvent.

Jenny, inconsciente du dilemme où se débattait son amant, acceptait la situation. Elle avait toujours su la rupture inévitable. Elle tentait de sourire et minaudait à travers ses larmes :

— J'aurai mon cadeau d'adieu ?

— Va pour ce qui te fait plaisir... Les finances ne sont pas au beau fixe, mais on se débrouillera.

— Il s'agit plutôt d'une faveur...

— Bien volontiers.

— Tu jures ?

— Je jure.

— Veux-tu enfiler ta toge ce soir et me permettre de te voir dedans ?

— Jenny, c'est ridicule !

— Tout nu dans ta toge, une dernière fois. Avec le capuchon, la toque et le petit pompon...

Un instant il se demanda d'où Jenny tirait ce caprice. Poley allait-il surgir ? Le Dr Amis, le surprendre, en uniforme, avec une fille ? La pire des fautes que répertoriait le règlement. Au diable cette méfiance ! Le simple contact avec des personnages comme Amis et Poley transformait toute votre perception du monde.

« Bah, le pire qui puisse arriver... n'arrive jamais à coup sûr. »

Sur cet aphorisme, il conclut ses amours : une nuit torride dans le foin, en toge et en pompon.

Il avait beau tenter d'échapper au renoncement, il ne trouvait pas d'autre issue. La survie exigeait qu'il se range.

*

La chance voulut que dans les hautes sphères du collège le torchon brûlât pour quelqu'un d'autre... Et que cet autre fût Amis.

La récente élection à une *fellowship* d'un certain Valentine Cary, ancien diplômé de Christ's, ancien professeur de

St John's, mettait aujourd'hui le Dr Amis en danger. De tout temps, les deux hommes s'étaient opposés. Mais Cary jouissait du préjugé favorable de la nouveauté, tandis qu'Amis avait profité de ses cinq années de résidence pour se rendre odieux. Le doyen et les professeurs qu'il ne cessait de harceler, les accusant, à des degrés divers, de sympathies papistes, aspiraient à s'en défaire. Ils se regroupèrent donc derrière son ennemi le plus introduit.

Valentine Cary n'eut aucune difficulté à convaincre l'évêque de Londres du total mépris de l'un de ses collègues, un *fellow* ultraprotestant de Cambridge, envers la doctrine anglicane. Les opinions de ce Dr Amis, qui lui interdisaient de reconnaître le roi comme son chef spirituel, menaçaient le principe même de la monarchie.

Désormais considéré comme un puritain schismatique, le *tutor* de Will se trouva en butte à de telles vexations que ses amis le pressèrent de s'exiler. Qu'il parte pour l'université de Leyde. Cet hiver même!... Avant son arrestation, qui semblait imminente! De ce péril, Will ignorait tout. Sinon qu'Amis paraissait aujourd'hui plus occupé à résoudre ses propres affaires que pressé de lui régler son compte.

Un matin de décembre, Amis disparut.

Les huit élèves qu'il avait en pension s'installèrent chez le Dr William Chappell, dont la religion n'était guère moins austère que celle de son prédécesseur. Mais ce changement révolutionna la vie de Will. Devenu le *sizar* personnel de Chappell, il s'appliqua à lui donner satisfaction. Quatre mois le séparaient de son diplôme. Quatre mois pour regagner le terrain perdu.

Plus de filles, plus de vin, plus aucune incartade. Et, contre toute attente, nulle difficulté à jouer le jeu du salut! Christ's lui apparaissait désormais comme le seul recours contre les abîmes. Il en acceptait les règles. Sans restriction.

Il renoua avec les amitiés érudites qu'il négligeait depuis l'été et ne se vanta pas de ses frasques du trimestre précédent. Mais quelque chose dans sa conduite donnait le sentiment qu'il avait de la vie une connaissance qui manquait aux autres. Les plus âgés acceptèrent cette sagesse, sans s'interroger sur la nature de sa supériorité. Les petits recherchèrent sa compréhension et son soutien. Les enfants l'adoraient. Quant aux maîtres, ils prenaient désormais le « *sizar* Petty » pour le type de l'élève qui s'épanouit en fin de parcours : celui qu'on appelait, dans le jargon de l'université, une *winter pear*, une « poire d'hiver ». Un fruit qui tarde à mûrir, mais un fruit d'autant plus délicieux qu'il se déguste hors saison. Il confirma leur impression en déployant une énergie spectaculaire pour monter les pièces de Noël, les fameuses *Saturnales de la Nativité*, tant honnies par le Dr Amis ! Entre le 25 décembre et le jour des Rois, elles duraient douze nuits. Cette année-là, grâce à l'inventivité des mises en scène de Will, tous les étudiants de Christ's purent y prendre part, et les spectacles connurent un succès sans égal auprès des autorités. Un brillant sujet, dont son collège peut s'enorgueillir... Lors des quatre débats philosophiques qui constituaient les fondements de son admissibilité au diplôme, les fameux *tripos*, du nom grec des tabourets où trônaient ses examinateurs, il défendit avec tant d'habileté les propositions de son sujet que ses syllogismes contre la rhétorique de son adversaire lui valurent partout la mention *optime disputati* : « Vous avez très bien argumenté. »

Comble d'ironie, la leçon de Poley avait porté au-delà de toute espérance : William Petty de Soulby était devenu le plus *collegeable* des étudiants de Cambridge !

Cette troisième période de sa vie à Christ's confirmait un trait de son caractère qui s'était révélé à l'occasion de ses raids dans les bas-fonds. Quand Will abandonnait ses habitudes solitaires, quand il cessait de résister à la vie, à la curiosité et au désir, il pouvait se fondre dans le décor, intégrer les modes de pensée, reproduire les attitudes. Il s'adaptait, avec une exceptionnelle souplesse, au milieu qu'il fréquentait. Il était doué de mimétisme. Nul ne se déplaçait aussi facilement au cœur des univers qu'il hantait par plaisir. Ou par intérêt... L'imposture, l'hypocrisie, la tromperie ne participaient pas de ses métamorphoses : il ne mentait pas. Mais il se modelait sur les circonstances, passant d'une incarnation à l'autre, sans profond changement intérieur. Et sans masque.

Sa virtuosité risquait toutefois de lui faire oublier la cible, le but de tous les jeux : son avenir.

À distance, Reginald Bainbridge veillait au grain. Dans sa lettre datée du mois de février 1608, il rappelait que l'heure des adieux à la bibliothèque de Christ's allait bientôt sonner : Will s'était-il fait de puissantes relations ? Avait-il des amis qui puissent lui procurer un emploi ? John Atkinson allait-il profiter de son intimité avec la famille D'Oyly pour lui obtenir une paroisse ?

De son côté, le vieux maître harcelait Lord William Howard qui possédait des terres dans le Yorkshire. Au vu des bons résultats de leur protégé, Sa Grâce pourrait peut-être appuyer la candidature de Will au vicariat de Flamborough, un village de pêcheurs sur une falaise déchiquetée de la côte est. Bien que misérable, ce village présentait deux avantages : il se trouvait à quelques kilomètres de la ville d'York, siège du plus important évêché d'Angleterre, et d'un bourg du nom de Beverley, où Will pourrait aisément faire sa cour à la municipalité. Outre deux immenses églises gothiques, Beverley comptait une *grammar school* très réputée, qui recrutait ses maîtres à Cambridge, exclusivement. Le poste se libérait au prochain Noël. Que Will l'obtienne ou non, le temps pressait : il devait se hâter de recevoir le diaconat des mains de l'évêque d'York ! Peu importait qu'il ne soit autorisé, dans l'immédiat, ni à conduire un service religieux, ni à donner le sacrement de communion à ses futurs paroissiens de Flamborough. Quand il aurait gravi le premier échelon dans la hiérarchie ecclésiastique, il pourrait enseigner ! Cela seul comptait. Poursuivre la longue chaîne de mémoire, si chère à Reginald Bainbridge. Reprendre le flambeau du savoir. Transmettre la connaissance aux garçons du comté.

*

En ces derniers jours de mars 1608, les pas de Will glissaient sur les dalles grasses et luisantes des cours. Il croisait, sous les arches, les silhouettes des nouveaux *sizars*, impressionnés, cherchant vainement leur chemin. L'émotion de ces enfants lui rappelait le désarroi de son arrivée le jour de Pâques. Alors, il écoutait avec terreur sonner la cloche du hall, de la chapelle, de la cathédrale St Mary, de toutes les églises de la ville. Aujourd'hui, les carillons qui scandaient les heures lui évoquaient le souvenir des années passées. Chaque cloche éveillait un vague sentiment de nostalgie. Presque un regret. Il observait les puits ouvragés, dont l'ombre trouait la bruine, les flèches pointues qui déchiraient les nappes de brume, les beffrois et les gargouilles, comme s'il cherchait à fixer ces images. Comme s'il voyait Cambridge pour la dernière fois. Demain, il serait bachelier.

La remise du diplôme s'appelait la *General Admission*. Pompeuse intronisation dans le cercle des savants, passage d'un monde à l'autre, de l'univers des élèves à celui des lauréats, la cérémonie clôturait les douze trimestres de son premier cycle d'études, et le chassait de son collège.

10. *La General Admission de mars 1608 à Cambridge*

En robe d'apparat, toque carrée sur la tête, bâton d'argent à l'épaule, les autorités de Christ's franchissaient le mur d'enceinte.

Le cortège défila sous la statue de Lady Margareth Beaufort qui se dressait, hiératique et dorée, dans la niche du porche. En rangs par deux derrière leurs professeurs, les trente élus marchaient à pas lents. Les capuchons de fourrure blanche qui leur tombaient dans le dos jusqu'aux reins zébraient et déformaient leurs épaules, leur donnant l'allure d'étranges animaux. La procession serpenta entre les maisons à colombages, s'enfonça dans les ruelles médiévales, traversa la place du Marché, la ville entière. Elle se rendait au Sénat où le Dr Chappell, *tutor* de Will et *praelector* de son collège, prendrait, à tour de rôle, les impétrants par la main. Comme pour une présentation à la cour, il les conduirait un à un jusqu'au dais où se tiendrait le vice-chancelier de l'université. Le Dr Chappell clamerait alors leur nom, sans omettre de prononcer la formule latine qui garantissait à la Monarchie, à l'Église et aux Représentants du Savoir que Mr Atkinson ou Mr Petty étaient parfaitement qualifiés pour recevoir ce diplôme, tant sur le plan académique qu'en raison de leur moralité et de leur religion.

Sur le chemin des honneurs, le pas des trente *Bachelors of Arts* se trouvait sensiblement ralenti par une vision qui, en cet instant, dérangeait la bienséance. Il s'agissait d'une servante d'auberge, assise sous l'enseigne, les jambes scandaleusement écartées, les bras nus en dépit du froid, la poitrine offerte, qui pilait son orge en les dévisageant.

D'ordinaire, les étudiants auraient détourné les yeux. Mais, sans crainte du futur et pénétrés de leur nouvelle importance, ils prenaient aujourd'hui le temps d'observer la fille. Elle ne les lâchait pas du regard. Le rondouillard et grégaire Mr Atkinson crut comprendre, à son insistance, qu'elle le trouvait fort à son goût. Flatté, il osa lui rendre son attention et gratifia la demoi-

selle de son intérêt le plus soutenu. Du coup, il rata le hochement de tête, le clin d'œil et le sourire de son voisin, son ancien
sizar de Soulby, qui marchait à ses côtés. Il manqua aussi le
salut de Will aux neuf fenêtres des trois bordels du centre-ville.
La méprise d'Atkinson sur le charme de sa propre apparence
importait peu. Sa carrière semblait assurée dans les Inns of
Court de Londres. Et si les frères D'Oyly, pourvus d'un diplôme
qu'ils n'avaient pas passé, avaient quitté l'université à Noël,
Lord Robert attendait son ami sur ses terres.

Quant à Petty, il pouvait aujourd'hui se couler dans une
nouvelle incarnation. Ni William, ni Will, ni Willie, ni Billie-
the-Tip. Mais *Guilielmus Pettaeus*. La feuille en papier huilé
qu'allait lui remettre le vice-chancelier, un gros carré ocre, plié
en trois et replié en deux, estampillé du sceau de l'université
qui pendrait pesamment au bout d'une lanière de cuir, incarnait son histoire. Elle témoignait du passé, elle promettait de
l'avenir. *Guilielmus Pettaeus, ut duodecim termini completi, in
quibus lectiones ordinarias audiverit...* Un laissez-passer. Un
blanc-seing sur la vie.

Sans être riche, sans être noble, Will appartenait désormais à ce cercle d'Anglais à ce club d'initiés, l'une des plus puissantes confréries du royaume, dont les membres se
reconnaissaient d'instinct, et s'épaulaient. En tous lieux, en
toutes circonstances.

De son appartenance à cette coterie-là, le Borderer qui
caracolait sur le fil du rasoir et les lignes de crête saurait faire
bon usage! Quoi que la fortune lui réserve, il resterait désormais ce qu'il était devenu : *Mr Petty, B.A.* Un « ancien de Cambridge ». Un *Cambridgeman*.

Livre deuxième

STEEPLE-CHASE D'UN ÉRUDIT DANS LES CHÂTEAUX ANGLAIS

1608-1620

Chapitre 3

« MES PRISONS »
1608-1616

11. *Beverley, Yorkshire, 1608-1612*

— Promettez-moi, Mr Petty, que, lorsque nous serons mariés, vous ne prendrez pas chez nous en pension plus de dix élèves à la fois.

Bible à la main au sortir du sermon à la cathédrale, l'instituteur raccompagnait sa fiancée à l'échoppe paternelle. Le mariage de Miss Fanny, la fille du tailleur Bloomer, avec le diacre frais émoulu de Cambridge était prévu pour septembre 1612.

En déambulant sagement aux côtés de sa promise, Will n'avait pas tout à fait l'impression de rêver. Non, pas tout à fait. Cet engagement lui semblait même la voix de la raison et de l'honneur : la vie telle qu'elle devait être vécue. Il voulait y croire. Il y croyait donc. Mais, s'il jouait en toute bonne foi le jeu de la respectabilité, il envisageait l'avenir avec un sourire qui n'était pas exempt de scepticisme.

— Voulez-vous dire, chère Miss Fanny, plaisanta-t-il, qu'avec les vingt enfants que vous allez me donner vous craignez que nous ne nous trouvions un peu serrés à l'école ?

Lors de son installation, trois ans plus tôt, dans un galetas du couvent des anciens moines de Beverley, à l'ombre noire de deux gigantesques églises abbatiales, Will avait eu le pénible sentiment que s'achevait ici la grande aventure de son existence. Selon toute probabilité, il allait demeurer à ce poste sa vie entière, comme Bainbridge à Appleby. Restait à rendre sa cage tolérable.

Il s'y était employé avec énergie. Car si les champs de blé oscillaient à perte de vue autour de Beverley ; si les quatre tours gothiques de la cathédrale et de la basilique surgissaient parmi les frondaisons des grands arbres ; si les maisons à colombages se regroupaient autour de deux cimetières, bref, si la somptueuse opulence des paysages du Yorkshire ne se comparait pas à l'âpre beauté des Borders, l'école, la fameuse *grammar school* de Beverley que Will venait de recevoir en partage, n'existait pas. Rien. Une ruine. Le pignon de l'ancienne bâtisse, fermée depuis cinq ans, à la mort d'Elizabeth, s'était effondré. Et les notables ne comptaient pas dépenser un penny pour le réparer. Ils ignoraient, les pauvres, quel *headmaster* ils s'étaient laissé imposer !

Pas d'école ? Pas d'élèves ? Qu'à cela ne tienne, Mr Petty connaissait la chanson. Il réquisitionna un char à bœufs, assaillit les fermes et les manoirs, ramena avec lui une horde de garçons, fils de *squires* ou de métayers, de gros bourgeois et de petits artisans, qu'il mit en rang dans son galetas.

La commune lui avait donné une pièce sous les combles, dans les dépendances de la cathédrale. Les cloches, qui surplombaient son toit, sonnaient, assourdissantes, tous les quarts d'heure. Les fenêtres, sans poignée, sans vitrage, claquaient au vent. Les restes d'un matelas de paille servaient de lit. Ni chaise ni table. Will et ses élèves se gelaient à même le sol. Peu importait ! Mr Petty était jeune et croyait en son ministère. Par son âge, ses origines, son tempérament souple et tenace, il restait très proche de sa vingtaine de disciples.

Will arpentait la pénombre en leur racontant des histoires : « Tout près de ce grenier, à quelques miles au nord de chez nous, commençait-il de cette voix dont la chaleur causait jadis de délicieux frissons à Jenny, en l'an 306 après Jésus-Christ, à York même, fut couronné le jeune Romain Flavius Constantinus, fils de l'empereur Constance qui venait d'y mourir. Ce garçon, à peine plus âgé que vous, allait devenir le grand Constantin, l'homme qui convertirait le monde antique à la foi chrétienne et fonderait la plus fabuleuse cité de l'empire d'Orient... »

Son entêtement à leur dire ses fables suscitait chez les enfants assis autour de lui une forme de curiosité. Ils l'écoutaient. « ... Cette lointaine cité d'Orient, avec son forum, ses temples, ses bibliothèques, ses cirques, ses hippodromes, comment s'appelait-elle ? Le savez-vous ? » Le silence accueillait ses questions. Mais en rencontrant leurs petits visages levés, leurs yeux si pleins d'attente, Will ne doutait pas qu'ils sauraient ensemble supporter le froid et se contenter des nourritures de l'esprit.

En fait de spiritualité, il allait coûter une fortune à la ville. De tous les professeurs passés, de tous les maîtres à venir, le frugal Mr Petty serait le plus onéreux.

Une semaine après son arrivée, il réclamait déjà du bois, il réclamait des chandelles, il réclamait du papier, il réclamait de l'encre... Et il réclamait des livres ! Il ne prenait aucun refus en considération et revenait à la charge – inlassablement. Assiégeant la municipalité, ameutant la hiérarchie ecclésiastique, harcelant les tribunaux civils, chaque jour il augmentait ses exigences. Ambitieux, il ne se contentait plus de demander des fournitures pour ses élèves, des réparations pour le pignon de la vieille école : il voulait qu'on lui construise un nouveau bâtiment, l'ancien s'étant révélé dans un tel état que le réparer ne valait, en effet, pas la peine. De guerre lasse, on finissait par lui accorder des sommes rondelettes.

Les dépenses de Will figurent toujours dans les archives de la ville, consignées sur les pages jaunies des registres de comptes. *21 juin 1610 : six shillings, six pence à Mr Petty en remboursement d'un livre qu'il a rapporté de Cambridge. Remboursement d'un second livre acheté par Mr Petty à la foire de Highgate. Trente shillings à Mr Petty pour le* Rider's Dictionary *– plusieurs tomes. 4 novembre 1610 : vingt et un shillings, quatre pence à l'ébéniste pour les réparations de l'huisserie dans la chambre de Mr Petty. 19 août 1611 : remboursement d'un livre appelé* Silburgius, *de deux autres volumes et de deux chaînes destinées à attacher ces volumes aux rayonnages.*

*

En ce matin de septembre 1611, au terme de vingt-quatre mois de luttes, une nouvelle petite maison se dressait sous la cathédrale, dans l'angle sud-ouest du cimetière. C'était une modeste bâtisse d'un étage, en brique du pays. Mais une école trapue, solide, massive : telle que Will l'avait rêvée, telle qu'il l'avait construite.

Son visage, si sérieux ou si narquois d'ordinaire, rayonnait. Il arpentait sa cour, un carré de pelouse, parmi les pierres tombales. Il inspectait les barreaux de ses fenêtres, un grillage qui empêcherait les crayons, les plumes et les balles de finir dans les vitraux du transept mitoyen. Ses garçons, massés derrière lui, admiraient les lutrins et les pupitres dans la salle de classe. Quant aux familles, elles s'accordaient pour reconnaître que c'était aux bras de l'instituteur, à ses muscles autant qu'à sa volonté, que les enfants devraient leur instruction.

Désormais, le maître d'école *appartenait* à Beverley. Au même titre que le vicaire de St Mary et le juge de paix, Mr Petty s'inscrivait dans la vie du bourg et tenait sa place. Il croyait tant à son installation au sein de cette existence sédentaire qu'il ne franchissait presque jamais les remparts. Craignait-il les tentations ? Seuls le ramassage des enfants et la chasse aux livres sur les foires des environs l'éloignaient de son poste.

En revêtant la toge du maître, Will avait épousé les devoirs de sa charge : la fonction lui collait à la peau.

Toutefois une escapade de trois mois à Christ's pour décrocher son *Master of Arts* durant l'été 1611 lui avait laissé dans le regard une tristesse qu'il ne parvenait plus à secouer. Au temps, déjà lointain, de sa première installation à Beverley, quand ses élèves manquaient de tout, il avait su réagir. Il était allé de l'avant. Mais ce retour aux sources lui valait aujourd'hui une désagréable mélancolie. Il n'avait pourtant rien fait de si divertissant à Cambridge ! Il s'était contenté d'étudier, poursuivant les travaux qu'il avait commencés seul dans son galetas de Beverley, préparant l'examen oral qui devait clôturer son second cycle. Tendu vers son but, il avait fui les images et les rêves, toutes les velléités d'aventures que suscitaient en lui le parfum des épices et les récits des capitaines au long cours de Sturbridge Fair. Il n'avait pas fréquenté les arènes, les courses de chiens, la taverne de l'espion Poley. Ni visité les bordels... Il n'avait même pas revu Jenny à laquelle il n'avait cessé de penser !

Son *Master* en poche, il ne s'était pas attardé un seul jour. Il avait regagné l'ombre de la cathédrale, conformément à son contrat avec la municipalité.

Mais, en embrassant d'un seul coup d'œil l'unique dictionnaire et les dix livres si péniblement alignés sur les rayonnages de son école, il avait été assailli par la nostalgie... L'odeur du papier dans la longue bibliothèque de Christ's. Le parfum des

reliures, le cuir, la cire et le bois. Le grincement des mappemondes tournant sur leurs axes, le murmure des toges glissant
dans les couloirs. Il avait été submergé par le regret des joutes
oratoires entre érudits, de ces courses mentales entre jeunes
gens poursuivant un même rêve : la connaissance. Qui, à
l'exception de ses élèves, qui lisait Aristote à Beverley ? Quel
squire, ici, quel commerçant, quel artisan s'intéressait à l'histoire ? Aux langues, aux littératures, aux philosophies des civilisations anciennes ? Quels nouveaux échanges lui ouvriraient
l'esprit sur d'autres découvertes ? Le peu qu'il savait
aujourd'hui constituait-il l'essentiel de son bagage intellectuel ?
Sans espoir de progrès ?

Pour prendre la mesure de sa situation, il évoqua le destin
de Reginald Bainbridge, son mentor perdu dans les brumes et
la boue des Borders... Du fond de son isolement, Bainbridge
avait su cultiver sa mémoire. Accroître sa curiosité. Étendre
son savoir. Il avait réussi à échanger des informations, et continué de correspondre avec des érudits anglais, italiens, français.
Toute l'Europe savante convergeait vers Appleby.

Le succès de son maître n'eut aucun effet sur son moral.

Il en appela à son affection pour ses propres disciples, à sa
fierté quand il les ferait recevoir à Cambridge ! Cette perspective ne lui réchauffa pas le cœur.

Exaspéré contre lui-même, il tenta de s'ancrer plus profondément. Il songea au mariage.

Il n'avait que l'embarras du choix.

L'ennui était que les charmes des demoiselles de Beverley
ne se comparaient pas aux appas des putains de Cambridge.
Avec leurs plates jupes grises et leurs bonnets de nonne noués
sous le menton, aucune des jeunes filles qu'il entrevoyait à
l'église ne faisait naître en lui un désir irrépressible de possession.

Celles-ci, en revanche, trouvaient Mr Petty fort à leur goût.
On le disait patient avec ses élèves, dévoué à son école. On relevait avec satisfaction sa régularité aux offices. Bref, les inéga-
lables qualités de cet époux potentiel avaient conforté les
nombreuses jeunes filles à marier dans la volonté de conquérir
ce beau, ce brave, ce mystérieux garçon. Elles lui témoignaient
leur détermination en lui décochant des œillades au-dessus de
leurs bibles durant les services quotidiens à la cathédrale. Will
acceptait les hommages le plus gracieusement du monde.

Quant aux pères, ils rêvaient eux aussi de l'instituteur pour gendre. Socialement, l'épouse d'un pasteur dominait toutes les femmes d'artisans. Certes, Will ne gagnait que dix livres par an et n'était encore que diacre. Mais Dieu sait jusqu'où il s'élèverait. Il appartenait à Lord William Howard de Naworth qui possédait d'immenses terres dans le Yorkshire, notamment le manoir de Henderskelfe au nord de Beverley. La proximité d'un tel protecteur se révélerait fort avantageuse pour sa famille... Et peu importait que Mr Petty ait la réputation de trop aimer la bouteille et de fréquenter le Red Lyon, certains soirs d'hiver. On ne l'avait jamais vu ivre. Cette faiblesse pour le claret était sinon le seul, du moins le plus gros de ses défauts. On pouvait souhaiter que le mariage avec une honnête fille du pays l'en corrigerait.

Mais on devait faire vite. Le bruit courait que les notables de Pockington, qui possédaient une école plus riche que celle de Beverley, cherchaient à l'attirer, qu'ils étaient prêts à lui offrir beaucoup d'argent, et bien d'autres avantages, pour l'attacher à leur ville.

Ce fut donc après souper, sur le banc à bière de l'auberge, que le très puritain tailleur George Bloomer proposa à Master Petty de lui donner sa fille Fanny. Au cœur du brouhaha, dans les fumées de l'alcool, « Fanny » sonna aux oreilles de Will comme « Jenny », réveillant en lui d'agréables sensations... La peau de *Jenny*, l'odeur de *Jenny*.

Le minois de « Miss Fanny », ses taches de rousseur, sa poitrine opulente, ses hanches larges firent le reste. C'était le printemps. Il se crut amoureux. Il fit sa cour.

Leurs promenades quotidiennes, dix tours de cimetière pour faire connaissance, lui parurent bizarrement bucoliques. Trop sages, peut-être, comparées à ce qu'il connaissait de l'amour ? Will s'en contenta.

Tandis qu'une ribambelle de jeunes chaperons, frères et sœurs de la promise, piaillaient derrière eux, les fiancés se contaient fleurette entre les tombes.

— Vraiment, vous voudriez vingt fils ? minaudait-elle. Vingt fils, comme le roi Salomon ?

Un sourire passa sur les lèvres du futur :

— Que je sache, Miss Fanny, Salomon n'eut pas vingt enfants. Mais il épousa la fille d'un pharaon, vous avez tout à fait raison. Il édifia ensuite un immense palais et entretint un harem.

— Un *harem* ?

— Je peux me tromper.

— Vous tromper ? Allons donc, vous ne faites jamais d'erreur car vous savez tout !

La fille du tailleur allait devoir mettre une sourdine à l'hyperbole. Un incident lui donnerait bientôt la mesure de l'égarement de Mr Petty.

Une semaine avant la Saint-Michel et quinze jours avant les épousailles, le tailleur de Beverley trouva son futur gendre ivre mort dans le caniveau du Red Lyon.

Le maître d'école, titubant, avait réveillé toute la rue de ses jurons hilares ; et le scandale que causa sa tonitruante gaieté ébranla au plus profond la faction puritaine de Beverley à laquelle appartenait la famille Bloomer.

L'état d'ébriété de Mr Petty ne l'empêcha pas d'assurer son ministère. Il fit la classe avec sa conscience ordinaire, et ses élèves ne donnèrent le fin mot de l'histoire qu'au crépuscule.

La veille au soir, le maire l'avait fait appeler pour lui remettre une lettre, circonstance extraordinaire, Mr Petty ne recevant que de très rares courriers. Cette lettre portait le sceau de l'université de Cambridge. Elle n'émanait pas du doyen de Christ's, mais d'un collège plus petit, de Jesus. Il ne décacheta la missive que dans la rue. Planté au milieu de la chaussée, indifférent aux tombereaux qui l'éclaboussaient, il sembla lire le contenu plusieurs fois. Puis il leva le visage vers le ciel, manifestant les signes de la plus grande euphorie. Ensuite il se rendit à la taverne la plus proche, pour n'en ressortir qu'au matin... Et pour cause ! Seuls la bière par barrique, le vin par tonneau pouvaient lui permettre de croire à cette nouvelle. Un miracle. En remplacement d'un certain John Squires qui avait renoncé à sa chaire de grec pour enseigner à Oxford, William Petty, *Master of Arts*, venait d'être élu *fellow* à Jesus College !

Will prit enfin conscience des raisons de cette insatisfaction chronique qu'il avait cru guérir par le mariage : le rêve de réintégrer l'université le hantait. En travaillant à la bibliothèque de Christ's durant ce fameux été 1611, en fréquentant ses anciens condisciples, en côtoyant les nouveaux maîtres, en ne cédant surtout à aucun plaisir immédiat – ni Jenny, ni Molly, ni Lucy – il avait travaillé à la réalisation de ce désir. Et depuis, sans même le savoir, il n'avait cessé d'attendre la lettre.

Souhaitait-il à ce point quitter la ville ? Il tenait à son école, il aimait ses élèves, il éprouvait du respect pour Miss Fanny, de l'affection, voire une forme de tendresse. Il y tenait, oui... Mais combien de temps eût-il supporté le quotidien à Beverley ? Cinq ans ? Dix ans ? Il s'imagina dans sa cour de récréation, avec les neuf, les dix, les onze fils Petty se dandinant derrière leur mère, un long serpent entre les tombes... Il se sentait soudain si peu fait pour cette existence ! Ce n'était pas la liberté que lui apportait son élection, il le savait. Les murs de Jesus pouvaient enfermer son esprit, ses mœurs, sa vie dans un carcan infiniment plus contraignant que le gentil train-train derrière les remparts de Beverley. Néanmoins, Cambridge symbolisait l'avenir, le mouvement des idées, l'échange entre les êtres, le risque de se trouver soi-même. Ou de se perdre...

Quant à cette tentation de la respectabilité qui caractérisait ces dernières années, elle exprimait une exigence qu'il n'avait pas su comprendre : la recherche d'un équilibre intérieur, la quête de l'harmonie. À quelques semaines près, il allait manquer ce voyage. Mais sa nomination arrivait à point, leur épargnant, à lui et à Miss Fanny, le désastre où il s'apprêtait à les entraîner tous deux.

Pauvre Fanny : les adieux allaient être douloureux. Le règlement de l'université n'imposait-il pas le célibat aux *fellows* des collèges ? Oui, pauvre, pauvre Fanny ! Se remettrait-elle de semblable abandon ?

Will se tourmentait inutilement.

Les blasphèmes de l'instituteur avaient singulièrement refroidi la sympathie de Bloomer père. Ses convictions l'obligèrent à tonner contre les séductions du Malin et à rompre les fiançailles de sa fille. Par chance, Miss Fanny avait le cœur assez vaste pour qu'y demeurât la volonté de posséder un mari. Et, comme Will s'était engagé à ne quitter son école qu'après avoir trouvé un remplaçant digne de Beverley, Miss Fanny accueillit gracieusement son successeur.

Ce Mr Garthwaite, ancien *sizar* de Christ's et *Master of Arts* comme lui, resterait dix ans à son poste et donnerait sept enfants à la ville.

Will reprit gaiement le chemin de la Cam et des *backs* : il ne repartait pas seul. Il avait obtenu que les parents de ses disciples les plus brillants financent les études de leurs fils à l'université. La ville offrait en outre deux bourses, à deux garçons pauvres. Tel le joueur de flûte entraînant les enfants à sa suite, il regagnait avec eux le monde du savoir.

12. *Second séjour à Cambridge, Jesus College, septembre 1612-avril 1613*

Jesus, d'obédience anglicane, n'avait élu ni doyen fanatique, ni professeur zélé qui tonnât contre Rome. Pas trace de jésuites non plus. Aucune infiltration papiste, nulle velléité de retour à l'ancienne foi. De catholique, le collège ne gardait que les arches en ogives de son cloître, superbes vestiges du couvent qu'avaient hanté les nonnes de sainte Radegonde, autrefois. Sur tous les plans, l'atmosphère humaniste qui régnait au collège lui convint à merveille.

Mais, en mars 1613, une grande nouvelle secoua tout Cambridge ; elle allait perturber la sacro-sainte paix de Master Petty.

De la ville, les domestiques, le jardinier, la lingère, le boucher apportaient à Jesus des nappes brodées, de la vaisselle, des fleurs et des victuailles. Les *sizars*, bras chargés, couraient en tous sens dans les cours. On décrochait les tentures, les deux tapisseries du hall qu'on dépoussiérait à coups de balai. On lavait à grandes eaux les vitraux de la chapelle. On astiquait les serrures et les clefs qui fermaient les couloirs. Partout, sous les arches et sur tous les passages, dans les allées du cloître et l'escalier qui montait au réfectoire de l'étage, on recouvrait les dallages et les planchers d'un épais tapis de feuilles, de roseaux et de joncs. L'honneur d'une visite princière venait d'échoir au collège.

Un mois plus tôt, le jour de la Saint-Valentin, Sa Majesté avait donné sa fille en mariage à Frédéric, prince Palatin, Grand Électeur des États allemands, un garçon âgé de seize ans. À l'occasion des chasses organisées pour les épousailles, Charles Stuart, héritier de la couronne d'Angleterre, douze ans, s'était installé en compagnie de son nouveau beau-frère au château de Newmarket, à quelques lieues de Cambridge. Pourquoi, avait suggéré le roi, pourquoi les deux jeunes gens ne feraient-ils pas un petit détour par l'université ? Ainsi s'offriraient-ils, entre les banquets de Londres et les exercices de la chasse, les plaisirs intellectuels de quelques *disputationes*.

Il s'agissait d'une forme de spectacle, à mi-chemin entre le sermon et le théâtre, une sorte de concours entre deux érudits dont l'un devait vaincre l'autre, emportant par son éloquence l'adhésion de l'auditoire. Les participants s'affrontaient sur les grandes questions religieuses, celles qui déchiraient la cour, la ville, le pays, l'Europe tout entière. Au cours de ces tournois, les *fellows* de Cambridge ou d'Oxford s'illustraient dans toutes les disciplines : rhétorique, philosophie, théologie. Les assauts se pratiquaient en latin et, même quelquefois, en vers. Le roi Jacques était pour sa part si féru de disputation qu'il ne pouvait s'empêcher d'intervenir dans les débats. Quand il faisait la grâce aux professeurs d'assister à leurs jeux et qu'il les invitait à se produire devant lui en ses salons de Whitehall, sa résidence de Londres, il les interrompait cent fois par de pédantes digressions. L'omniscience royale envoyait immanquablement l'adversaire au tapis, la chose allait de soi. Et malheur au combattant qui se serait retranché derrière des arguments que l'Église d'Angleterre aurait pu qualifier de « papistes » ! Pour avoir trop habilement défendu le « Libre Arbitre », plusieurs lettrés, et non des moindres, s'étaient retrouvés à la Tour. Parmi les thèmes, la « Prédestination », fort disputée durant le siècle précédent, déchaînait encore les passions. Mais l'« Eucharistie » restait le sujet à la mode, la question qui tenait aujourd'hui tous les publics en haleine... On l'avait retenu pour l'édification et le plaisir des deux princes.

L'usage voulait que Jesus, auquel avait été conféré cette année le privilège de les recevoir, formule la question telle qu'elle serait débattue dans sa chapelle. Le choix des armes revenait à son adversaire, Christ's, qui se réservait le droit de désigner son propre champion, et celui de l'opposant. Un collège « neutre », St John's, dont les gentilshommes de la suite du prince de Galles étaient les bienfaiteurs, déciderait du vainqueur.

Par malheur, aucun érudit n'avait prévu, en ce lendemain de cérémonies nuptiales, le passage éclair de ces augustes personnages. Pour Jesus, pour Christ's et pour St John's, la disputation du 13 mars 1613 reposerait donc sur une improvisation. Les deux concurrents n'auraient que vingt-quatre heures pour se préparer. Or, sans de minutieuses répétitions, l'exercice risquait de se révéler dangereux. La vie des combattants pouvait en dépendre. Oxford, jalouse, veillait à distance... Et l'honneur de Cambridge était en jeu.

Toute l'université entra en ébullition.

La bibliothèque de Jesus restait plongée dans une nuit noire. Pas un bruit. Pas un mouvement. La salle de lecture, sous les combles, semblait suspendue au cœur du néant. Même les *fellows*, occupés aux tâches du rez-de-chaussée, l'avaient désertée. Seules deux silhouettes s'agitaient faiblement au fond d'une stalle : le champion de Jesus – le *fellow* qui avait été désigné par Christ's – et son entraîneur. Ce dernier tentait de lui faire répéter son argumentation du lendemain. Peine perdue.

Contre toute attente, l'élu ne paraissait aucunement sensible à cette distinction qui l'honorait. Ni l'ardeur de vaincre, ni l'ivresse de démontrer la puissance de son esprit, de l'exhiber d'un coup, de façon éclatante, devant le corps universitaire tout entier et les grands du royaume ne lui échauffaient l'intellect. En réponse aux promesses de gloire, le répétiteur n'obtenait qu'un œil fixe, une mine impavide, un silence obstiné. Les jeunes gens se respectaient pourtant, ils se soutenaient et s'aimaient.

Le pauvre athlète, tétanisé par le trac, dont on s'efforçait de galvaniser l'entendement avait pour nom William Petty.

Le *coach* s'appelait William Boswell. Professeur à Jesus depuis près de sept ans, titulaire de la chaire d'arabe, grand spécialiste des langues orientales, protestant sincère, et théologien rompu à cette sorte de sport, Boswell était beaucoup plus qualifié pour la joute du lendemain. Son habileté, jointe à sa prestance et à son érudition, eût fait de lui le candidat idéal. Sans être vraiment noble, il appartenait à une vieille lignée de gentlemen dont les armes coiffaient le manteau des cheminées dans un manoir du Norfolk. Moustachu, le poil grisonnant avant l'âge – moins de trente ans –, de taille et de corpulence moyennes, le personnage en imposait par son maintien. Qu'il soit debout, assis ou couché, Boswell gardait le dos droit, le regard direct. Il avait le goût du silence, un certain penchant pour la solitude... Soulever l'enthousiasme de son camarade lui coûtait.

D'ordinaire, les compères maniaient la litote, l'humour noir, le sarcasme et l'ironie. Aux ronflements de l'éloquence, ils préféraient l'euphémisme. Cette fois, l'un et l'autre trahissaient leur nature en usant d'un langage chargé d'émotion.

Will esquissa un geste de panique.

— Pourquoi moi ? explosa-t-il, en réponse à l'une des dernières admonestations. Je suis venu m'enfermer à Jesus pour trouver la paix. Pour m'occuper de mes élèves. Pour leur enseigner ce que je sais. Pour étudier. Pas pour me donner en spectacle ! Pas pour couvrir le collège de honte ! Pas pour...

— Le révérend William Chappell te juge de taille, puisqu'il te réclame comme opposant.

— Chappell ne m'a choisi que parce qu'il est sûr de me vaincre.

— Raisonnement logique, mais faux. Si la tradition veut que le choix des champions revienne au collège qui n'a pas l'honneur de recevoir les princes, la qualité de la représentation intéresse Christ's autant que Jesus.

— J'ai été le domestique de Chappell durant mon *B.A.*, son *sizar* personnel. J'ai ciré ses bottes, lavé ses chausses, astiqué sa bible. C'est un ergoteur, un fanatique... Un théologien aussi fort qu'Amis.

— Ce qui le rend redoutable, opina Boswell.

— Pour ma part, ses marchandages sur les modalités de la célébration de l'Eucharistie m'exaspèrent. Chappell le sait... Il sait aussi que je crois en la *coexistence* du pain avec le corps de Notre-Seigneur dans l'hostie, comme Luther. Et non, comme les Catholiques, au *remplacement* de la substance de l'un par la substance de l'autre... Il va néanmoins vouloir prouver que je suis un cannibale idolâtre, plus papiste que tous les Borghèse de Rome !

— Transforme-le, toi, en orgueilleux qui se croit l'élu de Dieu, en calviniste puritain et schismatique qui manque de respect à l'Église et au roi ! Tu as prévu l'attaque, la riposte devient facile, la victoire suit.

Will sourit.

— C'est vite dit.

13. Disputation donnée à Jesus College le 13 mars 1613, par le révérend William Petty et le révérend William Chappell, en présence de l'héritier du trône d'Angleterre

Le vice-président de l'université, les *masters*, les *proctors*, les *fellows* en toge de cérémonie conduisaient le prince de Galles et le Grand Électeur à travers la ville.

Reçus d'abord à St John's pour une libation de vin du Rhin, les princes et leur suite se dirigeaient maintenant vers

Jesus. Immédiatement derrière les deux jeunes gens marchait un petit vieillard noiraud, la cuisse nerveuse, l'œil acéré, la barbiche en pointe. C'était le comte de Shrewsbury, un aristocrate catholique dont tous les ancêtres et tous les dépendants avaient fréquenté St John's. Lui-même en était le mécène et son épouse y faisait construire, à cette heure, une seconde cour. L'immense fortune des Shrewsbury leur donnait le pas sur les autres lignées dans les cérémonies : Cambridge continuait d'espérer en leurs largesses. Aux côtés du comte se tenait la longue silhouette de son gendre – un catholique, lui aussi – que les tragiques circonstances de son enfance avaient empêché de recevoir l'éducation qui lui revenait, et d'étudier à l'université. Un souvenir. Car, avec l'avènement de Jacques Ier, le jeune homme avait recouvré ses prérogatives, comme tous les serviteurs fidèles à la religion de Marie Stuart, la mère du roi.

Âgé d'une trentaine d'années, ce seigneur tout de noir vêtu était donc *Lord Thomas Howard*, auquel venait d'être rendu le titre de *comte d'Arundel*, celui de son père, Philip Howard, mort à la Tour de Londres en martyr de sa foi.

Le comte d'Arundel dépassait d'une tête le cortège royal. Le visage blême, long et maigre, le corps maladif, il s'imposait par la distinction de ses traits et la froideur de son maintien. Les confiscations d'Elizabeth et la rapacité des autres membres de sa famille l'avaient longtemps spolié de ses biens. Mais son mariage avec la troisième des filles de Lord Shrewsbury, l'un des meilleurs partis d'Angleterre, lui permettait aujourd'hui de soutenir son rang : le premier, après les princes du sang. Outre sa naissance qui faisait du comte d'Arundel le chef de l'aristocratie, Thomas Howard jouissait à Cambridge d'une autre recommandation : il était le neveu d'un grand *alumnus*, un homme très apprécié du monarque pour son autorité sur la frontière écossaise, Lord William Howard de Naworth, le célèbre *Bauld Willie* des Borders, protecteur de l'un des deux champions.

La procession s'engagea sous la voûte qui menait à l'ancien cloître et pénétra dans la chapelle. Les princes traversèrent le transept, jusqu'à la salle du chapitre.

Dans le chœur, entre les stalles en gradins, on avait placé sept fauteuils. Les princes prirent place au centre. Arundel et Shrewsbury s'assirent à leur droite. Le doyen de St John's siégea en bout de rangée. Le doyen de Christ's – le sémillant

Valentine Cary qui avait réussi naguère à éliminer le Dr Amis –
s'empara du premier siège de gauche, même si l'étiquette réservait ce fauteuil à l'hôte et maître de cérémonie, le doyen de
Jesus. Violant les usages, Valentine Cary usurpait son rôle et
faisait les honneurs. Il murmurait aux oreilles des adolescents
royaux que les opposants d'aujourd'hui ne s'étaient jamais
affrontés. Que la polémique promettait d'être vigoureuse. Que
le révérend William Chappell, *praelector* de Christ's, ne s'en laisserait pas conter par son adversaire, un petit professeur fraîchement débarqué de sa *grammar school*. Furieux, le doyen de
Jesus tenta de reprendre la direction des opérations, en rappe-
lant à Leurs Altesses le sujet du jour : « À quelles peines doit-on
condamner ceux qui se prosternent devant la table de communion, confondant l'autel avec l'aire sacrificielle des idolâtres ? »

L'enjeu de la disputation pesait d'autant plus lourd que les
mystères de la présence réelle du Christ dans le sacrement
commémorant le sacrifice de Jésus demeuraient la pierre
d'achoppement du schisme avec l'Église de Rome : les Calvinistes ne la reconnaissaient pas. Or le prince Palatin, le jeune
Frédéric ici présent, incarnait le plus fervent représentant de la
Réforme calviniste sur le continent. De leur château de Heidelberg, les Grands Électeurs protestants résistaient depuis trois
générations à l'hégémonie catholique des Habsbourg : leurs
dissensions sur l'Eucharistie justifiaient toutes les guerres
européennes. Chappell et Petty allaient devoir donner un spectacle à la mesure du conflit qui déchirait l'Occident.

Sous les vitraux des arches gothiques de l'abside, *Guilielmus Pettaeus* et *Guilielmus Cappelus* se mesuraient. Chappell
pouvait avoir quarante ans. De petite taille, le corps rond sous
la toge, le crâne chauve et luisant, le visage glabre, il se dressait
immobile à quelque distance des princes. L'autre se tenait sur
la droite, debout devant le lutrin que flanquaient deux grandes
chandelles blanches. Les flammes dansaient sur son front où
retombait une masse de cheveux noirs, coupés court.

Tous deux détournèrent le regard pour se concentrer.

Ils devaient attendre, avant de s'entre-déchirer, que les
nobiles de Cambridge, les riches *fellow commoners* de douze à
seize ans, l'âge des princes, aient pris place sur les gradins, de
part et d'autre du chapitre ; et que les jeunes gens de la cour,
notamment ceux qui avaient naguère séjourné à Jesus, à
St John's ou à Christ's, se soient installés dans les stalles.

Au cœur de la foule agitée, Will ne manqua pas de repérer un ancien étudiant de l'université qui faisait plus de bruit que les autres, le très élégant Lord Charles D'Oyly, au quatrième rang. À son côté, son jeune frère Robert. Et leur protégé, John Atkinson, qui avait déjà payé son écot aux divertissements royaux en se produisant, avec les étudiants de Londres, dans l'un des ballets offerts à Jacques Ier par les Inns of Court, les facultés de droit, à l'occasion du mariage de la princesse et de l'Électeur. Atkinson y avait remporté un franc succès dans le rôle de Cupidon.

À vingt-cinq ans, John Atkinson gardait son visage d'adolescent. Plus rose et poupin que jamais, il arborait cet air amène, dont la simplicité contrastait désormais avec le luxe de son pourpoint, de sa fraise et de ses manchettes. Will ne répondit pas au sourire qui flottait sur ses lèvres pincées. L'eût-il voulu qu'il en eût été physiquement incapable... L'éternel sourire d'Atkinson, le compère d'Appleby ! Sa présence, ici, en pareille circonstance, ressuscitait de pénibles sensations qui accentuaient la certitude d'un désastre imminent.

Le Grand Électeur leva le bras droit vers le ciel. Le silence se fit. Les trois doyens frappèrent ensemble la dalle de leurs crosses... La séance pouvait commencer. Elle allait durer trois heures en latin.

Chappell ouvrit le feu :

— Prenez garde aux séductions du Malin : il veut faire de nous des idolâtres, d'infâmes adorateurs de la matière en nous donnant à croire que le pain et le vin sont la chair et le sang réels du Christ ! Mais quand Dieu est apparu à Jacob dans la maison de Bethel, Jacob a dit : « Sûrement Dieu est dans cette maison. » Il n'a pas dit : « Ceci est la table *de* Dieu. » Prenez garde...

Contorsions, lèvres qui tremblent, blanc des yeux qui se retourne, sanglots, menaces, suppliques, le puritain usait de toutes les armes du prêche.

— À vous entendre, le corps et l'âme se transforment en oreille, ironisa le plus jeune, comme si l'*oreille* était tout ! La seule raison de vous écouter serait d'entendre la Parole divine qui nous purge du péché et nous donne la force de nous repentir en silence, par la prière. La prière n'est-elle pas plus sainte que le prêche ? Mais pour vous adresser à votre Créateur, vous restez, vous, les genoux vissés dans l'orgueil, car vous osez préjuger qu'Il vous a déjà sauvé, et vous refusez de ployer...

Comme vous refusez de ployer en recevant le sacrement d'Eucharistie qui est le signe visible d'une invisible Grâce. La génuflexion n'est pas le geste des prêtres adorateurs de Baal. C'est le geste des suppliants et des pétitionnaires, de tous ceux qui désirent recevoir, et être reçus; qui s'offrent, mais aussi qui acceptent la main de Dieu.

Deux personnages, assis côte à côte, goûtaient le ton de ses interventions : les deux catholiques de l'assemblée, le comte de Shrewsbury et le comte d'Arundel. Si la fidélité à leur tradition familiale les obligeait à mourir pour leur foi, les débats théologiques les ennuyaient à périr, l'un et l'autre. Ils n'écoutaient qu'un mot sur dix, et se faisaient intérieurement les mêmes réflexions. « Le plus jeune ne présente pas trop mal, pour un clerc anglican. Il parle plutôt bien... La voix est belle... Moins désagréable à entendre que celle de l'autre, le candidat de Christ's ! »

— Selon vous, gronda Chappell, la substance du pain et du vin étant physiquement transformée en la substance du corps et du sang de Notre-Seigneur, il convient d'*adorer cette matière* en mettant d'abord le genou droit en terre, puis le gauche. Avant d'incliner la tête ?

— Un genou, deux, trois, autant que vous voudrez, Mr Chappell ! Seule l'attitude d'humble prière convient devant la personne du Verbe incarné.

— Vous convenez donc avec saint Jean que l'autel *est* le Christ, et que les linges consacrés, les nappes en dentelle et tous les corporaux de la table de communion sont les membres de l'Église qui enveloppent le Seigneur comme de précieux vêtements ? Devant ces vêtements, que préconisez-vous ? La génuflexion simple ? La génuflexion double ? L'agenouillement ? Ou la prostration ?

Une lueur sarcastique dansa dans le regard de Will :

— Tout dépend de ce que vous voulez obtenir...

— Blasphème de papiste !

À ces mots, le vieux comte de Shrewsbury fut pris d'une quinte de toux. La virulence de ses colères et de ses bronchites était célèbre à Cambridge. Mais cette fois, tentant vainement d'expectorer, il étouffait.

Will fut contraint d'élever le ton.

— L'Eucharistie est le don total de la personne du Christ, un don qui appelle la remise de soi intégrale !

— *Remise de soi* qui consiste selon vous à s'allonger et à demeurer étendu sur le pavement du chœur ? hurla Chappell.

Le vieillard s'étranglait avec une recrudescence d'énergie. Sa crise prenait une forme terrifiante. En dépit des tapes qu'on lui administrait dans le dos, il ne parvenait pas à évacuer ce qui le gênait.

Le fou rire gagnait les étudiants.

— ... Mr Petty veut, s'époumona Chappell, que nous nous prosternions à la manière des idolâtres : il veut... !

Les raclements de gorge qui résonnaient sous la voûte couvrirent la fin de la phrase.

Les valets et les pages du comte s'étaient précipités pour lui présenter un mouchoir, de l'eau, des sels. Leurs courses entre les bancs créaient un brouhaha général. Chappell et Petty ne savaient s'ils devaient s'interrompre ou poursuivre. Les trois doyens se concertaient du regard et ne les écoutaient plus.

Les crosses qu'ils abattirent ensemble sur la dalle du chapitre donnèrent sèchement l'ordre de se taire. À tous. Le brusque silence eut un effet bénéfique sur la crise de Lord Shrewsbury. Il sembla reprendre son souffle. Les princes et les doyens sortirent du rang. Lord Arundel leur emboîta le pas, soutenant avec raideur son beau-père. Le cortège se forma derrière eux et quitta la chapelle.

Les deux lutteurs, toujours en lice dans le chœur, restèrent seuls, abasourdis et frustrés. Au terme de deux heures d'affrontement : ni vainqueur ni vaincu.

Ils se saluèrent d'un froid hochement de tête et soufflèrent les bougies.

*

— Alors, la chose est faite ? s'enquit Boswell sans se retourner.

Will venait de pénétrer dans son appartement.

— ... Sa Grâce le comte d'Arundel t'emprunte pour trois mois ? Il t'emmène avec lui en voyage ?

— Tu connais donc la nouvelle.

Une expression mélancolique passa sur le visage de Boswell. Il se savait digne, plus digne peut-être que son compagnon, de l'extraordinaire invitation qui lui était faite. Il n'en concevait pas de jalousie. Juste de l'impatience envers la fortune qui s'obstinait à donner à Petty ce que lui-même convoitait.

Suivre Sa Grâce dans son ambassade en Allemagne. Raccompagner, avec sept cents gentilshommes du royaume d'Angleterre, la jeune princesse Palatine en ses États, jusqu'au château de Heidelberg : belle perspective !

Encore sous le choc, le cœur battant, Will traversa la pièce et vint s'asseoir derrière la table où Boswell travaillait. Un jour cotonneux filtrait par le vitrage épais que plombaient de petits cercles noirs.

Les deux garçons gardaient le silence.

Submergé de surprise et de joie devant l'invraisemblable cadeau du destin, tiraillé entre plusieurs émotions contradictoires, Will n'osait plus bouger.

Boswell, le nez dans son livre, poursuivit d'un ton neutre :

— Le doyen m'a fait appeler. Il me donne tes élèves jusqu'en juin.

Will retrouvait, enfouies au plus profond, l'exaltation des galops dans les grands espaces, l'ivresse de la liberté recouvrée, quand il remontait vers le Mur d'Hadrien... Il retrouvait aussi l'impression de commettre une faute. Il se sentait coupable envers Boswell. Coupable envers l'Université. Coupable envers ses convictions religieuses. Coupable envers la mission qu'il s'était assignée.

— Je ne dois pas abandonner mes élèves.

— La rançon du succès, mon cher.

— Quel succès ? Sans l'asthme de Lord Shrewsbury, Chappell me coinçait.

— Tu t'es montré brillant durant la disputation.

— Faux. L'honneur de Jesus n'a été sauvé que par le hasard.

Boswell railla :

— Encore un immonde blasphème de catholique.

Cette phrase ouvrit le feu :

— Je déteste les Catholiques !

— Vraiment ? persifla Boswell. Eux t'aiment bien... On les comprend ! Tu as soutenu le dogme de la Présence réelle, ce qui rend tes propos très proches des croyances de Rome.

— Cela ne signifie pas que je sois un infâme traître papiste.

Sous sa moustache, Boswell dissimula un sourire :

— Un *traître* ? Comme tu y vas. Qui te parle de *trahison* ?

— J'ai pris sous ma responsabilité l'avenir de vingt garçons et je déserte mon poste au bout de huit mois.

Il avait si ardemment voulu son poste de professeur. Il croyait se sentir à sa place à Jesus, en accord avec lui-même.

Cette proposition et l'ivresse qu'elle lui causait bouleversaient tout.

Boswell posa sa plume et se retourna :

— Contrairement à ce que tu penses, tu t'es révélé un latiniste de génie. Cela posé, je doute que Lord Arundel ait mesuré ton mérite... Mon parent, l'ambassadeur d'Angleterre à Venise, qui a beaucoup apprécié la compagnie du comte en Italie, ne me l'a décrit ni comme un théologien ni comme un mystique. La crise de son beau-père est arrivée à point nommé.

Will sourit :

— Là-dessus, je m'accorde avec Sa Grâce... Alors ?

Boswell réfléchit un instant, avant de reprendre :

— En revanche, l'intérêt du comte pour l'éducation de ses fils est célèbre. Son épouse lui en a donné cinq. L'héritier du titre doit avoir sept ans aujourd'hui, le cadet environ cinq, le dernier trois ou quatre mois. Les autres sont morts au berceau... Aux aînés, Lord Arundel a donné deux précepteurs catholiques que j'ai connus ici, deux *Cambridgemen* sans aucun diplôme, n'ayant pu passer leurs examens du fait de leur religion... Pour le benjamin, il songe peut-être à choisir un troisième maître ? Ta réputation de pédagogue n'est plus à faire. L'école de Beverley te regrette. Les élèves de Jesus se bousculent à ta porte et t'encensent.

— Il pouvait inviter un maître plus flatteur... Sa Grâce a l'embarras du choix.

— Le plus humble de tous, au contraire, le plus obscur ! De si basse naissance...

Will ne put réprimer une réaction. Boswell passa outre :

— ... La manœuvre est habile... Introduire dans sa dépendance un serviteur qui ne serait pas un érudit catholique, mais un clerc anglican, un ministre du culte qui a ruiné sa famille, un hérétique aux yeux de sa parentèle, donnerait confiance au roi. Un mouvement vers la conformité rassurerait tant Sa Majesté ! Le comte a grand besoin de cette confiance, car ses liens avec certains prélats romains déplaisent à la cour... Soit dit en passant, Lord Arundel se trouverait encore en Italie si son voyage n'avait été interrompu par le décès du prince Henry, feu le prince de Galles de si précieuse mémoire, avec lequel il avait noué des liens d'amitié. La perte d'un tel protecteur l'oblige à multiplier les preuves de fidélité envers le nouveau prince héritier, et à témoigner un penchant envers la religion de la Couronne... D'autant que Sa Majesté risque fort de ne pas lui renouveler son autorisation de se promener sur le continent parmi ses amis catholiques. Or le comte ne rêve, paraît-il, que de cela... retourner à Venise ! Il pourrait bien réaliser ce désir très prochainement, s'il sait y faire. La charge d'ambassadeur qui vient de lui être conférée lui permet de retraverser la Manche. Et de là...

Les joues en feu, le regard fixe comme s'il avait la fièvre, Will l'écoutait avec avidité.

— De là ?

L'impatience de la question, quelque chose d'âpre et de brutal, choqua l'orateur qui poursuivit prudemment :

— De là, si tu agrées au comte...

— L'univers s'ouvre... Tout devient possible !

Boswell connaissait la réserve de Petty. D'où lui venait cette violence ?

— Dieu seul sait, en effet, jusqu'où te conduira la faveur de Sa Grâce.

— Je ne cherche pas les honneurs.

— Non, tu as trop d'orgueil.

Boswell le dévisagea :

— ... Tu vises plus haut. Tu veux ce qu'aucun homme ne peut obtenir.

Les deux jeunes gens se mesurèrent.

Bien plus que durant la disputation, la lutte se livrait maintenant.

— Tu cherches à t'affranchir des Commandements et des lois du monde... Tu veux la liberté.

Boswell durcit le ton :

— Tes scrupules et tes doutes ne changent rien à l'affaire : tu t'évaderas de partout.

Il garda un instant le silence, avant d'asséner :

— Mais tu triches.

Will décroisa si furieusement les jambes que Boswell crut qu'il voulait lui sauter à la gorge. Il poursuivit néanmoins :

— Te crois-tu vraiment en harmonie avec toi-même, à Jesus ? Sans autre ambition que servir le Seigneur ? Sans autre ambition que remplir les tâches qui te sont assignées par le doyen ? Allons donc ! Je ne te donne pas un an – que dis-je, un an ? –, pas six mois avant de piaffer entre ces murs ! Contrairement à ce que tu penses, tu n'es pas fait pour une existence réglée.

Retournant à sa lecture, il conclut :

— Regarde-toi dans une glace, et accepte-toi tel que tu es.

— Ce qui veut dire? demanda Will, glacial.

Il se savait un faible pour la bouteille, le jeu, les filles... Mais le reste? Boswell choisit de ne pas répondre.

Les murs de Jesus ne comptaient aucun miroir parmi leurs ornements. Inutile. L'œil gris de Master Boswell venait de lui renvoyer le reflet de l'homme qu'il fuyait. Ni pieux, ni sage, ni même philosophe. Le portrait d'un aventurier qui rêvait de transgresser tous les interdits.

Au diable, les états d'âme et les cas de conscience, il rendait les armes! Puisque la Providence réalisait ses désirs au-delà de ses espérances, il entendait jouir des mille voluptés qui l'attendaient dans le vaste monde.

Seule ombre au tableau : Atkinson était, paraît-il, du voyage.

14. *Arundel House, à Londres, jeudi 8 avril 1613*

Le lundi 5 avril 1613, Valentine Cary, l'omniprésent doyen de Christ's qui était aussi le beau-frère d'un certain Mr Coke, l'homme lige du comte, signifia à Mr Petty qu'il devait se présenter le lendemain, peu avant le dîner, à Arundel House. Cary offrait généreusement de l'y conduire, ayant lui-même à faire en ville ce jour-là. Un honneur et une grâce qui ne se refusaient pas. L'ennui, c'est que le doyen ajournait sans cesse son départ. Pourtant le temps pressait! Le prince Palatin, sa jeune épouse et toute leur suite devaient embarquer sur la Tamise avant dimanche, jour où la cour ne se déplaçait pas.

Quand la date du rendez-vous avec le comte fut dépassée de quarante-huit heures, les voitures du doyen s'ébranlèrent. Ses laquais, ses secrétaires et le jeune professeur de Jesus, fou d'inquiétude à l'idée d'avoir manqué la chance de sa vie, voyageaient dans les quatre carrosses qui lui servaient d'escorte. Maîtres et serviteurs couvrirent en un temps record les quatre-vingt-cinq kilomètres qui séparaient Cambridge des têtes tranchées hérissant le pont de Londres. Le convoi parvint sur le Strand à la nuit tombée. On débarqua Mr Petty avec son coffre de livres à un carrefour. Le doyen ne lui donna pas l'occasion de le remercier, il le planta là, oubliant, dans son indifférence, de lui faire indiquer par ses gens la direction d'Arundel House.

Will erra quelques minutes et finit par trouver un mendiant qui le renseigna. Sa caisse à l'épaule, il remonta l'avenue au pas de course, s'engouffrant entre les masures en ruine et les hôtels des Tudors. Il bifurqua dans une impasse, qui redescendait en direction du fleuve, jusqu'au porche. La grille était ouverte.

Hors d'haleine, transpirant, tout courbé sous le poids de sa malle, il resta un instant planté devant les animaux du blason, deux monstres de pierre, le lion debout et le cheval cabré des Howard, qui flanquaient l'entrée du domaine.

Devant lui s'étendaient des nappes d'obscurité dont il ne pouvait mesurer l'ampleur. Il apercevait un fouillis de bâtiments poussés au hasard, sur plusieurs plans et plusieurs niveaux, des pans de murs inachevés, d'inégales cheminées qui s'amoncelaient par blocs noirs jusqu'au ciel, des tourelles, des donjons du Moyen Âge. Et puis, au fond d'arches noires, une lueur à ras de sol : un ruban incandescent qui bornait l'infini. La Tamise.

L'ensemble lui parut délabré... Un dédale, certes gigantesque, mais plus vétuste que le plus pauvre des édifices de Jesus. La maison semblait à l'abandon.

Il tira la chaîne devant la loge du portier. Un bourdon lugubre vibra dans les ténèbres. Il attendit quelques instants, ajustant sa calotte et sa collerette, époussetant son costume de clergyman, et reprenant son souffle. Il attendit encore et sonna une seconde fois. Nul ne répondit à l'appel. Ni garde, ni laquais, personne. Le lieu était totalement désert. Arrivait-il trop tard ? Le comte et tout son train avaient-ils déjà quitté Londres ?

Il se décida à franchir le seuil. Dans la cour d'Arundel House, l'air sentait les odeurs de Soulby : le purin, le suint de la laine de mouton, le fade relent du lait caillé. Même l'odeur de sang, la puanteur de l'abattoir. Il comprit qu'il longeait les communs, la laiterie et les étables où les cuisiniers parquaient les animaux réservés à la table du maître.

Il s'engagea au hasard dans un passage et déboucha sur une seconde cour. La façade du fond était illuminée de l'intérieur. L'alignement des hautes fenêtres en ogives, toutes plombées de vitraux rouges, transformait l'édifice en une immense lanterne magique. Un grondement, une rumeur de foule, accentuait encore l'aspect mystérieux et grandiose du lieu. L'antre du seigneur. Le cœur de la maison. Le hall.

Il pénétra timidement dans le sas lambrissé qui s'ouvrait, à droite, sur les trois arches des cuisines, de l'office et du cellier, à gauche sur les trois portes de la vaste salle. On y soupait. Il hésita, poussa l'un des huis avec précaution et se heurta aux dos des laquais qui se tenaient immobiles devant les issues, pendant le service.

S'il n'avait, jusqu'à présent, rencontré âme qui vive, Will découvrait l'autre face de l'existence à Arundel House : le hall était bondé ! Plus de cent personnes s'y trouvaient attablées, domestiques, serviteurs, hôtes, parents qui hantaient la maison. Trois tréteaux, flanqués de tabourets et de bancs; deux crédences chargées de vaisselle d'or et d'argent couraient en parallèle jusqu'au fond de la salle. Là, sur une petite estrade, la table du maître occupait toute la largeur de la pièce. Le Lord trônait au centre, visible de tous. Ses familiers siégeaient à ses côtés, sans vis-à-vis.

Will battit en retraite. Son coffre ne prenait guère de place, mais il ne pouvait se frayer un chemin jusqu'au comte avec ce fardeau.

Ayant déposé son bien, au hasard, sur une marche de l'escalier qui conduisait à l'étage, il s'apprêtait à se faufiler dans la salle quand une exclamation dans son dos l'arrêta :

— Tiens ?... Mr Petty !

Il n'eut pas besoin de se retourner pour reconnaître Atkinson.

John descendait l'escalier :

— ... Mais oui, poursuivait sa voix pointue, mais oui : c'est bien lui ! Que diable fait-il ici ? Salive-t-il en regardant manger les honnêtes gens ? Aurait-il donc faim ? Nos restes, Sa Grâce les fait distribuer de l'autre côté du hall, sur Milford Street, aux portes des cuisines...

— Où les gueux embrochent les pique-assiettes tels que toi !

Will esquissa un sourire dont l'amabilité valait l'aménité carnassière de son camarade. Cette fois il prenait le temps de l'observer.

Atkinson avait troqué les pourpoints pastel qu'il revêtait chez les D'Oyly contre un sombre costume d'érudit. Endosser ce nouveau rôle ne lui causait pas de difficulté : il passait pour un très grand helléniste. Sa réputation datait de ses années à Christ's, quand il baignait encore dans l'enseignement de Bainbridge. En étalant astucieusement son savoir, en nommant

Aristote à tout propos, en récitant l'*Organon* en entier, il avait su se maintenir dans l'estime de ses professeurs et continuait d'épater la galerie. Will devait lui rendre cette justice : Atkinson jouissait d'une mémoire spectaculaire. Les puissants D'Oyly, dont l'ignorance frisait l'illettrisme, faisaient grand cas de ses connaissances. Ses maîtres dans les Inns of Court et Valentine Cury, le doyen de son ancien collège, avaient chaudement recommandé son mérite auprès du comte. Son élection parmi les savants de la suite était son triomphe.

Cependant, dans ces trop hautes sphères, Atkinson se retrouvait au même niveau que son ancien *sizar* : leur statut ne différait en rien. Même leurs accoutrements, par la forme et la couleur, se ressemblaient... N'était la dague que John portait à la ceinture, un minuscule stylet auquel son appartenance à la gentry lui donnait droit. Gare à celui qui aurait arboré semblable bijou sans être « né ». Un plébéien ne pouvait porter l'épée, le poignard, une arme quelconque, fût-ce un objet d'apparat.

— M'embrocher avec quoi ? s'enquit aimablement Atkinson, ta bible ?

— Avec ça ! lança Petty sur le même ton, lui assénant un coup de poing dans l'estomac, une bourrade qui aurait pu passer pour un geste d'affection entre vieux amis.

Atkinson en perdit le souffle.

— Avant que je t'étrille, siffla Will entre ses dents, introduis-moi auprès de Lord Arundel.

Atkinson n'esquissa pas le geste de se défendre. Il n'avait jamais eu l'honneur sourcilleux, et l'endroit n'était guère approprié pour une lutte. Entre les cuisines et l'étage, entre l'office et le hall, le ballet des officiers de bouche reprenait. Ni l'un ni l'autre n'avaient intérêt à s'en faire remarquer. Ils coupèrent court et pénétrèrent dans la salle.

Les échansons versaient la bière à de petits groupes de commensaux qui se partageaient les tréteaux selon leur fonction. D'instinct, Will chercha du regard les femmes dans la foule, un vieux réflexe qui remontait à sa fréquentation des tavernes. Ici, elles étaient rares. Parmi la centaine de domestiques, à peine deux nourrices, quatre ou cinq grosses lingères qui trônaient près de la porte. Même à la *high table*, aucune dame ne siégeait. Si le rang social des soupeurs semblait s'élever à mesure qu'il se rapprochait du fond, toutes les conversations roulaient sur le même sujet. Le choix des trente-six élus qui seraient du voyage. Il crut comprendre qu'on projetait le départ pour le surlendemain : il arrivait à temps ! Restait à réclamer sa place.

Sous les torches, les visages du Lord et de ses familiers devenaient perceptibles. Will ne se souvenait pas des traits, ni même de l'allure du comte d'Arundel. Lors de sa fameuse performance à Jesus, il avait été trop impressionné par la présence des princes et par la crise du comte de Shrewsbury.

Il gardait l'œil fixé sur le personnage central qui retenait toute son attention. On remarquait sa chevelure d'un gris éclatant, courte, épaisse, rejetée en arrière. On remarquait sa barbichette taillée en carré autour de la bouche, un poil au cordeau qui dégageait largement les lèvres et les commissures. On remarquait sa carrure, ce vaste torse qui disparaissait dans les plis d'un velours couleur d'acier ; et sa gorge nue dans un col de dentelle largement ouvert... Atkinson le poussa sur le devant de la scène et partit s'asseoir en bout de table, à la place qu'il avait dû abandonner pour monter à l'étage. Will se retrouva sous l'estrade, nez à nez avec le personnage vêtu de gris. Il salua, courbé jusqu'au sol, calotte dans la main gauche, poing droit sur le cœur. Le seigneur fronça le sourcil, imperceptiblement, et détourna le regard sans poser de question. L'usage interdisait à Will de lui adresser la parole le premier. Les familiers poursuivirent leur conversation, évoquant, eux aussi, le voyage sur le continent. Will salua de nouveau. Ce salut déclencha l'orage.

— D'où sort cet homme ? tonna un personnage de petite taille qu'il n'avait même pas vu.

S'il s'était donné la peine d'étudier la place des convives, il aurait compris que c'était ce seigneur-là qui présidait la table. Il trônait au centre, son corps grêle majestueusement drapé dans une longue robe noire. Une chaîne d'or lui barrait la poitrine. Un bonnet à plumes lui couvrait la tête.

— ... Qui l'a laissé entrer ?

Le maître d'hôtel, le grand écuyer tranchant, le panetier, l'échanson, tous les officiers de bouche se précipitèrent vers l'estrade. Les gardes suivirent.

Effaré de sa méprise, Will tenta de saluer son nouvel interlocuteur avec une recrudescence de courtoisie.

— Je m'appelle William Petty, My Lord, balbutia-t-il. Votre Grâce m'a fait l'honneur de m'inviter...

— Moi ?

— ... à la servir lors de son voyage à Heidelberg.

Un ricanement salua cette affirmation :

— Et quelles fonctions comptez-vous occuper ?

— Votre Grâce ne les a pas précisées.

— Jetez cet homme dehors.

Il se sentait tellement confus, humilié, éperdu que, s'il n'avait rencontré le regard triomphant d'Atkinson, il se serait laissé entraîner sans autre résistance.

— My Lord n'a donc pas apprécié sa visite à Cambridge ? s'écria-t-il.

— Je n'y suis jamais allé, monsieur, pas plus qu'à Oxford, et je m'en porte à merveille.

Cette réponse acheva de plonger Will dans la consternation :

— N'êtes-vous pas Sa Grâce le comte d'Arundel ?

La table accueillit la question avec un gloussement proche du rire. L'expression outrée du petit gentilhomme coupa court à toute velléité de plaisanterie :

— Si Sa Grâce vous avait invité, comme vous avez l'impudence de l'affirmer, vous ne vous donneriez pas ce ridicule, monsieur... My Lord of Arundel soupe à l'étage dans la *great chamber* avec My Lord of Northumberland et tous ses oncles, comme toujours. Je suis l'intendant, premier gentilhomme de sa maison, et j'ai l'honneur de vous prier de sortir.

— ... Avec ses oncles, dites-vous ?

— Sortez, monsieur, sans causer davantage de scandale.

— My Lord William Howard de Naworth est-il du nombre ?

— Entre autres.

— Pourriez-vous l'avertir que l'élève de Reginald Bainbridge, William Petty de Soulby, est ici, qu'il demande à être reçu, qu'il...

— Décidément, vous cherchez la bastonnade !

Au moment où deux sbires le saisissaient par les coudes, le seigneur qu'il avait dès le premier instant pris pour le comte, le gentilhomme au pourpoint gris qui siégeait à la droite de l'intendant, la place d'honneur *sur la salière*, se pencha à l'oreille de son hôte. Leur conciliabule dura quelques secondes. L'intendant se redressa :

— ... Mr Coke me dit qu'un Sieur Petty, titulaire de la chaire de grec à Jesus College, se trouve en effet sur la liste des voyageurs. L'un d'entre vous, s'enquit-il, s'adressant à ses voisins de gauche, au trésorier, au chapelain, au bibliothécaire, au médecin, à tout ce monde de *gentlemen-servants* sur lequel il régnait, l'un d'entre vous a-t-il connu ce Mr Petty à l'université?

En bout de table, dans le groupe des précepteurs et des secrétaires, Will repéra avec soulagement le visage familier de son ami d'autrefois, du poète Francis Quarles avec lequel il avait étudié quatre ans à Christ's. L'œil vague, Quarles évitait son regard et se taisait... Que ce châtré d'Atkinson ne bronche pas, la chose était naturelle : il tenait sa vengeance. Mais Quarles? Un vrai savant, un vrai poète qui n'avait rien à redouter, ni de Petty, ni de quiconque... Will mesura combien, à la table du premier gentilhomme de la maison Arundel, les places étaient chères.

— Atkinson, tu as perdu l'usage de la parole? lança-t-il... Mr Atkinson s'est permis de m'introduire ici, Monseigneur. Nous nous connaissons de longue date, comme il vous le confirmera lui-même. Nous sommes tous deux originaires des Borders où Lord William de Naworth eut jadis la bonté de nous prendre sous sa protection... Une lettre du doyen de mon collège, que je conserve dans mon bagage, vous assurera de mon identité.

On ne l'invita pas à partager la fin du repas, toutefois, l'incident était clos.

Le majordome le conduisit dans une troisième cour, à la porte des cuisines où il reçut les restes du souper qu'on distribuait aux pauvres, comme l'avait aimablement suggéré Atkinson. Un valet de chambre lui remit son « pallet », le rouleau de paille qui lui servirait de matelas sur le sol de toutes les antichambres durant le voyage. Un valet de pied le mena au premier étage d'un vieil édifice, dans une salle qui donnait sur un corridor : la « salle des secrétaires », où il pourrait prendre quelque repos. Ensuite, on le laissa tranquille.

Allongé dans l'obscurité, il ne trouvait pas le sommeil. Quarles, Atkinson, tous les autres, ronflaient autour de lui. Que diable était-il venu faire parmi ces laquais? Abandonner ses élèves, sa bibliothèque, Aristote et Platon pour s'enfermer dans cette prison avec des valets!

Le ridicule de sa double méprise, la honte du camouflet public, le sentiment de son ignorance et de son incurable bêtise l'agitaient. Comment avait-il pu supposer que le comte soupait avec ses gens ? Cet usage médiéval se pratiquait en province, dans les halls des Borders. Et encore ! Même Atkinson aurait su que le Lord et les siens se tenaient à l'étage noble, dans le salon d'honneur. Il n'aurait pas confondu, lui, le gentilhomme au pourpoint gris avec le comte ! Pas plus qu'il n'aurait reconnu Lord Arundel dans le petit monsieur à la longue robe noire et à la chaîne d'or ! Mille signes dans le vêtement, mille détails dans le comportement lui auraient permis de démêler leur naissance, leur rang, leur fonction.

« Si Atkinson a compris les subtilités de l'étiquette, je peux en faire autant. »

Non, sur ce chapitre-là, il n'était pas de taille. Il demeurait un paysan, ainsi que le lui avait rappelé Boswell, le plus humble de tous.

« La toute première intuition qui m'avait porté à refuser l'offre du comte était la bonne ! » songeait-il.

Ce voyage, qu'il craignait tant de manquer deux heures plus tôt, lui apparaissait comme le miroir aux alouettes, un leurre qui flattait sa vanité mais l'avilissait à coup sûr. Lutter avec Atkinson pour une place à table ? S'aligner sur sa mesquinerie à coups de petites infamies ? Descendre à son niveau ? Vaste programme. Que pouvait-il inventer pour échapper à ce piège ? Qu'il était malade ? Qu'il souffrait d'une rage de dents ?

Il sortit à tâtons de la salle où dormaient les secrétaires et déboucha sur le corridor qui devait relier les deux ailes de l'édifice. Ce passage couvert, meublé seulement de quelques sièges, servait aux exercices physiques des Howard depuis plusieurs générations. Les médecins insistaient sur la nécessité des marches quotidiennes. Dans sa fièvre, Will mettait leurs conseils en pratique. Il allait et venait, progressant d'une fenêtre à l'autre.

Côté jardin, une série de baies vitrées projetait de grands rectangles de lumière sur le dallage. À ces endroits, les rayons atteignaient le mur. Ce fut là qu'il les vit, éclairés de plein fouet par la lune, surgissant du sol, montant jusqu'au plafond. Les tableaux ! Des centaines de portraits lui faisaient face sur toute la longueur du corridor. Ils se dressaient tous ensemble, les ancêtres, les amis, les parents, les grands aristocrates de l'histoire, liés dans l'espace et le temps, à la mémoire de la maison Arundel.

Will resta saisi. La reine Elizabeth le toisait, debout sur le globe terrestre, blanche et minérale dans sa châsse de perles.

Henry VIII, manteau de fourrure grand ouvert, poing sur la hanche et jambes écartées, affirmait le triomphe de la dynastie des Tudors, campé entre sa troisième femme, Jane Seymour, et sa mère, Elizabeth d'York. Will aurait voulu mettre un nom, une époque, des exploits, un destin sur chacune de ces effigies. Leurs regards le happaient. Il s'approcha.

À son rosaire, à son crucifix, à ses bijoux en forme de croix estampillées du « S » des Stuarts, il crut reconnaître la reine Marie d'Écosse. Et à l'inscription latine peinte sur le fond, au-dessus d'un béret de velours constellé de diamants, Thomas Howard, quatrième duc de Norfolk, décapité pour avoir voulu l'épouser – le grand-père de Lord Arundel. Il supposa que le long visage émacié qui émergeait d'une modeste fraise et d'un pourpoint boutonné jusqu'au menton était celui de Philip Howard, le père du Lord, mort à la Tour de Londres. Quant à cette dame en noir, les épaules de face, le visage de trois quarts, les mains chargées de sombres bagues qu'elle gardait modestement jointes devant elle, qui incarnait-elle ? Elle se tenait debout, la bouche close, le regard lointain, devant une tapisserie. Cupidon y bandait son arc, et décochait une flèche à la Licorne : la Chasteté attaquée par le Désir...

Il tentait de décrypter les allégories, les symboles, les emblèmes, les devises, toutes les clefs, tous les codes qui lui permettraient de reconnaître et de comprendre. Son œil passait d'un détail à l'autre, de l'ordre de la Jarretière qui ceignait un mollet à la Toison d'or qui barrait une poitrine, du blason qui ciselait le pommeau d'une épée aux ferrets qui ornaient un pourpoint... En s'avançant vers le mur, trop près, il trébucha sur un fauteuil, une jambe, un homme assis.

— Vous aimez la peinture, Mr Petty ? demanda une voix courtoise, dont il perçut toutefois la nuance de moquerie.

Cette fois, il ne commit pas d'impair : il reconnut le gentilhomme au pourpoint gris, l'hôte d'honneur qu'on avait appelé « Mr Coke ». Il se souvint alors que c'était Mr Coke qui lui avait fait dire la date et l'heure de la convocation, par Valentine Cary, son beau-frère. Que Mr Coke était lui aussi un *Cambridgeman*, le seul de cette maison dont Will sût quelque chose.

Il avait appartenu à St John's. Il y détenait une *fellowship* avant d'entrer au service de Lord Shrewsbury, le père de la comtesse. Il avait été envoyé par les deux familles, les Shrewsbury et les Arundel, en Espagne, en France et en Italie. De ses voyages, il leur envoyait des rapports, des descriptions de lieux

et d'objets. L'« œil » de Mr Coke ! Une légende à Cambridge.
C'était lui, Thomas Coke, fils cadet d'une grande famille, qui
fouillait les collections des princes étrangers, en quête de trésors pour les châteaux anglais.

Will se souvint aussi que Mr Coke passait pour un catholique.

Il ne distinguait pas son expression dans la pénombre. Il
conservait néanmoins une image très précise de celui qu'il avait
pris dans le hall pour le seigneur du lieu. Les cheveux poivre et
sel, le bouc carré, le cou nu.

Il ne se demanda pas les raisons qui poussaient Mr Coke à
siéger seul, en silence, au milieu d'un corridor. Étrangement,
Will acceptait cette rencontre comme une évidence et n'éprouvait aucune gêne devant ce personnage. Coke devait pourtant
l'observer depuis un bon moment, gesticulant au clair de lune.
À cette idée, la fierté de Will se cabra. Mais il répondit avec sincérité :

— L'histoire m'intéresse, Monseigneur. L'histoire de
l'Angleterre notamment...

— Ce n'est donc pas la beauté des tableaux, mais leur sujet
qui vous touche ?

Will ne pouvait démêler si l'humanité du ton, l'intérêt
qu'affectait Coke ne témoignaient pas, en fin de compte, de la
plus totale indifférence.

— Je tente de puiser la connaissance dans le récit des
Anciens.

— Et vous faites bien... Mais vous observez le monde par
le petit bout de la lorgnette, Mr Petty : il faut apprendre à *voir* !

Coke parlait à mi-voix, familièrement, comme s'il se fût
adressé à lui-même. La présence de cet intrus ne semblait pas
le contrarier. Il demeurait assis dans la pénombre, poursuivant, sur son terrain, sa propre réflexion.

— ... Votre enthousiasme devant ces toiles est tout à fait
étonnant. La plupart d'entre elles sont des copies. Les originaux, qui appartenaient à cette galerie, ont été pillés à l'époque
où feu My Lord of Arundel était prisonnier à la Tour de
Londres. Tout le palais souffre encore des mauvais traitements
infligés à ses maîtres. Et ce profil du second duc, le vainqueur
de Flodden, qui vous fascine au point que vous venez cogner
dans mon siège, est de facture si plate, de coloris si pauvre, que
le sujet reste ce qu'il est. Un mort... C'est la qualité du pinceau,
c'est le talent du peintre qui capte l'âme et fixe la mémoire.
Êtes-vous jamais allé en Italie ?

— J'ai un peu voyagé dans l'Empire romain.

Un sourire effleura le visage de Will :

— Par les textes.

— Ainsi vous n'avez pas vu Florence... La galerie des Hommes illustres au palais Pitti... Dommage. Vous m'auriez peut-être compris. Et peut-être ressentiriez-vous, comme je le ressens chaque fois, quelques hésitations à quitter le pays de Raphaël pour rentrer à Londres !... Dans ce lieu où nous conversons, que la rapacité des puissants a dépouillé de ses trésors, se cachent cependant huit perles, huit toiles, qui valent à elles seules tous les joyaux des Médicis. Devant ces portraits-là, vous tomberez, non pas en arrêt comme vous venez de le faire. Mais à genoux.

Coke avait franchi la distance qui le séparait du mur. Face à son fauteuil filait une série de cadres solitaires : là, côté jardin, entre les sept fenêtres, il n'y avait plus qu'un seul tableau par panneau.

— Regardez-les ! Regardez les Holbein... Il faut savoir regarder, Mr Petty. Le monde devient très précieux, à mesure que l'œil s'aiguise à déceler sa beauté.

15. De William Petty à... William Petty, 12 avril-12 août 1613

Dans les eaux troubles de la Tamise, une flotte de bateaux aux mâts chargés de fleurs brouillait le reflet des tours et des remparts qui surplombaient le fleuve. La longue procession de barges descendait le courant jusqu'à la mer, traversant par petites étapes le sud de l'Angleterre.

La somptueuse nef de la princesse, qu'accompagnaient ses parents et son jeune frère Charles jusqu'aux limites du royaume, voguait en tête. Puis, l'entourant à demi, une armada de bâtiments glissait tel un grand croissant bigarré : les péniches de Lord et Lady Arundel, du duc de Lennox, du vicomte Lisle. Derrière elles, à perte de vue, dansaient des centaines d'esquifs qui se perdaient dans les méandres : les domestiques des grands, avec armes et bagages. À la proue de la plus modeste de ces embarcations, le vent d'avril faisait claquer la collerette de William Petty.

Fasciné par le spectacle, étourdi par le bruit, il ne quittait pas le bastingage. Dire que s'il n'avait rencontré Mr Coke dans la galerie, il eût renoncé à tout cela ! *Le monde devient très précieux, à mesure que l'œil s'aiguise à déceler sa beauté.* Sur les rives piaffaient les chevaux, centaines de destriers empanachés qui tireraient tout à l'heure les lourds carrosses jusqu'au château de Greenwich, jusqu'à Rochester et Canterbury... Le vin coulait à flots dans les aiguières. Les grosses perles roulaient aux oreilles des dames d'atours. Et si ni le comte d'Arundel, ni aucun gentilhomme de son cercle ne faisaient appeler le révérend William Petty pour converser avec lui en grec et en latin, il trouvait ailleurs de quoi s'occuper.

Se gardant d'Atkinson et de Quarles, dont il était censé partager la couche et le temps, il calquait sa conduite sur celle de ses autres compagnons de voyage : les serviteurs de la princesse Palatine et de son escorte. La plupart avaient été *fellow commoners* à Christ's, à Jesus, à St John's : Will les connaissait de vue. Et, s'il ne les avait pas fréquentés lors de leurs études, le souvenir des années à Cambridge facilitait les rencontres. Tous ces jeunes gens partageaient les mêmes intérêts : notamment une commune sollicitude envers les femmes de chambre, et l'essaim de demoiselles qui entourait les épouses des ambassadeurs anglais et des ambassadeurs allemands.

Depuis l'accostage à Greenwich, Mistress Kitty, une chambrière appartenant à l'une des dames d'atours de Lady Lennox, initiait Mr Petty à certains raffinements du désir qu'il se laissait enseigner avec impatience et délectation.

L'absence d'intimité compliquait les rencontres, retardait la conclusion, accroissait le plaisir. Feintes, dérobades, abordages, petits jeux de l'amour que ni Jenny ni Fanny ne lui avaient appris... Gare, cependant ! Lord Arundel n'était pas homme à pardonner le désordre chez ses gens.

Will l'avait aperçu plusieurs fois, à une distance de quatre à cinq cents mètres, une silhouette de très haute taille, une ombre aux côtés de la princesse. Mais il n'avait toujours pas été présenté à son nouveau maître. Le peu qu'il connaissait du comte, il le savait par ouï-dire. On racontait que le mépris de Lord Arundel envers les choses de l'amour n'avait d'égal que sa morgue et sa froideur. Pour ce qui touchait au beau sexe, nul ne lui avait connu de maîtresse avant son mariage. Et depuis, seule son épouse trouvait grâce à ses yeux. Il la parait de toutes les couleurs de la noblesse, de l'élégance et de la beauté. Pour sa part, lui se contentait volontiers du noir. Il n'arborait ni plumes, ni pompons, ni rubans. Les fabuleux bijoux cousus sur ses pourpoints, les diamants alignés sur ses jarretières, il les exhibait par devoir envers le monde, envers sa caste, envers lui-même : « Thomas Howard, comte d'Arundel » incarnait l'aristocratie tout entière. Il n'était pas vaniteux. Il était fier.

Son orgueil, très chatouilleux sur l'honneur de sa maison, sur la grandeur de sa famille et l'immensité de son nom, ne tolérait aucun manquement. Sa suite ne pouvait se départir de la réserve qui le caractérisait, lui.

On disait encore que ses mœurs rivalisaient de pureté avec la rigueur des Puritains, et qu'en dépit de son goût pour la pompe et les fastes de Rome, pour les représentations de la Vierge et les scandaleuses nudités de Marie Madeleine, il n'avait de catholique que la tradition.

À entendre Mistress Kitty, Will servait un maître aussi étrange qu'imprévisible. La froideur de Lord Arundel n'empêchait pas qu'il fût d'un naturel emporté et que la fureur lui fasse perdre, en public, toute maîtrise de soi. Les personnes étrangères à sa maison, aristocrates ou domestiques, redoutaient la violence de ses colères. Les autres, ses serviteurs de longue date, éprouvaient de la vénération pour la mémoire de son père et de la compassion pour ses malheurs passés. Mais plus que d'amour envers sa personne, leur fidélité se nourrissait de la révérence due à son rang. Autre bizarrerie : son train comprenait relativement peu de grands personnages ; aucun fils de la haute noblesse ne l'accompagnait. Le comte n'en avait pas besoin : l'éclat de sa lignée le hissait au-dessus des autres gloires du royaume. Il préférait la fréquentation de gentilshommes de petite noblesse, sans châteaux, sans titre et sans contrainte. Des cadets de famille, curieux de lettres et de sciences, qui s'adonnaient à l'étude. Plus âgés que lui. Comme Thomas Coke, *esquire*.

Sur ce point, Mistress Kitty, la bonne amie de Will, ne tarissait pas : Lord Arundel n'était pas papiste pour rien ! On avait beau dire qu'il ne buvait ni ne jouait, c'était un hypocrite. Il présentait au monde un certain visage, quand dans l'intimité il en arborait un autre ! Sinon, comment expliquer qu'il se soit lié – glacial et guindé comme il l'était – avec des excentriques qui ne lui ressemblaient pas, ah ça non ! Elle en savait quelque chose. L'élégant Mr Coke était un joyeux drille... Un vrai catholique, celui-là ! S'il se gardait bien de courir la gueuse sur ses terres, s'il ne touchait pas aux dames de Lady Arundel, il se rattrapait avec les chambrières des autres! Combien de filles avait-il séduites chez Lady Lennox? C'était chaque fois la même histoire. À l'instant de conclure devant l'autel, Coke disparaissait sur le continent. Et sa trace se perdait, entre les crucifix et les statues de saints, dans la foule des idolâtres. On ne lui avait connu qu'un attachement, qui durait depuis vingt ans : une femme cloîtrée en France. Une religieuse!

Ces ragots intéressaient Will au plus haut point. L'œil et l'oreille en alerte, ébloui, comblé, il jouissait de tout, du spectacle, du vin, des femmes...

La malchance voulut cependant que, depuis le séjour à Canterbury, la troisième escale, il souffrît de la plus ridicule, de la plus insidieuse des rages de dents. S'il avait songé à se servir de ce prétexte pour échapper à l'aventure, le Seigneur le prenait au mot, et le punissait cruellement. De jour en jour, la douleur augmentait.

Quand Mistress Kitty découvrit l'enflure de la joue, elle poussa de hauts cris. Il lui assura que l'infection disparaîtrait d'elle-même, cacha son visage sous un chapeau, et la supplia de se taire. À la dernière étape sur le sol d'Angleterre, elle se permit d'insister : « Soignez cet abcès avant l'embarquement! Qu'adviendra-t-il de vous sur le continent? »

Outre la fierté, une raison impérieuse déterminait Will à cacher son état. La rumeur courait qu'avant son départ le comte avait demandé au roi l'autorisation de poursuivre son périple hors des frontières de l'Électeur palatin. Comme l'avait supposé l'ami Boswell, Lord Arundel comptait bien reprendre sa visite de l'Italie.

Le voyage vers le sud, en pays catholique, demeurait interdit à la plupart des sujets britanniques. Mais Sa Majesté s'était laissé fléchir, pourvu que Lord Arundel s'engage à éviter Rome, qu'il ne s'aventure pas dans les États pontificaux, et que son projet demeure secret jusqu'au dernier instant. Secret de Polichinelle! Car auprès du comte voyageait un homme dont la présence à ses côtés ne laissait planer aucun doute sur ses intentions : l'illustre architecte Inigo Jones. Ce dernier n'avait aucune raison de se rendre à Heidelberg. Sinon peut-être pour dessiner les décors des spectacles et toutes les architectures feintes des Triomphes qui accueillaient la princesse. Nul ne croyait à ce prétexte.

Jones avait passé de longues années à Padoue, il avait étudié les monuments de Venise, de Vicence et maîtrisait si bien l'art de Palladio qu'il réinventait ses techniques en édifiant, au bord de la Tamise, des palais qui évoquaient les villas de la Sérénissime sur la Brenta. Sa connaissance de la peinture italienne restait sans égale parmi les Anglais. Un initiateur, un guide qui introduirait Lord Arundel et sa suite au cœur des mystères de la Renaissance. C'était ce personnage, dont les jeunes néophytes en quête de voyage, devaient s'attirer les bonnes grâces. Atkinson et Quarles s'y employaient. Mais comment séduire l'irascible Mr Jones ? Cette nécessité devenait une obsession collective. La concurrence serait rude...

La traversée, pour tous, s'avéra effroyable. On dut s'y prendre à trois fois, regagner le port, débarquer, attendre, et reprendre la mer.

Au port d'Ostende, les coups de canon, les roulements de tambour, la pétarade des feux d'artifice achevèrent d'assommer le pauvre Will. Revues militaires, banquets, ballets. Du haut de leurs vénérables cités, les bourgeois de Middleburg, de Dort, de Rotterdam acclamaient les épousailles de la Tamise et du Rhin, de la fille d'Albion avec le chef des États protestants. Mais la fièvre le maintenait, lui, dans un état qui confinait à l'hallucination.

Il faut apprendre à regarder, Mr Petty. En fait de découverte du monde, Will ne vit ni l'université de Bonn, ni les villes du Rhin, ni la splendide bibliothèque de Heidelberg. Il acheva son voyage tout seul sur la paillasse d'une minable auberge de Westphalie, entre les tenailles d'un chirurgien.

*

Lord Arundel et sa suite parvinrent donc à Heidelberg, sans Master Petty. Là, le comte dispersa tous ses gens, leur donnant l'ordre de regagner l'Angleterre avec les serviteurs du vicomte Lisle et de Lady Harrington. Quant à lui, il poursuivait son voyage avec son épouse et quelques familiers. Son train se composait de Mr Coke, de Mr Jones et du précepteur de son fils aîné, un érudit du nom de John Atkinson. Leur destination, que le comte prétendait incertaine, dépendrait des caprices du temps et des hasards de la route.

Will alla rejoindre les troupes débandées des ambassa-deurs qui se rassemblèrent sur les rivages de Flandres. Pour tous, le retour au pays – moins brillant et solennel que l'aller – n'en serait que plus arrosé et plus galant... Cette fois, il enten-dait participer à la bacchanale.

Spolié de certains jeux en avril, Will croqua en juillet la pomme du péché à belles dents. Il fit même, durant la traver-sée, une consommation tout à fait immodérée d'accortes cham-brières. Les joies que dispensait la gorge de Mistress Kitty et les appas de ses charmantes camarades ne ressemblaient guère aux plaisirs qui l'attendaient à Cambridge. Il ne l'oubliait pas, et profitait de cette ultime explosion, avec un enthousiasme qu'on aurait pu qualifier d'énergie du désespoir.

À l'heure du débarquement sur le sol natal, il dut bien reconnaître son peu d'enthousiasme à regagner ses pénates... Était-ce la prémonition de la mort de son maître, son modèle, qui le déprimait à ce point ?

Will reçut l'appel de Bainbridge à la mi-août, lors de son arrivée. Le message, porté par un domestique de « Willie l'Audacieux », venait du manoir de Henderskelfe, la résidence d'été de Lord William Howard de Naworth, à peu de distance de Beverley. Bainbridge y passait le mois, et lui donnait rendez-vous à l'école.

Will se hâta vers le nord. Arriverait-il à temps ?

Il trouva Bainbridge, paisiblement couché dans le loge-ment où lui-même avait passé quatre longues années. Avec sa barbe grise, sa robe, ses sandales, le vieillard évoquait toujours un gnome d'un autre âge. Plus sale, plus laid, plus présent que jamais. Inchangé. Ce fut l'œil mutin, la sempiternelle plaisante-rie à la bouche, qu'il accueillit son élève : « *Ave Pettaeus, mori-turus te salutat.* »

À la joie de trouver son maître en vie, Will mesura combien, tout le long du chemin, il avait eu peur de le perdre. Depuis dix ans qu'il ne l'avait vu, il n'avait jamais cessé de se demander s'il pourrait un jour se présenter devant Bainbridge avec fierté.

Conscient de l'effet qu'il continuait de produire sur son protégé, Bainbridge se redressa :

— Ne t'attache pas, tu arrives juste à temps pour recevoir mes dernières volontés...

Le débit était saccadé et le souffle haletant. Mais la voix continuait de sourire, et le ton restait clair.

— ... Si je tiens à ce que tu assistes à ma mort, c'est que je veux qu'elle te serve d'exemple.

Aucune forfanterie n'entrait dans ce contentement de soi. Bainbridge l'invitait à s'aligner sur sa vie, sur sa mort, sur toute sa conduite, car il partait heureux, certain d'avoir rempli sa mission ici-bas.

Ses travaux, ses inscriptions, ses livres, ses collections, ses manuscrits, son œuvre, Bainbridge les léguait à l'école d'Appleby, à tous les élèves, à tous les maîtres à venir :

— Chez nous, les cadavres des Reivers continuent de se balancer aux gibets. Lord William ne suffit pas à la tâche. Et ce n'est pas en les pendant par centaines qu'il en viendra à bout... Éduquer les Barbares, comme l'ont fait les Romains, tel est le moyen, le seul, pour s'en débarrasser ! Que les fermiers des Borders connaissent leur histoire ! Conduis-les sur le Mur d'Hadrien. Montre-leur la grandeur des civilisations passées. Qu'ils mesurent tout le savoir perdu, qu'ils le reconquièrent.

D'un doigt ferme, le vieillard désignait l'ombre.

— ... Forme celui-ci, comme je t'ai formé. Prends le relais. C'est ton tour. Et, le temps venu, que ce garçon reprenne ton flambeau.

Dans la précipitation de son arrivée, Will n'avait pas remarqué l'adolescent qui se tenait debout au pied du grabat. Un paysan d'une douzaine d'années : blond, solide, râblé comme tous les fils du Westmorland.

— ... Il est avide de connaissances, presque aussi curieux que vous l'étiez à son âge, Atkinson et toi ! Depuis votre départ à tous deux, je n'ai pas eu, à Appleby, d'élèves plus ardents que vous. Atkinson est promis à un autre avenir. Mais toi, tu es fait pour enseigner. Présente cet enfant à Jesus. Obtiens pour lui une bourse. Veille sur ses études. En commun, vous avez le passé. Et vous avez l'avenir... Il est le second fils de tes cousins Ellenor et John de Kirkby Stephen, qui habitent aujourd'hui Soulby. Il porte le nom de ton père... C'est William Petty de Bonny Gate Farm.

La rencontre avec cet autre lui-même lui causa une émotion si bizarre qu'il refusa de s'y attarder. Sans hésitation, il promit de s'occuper du garçon. Financièrement, moralement, il le prenait en charge. Son double.

Mais il ne s'informa pas de ses parents et ne posa aucune question sur leur famille.

Reginald Bainbridge s'éteignit doucement, en leur présence à tous deux, quelques jours avant la fête de la Saint-Michel, jour de la rentrée. Juste à temps pour permettre à Will de ramener son jeune cousin avec lui, et de le faire immatriculer à Cambridge.

William Petty Junior, *sizar*. William Petty Senior, *fellow*. Dans les registres, les greffiers confondraient bientôt leurs âges, leurs titres et leurs fonctions. Les deux personnages allaient très vite devenir une seule et même entité : *Mr Petty, from Jesus*.

Mais, depuis son retour, Will n'avait plus le sentiment d'appartenir à l'université.

16. *Troisième séjour à Cambridge, Jesus College, septembre 1613-janvier 1616*

Il y poursuivait toutefois une ascension que les jaloux qualifiaient de fulgurante. Le voyage vers Heidelberg portait ses fruits : Will y avait rencontré bon nombre d'aristocrates qui lui avaient confié l'éducation de leurs fils, comme jadis les bourgeois de Beverley. Outre son propre parent, il ramenait avec lui plusieurs pensionnaires très fortunés, un apport qui enrichirait Jesus et ravissait le doyen.

Bols d'argent, coupelles, plats ciselés, l'usage voulait que Mr Petty veille sur les dons des disciples qui briguaient sa tutelle. Sa chambre évoquait le coffre-fort d'un orfèvre et la sécurité exigeait qu'il fût bien logé. Il passait même pour le professeur le mieux payé du collège. Que demander de plus ? Désormais, sa réputation n'était plus à faire.

Aux flatteurs qui lui prédisaient une carrière ecclésiastique, des prébendes, des bénéfices, un évêché, il répondait par un sourire incrédule. Il se connaissait dépourvu de la patience, de l'abnégation, voire de la complaisance et de la flagornerie, qu'un courtisan doit déployer pour arriver à ses fins. Il ne gardait, de ce fait, aucune nostalgie de son bref passage à Arundel House. Même sa rencontre avec Coke, même ce moment très particulier dans la galerie de peinture, demeurait un souvenir ambigu.

C'était pourtant ce souvenir-là qui résumait son malaise : la sensation de s'être arrêté à la lisière, de n'avoir pas mené l'aventure à son terme.

En dépit du succès public, il avait raté l'essentiel.

*

Par moments la tentation d'abandonner l'Église et l'université le submergeait. Mais pour quel avenir ? Sans naissance, sans titre, sans fortune, toutes les carrières, même celle des armes, lui restaient fermées. « Tenir et durer, jusqu'à ce que la chance se présente à nouveau. Je n'ai pas d'autre choix. » Il affûtait ses armes, et ne se contentait plus de rechercher la paix dans l'étude. S'il traduisait la *Géographie* de Strabon, collationnait les *Histoires* d'Hérodote, c'était pour comparer les textes anciens aux derniers relevés topographiques des savants vénitiens en Méditerranée, et travailler à la réalisation d'un projet insensé. Il savait désormais qu'il ne se satisferait ni du confort, ni des honneurs, ni même de la gloire d'obtenir un évêché. Son ambition le portait à regarder plus loin. Il voulait davantage. Ne mettre aucune borne à sa curiosité. Embrasser l'univers tout entier. Partir sur les traces d'Homère. Camper devant les murs de Sparte et de Troie. Quand ? Comment ? Mystère. Il ignorait sous quel visage se présenterait l'aventure. À l'affût, il se tenait prêt. Les pressentiments d'autrefois avaient tourné à la certitude : le destin l'appelait ailleurs.

Seul le sévère Boswell devinait l'ampleur de son rêve. Lui-même convoitait en vain, depuis des années, une nomination à l'étranger. Son protecteur, l'ambassadeur d'Angleterre à Venise, l'avait assuré qu'il l'appellerait près de lui, dès que possible. Mais l'ambassadeur semblait trop occupé par l'arrivée de Lord et Lady Arundel sur la lagune pour se souvenir de lui.

Les grands personnages qui lui valaient d'être oublié occupaient l'esprit de Boswell. Il racontait qu'à Londres le comte avait racheté Arundel House, ce labyrinthe que Will avait jugé vétuste, quatre mille livres sterling à ses oncles, une jolie somme, pour un bien qui lui revenait de droit ! La dot de son épouse, la fortune des Shrewsbury, servait à assouvir cette revanche sur le destin. Au temps du malheur, la mère du comte n'avait-elle pas dû supplier les oncles à genoux pour qu'ils lui permettent d'habiter les communs, pour qu'ils lui concèdent la clef du jardin ? Penchés sur l'arbre généalogique des Howard et la carte d'Italie, Boswell et Petty rêvaient, eux aussi, de jardins, de lumière et d'évasion.

En décembre 1614, la nouvelle atteignit Cambridge : au terme de dix-huit mois d'absence, le comte avait réintégré sa demeure. C'était la disparition de l'un de ses proches parents mort sans postérité, le comte de Northampton, chancelier de l'université de Cambridge, qui le ramenait en Angleterre avec sa famille. Il venait réclamer son héritage : Northampton lui avait légué son château de Greenwich, les tableaux, les livres. Et sa fortune.

Riche, immensément riche. Désormais point n'était besoin de puiser dans la dot de sa femme : Lord Arundel rentrait en vainqueur.

L'accueil de la cour laissait pourtant mal augurer de sa faveur.

Le comte avait désobéi aux ordres de Sa Majesté, le comte avait manqué à sa parole : le comte avait visité Rome ! Son séjour dans la Ville éternelle risquait de lui coûter le terrain reconquis... Dix ans d'efforts pour assurer le trône de sa fidélité, dix ans de travail et d'assiduité auprès du roi, réduits à néant ! Comme son père, comme son grand-père, Lord Arundel allait devoir se défendre d'intriguer contre la religion réformée. Donner des gages de son attachement à la Couronne. Prouver sa loyauté envers un souverain qui régnait sur l'Église d'Angleterre.

La méfiance et la disgrâce royales pouvaient s'étendre à tout son entourage catholique. Les gentilshommes de sa maison se hâtaient de s'assurer des appuis. Pour sa part, Mr Coke rendait visite à ses amis d'autrefois, doyens des collèges et chanceliers des universités.

On disait qu'il était rentré très malade de sa dernière expédition. Mais il n'en laissait rien paraître et ne ralentissait pas le rythme de ses déplacements à Cambridge. Lors des fêtes de Noël, il assisterait aux spectacles montés par les étudiants de St John's, son propre collège. En son honneur, on avait voulu convier à la *high table* les « anciens du voyage de Heidelberg ». Or Mr Atkinson semblait avoir déplu à Lord Arundel en Italie. Mr Coke ne donnait aucune explication, mais ne trouvait pas de mots assez durs pour qualifier sa médiocrité. Quant à Mr Quarles, il restait introuvable à Londres.

Demeurait Master Petty.

Cette fois, Will saisirait l'occasion et saurait plaire !

— Continuez-vous de hanter les galeries de peinture, en pleine nuit ? s'enquit Coke, souriant vaguement.

La voix tremblait. Quelque chose dans la désinvolture du ton trahissait la fatigue.

Assis côte à côte sous le plafond à caissons du hall, les deux hommes renouaient la conversation où ils l'avaient abandonnée près de deux ans plus tôt. Ils se retrouvaient avec cette sorte de familiarité, cette aisance qui avait présidé à leur première rencontre. Pourtant ils se découvraient, l'un l'autre, très changés.

Si Mr Coke arborait toujours, en plein hiver, un col ouvert, une gorge nue parmi les dentelles, son poil, ce fameux bouc qui encadrait sa bouche au cordeau, avait complètement blanchi. Certes son élégance gardait, dans son raffinement même, quelque chose d'étrange. Son maintien restait digne. Mais son ironique bienveillance semblait teintée d'une lassitude que Will n'avait pas ressentie dans la galerie. L'homme paraissait vieilli, usé.

À Mr Petty, Coke trouvait ce soir l'air moins gauche, moins sombre, moins tourmenté. Le clerc qui, dans l'affolement de son arrivée, l'avait confondu avec Lord Arundel, avait laissé place à ce maître en toge, l'un des premiers de Cambridge. Un professeur de trente ans, en pleine possession de ses moyens, qui connaissait son terrain et l'occupait tout entier.

Sans faire assaut d'érudition, Will s'exprimait avec aisance sur les sujets les plus divers. La causticité avec laquelle il évoquait en latin ses impressions de voyage à Heidelberg causait au vieux gentilhomme son dernier grand plaisir de l'année. Il jugea l'humour de Master Petty dévastateur. Qui eût dit que ce clerc fût aussi spirituel?... Coke se souvenait parfaitement de lui, de son agitation dans la galerie. Le jeune homme allait, venait devant les tableaux, très ému. Que les toiles aient été des copies, des reproductions de faible qualité, importait peu. La découverte de la peinture par un garçon qui n'avait, selon toute probabilité, jamais été exposé à une œuvre d'art restait pour Coke un joli moment. La scène lui revenait souvent en mémoire.

Ce soir, il se demandait ce qui subsistait d'un tel choc dans la sensibilité de son voisin de table. Un fils de fermier protestant, auquel sa religion interdisait l'adoration des images, pouvait-il ressentir la divinité d'une œuvre d'art et l'accepter comme une évidence? La Beauté s'imposait-elle d'elle-même? Coke jouait avec ces idées... Tandis que Petty travaillait à le séduire.

Un succès total. Le vieux gentilhomme demeura charmé par son esprit, ravi de leur rencontre.

Mais, contre toute espérance, la satisfaction de Coke ne changea rien à l'existence de Will! Ou du moins, si... En fin de repas, Coke se souvint d'une lettre dont il était porteur. Elle émanait de son ami l'ambassadeur de Venise à l'intention d'un certain Boswell. Mr Petty aurait-il l'obligeance de la remettre à son collègue?

*

Au tour de Will d'assurer les cours d'hébreu! Boswell bouclait son coffre. Il prenait un trimestre sabbatique, renouvelable à l'infini, s'embarquait pour la Sérénissime, et lui abandonnait ses élèves.

Tous les jours à venir, la même routine. La chapelle, le hall, la bibliothèque. Quarante ans, cinquante ans de couvent! S'enfuir à n'importe quel prix. L'évasion de Boswell réveillait l'instinct d'antan, quand l'appel du large avait coûté à Will sa conscience et l'amour des siens.

*

Pour l'heure c'était à Thomas Howard, comte d'Arundel, qu'incombait une décision qui allait peser fort lourd dans l'histoire de sa maison.

Résolu à briser le cercle infernal de la méfiance et des suspicions, il s'apprêtait à donner au souverain ~~la preu~~ve la plus éclatante de sa fidélité. Accomplir un geste irrémédiable. Lord Arundel, chef du parti catholique, abjurait la foi de ses ancêtres. Il se convertissait. Il passait à la Réforme.

Dans la chapelle royale du château de Whitehall, le jour de Noël 1615, en présence de toute la cour, il comptait recevoir, debout, la communion que lui offrirait l'évêque de Canterbury. Par cet acte spectaculaire, il trahissait la mémoire de Philip, son père, emprisonné dix ans pour avoir refusé le sacrement de la main du prêtre anglican qu'avait voulu lui imposer Elizabeth. La reine lui avait proposé ce marché jusqu'à l'heure de son agonie : la communion de la main d'un anglican, en échange de la visite de son épouse, de l'enfant qu'il ne connaissait pas; la communion, contre la liberté! Philip n'avait pas cédé.

En abandonnant son combat, en reniant son sacrifice, Thomas le tuait pour la seconde fois. De cette félonie, la mère et la femme de Lord Arundel allaient l'accuser sans relâche. Une infamie.

À leur colère, à leur désespoir, il rétorquait que les intrigues des prêtres papistes ne l'avaient jamais convaincu; qu'il haïssait les Jésuites, leurs roueries et leurs cabales; que depuis fort longtemps il aurait franchi ce pas décisif, n'étaient son amour pour l'une, le respect qu'il portait à l'autre, son tendre attachement à toutes deux. Mais le rite catholique, auquel il prétendait n'avoir jamais totalement souscrit, lui coûtait aujourd'hui l'amitié du roi, un siège au Conseil privé, et le duché de Norfolk dont il briguait la reconquête.

Dans l'intérêt de ses fils, le temps semblait venu d'abandonner les vieilles querelles et de se conformer à la religion de leur souverain. Et puisque la maison devait se peupler, non plus de prêtres en fuite, de jésuites et de capucins, mais de clercs anglicans, on irait les chercher dans les collèges où se trouvaient les meilleurs d'entre eux, à Oxford et à Cambridge, parmi la clientèle des Howard.

Mr Coke recommandait un professeur de grec, un garçon sérieux et point trop calviniste, qui appartenait depuis l'enfance à l'oncle William de Naworth, avec lequel Lord Arundel s'était réconcilié. Le jeune homme n'avait pas reçu les ordres majeurs, mais on pouvait rapidement en faire un révérend. Il deviendrait alors un chapelain présentable et peu encombrant. Coke rappelait à Sa Grâce qu'Elle l'avait déjà entendu disputer et qu'Elle avait apprécié le ton de ses interventions au point d'avoir invité le jeune homme dans son train à Heidelberg.

Le comte ne gardait qu'un souvenir très vague de cette invitation. Ce flou jouait en faveur du candidat. Pourvu qu'il cantonne son zèle religieux à dire les grâces en début et en fin de repas; à conduire le service du matin; à servir l'office du dimanche; pourvu qu'il ne cherche pas à convertir les vieux serviteurs; et qu'il enseigne les langues anciennes au dernier-né, il ferait l'affaire.

*

En ce matin d'hiver 1616, trois interminables années après sa première visite, la demeure où Will se présentait à nouveau lui causa une impression très différente. Grouillant de monde, une fourmilière, un chaos général! Partout, le chantier. On abattait les donjons, les créneaux, les tourelles, tous les bâtiments en ruine du Moyen Âge. On élargissait les passages, on agrandissait les cours, on ouvrait des loggias, on créait des terrasses, des nymphées, des fontaines!

Le long du fleuve, les ouvriers débarquaient les caisses que le comte avait naguère envoyées de Livourne. Les coffres de vaisselle, les faïences de Faenza, les verres de Murano, les soieries de Venise arrivaient ensemble.

Au premier étage, dans la galerie qui réunissait les anciens corps de logis, les toiles, toutes les copies dans leurs cadres, gisaient au sol. Le mur y était défoncé : on sculptait les nouveaux encadrements de tableaux, à même la paroi. Des guirlandes de stuc, des cornes d'abondance, des fleurs, des rubans gonflaient la pierre. Des niches évidaient l'espace. Les portraits originaux, dont le comte venait finalement d'hériter, viendraient s'encastrer dans la maçonnerie, s'inscrire à jamais dans les murailles d'Arundel House. Indissociables de la maison.

Au fond de la galerie où s'aligneraient les effigies des Howard coulerait la Tamise, tel le Tibre à Rome entre les bustes des Césars. Sur les effets de perspective, les illusions d'optique, les trompe-l'œil, les architectures feintes, toutes ces visions qu'ils rapportaient d'Italie, Lord et Lady Arundel veillaient avec passion. De concert. À parts égales.

Aussi ronde, rose, riche, rapace et rapide qu'il pouvait paraître guindé, Milady partageait avec son époux un passé de grande aristocrate catholique. Elle poursuivait la croisade de ses ancêtres pour la reconquête de la vraie foi. Le comte, en lui imposant chez elle un hérétique, un prêtre de l'Église réformée, avait porté la guerre sainte sur son propre terrain. L'arrivée de ce pasteur dans la nursery servait déjà de prétexte et de symbole à l'affrontement.

Le désastre qu'il incarnait à ses yeux, Lady Arundel ne manquerait pas de le rappeler au révérend William Petty.

Côté tyrannie, il ne serait pas déçu.

Chapitre 4

L'ŒIL DU RÉVÉREND
1616-1620

17. *Londres, Arundel House, janvier 1616-juin 1620*

— Mais enfin, *my heart*, que lui reprochez-vous ?

L'artiste Daniel Mytens, fraîchement débarqué de Delft, resta le pinceau en suspens. Il peignait le portrait du comte qui, tout en bavardant avec son épouse, posait assis dans un grand fauteuil.

Que reprochait Milady à son tableau ? Avant d'appliquer la touche de noir qu'il destinait au costume de son modèle, Mytens se retourna, inquiet, attendant les ordres.

— Vous n'avez pas répondu à ma question, mon cœur, reprit le comte : quels griefs nourrissez-vous contre ce Petty ?

— Moi ? Aucun !

De soulagement, le peintre poussa un soupir. Il apposa prudemment la teinte sur la toile.

Debout derrière lui, la comtesse d'Arundel surveillait le moindre de ses gestes. C'était une femme d'une trentaine d'années, imposante, dont la présence suffisait à le rendre nerveux. Milady savait ce qu'elle voulait, avec trop de force et de clarté. Et pas seulement en matière d'esthétique ! Elle avait des idées sur tout.

Lady Aletheia, comtesse d'Arundel, partageait avec ses deux sœurs, Lady Pembroke et Lady Kent, une instruction dont bien peu de femmes pouvaient se flatter. Leur père, le riche, l'irascible Shrewsbury, ayant perdu tous ses héritiers mâles, les avait fait élever toutes trois comme des garçons.

Certes, aucune d'entre elles ne parlait le latin, mais elles connaissaient les mathématiques. Elles lisaient les poètes français dans le texte, et les traités d'architecture en italien. Ce goût pour l'art de bâtir, elles le tenaient des femmes de la famille. Leur grand-mère, la redoutable Bess of Hardwick, qui venait de mourir à quatre-vingt-dix ans, laissait plusieurs châteaux dont elle avait elle-même conçu le plan et supervisé la construction. Leur propre mère finançait les travaux de St John's College, à Cambridge. Les filles Shrewsbury suivaient les traces de leurs aînées, et surpassaient intellectuellement la plupart des gentilshommes de la cour.

Leur père avait bien pris garde de se choisir trois gendres lettrés, trois fils selon son cœur : le mari de l'aînée, William Herbert, troisième comte de Pembroke, était le protecteur en titre de William Shakespeare. Sa troupe, les Pembroke Men, avait créé la plupart des pièces du poète, décédé à Stratford au printemps dernier. Le mari de la deuxième s'intéressait aux médailles. Le mari d'Aletheia collectionnait les tableaux.

Quand il observait Milady, le peintre Mytens s'interrogeait sur la façon dont il devrait la peindre, le temps venu. Cette perspective l'embarrassait. S'il se contentait de reproduire les traits, le portrait trahirait complètement le personnage. Lady Aletheia n'était pas jolie. Elle avait les cheveux d'un blond cendré, sans beaucoup d'éclat ; le nez fort, quelque chose de lourd dans l'ovale du visage. Non, elle n'était pas jolie, elle était pire ! Comment rendre justice à son étrange flamme, à la vie qui battait dans ses veines, à ce regard plein de feu, à ce cou, à ces épaules, à cette gorge ? Une femme de chair et de sang qui, pour avoir été élevée comme un homme, ne mettait pas de bornes à ses désirs. Aussi séductrice que brutale, elle détenait toutes les armes pour réaliser ses volontés. Le charme et la force. Tel était du moins l'avis du pauvre Mytens, qu'elle martyrisait de ses exigences... Une femme redoutable.

Milady n'avait pourtant ni la rigueur pointilleuse de son mari, ni son austérité. Moins pragmatique que lui, plus intrigante et plus légère, elle aimait le monde, la cour, tous les divertissements. Elle aimait la danse, la musique, le jeu. Elle aimait les bijoux, elle aimait les parures. Elle aimait la myrrhe et l'encens, les flambeaux d'argent, les crucifix, les ostensoirs, les reliquaires. Elle aimait les fastes de Rome, elle aimait les saints martyrs, elle aimait Dieu.

S'attendant à ce qu'elle l'interrompe à nouveau, le peintre Mytens poursuivait son travail par petites touches. Le comte, qui posait de profil, son bâton d'*Earl Marshal* à la main, parlait d'un ton neutre, sans regarder ni l'artiste ni sa femme.

— Si vous ne lui reprochez rien, pourquoi le maltraitez-vous ?

— Je ne le maltraite pas, je l'ignore.

— En effet, je crois bien qu'en un an vous ne lui avez pas adressé la parole. Le moins qu'on puisse dire, c'est que ce Petty n'est pas gênant. Quand il n'étudie pas avec Baby Charles dans la nursery, il se promène dans le jardin ou collationne les manuscrits dans la bibliothèque. En dehors de la prière en commun, il ne prononce pas trois mots par jour... Ne pourriez-vous faire un petit effort, mon cœur ?

Elle affecta de n'avoir pas entendu. Changeant de propos, elle attaqua sur un sujet sans rapport apparent avec leur conversation :

— Je réprouve que vous brandissiez ce bâton ! Je vous rappelle que le roi ne vous a pas restauré dans la charge d'*Earl Marshal of England* de manière officielle.

— Sa Majesté l'a promis. Elle le fera. Tous mes ancêtres l'ont occupée.

— Vos ancêtres pouvaient se flatter d'incarner l'honneur de l'Angleterre : leur conduite en était le garant. Ils restaient fidèles à la Parole, à la vraie foi et à Dieu. Vous, My Lord, qu'avez-vous obtenu en immolant, sur l'autel de votre ambition, les valeurs les plus sacrées ? Rien ! Même ce beau château de Greenwich que votre oncle vous avait légué, même ce château, le Seigneur vous l'a retiré. Tel le temple des Juifs, vos bâtiments n'ont-ils pas brûlé jusqu'à leurs fondations cet hiver ? Prenez garde, c'était le premier effet de la colère divine !

— Ne blasphémez pas, madame ! tonna-t-il, frappant du plat de la main l'accoudoir du fauteuil.

Elle connaissait sa violence et changea de ton :

— Je dis tout haut ce que tout le monde murmure : Dieu nous punira.

— Que craignez-vous donc ? Je vous rappelle, madame, que nous avons reçu, de la Curie romaine, une dispense papale. Pourvu que nous restions catholiques dans le fond de notre cœur, et que nous fassions maigre chaque vendredi, Sa Sainteté nous autorise à pratiquer le rite de notre pays et de notre bien-aimé souverain.

Un pâle sourire effleura les lèvres du comte :

— Calmez vos scrupules... Vous vous inquiétez à tort.

Dans l'intimité de son cercle, le grand féodal que Will était venu servir ressemblait peu au Lord glacial du voyage vers Hei-

delberg. Certes Thomas Howard restait un aristocrate impérieux qui s'adressait par monosyllabes à ses inférieurs. En clair :
au monde entier, à l'exception de sa famille et du roi.

Pourtant, chez ce personnage complexe, ce n'était pas la
raison qui régissait l'âme, c'était, contrairement à toutes les
apparences, l'imagination. Et s'il s'entourait d'intellectuels, le
comte n'attendait pas d'eux qu'ils l'introduisent dans le monde
de la spéculation, mais qu'ils le secondent dans la réalisation
d'un idéal. Qui l'eût dit ? Cet homme sérieux, despotique et
guindé était aussi – peut-être même essentiellement – un
rêveur.

Pour ce qui touchait à ses sentiments, il savait témoigner,
avec une extrême simplicité, son affection à ses proches. De
son épouse et de ses quatre fils, il se souciait personnellement.
Il veillait sur leur bien-être et leur santé, s'intéressait aux
détails de leur existence morale comme aux trivialités de leur
vie pratique. Les bottes des garçons étaient-elles à leur taille ?
Faudrait-il commander, pour les deux petits, de nouveaux costumes cet hiver ?

Le lien qui unissait Lord Arundel à sa famille rendait poi-
gnant, et presque pathétique, le différend qui l'opposait à
Milady sur le chapitre de la religion et de l'éducation des
enfants. D'autant que rien, aucune voix intérieure, aucune exigence fondamentale, n'obligeait le comte à sacrifier ainsi son
bonheur domestique ! S'il restait croyant, les affrontements sur
le dogme ne l'intéressaient pas plus qu'autrefois. Pourquoi for-
çait-il son épouse à suivre, dans l'intimité de son intérieur,
chaque matin et chaque soir, le service anglican ? Pourquoi lui
imposait-il, jusque dans son oratoire, les conséquences d'une
conversion qui, pour lui, n'était qu'un geste de surface ?

Lord Arundel appartenait à cette sorte de tyrans sentimentaux qui prennent comme une attaque personnelle, une
trahison du cœur, toute réserve et tout délai dans la réalisation
de leur volonté. Quelles que soient les conséquences de ses
décisions, par orgueil, il s'y tenait.

Le comte avait tout de même pris le temps, dix-huit mois
plus tôt, de rencontrer le révérend William Petty. Ce nouveau
serviteur coûtait assez cher à la paix de sa maison pour qu'il
l'examinât avec attention. Il l'avait convoqué dans le cabinet de
travail des enfants, le jour même de son arrivée. Il avait vu un
homme de son âge, de haute taille, maigre comme lui, vêtu de

noir. Un visage en lame de couteau, le teint mat. Les cheveux noirs, coupés court, qui bouclaient sur le front. De grands yeux sévères et sombres. Devant cette silhouette, Lord Arundel avait songé, non sans un sourire, que son chapelain anglican, ce Borderer, ce clerc de Cambridge évoquait un missionnaire jésuite échappé du *Collegio* de Rome. Un homme du Sud. Si long, si sec, qu'il aurait pu tout aussi bien passer pour un pope orthodoxe, un imam musulman. Bref, un officiant de n'importe quelle église, pourvu qu'elle s'élève sur les bords de la Méditerranée. Rien de spectaculaire, dans son apparence, cependant. Le personnage ressemblait au portrait qu'en avait dressé Coke : le regard direct, le geste rare, la parole minimale. Une belle voix, néanmoins, qui amadouerait peut-être Milady lors des sermons du dimanche. Au terme de cette inspection, le comte s'en était tenu à quelques instructions théoriques, très claires et totalement irréalistes : « Monsieur, j'attends que vous modeliez mon fils Charles sur les héros du *Parfait Courtisan* de Baldassare Castiglione. Civilité, grâce, bonnes manières, une énergie dans l'action qui se confonde avec l'amour des arts et le respect de la connaissance, le tout pratiqué sans pédanterie ni lourdeur. Vous lui transmettrez tous les attributs de la *virtù* telle que My Lady et moi-même en avons fait l'expérience à la cour de Mantoue... Vous ne connaissez pas l'Italie ? Vous auriez dû nous y suivre ! Faites de l'enfant l'incarnation du parfait *gentiluomo*. My Lady se serait volontiers chargée de cette tâche, si son service ne la retenait chez la reine... Que la comtesse soit satisfaite de vous, et nous nous entendrons. »

Durant ce monologue, la raideur du comte avait confirmé ce que Will savait de son maître. Il s'était laissé congédier sans poser de questions.

Quant à Milady, Will n'oubliait pas la première vision qu'il avait eue d'elle. Casquée d'un chapeau d'apiculteur, armée d'un râteau qu'elle tenait comme une lance, la poitrine ornée d'un immense camée en forme de Méduse, elle traversait le rucher, remontait la pelouse, s'engageait sur la terrasse qui bordait la maison. La déesse Athéna ! Elle gourmandait en italien l'armée de ses jardiniers romains qui tentaient de la suivre. Aux roulements jubilatoires de ses « r », Will avait pu déduire qu'elle partageait la passion de son mari pour les raffinements transalpins.

Depuis son retour de voyage, le bruit des excentricités de Lady Arundel s'était répandu jusqu'à Cambridge. Cette publicité s'expliquait par sa présence à l'université au mois de mars dernier. Lady Arundel avait été la seule femme, avec sa sœur Lady Kent, à suivre le roi Jacques dans sa visite des collèges. L'attention de tous les *fellows* s'était naturellement fixée sur les deux dames qui accompagnaient Sa Majesté.

On racontait que Lady Aletheia ne supportait que le vin du Chianti, qu'elle cultivait le melon dans ses serres, qu'elle élevait au fond de ses bois de gros escargots qu'elle avait rapportés de Piacenza. Que ses hôtes, la bouche pleine d'ail, de citron, d'huile d'olive, mangeaient les petites bêtes dans leurs coquilles encore fumantes, tandis qu'une naine de Mantoue leur présentait des rince-doigts. Que l'échanson de Milady était nain lui aussi, un Maure, semblable aux négrillons qui éventaient les grandes dames vénitiennes. Qu'elle superposait quatre nappes de brocart sur sa table, et qu'elle les faisait changer à chaque service, à la mode de Sienne ; qu'elle se promenait en gondole sur la Tamise, et prétendait qu'on lui chante le *Lamento d'Ariane* d'un certain Monteverdi à son lever et à son coucher. Bref, Will savait que Milady personnifiait ce que l'aristocratie anglaise comptait de plus extravagant et de plus altier.

Mariée depuis dix ans, elle ne craignait pas de contrarier son époux en public, et, de cela aussi, Will avait très vite pris conscience. Milady était la seule personne de l'entourage du comte qui osât s'opposer à sa volonté.

Lord Arundel se montrait, par principe et souvent par nature, plus autoritaire et plus obstiné qu'elle. Mais la découverte de l'Italie avait enflammé leurs sens et bouleversé leur vie. Aujourd'hui, ils ne rêvaient l'un et l'autre qu'à leur prompt retour au pays de Véronèse et de Titien.

Sur ce point fondamental, les questions artistiques, le peintre Mytens pouvait remercier le ciel : Lord et Lady Arundel s'accordaient. S'ils l'obligeaient à des changements constants, au moins ne se disputaient-ils pas : chacun acceptait avec enthousiasme les modifications de l'autre. Comble de chance, la discussion qui les occupait en cet instant les distrayait tous deux de son travail.

— ... On m'a rapporté, insistait le comte, qu'à la table de l'intendant Mr Petty dit les grâces comme le ferait un papiste, en remerciant le Seigneur de tous les bienfaits qu'Il nous a octroyés cette année.

— Faites-vous allusion au décès de mon père et à la générosité de son héritage ? demanda-t-elle aigrement.

Il lui décocha un regard glacial.

— Madame, la souffrance que vous cause ce deuil vous égare.

— C'est vous, Monseigneur, qui vous égarez en sacrifiant les préceptes inviolables du Christ à votre volonté de relever votre maison.

— Je vous rappelle que ma maison est aussi la vôtre.

— Ah oui ? Alors pourquoi m'imposez-vous, chez moi, des serviteurs dont je n'ai que faire ?

— Eh bien, chassez celui-là, madame. Je vous l'abandonne.

— Chassez-le vous-même, Monseigneur. Dans cette affaire déplorable, je ne veux me mêler de rien. Comme d'habitude.

Cette phrase suscita une imperceptible réaction du peintre : elle intervenait sans cesse ! Le comte n'était pas en reste et Mytens n'osait envisager ce qui allait arriver quand Milady irait se poster devant le chevalet, pour sa propre séance de pose. Lord Arundel, insatisfait du portrait sa femme, régenterait le pinceau à son tour, modifierait les proportions, les couleurs, les ombres. Il le rendrait fou, comme il rendait fous ses architectes, ses sculpteurs, ses artisans et ses ouvriers.

Lors de la commande, ils s'étaient pourtant mis d'accord tous trois sur les moindres détails de la composition. Deux portraits distincts qui immortaliseraient le couple. Les portraits seraient conçus ensemble, exposés ensemble et se répondraient en tout.

Le comte trônerait assis, occupant la partie gauche de la première toile. Le visage tourné vers le spectateur, il pointerait son fameux bâton de maréchal, tel un sceptre, vers le ciel. Par les jeux de la perspective, le geste du comte dirigerait le regard sur une statue de la *Venus pudica*, et sur la galerie de sculptures qui emplirait derrière lui la partie droite de la toile.

Cette galerie n'existait pas encore. L'architecte Inigo Jones y travaillait. Il avait prévu toute une aile, un long bâtiment qui relierait la maison à la Tamise. À cette heure, les statues s'alignaient dans le parc. On avait regroupé les plus précieuses sous une tonnelle, notamment les trophées que le comte se flattait d'avoir exhumé lui-même sur le mont Palatin.

Nul n'ignorait, même pas lui, que les fouilles du comte d'Arundel étaient une supercherie montée par son hôte italien, le marquis Giustiniani, qui avait fait enfouir les statues au cœur du Forum. Un geste de courtoisie envers un grand catholique, le chef de la première maison catholique d'Angleterre, client de la banque Giustiniani de surcroît, auquel le pape et ses barons avaient offert le frisson de la découverte.

Si l'imagination du comte en faisait la proie de ces jeux de dupe, son œil le défendait contre la fraude. Il savait reconnaître la qualité d'une pièce. Celles-ci n'étaient ni des copies ni des faux. Présents du destin ou cadeaux de son banquier, quelle importance ? Pourvu qu'il possédât les objets !

Il nourrissait envers les statues romaines la même passion que pour les tableaux vénitiens. À ses yeux, comme à ceux des humanistes du siècle précédent, la peinture et la sculpture restaient indissociables. Un seul projet. Une quête unique.

Le portrait de la comtesse la représenterait elle aussi de trois quarts, assise dans la même position, mais sur la droite, devant la galerie de portraits et tous les tableaux d'ancêtres immortalisés par Holbein.

— Je me demande, grommela le comte, si Mr Petty est bien à sa place où nous l'avons mis.

Milady lui lança un regard assassin.

— Pour la pauvre chapelle de cette maison, projetteriez-vous d'autres infamies ?

— Quittez ce visage, mon cœur, vous dramatisez toujours : que diriez-vous si j'éloignais Petty d'ici, si je l'expédiais en Italie avec Coke ?

— Je dirais que je m'y oppose. J'ai moi-même un garçon à placer, un Italien de Londres, un catholique... Sur le terrain, nous avons besoin d'Italiens qui nous soient dévoués. Pas de béotiens qui n'ont ni cœur ni regard !

Le comte s'empressa d'abandonner cette suggestion qu'il n'avait émise que pour satisfaire Milady. Une concession, une idée en l'air qui lui était venue en surveillant ses chantiers. Chaque fois, il y apercevait la longue silhouette tout de noir vêtue de son chapelain, parmi les ouvriers.

Armé de piques et de cordes, les manches roulées, son col dur arraché, Mr Petty présidait au déballage des caisses italiennes, et payait de sa personne. Cette activité physique était contraire aux usages : un homme de Dieu ne devait pas travailler de ses mains... Pouvait-on laisser le pasteur de Sa Grâce hisser les marbres, les aligner dans l'herbe, les nettoyer ? Le problème avait été posé au vieux Mr Dyx, l'intendant. Ce dernier, ignorant les desseins du comte sur un homme dont lui-même désapprouvait la présence dans la maison, l'avait soumis au Lord. Arundel avait haussé les épaules. Peu lui importait le zèle de cet érudit... « Vous appelez *cela* un *érudit* ? » avait sifflé la comtesse qui avait, elle aussi, surpris le révérend rôdant autour des statues.

Milady l'avait vu devant la *Venus pudica* dans les taillis du parc.

Il en faisait le tour, le regard posé sur la chute de reins, sur son épaule, sur son flanc, sur la main merveilleuse que la déesse ramenait chastement devant son ventre. Il semblait si totalement pris, absorbé en lui-même par quelque vice ignoble, que Milady s'était arrêtée net, à quelques pas. Elle, d'ordinaire directe, avait choisi de remettre son intervention à plus tard.

Depuis, l'idée que ce personnage s'approchait impunément des œuvres qui lui tenaient à cœur, qu'il manipulait ses trophées, qu'il salissait jusqu'à la pureté de ses objets d'art, lui était insupportable. L'innocente proposition de le mettre au service de Mr Coke tombait à point pour régler la question :

— Faites en sorte que votre protégé ne sorte plus des quartiers qui lui sont réservés, conclut-elle sèchement.

— C'est-à-dire ?

— La salle d'étude et la chapelle.

— Vous lui concédez la chapelle ? s'enquit le comte, amusé.

— Vous croiriez-vous spirituel, My Lord ?

— Je m'étonnais seulement que vous le laissiez arriver jusque-là.

— Non seulement vous laissez profaner le sanctuaire qui devrait vous être le plus sacré, mais vous défiez la patience du Seigneur !

Cette fois, Milady obtint ce qu'elle désirait. Jetant son lourd bâton sur la table, Lord Arundel explosa :

— Si quelqu'un défie la patience de son seigneur, madame, c'est vous !

Elle affecta d'éluder le conflit. Tranchant calmement, elle murmura du bout des lèvres :

— Je ne veux le voir ni dans le parc, ni dans les salons.

Le comte lui abandonna le terrain et quitta la pièce.

*

Ce que Milady ignorait, c'est que l'émotion de Mr Petty ne datait pas du jour où elle l'avait surpris en contemplation. Le mal était fait depuis belle lurette ! Dès son arrivée, la découverte des objets que recelaient les caisses sur le débarcadère lui avait donné le vertige. La vision de l'immense tête de Jupiter qui surplombait aujourd'hui l'escalier du jardin, des bustes de philosophes qui couronnaient les piliers des terrasses, avait décuplé chez lui la fièvre familière, l'exaltation que lui causaient les livres Anciens, l'étude des textes et des langues mortes.

À cet amoureux de la civilisation romaine qui rêvait de César et de Cicéron, les allées de la « villa » ouvraient d'étranges perspectives sur le monde. Tous ces fragments d'histoire qui se dressaient partout au cœur du vaste chantier, ces autels, ces sarcophages, ces frises, lui rendaient l'Antiquité tangible, palpable... Possible l'impossible conquête du passé ! Le rêve de Bainbridge.

Mais Will devinait autre chose. Il avait l'intuition d'un secret qu'il ne comprenait pas, un mystère plus bouleversant encore.

Au terme de son exploration du parc, il s'enferma dans la maison.

Dix jours et dix nuits, il arpenta les galeries de peinture. Dix jours et dix nuits, il regarda les Vierges de Bellini, les Madones de Raphaël. Dix jours et dix nuits à essayer de comprendre. À regarder encore et encore. À s'imbiber de cette réalité visible, totalement nouvelle pour lui, dont il parvenait sans difficulté à faire coïncider la forme avec l'idée aristotélicienne de l'univers. L'harmonie, qu'il découvrait, s'accordait avec la philosophie des anciens : c'était la beauté absolue.

De cette expérience, il sortit avec la certitude des athées foudroyés par la foi. « Je n'avais jamais imaginé que cela existât. »

Comme un mécréant qui rentre dans les ordres à la suite d'une révélation, il ne croyait plus qu'en ce qu'il avait vu.

Depuis ce moment, avec fureur, avec obstination, sans jamais se lasser, il écoutait l'architecte Inigo Jones et Mr Coke discourir sur les lois de la composition. Sur le dessin des Florentins. Sur les tons chauds, vibrants des Vénitiens, de Véronèse et de Titien.

— ... Et vous savez ce qui fait la force de ces génies de la couleur ? Leur noir et leur blanc !... C'est le comble, s'exclamait

Jones. Produire des noirs qui ne tirent pas sur le marron, qui ne verdissent ni ne jaunissent...

Will dressait pour eux des inventaires, s'absorbait dans l'étude des objets dont les deux hommes commentaient la valeur, comparaient les mérites, admiraient les beautés.

— Il n'y a que deux choses qui importent vraiment, murmurait Coke. Faire l'amour et piller Venise.

Pêle-mêle, les tableaux arrivaient par dizaines. Will ne laissait aucune œuvre entrer dans la maison sans aller la voir. Pour l'examiner. Pour se poser la seule question qui lui importait aujourd'hui : « Pourquoi Mr Coke a-t-il acheté cette toile ? »

Quelquefois la réponse restait en suspens.

La virginité de son œil bornait son jugement et limitait sa jouissance, il en avait la pénible intuition. Coke et Jones, qui avaient vu d'autres statues et d'autres peintures, ressentaient ces splendeurs comme un jaillissement, un ruissellement de lumière. Will, lui, ne percevait qu'une ombre. Son émotion devant la *Venus pudica* ne lui donnait qu'une infime partie de la joie de Lord Arundel devant chacune des sculptures, chacune des toiles de la collection. Pour partager l'ivresse du comte, il aurait dû connaître, comme Coke et Jones, toutes les Vénus qui aboutissaient à cette Vénus-là. Et toutes les Vierges qui aboutissaient aux Vierges de Bellini, aux œuvres de Raphaël. Comprendre le projet de l'artiste, comparer son écriture avec celle de ses prédécesseurs et de ses rivaux. *Apprendre à voir*. Il mesurait soudain la signification du conseil et l'ampleur de la tâche.

En quête de son propre regard, il ne trouvait plus le repos.

*

— Descendez vite vous joindre à nous, toute la maison se réunit dans le hall : Mr Coke y a fait porter les douze nouveaux tableaux nettoyés !

La personne qui passait la tête dans l'entrebâillement de la porte pour s'adresser à Will en ces termes pressants s'appelait Mrs Dyx. C'était l'épouse, en troisièmes noces, du vieil intendant, le gentilhomme en robe noire qui présidait la *high table*, lors de la première visite de Will.

Mrs Dyx, que ses maîtres appelaient familièrement « Dyx », n'avait pas trente ans. Mais, telle une duègne, elle disparaissait sous la raideur de lourds tissus qui la couvraient tout entière, engoncée dans de grandes fraises jusqu'au menton. Elle était brune, minuscule, trop maigre, et prenait grand soin de cacher ses épaules, ses bras, son décolleté, aux regards qui aimaient les rondeurs. Pour le reste : un joli visage, le nez spirituel, le regard vif, pétillant de curiosité.

Dyx possédait toutes les qualités que requérait sa charge. Le sens de l'ordre, l'intégrité, une forme d'intelligence qui l'ouvrait aux choses de l'esprit. Dame de compagnie de Milady, elle lui faisait la lecture, régnait sur sa garde-robe et gouvernait les servantes. Elle aimait la poésie. Elle aimait les jeux de hasard et les échecs.

Bien que son rang plaçât Dyx très au-dessus de Will, elle le traitait avec civilité.

Elle lui rendait même visite tous les deux ou trois jours dans le cabinet de travail. La salle servait d'antichambre aux appartements des enfants. Il s'agissait de deux pièces en enfilade, tapissées de cartes et d'armoires où les précepteurs enfermaient les instruments de mathématiques et les lunettes d'astronomie, ainsi qu'une centaine de livres d'auteurs classiques dont la maison se servait au quotidien. De petits meubles remplis d'encriers, de feuilles volantes et de cahiers, ainsi qu'une table étroite, scellée au sol, divisaient l'espace sur toute la longueur.

C'était dans ce cabinet que Will se tenait habituellement avec Baby Charles, son élève de quatre ans. La visiteuse, sous couvert de rechercher des fables pour Milady, allait d'ordinaire d'une armoire à l'autre, ouvrant, refermant les battants, réclamant une échelle ou un conseil.

Aujourd'hui, elle ne s'attarda pas. Elle laissa la porte du cabinet grande ouverte derrière elle, enfila le corridor dans un froufrou hâtif, et disparut vers le rez-de-chaussée.

Charles, ravi de cette interruption, sauta sur ses jambes. Ayant pris son professeur par la main, il tenta de l'entraîner :

— Suivons Dyx, Mr Petty !

Will observait ce visage d'enfant qui se levait vers lui. Une tête toute ronde, un duvet de boucles blondes : Charles sortait à peine du berceau. Son père menait l'éducation du petit à un train d'enfer.

Pour la forme, le maître résista :

— D'après vous, Lord Charles, demanda-t-il affectueusement, avons-nous vraiment achevé le travail de la journée ?

— Presque !

Ensemble, ils dévalèrent l'escalier.

Les deux fauteuils à accoudoirs de Mylord et de Milady, qu'on avait descendus de la *great chamber*, se dressaient, vides, au centre de l'immense salle. Des tabourets gisaient renversés alentour. Dans les renfoncements des fenêtres, un jour dru tombait sur les guéridons recouverts de tapis à ramages où s'amoncelaient des statuettes en bronze, des coupelles, des conques, des mappemondes et mille autres objets hétéroclites.

Au sol, contre le pied des tables, contre les chaises, les bancs, les escabelles, et tous les murs débarrassés de leurs tapisseries, on avait appuyé les toiles qui attendaient l'accrochage dans les nouvelles galeries. Les tableaux se chevauchaient : les grands formats derrière, les petits devant.

Main dans la main sur le seuil, Will et Charles apercevaient les voiles bleus des Madones, les masses noires des hommes en armes, les chairs roses des *Suzanne* et des *Marie Madeleine*, les cieux tragiques des *Christ en croix*, les croupes et les sabots des chevaux qui ruaient dans les scènes de bataille. Tous les sujets, toutes les époques se mêlaient.

Pour l'heure, Lord Arundel et ses intimes se pressaient sur l'estrade au fond de la salle. Les gentilshommes de la maison, flambeau à la main, se tenaient derrière eux, à l'endroit où, d'ordinaire, courait la *high table*.

Sur toute la largeur de la paroi, on avait aligné les douze tableaux qui venaient d'être nettoyés. Cadre contre cadre, ceux-là ne se chevauchaient pas. Mr Coke, accroupi, une bougie à la main, achevait de glisser dans les châssis un papier, avec le nom de l'artiste et la date de l'œuvre. Les toiles étaient toutes retournées vers le mur. On n'en voyait que le dos : la trame et le bois.

— Pour le jeu des attributions, je pense, Votre Grâce, que nous sommes prêts, dit Coke.

Il se releva :

— ... Si Milord veut tirer les premières conclusions en examinant les supports...

— Je crois, intervint Inigo Jones, que nous laisserons cela aux marchands. Commençons tout de suite et voyons le premier tableau.

Joignant le geste à la parole, l'architecte fit sauter le manteau qui lui couvrait les épaules, s'empara de la bougie de Coke et retourna la toile, sans attendre les ordres de Lord Arundel. Inigo Jones pouvait ici tout se permettre.

Ingénieur, mathématicien, peintre, costumier, décorateur de théâtre, conservateur en chef des bâtiments et des collections de Sa Majesté, le personnage était aussi virtuose qu'arrogant. Malheur à qui empiétait sur son terrain, ou ne respectait pas ses prérogatives. On ne parlait à Londres que de la scène qu'Inigo Jones avait faite à un Lord ayant commis l'erreur de le recevoir non à sa table, dans la *great chamber*, mais à celle de son intendant, dans le hall. Bien que Jones, fils d'un humble drapier, ne fût pas « né », il entendait qu'on le traite selon le rang qu'il s'était conquis. Il se présentait, à raison, comme un génie, arbitre du goût et détenteur du savoir : la réincarnation de Vitruve, le grand théoricien romain de l'architecture antique.

Avec Lord Arundel, il jouait les *prima donna* sans affectation. Les deux hommes s'introduisaient dans des milieux qu'ils n'auraient pu fréquenter seuls, et s'entraînaient l'un l'autre à la poursuite d'un idéal commun. Certes, ils ne se ressemblaient pas. L'architecte était petit, bruyant, remuant, sanguin quand Arundel semblait long, pâle et maladif. Pourtant, s'ils n'étaient pas en représentation, ils produisaient tous deux le même effet. Deux clochards. Cheveux hirsutes, barbes mal taillées, vêtements souillés et cols déboutonnés, ils arboraient, en privé, la plus totale indifférence envers leur aspect.

Ils se tenaient accroupis côte à côte. Lord Arundel promenait lentement la flamme d'une bougie sur le cinquième tableau, examinant les personnages.

— Cérès... Bacchus... Vénus...

Will observait le long corps voûté du Lord, son dos qui se tendait vers la toile, son profil d'aigle, son regard qu'enflammait la bougie. Il ne perdait pas une miette de cette vision : le maître à genoux devant une œuvre d'art.

Avec succès, le comte avait attribué les premiers tableaux. Trois *Travaux d'Hercule* par Véronèse. Une *Vénus* de Titien. Maintenant il hésitait.

— En dépit de la force du dessin et de la clarté des coloris, cette œuvre ne semble pas vénitienne, du moins pas comme les autres...

— Florentine, alors ? intervint Milady qui se tenait debout au-dessus de lui.

— Non, la lumière diffère de la tradition toscane... On reconnaît en outre, dans le personnage de Cérès, l'influence de Titien... Avec quelque chose de Schiavone et du Parmesan.

— Vous avez raison, Milord, affirma Inigo Jones.

Il se releva et se tourna, péremptoire, vers Coke :

— C'est un Tintoret, première manière.

— Monseigneur approche. Mais...

— Mais ce n'est évidemment pas un Tintoret! intervint Milady. Regardez cette fraîcheur de ton. Et la clarté du vernis. Ce tableau n'a pas dix ans d'âge. C'est un Palma le Jeune. N'est-ce pas, Mr Coke?

— Milady brûle.

Lord Arundel continuait d'observer :

— Quand à la date... Je m'accorde avec vous, madame, cette *Cérès* est très récente.

Alors qu'il se tournait vers sa femme, son regard tomba sur leur fils :

— Ah, Baby Charles, s'exclama-t-il, vous arrivez bien!

Il se releva et, s'approchant de l'enfant, lui demanda avec beaucoup de sérieux :

— Vous prononceriez-vous pour Palma comme votre mère? Ou pour le Tintoret?

L'enfant, affolé par le ton paternel, et ne comprenant pas qu'il s'agissait d'une plaisanterie, se cacha contre Will. Il cherchait à dissimuler son visage dans le vêtement de son précepteur.

— Que dites-vous de ce tableau, mon garçon? insistait Lord Arundel.

Will sentait Charles au bord des larmes. L'enfant s'accrochait à ses basques, tentant de grimper dans ses bras et de s'y réfugier. Mais Will refusait de le porter : il craignait que la réaction du petit ne fût comprise comme une lâcheté, un trait de caractère à combattre, un tempérament à briser.

— Voyons : avez-vous hérité du sens artistique de votre mère?

Will, d'un geste doux, le prit par les épaules et le retourna vers son père. Le comte, qui simulait la colère, s'impatientait :

— Allons, Charles, dites au moins quelque chose, éclairez-nous!

Will, penché vers l'enfant, lui parla à l'oreille. Un murmure continu. Le petit se rasséréna et, d'une voix hésitante, répéta ce qu'il entendait :

— Je dirais comme Mr Jones...

Ce zézaiement enfantin provoqua un petit rire dans la foule.

— Mais encore ? demanda le comte, amusé.

— ... Que ce tableau est bien du Tintoret.

Il y eut de nouveau un murmure attendri. Les dames d'atours souriaient.

S'enhardissant, Charles poursuivit à voix plus haute. Il s'appliquait à reproduire mot pour mot ce qu'on lui soufflait :

— Je dirai aussi... comme madame ma mère... qu'il date bien des premières années de ce siècle.

Impressionné par le silence qu'il provoquait, l'enfant haussa le ton :

— ... Qu'il est même contemporain.

— Alors, coupa Inigo Jones, ce n'est pas un Tintoret !... *Il Tintoretto*, Jacopo Robusti, est mort il y a plus de vingt ans, en 1594 exactement.

— Je n'ai pas dit que c'était un *Jacopo*... mais un *Domenico* Tintoret.

Cette fois, le public resta muet d'étonnement. Mr Petty, qui jusqu'à présent était demeuré courbé sur son élève, se redressa. Il dominait l'assistance de toute sa taille. Lord et Lady Arundel, Mr Jones, Mr Coke, le dévisageaient.

— ... Domenico, le fils du maître, conclut triomphalement l'enfant, comme moi !

Du regard, Lord Arundel interrogea Coke. Celui-ci déroula le papier qu'il avait lui-même écrit et coincé dans le châssis, quelques instants plus tôt. Il le passa au comte.

Lord Arundel y jeta un coup d'œil et son visage s'éclaira.

— Mon fils, s'écria-t-il, vous avez du génie et je suis fier de vous !

— Il n'y a vraiment pas de quoi, aboya Milady, à moins que vous ne vouliez faire de cet enfant un perroquet !... Vous, Charles, vous n'êtes pas coupable, mais je vous prierai de ne plus paraître ici. Votre place est dans la nursery. Allez rejoindre vos frères. Quant à vous...

Elle se tournait lentement vers Will. C'était la première fois qu'elle lui adressait la parole. Il ne l'avait jamais vue de si près. Elle lui parut plus grande que lorsqu'il l'avait prise pour Athéna dans le jardin... Athéna, la poitrine protégée par le camée à tête de Méduse.

L'expression de la comtesse glaça l'adversaire. Il soutint pourtant son regard.

— Je croyais qu'on vous avait signifié que votre présence était indésirable.

Pâle d'humiliation, Will ne baissa pas les yeux.

— ... Partout! précisa-t-elle.

Baby Charles sentit la main de son précepteur se crisper sur la sienne.

— Je vous prierai de remonter à l'étage, et de n'en plus jamais redescendre... Disparaissez.

Le groupe de courtisans s'ouvrit. Le maître et son élève traversèrent la salle, zigzaguant entre les tables et les cadres. Ils sortirent à pas lents, et regagnèrent leurs quartiers.

Lord Arundel et Lady Aletheia se jaugèrent, en silence. Le comte, contrairement à ses habitudes, s'abstint d'une explosion. Jones, à l'inverse de son comportement ordinaire lui aussi, ne fit aucun commentaire et ne discuta pas l'attribution. Coke préféra ne rien dire non plus, et minimiser un incident qui témoignait publiquement de l'aversion de Milady envers un homme qu'il avait introduit dans la maison.

À tous, la reconnaissance, très difficile dans cette *Cérès*, de la facture de Domenico Robusti – l'élève du grand Tintoret, un imitateur dont la main se différenciait si peu de celle de son père qu'on pouvait les confondre – apparaissait comme un coup d'éclat vaguement scandaleux qu'on devait se hâter d'oublier.

Dyx fut la seule à réagir. Elle fit irruption le soir même dans le cabinet de travail.

— *Complimenti!* s'exclama-t-elle en italien. J'ignorais qu'il y eût plusieurs Tintoret travaillant dans le même atelier à Venise... Vous êtes un extraordinaire connaisseur, Mr Petty!

Will, le sourire sibyllin, la laissa s'extasier.

Il se garda bien d'avouer qu'il ne savait absolument rien de la « main » des Tintoret, père ou fils! Mais qu'il avait été présent à la réception des toiles, et qu'il avait vu la liste des sujets, des auteurs, des dates et des provenances bien avant Coke. Bref, que son « œil » qui lui valait l'admiration de la jeune femme ne témoignait pas de son amour pour la peinture. Seulement de sa mémoire des noms.

Cette petite tricherie lui coûta cher.

L'éclat de Lady Arundel rendait sa disgrâce officielle. On ne le reverrait plus dans le hall durant deux ans.

*

— Pauvre professeur, soupirait Dyx... Avoir parcouru tout ce chemin pour en arriver là!

Mrs Dyx et Mr Coke entamaient leur promenade quotidienne dans les jardins. Ils ne manquaient jamais au rite d'une longue marche quand Coke se trouvait à Londres. Leurs bavardages tenaient autant du ragot que du rapport : Dyx rendait compte au voyageur des incidents des derniers mois à Arundel House ; quelquefois, si les absences de Coke s'étaient prolongées, des événements de toute une année. Ce printemps-là, elle parlait beaucoup des brimades que subissait le révérend.

— Ce ne sont plus seulement les salons qui lui sont interdits : Milady ne veut le voir nulle part ! Le pire, c'est que Mr Petty prend sa volonté de haut et donne le sentiment de se moquer des restrictions qu'elle lui impose.

— Connaissant le tempérament de Lady Aletheia...

— ... Ce n'est pas une bonne idée ! Encore s'il tentait de lui plaire ou de l'amadouer. Mais le ton altier, la froideur dont il use en lui obéissant aggravent son cas. Avec quel dédain il accepte sa réclusion !

— Et vous admirez cette morgue ? s'exclama Coke, feignant l'horreur et le reproche.

— Non. Je plains sa situation.

— Ne la plaignez pas trop, rétorqua le vieux gentilhomme. Votre favori connaît assez les vraies misères de la vie pour supporter celles-ci. Je soupçonne même qu'il s'arrange fort bien de son enfermement et de sa solitude.

— Ce n'est pas *mon* favori, Mr Coke. C'est vous qui l'avez recommandé.

Un sourire désabusé passa sur le visage du voyageur.

— Et je me suis trompé. D'après ce que vous me dites, ce garçon ne sait ni se plier aux ordres ni s'abaisser au niveau des flatteurs. Son orgueil en fait le type même du mauvais serviteur. En outre, le refus de se pousser dans le monde le rend totalement inapte à la vie à Arundel House...

— Cela, Milady l'avait senti dès l'instant de son arrivée !

Coke lui coula un regard de côté : « Quelqu'un devrait dire à Dyx, songeait-il affectueusement, que les épais brocarts dont elle se couvre l'écrasent. Que la fraise l'étrangle... Qu'elle est exquise, et qu'elle s'affuble comme un laideron... Encore du gâchis ! » soupira-t-il en son for intérieur.

Il reprit :

— Milady avait vu juste, comme d'habitude... Charger un William Petty de faire de Baby Charles l'incarnation du *Parfait Courtisan* ? L'enfant ne saurait être instruit par un maître plus éloigné de l'idéal de l'homme de cour.

— Vous êtes sévère. Mr Petty se tient correctement et reste à sa place.

— Il se tait sans effort et dissimule ses pensées. Mais la sorte de silence que vous me décrivez ne convient pas à un domestique. On ferait mieux de le renvoyer à Cambridge.

— Le comte ne le veut pas. Ce serait donner gain de cause à Milady.

— L'obstination de Sa Grâce n'en vaut pas la peine... Je lui avais proposé de se débarrasser de Petty en me le donnant, autrefois.

Dyx approuva :

— Il a un très bon œil : souvenez-vous de la *Cérès*!

Coke esquissa un vaste geste de dénégation.

— Oh, la *Cérès*...

Leurs voix se perdirent dans le bruit des chutes d'eau. En passant devant les dix fontaines du nymphée, ils gardèrent le silence. Dyx reprit, légère et provocante :

— Allons, Mr Coke, avouez que vous n'avez fait entrer cet hérétique dans la maison que pour y semer la zizanie, et vous distraire à Londres lors de vos ennuyeux séjours parmi nous : il vous amuse !

— En effet, pour mille raisons, il m'amuse. Il a de la curiosité et de l'esprit. Mais sur ce plan aussi, je me suis trompé... En tête à tête, son goût du sarcasme lui épargne sans doute le ridicule de s'apitoyer sur lui-même. Mais, en société, sa causticité le perd.

— Vous exagérez. Les victimes de Mr Petty sont rarement conscientes de ses railleries.

— Détrompez-vous. Ses victimes, comme vous les appelez, s'accordent à le trouver désagréablement narquois. Nous sommes, vous et moi, seuls à le trouver spirituel.

— Alors ?

— Alors, Mrs Dyx, continuez donc de soustraire votre favori aux regards de Milady et conservez-le sous les verrous. C'est ce qui peut lui arriver de mieux.

L'épouse de l'intendant se garda d'avouer que son « favori » était fort populaire parmi les servantes, et qu'elle-même ne contrôlait plus ses troupes. Les nourrices, les chambrières, les lingères, toutes les femmes de chambre dont elle avait la charge se disputaient les attentions du mystérieux révérend qui vivait en reclus dans la salle d'étude. Il se révélait, à la vérité, beaucoup plus charmant avec les soubrettes qu'avec ses égaux, les précepteurs.

Par chance pour l'esprit d'ordre de Mrs Dyx, la domesticité féminine restait fort réduite à Arundel House ; et rares, les occasions d'un tête-à-tête avec l'une ou l'autre. Ici, la chasteté était de rigueur et nul n'osait déroger à l'austérité ambiante.

Quant à l'aventure...

Les lointains voyages, dont Will avait tant rêvé, se bornaient aux équipées vers une dizaine de maisons de famille que les Arundel occupaient au rythme des saisons et des chasses du roi. Bien qu'il ne fût pas censé paraître, il suivait.

La conversion du chef de clan avait produit l'effet espéré. Le comte appartenait aujourd'hui au Conseil privé de Sa Majesté. En témoignage de son estime, le roi lui avait même offert le reliquat des collections de son ancien mignon, le comte de Somerset, aujourd'hui déchu et écroué. Lord Arundel avait donc tout lieu de se féliciter de l'ascension – et de la chute éventuelle – d'un nouveau favori, auquel le roi ne refusait rien. Celui-là, qui s'appelait George Villiers, était devenu, il y a quelques mois, par l'amour de Jacques Ier, le comte de Buckingham. Si le pointilleux comte d'Arundel ne prenait pas ombrage de la faveur dont jouissait ce parvenu, s'il protégeait sa carrière, c'est que George Villiers lui portait habilement allégeance. Villiers assurait même à Lord Arundel que Sa Majesté s'apprêtait à lui rendre sa charge d'*Earl Marshal* tant convoitée.

La fortune semblait enfin si propice aux Arundel qu'ils se lançaient dans de nouveaux projets. Le dernier en date agitait la maison. Il émanait de Milady et trouvait l'approbation du comte : leurs deux fils aînés, James et Henry Frederick, âgés de douze et onze ans, partiraient en septembre sous la tutelle de leurs précepteurs catholiques. Ils iraient poursuivre leurs études à la fameuse université de Padoue. Mr Coke les accompagnerait. Il veillerait sur l'installation des enfants et profiterait du voyage pour écumer les collections de Venise.

Et Mr Petty ? Il restait à Arundel House, voyons ! N'était-il pas préposé à l'éducation de Baby Charles ?

De sa fenêtre au-dessus de la Tamise, Will regardait tristement s'embarquer ses collègues qui suivaient les jeunes Lords dans leur lointain périple vers l'Italie.

Quand les barges eurent disparu sous le pont de Londres, il retourna se claquemurer dans la salle d'étude. Il y mènerait une existence sinon douillette, du moins paisible jusqu'à la fin de ses jours. De quoi pouvait-il se plaindre ? Sa tendresse pour le petit garçon dont il s'occupait palliait toutes les déceptions. Il aimait l'enfant avec passion.

Pour le reste, ultime symbole de sa liberté morale, il restait un *fellow* salarié de Jesus. Chaque trimestre, il obtenait de haute lutte la permission de s'absenter de son collège, sous le prétexte qu'en instruisant le fils du premier Lord du royaume il servait l'université. Il y continuait sa carrière à distance et venait de décrocher son diplôme de *Bachelor of Divinity*. Que demander de plus ?

Aux heures où la certitude de mourir sans avoir vécu le submergeait, il savait en quels lieux trouver le réconfort. Il passait de longues heures, assis la nuit, devant les Holbein. Se gardant de Milady, craignant à tout instant de la rencontrer au détour d'une galerie, il poursuivait sa quête et ne se lassait pas d'observer les chefs-d'œuvre alentour. L'interdit multipliait le plaisir. Et la connaissance volée n'en acquérait que plus de prix.

*

— Milord vous demande dans son cabinet.

Contrairement aux habitudes, ce n'étaient pas les lourdes jupes de Dyx qui passaient par l'entrebâillement de la porte, mais le mollet beaucoup moins plaisant de son époux :

— ... Hâtez-vous, Sa Grâce est pressée !

— Suis-je autorisé à descendre l'escalier ? persifla Will, sans bouger... A-t-on vraiment pris toutes les précautions nécessaires ? À quel étage se trouve Milady ? Dans quelle partie des galeries ? des salons ? des corridors ?

L'intendant, auquel l'ironie échappait, répondit avec sérieux :

— Milady est à Whitehall.

— Ah, dans ce cas...

Will consentit à fermer son livre.

La table du cabinet de Lord Arundel disparaissait sous l'amoncellement des papiers. Le comte achevait ses préparatifs de voyage. En ce printemps 1620, le roi l'appelait en Écosse. Sa Grâce était pressée, en effet ! Elle alla droit au but :

— Mr Coke m'a annoncé cinq caisses en provenance de Venise qui devaient arriver le mois dernier et n'arrivent pas. Je pars. Mon intendant et mes secrétaires m'accompagnent. Les précepteurs sont à Padoue. Coke, Dieu sait où... C'est à vous qu'il incombera de recevoir ces caisses et de régler les formalités d'écriture avec les douanes.

Milord adressait la parole à son chapelain pour la quatrième fois en quatre ans. Malgré leur absence de rapports, la relation revêtait quelque chose de direct aujourd'hui, une aisance immédiate qui contrastait avec leur commune difficulté à se livrer. Will n'éprouvait aucune gêne en présence de Lord Arundel. Le tempérament imprévisible du comte, sa froideur et ses déchaînements de colère qui désarçonnaient tant les grands courtisans ne l'intimidaient pas. Il le devinait trop bien. Et pour cause ! Toutes ses années à Arundel House, il s'était employé à cela : *comprendre* le comte. Que regardait Milord dans ce tableau de Titien ? Comment jugeait-il les couleurs ? Pourquoi aimait-il la composition ? Will s'était posé ces questions chaque jour. Non seulement il avait appris en l'observant, mais il avait profité de sa réclusion pour tisser sa toile autour de lui. Il avait guetté son pas dans les galeries, il l'avait chassé, traqué, cerné au cœur de sa propre maison, sans que le comte se doute jamais de ce lent travail d'approche et de séduction. L'entreprise avait commencé tôt. Dès le premier jour.

L'activité de Mr Petty, parmi les ouvriers qui déclouaient les caisses sur le débarcadère, participait déjà d'une mise en scène à son intention. Que Lord Arundel le *voie* à l'œuvre avec les objets d'art. Qu'il remarque sa curiosité. Qu'il utilise son enthousiasme ! Le comte était seul à pouvoir lui offrir ce qu'il voulait, Will le savait. Restait à convaincre Sa Grâce...

L'antipathie de Milady avait anéanti ses efforts, le forçant à une persuasion plus lente, à une propagande plus subtile.

Combien de fois Lord Arundel avait-il cru rencontrer fortuitement le précepteur qui s'occupait *par hasard* à une tâche prohibée par son épouse, mais susceptible de retenir son attention et capable de lui plaire ?

Aujourd'hui, la ténacité de Will payait. Parmi les dizaines de domestiques qui auraient pu réceptionner les œuvres, le comte songeait à lui. La chance, cette occasion qu'il avait tant travaillé à provoquer, se profilait !

— ... Le marchand de Venise, qui s'est occupé des négociations, me vole. Vous dresserez donc une liste détaillée des objets que vous trouverez dans ces caisses. Il s'agit de petits formats faciles à dérober, quelques toiles, quelques sculptures, toutes sortes de pièces d'orfèvrerie, coupelles, vases, et cristaux précieux. La liste que vous dresserez ne requiert aucune qualification, juste un peu de soin. Notez méticuleusement les dimensions, les sujets, les matériaux. Si vous les ignorez, décrivez-les.

Will s'inclina en signe d'assentiment, puis affecta d'attendre que Sa Grâce le congédie. Le comte n'en manifestait pas l'intention. Il fouillait fiévreusement dans un grand portefeuille. Will le regardait faire.

Vêtus en cet instant d'un simple pourpoint noir, maigres l'un et l'autre, de la même taille, presque du même âge, Lord Arundel et Will Petty semblaient deux frères que les circonstances de la vie avaient rejetés dans des camps adverses. Ils se tenaient debout, face à face : le comte, agité, fouillant toujours parmi ses documents ; le chapelain, immobile, le regard fixe, cherchant à maîtriser les battements de son cœur.

Ne pas donner prise. Ne pas trahir son attente.

Lord Arundel trouva enfin le papier qu'il cherchait.

— Voici le premier inventaire, celui qui avait été établi sur place, au moment de l'achat. Vous comparerez les deux listes et vous me dépêcherez vos conclusions. Existe-t-il des différences ? Si oui, manque-t-il des objets ? Lesquels ? J'attends une réponse rapide... C'est tout. Vous pouvez disposer.

*

Les huit pages d'une écriture serrée qui le rejoignirent sur le chemin d'Édimbourg firent à Lord Arundel l'effet d'un coup de tonnerre. La précision de l'inventaire de Petty, ses commentaires sur la qualité des œuvres, la justesse de ses analyses, tout donnait à penser que le révérend avait mis à profit son séjour à Arundel House. En silence et dans l'ombre, il s'était « fait l'œil », comme les chats se font les griffes. Maints détails revenaient soudain à la mémoire du comte. Il revoyait Petty et Baby Charles sur les lieux dont Milady leur refusait l'accès...

Ce veto l'avait lui-même tellement agacé ! Milord ne marchandait à personne l'autorisation d'admirer ses chefs-d'œuvre. Dans son testament, il exigeait de ses héritiers qu'ils ouvrent la bibliothèque et les salons à tous les érudits, à tous les amateurs, à tous les curieux qui désireraient admirer les merveilles d'Arundel House. De la visite des collections, il leur faisait une obligation morale. Le malheur voulait que, pour ce qui touchait au révérend, la philosophie du comte s'opposât une nouvelle fois à la religion de sa femme. Il s'était donc limité à une tolérance tacite du précepteur dans les galeries quand elles étaient désertes, à l'aube ou au couchant. Une gageure : en quatre ans Petty s'était laissé surprendre cent fois ! Soucieux de ne pas attirer l'attention de Milady, le comte avait prétendu ne pas remarquer sa présence, mais il avait noté ses méthodes pour éveiller Baby Charles aux choses de l'art.

Avec beaucoup d'intuition, Mr Petty n'avait pas commencé l'éducation du petit en l'entraînant vers les tableaux. Il l'avait conduit devant les statues. Il avait montré à l'enfant ce qu'il pouvait comprendre, les formes immédiatement identifiables. La sculpture, si proche de la vie, restait le fondement du catéchisme artistique de Lord Arundel : « Et Dieu créa l'homme à Son image. » Devant le buste de Cicéron, Petty avait rappelé l'histoire du célèbre orateur. Tout en racontant, il avait pris la main de son élève pour lui faire toucher le marbre. Il lui avait parlé de l'expression du visage, et de la position du corps. Baby Charles, auquel il enseignait le latin cinq heures par jour, ne pouvait que réagir devant cette incarnation.

Plus tard, bien plus tard, Petty l'avait conduit devant les toiles de Véronèse. Il avait choisi une peinture joyeuse, facile, pleine de couleur et de vie qui séduirait le petit garçon.

Ces souvenirs agitaient Lord Arundel. Il se remémorait d'autres comportements du révérend. N'avait-il pas sollicité de Mr Jones la permission de visiter les collections royales ? Notamment les bronzes ayant appartenu à feu le prince Henry ? À moins que Lady Arundel n'ait été informée de sa requête, Petty avait *vu* les statuettes du sculpteur florentin Jean de Bologne dans les cabinets de Whitehall. Il avait admiré les peintures italiennes du palais St James et de Somerset House... Comment donc ! Seule une profonde connaissance de l'art du *Cinquecento* expliquait le coup de génie de l'attribution de la *Cérès* à Domenico Tintoret ! « Je ne m'étais pas trompé, songeait le comte, quand j'avais envisagé de mettre ce garçon au service de Coke, autrefois. Il avait les qualités requises... Que de temps perdu ! J'aurais possédé à demeure, toutes ces années, la perle que nous recherchions à travers le monde ? »

Depuis des mois, Lord Arundel tentait de soulager l'infatigable Coke en s'assurant les services d'autres intermédiaires. Il avait « essayé » une dizaine d'agents – en Italie, en Espagne, en France –, qui devaient l'informer des tableaux disponibles sur le marché. À charge pour ces agents d'entreprendre les voyages que les maladies de Coke rendaient de plus en plus difficiles, d'examiner les œuvres *in situ*, d'envoyer des rapports, de négocier les prix, d'expédier les trophées...

Sans succès. Les uns se laissaient gruger. Les autres le volaient.

À cette heure, Coke se trouvait en Italie. Devait-on lui envoyer Petty ? Sans doute ! Les collections des patriciens de Padoue restaient le meilleur terrain d'entraînement. Sur place, Coke se rendrait tout de suite compte s'il pouvait donner satisfaction. Oui, que Coke le prenne en main. Qu'il achève de le former !

Un drame allait précipiter les événements.

*

Quelques mois après le départ de ses frères, Baby Charles tomba malade. Son père se trouvait en Écosse, sa mère à New Market. En l'absence de ses parents, le petit fut veillé nuit et jour par son précepteur. La bataille dura moins d'une semaine. L'enfant mourut d'une méningite. Il avait six ans.

Le chagrin de Will rendit insoutenable le prolongement de son séjour à Arundel House : il demanda son renvoi. On le lui refusa.

Les voix d'enfants s'étaient tues. Nul ne dévalait plus les escaliers. Le troisième des garçons, William, allait lui aussi quitter la maison. Il partait au nord de l'Angleterre avec son propre précepteur pour étudier chez l'évêque Harsnet, un protégé très lettré du comte qui assurerait son éducation.

Quant à Lady Arundel, elle avait désormais perdu trois fils et ne se remettait pas de son dernier deuil. Brisée par la disparition de Charles, elle attendait l'autorisation du roi pour aller prendre les eaux à Spa. Elle comptait ensuite rejoindre ses deux aînés à Padoue. « Pourquoi ne pas inclure Petty dans le train des curistes qui suivent la comtesse aux eaux ? se demandait le comte. Elle aurait à cœur de le maintenir dans l'étroit sentier du devoir et le remettrait, pur et sans vices, à Coke. »

Lord Arundel n'avait aucune idée des excès auquel Will, attristé par la perte de son élève, pouvait s'adonner. Il ne soupçonnait ni son goût pour la bouteille et les filles, ni son désir d'évasion. Mais il était bien placé pour savoir que lui-même avait découvert d'un coup tous les plaisirs de la vie lors de son premier périple en Italie. Sur ce point, le plaisir, il mettait sa confiance en son épouse : Milady défendrait bec et ongles le chapelain contre la tentation, et ne lui laisserait aucune latitude pour y céder.

Quant à la blessure que lui-même infligeait à sa femme en la forçant à emmener avec elle, dans l'intimité d'un voyage en pays catholique, ce personnage qu'elle détestait, le comte n'y songeait même pas. Désormais, les réactions de Lady Arundel lui étaient indifférentes.

18. *Spa, dans l'évêché de Liège, juillet 1620-octobre 1620*

Une cage dorée. On se serait cru entre le Strand et la Tamise, au milieu des demeures aristocratiques de Londres : ils se trouvaient tous là, les comtes et les marquis goutteux. Les riches bourgmestres des Flandres, les prélats du duc de Mantoue, les courtisans du duc d'Este.

Debout dans les bassins en espalier, entièrement vêtus de dentelle sous le jet des fontaines, les vieillards marinaient en buvant des verres d'eau, avant de se retrouver le soir autour des tables de jeu, aux premiers rangs des salles de concert et des petits théâtres. L'imbécile vicomte de Purbeck, frère du *marquis* de Buckingham – le nouveau titre du favori lui donnait, presque, le pas sur celui d'Arundel ! –, se promenait à petits pas en bavardant avec son amie la comtesse. Milady était suivie de son nain Robin, de son singe, du *signor Vercellini*, son secrétaire italien, de sa lectrice Dyx, et de son chapelain. Sa cour, le gobelet à la main, l'escortait jusqu'aux sources.

L'atmosphère pesait à Milady qui se plaignait de l'ennui des banquets et des bals de Spa.

Elle n'avait pourtant pas perdu de temps, depuis son arrivée sur le continent. Lors de son passage à Anvers, elle avait obtenu que le célèbre Rubens exécute son portrait. Une rareté : l'artiste, sollicité par les souverains de toutes les nations, échappait aux commandes en refusant de reproduire les visages des grands aristocrates. Sans exception. Il affectait de ne peindre que des tableaux d'histoire. À cette règle, il ne dérogeait jamais. Sauf pour Lady Arundel.

Non qu'elle ait été particulièrement à son goût. La carnation de ses chairs, les rondeurs qui auraient pu le séduire demeuraient trop sévèrement corsetées. Des aiguillettes de jais étranglaient sa taille et contristaient ses formes. Elle n'arborait pas de décolleté plantureux. Elle ne dénudait plus ses épaules ni même son cou. Toute de noir vêtue, Milady portait le deuil du petit Charles.

La formidable personnalité de cette femme la rendait pourtant digne de son pinceau : un seul coup d'œil avait suffi à l'artiste pour s'en persuader. La tristesse, qui voilait son éclat, n'avait pas terni la vitalité du regard. Et si l'expression en semblait durcie par la douleur, le visage irradiait de passion, de puissance et de curiosité. Milady se présentait en outre comme l'épouse du seul collectionneur qui passât pour un amant sincère de la peinture en Angleterre, un homme dont Rubens connaissait l'ardeur.

Anvers, Bruxelles, Liège, les merveilles des Pays-Bas, elle les avait toutes visitées. Même la nouvelle église de Saint-Charles-Borromée dont Rubens avait lui-même décoré le plafond. Dix-neuf peintures qu'elle avait voulu voir de près, exigeant qu'on remonte pour elle l'échafaudage de la nef ! Elle avait fait envoyer, par son secrétaire italien, un rapport au comte, lui vantant le talent d'un jeune homme de vingt-deux ans qui travaillait dans l'atelier du maître. Le rapport révélait que Lady Arundel avait usé de toutes les séductions pour faire miroiter au garçon les commandes qui l'attendaient à Londres, s'il consentait à y travailler pour elle. Au nom de son époux et de l'ami des Arundel, le tout-puissant marquis de Buckingham qui se piquait d'art depuis qu'il fréquentait les sommets, elle lui avait offert un pont d'or pour traverser la Manche. À l'automne, le jeune homme, dont la gloire n'avait pas encore franchi les limites de sa ville natale, allait se mettre en route. Il s'appelait Antoine Van Dyck.

Si les années passées dans l'orbite du comte avaient formé le goût de Will, la fréquentation de cette chasseresse parachevait son apprentissage. Malgré sa fureur, Milady avait entendu le langage de son époux. Le comte avait été ferme, assurant que le révérend était doté d'un œil remarquable, ordonnant qu'on lui montre en chemin toutes les merveilles des Flandres... Sur le chapitre de l'art, Lady Aletheia lui gardait une part de sa confiance. Milord pouvait-il avoir raison ? Son maudit clerc était-il vraiment de taille à seconder le cher Mr Coke ? Elle en doutait ! Mais elle avait bonne mémoire : elle-même avait vu le chapelain en contemplation devant la *Venus pudica* du parc. Et l'incident de la *Cérès* l'avait frappée... Elle évaluerait ce qu'il savait faire et prendrait sa mesure. Qu'il lui prouve ses capacités. Si ce Mr Petty devait se révéler doué, elle saurait surmonter son antipathie et sacrifier ses sentiments personnels à la grandeur de la collection.

En attendant...

L'expérience n'avait rien d'une sinécure. La comtesse initiait Will aux sensations fortes dont elle avait le secret et lui faisait battre le sang dans les veines. Ni tentation de la chair. Ni frémissement du cœur. Mais, en fait d'émotions, il n'y perdait rien. Il voulait *voir* ? Elle saurait lui donner de quoi aiguiser son regard !

Femme de tous les extrêmes, elle avait changé de méthode. Après l'avoir relégué aussi loin d'elle que possible, elle exigeait qu'il règle ses pas sur les siens. N'ayant pu s'en défaire, elle l'enchaînait.

Comme ses chiens, son singe et son perroquet, elle le promenait en laisse et le maintenait dans une servitude permanente.

— Mon chapelain ? Où est mon chapelain ? tempêtait-elle à longueur de journée.

De la chapelle aux thermes, des thermes aux salons, elle prétendait le réclamer, et ne pas le voir :

— Qu'on me trouve mon chapelain !

Elle feignait encore de l'ignorer quand, courbé devant elle, il s'enquérait sur un ton de politesse glaciale :

— My Lady me demande ?

Témoin de cette nouvelle forme de tyrannie, Dyx redoutait d'irréparables insolences de part et d'autre. Elle devinait qu'en dépit de son calme Mr Petty vibrait sous le joug. Il devait haïr Milady. Il devait même en avoir très peur ! La vindicte de la comtesse lui avait déjà coûté cher. Elle pouvait encore lui coûter sa place, ce dont il se moquait peut-être. Elle pouvait aussi lui coûter sa carrière universitaire. Un mot de Lady Arundel, et Mr Petty redevenait un paysan des frontières.

Mais plus elle s'amusait à l'humilier, plus il semblait lui échapper. Il mettait une telle distance entre ces piailleries et son propre silence qu'il la ridiculisait.

Exaspérée à son tour, elle l'écartait brutalement. D'un pas rapide, elle poursuivait son chemin, parlant chiffons aux femmes de sa suite.

Dyx craignait tout de même que Mr Petty ne finisse par perdre patience. Ici, à l'étranger, rien ne l'empêchait de disparaître... Pourquoi cet érudit, un éminent professeur de Cambridge, aurait-il continué à jouer le bouc émissaire dans un conflit conjugal qui n'en finissait pas ? En le persécutant, Milady ne faisait rien d'autre que se venger de son mari ! Une interminable scène de ménage.

Le désaccord religieux des Arundel, nourri de trop d'escarmouches, aboutissait aujourd'hui à une crise si profonde que même la comtesse évitait la moindre allusion aux cultes de la maison. La guerre des dogmes entrait néanmoins pour beaucoup dans la décision de Milady de vivre loin d'Arundel House durant toute une année. Quant au révérend William Petty...

Elle restait trop grande dame pour s'abaisser à des joutes théologiques avec lui. Elle déplaçait la bataille sur un autre terrain et le soumettait à une série d'épreuves qui ne touchaient en rien à leurs confessions respectives. Elle entendait qu'il fasse la démonstration de ses capacités, qu'il exécute les tours de cirque pour lesquels on le lui avait confié.

— Et selon vous, *révérend*, qu'est-ce donc que cette toile-là ? demandait-elle à haute voix, en l'entraînant avec son nain, ses bouffons et toute sa suite dans les coins les plus sombres des salons de musique. Voyons, Mr Petty, ne me faites pas croire que vous ne reconnaissez pas cette main-là ? Le tableau est italien. Cela, nous en convenons tous... Mais l'artiste... Je me tiens assurée que, pour vous, son nom ne fait pas de doute. Diriez-vous qu'il s'agit de l'original, d'un faux, ou d'une copie de la main du maître ?

Will savait qu'elle imaginerait n'importe quelle fable pour le confondre. Elle inventerait le nom du peintre, la date de l'œuvre, sa provenance. La mauvaise foi serait totale.

Vaincu d'avance, n'ayant rien à perdre, il lui répondait par de grands discours en latin, langue à laquelle Milady n'entendait rien, pontifiait avec le même aplomb qu'elle, et lui servait des attributions aussi délirantes que ses questions.

— Eh bien, je m'accorde avec Milady pour penser que cette toile est d'Optimus Vitriolius, le grand peintre génois, une réplique d'atelier dont l'original se trouve actuellement à Prague...

— *Optimus Vitriolius ?*

— Milady s'étonne, et Milady a raison ! Très surprenante, en effet, la présence de cette toile à Spa...

Dyx, perplexe, se demandait qui se moquait de qui. Existait-il vraiment un peintre du nom de Vitriolius ? Craignant le ridicule à son tour, elle ne posait pas de questions.

Devant les copies des tripots de haut vol, devant les obscurs tableaux d'autel, devant toutes les croûtes des couvents de Spa, Milady se livrait aux analyses stylistiques les plus brillantes. Elle se prenait au jeu et, pour le seul bénéfice de son adversaire, faisait assaut de virtuosité.

— Vraiment, Mr Petty, je m'étonne qu'au terme de toutes ces années passées chez Milord Arundel, vous ayez si peu de certitude devant une œuvre manifestement vénitienne !

Pour déjouer ses pièges, il n'avait guère de recours. Il regardait donc, avec fureur, ce qu'elle lui montrait. Dominant son agacement, il l'écoutait discourir sur le coloris, les empâtements, la manière.

La curiosité de Petty semblait inlassable.

« ... Mon chapelain ! » Les cris de Lady Arundel étaient désormais inutiles. « ... Qu'on me trouve mon chapelain ! » Il ne la lâchait pas d'un pouce. Dans les églises de campagne, au fond des cathédrales, elle le menait exactement où lui-même voulait aller. Elle l'entraînait de droite et de gauche, douze heures de voiture jusqu'à Liège, retour aux eaux dans la journée, cavalcade vers Verviers, Waremme. Le rang de Lady Arundel lui ouvrait toutes les portes. Quelles beautés recelaient les galeries du palais épiscopal ? Et l'église Saint-Paul du prince évêque ? Que possédaient les moines de Saint-Jacques ? Les religieuses de Saint-Martin ? Même dans le petit périmètre de Spa, elle trouvait le nom des amateurs, leurs domiciles, leurs exigences. En quelques heures passées dans le moindre bourg, Lady Arundel connaissait, comprenait et maîtrisait les règles du jeu. Les biens et les idées, elle les prenait partout. Non contente de s'intéresser aux tableaux, aux tapisseries, aux pièces d'orfèvrerie, aux porcelaines, aux faïences et aux gemmes, elle visitait les jardins, les grottes, les labyrinthes.

Les objets qu'elle convoitait, elle les enlevait. Et plus la tâche paraissait ardue, plus elle y mettait d'acharnement. Ni les détails pratiques – la taille, le poids, le prix –, ni la décence morale ne l'arrêtaient. Par nature et par éducation, elle n'entendait pas les refus qu'on lui opposait. Son avidité égalait sa vanité : illimitées l'une et l'autre. Milady volait sans vergogne...

Dévote, oui. Et canaille.

En cette redoutable compagnie, Will perdait ce qui lui restait d'ingénuité. Il redécouvrait les plaisirs du masque, la ruse, la feinte, tous les tours de passe-passe qu'il avait pratiqués avec succès dans les tripots de Cambridge. Sa longue habitude du silence, sa parfaite maîtrise de soi le rendaient habile à tromper son monde, lui aussi. Qui pouvait se flatter d'avoir jamais percé les desseins de William Petty ? Il avait toujours su se taire et garder son sang-froid. Toutefois, s'il restait imprévisible, il souffrait d'un handicap, une véritable infirmité : son amour-propre. L'orgueil l'empêchait de manipuler l'adversaire, s'il y trouvait trop sûrement un intérêt personnel. S'enrichir lui-même, sur le dos d'un tiers, lui était impossible. En ce domaine, il poussait l'élégance jusqu'au vice.

Pour ce qui touchait aux intérêts d'autrui... Ah, pour les autres c'était une autre affaire, il perdait ses scrupules. La séduction, le mensonge, la tricherie : tous les coups devenaient permis. Quand on jouait pour le seul plaisir du jeu, la partie n'en était que plus excitante, et la victoire plus jouissive. Dépouiller les ignorants, duper les innocents au profit de Lady Arundel, ne lui posait, à lui, aucun problème de conscience.

Il n'aimait rien tant que leur retour vers Spa, au terme d'équipées dans les montagnes, quand elle retenait dans les cahots de la voiture une toile roulée sur ses genoux. Une prise de guerre. L'œuvre d'un petit maître qu'elle avait arrachée à l'autel de ses grands amis les Capucins...

Loin de le choquer, les fourberies de cette femme le ravissaient ! Tandis qu'il l'observait dans l'ombre, un imperceptible sourire courait sous sa moustache. Il prenait bien garde de lui cacher son amusement. Il attendait son heure.

Milady n'avait obtenu l'autorisation de sortir d'Angleterre que pour prendre les eaux. Elle jugea bientôt qu'elle en avait assez bu. Sa santé exigeait maintenant qu'elle passe l'hiver au sud des Ardennes, par-delà les Alpes.

*

À pied sur le sentier du Mont-Cenis, dans les mugisse-
ments du vent et les tourbillons de pluie, Lady Aletheia,
comtesse d'Arundel, franchissait le Pas du Diable avec tout son
train. À ses côtés marchait le révérend William Petty. Tous
deux pouvaient apercevoir au fond du ravin le cadavre des ânes
tombés dans le vide, le squelette des mules, les caisses brisées
de nombreux voyageurs. Ceux-là n'étaient jamais parvenus
jusqu'au pays dont l'un et l'autre rêvaient depuis tant d'années.

En déboulant parmi les pierres, sur l'étroit sentier qui
redescendait vers Milan, Petty offrit la main à celle qui par son
rang, sa famille, sa fortune incarnait, depuis la mort de la reine,
la première dame d'Angleterre.

Lady Aletheia accepta son bras et s'y appuya.

À trente-cinq ans, ils se croyaient affranchis des contraintes et des tutelles de leur passé. Pour sa part, elle revenait, libre,
sans mari, sur le théâtre de ses premières émotions esthétiques.
Elle retournait à ses enfants. Et à sa foi.

Quant à lui, il embrassait, auprès de Milady, l'aventure
majeure de son existence.

À bride abattue, les carrosses filaient vers l'Adriatique.

Il n'y a que deux choses qui importent vraiment. Faire
l'amour et piller Venise.

Livre troisième

VIVRE... ENFIN VIVRE !

1620-1624

Chapitre 5

D'AMORE, DI COLORE...
E DI VINO FRIZZANTE
1620-1621

19. Venise, novembre 1620-avril 1621

— Où se trouve votre protégé, Mr Coke ?

— Dans les bras d'une catin. Ou bien ivre mort au fond d'un canal.

Lady Aletheia blêmit. Elle était si choquée qu'elle ne songea pas à s'emporter. Elle se retourna vers Coke. Sa voix descendit d'un octave :

— Est-ce possible ?

Effaré par son propre langage, le vieux gentilhomme avait pâli, lui aussi. Depuis vingt ans qu'il s'encanaillait à Venise, sa conduite et son vocabulaire ne gardaient, dans les salons de Londres, aucune trace de ses excès. Mais la présence de Lady Arundel sur son terrain de chasse italien lui compliquait considérablement l'existence. Toute l'organisation de la maison Arundel lui incombait. Or Milady menait grand train. Elle le surchargeait de tâches administratives et de corvées domestiques : il finissait par dire des horreurs en allant à l'essentiel !

À Coke était échue la responsabilité de trouver, et de meubler, pour les enfants, leurs chevaux, leurs chiens et leurs précepteurs, une immense résidence à Padoue, une demeure proche de l'université que Milady destinait à la vie de famille... Mais Dieu seul savait quand elle comptait s'adonner aux joies de la maternité. Son existence n'était qu'une suite de bals, de banquets, de concerts et de représentations théâtrales.

Coke s'était aussi chargé de la location d'une maison de campagne. Il avait retenu celle des Mocenigo à Dolo, une merveilleuse villa palladienne qui se mirait dans la Brenta. Enfin, ce palais sur le Grand Canal. Un caravansérail qui appartenait, lui aussi, à la famille Mocenigo. Milady en avait fait son quartier général.

Depuis que ses singes, ses perroquets, ses bichons, toute sa ménagerie avait investi les salons, elle vivait dans l'exaltation de la conquête. La nuit, elle courait les fêtes. Le jour, elle forçait les portes des couvents, violait les cloîtres, travaillait sans trêve ni relâche à découvrir les mystères de la Sérénissime. Coke comprenait soudain les propos de l'ancien ambassadeur d'Angleterre qui avouait n'avoir vraiment *vu* Venise qu'une fois, durant ses longues années en poste, une seule fois : en 1613, lors du passage des Arundel sur la lagune ! Ils avaient mis la ville en coupe réglée.

Sept ans plus tard, l'assaut reprenait.

Elle voulait explorer les palais, les églises, les *scuole*, les cryptes et les combles, examiner les plafonds et les dallages, les fresques et les marbres. La peur de manquer un détail, de se priver d'une joie l'agitait.

Quant à lui, Coke, dont la prodigieuse efficacité le disputait à l'énergie de la comtesse, il n'avait plus la santé pour combiner impunément les gymnastiques du plaisir avec les exercices du devoir. Il perdait le sens des limites.

— Mr Petty fréquente des... ?

Milady, atterrée, n'osait prononcer le mot :

— ... Il boit, dites-vous ? Il boit jusqu'à s'enivrer ?

C'était cela, le désastre de l'âge, songeait Coke : il se maîtrisait moins bien. À lui aussi, la Sérénissime montait à la tête, la luxure collait à la peau. Il avait pourtant l'habitude des bordels, une longue pratique de ce petit vin de Vénétie, pétillant comme de la bière, et beaucoup plus grisant. Mais ces désastreuses paroles lui avaient échappé.

— Je plaisantais, Votre Grâce.

— Il se livre à la débauche ?

— Veuillez pardonner l'excès de mes propos, Milady. Ils sont d'un goût si douteux, que, à genoux, je vous supplie d'accepter mes excuses...

— Un libertin ? Je l'ignorais !

Une lueur passa dans le regard du vieux gentleman. Était-ce son franc-parler qui avait ainsi tétanisé Lady Aletheia ? Ou la découverte des licences supposées du chapelain ? La nouvelle pétrifiait jusqu'à Mrs Dyx, d'ordinaire si vive et si remuante : elle avait lâché le livre qu'elle lisait à Milady. L'œil rivé sur Coke, attendant la suite, elle demeurait assise, immobile au chevet de la comtesse. L'intérêt des deux femmes pour la conduite de Petty avait tranquillisé le vieux gentilhomme.

Il poursuivit, en s'amusant un peu :

— À la vérité, j'ignore où Mr Petty se trouve à cette heure. Mais je ne doute pas qu'il occupe très industrieusement son temps... Au service de Milady, cela va sans dire.

— Ne me servez pas de fadaises, Mr Coke. Qu'est-il devenu ? Soyez clair... Je puis tout entendre.

Lady Aletheia, que Coke avait connue enfant, le recevait dans sa ruelle. En dépit des ors et des marbres, des plafonds peints à fresque, des grands miroirs, des lustres et des tapisseries, l'alcôve de Milady, une débauche de taffetas bleu brodé d'or, demeurait le seul lieu douillet du palais Mocenigo. Sous le dais à plumes et le drapé du ciel de lit, entre les colonnes et les rideaux, le visage pâle de la comtesse émergeait d'un fouillis de dentelles. Allongée parmi les coussins, elle écoutait Dyx écorcher *La Galleria*, le long poème du Cavalier Marin qui chantait l'immortalité des tableaux de Venise, notamment la beauté d'un Véronèse appartenant à un amateur contemporain du nom de Bartolomeo della Nave.

Jusqu'à l'entrée de Coke, elle signait sa correspondance écrite en italien par son secrétaire, le Vénitien qui l'avait suivie de Londres.

Avec ce turban indigo qui lui enserrait les cheveux, un entrelacs de soie laissant échapper quelques mèches d'un blond cendré, avec son grand portefeuille de cuir qu'elle tenait à la verticale sur ses genoux, et cette plume d'oie qu'elle brandissait à chaque paraphe, Lady Aletheia évoquait l'une des puissantes Sibylles de Michel-Ange. Les plis de la courtepointe qui drapait ses formes accentuaient encore la ressemblance.

Comme souvent devant elle, le vieux gentilhomme resta surpris par la force vitale que dégageait cette femme.

— Enfin, Mr Coke, s'impatienta-t-elle, accepterez-vous de nous dire à quelles tâches vous occupez votre Mr Petty ?

— Selon vos instructions, Milady, il s'est installé à l'auberge où descendent les riches étrangers. L'Aquila Nera, à côté du Rialto. Je l'ai fait habiller en homme de qualité. Son apparence reste discrète, mais il n'a plus l'air d'un chapelain désargenté... J'irais même jusqu'à reconnaître qu'il a toutes les apparences d'un fils de famille. D'un gentleman prêt à quelques dépenses pour rapporter en Angleterre de beaux souvenirs de voyage. Il dispose des moyens qui lui permettront de soutenir le train des négociants de cette ville. Je l'ai en outre pourvu de lettres de recommandation de l'ancien ambassadeur d'Angleterre qui le présentent pour ce qu'il est : un savant en quête de connaissance. Depuis six mois que nous sommes à Venise, son érudition lui a ouvert les portes des académies littéraires. Aujourd'hui, Mr Petty parle le vénitien aussi bien que le latin, et se fond dans le paysage.

— De là, Mr Coke, à perdre sa trace !

— Il ne perd pas la mienne, c'est le plus important... Mr Petty prend contact avec moi quand il le trouve bon.

— *Quand il le trouve bon !* explosa la comtesse.

— Solennité, dignité, silence : telles sont les trois vertus du citoyen de Venise, Votre Grâce. La Sérénissime reste la ville du secret... Même les ouvrages sur l'éducation recommandent aux jeunes nobles de cacher leur jeu. *Simulation* et *dissimulation.* Aucun étranger n'a idée de ce qui se passe vraiment ici ! Les affaires s'y traitent en grand mystère... Mais quand Mr Petty m'avertit qu'une faillite va forcer une vieille famille à vendre, je suis toujours le premier dans la place. J'achète discrètement. Les patriciens ne tiennent pas à ce que leurs débâcles se sachent. Ainsi ai-je pu acquérir, grâce aux informations de Mr Petty, les deux collections dont vous êtes si contente...

— Sait-on, à Venise, que c'est moi qui paie ?

— Sans aucun doute. La comtesse d'Arundel est très appréciée des vendeurs : sa qualité d'étrangère leur apporte quelques garanties. L'idée qu'une collection, arrachée à un palais de la Sérénissime, n'ira pas orner les murs d'un rival italien, qu'elle ne deviendra pas le fleuron d'un autre palais de Venise, de Florence ou de Rome, qu'elle va disparaître très loin, au-delà des mers, et que nul ne saura à Venise ce qu'il en est advenu, cette certitude reste un puissant argument de vente... En revanche, dans la transaction même, le nom de Milady n'apparaît pas.

— Et Mr Petty, quel rôle joue-t-il dans l'affaire ?

— Lui ? Aucun. Il n'a pas de rapport direct avec moi : nul ne peut imaginer que ce soit par son entremise que je me trouve averti des petits soucis de trésorerie de certains nobles.

Coke jugea superflu de préciser, cette fois, la nature de l'activité qui permettait à Petty une connaissance approfondie des finances de l'aristocratie. Oui, inutile de préciser à Milady que le chapelain de son mari s'était révélé un joueur quasi pro-

fessionnel. Un pilier de *casini*, ces petites maisons de jeu diri-
gées par les spécialistes des cartes et des dés, où les fils de
famille venaient assidûment perdre leur patrimoine. Maladroit,
en effet, de souligner qu'il courait les tripots... Qu'il hantait les
ridotti où se retrouvait chaque soir, autour des tables de la
place Saint-Marc, une compagnie plus choisie... Et qu'il fréquentait les salons des courtisanes. Petty y rencontrait les reje-
tons des vieilles lignées qui pratiquaient leur culte de
l'impassibilité, en se ruinant. Le jeu avait pris une telle ampleur
à Venise, il perturbait si sensiblement l'ordre de la cité, que la
République multipliait les interdits. Peine perdue. Plébéiens et
patriciens partageaient le même adage : *Un homme qui ne
risque rien ne vaut rien.* Cette morale permettait à Milady de
soulever ses plus grosses affaires.

— ... Pour ce qui touche aux intermédiaires, continua
Coke impavide, Mr Petty s'est lié d'amitié avec le plus puissant
d'entre eux. Un certain Daniel Nys que Milady avait rencontré
lors de son dernier passage à Venise.

— Je m'en souviens parfaitement. C'est à Nys que j'avais
commandé ces gants si jolis que je porte encore, mes parfums,
mes miroirs, la vaisselle et les verres de Murano. Je crois même
qu'il m'a envoyé les trois tapis d'Orient dont nous avons recouvert les guéridons de mon cabinet... N'est-ce pas Nys qui avait
acquis la *Cérès* du fils Tintoret, et toutes les toiles que nous
avons achetées à l'ancien ambassadeur d'Angleterre à Venise ?

La conversation prenait le tour sérieux qu'elle revêtait
chaque premier lundi du mois. Milady ne semblait plus se souvenir du début de l'entretien. Elle tendit aimablement le bras :

— ... Mais ne restez pas debout, Mr Coke. Approchez ce
siège, installez-vous ici, à côté de Dyx.

Ce n'était pas pour bavarder qu'il s'asseyait régulièrement
à son chevet. Il venait parler affaires et prendre ses ordres.
Chez Lady Aletheia, la frivolité de la femme du monde côtoyait
la circonspection du chef de bande.

— Ce marchand, Daniel Nys, insista-t-il. Depuis plus de
vingt ans qu'il vit à Venise, personne ne connaît vraiment sa
nationalité. Certains le disent français, d'autres flamand ; le
nom semble hollandais ; il sert de consul aux ressortissants suédois. Allez savoir !... Quoi qu'il en soit, il est fort riche et grand
amateur de peinture.

— J'ai vu, en effet, son portrait gravé par Fialetti dans une
plaquette à la gloire de sa galerie... À moins que ce ne soit

l'architecte Scamozzi qui m'ait autrefois vanté les merveilles de son cabinet...

— La mémoire de Votre Grâce est prodigieuse! Mais la plaquette à la gloire de ses collections, Nys l'a produite lui-même : un document publicitaire qui porte son nom chez ses clients au-delà des frontières. Il reste un négociant qui trafique avec le Levant, un gourmand qui cherche à contrôler tout le commerce des objets de curiosité à Venise. J'ajouterai qu'il vend aux princes italiens, sur une très grande échelle, ce qu'il nous vend à nous. Il fournit la cour de Mantoue en vases, en parfums, en fourrures et en bijoux. Même en négresses et en naines, dont les Gonzague raffolent... Votre Grâce a parfaitement raison de se souvenir de Nys : une personnalité de Venise! Cet homme fraie avec les bas-fonds et les hautes sphères. Il sait les secrets des palais, et s'empare à volonté des trésors qu'ils recèlent. Son réseau d'amitiés – devrais-je dire d'intérêts? – lui permet de s'immiscer partout. Notamment chez les nobles dont les ancêtres se sont constitué une collection... Mr Petty, pour sa part, a réussi à s'introduire chez lui. Ils sont du dernier bien, tous les deux! Le marchand s'en est entiché. Il le prend pour un pigeon à plumer et lui montre ce qu'il espère lui vendre. Bien sûr, Nys prétend qu'il ne lui cédera aucune des œuvres exposées sur ses murs. Il répète qu'elles appartiennent à son cabinet personnel, qu'il est sentimentalement attaché à chacune d'elles, et qu'il ne peut s'en départir. Mais il lui sort son stock. Il doit le conduire en fin de semaine dans sa villa de Murano où se trouvent ses entrepôts ; et chez deux aristocrates de ses amis. Nys touche une commission sur les étrangers qu'il leur amène...

Bien que Lady Aletheia écoutât Coke avec attention, elle ne le regardait plus. Son œil restait fixé sur le lointain pilier de son lit. Elle lui coupa la parole :

— Petty a-t-il déjà rencontré l'agent de Milord Buckingham? demanda-t-elle, changeant brutalement de sujet.

Coke sembla, un fragment de seconde, étonné :

— D'après ses rapports, il le voit chaque jour. Cet homme, du nom de Balthazar Gerbier, est descendu à l'Aquila Nera.

— Il est venu me rendre visite.

— Gerbier, ici !

— « Gerbier », comme vous l'appelez, m'apportait une lettre de son maître... Une recommandation. Autant dire, un ordre de ce parvenu qui n'avait jamais regardé un tableau de sa vie, avant sa rencontre avec mon mari ! De notre fréquentation, Buckingham aurait conçu un amour fou pour la peinture, une passion qu'il prétend effrénée : il veut se constituer une collection ! Il compte sur mon amitié pour que je l'aide à acquérir des œuvres vénitiennes, des toiles de la même facture que les nôtres : il veut des Véronèse, en très grand nombre ; des Titien première manière ; et tous les maîtres du siècle passé... Dites-moi, Coke, ce « Balthazar Gerbier », qu'est-ce que c'est exactement ? Un Français ? Un Hollandais ? Il parle parfaitement l'italien. D'où sort-il ?

— Ses origines sont troubles. Il se prétend gentilhomme et se fait appeler « Gerbier d'Ouvilly », un aristocrate huguenot que les persécutions auraient contraint d'exercer le métier des arts. J'ai vu quelques miniatures de sa main. Il ne manque pas de talent. Il aurait travaillé pour le prince d'Orange. Il se dit architecte.

— *Architecte*, en effet ! Ce Gerbier envisage de construire pour Buckingham une galerie plus longue, plus ample, plus spectaculaire que l'aile d'Inigo Jones à Arundel House. Il se flatte de rassembler pour Milord Buckingham une collection dont l'ampleur et la qualité éclipseront tout ce que l'Angleterre a vu jusqu'à présent. À l'entendre, la demeure des Villiers sur le Strand servira de cadre à ce fantastique ensemble... Et ce rustre vient s'en vanter auprès de moi !... Que veut-il exactement ?

— Que vous lui proposiez de doubler Buckingham et de travailler pour vous.

— C'est bien ce que j'avais compris. Il est bon ?

— Vous parlez de son œil ? Excellent.

— Jusqu'à quel point ?

— Il vaut celui de Nys.

— Achetez Gerbier.

— Cette transaction risque de coûter cher à Milady.

— Peu importe le prix. Passez un accord secret avec Gerbier. Qu'il rabatte pour Lord Buckingham, mais qu'avant de l'alerter sur la qualité d'un tableau, il nous le propose... À nous, le premier choix et la possibilité de refuser.

— L'inconvénient, Milady, c'est que Gerbier n'« alertera » pas Buckingham... Votre Grâce l'a souligné tout à l'heure : le marquis ne s'intéresse pas à la peinture. Il cherche à se constituer une collection, pour asseoir son prestige. Il a donc donné tout pouvoir à Gerbier, afin qu'il s'empare très rapidement des valeurs sûres. Depuis son arrivée, Gerbier n'achète que les tableaux des plus grands peintres. Pas n'importe quelles toiles. Les plus célèbres. En trois semaines, par sa seule présence, il a fait doubler les exigences des vendeurs. Même les petits formats atteignent des sommes vertigineuses. Quand l'œuvre est de premier ordre, quand elle est déjà fameuse, Gerbier paie. Quel que soit le chiffre... Milord Buckingham l'a pourvu de moyens illimités. Il est dangereux.

— Autant de raisons pour l'employer.

— S'il trahit Milord Buckingham, il nous trahira aussi. Gerbier ne sert que ses propres intérêts, Milady. Je le crois si peu fiable que je préférerais n'avoir aucune relation avec lui.

— Malheureusement, Mr Coke, cela ne se peut pas. Les excellents rapports qu'entretiennent le comte d'Arundel et le marquis de Buckingham à Londres exigent que nous affections de seconder ici ses entreprises. Vous allez devoir l'introduire vous-même dans les cabinets de peintures, le soutenir de votre crédit auprès des curieux de votre connaissance, et partager avec lui les mille astuces de votre longue pratique du métier. Au détriment de notre propre collection... Mais le moyen de s'opposer ouvertement aux caprices de Buckingham, l'homme qui gouverne l'Angleterre ? Gerbier ne s'est pas présenté ici porteur de la seule dépêche de son maître. Il m'apportait aussi une lettre de mon mari : Milord Buckingham, contre l'avis de ses partisans, lui a fait officiellement restituer par le roi le bâton d'*Earl Marshal of England* qu'il désirait depuis toujours.

La comtesse n'avait pas besoin de préciser que cette dignité leur donnait non seulement le pas sur toute l'aristocratie, mais deux mille livres de rente par an. L'alliance entre le favori et la vieille noblesse d'Angleterre qu'incarnait la *casa Arundel*, cette alliance entre les deux maisons semblait si étroite qu'en plus de la rente et des honneurs on murmurait à Londres que le marquis de Buckingham allait partager le pouvoir avec le comte d'Arundel : il lui avait promis le gouvernement des Affaires intérieures. À Lord Pembroke, le beau-frère de Lady Aletheia, Buckingham offrait les Finances. Quand Milady parlait d'« acheter Gerbier », elle savait de quoi elle parlait. Sa propre famille ne s'était-elle pas laissé corrompre par les cadeaux de « ce parvenu » ? Le moindre des services qu'elle pouvait lui rendre, c'était en effet de mettre à la disposition de Buckingham l'expérience de Coke, son homme lige à Venise.

— En apparence, vous devrez faciliter toutes les transactions de Gerbier avec le marchand Daniel Nys.

— Milady me permet-elle de les tromper tous deux par l'entremise d'une troisième personne ?

Une expression sévère passa dans les yeux d'Aletheia :

— Je crains que vous ne me proposiez la pire de toutes.

— Je vous propose un homme qui a été formé par le comte et par vous-même. Un intermédiaire anonyme, vierge de toute transaction...

— Nys et Gerbier ne peuvent ignorer que William Petty a été le chapelain d'Arundel House.

— Petty n'a pas fréquenté les cercles de la cour. En Angleterre, il n'a rencontré aucun des agents qui rabattent pour nous. Quant aux amitiés qu'il aurait pu lier à Londres, avec des voyageurs de passage... vous l'avez empêché de sortir de la nursery durant quatre ans ! Qui le connaît en Italie ? Vous avez pris garde d'arriver sans lui à Milan et à Venise. Depuis votre installation, il n'a mis les pieds dans aucune de vos trois résidences. Ni à l'hôtel de Padoue, ni à la villa de Dolo, ni au palais Mocenigo. Ici, parmi les prédateurs de toutes les nations qui rôdent en quête d'œuvres d'art, il passe pour un gentilhomme qui cherche à connaître les merveilles de la ville : bacchanales, petits maîtres et filles de joie comprises... Occupé par l'affaire Buckingham, Nys ne se méfie pas de Petty. Il ne voit en lui qu'un amateur au commerce agréable... Un lettré assez curieux pour partager ses plaisirs. Aussi longtemps que cet étranger l'amusera, Nys se montrera accueillant. D'autant que les deux hommes appartiennent à la religion réformée. Nys fait célébrer chez lui le service protestant. La République ferme les yeux pour des raisons que j'ignore, et Petty prend bien garde de ne pas manquer cette cérémonie secrète du dimanche soir. À celle-ci, comme à toutes les parties fines du marchand, j'ose dire que Petty participe allègrement... Mais Nys, qui fournit en canons les armées du roi de France et celles du roi d'Espagne, le considère comme un plaisantin. Du très menu fretin, comparé à un gros poisson comme Gerbier. La différence entre ses clients anglais, Nys la connaît parfaitement ! Il a pris ses renseignements auprès des banquiers. Les lettres de change, dont Petty est porteur, témoignent de moyens confortables. Et limités. Sa fortune reste cependant bonne à prendre...

— Mais Gerbier ?

— Si Gerbier venait à découvrir les liens qui ont uni, autrefois, Petty à la maison Arundel, il ne s'en inquiéterait guère ! Que pourrait-il sérieusement redouter de ce petit révérend, de cet ancien précepteur ? Que pourrait-il craindre de lui, à l'heure où les maisons de Milord Arundel et de Milord Buckingham sont si étroitement liées ? Que Petty mine ses entreprises ? Qu'il cherche à le doubler, lui, Gerbier, l'agent, le peintre, l'architecte de l'homme le plus puissant d'Angleterre ? Allons donc !... Oui, en admettant même que Gerbier découvre son passé... Comment ce Petty, un paysan des Borders, un homme qui n'a jamais visité l'Italie, qui n'a rien vu, rien connu hors d'Angleterre, pourrait-il, je ne dis pas *choisir* les tableaux, mais démêler les copies des originaux, sur ce marché où les faussaires abondent ? Jamais Gerbier n'envisagerait, fût-ce une seconde, que des connaisseurs de l'envergure de Lord et Lady Arundel confient leurs intérêts à semblable néophyte !

— Et il aurait raison ! Vous rendez-vous compte de ce que vous me proposez ?

— Je crois Petty tout à fait de taille à dévorer des requins tels que Nys et Gerbier. Il sera à la hauteur de la tâche.

— Comment le savez-vous ?

— Je vous répondrai la même chose que lui, quand je lui ai demandé comment il savait que tel buste d'empereur était un faux... Un superbe buste qu'on disait de la collection Grimani, et dont il prétendait, lui, qu'il n'était pas aussi romain, ni aussi ancien qu'il paraissait ; ce même buste dont j'allais découvrir, plus tard, huit exemplaires identiques...

— Et que vous a-t-il répondu ?

— *Je ne le savais pas, je le sentais.*

— C'est un peu court, Mr Coke !

— C'est l'essentiel, Milady.

— J'ai pu juger moi-même de la discrétion et du discernement de Petty à Spa. De là à penser qu'il puisse acheter pour moi... Non, Mr Coke, vous ne m'en convaincrez pas !

— Et pourtant je dirai à Milady qu'en plus d'un œil exceptionnel et d'une oreille très fine, ce garçon possède le nez pour flairer les bons coups qui se montent sous le manteau... Si je dirigeais un réseau d'agents doubles, je l'aurais recruté depuis longtemps : il ferait un excellent espion. Il est imprévisible pour ses adversaires. Il épouse les mœurs du milieu où il s'infiltre. Que demander de plus ? Il a le don d'ubiquité et ne se trouve jamais où on l'attend.

— En effet, Mr Coke. À cette heure, selon vous, Mr Petty flotte dans un canal... À moins qu'il ne coule des jours heureux dans les bras d'une courtisane. Repêchez-le ! Qu'il vienne ici, demain soir, prendre ses instructions. Masqué. Il se préservera des regards en passant par les ruelles à l'arrière du palais... En fonction de l'importance des tableaux que convoite Gerbier, de leurs prix et de l'état des négociations, on lui donnera les moyens de traiter directement avec les vendeurs, derrière le dos de Buckingham. Je suppose que si Nys y trouve son compte...

— Plus que son compte, corrigea Coke.

— ... il fermera les yeux et le laissera faire.

Lady Aletheia et Coke échangèrent un regard entendu. La séance du conseil était close. Coke se leva pour prendre congé.

— Juste un détail, intervint Dyx, juste une question...

Elle arborait un visage sombre qui ne lui ressemblait pas :

— Si, comme Mr Coke le pense, Petty forme avec Nys et Gerbier un parfait trio d'escrocs, quelle assurance aura Milady qu'il ne la double pas ? Il peut fort bien travailler derrière notre dos pour Milord Buckingham ! Qui l'en empêchera ?

*

— Vous avez beau les appeler des « courtisanes », tituba Gerbier, à Venise comme ailleurs, ce ne sont que des putains !

Nys l'avait régalé d'une longue nuit d'orgie chez Veronica Bianco : l'un des plus luxueux lupanars de Venise, un temple de tous les plaisirs sur le quai des Zattere. Les propos de Gerbier dépréciaient son cadeau et manquaient de tact.

— Avouez tout de même que ces dames étaient de premier ordre, hoqueta le négociant. Bonnes musiciennes, très jolies filles...

Fût-il ivre mort, Nys n'acceptait pas qu'on dénigre une marchandise de qualité :

— Lettrées, insista-t-il, raffinées, pleines d'imagination...

— Et vérolées comme les autres, coupa Gerbier.

Saisis par le vent, ils baissèrent leurs masques et s'enroulèrent frileusement dans leurs capes. Deux dominos noirs, identiques.

Même sous le loup, ces hommes se ressemblaient.

De taille moyenne, ils étaient trapus l'un et l'autre. Bruns de cheveux, de moustache et de bouc. Fort coquets de leur personne, quand ils n'avaient pas bu jusqu'à l'aube. Bien mariés dans leur patrie d'élection, Gerbier à Londres, Nys à Venise, ils ne comptaient plus leurs nombreux enfants.

En dépit de la différence d'âge – Gerbier n'avait pas trente ans et Nys dépassait la quarantaine –, leur enthousiasme pour la vie, la fermeté de leurs certitudes, le charme de leurs discours leur conféraient un pouvoir de séduction auquel nul ne restait insensible. Le jeune Gerbier pouvait se montrer aussi flatteur que grossier. Mais quand il voulait plaire, il poussait l'obséquiosité jusqu'à la flagornerie ; et le bagout jusqu'à l'emphase. Nys savait faire preuve de plus de subtilité dans l'éloquence. Il se donnait des allures d'honnête homme, sérieux en affaires, sincère en amitié. En commun, les deux aventuriers avaient le sens aigu de leur intérêt, un manque absolu de scrupules, de rapides réflexes de défense. Pour arriver à leurs fins, ils débordaient d'imagination ; et rivalisaient d'audace à la perspective d'un bénéfice.

Côté faiblesses, Nys avait la folie des grandeurs. La location de vingt filles pour impressionner un gros client, les plus chères de Venise durant huit jours et huit nuits, était un trait typique de sa mégalomanie. Gerbier, quant à lui, demeurait un hypocondriaque, que ses pérégrinations n'avaient jamais distrait du souci de son bien-être. En battant la semelle devant le palais de la Bianco, théâtre de leurs débauches, il se désolait :

— J'ai eu la légèreté de prendre la petite Fiammetta sans cuirasse... Elle m'avait juré qu'elle était saine, j'enrage de l'avoir crue ! La dernière fois que j'ai baisé une catin sans cuirasse, elle m'a laissé une galanterie qui m'a duré six mois... Où est passé ce diable de Petty ?

Gerbier se retourna vers la porte. Leur compagnon les faisait attendre... Certes, Petty aurait eu tort de se priver. Il buvait la coupe des plaisirs que leur offrait Nys, jusqu'à la lie... Quand même, il pourrait se hâter ! Gerbier craignait de prendre froid.

Les souvenirs de cette délicieuse semaine le détournèrent un instant de son inquiétude. Combien de fiasques avaient-ils bues, à eux trois ? Un nombre impressionnant. Et les filles ? Combien de filles par personne ?

Nys l'interrompit dans ses calculs.

— Inutile de l'attendre. Il se fera laver et raser ici... Ce Petty a beau prétendre qu'il échangerait toutes les putains du monde contre un joli petit tableau, c'est un libertin qui ne se trouve vraiment chez lui qu'au bordel. Rentrons... Il nous rejoindra plus tard.

— Comme vous y allez, signor Nys ! protesta joyeusement une voix derrière eux.

Ses bottes à la main, sa cape sur le bras, Petty émergeait du palais. Il semblait aussi épuisé qu'hilare. Manifestement, il sortait tout droit d'une étreinte.

Ébouriffé, il enfonça son chapeau jusqu'aux yeux.

— Masquez-vous, ordonna Nys... À cette heure, Venise devient dangereuse.

Le marchand fit signe aux trois sbires qui l'attendaient à l'angle du canal. Cette petite troupe de spadassins à sa solde l'escortait toujours à travers la ville. Elle lui emboîta le pas.

Les trois compères disparurent dans le petit matin.

*

— D'où sortez-vous ?

Dyx, agenouillée sur un prie-Dieu, au deuxième rang du transept de San Samuele, le regardait de côté. Elle avait l'œil mauvais sous sa mantille. Depuis le mois de mars, il la rejoignait ici chaque jour, à l'heure de la sieste. C'était le seul moment où Lady Aletheia se concédait quelque repos.

— Du palais Priuli, chuchota-t-il. J'y ai vu quelque chose dont je dois entretenir Milady.

Il restait debout derrière elle, un peu décalé.

— Coke a dit que vous fréquentiez des femmes...

— Des femmes ? Plût au Ciel ! Vous en avez vu, vous, des femmes à Venise ? Derrière leurs jalousies, elles sont plus enfermées que les sultanes d'un harem... Même ici, on n'en rencontre pas.

Il jeta une œillade alentour. Dans la pénombre, personne... Ce n'était certes pas pour la splendeur de son abside gothique, pour ses marbres et ses ors, qu'ils choisissaient San Samuele comme théâtre de leurs rendez-vous. Battu par les vents du Grand Canal, plein de courants d'air, le lieu présentait l'avantage pour Dyx d'être peu fréquenté et de se trouver à deux pas du palais Mocenigo.

— ... Parmi toutes les beautés de Venise, vous êtes la seule femme qui pourrait m'attirer dans l'église la plus sinistre !

— Vous savez très bien de quoi je parle...

— Non, je ne le sais pas.

— Milady est outrée ! Elle compte vous renvoyer en Angleterre, et je m'en réjouis ! Vous devriez avoir honte.

— Et de quoi ?

— ... Pour un protestant, c'est particulièrement honteux !

— Qu'est-ce que cela peut vous faire, à vous Dyx, une catholique, la façon dont se perd un hérétique ?

— Taisez-vous. Vous devenez sacrilège !

— À vos yeux ne suis-je pas déjà damné ? Un peu plus, un peu moins...

— Vous brûlerez en enfer !

— En attendant, organisez-moi une entrevue avec Sa Grâce.

— Milady ne vous recevra pas.

— Je dois la voir ce soir. Le temps presse.

— Vous resterez dehors, j'en fais mon affaire.

— Mais pourquoi ?

Elle prit un air buté et ne répondit pas.

La vérité était que Dyx se trouvait à San Samuele précisément pour organiser la rencontre projetée par Coke et Lady Aletheia. Mais les propos qu'elle avait entendus la veille sur Petty continuaient d'indisposer la jeune femme. Vindicative, elle inventait mille difficultés.

— Que vous ai-je fait ?... Pourquoi cette colère contre moi ? répéta-t-il.

— Vous êtes différent de ce que je croyais.

— Et que croyiez-vous donc ?

— Que vous étiez sobre... austère... intègre. En réalité vous n'êtes qu'un ambitieux. Et un hypocrite !

— Je suis navré que vous puissiez me juger si durement.

— Navré, vraiment ?

— Vous êtes ma seule amie, Dyx... Je n'ai confiance qu'en vous.

— Le commerce avec des intrigants déteint sur votre vocabulaire !

— Mais que vous arrive-t-il ? Vous savez que vous m'êtes infiniment chère ! La plus précieuse entre toutes les femmes...

— *Toutes les femmes ?* Encore !... Vous parlez comme un vil séducteur. Au fond, Mr Petty, malgré vos airs de savant, vous êtes un fat.

Jusqu'à présent, le contentement de soi n'avait pas été le défaut majeur de Will Petty. Ni la coquetterie... D'autres péchés, sans doute, l'orgueil, la colère, la luxure, d'autres remords pouvaient lui bourreler la conscience. Aujourd'hui, pourtant, son pourpoint de soie noire, ses manches bouffantes et moirées, son grand col de dentelle lui causaient un plaisir exagéré ! C'était du moins l'avis de Dyx. La fière apparence de Mr Petty lui montait à la tête. Comment expliquer autrement le rayonnement de toute sa physionomie ? Un vaniteux.

Dyx ne se trompait pas de beaucoup. Il arrivait que, dans les canaux de Venise, Will tombât en extase devant sa propre image : son reflet ne lui renvoyait-il pas le portrait d'un Italien ? Cette évidence le ravissait ! Avec ses yeux très sombres, ses sourcils bien arqués, ses boucles brunes, et la courte moustache qui encadrait ses lèvres charnues, il semblait plus vénitien qu'un autochtone. Aucun doute : il était ici chez lui. De cette découverte, il tirait un délicieux sentiment d'appartenance, qu'il n'avait connu nulle part ailleurs... En outre, les avantages de n'être pas remarqué comme un étranger dans les lieux publics ne se comptaient plus : son physique lui facilitait diablement les affaires !

Il se signait devant les statues de la Madone à l'angle des rues, se découvrait devant les calvaires, franchissait le porche des églises sur son passage, juste quelques secondes, le temps d'y faire ses dévotions. Quant à Dyx, qui s'enfuyait du palais Mocenigo pour le rejoindre au pied des autels, il la trouvait charmante ! Il ne goûtait rien tant que leurs rendez-vous galants devant les Saintes Vierges.

La fréquentation quotidienne des courtisanes lui ôtait toute tentation de lui manquer de respect. Et les bonnes grâces de sa logeuse, l'aubergiste de l'Aquila Nera, achevaient de le rendre parfaitement heureux. Il n'éprouvait donc aucun besoin de pousser le badinage jusqu'à la prise de possession.

Non que Dyx ne lui semblât désirable. Elle lui plaisait : il se tenait à sa disposition et guettait son signal pour passer aux choses sérieuses. Un jour ou l'autre, ils partageraient ce que la vie avait de meilleur à offrir. En attendant, ils jouaient et flirtaient légèrement.

Avec pudeur et prudence, ils recherchaient la compagnie l'un de l'autre et, dans les moments difficiles, se témoignaient par un regard complice, par un mot affectueux, leur approbation ou leur soutien. Ils se taquinaient, se moquaient de leurs travers respectifs et, sous couvert de passes d'armes, se confiaient certaines de leurs pensées. Ils se voyaient beaucoup. Ni Coke, qui avait souvent utilisé Dyx comme messagère auprès de Petty, ni Lady Aletheia, qui l'avait rendue témoin de ses injustices à Londres et à Spa, ne se doutaient de leur degré d'intimité.

Mais cette relation devenait plus conflictuelle avec le temps. Et Will se désolait de ces étranges sursauts d'agressivité qui agitaient leur amitié.

L'idée qu'il aurait pu s'éprendre de Dyx, tomber vraiment amoureux d'elle, ne lui venait pas. À ses yeux, la charmante Dyx était une femme mariée, l'épouse de l'intendant d'Arundel House... Point assez coquette et séductrice pour susciter une passion. Ni assez froide et mystérieuse pour le faire rêver... Et Dyx, l'aimait-elle ? Il était trop occupé ailleurs pour se poser la question.

Chaque seconde en Italie lui causait un choc affectif. Et parmi toutes ses émotions, la jouissance la plus violente restait son occupation quotidienne : l'exploration des cabinets de curiosités. S'il avait pu croire que l'étude de l'histoire grecque, l'amour des tableaux et l'intérêt pour les bizarreries de la nature requéraient des sensibilités distinctes, il prenait dans les demeures de Venise, de Vicence, de Vérone, de Padoue, de Trévise, de Rovigo, de Brescia, la mesure de ce que les princes de la Renaissance entendaient par le mot « collection » ! Les recommandations de Nys et des nobles érudits rencontrés dans les académies littéraires lui ouvraient les portes de ces résidences aristocratiques. Intendants, majordomes ou laquais lui faisaient visiter les salons. Ses guides s'éclipsaient quelquefois, le laissant libre de découvrir à sa guise les mystères de la maison.

Longeant alors les volières pleines d'oiseaux, Will s'enfonçait entre les colonnades des jardins dans le parfum des cèdres, des orangers et des jasmins. Son regard déchiffrait les inscriptions latines scellées dans les murs du *cortile*, caressait les statues qui se dressaient au fond des niches. Tous les héros et les dieux de l'Antiquité scandaient les degrés de sa lente ascension vers les trois salons en enfilade du *piano nobile*. Là, il embrassait d'un seul coup d'œil la peinture des siècles passés. Un avant-goût de ce qui l'attendait dans la quatrième salle : les splendeurs de l'univers entier...

Sur les parois du *studiolo*, le cœur secret du palais, la terre serait peinte à fresque. Au plafond : l'air et les différentes régions de la voûte céleste. Puis la Lune, Mercure, Vénus et le Soleil. Ensuite, les neuf chœurs des anges et des bienheureux. Tout en haut : la Sainte Trinité. Et dans les six caissons de la corniche : Dieu. Dieu omniprésent. Dieu créant le monde en six jours. Le visible et l'invisible. Posséder un échantillon de ce que la Création compte de plus étrange, de plus rare, de plus parfait, dans tous les domaines, telle était l'ambition encyclopédique qui se cachait ici, derrière les portes peintes de ces mystérieuses armoires, sur les étagères des buffets, dans les tiroirs et les compartiments de ces cabinets d'ébène. Une salamandre enfermée dans un bloc d'ambre. Des dents, des ongles d'animaux inconnus. Une huître avec trois perles. La trace de poissons pétrifiés au fond d'étranges minéraux. Des pierres précieuses. Des camées antiques. Et puis des fragments de mosaïque, des pièces de monnaie, des bas-reliefs, arrachés par les Romains aux temples d'Asie Mineure.

Admirer, dans un même lieu, toutes les expressions de l'Art, de la Nature et du Temps aurait donné à quiconque le vertige... Quant à s'en emparer !

*

Dans le clapotis de la nuit vénitienne, une gondole remontait le Grand Canal. Elle frôla les murailles sombres des palais, puis longea l'interminable façade du palais Mocenigo. Un feu noir, le reflet des torchères, de toutes les flammes qui embrasaient les fenêtres, dansait sous la proue. La comtesse donnait un banquet.

Glissant silencieusement, la gondole dépassa l'antre du porche où tanguaient les embarcations des invités, poursuivit sa route et bifurqua à gauche dans un canal en amont.

À l'angle du rio Ca'Garzon et de la piscina San Samuele, une silhouette sauta sur le quai. Will Petty. Il arborait le domino, le capuchon et le masque noir : l'uniforme de Venise. Ni la fraîcheur de la saison ni les exigences du carnaval ne justifiaient ce travestissement. Ce n'était pas pour protéger leur teint des intempéries, comme à Londres, que les Vénitiens, hommes ou femmes, dissimulaient leurs traits à toutes les heures du jour et de la nuit... Mais bien pour vaquer à leurs petites affaires, dans le secret de l'anonymat.

Les espions de la République infestaient la ville. Inutile de donner prise à leur curiosité. Même le marchand Daniel Nys ne visitait les palais et les cabinets de peintures qu'incognito et masqué. Les propriétaires ne s'offusquaient pas de cette façon de se présenter. Et pour cause ! Ils le recevaient dans le même costume. La tradition interdisait aux citoyens nobles de morceler leur patrimoine. Quel père, quel frère, quel membre d'une illustre lignée se permettait de céder un bien de famille ? Sous le loup, mystère. Acquéreurs et propriétaires s'assuraient de leurs identités respectives en recourant aux services d'informa-

teurs et de limiers à leur solde : pratiques banales de l'espionnage au quotidien.

Quant au danger des déplacements dans Venise, Nys ne
l'avait pas exagéré en décrivant la ville comme un coupe-gorge.
Des bandes de sicaires, les *bravi*, gorilles chargés de la sécurité
des patriciens, rançonnaient les passants qui s'aventuraient
dans leur quartier. Armés de poignards, masqués eux aussi, ces
agresseurs sans visage n'avaient pas à craindre d'être reconnus
et dénoncés.

Will, pour sa part, s'enfonçait dans le dédale des ruelles et
des ponts. Il avait fini par obtenir de Dyx un schéma de la
configuration du palais. Un plan compliqué. La propriété de la
famille Mocenigo dans le quartier de San Samuele comportait
trois édifices distincts, occupés par différentes branches.
Lady Arundel n'en louait qu'une partie : le bâtiment le plus
moderne, entre la Casa Nuova et la Casa Vecchia.

Il ne se dirigea pas vers la minuscule porte que Dyx lui
avait indiquée à l'arrière de l'aile droite. Il prit même bien
garde de ne pas s'en approcher.

Il travailla d'abord à semer dans les campi Morosini, San
Vidal et San Samuele les indicateurs éventuels. Il connaissait
assez la ville pour ne rien laisser au hasard. Non qu'il craignît
quelque chose de ses compères. À cette heure, dans les
chambres de Fiammetta et de Costanza, Daniel Nys et Balthazar Gerbier cuvaient leur vin. *In memoriam* de leur dernière
nuit chez elle, la Bianco s'était surpassée : un feu d'artifice de
tous les plaisirs. Cet ultime embrasement, au terme d'une
semaine d'excès, les laisserait hagards. Quant à Mr Petty, il
avait donné assez de preuves de son enthousiasme pour que ses
compagnons le laissent jouir en paix du coup de grâce, dans les
bras veloutés de Veronica.

La main sur sa dague, toujours prêt à la fuite, il tournait en
rond. Il n'était pas pressé d'arriver. Jusqu'à l'aube, la comtesse
allait le faire attendre. Il avait l'habitude de ces antichambres
où elle l'oubliait. Comme à Spa ! Ce soir, Milady allait devoir se
débarrasser de ses hôtes avant de le recevoir... Si elle le recevait.

Chapitre 6

PORTRAITS DE FEMMES
AVRIL 1621-AVRIL 1622

20. *Palais Mocenigo, avril 1621*

— Ah, vous voilà donc, Mr Petty !

Troublant le silence de la nuit, la comtesse avait fait irruption.

Elle se dressait devant lui, les bras grands ouverts, les mains posées sur toute la largeur de son vertugadin. La mosaïque de glaces, qui constituait les grands miroirs du cabinet, fragmentait sa robe luisante, constellée de perles et de gouttes de jais.

Will, qui commençait à s'assoupir, avait sauté sur ses pieds.

Leurs reflets se confondirent un instant, la silhouette noire de Will brisant l'éclat blanc de l'immense col de dentelle qu'elle portait à la verticale dans la nuque. Elle bloquait de ses jupons l'entrée du cabinet, et semblait vouloir lui couper la route. Sous le chambranle de la porte, dans l'encadrement rouge du porphyre, Milady évoquait une idole outragée, l'incarnation de quelque courroux divin.

Elle avait dû s'ennuyer ferme, ce soir, avec ses amis les jésuites. À moins que la sévérité de son expression ne traduisît la colère évoquée par Dyx le matin même à San Samuele.

— ... L'indulgence que je vous ai témoignée depuis votre entrée à mon service, vociféra-t-elle en italien, la bonté dont je vous ai toujours gratifié me forcent à vous demander raison de votre inqualifiable silence et de vos disparitions.

Depuis qu'elle fréquentait les académies littéraires de Venise, Milady usait du beau langage. Elle pouvait même s'exprimer en vers. Mais chez elle l'affectation durait peu. Elle coupa court et, repassant à l'anglais, ordonna sèchement :

— J'écoute ce que vous avez à me dire... Hâtez-vous. J'ai peu de temps.

Dans un interminable coup de chapeau, il la salua jusqu'à terre, et se garda de répondre que, pour sa part, il avait passé la nuit à l'attendre et n'était pas pressé. S'alignant sur le registre de son noble discours, il commença :

— Je ne prendrais pas la liberté d'avouer à Milady que je l'honore à l'extrême et que je l'aime autant, si l'intérêt de Milady ne m'y forçait...

Une lueur brilla dans l'œil de Will. Il lui témoignait son respect, son admiration, son amour et sa fidélité comme devait le faire un serviteur dévoué. Il rendait hommage au rang et à la beauté de Sa Grâce, en courtisan bon teint. Se satisferait-elle de ce préambule ?

Elle resta de marbre... Mr Petty avait « pris du monde », leur séjour à Spa l'avait dégrossi, Milady en convenait volontiers. Mais elle remarquait surtout qu'après avoir sacrifié aux exigences les plus élémentaires de la courtoisie il se hâtait d'abandonner les fioritures. Il retrouvait son air narquois... tellement exaspérant !

Il coupa court, lui aussi :

— ... Bref, trois collections dans trois maisons particulières valent la peine que Milady m'entende. Je commencerai toutefois par ce que j'ai vu ailleurs.

— Où ?

Dyx ferma précautionneusement les deux battants des hautes portes d'ébène, posa son flambeau sur la console, avança un siège où Milady prit place.

Elle-même resta debout derrière le fauteuil. Will, devant.

— Le mercredi des Cendres, j'ai été conduit à Murano par un verrier auquel Milady avait acheté quelques coupelles dans le passé. Un ancien fournisseur de Nys, brouillé avec lui aujourd'hui. Il m'a introduit dans un couvent de religieuses et m'a montré, accrochée dans le réfectoire, une toile de Véronèse, représentant *Les Noces de Cana*, si fabuleusement conservée qu'elle pourrait avoir été faite ce matin...

Il marqua une pause, avant de conclure avec légèreté :

— L'abbesse, très fière de ce tableau, n'a, semble-t-il, aucune intention de le vendre.

— Elle est riche ?

— Sa cellule, que le verrier m'a fait secrètement visiter pendant qu'elle était à matines, se trouve fort ornée. Elle possède de précieux objets de dévotion et de très beaux meubles.

— Une abbesse bien pourvue ne vend pas : vous nous faites perdre notre temps, Mr Petty!

— Le verrier, qui paraît fort de ses amis, m'a présenté à son confesseur... Un pauvre capucin, victime d'un affreux chantage pour quelques dettes de jeu. Si la Providence pouvait le tirer de ce mauvais pas, le saint homme se ferait fort de vaincre les scrupules de sa pénitente.

— Et comment, s'il vous plaît? s'insurgea Dyx.

— La vanité est un très vilain défaut chez une religieuse, Mrs Dyx. L'abbesse, qui contemple son Véronèse à chaque repas durant le saint carême, qui admire les costumes des mariés, le moelleux des soies et des brocarts, toute cette argenterie, ces somptueuses aiguières immortalisées sur la toile, ces coupelles, ces hanaps, s'éloigne de Dieu et pèche gravement. Elle reste beaucoup trop attachée aux biens de ce monde. Beaucoup trop orgueilleuse de ses propres richesses ici-bas, pour passer de vie à trépas dans des conditions acceptables. *Heureux les pauvres*, Mrs Dyx!... Depuis quelque temps elle se croit malade, elle a peur de la mort : l'absolution pourrait bien lui être refusée, si elle ne fait rapidement pénitence en renonçant à la pompe et au luxe de son réfectoire...

— Vous avez obtenu le tableau? coupa Milady en foudroyant sa lectrice du regard pour qu'elle n'intervienne plus.

Will continua, tranquillement :

— Milady n'est pas sans savoir qu'il est interdit aux couvents de Venise de vendre des biens d'Église... En admettant que les exigences de sa conscience triomphent de la frivolité de l'abbesse, il nous faudra encore sortir la toile du couvent. Puis de Murano et de Venise.

— À quel prix estimez-vous ce Véronèse, Mr Petty?

— Le verrier et le confesseur en demandent cinq cents ducats. Trois cents ducats iront au couvent. Cent ducats pour chacun d'entre eux.

— Si ce Véronèse est aussi grand et aussi beau que vous le dites, le prix reste extrêmement raisonnable...

— Mes courtiers sont de fort honnêtes gens, railla-t-il, nous sommes bien d'accord sur ce point, Milady. Je me suis donc engagé auprès d'eux et je n'ai pas discuté leur commission. Mr Coke vous dira ce qu'il pense du résultat.

— Il cautionne vos tractations ?

— Hier les *Noces* se trouvaient chez vous, à Padoue.

— Vous avez acheté sans mon ordre !

Jamais, de toute sa vie, Lady Aletheia n'aurait pu concevoir qu'on bafoue son autorité de façon si spectaculaire. Elle en demeurait confondue.

— Nous devions faire vite, Votre Grâce.

— Avec quel argent ?

— Le vôtre, Milady.

— Coke s'est permis de...

Stupéfiée par tant d'insolence, elle en perdait le souffle. Complaisant, Will acheva sa phrase :

— ... toucher les lettres de crédit sur votre banquier à Venise ? Oui, Milady. Pardonnez-lui, pardonnez-moi, pardonnez-nous : notre rapidité à payer comptant, sans passer par Nys, reste notre seule supériorité sur un homme comme Gerbier. Mais rassurez-vous, j'ai déjà revendu le tableau au triple de ce qu'il vous a coûté.

— Revendu mon Véronèse !

Elle s'était levée. L'incompréhension, le courroux, la révolte explosaient dans ce cri.

Debout, se faisant face, ils se mesurèrent un instant.

En entendant sonner trois heures au cartel, Dyx crut entendre sonner le glas de la carrière de Mr Petty.

— La vérité, Milady, était que vous possédiez déjà à Arundel House un tableau de la main du maître qui date de la même période. Même sujet, mêmes dimensions, même nombre de personnages. Le tableau de l'abbesse n'ajoutait rien à la collection.

— Alors pourquoi cette hâte à conclure ?

Perdue dans les méandres d'une chasse qu'elle ne conduisait plus, Milady cédait à la curiosité.

C'était l'occasion qu'attendait Petty pour s'expliquer :

— Chez nous, à Londres, nous possédons quatre Titien, trois Véronèse, cinq Tintoret...

Il s'enflammait. Elle profita de cette envolée pour reprendre ses esprits, et le laissa dire.

— ... deux Bassano et, si je ne me trompe, trois Palma le Jeune. Mais dans nos galeries...

— *Nos* galeries, Mr Petty ?

Elle ricana :

— Dyx, vous l'entendez ? *Nous possédons...*

Ignorant l'interruption, il se reprit avec calme :

— ... Dans vos galeries, possédez-vous une œuvre de Giorgione ?

— Vous savez très bien que non ! Ses toiles sont rares, introuvables... Les Vénitiens assez bénis du Ciel pour posséder un Giorgione ne s'en départent jamais. Même le marchand Bartolomeo della Nave, un collègue de votre ami Nys, qui en possède huit, refuse d'en vendre un seul !

— *I beg your pardon, Milady* : della Nave possède aujourd'hui sept Giorgione. Ses *Femmes au bain* ont disparu, remplacées sur son mur par des *Noces de Cana*, le seul Véronèse qui traite de ce sujet dans sa collection. Une œuvre splendide.

L'esprit en alerte, méfiante, tendue, elle le fixait de ses yeux noirs. Leurs regards restèrent un instant accrochés l'un à l'autre.

— Le Giorgione dont vous me parlez, demanda-t-elle avec prudence, les *Femmes au bain*, il s'agit d'une sorte de fête champêtre, n'est-ce pas ?

Il sentait monter le désir de Milady : elle avait vu le tableau. Il se garda d'opiner.

— ... Deux femmes nues dans un paysage ? insista-t-elle. L'une est assise de dos. Elle tient une flûte dans la main droite. L'autre, debout au premier plan, s'appuie sur la margelle d'une fontaine... C'est cela ?

Elle vibrait d'impatience. Il ne bougea pas. Il la tenait. Elle demanda encore :

— ... Ce serait ce chef-d'œuvre qui a inspiré toutes les bacchanales de Titien ?

— Peut-être, concéda-t-il.

— Dans l'herbe, un homme, coiffé d'un béret cramoisi...

— Nous parlons bien du même tableau.

— Et vous l'avez payé...

— En nature. Avec le Véronèse.

Elle baissa la tête et demeura un moment silencieuse. Puis, dans un sourire où l'incrédulité le disputait à la joie, elle s'enquit de nouveau :

— Et le marchand della Nave a accepté l'échange ? Mais c'est une folie ! Je le croyais malin. Pourquoi aurait-il fait cela ? Non seulement il y perd, mais il prend un risque absurde... Imaginez qu'un prélat, visitant son célèbre cabinet comme je l'ai fait moi-même, comme le font tous les amateurs de passage à Venise, reconnaisse le Véronèse pour un bien d'Église ?

— Comme la plupart des amateurs, le signor della Nave veut ce qu'il ne possède pas : Votre Grâce ne peut que comprendre semblable exigence... Il avait *besoin* de ce Véronèse-là pour donner tout son sens aux autres Véronèse de sa collection. Certes, cette toile pourrait lui causer quelques ennuis. Quant à récupérer son Giorgione...

Se rasseyant, elle se carra dans son siège.

— Della Nave n'a aucune idée de la personne avec laquelle il l'a échangé ?

— Aucune. La transaction s'est faite par son barbier, un homme qui rase les fils et les neveux du doge, notamment l'Illustrissimo Signore Michiele Priuli... Ainsi que votre serviteur.

— Et Gerbier ?

— Ah non, que je sache, mon barbier ne rase pas Gerbier.

— Cessez vos pitreries, Mr Petty !

Il poussa un soupir et reprit avec sérieux :

— Gerbier fait des offres à della Nave et au signor Priuli, des offres qu'ils ne peuvent refuser. J'ai le regret de devoir avertir Milady que, par l'entremise de Daniel Nys, Gerbier a pu enlever à l'un des palais du doge Antonio un Titien spectaculaire et trois Tintoret de grande qualité. Mais le temps joue contre lui. Il doit bientôt regagner l'Angleterre. Il est pressé. Demain, il prend la barque de Padoue, et de là une voiture pour Rome. D'après ce que je sais, il compte y acquérir des toiles de Guido Reni. Il sera parti environ deux mois, avant de repasser par Venise et d'embarquer son butin de Livourne... Gerbier ne devrait pas nous abandonner le terrain. Je lui prépare, en son absence, un tour de ma façon.

Elle lui jeta un regard complice, presque affectueux :

— Placez ce drôle devant le fait accompli. Comme vous savez si bien le faire avec moi... Et vous viendrez chaque soir me rendre compte de vos affaires.

L'entretien était clos. Elle se leva. Il esquissa un salut.

— Milady est trop bonne... Mais *chaque soir* me paraît un rythme excessif.

Lady Aletheia blêmit. Un nouveau coup, en plein cœur. Elle était si surprise d'un tel refus, si choquée de la réaction de cet homme, ce serviteur, que Dyx la crut au bord de l'attaque de nerfs. Ce serait la seconde explosion de la soirée. Et la dernière causée par William Petty. Il ne remettrait plus les pieds au palais Mocenigo. Ni à Arundel House. Ni à Cambridge. Ni nulle part ailleurs en Angleterre ou en Italie.

Sans lui donner le temps de réagir, il s'expliqua. Un déluge de paroles :

— Gerbier n'a pas encore fait le lien entre ma présence à Venise et mon attachement à votre personne. Mais il le fera. L'important, c'est qu'il comprenne le plus tard possible que je vous appartiens. Une visite quotidienne au palais Mocenigo multiplierait les risques d'être surpris par les limiers de Nys. Si Votre Grâce m'y autorise, je me rendrai chez elle, de nuit, chaque premier jeudi du mois. En attendant...

D'un geste bref, il fit sauter de son épaule le long carquois qu'il tenait caché sous sa cape.

Et mit un genou en terre.

En cet instant, Dyx jugea Mr Petty plus que distrayant. Dangereux. Redoutable. Le diable en personne. Lady Aletheia ne se rendait pas compte à quelle sorte de tentateur elle avait affaire !

Souriant, il lui présenta son offrande :

— Le Giorgione de Milady.

Elle s'en saisit. La toile, roulée dans ce tube de bois, devait mesurer un mètre trente sur un mètre. Un grand tableau.

Ouvrant d'une poussée les deux portes du cabinet, elle alla étaler son trophée sur les marbres de la vaste table du salon. Dyx se saisit du flambeau et lui emboîta le pas.

Pendant qu'à la lueur des bougies les deux femmes se penchaient sur les *Femmes au bain*, Mr Petty se retira. Et disparut.

Il laissait toutefois dans la chambre aux miroirs le produit de ses derniers travaux. La liste des « objets de vertu » qu'il avait admirés chez les peintres et les amateurs de la Sérénissime. Une liasse d'inventaires, avec ses estimations et quelques commentaires sur les conditions d'achat qui ne manqueraient pas d'intéresser Milady...

Parmi les œuvres, il lui abandonnait le privilège du choix.

21. *Palais Priuli, avril 1621*

— ... Mr Gerbier vous en a proposé cinq cent cinquante ducats ? s'enquit Will, dubitatif. C'est une jolie somme. Et pourtant !... Comme vous, Excellence, j'aurais du mal à me séparer d'un tel chef-d'œuvre...

Pour mieux admirer le tableau, il avait, dans le feu de l'émotion, ôté son masque. Il se tenait appuyé à la console, le visage tendu vers un portrait, une dame aux seins nus, peinte à mi-corps, accrochée depuis près d'un demi-siècle au fond d'une encoignure du palais Priuli.

— ... Ce tendre mamelon, sensuellement blotti dans la soie... Cet empâtement du pinceau, si moelleux, qui rend la chair féminine avec tant de force. Regardez ces coups de brosse, si libres, si tactiles... Il ne s'agit plus là de fiction picturale, mais de vérité naturelle.

C'était à la sortie du bordel, en compagnie de ses compères, Nys et Gerbier, qu'il avait pour la première fois visité ces salons. Il y était revenu à plusieurs reprises, seul. Sa réputation d'érudit et de dilettante, d'outsider qui n'avait pas les moyens d'acheter les grands maîtres mais qui s'y entendait, le rendait souvent indispensable aux greffiers incultes, chargés d'établir les inventaires après décès. Aujourd'hui, comme les autres jours, il émerveillait de son savoir l'homme de confiance des Priuli, un noble sénateur qui, sur les ordres secrets de Sa Seigneurie Michiele Priuli, parent du doge, avait pris le risque de céder ce *Portrait de femme* à Balthazar Gerbier. Une inquiétude rétrospective forçait le sénateur à mieux s'informer, en écoutant l'avis d'un autre Anglais, grand amateur de peinture.

— ... Il est tout particulièrement beau, votre Giovanni Bellini, conclut Will avec sérieux. Cinq cent cinquante ducats, dites-vous ? J'espère qu'il les paiera... Ce serait dommage... Cette toile les vaut largement.

— Mr Gerbier dispose d'un crédit illimité sur la banque Giustiniani, assura son malheureux interlocuteur.

— C'est ce qu'il vous a dit ?

— Le signor Nys s'en porte garant.

— Le signor Nys a sans doute intérêt à l'affaire ?

Le sénateur, un petit homme maigre, semblait écrasé sous les hauteurs de plafond, sous les immenses fresques, les corniches de marbre, les lustres bariolés, la débauche de marqueterie et de tableaux encastrés dans les murs. Vêtu sobrement, il retrouvait l'austérité, voire la frugalité, des grands dignitaires de l'État, quand ils cessaient d'être en représentation. Rien dans sa modeste apparence ne le distinguait de l'aventurier William Petty.

— Nous n'avons pas évoqué les conditions du signor Nys, dit gravement le sénateur.

— Nys aimait beaucoup la petite statue de bronze là-bas, le Jean de Bologne, sur la table du *studiolo*, n'est-ce pas ?...

Excellence, je vais être tout à fait franc avec vous... De votre maître, l'illustrissime seigneur Priuli, Nys obtiendra, si la transaction se fait, la statue qu'il convoite. Et de Mr Gerbier : dix pour cent du prix de vente. Soit cinquante-cinq ducats. Vous comprendrez que Nys, un homme par ailleurs délicieux, un intermédiaire très honnête, vous pousse à vendre à n'importe qui. Mais ne vous pressez pas. Prenez tout votre temps. Renseignez-vous... Je crains que le crédit de Gerbier ne soit pas aussi solide que vous le pensez. J'ai même connu quelques cas...

« Le diable en personne » ! Si Dyx avait pu le juger dangereux pour l'âme de Milady – redoutable pour sa propre vertu peut-être ? –, Dieu seul sait ce qu'elle aurait pensé de son talent d'acteur en le voyant à l'œuvre. Conseiller, confident, expert, il prenait toutes les formes, incarnait tous les rôles. Menaçant, rassurant, affolant, raisonnable, il se coulait d'un personnage à l'autre. Sa virtuosité à jouer des émotions de la partie adverse, à parcourir en quelques secondes la gamme complète du sentiment, en faisait un manipulateur de premier ordre. Il le savait et donnait libre cours à son invention. Mais il ne perdait jamais de vue l'enjeu de ces mises en scène. Il voulait ce Bellini avec passion. Et quand un tableau lui plaisait, il en devenait fou !

Si d'aventure un autre acquéreur le prenait de vitesse dans ses négociations, si Nys, Gerbier, l'agent de l'ambassadeur d'Espagne ou celui du roi de France lui ravissait l'objet de ses convoitises, la rage et la frustration de Will n'avaient d'égale que sa fureur de gagner. Même quand il aurait pu se croire vaincu, il revenait à la charge. Son absence de scrupule, son audace et son sans-gêne prenaient alors une dimension qui rivalisait avec les méthodes de Lady Arundel. Elle usait de la force pour monter à l'assaut. Il préférait la souplesse. Mais leur ténacité à tous deux finissait par emporter l'adhésion et balayait tous les obstacles.

Sur la comtesse, Will gardait toutefois une supériorité : il combattait pour l'honneur, car il ne posséderait jamais ni le tableau ni la statue. Chez lui le désir était sinon gratuit, du moins désintéressé.

Certes, il escomptait que ses travaux lui rapporteraient la confiance, le respect, l'admiration de ses employeurs, et que Milady le paierait de retour en le laissant chasser sur le terrain de son choix : l'Italie entière ! Mais il restait libre devant la beauté. Un plaisir des sens. Une volupté immédiate, fulgurante et totale. Un étonnement constant. Une jubilation intime qu'il ne partageait avec personne... En acquérant pour Arundel House le merveilleux *Portrait de femme* de Bellini, il nouait une liaison amoureuse avec l'œuvre. Sans la garantie de fidélité, puisqu'il n'en deviendrait pas le propriétaire. Cette évidence que la toile passerait dans sa vie sans ravir son âme, qu'ils ne s'appartiendraient pas, qu'elle demeurerait singulière par l'émerveillement qu'elle lui causait, volage et multiple, laissait à Will ce qui lui fallait de recul pour jouer avec son ivresse. Et pour sourire de l'avidité d'autrui.

— ... Mais c'est bien Milord Buckingham, Premier ministre du roi d'Angleterre, qui achète le tableau ? s'enquit le sénateur, assailli d'angoisses.

— Sans aucun doute, Excellence ! Mr Gerbier a tout pouvoir pour acquérir les tableaux que Milord Buckingham n'a pas vus... Qui sait si le *Portrait* lui plaira ?... Je n'imagine pas comment cette femme, absolument splendide, pourrait ne pas lui plaire ! s'écria-t-il de sa voix chaude, grave, cette voix qui plaisait tant aux filles... Mais qu'arriverait-il si le marquis de Buckingham devait ne pas aimer la peinture de Bellini ? Cela est arrivé. Pas pour un Bellini. Pour un Raphaël. Vous vous rendez compte ? Raphaël !... Je ne citerai pas de noms, l'affaire reste trop sensible, mais sachez qu'une famille noble de Venise que les circonstances avaient contrainte à se séparer de la perle de sa collection, pour cinq cent cinquante ducats comme vous, une *Vierge à l'Enfant* de Raphaël – vous voyez de qui je parle –, n'a jamais été payée ! Jamais ! Le tableau, expédié par Mr Gerbier, est aujourd'hui en Angleterre... Les connaisseurs anglais auxquels Milord a montré le tableau prétendent qu'il est faux. Milord, dans sa colère, jure chaque jour de le renvoyer. Mais il ne le renvoie pas ! De quel recours dispose la famille ? Non seulement ruinée, mais déshonorée, elle a perdu son plus cher trésor... Je vous donne cet exemple parmi d'autres... Excellence, je n'ai aucun intérêt à vous mettre en garde. Mais si vous devez vendre, vendez contre de l'argent comptant ! J'aimerais pour vous que vous trouviez un acquéreur qui paie la moitié de la somme tout de suite... Même les deux tiers ! Disons quatre cents ducats, *avant* la remise du tableau... *Avec, en plus*, l'exécution d'une excellente copie que vous pourriez substituer à l'original... Qui verra la différence ? Peut-être même y gagnerez-vous en qualité ! Son Altesse le duc de Médicis, un grand connaisseur, pense qu'une excellente copie est préférable à tous les originaux, puisqu'on y admire, réunis sur une même toile, deux arts distincts : l'art de l'invention et l'art de l'imitation. Ainsi vous départirez-vous de votre bien sans encourir la honte d'une vente publique. Plus encore que le prix, je crois ce point fondamental.

— Mais une bonne copie coûte une fortune, vous n'êtes pas sans le savoir, près de trente pour cent du tableau ! Je ne connais aucun acheteur susceptible d'acquérir ce *Portrait* dans de telles conditions... Et vous, Mr Petty ?

— Moi ? Non... Pas comme cela, d'emblée... Il me semble seulement que la nécessité de vendre est déjà assez pénible pour l'illustre famille Priuli, sans que vous bradiez son trésor sur de belles promesses... Si vous le désirez, je m'informerai discrètement.

— Je vous en serais très obligé. Mais hâtez-vous. Mr Gerbier viendra payer le tableau à son retour de Rome.

— Le payer ? Je ne sais pas. L'enlever ? Sûrement... Deux mois devraient suffire pour faire copier le portrait.

— Sera-t-il sec ?

— Vos courtisanes, Excellence, ont trouvé le secret de blondir leur chevelure sur vos terrasses. Vos peintres usent, là-haut, du même soleil et d'autres onguents pour vieillir et sécher leur vernis. Non, la seule difficulté consiste à dénicher un acquéreur qui règle comptant.

— Soyez discret, je vous en conjure, Mr Petty. Nul ne doit savoir que l'Illustrissimo Signore Michiele se sépare de cette toile. Si la chose devait s'ébruiter, ses frères s'opposeraient à la vente.

22. *Palais Mocenigo, mai 1621-février 1622*

— La famille Priuli possède la plus belle collection de Titien que j'aie jamais vue, Milady. Mais c'est son Bellini que Michiele Priuli accepte de vendre. Et c'est sur le Bellini que je lui ai fait une offre.

Ils étaient tous trois, Will, Lady Aletheia et Dyx, assis côte à côte devant les inventaires. En ce mois de mai, le feu qui crépitait dans le petit cabinet surchauffait l'atmosphère. Les flammes se reflétaient dans le bronze des grandes statues qui flanquaient la cheminée. L'incendie dansait jusqu'au plafond, sur les pendeloques du lustre de verre.

Dyx, qui siégeait à la gauche de Milady, ne perdait pas un mot de la conversation. Le buste en avant, elle semblait à l'affût. Que cherchait-elle dans les facettes et les biseaux des miroirs ? Dyx l'ignorait. Elle observait leur image. Elle guettait leurs gestes, leurs regards. Rêvait-elle ? Elle croyait voir le bras de Mr Petty frôler la manche bouffante de la comtesse. Oui, elle rêvait. Elle n'avait rien vu de la sorte dans la glace. Elle n'avait pas vu Mr Petty respirer le décolleté de Lady Aletheia, s'enivrer de ce parfum de tubéreuse dont la comtesse aspergeait ses mouchoirs, ses gants, toutes ses dentelles. Et Milady ? L'œil noir, enflammé de colère, d'excitation, de convoitise ou d'autre chose comme toujours en présence de son chapelain, elle lui demandait :

— Combien ?

— Gerbier lui en propose cinq cent cinquante ducats.

— Il a perdu la tête. C'est exorbitant.

— Je suis monté plus haut. À six cents ducats. Payables comptant. Avec en sus la livraison d'une copie à nos frais.

— Vous êtes devenu complètement fou !

Depuis quelque temps, ces interminables conciliabules pesaient à Dyx. Elle comprenait mal les raisons de son malaise. Chaque mois, c'était pire. Quelque chose voltigeait dans le cabinet, bourdonnait devant les trumeaux, une présence inquiétante.

Comment avait-elle pu concevoir l'idée monstrueuse, dépourvue de sens commun, que cet homme, un serviteur, un paysan des Borders, ose prétendre à l'amour d'une dame telle que Lady Aletheia, comtesse d'Arundel ? Et que Milady s'en amuse ? Inconcevable ! Pourtant, cette idée, Dyx l'avait eue.

Elle se sentait coupable.

Mariée à dix-sept ans à un homme beaucoup plus âgé, elle ignorait l'essentiel des jeux de la séduction. On ne l'avait jamais courtisée. Mais elle n'était pas naïve au point de ne pas reconnaître qu'ici, ce soir, on ne parlait pas d'inventaires et de peinture ! Pas seulement. Cette vibration, qu'elle sentait bruire dans la petite boîte du cabinet, ce frémissement était-il le produit de son imagination ? L'angoisse d'une femme jalouse, qui souffrait de n'être pas aimée ? Ou bien seulement le feu, ronflant et dansant au fond des miroirs ?

Dyx croyait voir, entre les guirlandes de fruits et les feuilles d'or, zigzaguer deux guêpes.

— Puis-je avouer toute la vérité à Milady? poursuivait Will. Je doute que ce tableau soit de Bellini. Probablement un beau Schiavone.

— Et vous êtes prêt à le payer six cents ducats? Je ne comprends pas!

— À ce prix, Milady, je ne compte pas seulement obtenir le Bellini. Mais les deux grands Titien qui ornent le salon. Les plus beaux tableaux de la collection Priuli. Il s'agit des *Âges de la vie* et d'un *Apollon écorchant Marsyas*, un pur chef-d'œuvre dans la dernière manière du maître. Ces deux tableaux-là, Gerbier ne les a pas remarqués.

— Et pour cause! Il a déjà acquis pour deux cent soixante-quinze livres sterling un Titien gigantesque, un *Christ devant Ponce Pilate* que Coke a dû lui laisser prendre.

— Mais les deux Titien-Priuli, Gerbier ne les aura pas. Pas plus que la perle de la collection : la *Sainte Marguerite* de Raphaël, qui se trouve dans l'oratoire.

— Avez-vous fait une offre à Son Excellence?

— Je ne fais jamais d'offre.

— Mais pour les Titien vous avez bien proposé un chiffre, une estimation, quelque chose, à l'intendant du signor Priuli?

— Surtout pas! Je ne lui ai même pas parlé des tableaux.

— Donc il ne les vend pas.

— Contre six cents ducats et la copie du Bellini, nous aurons les Titien. Pour ce qui regarde le Raphaël... nous ne sommes pas pressés. L'idée doit faire son chemin. Il faudra attendre, Milady, et j'attendrai. Nous reviendrons à la charge. J'ai fait tellement peur à Son Excellence que, tôt ou tard, c'est à nous qu'il cédera le Raphaël... *Pazienza!* Ah, j'allais oublier... Notre copie du Bellini... Milady m'autorise-t-elle à faire en sorte que Gerbier l'achète pour Milord Buckingham?

— Au prix de cinq cent cinquante ducats?

— En le vendant deux fois, la famille Priuli y retrouvera de quoi se rembourser de ses émotions.

— Je croyais que l'œil de Gerbier valait celui de Nys... Ou le vôtre. J'ose donc espérer, Mr Petty, qu'il s'apercevra de la supercherie!

— Gerbier est peintre, Votre Grâce. De ce fait il se trouve particulièrement qualifié pour reconnaître la main du maître et démêler les techniques de falsification. Avant de faire son offre, Gerbier a donc examiné longuement la toile. Maintenant qu'il a tiré ses conclusions, il est prêt à payer n'importe quel chiffre pour l'obtenir. Il veut ce portrait, il le désire si passionnément qu'il ne prendra plus le temps de l'examiner à nouveau. Gerbier est aujourd'hui beaucoup trop séduit, beaucoup trop amoureux, pour savoir regarder. Si la copie est bonne, il se laissera prendre... J'ai fait appel à un excellent artiste, un pasticheur qu'on appelle ici *la scimmia di Bellini*. Le singe de Bellini.

— Gerbier s'apercevra de son erreur !

— Sans doute. Mais trop tard... D'autant, Milady, que nous ferons en sorte qu'il achète son Bellini non à coups de lettres de crédit que lui signe l'ambassadeur d'Angleterre pour des montants exorbitants, mais avec de belles pièces d'or. Je doute qu'il aille ensuite se vanter auprès du marquis de Buckingham de la piètre authenticité d'une œuvre si chèrement payée.

— Oh, mais nous, nous ne manquerons pas de déplorer qu'un amateur tel que notre cher marquis se contente d'un faux Bellini pour orner les murs de la vénérable demeure des Buckingham... quand nous possédons, nous, à Arundel House, dans l'humble galerie de notre modeste résidence, l'original !

Une lueur coquine passa dans le regard de Milady. Décidément la soirée du jeudi l'amusait beaucoup plus que tous les bals du mois !

— Ah, Mr Petty, s'exclama-t-elle en posant une main légère sur son bras, ne me privez pas de ce plaisir !... Et, tant que vous y êtes, tâchez donc de faire copier *tous* les tableaux que ce Gerbier convoite : Coke m'a parlé d'une *Femme adultère* du Tintoret en négociation au palais Barbarigo, et d'une *Arche de Noé* de Bassano. Si je puis vous aider de quelque manière, n'hésitez pas, les propriétaires sont de mes amis... L'idée que ce drôle pourrait ne rapporter que des copies à Londres m'enchante.

*

— Milady... Vous avez réussi ! s'exclama Dyx en traversant les appartements de la comtesse.

Lady Arundel, que ses femmes apprêtaient pour la nuit, se détourna violemment de l'image que lui renvoyait son miroir. Son chignon était défait. Sans aigrette de plume, sans barrette de diamants, ses cheveux blond cendré ondoyaient jusqu'à ses reins. Elle portait sur la fine batiste blanche de sa robe de nuit un ample manteau pourpre fourré d'hermine.

— ... Les deux Titien et le Bellini, pour six cents ducats ? demanda-t-elle, exaltée.

— Avec la copie qu'a achetée Gerbier. De sorte qu'il existe aujourd'hui trois versions de votre Bellini.

Milady fronça les sourcils.

— Pourquoi trois ?

— L'original, que Mr Petty vous apporte. Votre copie, qu'a fait enlever Gerbier. Et puis une autre réplique, que la famille Priuli avait exigée de Gerbier et de Nys lors des premières tractations : il semblerait que Nys tienne toujours à la disposition des vendeurs un peintre qui travaille pour lui. Ni Venise, ni la famille du doge, à l'exception du signor Michiele et de son homme de confiance, ne sauront rien de la cession. Le tableau disparaît en Angleterre. Cette version reste in situ au palais Priuli...

— ... Et passera pour le tableau authentique auprès des générations suivantes ?

Milady éclata de rire :

— Ces Italiens, tout de même !

— Plutôt, rectifia Dyx avec un long soupir moralisateur : « Mr Petty, tout de même ! »

— Je veux entendre le détail de ses manœuvres... De vive voix !

Brandissant leurs flambeaux, les deux femmes traversèrent en hâte l'enfilade des salons. Leurs mules claquaient sur les dallages.

Aussi enflammé qu'elles, mais se maîtrisant mieux, Will entendait approcher le froufrou de leurs jupons... Il se tenait debout. Dos tourné à la porte. Il se forçait à observer le splendide travail du stucateur sur un cadre du cabinet, quatre déesses nues, dorées à la feuille d'or, qui ornaient les angles d'un grand tableau. La toile elle-même, non, il ne parvenait pas à la regarder. Pas plus qu'il ne parvenait à s'intéresser, en présence de la comtesse, aux chefs-d'œuvre qui ornaient le palais Mocenigo.

Pour tromper son impatience et prendre quelque distance avec la victoire, il se racontait une histoire, répétant mentalement des phrases vides de sens : « Dans le grouillement crépusculaire de la Sérénissime, Lady Arundel, auréolée du mystère de ses nuits, se hâtait vers l'antichambre où l'attendait Mr Petty. » Il l'imaginait sous le chambranle de la porte, telle qu'il la verrait dans un instant... Collectionneuse. Papiste. Et conspiratrice. Elle avait décidément tout pour lui plaire. Le cœur battant, il jouait à se laisser fasciner.

Il aimait assez les femmes pour avoir deviné depuis long-temps que les anciennes persécutions de Lady Aletheia n'étaient l'expression ni de son dédain ni de sa tiédeur à son endroit. L'indifférence restait un sentiment étranger à l'univers de la comtesse d'Arundel. Et s'il la savait méprisante, capable d'injustice et de cruauté, il la savait aussi habitée d'une fureur de vivre, d'une soif de tout faire, tout voir, tout comprendre et tout risquer ; d'un besoin aussi sensuel que sentimental de se saisir du monde et de le maîtriser... Pourquoi pas ? Ses prérogatives de grande dame lui conféraient l'impunité. Elle pouvait oser. Elle osait donc.

Jusqu'à quel point ?

Nul ne lui connaissait d'amant. Et si Will songeait quelquefois à Milady en des termes fort peu respectueux, il se gardait bien de confondre ses rêves avec la réalité. Elle menait encore le jeu. Il suivait la donne. En silence.

Mais du silence de Mr Petty jaillissaient des traits lapidaires dont elle savourait la drôlerie dans l'intimité de leurs tête-à-tête. Sa causticité ne la choquait plus.

Elle avait reconnu le prédateur à sa mesure que lui avait vanté Coke. Depuis l'époque de Spa, Milady savait.

De leurs longues conversations sur les mérites comparés d'un Bellini, d'un Giorgione et d'un Véronèse ; sur le prix qu'il convenait de payer pour acquérir l'un ou l'autre ; sur la qualité des tableaux auxquels il fallait renoncer pour lever une plus grosse proie, ils sortaient tous deux agités d'un trouble délicieux.

L'un irait achever sa nuit dans les bras d'une courtisane, l'autre se jetterait à corps perdu dans l'intrigue. Mais aucun des deux ne sacrifierait le plaisir réciproque d'un prochain rendez-vous.

*

— Vous savez ce qui manque à Mr Petty ?... Une femme, Dyx ! Pourquoi ne lui trouverions-nous pas une bonne épouse ? Quelqu'un comme vous, qui le poserait dans le monde.

Finies les lectures savantes du matin. Au fond de ses appartements, dans l'intimité bleue de son alcôve, la comtesse d'Arundel, aidée de sa confidente, évaluait les mérites de Mr Petty. Dyx, d'ordinaire loquace, renâclait à la conversation. Milady monologuait :

— ... Mr Petty ne me paraît pas être ce qu'il convient d'appeler un « débauché ». Ni même un libertin. Mais un pécheur égaré dans l'hérésie, qui n'a pas trouvé le port où s'ancrer. Il reste, bien sûr, socialement très en dessous de toutes mes femmes. Mais nous pourrions le pourvoir d'un bénéfice. Il deviendrait un parti acceptable.

— Mr Petty ressemble à Mr Coke : ils n'appartiennent pas à la catégorie des hommes qui épousent.

— Qu'entendez-vous par là ?

— Je ne sais pas...

— Allons, Dyx, parlez !

— Je n'ai rien à dire sur le sujet, Milady... Je crois seulement que Mr Petty aime sa liberté.

— Qui parle de l'entraver ? Manque seulement à votre favori d'appartenir à quelqu'un...

— Ce n'est pas *mon favori* ! se défendit Dyx, agacée par cette qualification dont Coke avait déjà usé au temps de la défaveur de Will.

Milady insista :

— Vous, Dyx, l'épouseriez-vous, si vous étiez veuve ?

— La question ne se pose pas !

— Pour vous, non, évidemment... Je pense néanmoins que le mariage apporterait une solution à certaines instabilités de son tempérament.

— Avant de le donner en mariage, Milady devrait veiller au salut de son âme. Je rappelle à Milady que Mr Petty est un damné qui brûlera en enfer !

— Vous avez raison, Dyx : il faut convertir Mr Petty.

*

Durant ses interminables heures d'attente dans le cabinet du palais Mocenigo, Will observait, perplexe, le ballet des hommes masqués qui traversaient rapidement la cour intérieure. Il savait aujourd'hui qu'il n'était pas le seul à être reçu ici, en grand secret. Milady s'occupait de tableaux, oui. La peinture restait la grande affaire de sa vie. Mais elle ourdissait d'autres complots. Et non des moindres ! Réconcilier le monde catholique et l'univers protestant. Unir par les liens du sang l'Angleterre avec l'Espagne. Marier le prince de Galles, Charles Stuart, et l'infante, sœur de Philippe IV.

Jusqu'à présent, l'alliance se discutait à Madrid, entre l'ambassadeur de Jacques Ier et le comte d'Olivares. Mais les négociations n'aboutissaient pas. Il manquait, pour ratifier les accords, un document d'importance : la dispense du souverain pontife, autorisant une princesse catholique à s'unir à un protestant. C'était cette dispense que Lady Arundel se flattait d'obtenir.

Sur tous ces points, elle agissait sans instructions. Ni son roi, ni le prince de Galles, ni le marquis de Buckingham, ni le comte d'Arundel ne lui avaient demandé de se mêler d'affaires si délicates. Son mari moins que quiconque. Peu importait à Milady. Sur place, en Italie, elle intriguait avec le nonce du pape. Avec l'ambassadeur d'Espagne. Avec certains sénateurs qu'elle avait connus à Londres.

L'Angleterre, Rome et l'Espagne : les résultats de son entremise satisferaient tout le monde.

Elle oubliait un détail : Venise. La République ne voulait à aucun prix du « mariage espagnol » ! Étranglée par la présence des Habsbourg aux confins de ses territoires, à Milan et à Naples, la Sérénissime luttait contre l'accroissement de leur pouvoir en Europe : il y allait de sa survie.

Madrid rêvait de s'emparer des richesses de la lagune. Quelques années plus tôt, le prédécesseur de l'actuel ambassadeur d'Espagne avait réussi à infiltrer le Collège, le Sénat et le Conseil des Dix. Il avait armé les pirates de l'Adriatique qui pillaient les navires vénitiens. Tandis que lui-même, comptant sur la complicité des sénateurs qu'il avait corrompus, se préparait à faire sauter l'Arsenal. Venise avait cru sa fin venue.

Le contre-espionnage avait pu démanteler les réseaux de conspirateurs et révéler le complot. Juste à temps. La République ne comptait pas se laisser prendre de vitesse une seconde fois. Les allées et venues de mystérieuses gondoles autour du palais Mocenigo ; les visites clandestines d'hommes masqués ; les conciliabules, toutes portes closes, avec le même individu, chaque premier jeudi du mois ; les soupers fins autour de l'ambassadeur d'Espagne ; les réceptions jusqu'à l'aube en l'honneur du nonce apostolique, cette activité nocturne chez une étrangère inquiétait gravement les inquisiteurs d'État.

Le moment semblait mal choisi pour jongler avec les subtilités de la politique européenne. En ce mois de février 1622, les dénonciations par lettres anonymes se succédaient. Les sénateurs, qu'on soupçonnait de complicité avec les ennemis de la République, passaient en jugement devant le mystérieux Conseil des Dix. Condamnés à l'exil, à la strangulation, au poignard, les hommes politiques tombaient sous les coups anonymes.

Les services de renseignements étaient sur les dents, la peur de la trahison régnait partout.

Dans ce climat d'épuration, Lady Arundel jouait une partie dangereuse.

Un second détail lui échappait, un paramètre que ni Petty, ni Coke, obsédés par leur chasse aux objets d'art, n'avaient pris en compte. Le rôle du marchand Daniel Nys sur l'échiquier. Ce pion, qu'ils pensaient manipuler, menaçait non seulement la position de Lady Aletheia à Venise mais son honneur. Et leur vie à tous. Un agent triple. Peut-être davantage.

Nys, qui affectait de célébrer chez lui, en secret, le rite protestant, servait le parti ultracatholique. Il espionnait pour le compte de Madrid, informant l'ambassadeur d'Espagne des projets de résistance à l'hégémonie des Habsbourg, qu'il entendait discuter chez ses amis les patriciens de Venise.

Mais Nys trahissait Madrid, en informant la Sérénissime des allées et venues de tous ses clients étrangers : les agents au service des Habsbourg et des Stuarts, qu'il fournissait en objets d'art.

Il servait en outre un troisième maître : Sir Henry Wotton, l'actuel ambassadeur d'Angleterre, un fervent anglican dont la carrière dépendait de la faveur de Buckingham.

Déjà nommé deux fois à ce poste à plusieurs années d'intervalle, Sir Henry Wotton travaillait depuis vingt ans à faire basculer la Sérénissime dans le giron de l'Église d'Angleterre. Un vieux rêve qu'il avait cru très près de se réaliser quand le pape Paul V Borghèse, jetant l'anathème sur toute la République, avait excommunié Venise ! C'était en 1605.

À l'époque, Wotton avait saisi la chance. Il avait assuré le doge du soutien militaire de son gouvernement, fait distribuer à Venise la traduction italienne d'un texte théologique de son roi Jacques Ier, et répandu à la cour d'Angleterre les écrits du grand théologien vénitien, Paolo Sarpi, qui s'opposait à l'ingérence de Rome dans les affaires de la République.

Le conflit entre Rome et Venise n'avait pas duré assez longtemps pour provoquer le schisme que souhaitait Wotton. La Sérénissime était restée catholique.

Mais Wotton continuait le combat. Il encourageait la République à se méfier de l'avidité du pape, des intrigues des Jésuites, et des ambitions espagnoles : les trois factions que fréquentait la comtesse d'Arundel à Venise. Les menées de cette aristocrate anglaise embrouillaient toutes les relations diplomatiques, et nuisaient gravement à la politique de l'ambassadeur.

Comble d'exaspération : Wotton était lui-même grand amateur de tableaux. Et Milord Buckingham – son protecteur – lui avait spécifiquement demandé de faciliter, sur place, les entreprises de son agent. C'était Wotton qui avait présenté Gerbier à Nys : il se trouvait impliqué dans toutes leurs affaires. La responsabilité de négocier les permis d'exportation et les droits de douane lui revenait.

Pour toutes ces raisons, l'ambassadeur d'Angleterre considérait Lady Arundel comme une rivale encombrante. Un adversaire qui lui nuisait personnellement. Il aspirait à s'en débarrasser.

Il cherchait donc un prétexte, une faille, une faute, pour la renvoyer dans ses foyers. À quoi songeait cette grande dame en abandonnant son époux, son roi, son rang, pour courir le monde ? Une conduite scandaleuse !

En pareil cas, Wotton s'accordait avec ses ennemis, les Catholiques : il était partisan de l'enfermement dans un couvent.

Il y travaillait.

23. *Ambassade d'Angleterre, quartier de Cannaregio, mars 1622*

— Mon nouveau chargé d'affaires, dont les relations furent étroites avec My Lord et Lady Arundel, vous dira mieux que moi les liens qui unissent depuis vingt ans le révérend William Petty à la maison Howard...

Confortablement installé sous le portrait du roi Jacques, Sir Henry Wotton trônait parmi sa cour de secrétaires. Ils étaient une dizaine de fils de famille, ses propres neveux ou des parents du marquis de Buckingham, qui fréquentaient sa bibliothèque. Tous lui vouaient un respect proche de la vénération.

À cinquante-huit ans, Sir Henry portait beau. Le cheveu dru coupé très court, la barbe en pointe sans un poil gris, il gardait le regard perçant sous un sourcil en accent circonflexe. Il parlait le grec et le latin à la perfection, passait pour un excellent gambiste, et n'aimait rien tant que la poésie. À ses vertus intellectuelles, Sir Henry ajoutait un esprit d'aventure qui le rendait très populaire auprès de la jeunesse.

Ses secrétaires racontaient que, du temps de la reine Elizabeth, Wotton travaillait pour le grand-duc de Toscane. Il avait mystérieusement quitté Florence pour traverser l'Europe au galop, jusqu'à la lointaine cour du roi Jacques, alors roi d'Écosse. Il s'était introduit auprès de Sa Majesté sous une fausse identité, se présentant comme un Italien du nom d'Ottavio Baldi qui apportait de la part de son maître un message et un coffret... Le message? Ferdinand de Médicis avait eu vent d'un complot qui se tramait contre Jacques : un assassinat par le poison. Le coffret? Un assortiment de fioles : l'antidote concocté par les savants florentins. À Jacques seul, Wotton avait révélé sa véritable nationalité. Devenu son complice, le roi avait goûté son petit jeu. Et gardé l'antidote. Quand il était monté sur le trône d'Angleterre, il avait payé le messager en le nommant son ambassadeur à Venise.

Wotton connaissait l'Italie comme aucun Anglais de religion protestante. Il ne ménageait pas sa peine pour servir sa nation et sa foi. Il passait à Londres pour un négociateur habile. Et depuis près de vingt ans, il continuait de signer « Ottavio Baldi » les dépêches qu'il adressait à Sa Majesté. Un clin d'œil, en souvenir du bon vieux temps.

De son passé de chevalier de fortune, Wotton gardait d'autres habitudes : il recevait des pots-de-vin, des dessous-de-table et des pensions, en échange de ses menus services. Incarcérations arbitraires, substitutions de prisonniers, il acceptait les contrats les plus douteux, sans états d'âme. À sa décharge, il n'avait guère le choix. Son palais à Venise, sa maison à Padoue, sa villa sur la Brenta lui coûtaient fort cher, à lui aussi; et l'Angleterre lui payait très irrégulièrement ses frais d'ambassade. Or la générosité de son hospitalité attirait à sa table les érudits, les esthètes, et les informateurs. Devoir professionnel oblige. Comment se tenir au courant des mouvements de la République sans espions à sa solde? Le poste de Wotton l'isolait au cœur même de la ville. Aucun citoyen de Venise, qu'il fût simple particulier ou sénateur, ne pouvait échanger le moindre propos avec lui. Parler à un ambassadeur, sans la permission du Conseil, était un délit passible de l'emprisonnement, de l'exil ou de la mort. Les rares patriciens qui nouaient avec lui, en dépit de la loi, des relations amicales prenaient bien garde de ne jamais se montrer à visage découvert. Habité par l'idée qu'il devait combattre le diable avec les mêmes armes pour en venir à bout, Wotton recourait aux services de fripouilles. Combattre le mal par le mal, en vue d'un plus grand bien, telle était la devise qui présidait à ses actions. Ses antichambres grouillaient de canailles et d'escrocs.

— ... Mr Atkinson, vous avez la parole.

L'ancien camarade de Will s'avança, salua l'ambassadeur et le petit groupe d'auditeurs qui se tenaient debout, en demi-cercle devant le siège de Wotton.

— En effet, Excellence, j'ai accompagné Lord et Lady Arundel à Venise, et partout ailleurs en Italie, lors de leur voyage avec Mr Coke et Mr Jones, commença-t-il.

John Atkinson gardait l'air amène de ses jeunes années. Sa fraise ne semblait ni fripée, ni jaunie, en dépit d'un long voyage maritime. Son costume noir, orné de rubans, lui donnait l'apparence d'un riche marchand d'Amsterdam. Aucune ride n'était venue flétrir ce visage poupin que le temps polissait sans y laisser de marque. N'était la calvitie : à trente-six ans, Atkinson devenait chauve. Cet inconvénient de l'âge n'ôtait rien au charme de sa personne. Ni à ses succès professionnels.

Du service des D'Oyly, il était passé à celui, beaucoup plus lucratif, des Villiers. Depuis deux ans, il appartenait à la maison Buckingham et résidait, comme Balthazar Gerbier, à York House, la demeure du favori sur le Strand. Le marquis l'avait envoyé en Italie, avec huit serviteurs, pour organiser le convoiement jusqu'à Londres des objets achetés à Venise et à Rome.

Les hommes de Wotton et de Nys se chargeraient de la mise en caisse des lourdes sculptures qui partiraient par bateau. Mais l'empaquetage des immenses tableaux de Titien et du Tintoret posait de graves problèmes de conservation et de transport. Les embarquer pour une interminable traversée, c'était exposer les toiles à l'eau, au sel, à des corrosions irréversibles. Quant à les sortir de leur cadre et à les rouler pour une expédition terrestre, c'était, à coup sûr, faire craquer leurs vernis.

Cette seconde solution venait pourtant d'être retenue à l'unanimité.

Les œuvres de plus de vingt ans d'âge, dont les couleurs ne pourraient résister ni à l'air marin ni à l'humidité des cales, franchiraient les Alpes à dos de mule. Tout un train d'animaux lourdement chargés qui devraient cheminer sur les sentiers étroits des cols et des vallées, traverser Dieu seul savait combien de rivières, passer les postes-frontières. Gare aux fouilles dans les innombrables douanes, qui allaient forcer les convoyeurs à ouvrir leur chargement et à déballer les tableaux. Gare à l'enfermement dans les lazarets, qui les obligerait à abandonner leurs biens à la protection des autorités, durant quarante jours et quarante nuits. La peste et la guerre – qu'on appellerait bientôt la guerre de Trente Ans – ravageaient l'Europe. Les risques de confiscation, de vols et d'attaques jusqu'à Lyon, puis Paris et Boulogne, ne se comptaient plus.

Dans cette épopée, la tâche de seconder Balthazar Gerbier revenait au Sieur Atkinson qui se flattait d'avoir pratiqué, entre 1613 et 1614, lors de ses dix-sept mois de voyage avec les Arundel, toutes les administrations d'Italie et les auberges de France.

— J'avouerai à Votre Excellence que je ne garde pas de ce périple un excellent souvenir. Milady notamment...

— Nous parlerons de cette noble dame dans quelques instants... J'avais cru comprendre, Mr Atkinson, que vos rapports avec la famille Howard dataient d'une période plus ancienne...

— Lord William de Naworth m'avait honoré de sa protection, quand j'habitais le manoir de mon père sur les Borders.

— Il l'avait étendue, disiez-vous, jusqu'à l'un de vos camarades de classe?

— Un paysan, un fils de fermier avec lequel j'avais peu de rapports. Nous avons travaillé sous la férule du même maître d'école. Par pitié pour la misère de ce gueux qu'il croyait capable de s'instruire, notre bon maître avait fait en sorte que Lord William de Naworth l'envoie étudier à Cambridge avec moi.

— Ce même individu allait servir de précepteur à Arundel House?

— Sur les fonctions qu'il occupait à Arundel House, je ne sais pas les détails. À cette époque, je l'avais perdu de vue depuis longtemps... Avouerai-je à Votre Excellence que ce Petty fut mon domestique à Christ's? Un mauvais serviteur. Un coquin, doublé d'un fat. Je ne puis donc porter témoignage des qualités qui lui valent la faveur des Arundel... Qui sait si ce rustre s'est bonifié avec l'âge?... Quelqu'un ici pourrait peut-être vous en brosser un portrait plus complet : votre premier conseiller, Mr Branwaithe, était très lié avec Mr Petty.

— Vous connaissez ce douteux personnage, Branwaithe ?

— Qui ne connaissait William Petty à Cambridge ? Même le protégé de votre prédécesseur...

— William Boswell connaît Petty ?

— Nous appartenons à la même génération, Excellence. Et nous avons tous été *fellows* en même temps.

— Trêve de mystères, messieurs : vous n'êtes pas citoyens de Venise, et renseigner un ambassadeur ne vous coûtera pas la vie, à vous ! Vous auriez dû m'avertir de l'existence de ce Mr Petty depuis des mois ! Branwaithe, avez-vous été en contact avec lui ?

— Non, Excellence. J'ignorais qu'il fût ici.

— Bravo.

— Et vous, Atkinson, depuis votre arrivée ?

— Deux jours, Votre Excellence. Non, je ne l'ai pas rencontré. Mais Mr Gerbier et Mr Nys m'ont longuement parlé de lui.

— En effet, les indicateurs du marchand Daniel Nys ont fait le travail à votre place, messieurs ! Ils affirment que Lady Arundel reçoit ce Petty en secret et qu'il est très probablement son amant.

— Petty ?... L'amant de Lady Arundel ?

Atkinson manqua s'étrangler :

— C'est impossible !

— Remettez-vous. La chose vous étonne de façon très exagérée, Mr Atkinson.

— C'est impossible, Votre Excellence ! répéta-t-il.

— Pourquoi ? D'après Nys, les Vénitiennes trouvent ce Petty fort à leur goût.

— Qu'il soit au goût de la racaille, je n'en doute pas... Qu'il plaise aux courtisanes, aux filles de joie, à toutes les catins de la création ! Mais...

— L'hôtesse de l'Aquila Nera, qui informe Nys des allées et venues de Mr Petty, s'en dit extrêmement satisfaite.

— Excellence, j'ai eu l'honneur, devrais-je dire le malheur, de pratiquer Lady Arundel durant huit mois. Elle n'est pas femme à s'émouvoir... Quant à se perdre... par amour... pour un paysan !

Atkinson secoua négativement la tête, se retenant de répéter le seul mot qui lui venait à l'esprit : « Impossible ! »

Une expression sarcastique passa dans le regard de l'ambassadeur :

— Êtes-vous bien certain de connaître le cœur des femmes, Mr Atkinson?

— Je n'ai pas la prétention de comprendre celui d'une dame de si haut rang. Mais, pour ce qui regarde le cœur de Lady Arundel, je puis affirmer qu'il n'est pas tendre.

— Qui sait ce que peut l'air de Venise? philosopha l'ambassadeur... Qui sait ce qu'engendrent la beauté et la liberté de la République? Regardez nos braves sénateurs. Quand je les ai connus, il y a vingt ans, ils se montraient fins politiques, prudents et raisonnables. Aujourd'hui, ce ne sont que des factieux, des hésitants et des couards... Venise a la réputation d'amollir les âmes les mieux trempées, Mr Atkinson. Quant à Sa Grâce la comtesse d'Arundel... Puis-je vous faire remarquer qu'à son arrivée sur la lagune Milady ne recevait son « paysan », comme vous l'appelez, qu'un soir par mois? Le rythme de leurs rencontres s'est considérablement accéléré. Elle le voit chaque nuit. Une longue visite, toutes portes closes...

— Mr Gerbier soutient qu'ils parlent d'art, s'entêta Atkinson de sa voix de fausset, rendue aigre par l'hypothèse que Petty ait pu s'élever jusqu'à séduire la première dame d'Angleterre. Et qu'ils complotent contre Milord Buckingham!

Wotton resta de marbre devant la violence d'un argument qui ne servait pas son propos.

— En admettant que Lady Arundel et le Sieur Petty s'entretiennent de tableaux, comme le prétend notre ami Gerbier, pourquoi tant de mystères? Daniel Nys, très bien secondé par Mr Coke, la sert diligemment. Milady n'a aucun besoin d'un troisième agent à Venise! Quel usage fait-elle d'un homme qui n'appartient pas à sa religion?

— Un messager lui servant de couverture pour passer des informations au parti pro-espagnol? suggéra l'un des secrétaires.

— Fort bien. S'il espionne pour elle, il l'espionnera pour nous... Mr Branwaithe, vous qui connaissez le personnage, est-il vénal?

— De mon temps, Petty taisait ce qu'il avait en tête, sur le cœur, et dans le ventre. Un parti pris de silence... Mais je le crois plus riche que ce néant dont il fait parade. Moralement, il me paraît difficile à corrompre.

— Nous verrons cela. Pour ma part, je ne veux retenir qu'une chose. En attendant mieux... Milady s'oublie avec son chapelain.

— L'accusation me paraît risquée, intervint Branwaithe, nous n'avons aucune preuve et...

— Trouvez-en.

— ... Et, comme Mr Atkinson le soulignait tout à l'heure, Petty n'est pas socialement de taille... Leur liaison paraîtra tout à fait improbable !

— Peu importe la vraisemblance, Mr Branwaithe... Lady Arundel se compromet à Venise. Répandez la rumeur, il en restera quelque chose. Quant à nous, il nous revient de défendre l'honneur d'un si grand nom. Contre Milady elle-même, au besoin... Il y va de la gloire de l'Angleterre !

24. *Palais Mocenigo, avril 1622*

— Qu'est-ce qui vous prend, Mr Petty ?

Will avait fait irruption dans l'atrium du *mezzanino*. Au seuil de la première antichambre qui ouvrait sur l'enfilade des salons, Dyx lui barrait le passage :

— Vous avez perdu la tête ? chuchotait-elle... Au vu et au su de tous les gondoliers, vous vous faites débarquer sous le porche. Et vous entrez par le Grand Canal !

Il passa outre et traversa la première pièce.

— Dyx, je dois voir Milady ! Faites en sorte qu'elle me reçoive...

— Elle séjourne en sa villa de Dolo.

Cette phrase l'arrêta net.

— Quand rentre-t-elle ?

— Ce soir, demain, dans quinze jours. Elle passe les fêtes de Pâques avec les enfants... Ah ça, Milord Buckingham ne pourra pas se plaindre d'elle ! Milady reçoit Balthazar Gerbier dans ses jardins, Daniel Nys, Mr Coke, bref tous vos amis et quelques peintres : le fils du Tintoret, le petit-neveu de Titien, et l'assistant de Rubens, que nous avions rencontré à Anvers. Ce garçon, Van Dyck, arrive tout droit d'Arundel House avec des lettres du comte. Il a fait de lui, dit-on, un magnifique portrait. Il aurait aussi peint le marquis de Buckingham en Adonis, il faudra voir cela pour le croire ! Nys organisait aujourd'hui, pour tout ce beau monde, une visite des villas sur la Brenta : vous allez leur manquer, ironisa-t-elle, soyez-en certain.

— Dès que vous verrez Milady, dites-lui...

— Rien du tout. Il y a belle lurette que vous vous passez de moi pour lui transmettre vos messages. Continuez ainsi.

— ... Que si d'aventure nous devions nous rencontrer sur la Piazzetta, elle doit répondre à mon salut. L'ambassadeur d'Angleterre sait qui je suis.

— Il a bien de la chance!

— L'homme de Buckingham qui arrive de Londres l'a informé de mon passé au service des Arundel.

— Ah oui? ricana-t-elle. Je me demande bien ce qu'il peut en dire.

— Dyx, *basta!* C'est un ambitieux qui a contribué à l'arrestation de plusieurs prêtres catholiques en Angleterre.

— Et alors? Quel danger courez-vous? Vous n'êtes pas catholique, que je sache!

— Quand nous étions à Cambridge, ce garçon était très lié aux frères D'Oyly qui finançaient leurs plaisirs en dénonçant les papistes. Ils appartenaient au réseau d'espionnage d'un certain Poley... Ce sont les D'Oyly qui l'avaient recommandé à Lord Arundel, lors du voyage à Heidelberg. Le comte passait alors pour le chef du parti catholique d'Angleterre. Dieu sait ce qu'Atkinson était chargé de leur rapporter sur ses contacts et ses amitiés...

— Atkinson? John Atkinson? Mais je l'ai connu. Il apprenait à mentir au petit Lord Maltravers, qu'il menaçait de trente coups de trique s'il ne corroborait ses boniments au sujet de leurs activités communes. L'enfant vivait dans la paresse et dans la peur... Médiocre précepteur, ivrogne et flagorneur. Milady l'a chassé.

— Raison de plus pour qu'elle s'en méfie.

Will avait repris le chemin du porche. Dyx le suivait à pas rapides. Ils traversèrent le vaste atrium orné de tous les bustes des doges et des *Procuratori di San Marco* de la famille Mocenigo. La cape de Will battait le pied des fontaines, des vasques et des bancs de marbre; les jupes de Dyx effleuraient les mosaïques du sol, le blason aux armes de la famille, deux roses superposées dans un écusson. Il ne ralentit pas en passant sous le regard borgne du capitaine Lazzaro Mocenigo, le vainqueur de la flotte ottomane dans les Dardanelles, qui se dressait sur le mur, entre les deux portiques monumentaux du palier. Dyx le rattrapa au sommet de l'escalier qui descendait vers le hall d'entrée et la double porte d'eau.

— Que pourrait craindre Milady d'un minable hypocrite comme Atkinson?

— Plus qu'un minable, Dyx : un mécontent. La pire engeance...

Il dévala les marches.

Elle le suivit à mi-volée, puis resta plantée dans la pénombre. La voûte sentait l'odeur âcre de la vase et des algues. Elle apercevait le scintillement du Grand Canal entre les treillis noirs de la grille. Will allait à nouveau disparaître de sa vie. L'un des portiers, en faction sur la mince bordure de pierre qui flanquait le palais, hélerait une gondole attendant le chaland. Dieu sait quand il daignerait se représenter ici, Dieu sait quand elle le reverrait.

Sur les dalles moussues, que venaient caresser les remous du canal, il se retourna :

— Mais vous, que diable faites-vous toute seule au palais Mocenigo ?

Sa voix résonna. Elle ne répondit pas.

— Pourquoi n'êtes-vous pas à Dolo ?

Dyx, les mains nouées, ramenées sur la poitrine comme pour comprimer les battements de son cœur, suivait du regard cette silhouette qui resurgissait des profondeurs. Elle entendait au loin le flux et le reflux des vaguelettes contre les pierres de la plate-forme. Will remontait lentement les degrés.

Il répéta sa question :

— Pourquoi n'êtes-vous pas avec Milady ?

Dyx rougit.

— Je vous attendais, plaisanta-t-elle.

Il la dévisagea. Elle soutint son regard. Ils restèrent un instant immobiles, face à face.

Elle ne cilla pas, mais il sentit frémir sa chair. Était-ce le signal qu'il espérait ? Lui signifiait-elle son accord pour profiter ensemble des plaisirs de la vie ?

L'occasion ne se représenterait pas. Il la saisit.

Chapitre 7

MORTS À VENISE
1622-1624

25. *Ambassade d'Angleterre, quartier de Cannaregio, avril 1622*

— Le révérend William Petty?
— Excellence...
Will salua.

Un informateur de Wotton l'avait guetté devant le palais Mocenigo, pour le cueillir au petit matin, sortant de sa première nuit d'amour avec Dyx...

L'ambassadeur le faisait suivre à la trace, jusque chez ses maîtresses. À ce stade d'indiscrétion, ne restait qu'à obtempérer avec grâce : Petty s'était laissé conduire où l'ambassadeur l'appelait.

Contrairement à tous les nobles étrangers qui se logeaient sur le Grand Canal, Sir Henry avait réintégré la résidence qu'il occupait lors de son tout premier séjour. Un palais au nord de la ville, non loin du Ghetto. Sa demeure se dressait en plein vent. Un lieu désert, tranquille, propice aux rencontres clandestines. Très commode aussi pour un embarquement vers les îles, vers Murano, Torcello, où les rendez-vous pouvaient se dérouler sur des terrains plus discrets encore.

— Bienvenue à l'ambassade d'Angleterre, révérend. Mon ministre conseiller, Mr Branwaithe, m'a dit tout le bien qu'il pensait de vous...

L'isolement du palais n'empêchait pas qu'il fût somptueusement décoré. Les tapisseries, les livres, les instruments de musique voisinaient avec les portraits en pied des cinq derniers doges, avec l'effigie de la reine Elizabeth, du roi

Jacques Ier, du prince de Galles, de la princesse Palatine que les Habsbourg de Vienne venaient de chasser de Heidelberg, de Milord Buckingham et du comte d'Arundel. Will se trouvait donc en pays de connaissance.

Wotton, assis dos à la fenêtre, afin que son interlocuteur ne pût voir son visage, lui fit signe de prendre place devant lui :

— ... Je crois en outre, poursuivit-il avec aménité, que nous avons un ami commun, un ami très proche, Mr Boswell, avec lequel je reste en contact. Il est aujourd'hui le secrétaire de mon prédécesseur qui promet de devenir mon ministre des Affaires étrangères... C'est donc à notre cher Boswell que j'adresse toutes mes dépêches.

L'entretien débutait comme toutes les tractations : en noyant le poisson. Wotton lui parlerait de tout, sauf de ce qui les intéressait. Will avait assez pratiqué les feintes de la diplomatie pour jouer tranquillement la partie de l'ambassadeur. Mais, cette fois, il était la proie. D'instinct, il s'aligna sur le pas du chasseur :

— Puis-je demander à Son Excellence d'avoir la bonté de me rappeler au bon souvenir de Mr Boswell ?

— Je n'y manquerai pas... Êtes-vous toujours titulaire de la chaire de grec à Jesus, cher Dr Petty ?

Un sourire affleura sous la moustache de Will. En lui servant le titre de docteur, sommet de la hiérarchie universitaire, Wotton affectait de le hisser à sa hauteur. Un artifice, vieux comme le monde, pour rassurer le gibier. À quelle fin, ces flatteries ? Il se carra dans son siège. S'il reconnaissait les outils de la manipulation ordinaire, il devait rapidement démêler l'enjeu. Débrouiller les cartes. Pair ou impair ? Rouge ou noir ? Buckingham, Gerbier, Nys ? Quel était le sujet réel de la conversation ?

— Pour ma part, continuait rondement Son Excellence, je n'ai jamais pu renoncer à ma *fellowship* à Oxford ! En principe, j'y suis encore professeur : années bénies de notre jeunesse, n'est-ce pas ? Mais le monde change. Même la République n'est plus ce qu'elle était... Du temps de ma première ambassade, vous auriez pu exercer votre sacerdoce à Venise, sans être inquiété. Sachez que la chapelle de l'ambassade vous reste grande ouverte. Je serais très honoré que vous veniez y prêcher le sermon de dimanche.

— Tout l'honneur sera pour moi, Votre Excellence !

Choisissant de précipiter l'engagement, Will trancha dans le vif. Il attaqua :

— ... Me permettez-vous d'en informer ma maîtresse, Lady Arundel ?

— Je croyais Milady catholique...

— Précisément. Catholique. Ainsi que toute sa maison. Pour ce voyage en Italie, Milord Arundel lui a imposé ma présence, et Sa Grâce ne me souffre qu'avec la plus extrême impatience. Puis-je être tout à fait franc avec Votre Excellence ? Je crains que Milady ne tente de décourager mes visites au palais Mocenigo, en m'épuisant. Elle me reçoit à des heures indues, quand elle n'a rien de mieux à faire, et me fait attendre des nuits entières, tandis qu'elle bavarde au salon avec ses amis les jésuites. Milady nargue en moi le ministre d'un culte qu'elle abhorre. C'est la raison pour laquelle, ne voulant pas donner prise à son ressentiment, je lui demanderai, si Votre Excellence m'y autorise, la permission de prêcher à l'ambassade.

— Je vous en prie, Dr Petty, faites au mieux, je ne voudrais en rien mécontenter une si grande dame. Me pardonneriez-vous si je vous disais à mon tour que je comprends l'impatience de votre protectrice ? De quoi diable venez-vous l'entretenir, au milieu de la nuit ? De religion ?

— Dieu m'en garde. Je lui parle de ce qui l'intéresse : de tableaux et de sculptures.

— Ah, oui, vous êtes un amateur... Un peu de politique, tout de même ?

— Je laisse à l'ambassadeur d'Espagne le soin d'informer Milady des succès de sa nation en Valteline.

— Et comment les amis vénitiens de la comtesse réagissent-ils devant l'invasion des Grisons ? Se réjouissent-ils que les Habsbourg puissent marcher de Milan à Dunkerque sans jamais sortir de leurs territoires ?

— Les Vénitiens ? Mais n'est-il pas interdit aux citoyens de Venise de rencontrer un ambassadeur ?

— La comtesse n'est pas un « ambassadeur », Dr Petty. Elle réunit autour de sa table qui bon lui semble. Tous les Italiens qu'elle a connus à Londres, le sénateur Antonio Foscarini par exemple...

— Sur ce point, je ne sais rien : Milady ne me reçoit pas à souper.

— Les murs des antichambres peuvent avoir des oreilles.

— J'entends bien, monsieur l'ambassadeur, j'entends bien : les espions sont aussi indispensables que les honnêtes gens.

— ... Et beaucoup plus chers, car beaucoup plus indispensables. Je tiens ma bourse à votre disposition, Dr Petty.

— Pour l'heure, la mienne est bien pourvue, je remercie Votre Excellence.

— Ne vous offusquez pas de ce que je vous dis, vous aurez de gros besoins, je sais de quoi je parle ! Un ambassadeur n'est-il pas, lui aussi, un honnête homme qu'on envoie mentir à l'étranger pour le bien de son pays ?

— Mentir, et non pas trahir.

— Qui parle de « trahir » ? Quel horrible mot !... Que diriez-vous de cinq cents ducats ? Le prix d'un Véronèse.

— Qu'attendez-vous de moi ?

— Pas grand-chose. Juste que vous passiez d'une fidélité à une autre. Encore s'agit-il de servir la même personne, une grande dame que nous honorons tous deux. Mais les grandes dames sont quelquefois de grandes écervelées, Dr Petty ! C'est le devoir de l'ambassadeur, le représentant du roi, qui est un peu leur père en terre étrangère, de garantir leur sécurité. Or, pour que je puisse protéger Milady, il faut me tenir informé de ses activités... Qui reçoit-elle au palais Mocenigo avec l'ambassadeur d'Espagne ? Foscarini ? Puis-je compter sur vous, Dr Petty ?

— Je suis le serviteur de Votre Excellence.

— C'est moi qui suis le vôtre. Nous avons trop de connaissances communes pour ne pas nous comprendre... Avez-vous vu la villa della Malcontenta à côté de Dolo ? L'architecture de Palladio y est un miracle d'équilibre, la perfection incarnée. Notre ami Inigo Jones a bien raison d'admirer les principes de Vitruve...

26. *L'île de Murano, avril 1622*

— Qui est le sénateur Antonio Foscarini ? demanda Will.

Du lit, Dyx, sérieuse, le regardait soulever une lourde aiguière de vin et se servir à boire.

— Quelle étrange question !

— Il a été arrêté vendredi dernier, à la sortie du Sénat, par les sbires des inquisiteurs d'État.

Elle se redressa parmi les coussins.

— Décidément cet homme-là passe sa vie sous les Plombs.

— Pourquoi ?

Will, son verre à la main, était revenu s'asseoir à côté d'elle. Elle resta immobile, n'osant lui faire place contre son corps, nu sous le drap. Il effleura du regard la forme recouverte, ces seins, ce buste, ce ventre de femme tellement malheureuse d'être ainsi dévêtue.

Il avait loué – sur les écus que lui concédait Coke – une petite maison à Murano. Les hauts murs du jardin qui donnaient sur la mer préservaient leurs amours de l'indiscrétion des espions de Wotton; et des commentaires des laquais du palais Mocenigo. Ces derniers croyaient Mrs Dyx à Dolo. Et Milady croyait Dyx à Venise.

Ils avaient eu pour eux deux jours entiers. Deux jours qui n'avaient pas été aussi heureux qu'ils auraient pu l'être.

Au cœur même du plaisir, Dyx, tendue, inquiète, ne cessait de se tourmenter... Que craignait-elle donc? Les foudres de son mari? La honte? Le déshonneur? Se croyait-elle trop plate, trop maigre, trop laide pour plaire à un homme?... Trop mûre, déjà?

Il ne s'attendait pas à la trouver si anxieuse! Une telle gravité, une telle pudeur chez une personne dont il connaissait la gaieté et le franc-parler! Habitué aux libertinages des courtisanes, il n'avait pas mesuré combien Dyx restait une femme de devoir. Peu faite pour sortir du droit chemin, en dépit de ses airs délurés. La vertu lui collait à la peau. La peur et la culpabilité lui gâchaient les délices de la faute.

Il redoutait une crise de nerfs, une scène d'hystérie si elle découvrait que la Cythère où il l'avait conduite passait pour le lupanar de la Sérénissime. Les verriers louaient à prix d'or cette sorte d'appartements qui servaient d'écrin aux parties fines : lustres, miroirs, literie de dentelle, vaisselle de luxe, flacons à liqueurs et brûle-parfums. Tout l'arsenal de l'extase. Les citoyens de Venise attiraient ici les jeunes nonnes qui se mouraient d'ennui dans les couvents de l'île. Quant aux aristocrates, ils assouvissaient sous les plafonds peints à fresque de leurs *casini*, sous les treilles de vigne, les fleurs et les fruits de leurs merveilleux jardins, les appétits de stupre qu'ils étouffaient dans les salons d'apparat des demeures de famille. Même les marchands et les contrebandiers trouvaient leur bonheur dans les entrepôts de Murano : la proximité de la pleine mer leur permettait d'y décharger les marchandises à moindre risque. De cette vie clandestine, Dyx n'avait aucune idée. Par chance!

Devant le petit visage défait de son amie, Will se sentait désolé. Il aurait voulu lui dire que tout cela n'avait guère d'importance, qu'elle pouvait se laisser aller à la joie du moment. Il jugea plus prudent de ne pas aborder le sujet. Les coudes au corps, Dyx maintenait le drap serré contre son buste, la courtepointe remontée jusqu'au cou. Elle s'efforçait toutefois de paraître à son aise et tentait de répondre à sa question avec clarté :

— Le sénateur dont vous me parlez a déjà été inquiété. Vous ne vous souvenez pas de ce scandale qui avait éclaté à Londres, il y a six ans ? Non, évidemment ! Dans votre nursery, les rumeurs du monde ne vous arrivaient pas. L'ambassadeur de Venise, Son Excellence Antonio Foscarini, avait été accusé de vendre les secrets de la République aux Espagnols. Cette accusation émanait de son premier conseiller, un homme du nom de Muscorno. Rappelé à Venise, Foscarini avait été incarcéré et jugé. Son procès a duré des mois... Mais il est sorti des Plombs, blanchi de tout soupçon. Et Muscorno y est entré à sa place.

— Quel rapport avec Milady ?

— Aucun.

— Elle est en bons termes avec ce Foscarini ?

— Sa Grâce ne l'aime pas. Lors de notre retour de Heidelberg et d'Italie, quelques jours après notre réinstallation à Londres, l'ambassadeur de Venise nous avait rendu visite à Arundel House. Milady avait par deux fois refusé de le recevoir. Avec son amie Lady Hay, elle soutenait Muscorno *contre* Foscarini.

— Et maintenant ?

— Maintenant quoi ?

— Elle le voit ?

— Seriez-vous jaloux ? demanda Dyx avec aigreur.

— Je tente seulement de comprendre pourquoi Wotton était si intéressé par les rapports de Milady avec le sénateur Foscarini, que la rumeur accuse à nouveau de corruption par des agents de l'Espagne...

Dyx poussa un soupir. Elle fit un effort sur elle-même, et poursuivit avec un air aussi douloureux qu'exaspéré :

— Milady, Milady, Milady : vous ne me parlez que d'elle !... L'année dernière, lors de notre arrivée en Italie, Foscarini lui a fait annoncer sa visite à Padoue. Mais il n'est jamais venu lui présenter ses hommages. Entre eux, les rapports, comme vous dites, en sont là.

— Qu'elle ait organisé pour lui, au palais Mocenigo, des rencontres secrètes avec les Espagnols vous semble improbable ?

— Grotesque! Vous devriez demander à Francesco, le majordome de Milady, ce qu'il pense de Foscarini... Avant d'entrer au service des Arundel, il était intendant de l'ambassade de Venise à Londres. Les histoires qu'il raconte sur la saleté de Foscarini, sur les vingt-cinq chiens que l'ambassadeur nourrissait à table en même temps que ses hôtes officiels, font frémir. Je vous l'ai dit : Milady ne l'aime pas.

— Wotton répand d'étranges bruits. Il laisse croire le contraire.

— Calomnie de protestant.

— À quelles fins?

Cette fois, Dyx frappa le drap du plat de la main.

— Cesserez-vous de penser à Lady Aletheia, quand je me perds à cause de vous?

27. *En gondole entre l'île de Murano et le palais des Doges, 21 avril 1622*

Enfermés côte à côte sous l'arche de bois qui protégeait du vent, de la pluie, du soleil et des regards indiscrets les passagers de toutes les gondoles de Venise, Will et Dyx n'échangeaient pas une parole. À chaque coup de rame des deux bateliers, l'un à la poupe, l'autre à la proue, qui manœuvraient entre les pieux, les barques à voile et les gros navires, leurs têtes dodelinaient imperceptiblement. Main dans la main, on aurait pu croire qu'ils dormaient. Dehors, le jour se levait. Will percevait les premiers rayons de lumière qui forçaient les rideaux noirs de leur abri. Dyx avait tenu à les garder tirés, hermétiquement clos. Une gondole anonyme qui regagnait Venise au petit matin...

S'ils ne pouvaient être vus, ils se privaient tous deux du spectacle de l'arrivée par la Piazzetta, la plus enchanteresse de toutes les entrées dans la ville. Du doigt, Will écarta la courtine, une fente minuscule. Dyx esquissa le geste de se voiler. Mais la tenture la masquait encore si complètement qu'elle y renonça, et s'immobilisa.

Pauvre Dyx. Elle ne pouvait, dans son anxiété, goûter la beauté des ciels de l'aube que viendrait bientôt crever l'ombre grise, effilée, du campanile de la place Saint-Marc. La luminosité du ciel et de l'eau, les vibrations de l'air même lui causaient une sorte de vertige. Comme si le palais des Doges, les dômes

de la basilique, toutes les constructions humaines qui tremblaient dans les lointaines vapeurs ; le marbre, la pierre, qui
tanguaient dans le ciel et dans l'eau, vivaient, se détachaient, se
déplaçaient sur la lagune. Elle tentait de reprendre pied, de se
raisonner. « Milady rentre en fin de journée... Je la devance de
plusieurs heures, je ne cours aucun danger. Qu'arrivera-t-il
ensuite ? » Ensuite, elle ferait en sorte de ne plus se trouver en
présence de Will ! L'ignorer. Le fuir. L'oublier. Comment ?

Quand ils avaient longé les murs du couvent des Augustins
sur l'île de San Michele deux jours plus tôt, il lui avait raconté
qu'une vieille courtisane, sacrifiant ici les gains de toute sa vie,
avait fait élever une chapelle – d'aucuns prétendaient qu'il
s'agissait du monastère entier – pour racheter ses vices et
complaire à Dieu. Dyx avait déjà compris qu'elle n'expierait pas
sa faute si paisiblement.

Elle sentait sa main dans la paume de Will. Ce contact la
rassurait. S'il gardait sa main bien serrée, s'il ne la lâchait pas
jusqu'au palais Mocenigo, tout irait bien. Elle tenta de rencontrer son regard, mais il tournait le visage vers la lagune,
vers la ville qu'il tentait d'entrevoir par l'interstice du rideau.
Qu'espérait-il y retrouver ? Une autre femme ?

Dyx l'avait pourtant connu tendre durant leur escapade,
affectueux. De la pitié sans doute. Il ne l'aimait pas, elle en était
certaine ! Une maîtresse, parmi d'autres maîtresses. Cette
crainte qu'elle ne compterait pas, qu'elle n'avait jamais compté
dans la vie de Mr Petty, que leur aventure ne laisserait aucune
trace dans la mémoire de Will, remplissait Dyx d'amertume et
de désespoir. Brutalement, elle lui retira sa main. Il n'eut pas
l'air de s'en apercevoir. Il la laissait se séparer de lui ainsi, sans
même réagir par un coup d'œil ou une question. Cette indifférence la mit au bord des larmes.

Will eût été très étonné d'apprendre quelle signification
elle prêtait à sa passivité, les douloureux symboles dont elle
revêtait cette main donnée, cette main reprise. Très surpris
d'apprendre qu'elle imputait son regard perdu à l'impatience de
retrouver un autre amour. Dyx ne se trompait pas de beaucoup :
il aimait ailleurs. Mais son désir se tendait vers une rivale infiniment plus dangereuse qu'une fiancée : Venise. Il se délectait à
l'avance du parfum des fruits, des aromates et des épices qu'il
allait respirer dans quelques instants. L'odeur de l'anis, comme
sur le marché de Sturbridge Fair à Cambridge, de la cannelle,
de la muscade flotterait sous les arcades. Il imaginait la foule

bigarrée dans le petit matin de la place Saint-Marc. Là, deux fois par jour, entre six et onze heures du matin, entre cinq et huit heures du soir, les patriciens, l'étole de damas aux couleurs de leur charge ornant leur épaule gauche – une bande bleu indigo, rouge carmin rejetée sur leur amples manteaux noirs qui rappelaient les toges de Rome –, s'attroupaient parmi les groupes de Slavons, de Juifs, de Perses, de Grecs et de Turcs. Chapeaux rouge sang pour les juifs de Venise, coupables d'avoir versé le sang du Christ; mais chapeau jaune paille pour les juifs de Rome (du fait de la myopie d'un cardinal qui avait pris leur calotte rouge pour celle d'un confrère, et obtenu du pape un changement de teinte, afin d'éviter la confusion). Longs cheveux et barbes noires pour les Grecs. Turbans blancs pour les Turcs. Le grand théâtre du monde. Les actrices en jupes courtes et bariolées dansaient sur les estrades : à Venise, le sexe faible jouait la comédie. Les bateleurs, en costumes orientaux, jonglaient sous les tréteaux. Entre les scènes des saltimbanques et les étals des marchands, d'étranges silhouettes, entièrement voilées, circulaient avec lenteur, s'appuyant sur un négrillon ou une duègne. Il s'agissait des jeunes patriciennes recouvertes de gaze blanche; des femmes mariées, de gaze noire; des courtisanes, de gaze jaune. Toutes avançaient, perchées sur leurs *zoccole*, ces chaussures compensées qui les élevaient à près de quinze centimètres au-dessus des immondices du sol, à pas prudents et comptés. Oui, c'était cela aussi, Venise. Ces sénateurs qui se saluaient jusqu'au sol, le chapeau vissé sur la tête, la main sur le cœur comme en Asie, et qui se quittaient en s'embrassant deux fois sur les joues. Ces hommes, ces femmes, ces enfants qui s'agenouillaient sous les coupoles pour dire un *Je vous salue Marie*, quand sonnait, à midi et au coucher du soleil, la cloche de l'Ave Maria.

La fameuse rencontre de l'Occident avec l'Orient.

En rêvant aux plaisirs qui l'attendaient sur le marché de la place Saint-Marc, Will mesurait qu'il ne s'était jamais senti plus libre et plus heureux qu'à Venise. La gondole devait approcher du môle. Il n'entendait pas les coups de marteau qui fixaient les tréteaux dans le petit matin, la rumeur habituelle. Juste le bruit des rames. Il entrouvrit plus largement le rideau. L'embarcation longeait la poupe des centaines de gondoles amarrées côte à côte, devant les prisons et le palais des Doges. La populace se massait déjà sur le quai. L'immobilité de la foule, son silence le frappèrent.

Il vit alors, se dressant au bord de l'eau, entre les deux colonnes de la Piazzetta que surmontaient la statue de saint Théodore et le lion ailé, symboles de Venise, la masse noire d'une estrade. L'échafaud. Il fermait toute la perspective, masquant complètement le flanc de la basilique et la Tour de l'Horloge.

Un cadavre, pendu à la potence par un seul pied, s'y balançait, tête en bas. Le châtiment réservé aux traîtres. Son visage, qui oscillait à hauteur d'homme, était tellement tuméfié qu'on ne pouvait dire si le supplicié avait été torturé avant d'être étranglé. Ou s'il avait été arrangé de telle façon après sa mort. Sans doute l'avait-on traîné sur les pavés de Venise jusqu'au gibet. Méconnaissable. Une bouillie sanglante.

— Will, n'accostez pas, ne me laissez pas seule ! Ramenez-moi tout de suite !

— Ce traître n'était pas un bandit ordinaire : ceux-là sont exécutés en public et en plein jour. Et non étranglés de nuit pour être pendus à l'aube... Il faut savoir ce qui se passe, Dyx. J'en ai pour un instant.

Il la laissa, grelottante et furieuse, derrière ses rideaux.

La place était, comme d'habitude, noire de monde. Non seulement le peuple et l'aristocratie se pressaient devant la potence, mais les étrangers se regroupaient par nation autour de leurs consuls, des chargés d'affaires et des secrétaires. Ne manquaient que les ambassadeurs.

Le supplicié, sans manteau ni chaussures, portait un pourpoint noir de damas broché et gardait à la main droite une bague aux armes de Venise. Il portait à la main gauche un second bijou : le blason de sa famille, auquel venaient s'ajouter le lys de France et la rose d'Angleterre.

Dans la foule, compacte et silencieuse, qui se gardait de manifester sa stupéfaction devant la qualité de la victime, il aperçut l'ensemble de la communauté anglaise : notamment Atkinson, Branwaithe et Gerbier. Tous trois l'avaient reconnu et manœuvraient pour le rejoindre.

L'édit que proclamait le porte-parole du Conseil des Dix, juché sur la *Pietra del Bando*, confirma ce que Will redoutait : *Ceci est le cadavre du sénateur Foscarini, ancien ambassadeur de Venise à Paris et à Londres. Coupable d'avoir rencontré secrètement les émissaires de princes étrangers, chez eux et ailleurs, dans cette ville et à l'extérieur, de jour et de nuit, travesti et dans ses propres habits, pour leur communiquer de vive voix et par écrit les secrets les plus intimes de la République. Coupable d'avoir été payé par eux pour la livraison d'informations nuisibles aux intérêts de Venise.*

— Le texte ne le dit pas, susurra Atkinson à son oreille, mais ici tout le monde le répète : c'était au palais Mocenigo, chez la comtesse d'Arundel, que Foscarini trahissait sous le masque. Il était son amant... L'amant d'une espionne. Joli couple ! Cette exécution est un avertissement : elle menace directement Milady. Ses intrigues avec l'Espagne sont devenues une affaire d'État. Quant à ses amours... Elle ne fera plus de vieux os à Venise.

Will rejoignit Dyx en toute hâte.

*

Tandis que l'ambassadeur d'Espagne se claquemurait dans sa demeure, qu'Atkinson et Gerbier se réfugiaient à la résidence d'Angleterre, que Dyx s'enfermait au palais Mocenigo, Petty galopait vers la villa de Dolo. Il courait avertir la comtesse de ce qui se tramait.

Il arriva trop tard.

Lady Arundel était déjà en route pour Venise.

À cette heure, elle embarquait sur sa gondole à Fusina. Il la rejoignit à la rivière, au moment même où le Sieur John Dingley, l'un des douze secrétaires d'ambassade de Wotton, arrêtait violemment Milady sur la rive. Dingley – comme Petty – était couvert de poussière. Dans leurs regards à tous deux se lisait l'urgence de la situation.

Après avoir remis à Milady le sceau de Wotton qui accréditait sa mission, Dingley lui annonça l'exécution de Foscarini, l'avertit de la décision qu'avait prise le Sénat d'expulser la comtesse sous trois jours, et la bombarda de conseils, absolument contraires à l'avis que Will était venu apporter.

Surtout qu'elle n'aille pas à Venise ! recommandait, hors d'haleine, le messager de l'ambassadeur. Elle en serait chassée par les sbires de la République. Qu'elle rentre à Dolo. Qu'elle fasse ses malles et devance l'avis d'expulsion. Qu'elle prenne le chemin de Londres avec ses enfants, qu'elle quitte l'Italie comme si de rien n'était. Il y allait de sa réputation et de la vie de tous ses serviteurs, notamment de Francesco Vercellini, son majordome vénitien, en danger d'être arrêté et pendu lui aussi. Si Lady Arundel revenait au palais Mocenigo, Sir Henry Wotton ne répondait plus de rien. Elle encourrait un déshonneur public qui salirait à jamais le nom des Arundel.

La réaction fut à la mesure de la femme en qui Petty avait placé son estime. Outrée qu'on puisse la soupçonner, qu'on ose une seule seconde mettre en doute son innocence, ulcérée que son propre ambassadeur lui conseille la lâcheté et lui suggère la fuite, Lady Arundel prit le contre-pied de tous les avertissements.

Elle donna l'ordre de ramer vers Venise. Direction : la résidence de Wotton.

Dans la lourde barque qui traversait la lagune vers la place Saint-Marc où se dressait l'échafaud, la comtesse cherchait son chapelain du regard. Parmi les gens de sa suite, l'affolement était total. Leurs yeux se rencontrèrent. Très agitée, elle ne formula pas sa demande, mais Will comprit l'appel et répondit à la question :

— Vous choisissez le seul parti possible, murmura-t-il. Si vous ne rentrez pas, vous vous perdez.

La scène dont Petty et Coke, tous les serviteurs de Lady Arundel et les ressortissants réfugiés à l'ambassade d'Angleterre allaient être les témoins laisserait un goût saumâtre dans la bouche du pauvre Wotton.

Telle une furie, elle débarqua chez lui, investit sa maison, son salon, sa chambre à coucher. Elle l'accusait non seulement de ne pas l'avoir défendue, mais d'alimenter la rumeur et de fomenter les soupçons. C'étaient les manigances de l'ambassadeur d'Angleterre, l'homme de Buckingham, qui l'avaient transformée, aux yeux de la République, en femme adultère et en espionne ! Quant au traître Foscarini, Wotton savait parfaitement qu'elle n'avait jamais eu aucune sympathie pour ce libertin. Il savait qu'elle ne lui avait pas rendu ses visites à Londres et qu'elle ne l'avait jamais reçu à Venise : ses espions avaient dû le lui dire ! Elle exigeait qu'il demande audience au Grand Conseil. Pour lui et pour elle. L'heure – il était maintenant quatre heures du matin – empêchant Wotton de lui donner satisfaction dans la seconde, la partie serait remise au lendemain matin.

Will passa la nuit à veiller au palais Mocenigo avec les serviteurs de Milady. L'inquiétude était telle que nul ne songea à demander à Dyx où et comment elle avait passé ces derniers jours.

À l'aube, Lady Arundel et ses gens revinrent à la charge. Se présentant chez Wotton, elle l'entraîna avec elle devant le doge Priuli.

Will, auquel sa roture interdisait l'accès au palais ducal, n'assista pas à l'entrevue. Mais il put lire, comme tous les ressortissants anglais, le compte rendu que Lady Arundel força Wotton à écrire, le Sénat de Venise à promulguer, et le roi d'Angleterre à ratifier.

Dans ce document qu'elle tint à rendre public, le doge et les membres du Conseil assuraient la comtesse qu'ils ignoraient d'où pouvait venir la rumeur inique et scandaleuse de son expulsion. Jamais il n'en avait été question. Et jamais la Sérénissime n'avait cru Milady liée, de près ou de loin, au sénateur Foscarini, qui n'avait pas prononcé son nom lors de ses interrogatoires. Non seulement la comtesse n'entrait en rien dans cette pénible affaire, mais, depuis son arrivée, Venise s'enorgueillissait de la présence d'une dame d'un tel mérite sur son territoire. Elle était ici chez elle. Elle pouvait y demeurer aussi longtemps qu'il lui plairait.

Sa fierté, sa sincérité, son courage lui gagnaient aujourd'hui l'admiration du Conseil. Pour preuve de son amitié, le doge ferait voter les crédits qui permettraient à Venise de couvrir Milady de présents. La République donnerait plusieurs fêtes en son honneur, et l'invitait dès aujourd'hui à assister à la cérémonie des Noces du doge et de la mer, dans une galère affrétée pour elle aux frais de l'État.

Quant aux calomniateurs, qui avaient diffamé l'honneur de la comtesse et l'honneur de la Sérénissime, ils seraient retrouvés et châtiés.

*

De cette salle du Conseil, où aucune femme n'avait paru, Lady Arundel ressortit blanchie et triomphante. Elle avait vaincu sur toute la ligne. Mais l'alerte avait été chaude.

Cette aventure coûterait bientôt sa carrière à Wotton. Rappelé en Angleterre, l'ambassadeur ne reverrait plus ni Venise, ni l'Italie.

À Petty, elle coûterait ses émois sentimentaux, les petits jeux de l'amour et de la conspiration. Finies, les nuits de flirt spirituel ! Si les banquets se succédaient au palais Mocenigo, la légèreté n'y était plus de saison.

L'« affaire Foscarini » avait fait mauvais effet à Londres. Le parti de Buckingham murmurait qu'il n'y a pas de fumée sans feu et que Venise, bien connue pour sa prudence et sa dissimulation, avait choisi d'étouffer le scandale.

En admettant même que Milady fût aussi innocente que le proclamait le doge, qu'elle ait été victime d'une machination, comme le croyait son époux, en admettant même... Voilà ce que coûtait aux nations le caprice des femmes qui prétendaient courir le monde !

Que serait-il advenu si Milady n'avait eu le réflexe de prendre le contre-pied des conseils de Wotton ? Si elle n'avait, dans la seconde, trouvé le courage de rallier la place Saint-Marc, pour clamer son innocence et laver son honneur ? Que serait-il arrivé, si elle avait pris peur, fait ses paquets, et quitté la Sérénissime en toute hâte ? Les accusations, portées contre la première dame du royaume – Lady Arundel venait juste après la reine, aujourd'hui décédée –, auraient sali la Couronne ! Un tel affront eût forcé le roi à rompre les traités d'alliance et tous les accords commerciaux avec Venise. Une affaire d'État, en effet ! L'Angleterre ne pouvait courir semblables risques. La comtesse devait songer au retour. Sur ce point, ses adversaires comme ses partisans s'accordaient.

Rentrer ? La comtesse n'y pensait pas !

Pourtant, les conséquences du scandale l'affectaient déjà dans ce qui lui tenait le plus à cœur : la collection.

L'« affaire Foscarini », dans laquelle Wotton – plus exactement Buckingham. – s'était servi de ses intrigues pour la compromettre, interdisait à Lady Arundel de conduire la moindre opération secrète. Impossible pour elle de faire arracher de nuit aux autels de Venise les tableaux qu'elle convoitait. Impossible de dépouiller les couvents sans l'approbation de l'Église. De piller les grandes familles sous le manteau. De négocier en usant d'intermédiaires, et de jouer à cache-cache avec des hommes masqués !

Tout Venise savait Petty à son service, depuis qu'il était apparu chez Wotton parmi les gentilshommes qui la protégeaient, la nuit du scandale à l'ambassade. Petty ne pouvait désormais qu'avancer au grand jour et conclure ses transactions à visage découvert.

Cette situation, qui limitait leur liberté, pesait à Will dans tous les détails de sa vie privée. Adieu les faveurs de l'hôtesse de l'Aquila Nera, les parties fines chez les courtisanes, les nuits dans les tripots. Son appartenance déclarée à la casa Arundel l'obligeait à résider au palais.

Une telle dépendance, dont il avait perdu l'habitude, l'exaspérait. Il n'avait de cesse qu'il ne prît le large, et profitait des rares instants d'intimité avec Milady pour plaider habilement sa cause. Puisque, raisonnait-il, la menace qu'incarnait Gerbier n'existait plus, ce dernier ayant quitté Venise avec Atkinson et leur précieux butin aux premiers jours d'août; puisque le scandale Foscarini bornait les désirs de Milady et limitait leur action à Venise, le temps semblait venu d'élargir leur champ de vision! Elle devait tourner ses regards vers Florence. Vers Rome. Vers les immenses terrains de chasse, vierges encore de leurs prédations.

Milady se laissa séduire.

En cet été 1622, le marchand Daniel Nys reprendrait sa place auprès des riches Anglais de passage à Venise. Il se chargerait de négocier les acquisitions de Lady Arundel et de les expédier en Angleterre. La comtesse dépêchait Mr Petty à ses amis les prélats de la curie romaine. Il irait rejoindre, chez un jésuite anglais résidant dans le quartier de la place d'Espagne, le jeune Van Dyck, son protégé, qui étudiait à cette heure les collections de la Ville éternelle.

Ivre d'impatience, Will bouclait son coffre. Rome, enfin! Sa hâte à lever le camp, à poursuivre librement l'aventure, à prendre son envol dans les lumières de toute l'Italie, vers les dômes, les coupoles, les campaniles inconnus, achevait d'indisposer Dyx.

Mais que diable lui reprochait-elle? Elle avait rompu leur brève liaison au lendemain du séjour à Murano. Refusant de lui fournir la moindre explication, elle avait pris prétexte du changement d'atmosphère au palais Mocenigo, de la prudence de Milady depuis l'affaire Foscarini, pour le tenir en respect. Publiquement, elle passait d'une agressivité marquée à une familiarité compromettante. Elle oscillait, sans transition aucune, de la froideur la plus glaciale à l'intimité la plus ostentatoire.

Mais depuis l'annonce du prochain départ de Will, elle ne lui adressait plus la parole.

Quand elle surgit à minuit dans sa chambre, en chemise, le flambeau à la main, le visage ravagé par les larmes, il prit donc bien garde de lui cacher sa surprise. Point de questions. Point de reproches. Imprévisible Dyx ! Il crut qu'elle regrettait leur brouille, qu'elle venait in extremis s'en consoler entre ses bras. Sautant à bas du lit, il s'apprêtait à lui jurer un prompt retour, à lui ouvrir ses draps. Elle l'arrêta net :

— Mr Coke est mort.

La douleur le pétrifia sur place. Il eut besoin de quelques minutes avant de parvenir à demander :

— Comment ?

— Une attaque au cœur.

— Où ?

— À Padoue.

— Seul ?

Elle hocha la tête en sanglotant. Il la prit contre lui. Ils restèrent un instant accrochés l'un à l'autre.

Tous deux songeaient à Coke : la tension des derniers mois l'avait tué. Aux reproches que le vieux gentilhomme s'était adressés à lui-même – il n'avait pas su parer les coups qui menaçaient la comtesse – étaient venues s'ajouter mille tracasseries. Le 24 juin dernier, à l'époque du scandale, quand les courriers de Milady, relatant les événements à son époux, galopaient entre Venise et Londres, la famille Mocenigo avait exigé qu'on lui remette immédiatement les clefs du palais. Cet ultimatum ne recouvrait aucune mesure vexatoire : les Mocenigo réintégraient leur demeure à la date prévue.

Dans l'effervescence des visites au doge et des fêtes données par la République, l'échéance était passée inaperçue. Une négligence de Coke. La responsabilité de trouver un second palais digne de la comtesse sur le Grand Canal lui incombait. Il organisa, dans l'urgence, le monstrueux déménagement de Milady, et l'installa avec ses gens, ses perroquets, ses singes et ses chiens au palais Giustiniani.

Cet ultime tour de force l'avait achevé.

Will revoyait Mr Coke, tel qu'il l'avait découvert la première fois : trônant en pleine lumière à la _high table_ d'Arundel House, si différent des autres convives qu'il l'avait pris pour le Lord. Un être splendidement libre dans son pourpoint gris, le col de dentelle ouvert, la gorge nue.

Il le revoyait encore, assis au cœur de la pénombre dans la galerie de portraits, silencieux, solitaire parmi les tableaux.

C'était à la générosité de ce grand voyageur que Will devait les plus fortes émotions de sa vie. L'existence était devenue très précieuse à mesure que Coke, aiguisant son œil, lui avait appris à regarder le monde et à déceler sa beauté.

La disparition de Coke sonnait le glas d'une époque.

*

Adieu, Rome ! Le voyage de Mr Petty était remis sine die. On le garderait sous le coude, à proximité, Milady en avait décidé ainsi... Milady, ou bien Dyx qui savait influencer la comtesse, en lui présentant les circonstances sous un angle qui répondait à ses propres désirs ? Le décès de Mr Coke ; l'éloignement à Londres de Francesco Vercellini, le majordome qui portait témoignage de la conduite de Wotton ; l'entrée dans un monastère du précepteur catholique qui s'occupait des enfants, cette suite d'absences et de défections exigeait qu'un homme de confiance reprenne la direction de la maison des garçons, et supervise leur éducation à l'université de Padoue.

Pour l'heure Lady Aletheia expédiait donc Mr Petty auprès de ses fils, afin qu'il redevienne ce qu'il avait cessé d'être. Un professeur. Il veillerait sur les études de l'aîné, l'héritier du nom, James, âgé de seize ans.

En cette période de troubles, Will se garda bien de discuter les volontés de Milady. Il se sentait prêt à tout ! Même à reprendre une vie sédentaire, à se replonger dans l'étude, à s'immerger dans les traités de grammaire latine et les textes d'histoire grecque. Pourvu qu'il entende sonner les Ave Maria aux campaniles de l'université... Érudit, philosophe, tout ce que Milady voudrait ! Pourvu qu'elle le laisse travailler en Italie.

Le destin ne lui accorderait pas cette joie bien longtemps. Le compte à rebours avait commencé.

Au palais Giustiniani, Lady Aletheia venait de recevoir la lettre qu'elle redoutait chaque jour, depuis trois ans. Le commandement émanait du roi : il l'attendait à Whitehall, avec ses enfants.

Le moyen de désobéir ?

Depuis l'affaire Foscarini, elle se sentait pressée de toutes parts. Le temps était venu de reconnaître qu'elle avait voyagé jusqu'au bout de cette aventure-là.

Elle se décida rapidement. Elle rejoignit ses fils.

De Padoue, le 12 octobre 1622, la comtesse d'Arundel, sa famille, ses dames d'atours, les secrétaires, les précepteurs, les laquais, les nains, les volières, les cages, toute la ménagerie quittait les États de la Sérénissime. Deux carrosses, huit berlines, trente-six chevaux, une escorte de quarante cavaliers que lui offrait la République jusqu'à la frontière, soixante-dix balles de marchandises, libres de droits de douane, qui la rejoindraient à Livourne : le cortège s'ébranlait dans la poussière blanche du petit matin. Direction : la cour des Gonzague, à Mantoue. On y passerait les fêtes de Noël. Puis Turin, pour le carnaval. De là ?

De là, le devoir commandait à Milady de passer en France et de regagner Londres. Elle n'y avait jamais songé. Pas une seconde !

Et puisqu'on lui ordonnait maintenant d'abandonner Turin, elle rêvait de rallier le port de Gênes. La Méditerranée l'emporterait vers Valence. Elle irait accomplir en Espagne la mission qu'elle s'était fixée : marier le monde catholique à l'univers protestant.

Alors oui, elle reviendrait s'enterrer sur le Strand. En vainqueur.

Dans ses bagages, la comtesse d'Arundel ramènerait – outre ses Bellini, ses Giorgione, ses Titien et ses Véronèse – l'infante Maria de Habsbourg, sa future reine.

Le coup de théâtre de l'arrivée à Madrid du prince de Galles, qu'accompagnaient Buckingham et son conseiller artistique Gerbier, lui coupa l'herbe sous le pied. Si le jeune Charles Stuart venait en personne séduire sa princesse dans les jardins de l'Escorial, si Buckingham se faisait offrir les Vierges et les Christs en croix de Titien par Olivares, Milady n'avait aucune raison de jouer les médiatrices et de poursuivre les négociations à distance ! Mais rentrer ? Oui, certes... Le plus tard possible. Sur ce point, elle partageait les sentiments de Will. Le plus tard possible.

Une nouvelle missive, scellée aux armes de la Couronne, la rattrapa à Livourne. Outre l'interdiction de mettre le cap vers toute autre destination que Chichester, Jacques Iᵉʳ communiquait à Milady une seconde décision concernant sa famille. Pour des raisons d'étiquette et de protocole à la cour d'Espagne, il avait décidé d'honorer son ministre Buckingham du titre de duc.

La maison des ducs de Buckingham aurait la préséance sur celle des comtes d'Arundel. Dans toutes les cérémonies,

George Villiers marcherait *devant* Thomas Howard. À jamais... Cette ultime prérogative du favori, un cadet issu de la plus petite aristocratie, violait les droits héréditaires de la vieille noblesse, un outrage inacceptable pour l'ensemble des Lords.

La guerre entre les factions ne faisait que commencer.

La comtesse d'Arundel n'avait plus le choix. Elle se devait de reprendre son rang à la cour, et d'y revendiquer la place qui revenait à ses enfants. L'hostilité à Londres, au terme d'une si longue absence, promettait d'être rude. La rancœur contre ses errances, qui agitait les membres de son propre parti, ne laissait pas augurer de très festives retrouvailles.

Le retour devint même tragique à La Haye, lors de l'embarquement de Lady Aletheia pour l'Angleterre. James, son fils aîné, son héritier, attrapa la petite vérole. Il mourut en trois jours. Il avait seize ans.

Une nouvelle fois, William Petty portait le deuil de son élève.

Les jésuites des Flandres s'empressèrent d'en informer leurs correspondants à Rome : « On dit que le jeune homme s'est éteint dans la foi catholique, ce qui tient du miracle, ayant pour précepteur non seulement un hérétique, mais un ministre de la religion anglicane, un révérend ! »

Le monde se refermait. La lumière s'obscurcissait. L'éblouissement italien s'achevait dans un lugubre sentiment de régression.

28. *Londres, septembre 1623-septembre 1624*

Des six fils de Lord Arundel, il n'en restait que deux.

Terrassé par la douleur, le comte vivait en reclus. Le chagrin le retenait dans ses galeries. Le chagrin autant que la colère et l'humiliation.

Le roi lui avait refusé le duché de Norfolk qui appartenait à ses ancêtres. Il ne se privait pas de s'en plaindre et critiquait à voix toujours plus haute l'imprudente politique du favori dans l'affaire du mariage espagnol.

Arundel avait ouvert le feu à la Chambre des Lords : il désapprouvait le voyage du prince, dont il attribuait l'entière responsabilité à Buckingham. Il condamnait leur épopée secrète à travers l'Europe, et s'inquiétait de leur trop long séjour à Madrid. Si le nouveau duc devait échouer dans ses négociations avec Olivares, si l'Espagne devait refuser au prince Charles la main de l'infante, l'Angleterre s'en trouverait ridiculisée. L'humiliation pourrait précipiter Jacques dans la guerre.

Arundel n'était pas le seul à craindre le pire. L'absence prolongée de Buckingham inquiétait même ses amis, qui contrecarraient les attaques des puritains à la Chambre des communes et des vieux aristocrates à la Chambre des pairs en s'en prenant à la conduite de Lady Arundel en Italie.

Les rapports entre les époux demeuraient tendus. Si Milady n'entrait pour rien dans la mort de leur fils, le comte l'en croyait responsable. Il lui en voulait de son absence, de son abandon et nourrissait contre elle bien d'autres griefs encore. En jouissant sans lui de Venise, elle l'avait trahi dans ce qu'ils partageaient de plus intime : leur amour pour la beauté. Durant ces trois années, il avait espéré la rejoindre. Mais ses obligations auprès du roi l'en avaient empêché ; et ce plaisir-là lui avait été refusé, comme lui étaient refusées toutes choses auxquelles il tenait. Notamment la restauration du duché de Norfolk... Milord tournait en rond !

Pour Will, pour Dyx, pour tous les familiers de Milady, l'atmosphère d'Arundel House devenait irrespirable.

La vie culturelle, néanmoins, y avait acquis en leur absence un lustre qui faisait battre le cœur de l'ancien disciple de Reginald Bainbridge. Les protégés du comte, tous membres fondateurs de l'Antiquarian Society, tous célèbres pour leurs travaux d'historiens, jouissaient aujourd'hui d'une renommée européenne.

Le premier personnage de ce petit groupe de familiers, William Camden, auteur du très fameux *Britannia*, était jadis monté jusqu'au Mur d'Hadrien afin de préparer son livre sur les origines de l'Angleterre. S'il n'avait pas rencontré Bainbridge, il avait longuement correspondu avec lui. Leur commune passion pour l'Antiquité, Camden l'avait communiquée à son propre élève, le très érudit Robert Bruce Cotton.

Cotton avait été, lui aussi, en contact épistolaire avec Bainbridge. Accompagnant Camden sur le Mur d'Hadrien, il s'était lié d'amitié avec le premier bienfaiteur de William Petty, Lord William Howard de Naworth : « Willie l'Audacieux ». Naworth et Cotton avaient commencé ensemble une collection d'inscriptions latines. Sa propre récolte, Cotton l'avait scellée dans un mur de sa maison de campagne, à l'instar de Bainbridge. Puis il avait fait construire, au cœur du jardin, un pavillon octogonal : le premier bâtiment entièrement consacré à la préservation des autels et des fragments romains d'Angleterre. Comme Petty, Cotton avait appartenu à Jesus College. Mais, à sa différence, Cotton était né gentleman, héritier d'une fabuleuse fortune.

Quant au troisième larron, l'illustre John Selden, il connaissait Camden et Cotton depuis vingt ans, depuis la création de l'Antiquarian Society. Doué d'une mémoire prodigieuse, Selden s'intéressait à l'histoire des institutions anglaises. Son opinion sur la légalité dans les causes de l'État lui valait la faveur du roi qui requérait constamment son conseil. Juriste, mais aussi grand connaisseur de l'hébreu et de l'arabe, Selden était l'intendant de la maison de la sœur aînée de Lady Arundel, Lady Kent. Il passait pour son confident, son ami, son amant.

Dans ce petit groupe d'antiquaires, le révérend William Petty occupait une place de choix. Si sa naissance et sa pauvreté empêchaient toute véritable appartenance à la fratrie des familiers, son érudition, ses diplômes et l'estime de Lord Arundel le hissaient à leur niveau. Bons princes, ils affectaient de le traiter en pair. Will n'était pas dupe. Il tirait le meilleur parti de cette illusion et s'associait allègrement aux brillants échanges entre savants. Fini, le temps de l'exclusion ! Quand il n'enseignait pas les langues anciennes aux deux fils de la maison, il s'absorbait dans l'étude des manuscrits grecs de la bibliothèque et réceptionnait les objets qui entraient dans les collections. Il siégeait à la gauche de Mr Dyx à la *high table* du hall, prêchait le sermon du dimanche à la chapelle, et frayait sans contrainte avec toute l'aristocratie anglaise, que le comte recevait à l'étage.

Mais le succès social accentuait le sentiment de vide. Pour avoir découvert la liberté, il prenait la mesure des limites de l'existence à Arundel House. Parmi les protégés, les favoris et les flatteurs, il étouffait. Il cherchait une issue, œuvrant sans relâche à une seconde évasion.

Un codex que l'ambassadeur d'Angleterre à Constantinople venait de faire parvenir à Sa Grâce le plongeait dans l'exaltation des jours heureux de Venise. Une telle merveille valait tous les trésors de Londres ! Elle le renvoyait au souvenir d'une rencontre avec un prêtre orthodoxe, élève du patriarche d'Alexandrie à l'université de Padoue.

Cet homme prétendait que les monastères du mont Athos regorgeaient encore de livres anciens, que les textes originaux de Tertullien, de saint Jean Chrysostome pourrissaient dans l'humidité des caves, qu'ils étaient voués, du fait de l'ignorance des moines, à l'oubli, à la perte, à la destruction. Si quelqu'un pouvait s'en emparer, il sauverait peut-être la mémoire de l'humanité.

L'arrivée d'un capitaine de vaisseau en provenance d'Asie Mineure allait fournir à Will la clef qu'il recherchait depuis l'époque où, penché sur les cartes maritimes de Cambridge, il comparait les relevés des Vénitiens aux descriptions d'Homère... Le capitaine apportait de nouveaux trophées à Arundel House : une collection de coraux ayant appartenu à un sujet anglais, un voyageur décédé à Scio, tout un assortiment de minéraux qui orneraient le nymphée et les grottes du parc. Il apportait aussi deux médailles qui représentaient Alexandre de Macédoine, et dataient, semble-t-il, de quatre siècles avant Jésus-Christ. Il apportait enfin... une très mauvaise nouvelle. Un certain John Markham, consul en Turquie, que Lord Arundel utilisait pour acheter et expédier ses antiques, était mort de la peste.

Cette disparition ressuscita un vieux rêve.

— Ah, Mr Petty, vous qui êtes intime du Grand Alexandre, expliquez donc à ce jeune homme la valeur historique de ces pièces de monnaie.

Petty avait fait irruption dans le cabinet des médailles. Depuis près de quinze jours, il attendait, sinon une réponse, du moins une réaction, à la proposition qu'il avait adressée à Sa Grâce. Par écrit, selon le vouloir du comte. Il s'était trouvé plusieurs fois en présence de Lord Arundel, sans que ce dernier aborde le sujet.

Ni l'un ni l'autre n'avaient le verbe facile. Cependant leurs relations étaient aussi cordiales qu'elles pouvaient l'être. Si le mot « affection » eût semblé très exagéré pour définir leur lien, ils appréciaient assez la compagnie l'un de l'autre pour ne pas s'éviter. Le simple fait que ces deux hommes renfermés sur eux-mêmes ne cherchent jamais à se fuir était un signe de sympathie et d'estime réciproque.

À cette heure, le comte se tenait debout, penché avec son fils sur les tiroirs peu profonds du médaillier, un gros buffet qui meublait le centre de la pièce. Depuis la mort de son aîné, Lord Arundel avait reporté tout son intérêt sur Henry Frederick, le cadet, âgé d'une quinzaine d'années. Du fait de sa seconde position dans l'ordre de succession, Henry Frederick avait été instruit en gentleman, sans que son père se soucie exagérément de ses progrès ou de ses talents. Les trois années passées à Padoue achevaient de les rendre étrangers l'un à l'autre. Le comte tentait de regagner tout ce temps perdu.

Milord avait pu juger que Henry Frederick, qui hériterait un jour de l'intégralité de la collection, dessinait, qu'il avait un bon œil et qu'il aimait la peinture. Le séjour en Italie avait donc porté ses fruits. Milord comptait sur Mr Petty pour continuer à exercer le regard du jeune homme dans les galeries. Mais le précepteur, le chapelain, l'agent – on ne savait plus très bien comment qualifier Petty dans la maison, tant il occupait d'emplois qu'il n'exerçait qu'à demi! – semblait vouloir se dérober à la volonté de son maître.

— Milord a-t-il lu la note que je lui ai adressée? attaqua-t-il, avec un sérieux qui n'était pas dépourvu d'agressivité.

— Je l'ai lue.

— Qu'en pense Votre Grâce?

— Je m'en étonne.

— Mais encore?

Le comte lui jeta un regard sévère. Il n'appréciait pas qu'un serviteur le pousse dans ses retranchements.

— Que vous souhaitiez rejoindre l'Italie, je le conçois, répondit-il sèchement. Mais rallier Venise pour vous embarquer vers Constantinople? L'idée est étrange. Vous devriez vous informer un peu mieux des nouvelles du Levant, Mr Petty. Les janissaires viennent d'y assassiner le Grand Seigneur. À cette heure, on égorge toutes les femmes et tous les enfants du sérail. La haine du nouveau vizir envers les étrangers menace les colonies franques de terribles massacres... Qu'iriez-vous faire là-bas?

— Accomplir le travail de l'agent Markham qui servait Milord dans l'Empire ottoman.

— Mr Markham n'était pas mon agent, mais un marchand établi à Smyrne, que la Levant Company utilisait comme consul. Il me rendait, à l'occasion, certains services. Mais il ne travaillait pas pour moi.

— Son décès vous prive d'un pourvoyeur et d'un intermédiaire.

— Il me prive d'un négociant qui connaissait les usages de l'Orient. Un homme lié d'intérêt avec les trafiquants génois, ainsi qu'avec les caravaniers et les autorités turques dans toutes les échelles du Levant.

— Certes, je ne suis pas marchand. Mais je connais les mystères de l'ancienne Grèce, j'en sais l'histoire, la géographie. Qui mieux que moi pourrait retrouver les villes englouties dans les déserts d'Anatolie ? Peut-être découvrir les ruines de Troie...

Une lueur ironique traversa le regard du comte :

— C'est bien la première fois que je vous entends vanter vos mérites !

— C'est la première fois, Milord, que l'occasion m'est donnée de vous servir comme il se doit... Ce que je vous rapporterai de là-bas, nul ne l'a jamais vu en Angleterre.

— Jamais vu ? Vous plaisantez, Mr Petty ! Des centaines d'antiques ornent mes galeries ! Des statues, des bustes, des inscriptions.

— Répliques romaines d'originaux grecs.

— Sculpture grecque ou sculpture romaine, quelle différence ?

— La supériorité de l'invention.

— Cette opinion n'engage que vous. Et vous êtes bien le seul, Mr Petty, à professer semblable jugement.

— J'en demande pardon à Sa Grâce.

Le ton de Will restait clair, calme, presque sec. Pourtant quelque chose vibrait. L'intensité de cette voix, qui brisait son silence ordinaire, contraignit le comte à le laisser poursuivre :

— ... Mais il y a plus important. Depuis que Michel-Ange et les artistes du siècle passé ont redécouvert l'Antiquité, les princes romains fouillent la poussière du Forum. À cette heure, la plupart des souverains d'Europe tentent de se constituer une collection. Le cardinal de Richelieu, le roi d'Espagne suivent votre exemple : ils négocient l'achat de sculptures à Venise, à Florence, dans toutes les cours d'Italie. Certains exhument directement leurs trophées du Forum, comme vous l'avez fait vous-même. Mais nul ne songe à remonter aux sources du mystère... aux origines de la beauté de Rome.

— Bien entendu ! Quel amateur serait assez fou pour aller sonder les terres de l'ancienne Grèce chez les Ottomans ?

— C'est à vous qu'il incombe d'être le premier. Rome vous a livré certains de ses secrets, mais imaginez ce que recèlent les entrailles d'Athènes !... Dans les galeries d'Arundel House, révélez au monde les splendeurs de Pergame et d'Éphèse, la virtuosité du sculpteur Phidias...

— En arrachant ces marbres aux Turcs ? Je crois, Mr Petty, que vous délirez.

— Le risque mérite d'être couru... Les rivages des Turcs, Milord, sont ceux d'Homère, ils conservent la mémoire et toute la poésie de l'humanité.

— Nous en reparlerons.

— Inutile de remettre à plus tard, intervint une voix impérieuse.

Surgissant des appartements contigus, Lady Aletheia avait écouté la fin de la conversation : elle s'en mêlait, selon son ordinaire. L'énergie de cette femme, sa curiosité, son cran, qui jadis avaient tant séduit le comte, l'exaspéraient.

Toute vêtue de noir, elle traversa le cabinet de son pas décidé. Le chagrin l'avait durement éprouvée. Elle paraissait vieillie.

Si Lady Aletheia gardait cette vitalité, ce port de tête digne du pinceau de Rubens malgré le deuil qui l'avait à nouveau terrassée, elle arborait aujourd'hui des allures de soldat, des manières brusques de reine douairière. Certes elle n'avait jamais usé de fioritures pour exprimer ses désirs. Désormais elle ne se souciait même plus d'y mettre les formes. Le dernier coup du sort, la perte de ce fils qu'elle aimait tendrement, l'avait dépouillée de ce qui lui restait de douceur, de tact et d'habileté.

— ... La cause est entendue, poursuivit-elle en marchant vers les deux hommes qui entouraient Henry Frederick. J'en prends la responsabilité.

— Vous, madame ? Je croyais...

Lord Arundel se retint de lui rappeler son antipathie, si virulente durant quatre longues années, à l'endroit du chapelain qu'il avait eu le malheur de lui imposer. Il se garda de lui rappeler que cette antipathie avait assombri leur mariage.

Elle s'était détournée des deux hommes et ne semblait s'adresser qu'à son fils. Mais Will sentit qu'elle le soutiendrait contre Lord Arundel, sans conditions.

— Mr Petty m'a bien servie à Venise. Je le crois capable de remplir la mission à laquelle il se destine. Donnons-lui les moyens de nous rapporter ce que les galeries du duc de Buckingham ne verront jamais.

— À cette heure, Buckingham achète des antiques à Madrid, constata sombrement le comte.

— À cette heure il achète des répliques à Madrid, rectifia la comtesse.

Une courte seconde, les époux échangèrent un regard d'intelligence.

Ce regard scella le destin de William Petty.

*

« Fait à Londres, le 10 septembre 1624. »

Une plume d'oie courait sur le papier filigrané aux armes des Arundel :

« Excellence, vous voudrez bien avoir l'obligeance de seconder, de tout votre poids, les entreprises du porteur de ce message, écrivait le comte à Sir Thomas Roe, ambassadeur d'Angleterre à la Sublime Porte. Mr Petty, qui sert ma maison depuis fort longtemps, a grand désir d'explorer la Turquie. »

« (...) En ce qui concerne l'érudit que vous envoie Milord Arundel, je le connais de longue date, ajoutait dans sa propre dépêche le secrétaire d'ambassade Branwaithe qui occupait désormais les fonctions de Sir Henry Wotton à Venise. Permettez donc que j'attire l'attention de Votre Excellence sur ceci : ne vous satisfaites pas de ce qu'il affiche. Cet homme porte en lui, dans son cœur, son corps et son esprit, bien davantage que le peu dont il fait parade. Ne le perdez pas de vue et souvenez-vous toujours, lorsqu'il aura disparu, qu'en dépit des apparences, il sévit quelque part. »

29. *En mer, entre Venise et Smyrne, septembre 1624*

Ces lettres imbibées d'eau, que Will serrait avec ses autres recommandations dans son portefeuille, risquaient fort de ne jamais atteindre leur destinataire.

Dans le fracas des lames qui explosaient contre les ponts, dans le grincement des mâts, des voiles et des cordages, les vagues montaient à l'assaut du navire. Chaque seconde s'annonçait comme la dernière.

Accroché au gaillard d'arrière, sur la dunette, il songeait au monde qu'il avait quitté.

Il songeait à Milady, entourée de ses amis italiens et papistes, s'enfonçant avec frénésie dans les querelles religieuses de la cour. Au comte, que sa haine de Buckingham menaçait de conduire à la Tour de Londres.

Par-delà l'affection qui le liait à ses bienfaiteurs, la gratitude, l'estime, la volonté de les servir et de leur rester fidèle, il reconnaissait qu'en dépit de la sécurité d'Arundel House il y avait tristement vécu. Seuls sa rencontre avec Mr Coke, sa tendresse envers le petit Charles, son attachement à James, l'aîné des garçons, apaisaient ce sentiment de désespoir rétrospectif. Mais le chagrin de leur perte assombrissait jusqu'à la douceur des souvenirs.

Restait le voyage en Italie... Restaient Mantoue, Turin, Gênes. Et Venise! Ces éblouissements avaient illuminé sa vie. Il s'en nourrissait encore au seuil de ce qui, à en juger par les cris des marins, serait peut-être la mort.

Le capitaine hurlait qu'à l'île de Zante ils ne pourraient pas mouiller, qu'ils devraient pousser jusqu'à Céphalonie. Le mât de misaine était fendu. Le navire, disparaissant dans un nuage d'écume, dérivait.

Will ne bougeait pas.

Les rafales de pluie, qui le plaquaient contre le bastingage, l'immobilisaient une dernière fois dans le passé, dans les tourmentes et les déluges de Soulby, dans les bruines de Cambridge. Il n'avait jamais voulu renoncer à sa *fellowship*. Toutes ces années, il était resté, dans la forme, professeur à Jesus.

Avant de quitter l'Angleterre, il avait repris la route de l'université, accomplissant, une fois de plus, le pèlerinage aux lieux mythiques qui avaient fait de lui l'homme qu'il était. Trimestre après trimestre, depuis près d'une décennie, il était ainsi venu chercher l'autorisation de s'absenter. Mais ce rituel n'obéissait plus à aucune exigence intérieure. De son détachement, les registres du collège témoigneraient bientôt : *À la chaire de grec, rendue vacante par la démission de Master Petty, Master John Hume a été élu le 9 novembre 1624.*

En résiliant sa charge, en abandonnant le poste auquel il avait tenu plus qu'à toute autre position sociale, Will larguait les amarres. À l'aube de ce voyage aux sources du savoir, l'aventure universitaire s'achevait.

Il avait néanmoins tenu à remplir un ultime devoir : prendre congé de son double, le second William Petty, qu'il avait fait entrer comme *sizar* à Jesus. Le jeune homme allait être ordonné diacre dans la cathédrale d'York. Restait à souhaiter que William Petty Junior se révèle un meilleur pasteur que son oncle.

En cette tempête de fin du monde, Will admettait qu'il avait piètrement exercé son ministère. De ses sermons dans la chapelle d'Arundel House, de ses prêches devant toute la maisonnée, de cette exhibition dominicale entre l'autel et les bancs, il ne retenait que les yeux des chambrières rivés sur ses lèvres. Son désir des femmes... Malgré la vigilance du comte, il s'était accordé quelques liaisons avec des servantes de la maison.

Mais s'il avait été souvent séduit, amoureux fou de la peau de l'une, de l'odeur de l'autre, aucune aventure sentimentale n'était venue bouleverser sa vie. À l'exception, peut-être, de sa complicité avec Milady. Et de son amitié pour Dyx.

Le rang de Lady Aletheia, les circonstances de leurs rencontres, les contretemps avaient empêché qu'il s'en éprenne. Il n'avait pas réussi à chérir cette trop grande dame comme elle aurait mérité de l'être. Quant à Dyx...

En songeant à Dyx, il éprouvait la désespérance tenace et lancinante qu'elle-même avait éprouvée, au terme de leur séjour à Murano... *Rien*, il ne s'était *rien* passé entre eux. Deux êtres qui auraient voulu se reconnaître, qui auraient voulu se comprendre, s'accepter, s'attacher, et qui ne l'avaient pas pu. Même sur ce front-là, il avait échoué.

La séparation d'avec Dyx restait peut-être le moment le plus pénible de ce nouveau départ. Pénible non parce qu'il la quittait, mais parce qu'il la quittait sans l'avoir aimée.

Il payait, de cette sécheresse, sa résistance à toute forme de soumission. Il payait sa quête de l'absolu. Il payait la soif de liberté qui n'avait cessé de le tarauder.

Il mesurait soudain que, durant son existence entière, il n'avait fait que cela : tendre vers l'heure d'aujourd'hui, vers ce vent, vers ces vagues, vers ces forces inconnues qui l'emportaient au-delà des frontières, au-delà des limites entre le passé et le présent, entre l'Orient et l'Occident. Il retrouvait l'ivresse du galop vers le Mur d'Hadrien, la volupté des errances au fond des arcades de la place Saint-Marc et dans les ruelles de Venise.

Libre, seul, affranchi des conventions du monde, des contraintes de l'espace et du temps, il se préparait à vivre.

Au bonheur qui lui coupait le souffle, il se savait prêt.

Livre quatrième

SANS LIMITES

1624-1628

Chapitre 8

LE TEMPS
DANS LA LUMIÈRE BLEUE D'ORIENT
OCTOBRE 1624-MARS 1625

30. *Smyrne, octobre 1624*

La *Margareth*, battant pavillon anglais, trois mâts, douze canons, quatre-vingts hommes d'équipage, entra dans le golfe de Smyrne vers midi, le mardi 28 octobre 1624, sans l'escorte d'autres navires. Une lumière bleue baignait la rade. Le temps était doux, sans soleil. L'air semblait immobile. Les voix des muezzins montaient vers le ciel, se répondant à travers la ville, de minaret en minaret, jusqu'au pied de la colline. On apercevait, voletant autour des fines tourelles blanches et des religieux au balcon, l'ombre indigo des corneilles. Quelquefois une mouette répondait à l'appel. Derrière les maisons, sur la montagne, pesait une brume chargée d'eau qui enveloppait les quatre moulins à vent, l'ancienne citadelle et les immenses ruines de l'amphithéâtre.

Malgré l'importance de son tonnage, le bâtiment réussit à ne pas s'enliser dans les alluvions qui se déversaient à l'embouchure du fleuve Hermos. Il contourna les hauts-fonds, s'engagea dans le chenal, et vint mouiller devant les résidences des négociants anglais au centre de la rade. Ni jetée ni quai ne bordaient le port.

De la douane, à l'extrémité gauche du môle, plusieurs chaloupes prirent la mer jusqu'au vaisseau.

Le capitaine et ses marins, étroitement surveillés par les Turcs, débarquèrent alors les balles de coton. Ils déposèrent leur lourde cargaison dans trois des entrepôts, au fond du bassin. Ces entrepôts constituaient le rez-de-chaussée des maisons commerciales qui s'ouvraient de l'autre côté, sur la rue des

Francs. Dans l'ombre des magasins se dressaient déjà, tel un mur de toile, les sacs de raisins secs que le navire comptait rapporter à Londres. Par tonnes.

Les trafiquants avaient beau qualifier de « cochonneries » ces petits fruits poisseux, les raisins de Smyrne constituaient l'essentiel de leur commerce, le plus juteux de leurs bénéfices. Les Anglais les consommaient partout. Dans leurs *pies*, leurs *cakes*, leurs *scones*, leurs bouillons, leurs liqueurs ; avec la viande, le poisson et la volaille : ils ne pouvaient plus s'en passer.

Les Ottomans avaient vite compris ce qu'ils pouvaient tirer de ce vice britannique et le taxaient arbitrairement. D'un jour à l'autre, les droits d'exportation augmentaient de cent pour cent.

En cas de résistance, les janissaires confisquaient l'ensemble de la cargaison.

Les négociations, les protestations et les coups de force pour récupérer la marchandise conduisaient à de nouvelles exactions et menaçaient la survie des consuls et du négoce dans les ports du Levant. Même les ambassadeurs à Constantinople risquaient gros. Leur rôle diplomatique se limitait à tenter de faire respecter par les Ottomans les très récents traités commerciaux, que les marchands de leur propre nation ne se privaient pas de violer. Considérés à raison comme les chefs des courtiers, ils ne jouissaient d'aucune immunité. Aux heures de litige, ils pouvaient être bastonnés par les hommes du vizir, et leurs interprètes pendus. La difficile conquête des raisins de Smyrne occupait donc leur énergie, ainsi que celle de tous les Anglais du haut en bas de l'échelle sociale.

Les deux seuls passagers qui n'appartenaient pas à la Levant Company, ni à aucune des autres associations de marchands, descendirent à terre les derniers.

Un petit caïque les déposa à l'extrémité du port, devant la douane.

Ce qui frappa d'emblée les voyageurs, ce fut le calme qui régnait sur le ponton. Les fonctionnaires se parlaient à voix basse et s'activaient sans cris. Une chape de silence enveloppait la douane, le port, la ville.

Leurs coffres et leurs personnes furent fouillés par quatre janissaires. Chaque bagage indiquait clairement les préoccupations de son propriétaire. La première malle ne contenait que des hardes et des armes : fleurets de différentes tailles, pistolets de plusieurs calibres, gants parfumés, manchettes de dentelle,

rubans de couleur. La seconde : des livres imprimés en caractères grecs, et des cartes. L'ensemble évoquait le matériel des
espions latins qui venaient relever l'emplacement des forts sur
le littoral turc. Les Ottomans redoutaient ces informateurs
dont les rapports sur l'état des murailles et de toutes les cita-
delles de la côte égéenne faciliteraient le débarquement des
puissances ennemies.

L'attirail des deux étrangers parut assez suspect pour
qu'on appelle l'aga douanier.

Il s'approcha à pas lourds. Il avait le crâne rasé et la barbe
longue, le chef couvert d'un tarbouche blanc et le col nu, une
longue robe bariolée, un yatagan à la ceinture et des babouches
jaunes, conformément à l'usage. De tous les fonctionnaires de
Smyrne, il était le plus riche et le plus haï. Chargé de la perception des impôts, l'aga douanier disposait d'un pouvoir sans
limites.

Sa férocité envers les communautés grecque, juive et arménienne n'indignait personne, et surtout pas les associations de
marchands qui n'en avaient cure. Mais sa rapacité ne se limitait pas aux minorités pauvres, sujettes du sultan. Mieux valait
donc éviter sa rencontre.

Il ne jeta qu'un œil distrait au contenu des coffres, posant
plus longuement son regard sur les étrangers. Alors, il porta la
main à son front, à sa bouche, à son cœur et salua d'un *al-
salâm'salaykum* le premier des voyageurs, le plus élégant des
deux, qu'il avait l'air de connaître.

Main sur la poitrine, le voyageur s'inclina et rendit le salut.

L'aga s'éloigna, non sans avoir ordonné qu'on remballe ses
armes et qu'on les lui rende.

— Moi, les Turcs m'adorent, triompha le voyageur, se
tournant avec fierté vers son compagnon... En vingt ans, ils ne
m'ont jamais posé aucun problème !

Il s'exprimait en italien. Depuis la première installation des
Génois dans le Levant, l'italien était resté la langue du
commerce en Asie Mineure.

L'étiquette exigeait qu'en l'absence du sultan pacha qui
séjournait à Constantinople les nouveaux venus montent saluer
le *serdar*, chef des janissaires qui commandait aux deux mille
soldats de la garnison. Son palais se dressait non loin de la
Grande Mosquée, un peu plus haut, au cœur de la ville turque.

Mais le second voyageur, qui n'avait sur lui ni lettres de
son ambassadeur ni firman du Grand Seigneur, devait d'abord

se présenter à son consul, un certain Mr Salter, remplaçant de feu John Markham à la résidence d'Angleterre.

La maison du consul se trouvait au bout du port, à deux pas de la douane. Son compagnon offrit de l'y conduire.

De haute taille et présentant bien, les deux « Francs » – ainsi appelait-on tous les Chrétiens qui n'étaient pas sujets du Grand Seigneur – marchaient au même rythme et semblaient du même âge. Une quarantaine d'années. Parfaitement à l'aise sur la terre ferme au terme d'un si long voyage, ils paraissaient, l'un et l'autre, entraînés à la lutte. Pourtant les deux personnages ne se ressemblaient pas.

Le premier, le gentilhomme familier du dignitaire turc, avait la peau claire et le teint frais, la bouche vermeille sous la moustache en croc, une chevelure soyeuse, châtain clair, qui ondulait jusqu'aux épaules.

Le second, le visage tanné par l'air du large, de grosses boucles noires, coupées court, des lèvres sensuelles sous sa barbe.

Les nœuds qui ornaient le pourpoint du premier, le pommeau à volute de son épée, les plumes bariolées de son chapeau, ses manières amples et volubiles, tout en lui révélait sa nationalité. Il était français.

L'appartenance de l'autre était plus difficile à déterminer. Rien dans son comportement ne trahissait ses origines. Son manteau noir qui lui tombait aux pieds, son poignard et sa bourse de poudre à la ceinture, ses bottes à talon auraient peut-être pu le faire passer pour un *condottiere* vénitien.

Le Français, lui, arrivait de Paris, via Marseille et Venise. Il n'en faisait pas mystère. Il avait déjà rempli plusieurs missions au Moyen-Orient. Il s'appelait Sanson Le Page.

L'autre était anglais. On le nommait le révérend William Petty : *W.P.* pour les intimes.

Au cours de leur interminable traversée – trois semaines à braver côte à côte la tempête, à trinquer ensemble, en tapant le carton, aux heures d'accalmie –, Sanson Le Page avait eu tout le temps d'exposer à son compagnon les intérêts financiers et les liens familiaux qui le ramenaient en Asie Mineure. Il était le neveu du consul de France à Smyrne, un grand marchand corse dont la maison mère était établie à Marseille. Cet oncle se prénommait « Sanson » lui aussi, Sanson Napollon. Il avait été consul à Alep durant plusieurs années, avant de s'installer ici, à Smyrne. Il connaissait les Turcs comme nul autre Franc.

Lors de son passage à Paris, l'an passé, l'oncle avait été reçu au Louvre et chargé d'une mission extraordinaire. C'était cette tâche, une œuvre à long terme, capitale pour la survie du commerce français dans le Levant, que Sanson le Page venait l'aider à mener à bien.

Leur délégation, tout à fait officieuse, ne devait en rien gêner l'ambassade du comte de Césy, le représentant de Sa Majesté à Constantinople. Depuis trois ans, l'ambassadeur de France se démenait dans les querelles de préséance qui l'opposaient à tous les autres ambassadeurs auprès de la Sublime Porte. Il combattait notamment l'ambassadeur d'Angleterre, dont le souverain Jacques Ier se disait encore « roi de la France » quand Louis XIII se présentait, lui, comme l'« empereur des Français », nuances qui laissaient perplexes les Ottomans. Pour preuve de la supériorité de leur nation respective, chacun des deux ambassadeurs exigeait que sa signature apparaisse en premier sur les documents que les Francs présentaient conjointement au sultan. Bref, le devoir de soutenir dignement l'honneur du souverain absorbait le comte de Césy.

Les « deux Sanson », l'oncle et le neveu, se proposaient, eux, de négocier en sous-main la libération des marins français retenus en esclavage chez les « Barbaresques », les pirates d'Afrique du Nord. Et surtout d'obtenir la promesse du Grand Seigneur, souverain de l'Empire ottoman, qu'il soutiendrait leurs tractations avec ses vassaux, les deys de Tunis, de Tripoli et d'Alger. Ces trois deys, qui relevaient de l'autorité de Constantinople, avaient capturé, en dépit des accords commerciaux, près de quatre cents navires français en cinq ans. Ils s'étaient emparés de leurs marchandises, de leurs équipages et surtout de leurs canons.

La puissance navale des Barbaresques devenait telle qu'aucune marine, pas même celle du Grand Seigneur, si la fantaisie lui en prenait, ne réussirait à lui faire échec. En conséquence, le rythme des abordages s'était accéléré, jusqu'à rendre impossible toute traversée en Méditerranée. Les navires marseillais couraient le risque de perdre leur cargaison, non plus une fois sur deux, mais quatre fois sur cinq. L'été de cette année 1624 avait été dévastateur. Quarante bâtiments coulés ou capturés : la pire saison de toute l'histoire de la guerre de course. Depuis l'automne, aucun navire français n'osait plus mettre à la voile. Les vaisseaux des Vénitiens et des Anglais n'étaient pas mieux lotis. Le retard de la *Margareth* avait laissé craindre le pire. On n'avait même pas songé au mauvais temps : à coup sûr, le capitaine et ses marins se trouvaient enchaînés dans la cour du marché aux esclaves de Tunis. On n'en doutait pas. Comme les milliers d'autres captifs, ils iraient ramer dans les chiourmes des galères pirates. La routine.

Les deux passagers, qui enfilaient la rue sablonneuse à l'arrière des maisons, n'avaient pas l'air de mesurer à quel point leur arrivée tenait du miracle.

— Les Mahométans ne sont pas plus cruels que les Chrétiens, affirmait Le Page, péremptoire. Croyez-moi : mieux vaut être pris par les Turcs que par les chevaliers de Malte qui crèvent les yeux de leurs prisonniers, coupent le nez, les mains, les jambes à leurs captifs... Les Barbaresques, au moins, savent vivre avec leurs esclaves ! Ils ne nous mutilent que pour nous obliger à bien les servir... Certes, ils ont la main dure et la bastonnade facile. Mais les cent coups, dont ils nous lacèrent la plante des pieds jusqu'à l'os, ne nous estropient que pour six mois. Nous n'en mourrons que si nous ne valons pas grand-chose à la peine.

L'Anglais l'écoutait sans mot dire.

Le Français donnait des leçons et fanfaronnait. Il exagérait sans doute sa connaissance du pays. Mais il tenait des propos contraires à toutes les idées reçues. Cela suffisait à retenir l'attention de son auditeur. Will ne perdait pas une miette de ces informations :

— ... Tout ici s'achète, mon cher. Il vous suffira de négocier habilement vos désirs.

Bien que hâbleur et volubile, Sanson Le Page ne manquait pas d'éducation. Il avait été élevé chez les jésuites de Marseille. Son appartenance à une riche famille de négociants l'avait exposé au grand monde. Comme son oncle, il avait rencontré le roi au Louvre et reçu ses instructions directement du cardinal de Richelieu.

— ... Offrir, au moment opportun, avec élégance et panache, le présent que convoite un ministre, tel est le secret du savoir-vivre partout. Le premier conseiller du monarque s'appelle ici *vizir*. Et les cadeaux qu'il reçoit *bakchichs*. Très bien. Le chef spirituel : *mufti*. Le juge : *cadi*. Les commandants : *agas*. Les gouverneurs : *pachas*. Payez-les tous ! Pour les petits services qu'ils vous rendent et les grandes faveurs qu'ils vous octroient, arrosez-les grassement. Je ne vois aucun mal à cela et ne reconnais à ces gens aucun vice... Hormis, peut-être, leur goût pour le tabac et leur passion du café. Quant aux pots-de-vin... parlons-en.

Le Page esquissa un sourire qui se voulait plein d'esprit :

— ... Nos marchands sont constamment ivres. Les Turcs, eux, ne boivent que de l'eau... Et pour ce qui touche à la propreté morale, dont nous les accusons tant de manquer, ils se lavent, eux, en entrant dans leurs mosquées. Ce serait le devoir des Chrétiens d'avoir, comme les Musulmans, le corps et l'âme nets quand ils entrent à l'église.

Depuis l'île de Céphalonie, l'escale où les compères s'étaient liés, leur relation se résumait à cette forme d'échanges : d'interminables discours, des affirmations sentencieuses et paradoxales, d'une part; le silence, de l'autre. Un rapport qui leur convenait à merveille. À Sanson Le Page revenaient la connaissance du terrain et le besoin furieux d'étaler son savoir. À Petty, la réflexion, la patience, la ruse. Et le désir d'apprendre. Chacun possédait ce qui manquait à l'autre. Tous deux le sentaient.

Ils devinaient autre chose encore.

Au-delà de leurs nombreuses différences, au-delà de la parole et du silence, des exagérations et des euphémismes, ils avaient l'âme, le cœur, l'instinct des chevaliers de fortune.

Le Français pouvait bien se dire l'envoyé de son roi. Il pouvait bien prendre ses ordres au Louvre, directement du cardinal : il ne relevait d'aucune hiérarchie. Il n'était ni diplomate, ni consul de France, ni grand marchand de Marseille, contrairement à son oncle. Un auxiliaire officieux. Un mercenaire. À quarante ans passés, cet aventurier entendait jouir au Levant des avantages que lui offrait cette indépendance rare.

L'Anglais, pour sa part, avait longtemps croisé en marge du pouvoir et fréquenté les grands personnages de l'État. Lui aussi avait vécu dans les hautes sphères, sans appartenir à la cour. Mais s'il disposait aujourd'hui de quelques moyens pour mener à bien une mission dont Le Page ignorait la teneur, il n'était porteur d'aucune lettre de créance et ne pouvait se réclamer de la protection royale. Un agent ? Au service de quelle cause ? À la solde de quelle puissance ? Les traits d'humour que ce mystérieux personnage laissait échapper, l'érudition de ses rares commentaires, le charme de son apparence, sa réserve, tout chez lui intriguait le neveu du consul.

Séduits l'un par l'autre, les deux hommes ne se quittaient plus. Ils partageaient la même curiosité pour les mœurs locales, la même absence de préjugés, le même goût pour les filles publiques et les amours de passage.

À cette heure, dans la rue déserte du quartier franc de Smyrne, Le Page pontifiait justement sur ce sujet qui les intéressait au plus haut point. Les femmes.

— ... Ce sont les vierges qui coûtent le plus cher , entre trois cents et huit cents piastres au marché aux esclaves. Nous, les *Giaours*, nous ne pouvons les acquérir. Mais on s'arrange. Si une petite vous intéresse, je vous conduirai chez un juif qui l'achètera pour vous... L'année dernière, j'avais ramené ici une Circassienne dont j'étais fou. Cette petite-là, je ne l'avais pas dégotée au marché aux esclaves. On offre, à Constantinople, une prodigieuse quantité de filles qui arrivent du Caucase ; mais il en va des femelles comme des chevaux : les vendeurs n'amènent pas les plus beaux spécimens au marché. Il faut aller les voir chez leurs propriétaires. Les peaux fines et les dents saines se trouvent chez les marchands juifs du Bosphore, à côté du Bazar neuf. C'est là que j'avais découvert ma Tcherkesse... Si je la retrouve à Smyrne, je la rachèterai volontiers le double de ce qu'elle m'avait coûté.

Le quartier des Francs se composait de cette seule rue, riche et interminable. Du côté de la mer, l'eau venait battre l'arrière des maisons et les vagues semblaient porter les vaisseaux jusque dans les entrepôts. Côté terre, les résidences de courtiers se regroupaient par nations. Anglais, Français, Hollandais, Vénitiens. Outre les maisons qu'occupaient les résidents permanents, chaque compagnie possédait son *khan*, un gros hôtel de bois où logeaient, par chambrées, les marchands de passage avec leurs cargaisons.

Le Page gravit le remblai en terre battue qui surélevait un édifice plus vaste que les autres. Les murs du rez-de-chaussée, comme tous ceux de la rue, étaient faits de torchis blanc, zébré de poutres noires ; l'étage, de lattes de bois peintes, couleur indigo. Les protubérantes fenêtres paraissaient suspendues dans le vide. Treillissées d'un écran bleu ciel, elles donnaient, à l'arrière, sur un jardin clos dont montait la senteur acidulée des oranges et des cédrats.

La résidence du consul d'Angleterre.

Un janissaire leur barra le passage.

Le gentilhomme français, qui parlait beaucoup moins bien le turc qu'il ne le prétendait, réussit toutefois à faire appeler le *drogman*, l'un des deux interprètes du consulat. M. le consul

Salter était absent. Il supervisait, au port, le déchargement de la *Margareth*.

Les deux hommes passèrent leur chemin et se dirigèrent vers la maison de M. Napollon : la résidence du consul de France, sise à quelques pas.

— En principe, les courtiers vivent ici en célibataires, poursuivait Le Page, aussi intarissable sur l'amour qu'un jeune homme... Ils ne peuvent s'unir avec les Chrétiennes du cru – les Grecques ou les Arméniennes –, dont les pères sont soumis à l'autorité du Grand Seigneur. Ils ne peuvent pas non plus faire venir leurs femmes et leurs enfants, qui demeurent au pays. Quant aux Turques, elles sont invisibles. Seuls les renégats circoncis ont quelque chance de les approcher... Ne vous avisez pas, mon cher, de vouloir nouer un commerce avec elles ! Vous n'auriez pas une chance. Et vous risqueriez d'être brûlé vif. Pour rien... Deux marchands, soupçonnés d'une telle liaison, y ont laissé leur peau l'an passé. Victimes d'un guet-apens, comme toujours en pareil cas. L'aga des janissaires, qui les avait vus traîner dans le quartier turc, s'était mis d'accord avec les maris. Ils les ont jetés en prison et menacés du supplice du feu. Les frères et les maris se montraient prêts à reconnaître l'innocence des marchands, contre une rançon de mille piastres... La somme n'arriva pas, ou trop tard. La justice du cadi est expéditive, elle fit le reste : un tas de cendres... Quant aux étreintes dans les vapeurs des hammams, les amours avec les odalisques, la lubricité des houris au fond des harems et la luxure des sultanes au sérail, ne rêvez pas. Ces contes n'émeuvent que les amateurs de légendes, à Paris ou à Londres. Ici, en cinquante ans, aucun marchand français, hollandais, anglais, vénitien ne peut se flatter d'avoir été l'amant d'une Turque... Pas même votre très humble serviteur. Mais quelle importance ? Ici, vous n'aurez que l'embarras du choix ! Si mes petites esclaves ne vous plaisent pas, vous pourrez toujours vous *marier à la kabin*. Satisfaction garantie, mon cher. Il vous suffira de passer un accord avec la famille de l'une de ces Grecques dont je vous parlais tout à l'heure, et d'enregistrer les termes du contrat chez le cadi : la durée du concubinage, les services que vous attendez de la fille, le prix. Cette formule de location demeure très appréciée...

À l'approche de la bannière fleurdelisée qui flottait au fanion du consulat de France, la voie devenait plus étroite. Côté rade, le premier étage des maisons qui donnaient sur la mer et la rue avançait toujours plus avant : les jalousies débordaient loin au-dessus de la chaussée. Côté colline, les baraques, poussées au hasard, se resserraient les unes contre les autres. Elles ne formaient qu'un fouillis de planches et d'enclos.

— On boit dans ces tavernes un petit vin de pays dont vous me direz des nouvelles : les cabaretiers chrétiens pressent le raisin eux-mêmes dans leur basse-cour. On danse ici, et l'on joue gros jeu le soir. Regardez ces bouges : on se croirait en pleine chrétienté ! Vous verrez même s'y croiser des prêtres jésuites et des moines capucins. Les uns chassent la bécasse, les autres la perdrix, tous se disputent les chapelles consulaires pour tonner en chaire... Il arrive que les ouailles des jésuites bastonnent celles des capucins, le dimanche... Entre nous, les rixes sont rarement dues à l'intolérance des Turcs : ils ne mettent jamais les pieds dans le quartier franc... Mais les rivalités entre nos deux nations, la haine des Protestants causent de jolis petits dégâts à Smyrne...

Le Page bourra son compagnon d'une tape familière et gouailla en français :

— Tu vas adorer cette ville, Petty !

Smyrne. La porte qui ouvrait sur l'Asie. La patrie d'Homère. L'une des sept Églises de l'Apocalypse, celle dont on disait qu'elle était la plus belle. Sur la route de la soie, entre la Perse et la Chine, les caravanes, par flux et reflux, y campaient toute l'année. La perle des étapes, dans le commerce d'Orient. À vingt-cinq jours d'Alep, à huit de Constantinople. Les étoffes et les tapis ; le fil de chèvre d'Angora et le coton filé en rame ; la noix de galle, la gomme adragante, la cire, la scammonée, la rhubarbe, l'aloès, la tutie, le galbanum, l'encens, la zedoaria, l'opium : son bazar était le rendez-vous des négociants des quatre parties de l'univers. Et le plus riche magasin du monde. Que représentait le marché de Sturbridge Fair, ou même celui de Venise, comparé aux richesses du Bezestein de Smyrne ?

Construite au pied du mont Pagos qui dominait le port, au fond de cette baie qui pouvait contenir une armada, la ville comptait dix mosquées et sept mille Turcs ; quatre mille Grecs et trois églises orthodoxes ; mille cinq cents Juifs et deux synagogues ; deux cents Arméniens et une église ; cent cinquante Francs. Et huit religieux. Ceux-là appartenaient aux ordres missionnaires rivaux qu'avait évoqués Sanson Le Page. Trois d'entre eux étaient moines capucins : ils rêvaient de quitter Smyrne pour reprendre Jérusalem, et garder les Lieux saints.

Les cinq autres – prêtres jésuites de leur état – poursuivaient une quête différente...

31. *Consulat de France, novembre 1624*

— Et alors ? demanda le père de Canillac, supérieur des jésuites de la mission de Smyrne.

C'était un homme d'une cinquantaine d'années, le nez aquilin, l'œil vif, dont le grand titre de gloire restait la conversion d'un hameau grec qu'il avait traversé l'an passé au retour de sa visite à l'église d'Éphèse. Il n'avait pu se recueillir sur les hauts lieux du prêche de saint Jean – l'église avait été transformée en mosquée –, mais il n'avait pas fait ce pèlerinage en vain ! Le père de Canillac devait cette grâce d'avoir pu accomplir un miracle à l'intervention de saint Jean : le compagnon du Christ lui avait commandé d'appliquer sur le ventre d'une accouchée, qu'on disait aux dernières extrémités, la terre ocre de la grotte des Sept Dormants. Canillac rapportait cette relique à Smyrne, dans les fontes de sa mule, une grande bourse de poussière. À peine en eut-il saupoudré la mourante qu'elle ressuscita.

En sauvant le corps de la mère, le prêtre avait pu récupérer l'âme des grands-parents, du bébé, de toute la famille. Il n'en tirait modestement aucune gloire, mais cette conversion, qu'il avait pris soin de rendre publique, lui conférait, bien malgré lui, une autorité totale sur la communauté.

Lors de l'arrivée de la *Margareth*, Canillac séjournait à Constantinople parmi les jésuites qui résidaient à l'ambassade de France chez le comte de Césy. De retour à Smyrne au terme d'une absence de quelques semaines, il écoutait dans sa chambre le rapport de deux de ses frères.

La Compagnie de Jésus était l'hôte, *ad vitam aeternam*, du consul Napollon. Sa résidence servait de base aux pères qui voyageaient dans les îles. Si les jésuites ne partageaient pas tous les repas du consul, ils étaient extrêmement bien informés des affaires de la France au Levant. Ils savaient que M. Le Page revenait en Asie, muni de nouvelles instructions. Ils savaient que ces lettres touchaient à la délivrance des esclaves chrétiens. Ils savaient aussi qu'elles concernaient l'établissement de nouveaux ordres missionnaires. Notamment le statut des capucins, leurs rivaux tant haïs.

L'homme qui rendait compte des derniers événements s'appelait le père Quesrot. Plus jeune et mieux implanté dans la ville que ses collègues, le père Quesrot travaillait à catéchiser les enfants des communautés chrétiennes. Il utilisait ses élèves pour épier les allées et venues sur le port, et disposait de tout un réseau d'informateurs qui espionnaient les étrangers.

— ... Et alors, répondit-il, M. le consul Napollon a soupé ici, en compagnie de son neveu et de l'Anglais que ce dernier lui amenait. Puis l'Anglais est retourné chez Mr Salter où il loge à présent.

— Pour le reste ? s'enquit le père de Canillac en prenant place à la petite table qui leur servait de bureau... Les intentions de l'Anglais qui accompagnait M. le Page ?

— Mystère !

— Comment, « mystère » ? s'insurgea le supérieur. Je suppose que nous avons pris nos renseignements.

— Il n'est pas marin. Il n'est pas marchand. Il n'est pas diplomate.

— C'est donc un prêtre, conclut Canillac, l'un de nos pauvres martyrs d'outre-Manche, si durement persécutés par les bourreaux du roi Jacques. Étrangement, je n'ai reçu aucune lettre du séminaire de Saint-Omer m'annonçant son arrivée. Mais le courrier se perd !... Et quel que soit l'ordre religieux auquel ce brave catholique anglais appartient, nous l'accueillerons chaleureusement. Songez donc : il a dû fuir jusqu'ici l'hérésie qui damne sa nation !

— Plût au ciel ! intervint le père Artaud.

Du même âge que Canillac, mais de constitution plus grasse et de nature plus émotive, le père Artaud ne voyageait pas. Il servait d'économe à la petite communauté :

— Celui-là, mon père, est anglican, s'échauffa-t-il... De la pire espèce : un ministre du culte !

— Un pasteur protestant ? Chez nous ? médita Canillac. Quel forfait vient-il perpétrer auprès de ces pauvres Grecs, déjà si disgraciés par l'hérésie de leurs popes et de leurs patriarches ?

— Bien que « prêtre », en effet, cet homme a décliné l'offre de conduire le service de dimanche au consulat de Mr Salter, souligna Quesrot.

— Pour quelle raison ?

— Il n'a pas donné d'explication à son refus de prêcher.

Canillac, anxieux, ne tint pas compte de cette précision. Il s'était levé. Allant, venant dans la petite chambre, il avouait un grand trouble. Les deux autres, fort émus de l'angoisse de leur supérieur, le regardaient s'agiter.

— Nos pères de Constantinople m'avaient bien mis en garde contre le débarquement de ces émissaires du diable! explosa Canillac. Les hérétiques cherchent à nous dérober les âmes dont nous avons la charge... Son Excellence le comte de Césy me racontait l'autre jour que l'archevêque de Canterbury, l'un des prélats de la Haute Église d'Angleterre, entretient depuis dix ans une correspondance avec le patriarche de Constantinople. Que le prélat anglican a invité plusieurs moines grecs à venir étudier à Oxford. Que le roi Jacques a offert de payer lui-même les frais de leur éducation... À quelle fin, mes pères, à quelle fin sinon de précipiter toute l'Église d'Orient dans les infamies de Luther et de Calvin?

— Dieu nous protège! s'exclama le père Artaud.

— Le patriarche de Constantinople a accepté? s'enquit le père Quesrot.

— Hélas! L'aubaine lui paraissait trop bonne : le patriarche est pauvre. Son clergé, ignorant. Il a envoyé ses meilleurs élèves à Oxford, les moines qu'il croit capables de relever son Église.

— Il est vrai qu'elle est tombée bien bas, opina le père Quesrot. La plupart des popes ne savent ni lire ni écrire.

— « Aux ignorants le cœur pur. Aux cœurs purs les mains pleines! » rétorqua Canillac. Ceux-là, nous les sauverons peut-être. Mais les autres? Qu'adviendra-t-il si d'autres popes devaient partir pour l'Angleterre, et s'y perdre à jamais?

Un silence consterné accueillait ces questions.

Le révérend père de Canillac en profita pour conclure :

— L'ambassadeur nous prie instamment de rester vigilants. Il nous demande d'intercepter les émissaires des deux hérésies, qui pourraient transiter par Smyrne. De prendre connaissance, dans la mesure de nos faibles moyens, des courriers qu'échangent l'archevêque et le patriarche. De recopier ces lettres, et de les lui expédier. Son Excellence, munie de ces documents, agira de nouveau auprès du grand vizir... Quant à ce pasteur dont vous évoquiez l'arrivée, il nous incomberait, s'il venait ici, jusque dans nos rangs, faire moisson d'âmes, de le dissuader d'un si noir dessein.

— Mais, mon père, comment?

— Par nos prières, messieurs. Ou par tout autre moyen dont le Seigneur, dans Sa grâce infinie, voudra bien nous pourvoir.

L'inquiétude des jésuites de Smyrne était bien légitime. Depuis qu'en 1615 la paix de Vienne avait confirmé les statuts de leur installation au Levant, ils travaillaient à la réalisation d'un vieux rêve : reconquérir l'Église d'Orient.

Inlassablement, ils intriguaient pour imposer aux patriarcats d'Alexandrie, de Jérusalem, d'Antioche et de Constantinople des religieux grecs ayant étudié au collège Saint-Athanase de Rome. À terme, le synode orthodoxe, composé de prélats leur appartenant, finirait bien par élire comme chef suprême un homme qui ferait allégeance au pape. Réunir le Vatican et le patriarcat sous une seule férule, celle du Saint-Père, restait la grande quête de l'Ordre. La Compagnie de Jésus n'entendait pas se laisser distancer par le débarquement, sur son territoire, d'un révérend William Petty.

Du danger que représentait cette arrivée, elle informait l'autorité suprême : la Sainte Congrégation pour la Propagation de la Foi, à Rome.

Lettre annuelle de Smyrne,
An de Grâce 1624,
par le révérend père François de Canillac, de la Compagnie de Jésus

« Mes révérends Pères et très chers Frères,

Pax Christi.

« La Divine Providence, voulant pourvoir l'Asie Mineure de prédicateurs évangéliques, a fait l'immense faveur aux sujets français de la Compagnie de Jésus de se servir d'eux, en ce lieu où l'Église romaine est fort mal connue. On sait combien les missions évangéliques de Grèce sont difficiles. Nos pères doivent non seulement combattre l'ignorance des Infidèles, mais aussi extirper l'hérésie des populations qui se prétendent *chrétiennes*.

« Nous sommes fort obligés à la divine Miséricorde de ce que, ne s'oubliant pas de ses anciennes faveurs, elle a daigné nous en faire de nouvelles en nous envoyant, à la Toussaint, M. Sanson Le Page. Ce digne gentilhomme est venu au Levant dans le but d'assister notre hôte, M. le consul Napollon, qui n'a jamais cessé de secourir toutes sortes de Chrétiens, soit en les délivrant des chaînes de l'esclavage, soit en démontrant, par l'exemple de sa piété, la supériorité de la foi catholique.

« Mais est arrivé ici, en même temps que M. Le Page, un Anglais dont le comportement donne raison aux moines orthodoxes qui se servent des vices des Francs pour abaisser notre Église. Cet Anglais a été vu en costume oriental, fumant le narguilé chez un marchand de café dans la ville turque.

« Outre les Grecs et les Arméniens, il fréquente des Juifs.

« Il traîne dans les bazars et cherche à rencontrer les chefs de caravanes qui se regroupent, avec leurs chameaux, au petit pont, à la sortie de la ville.

« Depuis trois mois qu'il se trouve à Smyrne, il ne manifeste aucune intention d'en sortir. L'usage voudrait pourtant qu'il se hâte de présenter ses respects à son ambassadeur qui, seul, pourrait le protéger d'une arrestation par les autorités turques, en lui obtenant un firman du Grand Seigneur.

« Jusqu'à présent, cet Anglais n'a pas été inquiété. Mais il ne doit cette faveur qu'à la protection du neveu de notre consul qui a la bonté, ou l'imprudence, de lui servir de caution.

« De quoi vit cet homme ? Que vend-il aux Juifs ? Qu'achète-t-il aux Grecs ?

« Il y a plus inquiétant.

« Alors que ce M. Petty prétend n'avoir jamais mis les pieds en Turquie, il semble familier du relief dans les moindres détails. Montrez-lui un monticule : il nomme une ville. Les courbes d'une rivière : il cite une bataille. La vaste plaine de Magnésie ? Il voit des armées qui s'affrontent. Il prétend évoquer les cohortes de Scipion qui s'alignent devant celles d'Antiochus pour leur disputer l'empire d'Asie. Nous soupçonnons, nous, qu'il parle d'autres choses... Nos pères le voient souvent qui observe ce misérable village de Vourla, une île à l'entrée du port. Interrogé sur la bizarrerie de cet intérêt, il répond qu'il y reconnaît, de par sa situation et mille autres détails invisibles aux regards, l'illustre Clazomènes, la cité qui participa aux guerres du Péloponnèse.

« Il a visité les principales curiosités de la ville : la forteresse en ruine, le château de la Marine, les restes du cirque et du théâtre antiques. Même la tombe de notre très saint Polycarpe, compagnon de saint Paul et premier évêque de Smyrne. Le consul d'Angleterre lui a cédé deux de ses janissaires, qui l'ont conduit jusqu'aux ruines d'Éphèse et de Pergame où il n'y a rien à voir. Il a poussé jusqu'à Sardes et Laodicée, dont il ne reste que quelques pauvres monticules. Ces chevauchées sont longues, dangereuses. Quatre jours au moins jusqu'à Sardes ou

Pergame. Il dort à la belle étoile, au risque de se faire égorger par les bandes de pillards qui infestent la côte. Lors de ses équipées, il s'attarde dans les villages les plus misérables.

« Il n'est guère plus bavard que les Grecs, qui se montrent méfiants à son endroit. Il ne les bouscule pas. Il traîne. Il attend. Ses rapports avec les paysans se réduisent au minimum. Mais il obtient certaines informations, en les payant. Les Grecs le conduisent alors dans leurs champs, ou sur des lieux écartés : vers des ponts, des tombes, d'anciennes basiliques perdues parmi les oliviers.

« Que cherche-il ?

« Il prétend s'intéresser aux vieilles pierres.

« Il prend des notes, dessine des plans et copie systématiquement les inscriptions. Il déchiffre les textes, accroupi dans l'herbe ou penché sur le sable. Mais il n'enlève rien.

« S'il ne creuse pas, s'il revient de ses expéditions les mains vides, à quoi s'occupe-t-il ?

« On dit que les Vénitiens préparent un nouveau débarquement. Ils vont tenter de s'emparer de Samos et peut-être de Scio. Depuis l'expulsion de nos malheureux pères, notre Compagnie n'a plus de mission à Venise, et nous ne saurions rien affirmer sur ce point. Le révérend père Quesrot est néanmoins d'avis que nous avisions le cadi de la conduite de ce personnage. Les Turcs sont très sensibles à ces sortes d'attentions. »

32. *Consulat d'Angleterre, décembre 1624*

En cette période de Noël, le consul d'Angleterre recevait les vœux de ses courtiers autour d'un buffet bien garni en vins de Smyrne, d'Italie et d'Espagne. Il donnait cette petite réception en l'honneur de son hôte, l'homme qui logeait à la résidence d'Angleterre depuis trois mois. À son grand regret, affirmait le consul en passant parmi ses administrés, cet homme s'apprêtait à quitter la ville. Les Jésuites l'accusaient d'espionnage et l'avaient dénoncé aux Turcs. S'il devait être incarcéré dans les geôles du pacha, son séjour à Smyrne risquait de coûter fort cher. Les ressortissants anglais allaient devoir se cotiser pour payer sa rançon ; ou le laisser mourir, comme l'avaient fait les Français avec leurs compatriotes, les deux courtiers brûlés vifs l'an passé. Une dépense ou des remords inutiles. Dans les deux cas : du gaspillage. L'hôte de Mr Salter partait donc demain pour Constantinople. Il reviendrait dans trois mois. Il serait alors porteur d'un firman et de tous les laissez-passer nécessaires.

— Messieurs, clama le consul, un vieux marchand levantin que les conséquences de son discours rendaient nerveux, je lève mon verre aux entreprises de Mr Petty !

À l'écart, les bras croisés, le chapeau dans une main, un verre de vin dans l'autre, Will s'appuyait nonchalamment au paravent de bois qui séparait le salon de part en part. Tous les marchands suivirent avec indifférence le geste de Salter et lui portèrent un toast. Il répondit au salut en s'inclinant.

Derrière lui, la pièce restait plongée dans l'obscurité. Les quelques poufs, la banquette, la table basse et le tapis évoquaient l'intérieur d'un modeste café turc : Salter y recevait les rares autochtones qui se présentaient au consulat. Aucun ne figurait parmi ses invités. On n'avait pas jugé utile d'éclairer cette partie de la salle. Devant Will, trois portraits en pied ornaient les murs où couraient les buffets. Celui du roi Jacques, très noir, trônait au-dessus des viandes, entre les grillages des deux fenêtres. Du fait du contre-jour, nul ne pouvait se flatter de l'avoir jamais vu. Celui du prince de Galles au temps de son adolescence – le visage clos, l'œil morne – se dressait au-dessus des poissons. Le troisième, qui venait d'arriver, veillait sur l'empilement des loukoums, des baklavas et de toutes les sucreries. Cette peinture-là était encore si fraîche, si riche de ton et si clinquante, que le consul s'était hâté de faire redorer les cadres des deux autres. Il s'agissait de la fringante effigie du duc de Buckingham, grand amiral de la flotte d'Angleterre : une copie d'après l'œuvre de Balthazar Gerbier.

— ... Et quelles entreprises ! poursuivait Salter, emphatique. Je vous annonce, messieurs, que Mr Petty s'apprête à ouvrir ici, sur les acropoles de Pergame et d'Éphèse, le plus grand chantier qu'ait connu la région depuis l'édification des temples par les armées d'Alexandre.

Le consul n'obtint cette fois aucune réaction. Pas même un intérêt poli. Son public, une vingtaine de trafiquants pressés de boire et de manger, s'agglutinait devant les victuailles. Salter éleva la voix.

— ... Je vous annonce en outre que nos employeurs, les Marchands associés de Londres, se sont engagés à payer tous les frais qu'occasionneront ces chantiers. La Levant Company met sa flotte, ses capitaux, toute notre puissance à la disposition de...

Cette fois, il y eut un moment de stupeur. Salter en profita pour répéter sur le ton solennel de la proclamation :

— ... à la disposition de Mr Petty. Il jouit chez nous d'un crédit illimité. Vous avez trois mois pour mettre vos finances en ordre, messieurs... (Le consul brandit un papier où figuraient des colonnes de chiffres.) Et pour trouver les fonds avant son retour.

Un tollé de protestations accueillit ces paroles. Le consul, cherchant refuge contre l'émeute, se tourna vers le fond du salon.

Toujours mollement appuyé au paravent, Will le gratifia d'un sourire et d'un clin d'œil encourageant.

Le consul acheva :

— ... Quand Mr Petty sera pourvu du firman du Grand Seigneur l'autorisant à fouiller partout sur le sol de Turquie, il aura besoin d'hommes, de chevaux, de chameaux, de tombereaux et de bateaux. L'ordre de les lui fournir émane de notre principal actionnaire : Sa Grâce, *the Right Honourable* Thomas Howard, comte d'Arundel.

33. *De William Petty à Lord Arundel, Smyrne, le 1ᵉʳ janvier 1625*

« (...) Les pressantes instructions de Votre Grâce me sont bien parvenues chez le consul, Mr Salter, qui a eu la bonté de recommander nos affaires auprès de ses courtiers, écrivait Will. Les choses vont leur train et la réalité dépasse toutes nos espérances. Laodicée compte quatre théâtres de marbre aussi entiers, aussi polis que s'ils avaient été construits la veille. Proches de ces théâtres, j'ai pu transcrire trois inscriptions grecques en l'honneur de l'empereur Tite Vespasien. Je les ferai enlever à mon retour. La capitale du roi Crésus, Sardes, n'est en apparence qu'un misérable village. Parmi les cabanes de bergers, les Turcs possèdent une mosquée qui fut une église. Je suis en négociation avec l'imam pour plusieurs belles colonnes qui flanquent la porte. Démanteler les mosquées prend un tout petit peu plus de temps que certaines autres tâches. Mais si je ménage les Grecs, je tente de conclure rapidement avec les Ottomans qui augmentent leurs prix et changent d'avis toutes les heures. Dans la cour de la mosquée gisaient trois autels ornés de têtes de taureau, que j'ai immédiatement chargés sur des mules et emportés jusqu'à la plaine. Les pâtres de Sardes y vont mener leurs moutons qui paissent parmi les ruines d'un palais gigantesque. L'herbe couvre des monceaux de marbre, des murailles renversées, des colonnes, et des chapiteaux.

« Les statues subsistent partout. Rompues pour la plupart. Invisibles aux regards. Mais elles subsistent ! Le visage de Vénus et le corps de Mars sont restés des divinités aux yeux des paysans grecs, des idoles qui protègent leurs villages. Depuis des générations, ils cachent ces reliques enchantées. Ils craignent, à raison, que les Turcs ne détruisent leurs talismans. Ils les enfouissent loin dans les entrailles de la terre au plus profond de leurs champs. Ils les y oublient quelquefois.

« Convaincre les paysans de me conduire sur les lieux où ils dissimulent leurs monstres magiques ; obtenir d'eux qu'ils me les cèdent, au risque pour eux de précipiter leurs enfants dans la maladie et la mort, requiert de nombreux voyages.

« Ajouterai-je, pour l'édification de My Lord, que la rapacité des Turcs ralentit mes travaux ? Si les janissaires me surprenaient une pelle à la main, ils prendraient mes trouvailles pour un trésor dont ils réclameraient leur part en or. Je dois fouiller la nuit pour tromper la vigilance des agas.

« Nous nous accommoderons de la superstition des uns et de l'avidité des autres.

« Mais je supplie Sa Grâce de m'accorder du temps, des mois, des années, des dizaines d'années peut-être.

« Je me dispose à suivre la caravane qui part demain pour Brousse et Constantinople (...). »

34. *L'un des hammams de Smyrne, 1er janvier 1625*

— ... Demain ? s'insurgea Le Page avec une pointe d'agacement. Pourquoi demain ? Pourquoi si vite ? Prends garde, Petty ! Tu ne sais pas qu'il existe deux catégories de chefs de caravane. Les premiers te défendront jusqu'à la mort ; les autres te trancheront la gorge pour quelques piastres.

De l'oculus qui crevait la coupole, la lueur de la pleine lune tombait dru, enveloppant leurs corps nus dans le même halo blanc. Les bains restaient ouverts fort tard dans la nuit.

Sur l'estrade de marbre au centre du hammam, à plat ventre côte à côte, les deux hommes se faisaient masser. D'autres corps gisaient autour d'eux, chevauchés par d'autres masseurs. On n'entendait que le ruissellement ininterrompu de l'eau qui, par minces filets, coulait des fontaines, creusées partout dans le mur de l'hémicycle.

— ... Pourquoi si vite ? répéta furieusement Le Page.

Un sourire passa dans le regard de Will : cette question, il fallait la poser aux Jésuites et aux Français ! Lui-même se sentait assailli de toutes parts.

En dépit de sa volonté de comprendre l'Orient, le gouffre restait infranchissable. Les communautés turque, grecque, juive, arménienne : comment appréhender *si vite* des univers si différents ? Comment mettre à profit la connaissance limitée qu'il avait de leurs mœurs ? Comment user, à son avantage, des règles qui régissaient leurs cultures ? Comment jeter des ponts entre tous ces mondes ?... Et ce n'était pas le pire ! Le pire demeurait la nécessité de démêler, dans l'urgence, l'écheveau des forces qui constituaient son propre réseau.

Les Jésuites, Buckingham, Arundel... *Si vite !*

Sourd aux commandements, indifférent aux ordres, il avait résisté de toute sa force d'inertie aux pressions des uns et des autres. À l'impatience du comte, à ses lettres fébriles, à toutes les consignes qui l'expédiaient à Constantinople.

Coûte que coûte, il avait pris son plaisir à Smyrne.

Il avait joui de chacun de ses éblouissements, de cette lumière bleue qui vibrait, de ces ruines entre ciel et mer, de ces arches rompues au cœur de l'infini, de ces villes englouties qui s'étendaient à fleur de terre, jusqu'au bout de l'horizon.

Une initiation au mystère.

L'heure de plonger au cœur de l'aventure avait peut-être sonné. Fondre l'étude, l'action, la volupté dans une même expérience. Il n'avait plus le choix.

— Accompagne-moi d'abord à Alep ! marmonna Le Page.

Sa position – le menton appuyé sur les mains – donnait à sa voix quelque chose d'agressif, le ton d'un ordre lancé entre les dents.

Will, le visage perlé de sueur, ouvrit les yeux.

Sous le poids des mains qui lui malaxaient le dos, lui-même haletait.

— Je ne puis dépendre plus longtemps de ta générosité, Le Page.

— Pourquoi ? demanda l'autre.

— Je dois poursuivre mon chemin.

— Je t'ai pris sous ma protection.

Le mécontentement du Français affleurait :

— ... En ma présence, il ne t'arrivera rien. Sans moi...

Une expression, qu'on eût pu qualifier de menaçante, passa dans le regard de Sanson Le Page. Mais les vapeurs opaques qui montaient de la dalle surchauffée voilèrent la dureté de l'éclat.

Il ne s'agissait, au fond, que d'une conversation entre amis à la veille d'un voyage qui devait les séparer.

Petty, abandonné aux sensations du massage, ne répondit pas. Il avait refermé les yeux, reposé le front sur le linge.

Il visualisait la mer, les chemins serpentant parmi les oliviers. Les petites chèvres blanches aux yeux jaunes, qui filaient sous les arbres.

Même les paupières closes, la lumière l'aveuglait.

Les colonnes au bord de la falaise, le temple blanc qui semblait flotter dans l'immensité, ces images le hantaient. Une confusion d'images. Sans logique. Sans ordre. Un éblouissement perpétuel. Les chèvres... pourquoi les chèvres ? Leurs grands yeux jaunes, liquides et fixes. Leurs queues blanches qui vibraient en se battant les flancs. Leurs sabots qui couraient sur les frises, sautaient de marbre en marbre... Il voyait aussi le chaos noir des sarcophages, les tombeaux dont il cherchait en vain à rassembler dans l'herbe les fragments dispersés. Rêves ou cauchemars, depuis le premier accostage, le premier choc, il ne réussissait plus à maîtriser son émotion.

De nouvelles évidences s'imposaient à lui. Elles l'agitaient, le bouleversaient, l'emportaient bien au-delà de sa fièvre en face des tableaux de Titien à Venise.

Oui, certes, il se trouvait ici, au Levant, pour s'emparer des plus belles sculptures de la Grèce : il chassait les statues comme naguère les peintures de la Renaissance. Son désir naissait de la perfection des objets. De l'admiration et de l'ivresse, devant ce qu'il découvrait.

Mais pas seulement.

Une exigence, plus impérieuse encore, régissait son avidité : préserver la mémoire. Protéger les têtes mutilées, les bustes décapités, les inscriptions rompues, les fragments et les miettes, les mille traces qui permettraient de reconstituer les civilisations perdues. Sauver tous les jalons pour remonter le temps. Pour savoir et pour comprendre.

De cette nécessité, il avait eu la révélation sur les hauteurs de Smyrne, au cœur de l'acropole que les textes décrivaient comme la plus splendide de l'Antiquité.

Rien ne subsistait. Pas même des ruines.

Seule une statue de femme se dressait encore, monumentale, au sommet de la colline; et sur la pente, les restes d'un théâtre de marbre blanc. Démantelé pierre à pierre, le théâtre servait de carrière. Dans six mois, il aurait cessé d'exister. Quant à la statue, les janissaires la mutilaient à coups de mousquet. Les uns visaient le visage, qu'ils avaient grêlé de trous; les autres tiraient le sein, qu'ils avaient amputé.

Une femme sans regard, sans nez, sans bras... Loin, si loin de la Beauté idéale. Il en avait offert cinq cents piastres à l'aga : une proposition déraisonnable, ridicule! Le prix d'une Circassienne, vierge et splendide, sur le marché aux esclaves... Une fortune. Pour une pièce imparfaite, qui détonnerait dans les galeries d'Arundel House. Pour un marbre qui n'engendrerait ni le plaisir de son propriétaire ni l'admiration des générations futures.

Mais cette femme tronquée, sans valeur esthétique, il l'avait reconnue : c'était *L'Amazone de Smyrne*, dont l'effigie apparaissait sur toutes les pièces de monnaie, depuis la fondation de la ville. Elle portait témoignage d'une tradition longue de vingt siècles. La perdre, c'était perdre le fil.

Penché sur le gouffre du souvenir et de l'oubli, il apercevait le mystère de la continuité des hommes, l'espace infini de leur histoire. Il en éprouvait de la joie. Ainsi qu'une angoisse sans limites, qui le renvoyait à cette vision, gravée au plus profond : les hordes de Reivers, piétinant les vestiges de l'occupation romaine, pulvérisant les statuettes, les autels, toutes les traces d'un monde que Reginald Bainbridge avait tenté d'arracher au néant.

Depuis leurs lointaines errances sur le Mur d'Hadrien, Will travaillait à la réalisation du même rêve. Le rêve de Bainbridge. Il le savait. Il savait aussi qu'il traquerait sa proie et ne lâcherait pas prise.

Mais il avait pris, à Smyrne, la mesure de sa quête.

La crainte d'échouer ne le quittait plus.

Comment conquérir le passé?

Le Page, qui se flattait de savoir reconnaître, au premier regard, le tempérament de ses interlocuteurs, dévisageait le personnage à ses côtés. À quoi rêvait-il, ainsi perdu dans les vapeurs du hammam ? Faisait-il l'amour avec l'une des prostituées grecques dont il raffolait ? Plongeait-il dans la limpidité de l'eau, se dissolvait-il dans la lumière ?... Ou bien combinait-il d'autres plans ? Les traits ne révélaient rien. La figure, bien que ruisselante, ne paraissait ni rougie, ni même congestionnée par la chaleur. Le corps restait long et sec. Les muscles des épaules, que le masseur aurait de la difficulté à détendre, affleuraient sous la peau. Les membres étaient souples.

Pourtant le frémissement des paupières, le sang qui battait dans la veine jugulaire, quelque chose évoquait la passion.

... Mine de rien, en dépit de son flegme et de sa sensualité, ce Petty s'était révélé d'un naturel diablement agité ! Il lançait son âne, sa mule, son cheval dans toutes les directions. Un jour, il trottait à l'est. L'autre, il galopait à l'ouest. De-ci, de-là !... Comme les chiens errants qui infestaient les voies publiques, il arpentait, sans but apparent, les ruelles de la ville basse et les sentiers de l'acropole. Ses courses n'excluaient pas le repos sous les kiosques des fontaines, la flânerie parmi les stèles des cimetières, les stations répétées, à l'ombre des platanes, aux terrasses des tavernes franques.

Mais s'il goûtait à toutes les nourritures et buvait avec excès certains soirs, il modérait généralement ses ivresses.

Son ébriété semblait d'une autre sorte, une griserie bien plus excitante que les fumées de l'alcool.

Les sens toujours en alerte, il s'imprégnait des couleurs, des bruits, des odeurs. Une véritable éponge... Même sa peau s'imbibait des parfums qu'il humait dans les jardins : la rose, le cédrat et la bigarade.

Tout à l'heure, sa barbe exhalerait une senteur de fleur d'oranger, comme celle des Musulmans...

« Mais le bougre, monologait Le Page, le bougre ne se contente pas d'absorber ! Il peut aussi reproduire. L'animal mime les gestes des autochtones, naturellement. Il se coule, avec des souplesses de serpent, dans les habitudes de toutes les communautés. Grec avec les Grecs. Arménien avec les Arméniens. Il mange, boit, s'assoit, salue à la façon de ceux qu'il croise dans la rue. »

La sueur ruisselait sur les membres des deux Francs.

Leurs *tellacks*, deux hommes au nez busqué, au regard d'aigle, vêtus d'un caleçon de toile blanche et le torse épilé, vinrent les relever.

Ils les chaussèrent de socques, pour épargner à leurs pieds le contact torride du pavé, les conduisirent aux vasques de marbre dans les niches de la rotonde et les assirent entre deux fontaines sur le banc circulaire. Armés de gants de crin, ils commencèrent alors à les étriller, leur soulevant les bras, puis les jambes. Le sang montait à la peau. Petty se laissait faire. Le Page, sans attendre, puisait avec une sébile l'eau fraîche, qu'il faisait ruisseler sur son torse... En admettant que Petty lui ait dit la vérité, songeait-il, en admettant que Petty n'ait jamais mis les pieds au Levant, la vitesse avec laquelle il s'adaptait était confondante. Certes, il avait dû préparer son expédition, se pénétrer des géographies anciennes, et des récits des voyageurs qui le précédaient à peine.

Cela n'expliquait rien !

L'instinct venait de plus loin.

En outre, le révérend était doué pour les langues, à l'inverse de son initiateur ! Si sa connaissance du grec classique et de l'hébreu, que seuls les vieux rabbins déchiffraient, ne lui était d'aucune utilité ici, Petty savait déjà quelques rudiments du turc, qu'il pratiquait avec le drogman du consulat, et baragouinait le ladino. Par ce mélange de mots arabes, espagnols, latins, grecs et français, il communiquait avec les Juifs, sans lesquels aucune affaire ne se concluait dans le Levant. En trois mois !

À Sanson Le Page, il avait fallu toute une vie, vingt ans qui ne suffisaient pas, pour maîtriser les règles de conduite et se mêler, sans heurts, aux populations. Vingt ans à bourlinguer de port en port, vingt ans à se dépêtrer des intrigues que fomentaient partout les Turcs et les Latins. À devancer leurs manœuvres, et à survivre.

Le Page donnait raison aux Jésuites : ce Petty n'était pas un paroissien ordinaire. Il faisait preuve de trop d'intuition, il déployait trop d'énergie pour que sa quête se résume à la chasse aux inscriptions. Il avait beau brandir ses vieux grimoires, Strabon, Pausanias, Hérodote, Homère, trimbaler une bibliothèque entière dans les poches de son manteau : que trafiquait-il ?

Les diamants ? Les perles ? Les crapaudines ?

À la méfiance se mêlait aujourd'hui, chez Le Page, une forme de fascination. S'il avait le sentiment très net que Petty le flouait et se servait de lui pour s'introduire partout, il aimait sa compagnie. Will ne se lassait pas de l'écouter, ce qui rendait précieuse son amitié... Les délices de l'Orient faisaient le reste : les séances au hammam, les visites aux bordels grecs, les paradis artificiels qu'ils se partageaient sous forme de pastilles d'opium, les soirs d'abstinence. Au Levant, la rencontre avec cette sorte de voyageur restait rare. Elle valait qu'on jouisse intensément de sa société.

Mais les rôles s'inversaient : c'était Sanson Le Page qui, aujourd'hui, suivait son compère. La rivalité devenait sensible et compliquait leurs rapports. Le Page entendait rester le meilleur, le seul connaisseur du Levant. Il avait mis vingt ans à conquérir cette supériorité. Il comptait conserver l'avantage.

Un second mobile confortait le Français dans son désir de brider ce disciple trop curieux. En le gardant sous le coude et en le tenant à l'œil, il obéissait aux ordres : « Se méfier du révérend William Petty. Surveiller ses rencontres. Informer de ses mouvements le consul Napollon, l'ambassadeur Césy et les Jésuites. »

— ... Viens passer l'hiver avec moi, insista-t-il. J'ai à faire chez le pacha d'Alep, et je te garantis qu'en Syrie je t'obtiendrai ce que tu cherches. Ensuite, je te ferai découvrir Constantinople. Je te montrerai les terrains de tir de l'Arsenal où s'entraînent les janissaires du Grand Seigneur. Aucun Franc ne peut y pénétrer. Sauf moi... Constantinople est une vieille catin qui ne se livre qu'à celui qui lui a longtemps fait la cour. Pour pénétrer ses mystères, un homme doit l'avoir beaucoup fréquentée. Je détiens, moi, les clefs du labyrinthe...

— Je te suis infiniment reconnaissant de tes bontés, Le Page ! Sans ton immense générosité, Smyrne me serait restée inconnue. Je n'y aurais rien vu, rien compris, en supposant que j'y aie compris quelque chose... Si tu le veux bien, je t'attendrai sur le Bosphore jusqu'en avril.

— Donc, tu refuses ?

— Au retour, nous reprendrons de concert la route des caravanes, et passerons ensemble les fêtes de Pâques à Smyrne.

— Pâques !... Mais où te crois-tu ? Les distances sont immenses ! Des plaines, des déserts, des montagnes. Le temps se mesure à l'aune de l'éternité, ici !

— Justement, l'éternité me presse, railla-t-il. Tant de siècles à embrasser !

— Combien de fois espères-tu, toi, dans une seule année, traverser l'Anatolie ? Si tu continues à ce rythme, tu n'arriveras même pas jusqu'à Constantinople... Alors, songe un peu, Smyrne au printemps... Outre les raids des pirates qui pillent l'arrière-pays, la terre tremble partout. Et la peste menace... Ménage ta monture, Petty : les danses de Saint-Guy ne valent rien en Orient.

35. *Sur la route des caravanes entre Smyrne et Constantinople, janvier-mars 1625*

— Dis-moi, l'ami, railla Will entre deux bourrasques, tu es certain que cette route est la meilleure ?

Les deux voyageurs, plaqués au sol sur un sentier de montagne, rampaient sous l'averse de grêlons qui leur coupait la respiration et leur bouchait la vue.

— Pas de problème, grommela son guide, bouche contre terre.

C'était un Arménien d'une quarantaine d'années, le visage joufflu, barré d'une moustache noire : un homme petit, râblé, très agile malgré ses rondeurs. Il baragouinait toutes les langues et répondait au nom de Signor Sevan. Interprète, cuisinier, secrétaire, complice et compagnon, il avait passé les quinze dernières années à piloter les Francs dans la région de Smyrne. Son optimisme et surtout les seules paroles qui lui tenaient lieu de réponse quelles que soient les circonstances lui valaient le même sobriquet dans tous les consulats : *Pas-de-Problème* chez Napollon, *No-Problem* chez Salter.

Parmi les étrangers, seuls les prêtres n'avaient pas réussi à se l'attacher. De confession orthodoxe, Sevan nourrissait une antipathie déclarée envers le prosélytisme des Capucins et des Jésuites.

Lors de ses raids de reconnaissance dans la région, Will avait pu apprécier son efficacité. Le jugeant aussi intègre que de bonne compagnie, il avait confié à Sevan la logistique de son expédition. Car, à l'inverse de ce qu'il avait affirmé pour brouiller sa piste, Will n'avait jamais eu l'intention de suivre une caravane.

L'impossibilité de dépasser la longue file d'ânes, de mules, de chevaux et de piétons qui progressaient avec lenteur dans les montagnes rendrait fou d'impatience le cavalier qui comptait parcourir une dizaine de lieues par jour. Les chameaux n'aimaient ni la neige ni les arbres. Les uns dérapaient sur la glace, les autres s'accrochaient avec leurs fardeaux aux branches des sapins. Mille petits incidents nécessitaient l'arrêt de tout le train et la vérification de l'arrimage de chaque bât par les marchands.

Se déplacer en bande restait toutefois une obligation. Six personnes minimum, armées jusqu'aux dents pour décourager les voleurs. Will s'était donc constitué sa propre équipe.

Il avait chargé Sevan de trouver les chevaux, les mules, les muletiers et les janissaires qui devaient les protéger. Et surtout, surtout, de lui dénicher la perle introuvable dans le Levant : une charrette !

La petite troupe avait quitté la ville le 2 janvier. Le vent soufflait du nord-est, de la direction vers laquelle Will se dirigeait. Les rivières étaient glacées. Et la mer gelait dans les rochers. Il aurait dû choisir un temps plus propice, et bivouaquer avec les autres caravanes près du pont de Smyrne. Mais Will était pressé.

Il ne se faisait aucune illusion sur la difficulté du voyage. L'aventure serait au rendez-vous. De l'aube jusqu'au couchant, il devrait gravir des pentes abruptes, franchir des cols, traverser d'interminables plaines : quinze jours sur la même monture.

Emporter avec lui tous les vivres nécessaires. Ne rien attendre des rencontres en chemin. Sinon les attaques des brigands...

Mais la jubilation des départs ne s'émoussait pas.

À la veille de cette nouvelle chevauchée vers l'inconnu, c'était la même émotion. Il allait se perdre dans des paysages d'une beauté inouïe, voir ce que les hommes de l'Antiquité avaient contemplé avant lui. Et peut-être...

Will caracolait en tête, mousquet dans les fontes, pistolet à la ceinture et carte à la main. Il n'aimait rien tant que jeter de brefs coups d'œil aux contours des fleuves et des montagnes dont les formes mystérieuses le faisaient rêver. Il pouvait s'éprendre des méandres d'une rivière, tomber amoureux de la courbe d'une baie, du trait déchiqueté d'un rivage. Peu lui importait que les indications fussent imprécises ou fausses ! L'inexactitude des plans multipliait la poésie de la découverte.

Sevan, vêtu d'une casaque de peau retournée, trônant sur d'invraisemblables rembourrages, trottait à ses côtés. Il avait roulé devant sa selle les matelas de crin et les tapis qui leur serviraient de lit.

En cette saison, ils devraient passer les nuits dans les cara-vansérails qui jalonnaient la route vers les bazars de la capitale. Une nécessité. Mais s'ils trouvaient à s'y loger, ils pourraient remercier le ciel ! Les caravaniers séjournaient nombreux dans les khans, durant les tempêtes. « *No problem* », avait répondu Sevan, que la redoutable éventualité d'un sommeil à la belle étoile, en plein mois de janvier, ne tourmentait pas.

Venaient ensuite les deux mules qui portaient les provi-sions, les instruments de levage, les outils, les poulies et les armes. Même le brasero sur lequel on cuirait le pilaf dans les khans, et le bois pour le feu.

Quant à la précieuse charrette, elle attendait Will de l'autre côté de la montagne, à Magnésie. L'escarpement du sentier sur le Sipyle interdisait le passage avec un véhicule.

Les deux janissaires turcs fermaient la marche et lambi-naient ensemble.

Will, conscient d'ignorer les usages, s'en était remis à Sevan pour toutes les questions d'étiquette et de hiérarchie. Il commettait là une erreur. En plaçant les janissaires sous l'auto-rité de son guide, il courait un risque qu'il mesurait mal. Les Turcs et les Grecs méprisaient les Arméniens. Ils n'obéiraient à Sevan qu'avec la plus extrême résistance.

Les intentions de Will n'étaient pas de rallier directement Constantinople, mais de bifurquer à l'ouest. Les circonstances lui imposaient ce détour, qui rallongeait considérablement son chemin.

Lors d'une exploration précédente, en septembre dernier, il avait vu un renard s'échapper d'un amas de pierres dans un champ entre Akhisar, l'antique Thyatire, et Soma.

Curieux de trouver la tanière, il s'était faufilé dans le trou. Il y avait découvert les vestiges d'un petit temple, quelques frag-ments de qualité, une frise de pierre, plusieurs chapiteaux, les restes d'une statue de Déméter très mutilée. Elle n'avait plus ni bras ni jambes, mais elle l'avait ému. Le sanctuaire lui était consacré. Il n'avait pu la rapporter chez le consul Salter, faute de moyens.

D'ordinaire, il faisait confiance aux paysans. Ils protége-raient les objets qu'il leur avait achetés, jusqu'à son retour. Muni de son fameux firman, Will ferait alors transporter ses emplettes jusqu'à la mer. L'embarquement restait une affaire compliquée, qu'il réglerait avec les courtiers de Salter au prin-temps.

Pour l'heure, il craignait que le Grec avec lequel il avait négocié les reliques de la tanière ne les revende aux marchands français qui chassaient la perdrix dans les environs, ou qu'il les brise à coups de masse. La pratique était devenue banale : on pulvérisait les vestiges pour chercher l'or qui s'y cachait.

Un fermier d'Éphèse venait de trouver des pièces de monnaie dans le socle d'une statue. Un Chrétien d'autrefois, du temps des Byzantins, avait dû casser le piédestal pour y dissimuler sa fortune. La nouvelle circulait partout. Depuis, c'était l'hécatombe. On ne se contentait plus de violer les sarcophages. On brisait les urnes funéraires, les autels votifs, même les colonnes restées debout, pour récupérer les joints et les clous qu'on croyait faits de métaux précieux.

En payant le paysan, Will avait vu son expression. L'homme pensait que l'étranger le bernait. Qu'il savait où, dans quelle pierre, se trouvait le véritable trésor. Will tenait à lui éviter une trop longue méditation sur ce point.

Le vent glacial soufflait avec une telle violence sur le mont Sipyle, la grêle martelait les cimes avec tant de force, que la petite troupe mit la journée à franchir le col. En redescendant vers la plaine, les hommes de Will ne réussirent à reprendre souffle qu'en se plaquant à nouveau sur le sol. Ils progressèrent ainsi à quatre pattes parmi les cailloux, une descente rendue difficile par la résistance des chevaux qui tiraient dans l'autre sens et refusaient d'avancer.

Ils arrivèrent trempés, transis, au grand caravansérail de Magnésie. Le lieu était plein. Ils durent se rabattre sur un khan plus petit à l'extérieur de la ville.

Assis côte à côte sur l'estrade qui courait le long des murs, autour de la cour centrale où les animaux étaient regroupés, Will et Sevan se réchauffaient devant le brasero : ils planifiaient la journée du lendemain. Ils comptaient atteindre l'ancien temple de Déméter avant la nuit. Enlever les fragments. Et les transporter en charrette jusqu'à Pergame. Les ruines pesaient la bagatelle de plusieurs centaines de kilos ? Pas de problème !

De loin en loin, entre les énormes piliers qui soutenaient les balcons et les arcades, d'autres voyageurs, agglutinés autour d'autres feux, commentaient à voix basse les difficultés de leur propre route. On entendait leurs chuchotements très assourdis, à peine un discret murmure qui se confondait avec la lente rumination des bêtes, les clochettes des chameaux et le chant de la fontaine. Dehors, les chiens des bergers aboyaient sans interruption, défendant les moutons contre les chacals et les loups qui rôdaient.

Il plut toute la journée.

Quand ils parvinrent au hameau, quelques cabanes regroupées sur la plaine, le paysan, qui ne les attendait pas, jeta les hauts cris : la « vieille dame » s'était enfuie. Elle ne voulait pas qu'on l'arrache à la terre. On ne la retrouverait plus.

Sevan, qui avait toujours cru son patron un homme de sang-froid, put juger de son erreur. Will sauta à la gorge du paysan, lui servit une bordée d'injures à faire pâlir un charretier, et lui promit les pires représailles. Personne ne saisit le sens de ses paroles, mais chacun comprit qu'il ne plaisantait pas. Il donna la mesure de sa colère en ravageant la cabane. Au terme de cette explosion, il ordonna à Sevan de prendre la relève, de continuer les menaces et de poursuivre le tapage.

Il sortit.

Aussi furieux qu'inquiet, scrutant la nuit, il inspectait les environs. S'il devait découvrir sa Déméter en miettes, il ferait avaler toutes les pierres de son champ à cet imbécile...

La forme étrangement pyramidale d'un tas d'immondices retint son attention. Il s'empara d'un bâton, fourragea dans les ordures, déblaya le fumier avec rapidité. La tête de la déesse apparut. Souillée jusqu'aux oreilles, mais intacte. Avec l'aide des muletiers, à grand renfort de perches et de cordes, il réussit à l'extraire du bourbier et à la charger dans la charrette.

Les choses se compliquèrent quand l'une des mules, se détachant de l'attelage, partit au galop dans la campagne. Le paysan prit alors conscience du larcin dont il allait être la victime, ajouta ses clameurs aux menaces de Sevan, aux aboiements des chiens et aux cris des muletiers. Les janissaires dégainèrent leurs sabres, menaçant les femmes et les enfants qui accouraient des cabanes voisines.

L'enlèvement virait à l'émeute.

Mais que pouvaient les bâtons et les pierres de ces pauvres gens contre les armes et les chevaux des ravisseurs ?

On rattrapa la mule. La troupe disparut aussi rapidement qu'elle était arrivée.

La pluie continuait de tomber. Ils voyagèrent tout droit, jusqu'à une vaste rivière que l'obscurité interdisait de traverser. On devait attendre l'aube et camper ici, malgré le froid et le risque de mauvaises rencontres.

C'est alors qu'une dispute éclata entre Sevan et l'un des janissaires. L'Arménien accusait le Turc d'avoir utilisé une sangle qui appartenait à la charrette pour arrimer son propre bagage à sa selle. Il lui reprochait d'être responsable de la fuite de la mule. Il prétendait que ses constantes négligences les mettaient tous en danger... Belle protection en vérité que l'escorte de ces deux soldats incompétents et prétentieux!

Les remarques de Sevan lui attirèrent une violente diatribe, à laquelle il répondit sur le même ton.

Leurs cris se perdaient dans la rumeur du torrent. Will les aperçut qui gesticulaient et courut le long de la rive pour les séparer.

Il ne prévit pas le coup. Il n'eut pas l'instinct d'armer son pistolet, de le braquer sur le Turc.

Le janissaire avait déjà dégainé et frappé l'Arménien à la taille. Son sabre trancha le corps de Sevan en deux. Le cadavre bascula au fond de l'eau.

Will resta un instant pétrifié par la violence de la scène. Cet assassinat le renvoyait à l'horreur de ses jeunes années, devant la barbarie des Reivers. Sa réaction fut à la mesure de ses réflexes d'antan. On ne sentit que l'odeur de la poudre quand les deux déflagrations se succédèrent. Du pied, il envoya les deux janissaires rejoindre Sevan.

Les muletiers grecs se gardèrent de raconter aux autorités ce qui était advenu de leur escorte : les soldats disparurent sans que nul ne se préoccupe de leur sort. Et pour cause! Quelques jours plus tard la terre se mit à trembler...

36. *Constantinople, mars 1625*

— ... Un raz-de-marée comme on n'en avait pas vu depuis le temps de Périclès, toutes les côtes d'Asie Mineure ravagées, quarante navires coulés, deux cents hommes noyés : faut-il en conclure que, tel le foudre de Zeus, vous apportez tous les désastres avec vous, Mr Petty?

— Le foudre est plus rapide, Votre Excellence.

— En effet. Depuis quand êtes-vous arrivé à Smyrne ? Et depuis combien de temps vous espérions-nous ici ? Près de six mois, quand les lettres entre Constantinople et Londres n'en prennent pas trois !

Malgré la corpulence, un teint rubicond, de paisibles manières de bourgeois, Sir Thomas Roe, ambassadeur d'Angleterre à Constantinople, passait pour un négociateur aussi redoutable que tenace. Il ne dépendait pas du lointain pouvoir royal, mais de la Levant Company qui l'avait choisi pour ce poste diplomatique, lui payait son salaire, et couvrait tous ses frais.

Côté aventures, ses équipées de jeunesse n'avaient rien à envier à celles de l'ancien ambassadeur de Venise, son collègue Henry Wotton. À vingt ans, tandis que Wotton galopait à travers l'Europe, ses fioles d'antidotes sous le bras, Thomas Roe remontait le fleuve Amazone à la pagaie. Au terme de ses expéditions parmi les tribus à longue chevelure du Nouveau Monde, il avait été nommé ambassadeur d'Angleterre aux Indes, le tout premier ambassadeur d'une longue lignée. Thomas Roe avait vécu sept ans à la cour du Grand Mogol.

Les circonstances de la vie lui avaient permis de se lier d'amitié avec certains membres de l'entourage royal. Issu d'une famille de marchands, *Sir* Thomas venait d'être anobli. La princesse Palatine – fille de Jacques Ier que Lord Arundel avait jadis conduite à Heidelberg – l'appelait familièrement dans les lettres qu'elle lui adressait « Mon gros Tom intègre ». Si l'embonpoint de Sir Thomas expliquait la première épithète, la seconde qualifiait une vertu assez rare pour que la réputation d'honnêteté de l'ambassadeur passe à la postérité.

Pour le reste, c'était un pragmatique : il connaissait le prix des êtres et des choses. Et s'il ne se prenait ni pour un esthète ni pour un savant, il avait néanmoins beaucoup lu, et s'intéressait à de très nombreux sujets. Notamment à ce personnage debout face à lui, qui semblait se dissoudre dans le flot de lumière.

Roe le recevait à l'étage, dans ses appartements privés.

Derrière le visiteur, la grande fenêtre de son cabinet s'ouvrait sur le scintillement du Bosphore. Sur les mâts des navires qui passaient la Corne d'Or. Sur les cyprès noirs qui hérissaient les pentes de l'autre rive. Sur les jardins et les kiosques du Grand Seigneur, les dômes argentés du sérail, et les cent minarets de Constantinople. Une vue superbe.

Même d'ici, on entendait la puissante rumeur de la ville. On entendait les salves de canon, que tiraient à blanc, devant Topkapi, les vaisseaux saluant le sultan. On entendait les hurlements des *caïdji*, les passeurs qui grouillaient autour des navires. On entendait leurs cris gutturaux qui harponnaient le client pour le conduire à terre et les insultes dont ils se qualifiaient dans le canal, se disputant le chaland jusque sur la berge. Leurs clameurs s'enflaient des vociférations des pêcheurs, des vendeurs et des acheteurs qui s'arrachaient le poisson sur le marché en contrebas. Et des criailleries des mouettes, plus pointues, plus stridentes que celles de Londres.

Pour l'ambassadeur, au terme de trois ans, c'était encore cela, Constantinople : une musique perpétuelle, que rythmaient le tintement des timbales sur la tête des porteurs d'eau, le crissement des couteaux mille fois affûtés au cuivre des plats, le cliquetis des cuillères dans les tasses, le nasillement des *rebebs* et des *rebecs* aux terrasses des cafés. Un chant qui ne se taisait jamais, pas même aux lueurs de l'aube quand le muezzin appelait encore. Palpitations d'un cœur qui, à toutes les heures du jour et de la nuit, continuait de battre.

Comparée aux grouillements des populations, la grande maison de Sir Thomas Roe, sur les hauteurs de la colline de Pera, aurait pu passer pour un havre de silence et de paix. Erreur. À quelques mètres flottaient le drapeau fleurdelisé des rois de France, le lion de Venise et la bannière de Hollande. Trois nids d'espions plus dangereux pour les Anglais que les hordes de janissaires qui investissaient quelquefois le quartier des ambassades.

— Il me semble, remarqua Sir Thomas avec une note de reproche, que vous avez mis à profit cette demi-année de voyage sur les chemins de l'Asie.

Avec son teint basané, ses yeux sombres, sa barbe noire, sa haute stature et son caftan indigo, William Petty évoquait l'un de ces corsaires renégats qui attaquaient les navires chrétiens. Une expression perplexe passa sur le visage de l'ambassadeur :

— J'attendais un penseur, une sorte de *philosophe* : je vous avouerai que je vous trouve un peu différent de ce que l'on m'avait annoncé.

Will esquissa un sourire :

— Mes hardes ont brûlé le soir de l'Épiphanie, s'excusat-il, lors du dernier tremblement de terre. Je n'ai pu sauver que les livres.

— Je suppose que vous connaissez les lois de ce pays : si on trouvait sur vous le moindre tissu de couleur verte...

— Il faudrait que je me fasse mahométan, ou que je meure.

— Je ne doute pas que votre physionomie vous permette de passer pour un Grec, Mr Petty, un Arménien ou un Juif... Et même, à Dieu ne plaise, même pour un Turc ! Mais...

— C'était la seule façon d'éviter les attroupements d'enfants dans les villages d'Anatolie, s'excusa-t-il encore.

— ... Mais je vous prierai de vous ressouvenir que vous vous trouvez aujourd'hui dans la demeure du roi d'Angleterre et que vous êtes au Levant pour servir le duc de Buckingham.

— Je demande pardon à Son Excellence, les lettres que j'ai eu l'honneur de lui présenter sont signées de Sa Grâce le comte d'Arundel.

De part et d'autre le ton se durcissait.

— Quelle différence, Master Petty, quelle différence ? J'ai ici plusieurs missives de Milord Buckingham. Il sera heureux de partager notre récolte avec Milord Arundel, si certaines œuvres devaient lui être agréables.

Cette fois Will se garda de réagir.

Attentif, il prenait la mesure de son associé... Comment comprendre ses paroles ? Menace ou naïveté ? Sir Thomas Roe croyait-il sincèrement le duc de Buckingham et le comte d'Arundel liés d'intérêt ? Était-il de bonne foi sur ce point ?

Oui, pourquoi pas ?

Lors du départ de Roe pour Constantinople, les deux grands du royaume se soutenaient politiquement, au point qu'on disait leurs fortunes indissociables. L'ambassadeur, si loin de Londres, ne pouvait mesurer combien l'amitié entre ces hommes, dont il attendait l'avancement de sa propre carrière, s'était aigrie. Il ne pouvait même imaginer l'étendue de la disgrâce de Lord Arundel. Détesté du prince de Galles pour avoir critiqué son équipée à Madrid, haï du favori dont il avait prévu l'échec dans l'affaire du mariage espagnol, le comte surnageait à grand-peine, parmi le flot d'intrigues.

Dans tous les cas, il n'appartenait pas à William Petty de l'informer des nouvelles de la cour.

— Les tessons et les fragments de vases se trouvent sans trop de difficulté, poursuivait l'ambassadeur avec innocence, et nous pourrions charger nos navires de miettes, par pelletées. Mais le duc désire des statues entières, des frises et des métopes intactes... Je ne doute pas qu'entre Smyrne et Constantinople vous n'ayez fait une belle moisson. Cependant, Mr Petty, je vous conseillerai de ne pas trop vous fier aux fonctionnaires turcs. Vous avez cru acheter, et peut-être avez-vous payé vos trophées aux pachas qui tiennent les provinces. Vous ne réussirez ni à les transporter jusqu'à la mer, ni à les exporter. Je suis seul à pouvoir obtenir du vizir les sauf-conduits qui vous seront nécessaires... Que vous ayez pu voyager jusqu'ici sans mon aide tient déjà du miracle : le prodige ne se répétera pas.

Bien. Will tenait sa réponse : la première impression avait été la bonne. L'ambassadeur ignorait les querelles qui opposaient ses commanditaires de Londres. Mais il connaissait l'étendue de son propre pouvoir et comptait en user. Ses paroles autoritaires rappelaient les règles du jeu. Il était le chef de tous les consuls et de tous les courtiers. De son bon vouloir dépendaient l'organisation des chantiers, et surtout l'embarquement des sculptures sur des vaisseaux à gros tonnage.

L'Amazone de Smyrne, à elle seule, pesait plus lourd que les raisins secs et les cargaisons ordinaires. Or la survie d'un navire en Méditerranée dépendait de sa rapidité à échapper aux pirates qui le prenaient en chasse. Aucun capitaine n'accepterait de se charger de cette statue monumentale, des trois autels arrachés à la mosquée de Laodicée, des mille autres babioles qui attendaient déjà l'embarquement dans le jardin du consul à Smyrne.

Quant à ce que Will comptait transporter l'an prochain... Seul l'ambassadeur avait le pouvoir d'affréter des bâtiments assez robustes pour entreposer ses « emplettes » dans leurs cales.

Roe se présentait donc comme son supérieur, un patron qui se réservait, en cas de conflit, le droit de lui ôter ses moyens d'action : les firmans turcs, les ouvriers grecs et la flotte anglaise.

Mais l'heure était à l'alliance.

— Pour ma part, Mr Petty, je ne suis pas grand connaisseur en matière d'antiquités. Je compte donc sur vous pour m'instruire. Vous me formerez l'œil et le jugement.

Le silence de Will passait pour un acquiescement.

— En combinant nos talents, conclut l'ambassadeur, nous parviendrons à nos fins et contenterons tout le monde.

L'expression narquoise, qui exaspérait tant Lady Arundel, traversa le regard du révérend :

— Vous croyez ?

L'ambassadeur ne saisit pas l'ironie.

— J'en suis certain, Mr Petty.

— Votre Excellence sait donc mieux que moi la façon de satisfaire le duc et le comte.

Empêcher que le moindre objet n'arrive jusqu'à *ce parvenu de Buckingham*, pas une tête d'empereur, pas un corps de déesse, pas même une inscription, rien ! Par tous les moyens. Sur ce point, les instructions d'Arundel restaient claires, immuables, depuis l'époque de Venise.

Plus que jamais il s'agissait entre les deux grands aristocrates d'une affaire d'honneur, un duel qui dépassait de très loin une rivalité politique.

À Lord Arundel, il importait bien peu d'être exclu de l'intimité royale, chassé de la cour, des spectacles et des bals ! Pourvu que dans ses galeries l'Antiquité témoigne de la grandeur de sa lignée. À l'instar des empereurs, des héros et des dieux qui hanteraient bientôt sa demeure, c'était la caste des Arundel que la beauté des marbres rendrait éternelle. Il se servait de leur perfection comme d'un symbole qui défiait le temps et surpassait toutes les formes de pouvoir. La « Collection » incarnait sa propre immortalité.

Pour son malheur, ses tableaux étaient déjà célèbres. Le comte d'Arundel avait lancé une mode. Il n'était plus seul en Europe à confondre la passion des arts avec sa gloire personnelle.

À Rome, à Paris, à Madrid, les souverains disposaient, eux aussi, de moyens illimités – les caisses de l'État – pour satisfaire leur frénésie de grandeur et de domination. Le baron de Sancy, parent et prédécesseur de l'ambassadeur de France à Constantinople, pouvait déjà se flatter d'être rentré chez lui en triomphateur. Il avait fait main basse sur de précieux manuscrits qui constituaient aujourd'hui les fleurons de la bibliothèque du cardinal de Richelieu. On n'en attendait pas moins du comte de Césy, du consul Napollon et de tous les négociants établis dans le Levant. Qu'ils chassent les raretés qui enrichiraient les demeures de Louis XIII et de son ministre.

Quant au pape, s'il ne disposait pas d'un nonce à Constantinople, il jouissait d'un réseau bien plus efficace que tous les canaux diplomatiques. Les Jésuites.

Face à ces puissances, les amateurs anglais possédaient deux atouts. Le premier n'était autre que l'arrivée de William

Petty en Turquie. Ni le cardinal de Richelieu ni le pape Urbain VIII ne pourraient se flatter d'être servis sur place, pendant plusieurs années, par de vrais érudits et de grands amateurs. Des diplomates, oui. Des marchands, certes. Des agents, aussi. Tous travaillaient à la réalisation des ordres de leurs maîtres. Mais, parmi ces pillards, aucun « œil » et peu de connaissances. Point d'antiquaire ni d'esthète assez vigoureux pour affronter les dangers d'un quadrillage systématique des sites de la Grèce.

La situation politique de l'Empire ottoman n'avait jamais été plus instable. Les janissaires avaient assassiné le sultan Osman II, comme l'avait rappelé Lord Arundel au temps où il cherchait à dissuader son chapelain de tenter l'aventure en Orient. Ce massacre au sérail remontait à deux ans.

Depuis, deux autres Grands Seigneurs et deux grands vizirs s'étaient relayés au pouvoir. L'homme qui les avait tous taillés en pièces, le grand vizir Meir Hussein, haïssait les Chrétiens et venait d'imposer une nouvelle taxe sur les importations et le commerce étranger.

Aux protestations de Sir Thomas, Meir Hussein avait répondu par la menace de faire étrangler son drogman. Bref, les relations avec le Divan allaient de mal en pis. Et c'était cet instant précis que saisissaient les nations européennes pour se disputer la place.

Deux blocs s'affrontaient : les Français, alliés aux Jésuites, d'une part ; les Anglais et les Hollandais de l'autre. Catholiques contre Protestants. La partie qu'ils jouaient au Levant visait à l'extermination de la religion adverse. Par les Turcs.

— Vous arrivez au pire moment, Mr Petty, commenta Roe avec un soupir. Mais j'ai dans ma manche une carte que nous allons abattre au service du duc de Buckingham... Et du comte, bien évidemment... Un très gros coup.

Une lueur carnassière brilla sous les paupières de l'ambassadeur. Retrouvant soudain la vivacité de sa jeunesse, Roe s'empara de son chapeau et dévala l'escalier.

— Venez, ordonna-t-il, je vous emmène chez mon *joker*, dans le quartier du Phanar, sur l'autre rive.

Sans ralentir le pas, Roe fit signe à ses gardes du corps de le suivre, deux janissaires en armes qui dévalèrent la colline derrière eux.

Tous quatre coupèrent par le Petit Champ des Morts, le cimetière hérissé de cyprès et de tombes. Ils zigzaguèrent entre les pieux coiffés de turbans et les stèles renversées, sautèrent, non sans difficulté pour Roe, de terrasse en terrasse, glissèrent sur la pente vers la Corne d'Or.

Bien qu'essoufflé, l'ambassadeur ne cessait d'exposer les faits dont il jugeait utile d'informer son associé :

— Notre « atout » est crétois, donc sujet de Venise... Vous vous entendrez avec lui, Mr Petty... De modeste origine – on le dit fils d'un boucher –, élève fort doué, il a étudié la philosophie à l'université de Padoue et fondé plusieurs écoles chez les Tartares. Ou Dieu sait où !... Il connaît l'Orient et l'Occident, veille aujourd'hui sur des milliers d'âmes, règne spirituellement sur la Grèce entière, et bien au-delà ! Il est le chef suprême de l'Église orthodoxe. Vous m'avez compris : je vous parle du patriarche de Constantinople, *Sa Très Grande Sainteté Cyril Lucaris*...

Saisi un instant par la splendeur du panorama qui s'ouvrait devant lui, l'ambassadeur interrompit son discours.

Sur la ligne d'horizon, Constantinople se déroulait en amphithéâtre. Les dômes bleuâtres des caravansérails, les masses noires des mosquées et les arcs du vieil aqueduc semblaient flotter dans la lumière d'argent.

Roe ne se laissa pas longtemps distraire :

— ... Le patriarche de Constantinople, Mr Petty, est un homme juste : il souhaite retourner à l'enseignement du Christ et sait, de longue date, que le dogme de la Réforme est le seul dogme possible. Sa correspondance avec nos évêques, sa sympathie pour notre Église ont fait de lui la bête noire des Jésuites qui craignent sa conversion et cherchent à le renverser. Ils l'ont donc dénoncé aux Turcs, l'accusant – comme ils viennent de le faire pour vous – de trahison et d'espionnage. C'était il y a deux ans. L'ambassadeur de France, le comte de Césy, a demandé audience au grand vizir Meir Hussein pour lui raconter que le patriarche s'apprêtait à livrer aux Italiens une île de la mer Égée ! Cette révélation s'accompagnait d'un « don » de vingt mille couronnes, que les Français s'engageaient à payer si le vizir exilait Lucaris... Les Turcs l'ont déporté à Rhodes... Je l'en ai fait évader six mois plus tard, en payant ses geôliers de mes deniers, du moins de ceux de la Levant Company. Et je l'ai caché chez moi, à l'ambassade, pendant que la communauté grecque s'employait à rassembler soixante mille couronnes, qu'elle offrait à l'infâme Meir Hussein, contre son accord à la restauration de Lucaris. L'aventure rapportait au vizir un total de quatre-vingt mille couronnes : il la trouva bonne et ratifia la demande... Nous en sommes là. Le patriarche me doit une fière chandelle, n'est-ce pas ?

Will avait pris place sur un coussin, en poupe du caïque qui traversait la Corne d'Or. Le moindre mouvement eût fait chavirer l'étroite nacelle. Il écoutait sans un geste. Sir Thomas, la tête haute, le regard fixe, demeurait lui aussi dans la plus totale immobilité.

— ... J'ose même dire que le patriarche me doit tout, Mr Petty. À charge de revanche. J'attends qu'il me rende quelques petits services. Nous allons donc lui demander ce qu'il peut nous offrir : les statues de la Grèce, les médailles, les manuscrits. Si nous jouons habilement cette partie, il nous ouvrira les portes de sa ville. Les portes d'or de Byzance...

Ils allaient accoster. L'air sentait déjà la nourriture, les odeurs d'agneau grillé, du kebab de mouton, du lait caillé et du miel. Le batelier manœuvrait à l'envers. Il tournait rapidement la tête et jetait, à chaque coup de rame, les cris qui avertissaient de son passage. Le caïque s'encastra dans le tumulte des embarcations. La voix sonore et paisible de l'ambassadeur dominait encore tous les chahuts :

— Et nous raflerons la mise, Mr Petty, au nez et à la barbe des Français !

37. *Patriarcat orthodoxe, mars 1625*

— ... Mais il n'y a plus d'antiquités à Constantinople ! Plus un buste, plus une statue, plus une inscription. Rien !

Will s'était prosterné devant *I Panagiotta Sou*, il avait effleuré du bout des lèvres le chapelet de *Votre Toute Sainteté*, il lui avait baisé la main, et s'était assis en tailleur sur un tapis à sa gauche.

Roe leur faisait face.

Cérémonieusement, il avait présenté le révérend William Petty comme un grand savant, un philosophe, qui avait fréquenté l'université de Padoue, une vingtaine d'années après le patriarche.

Puis Roe avait exposé leur requête en italien, la langue du commerce, que Cyril Lucaris maîtrisait parfaitement, pour avoir vécu dans le Veneto. Il l'avait écouté sans l'interrompre.

La fourrure qui ourlait sa tiare et doublait les manches de sa longue robe noire, la grosse chaîne d'or et la croix byzantine incrustée de pierreries qui barraient sa poitrine semblaient les uniques vestiges de l'opulence des prélats d'antan. Même cette demeure, recluse entre les hauts murs d'un jardin, n'avait rien d'un palais épiscopal. Quant à son église métropole : ni dômes, ni coupoles ! Depuis que les Turcs avaient chassé les Orthodoxes de la splendide église de la Vierge Pammakaristos, les Grecs s'étaient repliés sur un édifice invisible de la rue, sis dans l'enceinte même de la résidence du patriarche. Une modeste construction, ne pouvant susciter le désir.

Du moins pour ce qui touchait à son aspect extérieur.

Les trônes, les icônes, les candélabres, les encensoirs, les chasubles, l'or, la myrrhe et l'encens, tous les trésors du patriarcat s'empilaient dans le chœur, enfermés derrière les portes de l'iconostase.

Cyril Lucaris se révélait un personnage imposant.

Âgé d'une soixantaine d'années, c'était un homme de haute taille. Ses cheveux, blancs et crépus, lui tombaient aux épaules ; sa barbe carrée lui descendait sur la poitrine. Deux petits yeux noirs surgissaient des poils qui lui mangeaient les joues. Par son intelligence, sa malice et son autorité, ce regard illuminait tout le visage.

— Je crains que vous n'ayez fait ce long voyage en vain, s'excusa Lucaris, en s'adressant directement à Will.

Cette phrase, d'instinct, le patriarche l'avait formulée en grec ancien. Mais jugeant que Roe ne se sentirait pas à l'aise, il passa poliment au latin, et retourna bientôt à l'italien :

— ... Les premiers Chrétiens ont pulvérisé les temples à coups de masse, jeté bas les idoles, réduit en poussière les héros et les dieux. Les Ottomans ont achevé leur travail de destruction. Que leur importe la mémoire et la beauté qu'ils ont conquises en s'emparant de mon malheureux pays ? Vous n'êtes pas sans savoir que leur religion leur interdit toute représentation de la figure humaine. Vous l'avez vu partout : ils s'amusent à détruire les dernières effigies, les ultimes vestiges qu'avait épargnés la fureur des iconoclastes.

— Il doit subsister des fragments, insista Roe... Quelques sculptures !

— Des pans de maçonnerie, oui, sans doute. Les chapiteaux réutilisés pour la construction des églises à l'époque des empereurs Paléologues. Ces vestiges soutiennent les coupoles des mosquées... Vous ne pensez pas rapporter une mosquée en Angleterre, je suppose, Mr Petty ?

— Justement, Votre Très Grande Sainteté, j'y songeais, ironisa Will. La colonne Serpentine devant la Mosquée Bleue, ainsi que les deux obélisques de l'Hippodrome où s'entraînent les janissaires me plaisent tout particulièrement... Qu'en est-il des manuscrits, Votre Très Grande Sainteté ?

— Je ferai rechercher les codex les plus précieux dans les bibliothèques d'Athènes. Je doute que vous trouviez grand-chose. Les derniers manuscrits ont été volés par le précédent ambassadeur de France. Je lui avais moi-même prêté un palimpseste en chaldéen qu'il m'avait demandé pour le faire copier. Il est parti avec... Restent les caves des monastères. Nos moines sont si pauvres qu'ils ne savent même plus lire. J'ignore la valeur des textes qu'ils possèdent : peut-être des merveilles, peut-être le néant.

— Les médailles ?

— Pour les médailles, vous pourrez les acheter au poids, directement au Grand Bazar. Mais leur authenticité est incertaine. Vous devrez juger à l'œil : beaucoup de pièces sont fausses. Les juifs ont compris qu'elles intéressaient les Francs et les font fabriquer à Scio.

— Les pierres précieuses ?

— Pour les gemmes et les bijoux, l'acquisition sera plus aisée : les difficultés financières du Grand Seigneur l'obligent à se départir des joyaux du Trésor. À cette heure un diamant de dix carats est en vente chez le juif Simon à Beyoglù...

— Les marbres ?

— Je vous l'ai dit, Mr Petty : il n'y a plus de sculptures à Constantinople ! Les statues qui ornaient les murailles ont disparu.

— Toutes ?

— Toutes !... Ne restent, je crois, qu'une douzaine de bas-reliefs très usés qui ornent une vieille porte, une ouverture aujourd'hui murée dans les remparts, un lieu sinistre et dangereux qu'on appelle la « Porta Aurea » : la Porte d'Or...

— Au Château des Sept Tours ? s'enquit l'ambassadeur.

— En effet.

— À combien de temps d'ici ? demanda Will.

Quelque chose d'irrationnel dans la demande, d'impatient dans le ton, retint l'attention de Roe. Jusqu'à présent, aucune des très courtes questions du révérend n'avait trahi la moindre passion. Ni même un sentiment d'inquiétude ou de déception. Pourtant ce Petty était bien plus ferré qu'il ne le laissait paraître.

Le patriarche ne parut pas remarquer ce regain de curiosité et répondit placidement :

— En suivant les fortifications qui partent du kiosque du sérail et longent le port avant de s'enfoncer dans les terres : deux heures de marche.

— N'y songez pas, ordonna Sir Thomas. De tous les postes de garde, la Porte d'Or reste le plus visible et le mieux défendu de Constantinople. Même si ces sculptures en valent la peine – ce dont je doute –, vous n'avez aucune chance de pouvoir les arracher du mur d'enceinte.

— Le Château des Sept Tours est une forteresse, expliqua le patriarche. C'est là que le Grand Seigneur conserve ses pierres précieuses. C'est là qu'il serre sa vaisselle d'or, ses caftans, ses aigrettes, et toutes les merveilles de son Trésor. C'est là qu'il enferme ses prisonniers... C'est là aussi que ses gardes peuvent se mutiner et l'assassiner.

— Un coffre-fort, résuma Thomas Roe. Une prison. Un tombeau... De ces tours-là, les janissaires n'économisent pas leurs flèches ! Même de loin, même de haut, elles atteignent leur cible... Esquissez un pas vers cette muraille, Mr Petty, et vous êtes mort.

Chapitre 9

LA PORTE D'OR
MARS 1625-SEPTEMBRE 1626

38. *Château des Sept Tours, mars 1625*

La progression parmi les éboulis, les ronces, les orties et les caveaux défoncés d'anciennes sépultures prenait plus que les deux heures de marche annoncées par Cyril Lucaris.

Au terme de leur entrevue au patriarcat, Sir Thomas Roe s'était hâté de retraverser la Corne d'Or. L'étiquette, si chère aux Turcs, exigeait que les ambassadeurs annoncent leurs visites et se fassent accompagner d'une suite. Il avait donc gravement contrevenu aux règles du protocole en débarquant incognito dans les vieux quartiers de Constantinople. Quand ces entorses servaient sa politique – en l'occurrence, Sir Thomas tenait à cacher la fréquence de ses rencontres avec Cyril Lucaris –, il prenait le risque de transgresser les lois. Mais l'équipée du révérend William Petty au Château des Sept Tours appartenait à la catégorie des audaces qu'il jugeait inutiles, absurdes et suicidaires.

Roe l'avait donc laissé partir en haussant les épaules, non sans avoir ordonné à l'un de ses propres janissaires de le conduire et de le protéger. Une précaution symbolique.

Surnommés les « Gardiens de Porcs » par leurs collègues, les soldats turcs au service des ambassadeurs ne se préoccupaient guère de la sécurité de leurs employeurs. Rares étaient ceux qui se montraient prêts à mourir pour un *Giaour*. Le janissaire de Sir Thomas ne faisait pas exception. Coiffé du traditionnel casque pointu – uniforme des soldats d'infanterie –, main sur le yatagan, arc en bandoulière, il marchait prudemment, quelques pas derrière Will.

Les deux hommes longeaient l'extrémité sud de l'enceinte, par l'extérieur. Nul ne pouvait imaginer qu'un univers grouillant de vie se cachait derrière les deux rangées de remparts qui encerclaient la ville. Les hautes murailles, construites de pierres et de briques, bouchaient tout l'horizon. Seuls quelques minarets surgissaient dans le lointain, entre les créneaux et les tours. Un vol de corbeaux traversait parfois le ciel, poussant son croassement lugubre au-dessus d'un donjon roussâtre.

Pour le reste : le silence. Les murailles étaient un lieu de désolation, le seul désert de Constantinople.

En quête de la moindre relique – un chapiteau, une colonne, une inscription ? –, du coin de l'œil, Will inspectait les parois. Moins de deux siècles plus tôt, les hordes de l'Islam s'étaient massées sous ces créneaux et ces meurtrières. Religion contre religion : une lutte terrible s'était livrée ici. Il voyait encore la trace des brèches, ouvertes par les canons et les catapultes ; d'immenses lézardes qui fendaient certaines tours de haut en bas. Au terme de l'assaut, Mehmet II, piétinant les tas de morts qui comblaient ce fossé, se frayant un chemin parmi les décombres fumants de l'antique civilisation de Byzance, avait poussé sa monture jusque dans Sainte-Sophie. À cheval, il y avait imprimé la marque de son triomphe : sa main sanglante sur les murs de l'église du Christ. De ce jour de mai 1453, les croix avaient été arrachées des dômes. L'étoile et le croissant couronnaient les coupoles. Et les remparts de Constantinople, théâtre de la bataille, se dressaient, grandioses, inquiétants et funèbres.

L'air y sentait encore la fumée, l'humus, le sang. Les carcasses continuaient d'y engraisser les vers : les abattoirs de la ville se trouvaient à quelques pas du Château des Sept Tours.

Ils étaient arrivés.

La Porte d'Or ne ressemblait pas à ce que Will avait imaginé. Le monument, dépouillé des plaques de bronze et des mille ornements auxquels il devait jadis sa splendeur et son nom, ne rutilait plus au soleil de mars.

Il s'agissait de deux entrées en enfilade, inscrites dans les deux remparts successifs de l'enceinte.

La première, la *Petite Porte d'Or*, devant laquelle Will se tenait, correspondait aux propylées. Là s'accrochaient les quelques vestiges évoqués par Cyril Lucaris. Ses arches étaient murées.

La seconde entrée, blanche, colossale, la *Grande Porte d'Or*, était encore recouverte de son plaquage de marbre, mais dépouillée de ses sculptures. Ses arches, murées elles aussi dans la seconde enceinte, étaient flanquées de deux ailes, gros piliers de maçonnerie qui abritaient deux magasins d'explosifs. Ces poudrières appartenaient au système de défense du Château des Sept Tours.

C'était ce gigantesque ensemble architectural qui formait autrefois le complexe de la *Porta Aurea* : l'un des plus splendides arcs de triomphe du monde romain, et le symbole de la grandeur de l'empire d'Orient. Sous ses arcades, entre ses colonnes, ses statues, ses inscriptions, défilaient les souverains au retour de leurs campagnes. Ils franchissaient la Porte d'Or à cheval ou à dos d'éléphant, la tête couronnée de lauriers, le sceptre d'une main, l'épée de l'autre. Avec leur butin, leurs trophées et leurs esclaves enchaînés.

La Porte des Triomphes.

Interdite à tout autre qu'aux empereurs – trop belle pour les généraux, fussent-ils vainqueurs !

Le janissaire de Sir Thomas Roe avait disparu.

Immobile, Will le chercha du regard. Quelques tombes, le long des premières douves, descendaient sur le flanc du parapet jusqu'aux arbres qui bordaient la plaine. Le janissaire devait se dissimuler là, derrière l'une de ces touffes de cyprès, aussi loin de la première rangée de murailles que possible. Il ne perdait sans doute pas Will de vue, et surveillait ses mouvements. Il n'était pas le seul.

Des courtines, on apercevait les bonnets d'acier et les visages moustachus des vingt soldats qui gardaient cette section de la muraille. Aucun ne portait la barbe, pour ne pas s'échauffer sous le poil. Mais tous s'agitaient, brandissant leurs mousquets et leurs arcs... Que voulait ce chien d'Infidèle ? Les ennemis du Grand Seigneur songeaient-ils à prendre le Château des Sept Tours par le passage muré ? Une folie ! Les Francs, qui auraient réussi à forcer les propylées, seraient tombés sur un espace vide, puis sur la seconde porte. Et sur les poudrières.

Will, indifférent à leur nervosité, examinait le premier mur d'enceinte. De part et d'autre des colonnes veinées qui flanquaient l'arcade murée de la Petite Porte, la paroi était scandée sur quelques dizaines de mètres – vers le nord à gauche, vers le

sud à droite – par deux rangées de pilastres qui se super-
posaient. À l'étage supérieur, ces pilastres ménageaient trois
compartiments. Trois autres à l'étage inférieur.

Dans chaque compartiment s'encastrait un haut-relief : au
total douze scènes sculptées, présentant des personnages, des
chevaux, des chiens, grandeur nature. Les figures étaient si
saillantes qu'elles paraissaient près de se détacher. Les unes,
celles du bas, à hauteur d'homme, n'avaient plus ni membres ni
visages. Les autres semblaient presque intactes.

Le mur ne payait pas de mine : Will aurait pu manquer ces
splendeurs ! Il restait sous le choc. Chaque fragment était d'une
élégance, d'un raffinement, d'une précision dans les détails...
Le patriarche n'avait sans doute pas mesuré vers quels chefs-
d'œuvre il l'envoyait ! Tout un pan d'Antiquité se dressait là, à
portée de main. Dominant son émotion, il sortit un carnet et
commença à dessiner.

Cette fois, les soldats ne purent douter que cet étranger fût
un espion. Il relevait les faiblesses de leurs fortifications,
comme tous les voyageurs dans l'empire du sultan.

Des tours de guet, les janissaires avaient mis en joue sa silhouette immobile. Absorbé par son travail, il n'avait pas l'air de
s'en apercevoir.

En vérité, Will était parfaitement conscient du danger.
Mais les mille subtilités qu'il découvrait dans le travail du
marbre l'exaltaient au point de n'éprouver que la peur d'être
contraint d'interrompre son croquis. Il savait aussi qu'au
moindre signe de panique, à la moindre velléité de fuite, il
déclencherait sur lui les feux de l'attaque.

Il se hâta de fixer à grands traits les compositions. Puis il
rangea son carnet et sortit posément de sa ceinture une longue-
vue qu'il braqua sur le haut de la porte.

À l'instant où l'aga allait donner l'ordre de l'abattre, le
Franc abandonna le terrain. Il disparut vers le cimetière, les
cyprès, puis la plaine.

Le soir commençait à tomber quand les soldats le virent
revenir avec son janissaire qu'il poussait devant lui, le forçant à
marcher. Tous deux portaient une échelle qu'ils apposèrent sur
le mur des propylées, à droite.

Des créneaux tombèrent des ordres gutturaux, un chapelet
d'injures et d'injonctions pressantes. En bas, le janissaire leur
répondit sur le même ton. Tête levée, il bonimentait avec vio-

lence, expliquait aux gardes les mobiles de l'étranger et gagnait du temps. De part et d'autre, les cris claquaient, se confondant avec les hululements des premières chouettes que ces palabres ne dérangeaient pas.

Le Franc, sa longue-vue à la main, commença à gravir les échelons.

Les arcs étaient bandés, les flèches prêtes à partir.

39. *Palais d'Angleterre, mars 1625*

— ... Quoi, toujours vivant, Petty? ironisa l'ambassadeur, en l'observant par-dessus ses besicles. Vous ne vous êtes donc pas approché des murailles?

Debout à la lisière de son cabinet qui donnait sur la loggia de bois, Sir Thomas cherchait à lire une lettre à la lueur de la lune. Nul n'avait encore monté de chandelles. L'ombre gagnait tout l'étage.

Les deux hommes restèrent dans l'embrasure de la fenêtre. En contrebas, la Corne d'Or se tachetait de petites flammes. L'eau noire brasillait sous les mâts illuminés des navires.

— ... Bien vous en a pris, poursuivait l'ambassadeur en affectant la neutralité. Croyez-moi, vous ne vous montrerez jamais trop prudent avec ces barbares... Quant aux reliefs, vous ne perdez pas grand-chose! Quelques débris, une misère.

Will se garda d'opiner. Cette fois, son silence sous-entendait le désaccord. Roe lui jeta un regard inquisiteur et, revenant sur un sujet qu'il croyait clos, insista :

— Les panneaux qui ornent les propylées, les reliefs sur les murs de la Petite Porte, vous, qu'en avez-vous pensé? Même de loin, on peut constater qu'il n'en reste rien, n'est-ce pas?

Will choisit de retarder sa réponse encore un instant, et répondit à côté :

— De quelle époque peut bien dater la construction de la Porte d'Or, Excellence? Je me le demande! soupira-t-il. L'ensemble du monument se trouve inséré dans les deux murailles édifiées par Théodose II, nous pouvons donc en déduire, sans trop de doute, que les propylées furent construits à la même époque : en l'an 413... Pourtant l'inscription que j'ai vue au télescope, *Théodose décore ce lieu, après la suppression du tyran*, pourrait aussi se rapporter à l'empereur romain Théodose le Grand qui écrasa Maxime un peu plus tôt : en 388.

Auquel cas, la Porta Aurea serait antérieure aux remparts. Et les reliefs, très probablement antérieurs à la porte ! Théodose le Grand les a-t-il rapportés de Rome ? Se trouvaient-ils déjà à Constantinople ? Viennent-ils de Grèce ?... de Delphes, comme la colonne Serpentine de l'Hippodrome ?

L'ambassadeur l'interrompit avec une pointe d'agacement :

— Mais nous n'avez pas réussi à les examiner d'assez près pour en conclure quoi que ce soit.

— Si.

Sir Thomas marqua un temps, avant de concéder :

— Bravo... Et que représentent-ils ?

— Pour trois d'entre eux : les Travaux d'Hercule.

— Ils plairaient au duc ?

— Ils sont abîmés, en effet.

— Et les autres ?

— Sur le côté nord de la porte, l'un des reliefs de l'étage supérieur évoque les Tourments de Prométhée. On voit l'aigle arracher les entrailles de sa victime. À droite, sur le côté sud, les quatre haut-reliefs semblent détériorés, eux aussi...

— Bien sûr ! Comment pourrait-il en être autrement avec ce climat de chien ?

— ... mais d'une qualité exceptionnelle, asséna-t-il.

Si le ton gardait sa froideur, quelque chose dans la voix avait vibré.

Will tenta de se reprendre. Il devait absolument se maîtriser ! Tout à l'heure, il avait débarqué comme un fou à Pera, couru tout le chemin sur le sentier qui montait jusqu'au palais d'Angleterre, forcé la porte de l'ambassade, gravi l'escalier quatre à quatre. Il était entré chez Roe sans se faire annoncer.

Et depuis le début de l'entretien, il travaillait à se calmer.

Il savait que s'il laissait libre cours à ses sentiments, s'il exprimait trop vivement son émotion, il allait inquiéter l'ambassadeur. Will connaissait déjà suffisamment Roe pour le savoir ennemi du désordre, aussi pragmatique que prudent.

Il s'en tenait donc aux faits. Mais plus il décrivait les marbres, moins il réussissait à contenir son enthousiasme.

La peur de manquer sa proie le tenaillait. Pour l'heure, c'était le goût du sport qu'il devait réveiller chez Sir Thomas, l'ancien esprit d'aventure.

Flatter sa vanité et séduire son ambition.

Il avançait à pas comptés :

— ... Le premier des bas-reliefs intacts représente Endymion endormi, grandeur nature, reprit-il posément. Le berger, assis dans l'herbe parmi ses moutons, s'est assoupi à la lueur de la lune. Vénus, totalement nue, s'avance vers lui. Elle est escortée de Cupidon, une torche à la main, qui vole derrière elle dans la nuit. Elle s'approche de l'homme qu'elle aime. Elle se penche sur son visage, le regarde...

— On reconnaît tous ces personnages ?

— Dans la seconde, Excellence. Le travail est superbe ! Par leur grâce, l'extraordinaire virtuosité du sculpteur à rendre l'anatomie humaine, l'union d'une composition raffinée et d'une forme grandiose, six des douze reliefs valent à eux seuls le voyage à Constantinople.

— À ce point ?

— La qualité de ces sculptures surpasse ce que les collections italiennes possèdent de plus parfait.

— Belles comme l'*Apollon du Belvédère* ? Comme le *Laocoon* ?

— Nul ne peut se flatter de posséder de tels chefs-d'œuvre.

— Vous exagérez, Petty ?

— Bien sûr, j'exagère !

Cette fois, il fonça :

— ... Mais qu'importe ? La valeur de ces vestiges reste inestimable. Aussi précieux que la colonne de Constantin devant la Mosquée Bleue ! Aussi précieux que l'obélisque de l'Hippodrome ! Rapporter en Angleterre les ultimes reliques de l'Empire romain : voilà une gloire dont un gentilhomme tel que le duc de Buckingham pourrait s'enorgueillir. Dépouiller ces bandits de Turcs des trésors qu'ils méprisent. Arracher Vénus aux Barbares, la sauver des mutilations et de la mort. Cet honneur, Excellence, semble bien digne d'un humaniste tel que vous ! La conquête de la Porte d'Or vous rapportera la gratitude et l'admiration du monde civilisé... Et qui sait de quels bienfaits Milord de Buckingham comblera Son Excellence, en remerciement de ses peines ?

— Quand vous daignez prendre la parole, vous ne manquez pas d'éloquence... Mais vous rendez-vous bien compte, Petty, de ce que vous me demandez ? Mesurez-vous les difficultés de l'entreprise dans laquelle vous voulez que je me lance ? Le démantèlement de la Porte d'Or équivaut à celui de la Tour de Londres !

— Les panneaux sont fixés par quelques chevilles de bronze : les reliefs ne tiennent que par ces clous. Avec un échafaudage et cinquante hommes, le détachement ne devrait guère prendre plus de trois jours.

— Vous espérez grimper avec cinquante hommes sur le mur qui protège le trésor du Grand Seigneur ? Vous comptez *voler* les marbres au nez et à la barbe de la garnison qui garde les Sept Tours ? Vous délirez !

Ce que Will se gardait de souligner, c'est que les sculptures les mieux conservées se trouvaient tout en haut du rempart, à quarante pieds du sol.

Et que chacune pesait environ une tonne.

Plus encore que Sir Thomas, il reconnaissait la démence de son projet. Oui, une entreprise *presque* irréalisable. Le rêve s'était engouffré dans cette toute petite marge de succès possible.

Jouant de sang-froid, il bluffa et laissa tomber sur un ton qui se voulait aussi naturel qu'objectif :

— Ensuite il nous faudra des charrettes...

Roe demeura un instant silencieux.

Il tentait d'évaluer la folie du personnage... C'était bien l'excès qui semblait être la mesure du révérend William Petty. Ce trop calme diplômé de Cambridge, ce trop sage érudit que les Lords de Londres lui avaient jeté dans les jambes, se révélait un aventurier dangereux... Non seulement un pillard, mais un rêveur. De ceux qui refusent les limites et travaillent sans filet. La pire espèce. Son endurance, sa détermination, ce feu qui couvait sous la glace, tout en lui était dangereux. Et le plus dangereux était que sa folie paraissait communicative.

Le fixant toujours, l'ambassadeur riposta avec fermeté. Il pesait ses paroles :

— Je vous rappelle, Petty, que la Porte d'Or ainsi que tous ses ornements appartiennent aux Turcs !

— Ils appartiennent à qui les sauvera ! Ces reliefs vont tomber et se briser... Pulvérisés, comme les autres reliefs. Ils iront rejoindre la statue de Théodose, le groupe d'éléphants, toutes les inscriptions perdues... Qui sait ce que les vestiges disparus, les bronzes et les marbres de la Porte d'Or, nous auraient appris sur les origines de Constantinople ? Sur les guerres entre Théodose et Maxime ? Sur les conquêtes des premiers Chrétiens d'Orient ? Avec la beauté, leur histoire a sombré. De l'une et de l'autre, il ne reste rien, pas même une trace dans la poussière... Un sort identique attend les reliefs. Si vous-même, Excellence, ne les détachez pas tout de suite, ils vont disparaître. Une perte irrémédiable.

Will marqua une pause avant de conclure .

— ... Surtout pour Milord Buckingham qui désire des pièces entières.

Sir Thomas, impavide, ne se laissa pas toucher :

— La mémoire de cette ville, dont vos reliefs témoignent, n'intéressera pas Sa Grâce.

— Mais leur perfection ? Le duc n'attend-il pas de votre ambassade des statues aussi belles que monumentales ? Intactes, surtout ! Combien de sculptures *entières* espérez-vous lui trouver à Constantinople ? Laissez faire le temps, confiez les reliefs au destin, je serai, moi, l'un des derniers à les avoir vus... Et vous porterez, vous, la responsabilité de leur destruction.

Cette fois l'argument porta.

— Une affaire semblable peut coûter une fortune.

— Bagatelle, pour le duc de Buckingham et le comte d'Arundel ! Ils paieront joyeusement l'honneur d'orner l'Angleterre des dépouilles de l'Orient.

— Il me faudra corrompre le grand vizir.

— Et probablement le grand trésorier, le capitaine pacha, l'aga des janissaires. Bien d'autres encore.

— Vous en parlez à votre aise !

Un large sourire illuminait la physionomie de William Petty :

— Son Excellence désire-t-elle que je m'occupe de négocier moi-même la transaction ?

— Mêlez-vous d'antiques, Mr Petty, aboya l'ambassadeur... de marbres, de vieilles pierres, de tout ce que vous semblez connaître ! Cherchez, et trouvez. Je me charge du reste... Demain, nous retournerons ensemble à la Porte d'Or. Vous me montrerez ces merveilles qui valent que je risque ma tête et la vôtre !

40. « *De Sir Thomas Roe*
   « *À Sa Grâce le duc de Buckingham*
   « *Pera, Constantinople,*
   « *Ce 25 avril 1625*

« *May it please your Grace,*
« Mr Petty est arrivé il y a un mois – enfin ! – et l'étendue de ses connaissances me permet déjà de servir Votre Seigneurie. Si je devais commettre des erreurs de jugement, il faudrait que Votre Grâce s'en prenne à ce philosophe qui en sait bien plus

que moi. En parlant de philosophie, Mr Petty vise à l'Idéal.
Et même, bien au-delà! Les sculptures qu'il convoite pour
Votre Seigneurie ornent le monument de Constantinople le
plus chargé de symboles.

« J'ai tenté de faire dérober ces reliefs par des ouvriers
ottomans à notre solde. Mais aucun Turc n'ose voler publiquement les biens du Grand Seigneur.

« J'ai tenté de les obtenir par une faveur spéciale, un firman du sultan. Mais les Français, envieux, ont crié au scandale
et protesté contre un traitement si particulier des Anglais.

« Restait donc, comme prévu, la prévarication des hauts
fonctionnaires.

« Mr Petty a réussi à rencontrer un imam, parmi les plus
respectés de cette ville. Avec six cents piastres, il l'a convaincu
de jeter l'anathème sur ces représentations, de les condamner
comme contraires aux lois du Coran, et d'ordonner que toutes
les sculptures soient arrachées de la Porte d'Or.

« Vendredi, l'imam a donc lancé une fatwa contre nos
marbres.

« Je me suis, pour ma part, occupé de trouver un lieu discret où les tenir cachés, le temps de calmer l'affaire jusqu'à leur
embarquement.

« Hier, le grand architecte des Bâtiments, dont j'avais moi-
même monnayé les services, s'est rendu sur place, afin d'organiser la dépose officielle. Mais le commandant des Sept Tours,
ému de l'agitation qui règne devant la citadelle depuis le ban de
l'imam, s'est porté à sa rencontre avec ses janissaires. Leur
troupe s'est grossie de la foule des tanneurs, des fabricants de
tuiles et de toutes les corporations pauvres qui habitent à
proximité de l'enceinte. Les soldats et la populace ont violemment pris l'architecte à partie. L'incident a viré à l'émeute. Le
grand architecte n'a échappé que de justesse à la lapidation.

« Il m'envoie dire aujourd'hui qu'il ne se mêlera plus de
cette affaire et nous accuse, Mr Petty et moi-même, d'avoir toujours su que les statues de la Porte d'Or étaient enchantées.

« Je commence à le croire.

« Si les Turcs murèrent autrefois l'entrée triomphale de
leur ville, ce fut pour mettre en échec une vieille prophétie.
*Constantinople tombera aux mains des Chrétiens, quand ceux-ci
s'empareront de la Porte d'Or.* Plût au ciel que nous réalisions,
Mr Petty et moi-même, cette glorieuse prédiction! Pour l'heure,
elle nous complique diablement la vie.

« Du fait de ce dernier épisode, les Turcs sont très remontés contre nous. Quant aux Jésuites et aux Français, l'éventualité que peut-être, au bout du compte, nous pourrions réussir à détacher les reliefs et à les emporter en Angleterre, pour la plus grande gloire de Milord duc de Buckingham, cette jalousie les pousse à nous discréditer auprès des Ottomans.

« Par leurs calomnies, ils fragilisent l'ensemble de la communauté chrétienne. Une démarche fort regrettable.

« Ainsi le quartier des ambassades se trouve-t-il aujourd'hui au bord de la guerre civile.

« En outre, la peste vient d'éclater. Deux cents personnes meurent chaque jour sur l'autre rive du Bosphore. Avec la chaleur de l'été, le fléau pourrait prendre de terribles proportions. (...) »

41. *Patriarcat de Constantinople, mai 1625*

Le plus spectaculaire de ses bâtons pastoraux à la main – sa crosse ornée de queues de serpent –, sa tiare de cérémonie sur la tête et son long voile de mousseline dans le dos, Cyril Lucaris traversait lentement la cour du patriarcat. Il venait de célébrer dans sa métropole une messe en rémission des péchés dont la peste était le châtiment. Ses évêques, ses moines, et toutes ses ouailles sortaient de l'église à sa suite, et l'escortaient jusque dans sa résidence.

Le vestibule y était déjà pris d'assaut. Une nuée de moines barbus, chargés de paquets, couraient en tous sens. Leurs longues silhouettes noires montaient, descendaient l'escalier, enfilaient les couloirs, traversaient les antichambres. Une ruche en ébullition. Tous œuvraient aux ultimes préparatifs du départ.

Le patriarche s'apprêtait à fuir la peste. Avec ses ministres et toute sa maison, il se réfugiait au monastère d'Haliki.

Suivi par deux de ses évêques, il fendit la foule et gravit les marches qui conduisaient aux interminables galeries de l'étage. Ici, tout le long des couloirs, ses fidèles l'attendaient.

Leurs odeurs le prirent à la gorge.

Pour combattre les miasmes de la peste, chacun s'était frotté de vinaigre, d'huile, d'encens, de tous les parfums, de toutes les essences que leurs faibles moyens leur permettaient d'acquérir. L'air était devenu irrespirable.

Debout, assis, les gens disaient leur chapelet, et priaient à mi-voix en balançant le buste.

Il connaissait tous ces visages. Du regard, il caressait ces têtes courbées qu'il allait abandonner.

Était-ce la juste décision? Cyril Lucaris avait beaucoup hésité, avant de se résoudre au départ. Mais pouvait-il prendre le risque que la peste fauche ces jeunes moines et décime d'un seul coup le meilleur de son clergé?

Il désirait se recueillir et prier quelques instants. Alors seulement, il pourrait donner sa bénédiction aux plus pauvres parmi les laïcs grecs et arméniens qui restaient à Constantinople.

Il enfila la dernière galerie d'un pas rapide, et se dirigea vers la salle du trône. Un personnage que rien ne distinguait dans la foule, sinon sa haute taille et sa maigreur, attira son regard. Il s'immobilisa :

— Tiens? Mr Petty...Vous faites antichambre, vous aussi?

Will s'inclina et lui baisa la main.

— Je viens demander sa bénédiction à Votre Toute Sainteté, et prendre très respectueusement congé jusqu'à l'automne.

Une lueur pétilla dans le regard du patriarche :

— Non, Mr Petty, asséna-t-il, malicieux. Vous venez vous informer des manuscrits dont je vous ai parlé.

Will se garda de protester.

Le patriarche n'était pas homme à se laisser contredire. Surtout quand il plaisantait. Encore moins quand il disait vrai.

Autoritaire, colérique, facétieux, il en imposait par son mauvais caractère autant que par sa clairvoyance et sa bonté. Il savait manœuvrer ses amis, et ne s'en privait pas. Quant à ses adversaires, il ne désespérait jamais de les séduire et de les vaincre. À l'usure.

Sir Thomas Roe ne s'était pas trompé en prédisant que le révérend William Petty s'entendrait avec Sa Toute Sainteté. Ils parlaient le même langage.

Les deux hommes s'étaient revus, seuls, plusieurs fois.

L'ambassadeur avait été trop heureux de déléguer au patriarcat un intermédiaire officieux, ministre de l'Église anglicane de surcroît, dont les visites au chef de la spiritualité orthodoxe ne pouvaient que resserrer les liens de Londres avec les schismatiques d'Orient.

Était-ce leur commune expérience à l'université de Padoue? Will éprouvait envers Cyril Lucaris un élan d'affection qui dépassait de loin les règles de la sympathie ordinaire. À chaque rencontre, le miracle s'était reproduit : une entente à demi-mot, un même sens de l'humour.

Pour tout dire, Will s'amusait davantage en compagnie du patriarche qu'avec tous les Francs dont il faisait son quotidien dans les bouges de Galata, marchands, capitaines ou chevaliers de fortune, à l'instar de son ancien compagnon Le Page.

Malgré la différence d'âge et la supériorité de sa position, Cyril Lucaris avait su instaurer entre eux une relation étroite, non exempte de liberté.

— ... Suivez-moi. J'ai des nouvelles pour vous.

Le grand chambellan ouvrit devant eux les doubles portes de la salle du trône, dont il referma les battants l'un après l'autre, méthodiquement. Dans la pièce, illuminée de centaines de bougies, quelques moines achevaient les préparatifs de la cérémonie des adieux qui se déroulerait ici tout à l'heure. L'encens fumait déjà au-dessus des icônes. D'un geste, le patriarche les congédia. Ils lui baisèrent la main et se retirèrent.

Contre le mur, entre deux flambeaux d'argent s'élançant vers le ciel, un immense fauteuil incrusté de nacre occupait une estrade. Les flammes qui dansaient sur les petits éclats irisés du dossier, des montants et des accoudoirs faisaient miroiter le siège, tel un bijou dans l'écrin rouge du tapis à ramages.

— Veuillez me pardonner de vous recevoir en ce lieu, un peu trop cérémonieux pour notre entretien, s'excusa Lucaris. Dans quelques instants j'aurai beaucoup de monde à saluer ici... En occupant le terrain, nous gagnerons du temps. Je vous en prie, asseyez-vous.

Lui-même prit place dans un angle du vaste salon, devant une petite table, servant sans doute au greffier qui consignait les requêtes durant les audiences.

Il s'enfonça dans sa chaise, les jambes écartées sous sa robe, les mains sur les genoux.

Au cœur de la pénombre, les deux hommes se faisaient face.

— Alors, Mr Petty, êtes-vous satisfait de votre séjour ? attaqua le patriarche, affectant d'oublier que la peste ravageait la ville et qu'il avait de terribles soucis en tête... Comment avancent vos affaires à la Porte d'Or ?

Un sourire passa dans le regard de Will :

— Avec lenteur, Votre Toute Sainteté.

— Ah, la fameuse lenteur turque : elle va mettre à rude épreuve votre pauvre ambassadeur !

— Son Excellence en a vu d'autres.

— D'autres comme vous ? J'en doute. Vos connaissances, et votre ambition, sont tout à fait remarquables, Mr Petty...

Le patriarche joua un instant avec sa longue barbe. Il l'avait prise à pleine main, tout entière, et la caressait de haut en bas, du menton jusqu'à la poitrine.

Will attendit la suite.

— ... Je me suis laissé dire, reprit son hôte sur le ton de l'admiration, qu'outre les médailles du Grand Bazar et plusieurs fragments d'inscriptions, vous avez trouvé une tête d'Homère en bronze, un visage splendide qui daterait de trois siècles avant la naissance de Notre-Seigneur ?

D'où le patriarche tenait-il l'information ? De Sir Thomas ? Sans doute. L'ambassadeur avait pris goût à la chasse aux antiques et se glorifiait de la moindre trouvaille. Sa fierté et, dans une certaine mesure, son honnêteté servaient les manœuvres de Will. Quelquefois aussi, elles le gênaient.

Que cherchait à savoir le patriarche en opérant ainsi, par étapes successives ?... Jouer un peu, faire danser l'hameçon, puis ferrer le poisson : Will reconnaissait la technique du pêcheur en eau trouble. Où Lucaris voulait-il en venir ?

Lui-même, par nature et par expérience, minimisait l'importance de ses découvertes, sous-évaluait ses acquisitions et, surtout, gardait leur provenance secrète. Il arbora une mine modeste.

— C'est en effet une assez jolie pièce, concéda-t-il. Mais seulement une tête. Sans corps... À l'inverse de l'ambassadeur, je ne pense pas qu'il s'agisse d'Homère. Le ruban dans les cheveux du personnage témoigne d'une charge religieuse, et me donne à penser qu'il s'agirait plutôt d'un portrait de Sophocle.

— Sophocle, Homère, qu'importe ? s'impatienta le patriarche. J'ignorais l'existence de cette tête à Constantinople. Vous-même, comment avez-vous su en quels lieux la chercher ?

Will n'avait, en principe, rien à redouter de cette curiosité. Mais la confiance, même en un personnage tel que Cyril Lucaris, avait ses limites... Inutile de lui raconter qu'il n'avait pas attendu sa permission pour passer au crible ses églises, les restes de tous les sanctuaires orthodoxes qui avaient brûlé, et dont la loi ottomane interdisait la reconstruction... Qu'il avait exploré et fouillé les moindres recoins des édifices byzantins, toutes les chapelles construites jadis sur les ruines des anciens temples et des anciennes villas. Bref, inutile de dire à Lucaris qu'il s'était librement servi chez lui.

Le patriarche le savait déjà.

Si Will avouait maintenant qu'il avait repéré ce bronze – une pièce superbe en effet : de loin, son plus beau trophée à Constantinople ! – gisant à l'abandon dans une crypte ; qu'il s'en était saisi en l'absence du pope ; et qu'il l'avait sorti, caché dans un sac, le patriarche pourrait bien le lui réclamer.

Il escamota la réponse :

— Comment je le savais ? Mais par les textes, Votre Très Grande Sainteté. Les anciennes chroniques ! Elles recensent les statues, notent leurs déménagements, signalent leurs nouveaux sites d'exposition... Cette vigilance s'explique par le fait que, durant l'Antiquité, déplacer une statue était un geste sacrilège, aussi impie et criminel que violer une tombe.

Le patriarche avait reposé ses mains bien à plat sur ses genoux. Ses petits yeux pétillaient dans l'ombre. Flambaient-ils de malice ? ou de colère ?

— Un sacrilège ? lança-t-il, léger. C'est bien ce que je pensais... Avez-vous retrouvé, sur l'urne funéraire d'un profanateur, cette curieuse inscription, Mr Petty : *Que celui qui déplacera les statues soit livré au gibet* ?

Will lui renvoya la balle, sur le même ton :

— Je ne suis pas très certain de vouloir l'exhumer.

— Je ne songeais pas à votre épitaphe, rectifia Lucaris avec un rire bref... Détachez, mon ami, déménagez, transplantez : ne vous privez pas ! Emparez-vous des statues de la Grèce. Emportez-les loin ! Emportez-les toutes ! Et gardez-les précieusement... Les Turcs, en détruisant les œuvres de nos ancêtres, ont anéanti notre mémoire. C'est par notre ignorance qu'ils nous maintiennent silencieux et courbés. Mais le temps viendra où nous ne serons plus si misérablement oublieux de notre passé... Jusque-là, employez votre force et vos dons, comme vous le faites ici avec tant de fureur, à conserver notre histoire. Et conservez-la bien ! Un jour, nous autres Grecs, nous viendrons vous la réclamer... Quant à ces *textes*, dont vous faites tant de cas et qui vous servent si bien...

Le patriarche entrait enfin dans le vif du sujet.

Avait-il, oui ou non, fait chercher à Athènes les manuscrits dont il avait évoqué l'existence ? Qu'avait-il trouvé ?

— ... Moi ? Rien, Mr Petty, moi, je n'ai rien trouvé... Je devine ce que vous pensez... Vous pensez que si vous pouviez, vous, fouiller mes bibliothèques et mes monastères, vous découvririez une foule de manuscrits. Non seulement les écrits des premiers Pères de l'Église, mais ceux des auteurs classiques de l'Antiquité... Un volume de Tite-Live, par exemple, dont la postérité ne connaît aujourd'hui que trente-cinq livres, quand son *Histoire de Rome* en comptait... combien, Mr Petty ? Cent quarante-deux ?... Ou bien une pièce d'Eschyle, de Sophocle ou d'Euripide ? Les grands tragiques, si je ne m'abuse, ont écrit plus de trois cents pièces... Une trentaine seulement sont parvenues jusqu'à nous. *Où sont les autres ?*... Cette question vous hante depuis des années : je me trompe ? *Où dorment toutes les œuvres perdues ?* Vous avez fait le pari qu'elles subsistent chez nous, les descendants des érudits de Byzance. Qu'elles pourrissent au fond de nos monastères, dans nos caves et nos souterrains... Il se peut que vous ayez tort. Il se peut que vous ayez raison. Quoi qu'il en soit, vous obtiendrez bien peu de chose de nos pauvres moines. Ils se révéleront trop incultes pour vous aider. Trop peureux pour vous satisfaire. Et cette fois, j'ose dire que c'est une très bonne chose ! Vous n'êtes pas sans savoir, Mr Petty, qu'un manuscrit acquis dans l'un de nos monastères est, par essence, un objet sorti en *fraude* ? Nos moines caloyers sont liés par le vœu de préserver les biens de leur communauté. En vous cédant quoi que ce soit, un marbre, une pierre, une feuille – ou bien une tête d'Homère en bronze ! –, ils volent. Par « céder », Mr Petty, j'entends vendre ou offrir. Nous appliquons strictement cette loi depuis des centaines d'années. Et si nous possédons encore quelque chose, c'est parce que nous n'y dérogeons jamais...

Que signifiait ce sermon ?

Le patriarche de Constantinople menaçait-il de s'opposer aux razzias des Anglais chez les moines et les paysans grecs ? En ce cas, le voyage que Will projetait dans les îles, à Athènes, en Morée, devenait inutile. Il n'obtiendrait rien.

Pas plus les manuscrits que les statues. Rien.

Les deux hommes demeurèrent un instant silencieux, méditant la conséquence des règles qui venaient d'être édictées. Le patriarche avait réussi son effet.

Quand il jugea que la pause avait assez duré, il ouvrit le tiroir de la petite table devant laquelle il était assis, et poursuivit, avec une apparente bonhomie :

— ... Mais je vais, moi, cher Mr Petty, vous faciliter les choses. Voici une lettre, signée de ma main, que vous remettrez aux supérieurs des monastères dont vous désirerez inventorier les collections. Elle autorise les communautés religieuses, notamment celles du mont Athos, à vous montrer les restes de leurs bibliothèques, à vous laisser choisir, acheter et emporter.

La surprise, le soulagement, la joie : Will ne put réprimer une réaction... Le patriarche l'arrêta net.

— ... Non, Mr Petty, ne me remerciez pas ! Et surtout ne vous leurrez pas : je ne vous offre rien. Je vais vous proposer un marché... Ou plutôt je vais vous faire du chantage ! Donnant donnant.

Le patriarche martela :

— J'échange mes manuscrits et mes codex contre un don de mille livres *imprimés* en grec moderne... Ne vous étonnez pas de ce troc auquel vous gagnez.

Le regard du patriarche s'était obscurci :

— ... Mon clergé va mourir de son ignorance. Et je ne peux l'éduquer sans textes qui lui soient intelligibles ! J'ai réorganisé l'Académie patriarcale, l'unique héritière de l'université de Byzance. J'ai fondé de nouvelles écoles théologiques, malgré les interdictions des Turcs. J'ai réformé les anciennes... Mais comment prétendre à un quelconque système d'éducation ? Sans maîtres ! Et sans livres ! J'emploie des agents à l'étranger qui sont, comme vous, en quête de savoirs perdus. Ils cherchent dans les bibliothèques d'Allemagne et d'Italie, dans les villes de l'Est où les Byzantins les plus riches ont émigré lors des invasions turques, les écrits de saint Athanase le Grand, de saint Basile le Grand, de saint Grégoire de Nazianze. Mais ils ne peuvent ni acheter ni importer tous les livres dont nous aurions besoin ! Il faudrait les imprimer ici, nous-mêmes. Écoutez-moi bien : ceci est ma seconde exigence... Je voudrais que vous m'aidiez à importer d'Angleterre une presse qui appartient à la communauté grecque de Londres. Je voudrais que vous facilitiez l'entrée de cette presse en Turquie. Et je voudrais que vous trouviez le moyen de la faire fonctionner à Constantinople.

Pris par son propre rêve, Cyril Lucaris ne remarquait pas l'expression de son auditeur. Comment eût-il pu se douter de l'écho que trouvait son projet chez William Petty ? De toutes les impressions, des souvenirs, des images qu'il réveillait...

Une école en feu dans un bourg, aux confins des terres de frontière. Un enfant qui tente en vain d'arracher les quelques livres enchaînés aux rayonnages en flammes. L'incendie qui réduit les textes en cendres.

— ... Une machine typographique, des caractères en alphabet grec, de l'encre et du papier. Tel est le cadeau à cette vieille terre d'Orient que j'attends de votre ingéniosité.

Will comprenait soudain d'où lui venait cet élan, cette immense sympathie qui le portait vers Cyril Lucaris, depuis la première seconde.

Dans sa robe noire, avec ses longs cheveux et sa barbe blanche, le patriarche lui rappelait l'homme qu'il avait tant aimé : Reginald Bainbridge.

Même regard. Même courage. Et même message.

Le patriarche s'était levé.

Debout, émus tous deux, ils s'observaient. L'un et l'autre ressentaient la solennité du moment.

— Puis-je vous demander votre parole, Mr Petty?

— Vous obtiendrez votre presse.

Il s'était agenouillé aux pieds du patriarche et baisait avec ferveur cette vieille main, déformée par l'arthrose, qui lui rappelait une autre main, jadis si secourable.

— ... J'en fais le serment.

Le patriarche le releva :

— Toute cette entreprise doit s'accomplir en cachette des autorités turques. Les risques sont immenses. Et pas seulement du côté des Ottomans. Les Catholiques s'opposeront par tous les moyens à ce que je puisse divulguer les articles de la foi orthodoxe. Quant aux Jésuites, qui se servent de leurs propres écoles pour convertir nos enfants...

Le patriarche n'acheva pas sa pensée.

— Ma presse va vous susciter beaucoup d'ennemis.

— Un peu plus, un peu moins, Votre Toute Sainteté, au point où nous en sommes...

— Reste à souhaiter, Mr Petty, que les précieux codex du mont Athos ne vous coûtent pas plus cher que vous ne l'imaginez... Que le Seigneur vous protège.

42. « *De Sir Thomas Roe*
    « *À Sa Grâce le duc de Buckingham*
    « *Pera, Constantinople,*
    « *Ce 25 mai 1625*

« (...) Je reprends ma lettre qui n'a pu quitter Constantinople, le mois dernier. Comme je l'écrivais à Sa Grâce dans mon précédent courrier, la peste fait ici des ravages. Même à Londres, nous n'avons jamais connu semblable hécatombe. Les Turcs ne prennent aucune mesure, ils ignorent les règles les plus élémentaires, notamment celles de l'isolement et de la quarantaine.

« Avec l'arrivée des grosses chaleurs, ce ne sont plus deux cents personnes, mais deux mille qui meurent par jour.

« Le jeune sultan a quitté son palais de Topkapi. Il se retranche, avec le vizir et les grands dirigeants de l'État, dans l'île aux Princes pour l'été.

« Quant à moi, je m'apprête à quitter le palais d'Angleterre, et pense séjourner sur l'île d'Heybeli où j'attendrai, avec mes gens, la fin de l'épidémie.

« Mr Petty rallie Smyrne et compte moissonner ce qu'il y avait semé à l'automne. De là, il s'embarquera sans doute vers les îles, et poursuivra ses travaux sur tous les rivages de la mer Égée. Ensuite, il prendra la mer pour Athènes et le Péloponnèse. Si Sa Grâce veut bien se rappeler que les anciennes cités de la Grèce sont distantes entre elles de plusieurs centaines de lieues ; que les routes ont disparu ; que les marchandises ne peuvent circuler qu'à la vitesse des chariots ; que les brigands tombent comme des vautours sur les caravanes ; que les pirates infestent les eaux de la Méditerranée ; et que les canicules de l'été s'annoncent... Mr Petty n'est pas au bout de ses peines.

« Je lui ai donné tous les moyens de réussir.

« Je l'ai muni du firman du Grand Seigneur et des laissez-passer nécessaires. Je l'ai amplement fourni en or, et recommandé auprès de nos consuls dans les ports où trafiquent nos marchands. J'ai donné, aux capitaines des deux plus gros navires de la Levant Company, l'ordre d'embarquer ses caisses à Corinthe et à Smyrne.

« Je crois que Mr Petty peut partir content. Son séjour à Constantinople aura été fructueux. Certes nous n'avons pas encore déposé les reliefs. Mais pour le reste, nos prises ne se comptent plus... Sa Grâce jugera de la qualité de notre butin et du succès de notre association, par les lettres détaillées que Mr Petty adresse au comte d'Arundel. Le comte les communiquera certainement à Sa Grâce, avec autant de joie que de fierté, afin que Sa Grâce puisse choisir ce qui lui conviendra.

« Mr Petty me rejoindra ici, au terme de ses voyages, lorsque la peste et les calamités qui meurtrissent cette ville seront passées.

« Alors, nous reprendrons les négociations, et j'obtiendrai pour Sa Grâce les glorieuses sculptures de la Porte d'Or. »

43. « *De William Petty*
   « *À Sa Grâce le comte d'Arundel,*
   « *Du port de Montagna,*
   « *Dans le golfe de Constantinople,*
   « *Ce 30 mai 1625*

« My Lord,

« (...) Avant de suivre la caravane de Brousse, voici les nouvelles de nos affaires.

« En ce qui concerne le troc des manuscrits contre la presse du patriarche :

« Il semble qu'un jeune moine de Céphalonie, du nom de Nicomedus Metaxa, se trouve aujourd'hui en Angleterre chez son frère, marchand du même nom dans la Cité. Il semble que ce Metaxa ait convaincu la communauté grecque de Londres de lui céder cette presse, mais qu'il n'ait pas réussi à obtenir des douanes anglaises l'autorisation de l'exporter.

« Il conviendrait donc que Votre Seigneurie fasse lever l'interdit et ordonne son embarquement sur un navire de la Levant Company.

« Sir Thomas Roe se chargera, pour sa part, de tromper la douane turque et de passer la presse en contrebande, parmi nos marchandises.

« J'ai reçu de lui le meilleur accueil possible et prie Votre Grâce de lui écrire pour l'en remercier. N'était le service de Votre Seigneurie, j'aurais eu grand plaisir à jouir de sa compagnie. Que Votre Grâce insiste pour que l'ambassadeur me conserve ses faveurs, car il aura bientôt tout lieu de se plaindre de moi.

« Pour ce qui concerne les reliefs de la Porte d'Or :

« J'ai engagé Sir Thomas à payer la somme mirobolante de huit cents couronnes pour six des douze reliefs. Il continue de croire que nous les diviserons en deux parts égales. Je l'ai poussé à s'avancer très avant dans les négociations, sans lui ôter ses illusions sur le partage.

« Puis, sous prétexte de peste, j'ai quitté Constantinople et je lui ai écrit de Brousse.

« Je lui disais dans ma lettre que, à la réflexion, il ne devait pas dépenser plus de deux cents couronnes pour l'ensemble des six panneaux... Peut-être a-t-il pris cette phrase pour une insulte à sa gestion de l'ambassade ? à son sens de l'économie domestique ? Votre *Lordship* doit savoir que l'ambassadeur a déjà payé le double de cette somme, pour quatre reliefs seulement... Et que ces reliefs, il ne les a toujours pas obtenus ! Les négociations lui prennent toute son énergie. Elles lui coûtent une fortune... Sans parler des bakchichs qui le ruinent.

« J'ai donc admis que les sculptures ne valaient pas tant d'efforts. J'ai avoué que j'avais vu, depuis, des objets beaucoup plus beaux. J'ai reconnu que l'affaire prenait des proportions absurdes, pour un butin finalement assez quelconque.

« J'ai tout lieu de penser que cet étonnant revirement de ma part l'a irrité.

« Sa réponse me rejoint à Brousse ce matin : elle est aussi sèche que nerveuse.

« En substance : l'ambassadeur craint maintenant que, du fait de mon dernier rapport, vous ne vous désintéressiez des panneaux ; et que vous refusiez de partager les frais avec Milord Buckingham.

« Son anxiété se focalise sur l'éventualité que le paiement finisse par lui incomber à lui, Sir Thomas – et à lui seul ! –, si le duc, s'avisant à son tour de la médiocrité des œuvres, devait refuser de régler les sommes avancées.

« Exaspéré par tous les ennuis que cette aventure lui cause, il menace donc de renoncer à toute l'entreprise.

« Il fera, jure-t-il, passer les sommes astronomiques, qu'il a déjà gaspillées, aux pertes et profits de la Levant Company... *Que ces maudits reliefs aillent au diable !*

« C'est là que je les attends... »

La prudence imposait à Will certaines ellipses : le courrier transitait par les marchands de l'ambassadeur. Qui sait si cette lettre ne finirait pas entre les mains de Sir Thomas ? Entre celles des Jésuites ? Les Français seraient trop heureux de se servir de ce récit pour semer la zizanie parmi les Anglais.

Dans son rapport à Lord Arundel, il taisait donc la suite de ses intentions. Inutile de clamer qu'il comptait mettre à profit les immenses travaux d'approche de l'ambassadeur, quand ce dernier aurait lâché prise.

Désormais, Will connaissait les fonctionnaires du sérail et pouvait négocier. Sans Roe.

Lorsque les Turcs croiraient manquée cette juteuse affaire, il tenterait d'obtenir les reliefs à vil prix... Il s'emparerait non des quatre, ni des six, mais des douze sculptures à la fois !

Pas de partage. Le comte les aurait pour lui seul. Toutes.

Pourquoi formuler l'évidence ? Le révérend William Petty doublait Sir Thomas, « ... c'est-à-dire Milord Buckingham ».

*

Lord Arundel pouvait se féliciter des méthodes de son champion. Ces filouteries orientales lui mettaient du baume au cœur. Il en avait grand besoin. Le récent décès de Jacques Ier fragilisait sa position, il était près de la disgrâce.

Contre toute attente, le prince de Galles, devenu roi d'Angleterre sous le nom de Charles Ier, n'avait pas banni Buckingham, le mignon de son père. Il le considérait comme son ami, son frère : un aîné, plus brillant et plus expérimenté, dont il soutenait la fortune et la politique.

Le duc, aussi puissant que jamais, restait donc le favori et gouvernait l'Angleterre.

Au comte d'Arundel, considéré comme le chef de ses ennemis, Sa Majesté avait supprimé d'emblée le traitement de deux mille livres sterling, attaché à la charge de Grand Maréchal. La pension tombait dans l'escarcelle des partisans du duc.

Cette mesure ouvrait le feu à une stratégie d'appauvrissement systématique. Certes, la dot de Lady Aletheia semblait inépuisable. Mais une série de taxes sur ses propriétés finirait bien par ébranler sa fortune.

Empêcher que le comte n'accroisse la collection qui lui tenait à cœur, et le rendait illustre à l'étranger. Le contraindre à vendre ses plus belles pièces. S'emparer de l'ensemble. Tel était, à terme, le projet royal.

La manœuvre servait les intérêts de Buckingham autant que ceux du jeune souverain. Le voyage de Charles Ier chez les Habsbourg de Madrid, la découverte de leurs innombrables Titien et de leurs galeries d'antiques, avait éveillé chez lui la passion qui couvait. À vingt-cinq ans, le nouveau roi se révélait l'amateur d'art le plus avide d'Angleterre.

Un très grand connaisseur.

Quant à Buckingham, il n'était plus seulement « ce parvenu » que stigmatisait avec mépris Lady Arundel, un nouveau riche qui obéissait aux lois du paraître. Les chefs-d'œuvre de la peinture vénitienne que lui avait rapportés son surintendant Balthazar Gerbier lui avaient éduqué le regard. Il savait aujourd'hui reconnaître la qualité d'une œuvre. Et il savait en jouir. Certes les tableaux, les statues, toutes les splendeurs qui ornaient son palais témoignaient de sa fortune. Mais ils témoignaient d'une autre réalité encore : le sincère enthousiasme de George Villiers pour la beauté.

À cette heure, le duc se trouvait à Paris. Au nom de Charles Ier, il y venait chercher la nouvelle reine d'Angleterre : Henriette Marie, fille d'Henri IV et de Marie de Médicis, sœur de Louis XIII. Pour prix de ses services, Buckingham tentait de recevoir un cadeau de Richelieu. Il voulait la *Joconde*.

Le cardinal la lui refusait. Le duc s'impatientait.

Il se consolait avec l'artiste Rubens, de passage à Paris lui aussi, auquel il avait commandé son portrait à cheval. Il désirait en outre que Rubens lui cède, en bloc, les statues et les bustes acquis au cours de ses voyages à Rome et rassemblés dans sa maison d'Anvers. Rubens, endetté, venait d'accepter le principe de cette transaction.

Entre les trois plus grands personnages du royaume – Charles et Buckingham d'une part ; Arundel de l'autre – le duel tournait à la guerre de siège. Les assauts se multipliaient. Le comte, pressé de toutes parts, perdait du terrain. Il n'était déjà plus l'unique mécène de Londres. Son rayonnement intellectuel et sa prédominance artistique semblaient si gravement menacés par l'éclat du favori qu'il en perdait ses derniers appuis à la cour.

Il mettait ses ultimes espérances dans un triomphe qui lui viendrait d'Orient.

Mais comment évaluer ses succès en Turquie ?

Entre le moment où Petty et Roe l'informaient de leurs conquêtes, celui où le comte lisait leurs lettres, et l'heure où ses réponses et ses instructions leur parvenaient, six mois pouvaient s'écouler ! Pourtant Lord Arundel bombardait le Levant d'ordres comminatoires et s'obstinait à poser d'impossibles questions : quel jour recevrait-il ses statues ?

Sur les rivages de la mer Égée, son agent livrait un rude combat.

« ... Quand Sir Thomas Roe comprendra, lui écrivait Petty, qu'il ne recevra rien pour Milord Buckingham – ni les reliefs de Constantinople, ni aucun des marbres que j'ai eu le bonheur de découvrir depuis mon arrivée –, je n'ose imaginer sa réaction. »

« (...) Ma réaction, My Lord, se résume en quelques mots, se lamentait l'ambassadeur, dans la lettre ulcérée qu'il dépêchait au comte d'Arundel. Je déplore les agissements de Mr Petty. Sous couvert de préserver l'unité des marbres, il divise nos forces. Je me permets de rappeler à Milord que Mr Petty n'a pas *trouvé* les reliefs. C'est moi, et moi seul, qui l'ai conduit chez mon ami le patriarche. (...) »

« Sir Thomas disait vrai, reconnaissait Will, lorsqu'il écrivait naguère à Votre Lordship que, sans moi, il ne saurait ni repérer, ni juger, ni choisir les sculptures. Mais il dit bien plus vrai encore quand il affirme que, sans lui, je ne saurais les emporter ! »

« Je continuerai à seconder les entreprises de Mr Petty, puisque tel est le désir de Votre Lordship, concédait Sir Thomas à Lord Arundel. Mais attendu que Mr Petty fait cavalier seul, je me vois forcé d'user des mêmes méthodes et de le doubler à mon tour. Je fais donc venir de Londres un serviteur de Milord Buckingham, un érudit qui travaillera exclusivement pour moi ».

« Sa Grâce se souvient-elle d'un précepteur de ses enfants, rétorquait Will, un helléniste du nom de John Atkinson ? De tous les éminents diplômés de Cambridge et d'Oxford, c'est ce personnage douteux, grand ami de Balthazar Gerbier, le surintendant des beaux-arts de Milord Buckingham, qu'on nous dépêche au Levant... »

« Mon agent est arrivé à Smyrne, précisait Roe dans la lettre suivante, et m'écrit qu'il a visité la très fameuse ville de Pergame. Sur l'acropole, un homme, armé d'un grand livre et d'une lanterne, galvanisait les énergies d'une vingtaine d'ouvriers qui démontaient la frise d'un autel. Ils disposaient de perches, de treuils, de cordes et de poulies, ainsi que d'une charrette et de quatre mules. Du fait de la chaleur, ils travaillaient au soleil couchant. L'homme marquait à l'encre chaque fragment, qu'il faisait emporter et descendre à dos de mule. Il reportait ces signes dans son livre, avec de brèves descriptions des objets. Quand les sculptures pesaient trop lourd, il les faisait arrimer à des affûts de canon, que son équipe roulait lentement sur la pente de la montagne, jusqu'à la plaine. Il semblait si bien organisé que dans la ville basse les paysans le prenaient pour un représentant de l'aga. Il était vêtu d'un long manteau bleu et coiffé d'un tarbouche. Il donnait ses ordres en turc. Mon agent a mis deux jours avant de reconnaître dans ce personnage le révérend William Petty, dont il dit être l'ami de longue date. Une bonne nouvelle. Que les agents de Milord et du duc s'associent me paraît nécessaire ! Mr Petty m'écrit par le même courrier. Il dit n'avoir trouvé que des miettes à Pergame, des fragments sans valeur qui ne justifiaient pas son déplacement, juste quelques souvenirs de voyage. C'est un subtil et secret Borderer qui garde certains traits distinctifs des régions de frontière qui l'ont vu naître. Il vous fera lui-même le récit de ses conquêtes, car auprès de moi, il ne s'en vantera pas. J'avoue n'avoir jamais connu quelqu'un de mieux taillé pour la tâche que Votre Lordship lui a confiée. Un homme qui accueille tous les accidents avec flegme, rencontre tous les désastres avec patience, mange en compagnie des Grecs quand ils n'ont rien à manger, dort aux côtés des Turcs sur le pont de leurs caïques, dans ses nuits les meilleures – et Dieu sait où, le reste du temps !... Qui épouse toutes les formes, joue tous les rôles. Un chasseur qui traque la beauté sur le fil du rasoir, à la limite entre la sagesse et l'excès ; entre l'érudition et le crime, le tout pour arriver à ses fins : servir, avec une honnêteté sans faille, la collection de Votre Lordship ! »

Bel hommage de Roe à son adversaire.

En vue du succès, il eût été tout de même souhaitable que Will ne songeât pas seulement à doubler l'intègre Sir Thomas, l'increvable Atkinson, et le duc de Buckingham. Qu'il n'oubliât pas ses autres rivaux. L'un d'entre eux, notamment. Un Français, lié aux Jésuites.

Sanson Le Page.

44. *Smyrne, août 1625*

— Ah çà, mon oncle, sauf votre respect, avez-vous perdu la tête ? explosa Le Page.

L'oncle en question, Sanson Napollon, consul de France à Smyrne, n'était pas homme à se laisser réprimander par un parent de quinze ans son cadet. Il resta pourtant stoïque sous l'insulte.

De ses origines corses et marseillaises, Napollon tenait son teint basané, sa petite taille, son endurance, son accent du Midi et le sens de l'honneur. S'il pouvait, comme Le Page, se montrer sans scrupule dans ses négociations avec les Turcs et ses combats contre les nations ennemies, il se conduisait d'instinct en gentilhomme.

Récemment anobli par Louis XIII, Napollon croyait en sa mission pacificatrice au Levant.

— ... Mais depuis quand cédons-nous à messieurs les Anglais les objets qu'ils nous réclament ? tempêtait Le Page en frappant du poing la table à tréteaux qui leur servait de secrétaire.

Derrière les portes mi-closes de la résidence, le père de Canillac ne perdait pas un mot de cet échange familial. Il ne cherchait pas à dissimuler sa présence et se proposait d'intervenir en temps voulu dans la dispute.

Pour l'heure, l'oncle et le neveu, furieux l'un contre l'autre, ne lui prêtaient aucune attention. Ils découvraient ensemble que leurs affaires, une partie au moins, marchaient à reculons.

Les « deux Sanson » n'avaient pas été envoyés au Levant pour travailler à la libération des esclaves chrétiens et à la négociation de leurs rançons. Pas seulement. Sous couvert de traité d'alliance avec le Grand Seigneur contre les actes de piraterie, ils travaillaient au succès d'une seconde mission : le commerce des pierres précieuses. Or Le Page venait de vivre au Liban une mésaventure qui altérait son joyeux caractère.

À Baalbek, l'aga et le cadi, qui le connaissaient parfaitement, avaient prétendu déceler en lui non pas un Chrétien travesti en Arabe, mais – pire ! – un Musulman travesti en Chrétien. Sous ce prétexte, ils l'avaient fait jeter en prison et dépouiller de tous les joyaux qu'il transportait. Outre les camées, les intailles et les gemmes antiques, ils lui avaient dérobé trente rubis, cinquante saphirs, des centaines de perles et cinq crapaudines, qu'il destinait à ses commanditaires de la cour de France. Notamment au cardinal de Richelieu.

Les emplettes de Le Page représentaient la fortune de nombreux courtiers français au Levant. Le vol, perpétré par le cadi de Baalbek, les ruinait tous.

Le Page n'était pas homme à souffrir, dans la sérénité, l'humiliation d'un échec public.

Les retrouvailles avec son oncle achevaient d'aigrir son humeur : le consul venait lui aussi de subir un revers. Cette double défaite les mettait gravement dans l'embarras. Les deux Sanson travaillaient pour les mêmes bailleurs de fonds. Au plus jeune revenait l'achat des raretés transportables lors de longs voyages en caravane. Au plus âgé, la recherche d'antiques dans la région de Smyrne.

Le consulat servait de base à Napollon pour acquérir les statues et les inscriptions que venaient lui proposer les paysans grecs ou les marchands juifs. Il œuvrait au profit des amateurs de Provence, et correspondait sans relâche avec un conseiller au parlement d'Aix. Ce commanditaire, d'une curiosité intellectuelle sans limites, passait pour l'un des plus grands érudits de France. Il s'appelait Nicolas Claude Fabri de Peiresc.

De par le respect dont jouissait la famille Fabri de Peiresc en Provence, de par l'ancienneté de sa fortune et l'importance de son réseau, l'amitié d'un tel mécène pesait lourd dans le destin de marchands marseillais tels que Le Page et Napollon.

En cet instant, ils comprenaient qu'ils s'étaient laissé gruger en même temps, au détriment de Peiresc, leur fidèle protecteur. Une perte sèche sur tous les fronts !

— Il suffit donc de vous harceler, pour que vous vous pliiez à la volonté d'autrui ?

— Cet Anglais-là était fort de vos amis, se défendit le consul. Vous-même l'aviez conduit ici, chez moi, et retenu à souper. J'ai cru vous obliger en lui rendant ce service.

— Service à William Petty ! siffla Le Page... Qu'a-t-il obtenu de vous ?

— Rien... Des miettes.

— Mais encore ?

Napollon hésita avant d'avouer :

— Il m'en a si fort prié que j'ai fini par lui céder des fragments d'inscriptions sans valeur. Non seulement il me les a achetés, mais j'ai obtenu de lui, en prime, quelques curiosités. Rassurez-vous, nous ne perdons pas au change.

— J'en doute.

— Aucun de mes agents n'avait été capable de me trouver autour de Smyrne une seule statue complète, pas même une tête. Aussi quand votre ami le révérend...

— Il n'est pas mon ami.

— Quand cet Anglais qui se réclame de vous m'a proposé d'échanger un buste de Tibère – un superbe buste ! – contre un lot d'inscriptions brisées et d'architraves écornées, j'ai pris son offre en considération. Non sans méfiance, croyez-le bien. Avant d'entendre ses propositions, j'ai établi un minutieux inventaire de ce que nous possédions. J'avais moi-même payé cinquante écus d'or tout ce fatras de miettes... Le résultat de l'inventaire m'a conforté dans la déprimante certitude de n'avoir rien trouvé qui puisse contenter nos amis en France. Je lui ai donc cédé mes débris. Sans regret. Admirez vous-même ce buste : Tibère fait bel effet sous le portrait de Sa Majesté. Il ennoblit mon cabinet où je le garde, jusqu'à son expédition en Provence.

— Ce que vous n'avez pas vu, mon oncle, et ce que l'œil de ce Petty a immédiatement repéré, ce sont les lettres incisées dans l'un de ces débris : un texte, rédigé au IIIe siècle avant Jésus-Christ. Il s'agissait de toute l'histoire de l'île de Paros, une sorte de chronique qui remontait les âges jusqu'à la nuit des temps : mille cinq cents ans avant Jésus-Christ !

— Détrompez-vous, mon neveu : j'ai vu cette écriture ! Quelques lettres, incisées dans une espèce de plaque qui venait de Paros en effet... À l'exception des Π et des Z, ces lettres étaient exactement semblables aux lettres grecques traditionnelles. Très abîmées, totalement effacées... Ce n'était rien. Un fragment illisible.

— *Rien*, en effet ! Un rectangle de marbre, grand comme un tableau de chevalet, fêlé, éraflé, écorné... En l'examinant, il a dû sentir battre son cœur, l'Anglais ! Contre ce trophée, il pouvait vous abandonner son Tibère, sans états d'âme... Il savait, lui, qu'il tenait à bout de bras les traces d'une aventure qui précédait le monde grec.

— Mais vous, mon neveu, vous, je ne vous connaissais pas si savant ! De qui tenez-vous ces informations ?

— D'un érudit qui travaille pour le duc de Buckingham. Celui-là a vu le marbre que vous avez eu la naïveté de céder à son compatriote. Il affirme qu'il s'agit du premier témoignage de l'installation en Anatolie d'une peuplade venue des Indes au IIe millénaire avant Jésus-Christ...

Une expression de doute passa sur le visage tanné du consul.

— Que les Anglais viennent, avant l'embarquement de mes marbres pour Londres, se vanter auprès de vous de m'avoir grugé, me semble fort hasardeux de leur part !

— L'agent de Milord Buckingham ne s'en vante pas, au contraire ! Il se propose de nous aider à récupérer les inscriptions que son collègue vous a volées.

— Voilà qui est fort généreux de sa part. Quel intérêt y trouverait-il ?

— Peu importe son intérêt... Ce qui compte aujourd'hui, c'est que la *Chronique de Paros* se trouve encore à Smyrne.

Dans l'instant de silence qui suivit cette insinuante conclusion, le père de Canillac frappa à la porte.

— Veuillez pardonner mon intrusion, Monsieur le consul, attaqua-t-il aimablement. Comme je sortais de la chapelle, vos dernières paroles sont parvenues jusqu'à mes oreilles. Je tenais à partager votre consternation... (Canillac soupira.) Il semble que vous ne soyez pas le seul, parmi les honnêtes gens du Levant, à souffrir des malversations de cet individu ! J'ai ouï dire qu'on s'en plaignait partout, même dans ses propres rangs... Pour notre part, l'ambassadeur de France nous avait, de longue date, averti du danger ! Mr Petty détient aujourd'hui, comme nous le redoutions, de nombreuses lettres écrites par le patriarche. Ces lettres s'adressent aux popes de Smyrne, de Samos, de Scio, d'Andros et des Cyclades. Leur contenu touche, sans nul doute, à la religion... Rome s'inquiète des messages que cet hérétique vient porter aux schismatiques de l'Église d'Orient. Il réside depuis près de trois mois à quelques lieues d'ici, dans un monastère orthodoxe sur l'île de Scio... On est venu hier me rendre compte de ses activités.

Le père de Canillac se tourna vers la porte qu'il venait de franchir et l'ouvrit en grand.

— Permettez-moi, Monsieur le consul, d'introduire le révérend père Guigonis, supérieur de notre mission là-bas...

Un second jésuite, en costume blanc de son ordre, pénétra dans le cabinet. Mais il n'entrait pas seul. Un homme d'une quarantaine d'années, le teint rubicond et le ventre replet, le suivait de près.

— ... Permettez-moi en outre de vous présenter notre ami...

Chapeau bas, le dernier venu salua. Il était vêtu d'un pourpoint de soie qui tranchait avec la simplicité ordinaire des marchands de Smyrne. La chaleur le faisait transpirer. Bien qu'il fût presque chauve, il avait rabattu une mèche sur le dessus de son crâne et portait ses cheveux fins aux épaules, un côté nettement plus long que l'autre. Cette coiffure dissymétrique, à la nouvelle mode d'outre-Manche, le faisait immédiatement reconnaître pour ce qu'il était. Un gentilhomme de la cour d'Angleterre.

— ... Notre ami, Mr Atkinson... Il s'agit, Monsieur le consul, de ce grand érudit, fort honnête homme, auquel votre neveu faisait allusion tout à l'heure... Il arrive lui aussi de Scio. Père Guigonis, racontez à M. le consul et à M. Le Page ce dont vous êtes témoin là-bas...

Le religieux, ne sachant trop par où commencer, se tourna vers son compagnon :

— Mr Atkinson s'exprimera mieux que moi sur ce chapitre. Il parle le latin à la perfection...

— Moi non ! coupa Napollon. Et puisque j'ai déjà péché, semble-t-il, par mon ignorance des langues, je vous serais reconnaissant d'user d'un dialecte qui me soit intelligible. En français, je vous prie.

Atkinson s'inclina et resta muet. Canillac fit signe au jésuite de Scio de s'avancer. Le prêtre tenta d'expliquer la situation.

— Mr Petty a vécu quatre semaines parmi les moines de Nea Moni. Mais depuis quelque temps, il est redescendu au port, et loge en ville chez le gendre du podestat Marcello Giustiniani. Il se sert de l'île comme d'une base pour ses expéditions. Il a visité les rochers d'Inoussès et de Psara, navigué jusqu'à Mytilène et Andros. Il rapporte son butin sinon chaque soir, du moins tous les trois ou quatre jours. Loin de se dissimuler, il achète ce qu'il enlève, et règle comptant aux autorités turques. Ainsi a-t-il fait la fortune du cadi, de l'aga et du serdar qui n'en reviennent pas et cherchent à lui faciliter la tâche. Quant à sa main-d'œuvre, elle ne jure que par lui. Les pauvres vivront plusieurs années de ce qu'il les paie... Ces étonnantes facilités monétaires, un afflux de liquidités extrêmement rare chez nous, il les doit à la protection de la grande famille des Giustiniani, anciens propriétaires de Scio et banquiers à Gênes. Il détient notamment plusieurs lettres de change du marquis Vincenzo Giustiniani qui le recommande à ses nombreux parents restés sur l'île en dépit de la domination ottomane... Mr Atkinson me racontait qu'il y a dix ou quinze ans, le marquis Vincenzo Giustiniani avait somptueusement reçu Lord Arundel dans son palais de Rome, et qu'il restait son bailleur de fonds pour toutes ses dépenses en Italie. Vous n'êtes pas sans savoir que le marquis Vincenzo Giustiniani passe pour l'un des plus grands collectionneurs d'antiquités de la Ville éternelle. La commune passion de ces deux gentilshommes pour la sculpture aurait, au fil du temps, resserré leur amitié. Ces contacts expliquent peut-être le choix de Scio comme quartier général de l'agent de Lord Arundel... Quoi qu'il en soit, Mr Petty est fêté partout : chez les Catholiques, les Orthodoxes, les Turcs et les Juifs. En trois mois, sa moisson est énorme. Et ses ressources semblent illimitées.

— Et nous n'entendons pas seulement ses ressources financières, interrompit Canillac, agacé par les discours du père Guigonis qui n'allaient pas dans la direction souhaitée... Pour combattre les artifices du Malin, le Seigneur met à notre disposition les armes de la prière. Ce sont les plus efficaces. Mais la divine Providence nous laisse le choix des instruments mineurs... Comme le faisait remarquer tout à l'heure l'illustre neveu de M. le consul, les objets volés ne sont pas embarqués. Il ne tiendrait qu'à nous de les reprendre... Il conviendrait peut-être que M. Le Page se rende à Scio, qu'il repère ce qui intéresse Mr Petty et qu'il s'en empare avant lui. Ainsi Mr Petty sera-t-il puni par où il a péché. Avec l'aide de Dieu et de M. le consul, nous nous chargerons du reste à Smyrne.

Sanson Napollon fronçait les sourcils.

— Si la perte de la *Chronique de Paros*, qu'on me dit si précieuse pour les recherches de M. de Peiresc à Aix, me désole, je ne saurais en faire un *casus belli* contre les Anglais! Que les choses soient bien claires, messieurs : je m'oppose à un coup de force pour reprendre ces vieilles pierres.

— Il y va de l'honneur de la nation française, Monsieur le consul, s'insurgea Canillac, et de la gloire de Dieu!

— Il y va des intérêts de notre flotte marchande au Levant, de la libération des esclaves chrétiens et du bon plaisir du roi qui vient de marier sa sœur à l'Angleterre! Je vous salue, messieurs.

Le ton de Napollon était sans appel.

Les jésuites prirent congé d'un hochement de tête. Atkinson, la mine renfrognée, se fendit d'un dernier coup de chapeau.

Il n'avait pas prononcé une parole.

Les trois hommes sortirent.

— Vous auriez tout de même pu l'interroger! explosa Le Page.

Quand la porte fut refermée, Napollon alla par deux fois vérifier que son antichambre restait vide.

Son neveu le regardait aller et venir :

— ... Nous avions la chance de tenir ici, entre nos murs, un Anglais qui nous sert, et vous affectez, vous, d'ignorer sa présence!

Napollon se retourna vers lui, la mine perplexe :

— En admettant que le consul Salter, avec lequel j'ai d'excellentes relations, se laisse convaincre de me rendre, en l'absence de Petty, ce qui me revient, je continue à ne pas comprendre les mobiles de votre informateur...

— L'appât du gain, comme tous les espions. Les jésuites le paient.

— Ce beau gentilhomme n'a aucun besoin de l'argent des jésuites !

— Détrompez-vous. Un voyageur manque toujours de liquidités. En ce pays plus qu'ailleurs, où il doit constamment acheter les autorités. Pour payer les continuels bakchichs, toutes les piastres restent bonnes à prendre. Peu importe leur provenance.

— Sur le pourpoint du duc de Buckingham à Paris, le moindre bouton était un diamant de vingt carats. Le duc en portait cinquante, à cent mille louis la pièce... Calculez un peu de quels moyens dispose son agent dans le Levant ! Si cet Anglais travaille pour le duc de Buckingham comme il le prétend, il est très largement pourvu.

— Si Mr Atkinson était aussi nanti que vous le dites, pourquoi trahirait-il William Petty en s'employant pour nous ?

— Cette question, mon neveu, c'est moi qui vous la pose !

45. *Scio, août 1625*

Nu, les yeux clos, Will se laissait porter par les vagues. Entre deux eaux, il flottait. Cette position correspondait assez précisément à son état mental, et à la réalité des faits dans cette phase de sa mission. À mi-chemin du rivage et du large. Trop loin des deux côtes. Nage, ou coule. Pour l'heure, il n'avait l'intention de faire ni l'un ni l'autre.

Il écoutait les cigales et les oiseaux qui chantaient ensemble, derrière lui. Il imaginait la plage de galets dans son dos, la première rangée d'arbres le long du rivage, puis les vignes sur les pentes, les villas de campagne, les tours perdues au fond des orangeraies. Les plantations de térébinthes et de lentisques qui tremblaient sous la chaleur. Et puis les villages de pierres noires, accrochés à flanc de colline, et les gigantesques montagnes dont les cimes se perdaient dans la brume. Il humait, par bouffées, le jasmin qui s'accrochait au porche de Sainte-Marcelle, la petite chapelle au bord de l'eau, et les odeurs de ces plantes rouges dont les filles de Scio ornaient leurs coiffures et que le vent de la terre portait jusqu'à lui. Parfum de fleurs, de femmes qui se confondait sur son visage avec la sensation du soleil et le goût du sel... Premier jour de farniente, en un an. Sa pensée vagabondait... De la dizaine d'îles où il avait accosté, Scio lui semblait la seule à pouvoir incarner le paradis. Pourquoi lui plaisait-elle à ce point ? Parce que les vaisseaux qui croisaient entre l'Orient et l'Occident y venaient mouiller et que son port, sur la route de Constantinople, rassemblait les voyageurs du monde entier ? Parce qu'elle était grande, riche, riante et très peuplée ? Parce que ses trois cents églises catholiques, ses monastères orthodoxes et ses mosquées se dressaient partout dans la campagne ? Que les gros palais de sa capitale semblaient mieux bâtis qu'aucune maison du Levant ? Ses jardins plus luxuriants, plus raffinés ? Ou bien était-ce simplement son atmosphère ? Nulle part dans tout l'empire, le joug des Ottomans ne se faisait aussi léger.

À la fois grecque, italienne et turque, Scio ne ressemblait à aucun monde connu !

Y reviendrait-il jamais ?

Offerte par l'empereur de Byzance aux Génois, puis arrachée aux Génois par les armées du Grand Seigneur, en 1566, moins de soixante ans plus tôt, elle avait été respectée par ses envahisseurs qui avaient su imposer leurs mœurs sans détruire les traditions locales. Le son de la cloche lointaine, qui tintait en cet instant dans la colline, symbolisait ce miracle. Partout, les Turcs avaient fondu les cloches des églises en canons. Sauf à Scio.

À Scio, on entendait appeler le muezzin, psalmodier les moines caloyers de Saint-Athanase, et tonner l'orgue des Jésuites. Ensemble.

Chacun pratiquait le culte de ses ancêtres, sans vexation. Les prêtres, avec leurs fanaux et leurs ostensoirs, portaient les saints sacrements aux malades en plein jour. Les fidèles de toutes les confessions suivaient leurs reliques, leurs statues et leurs icônes. Les processions à la Fête-Dieu se déroulaient avec un faste digne de Rome.

Pour le reste, le vin, les fruits, les volailles : les délices de Lucullus.

Quant à l'amour...

Ni à Paris, ni à Londres, ni à Venise, les femmes ne semblaient aussi libres qu'à Scio ! Sur ce point, au fil des siècles, les récits des voyageurs restaient unanimes : même les dames de la cour de France ne se montraient pas aussi accortes, coquettes, primesautières que les *belles Sciotes*.

Leur gaieté paraissait d'autant plus miraculeuse aux Francs que ces demoiselles savaient badiner, sans vice. On les disait sages et vertueuses.

Chaque dimanche, les jeunes filles d'origine grecque et latine se paraient de colliers pour la messe. Elles se pavanaient en bande à la sortie du service, et dansaient en ronde, bras dessus, bras dessous. Aucune ne manquait la promenade du soir sur le front de mer.

Will les avait vues relever haut leurs jupes, qu'elles portaient au-dessus de la cheville ; sauter en petites mules rouges et bas blancs les feux de la Saint-Jean, sous le regard très intéressé de leurs promis. Et celui, plus intéressé encore, des quatre cents janissaires en garnison. De l'aga. Du cadi. Du pacha. De tous les Turcs qui surveillaient leurs ébats du haut des huit portes de la citadelle.

Le moins qu'on puisse dire, c'est que l'île bénéficiait d'un traitement de faveur.

La cause ? Sa production exclusive d'une substance blanchâtre à l'usage des sultanes : le « mastic ».

Il s'agissait de la résine des arbres à lentisques dont le goût et les nombreuses vertus contentaient la gourmandise des épouses du Grand Seigneur, de ses favorites, de ses odalisques et de ses esclaves.

Dès leur réveil, à jeun, elles en mâchaient la gomme qui blanchissait leurs dents, rafraîchissait leur haleine, soignait leurs aigreurs d'estomac. À midi, elles en brûlaient des grains dans leurs cassolettes. Le soir, elles en dégustaient des pastilles dans leur pain et leurs gâteaux. Au coucher, elles en savouraient la liqueur, la seule qui leur fût permise. Pour toutes ces douceurs, Scio, qu'on appelait dans l'empire le *jardin du sérail*, restait la propriété chérie de la sultane Validé : la très puissante Sultane Mère.

La récolte avait lieu à l'époque des vendanges. Alors, l'atmosphère de l'île changeait. La campagne se couvrait de patrouilles en armes. Les janissaires se postaient dans des guérites et bouclaient toute la région sud où poussaient les arbres à lentisques. Adieu les bals champêtres. Dans les postes de guet, on fouillait brutalement les passants. Hommes et femmes. Qu'ils appartiennent à la paysannerie, à l'ancienne oligarchie grecque ou à l'aristocratie génoise : quiconque s'aventurait sur les sentiers du Sud devait se soumettre à ces visites anatomiques, aussi intimes qu'humiliantes. Toute personne surprise en possession de plaques de mastic était condamnée à mort par strangulation. Sans distinction de classe, d'âge ou de sexe.

L'ensemble des villages devait aux Turcs deux cent quatre-vingt-six caisses de mastic, d'un poids de cinquante-six ocques chacune. Si l'un des villages ne réussissait pas à recueillir son quota, les habitants de la région entière risquaient la déportation. Outre ce tribut annuel, les Sciotes devaient à l'aga douanier la « capitation » : l'impôt par tête, plus arbitraire encore.

Pour déterminer qui le paierait ou ne le paierait pas, l'aga prenait la mesure du cou de tous les hommes avec un lacet. Il doublait cette mesure, et mettait les extrémités du lacet entre les dents du contribuable qui retenait les deux bouts dans sa bouche, tandis qu'on passait la corde au-dessus de son crâne. Si la tête entrait dans la boucle, l'homme payait. Si la tête n'entrait pas, l'homme était exempté.

Pour le reste, les Turcs laissaient l'île en paix.

Dans les vagues tièdes de ce mois d'août, Will continuait de se laisser bercer. Ses rêves le conduisaient de-ci, de-là, au gré de leur fantaisie... Il nageait mal, comme la plupart des Francs. Mais, en ces derniers jours de canicule, il avait entendu dire que les femmes de Scio aimaient à se rafraîchir dans l'une de ces anses. Elles venaient par la mer, en caïque, et se trempaient jusqu'aux épaules, marchant dans l'eau, autour de leur barque, soutenues par leurs esclaves. Sur cette partie de la côte, les bancs de sable permettaient de garder pied jusqu'au large. Pour l'heure, personne. Les trois vastes cirques d'eau translucide restaient vides. Il ne voyait que sa propre embarcation, dansant à l'ancre sur l'horizon.

Toutes les dames devaient s'être rendues en ville. Sans doute regardaient-elles, du môle, le spectacle que leur offraient les Turcs. Les sept galères du Grand Seigneur répétaient leurs manœuvres de guerre et bloquaient le port. Les Ottomans avaient interdit aux autres navires d'entrer et de sortir de la rade. Cet ordre, qui retardait le départ de Will, expliquait son après-midi d'inaction.

Il s'était gardé de passer outre. Inutile de ruiner son crédit, si patiemment construit, auprès des autorités. Surtout à la veille de lever l'ancre avec la cargaison, quand il dépendait plus que jamais du caprice des douaniers! De ce côté, la bataille n'était jamais gagnée.

Il avait loué un brigantin, engagé six marins et fait transporter à bord les trouvailles des derniers mois. Le navire devait le reconduire à Smyrne, via un détour par Samos, Délos et Myconos. Au passage, il comptait embarquer les objets qui l'attendaient chez les Anglais en poste sur les îles. Pauvres consuls d'Angleterre au Levant! Leurs jardins, leurs vérandas, même leurs salles de réception disparaissaient sous les ruines qu'il empilait chez eux! Ils devaient les garder en dépôt, et sous haute surveillance, jusqu'à son arrivée avec ce solide bateau... En admettant que la mer restât aussi calme qu'aujourd'hui, un délai de vingt-quatre heures ne ralentirait guère ses affaires. Il en profitait pour reprendre souffle... Un an au Levant... Un an déjà! Qu'avait-il accompli? Lorsqu'il tentait de dresser mentalement la liste de ses prises, il n'y parvenait plus. Quelles étaient les plus importantes? Sa trouvaille de Constantinople, la tête de Sophocle en bronze, sans aucun doute! La frise, descendue de l'acropole de Pergame sur un affût de canon. La *Chronique de Paros*, cédée par Napollon. Le fronton d'un édifice public, la façade d'un magasin de poids et mesures, qu'il devait encore embarquer de Samos. Une soixantaine d'inscriptions, dont un précieux traité d'alliance entre les villes de Magnésie et de Smyrne... Quoi d'autre? Trois Muses dont les seins dressés semblaient palpiter sous le fin drapé des tuniques. Quelques têtes d'empereurs. Environ deux cents fragments de statues, le pied de la statue monumentale d'Apollon dont le temple se dressait sur la plus petite des deux îles de Délos... En songeant à la Petite Délos, il ne pouvait que se remémorer l'une de ses mésaventures les plus pénibles, quand ces traîtres de marins turcs, craignant la tempête, levant l'ancre en toute hâte, l'avaient abandonné. Sans vivres et sans eau... Combien de temps eût-il pu subsister sur ce misérable écueil, ce rocher désert? Le patriarche Lucaris avait beau se moquer de l'importance qu'il accordait aux textes de l'Antiquité, c'était aux récits de Pline et de Strabon qu'il avait dû la vie sauve! Si les Anciens n'avaient affirmé qu'une rivière existait à Délos, il ne se serait pas acharné à chercher sa source sous les éboulis. Jetant des pierres dans tous les trous, en pleine canicule, il avait fini par la trouver. La difficulté avait été de descendre au fond de cette ancienne citerne, et d'en remonter. Grâce à cette eau, il avait tenu jusqu'au retour de ses marins. Quatre jours. Le souvenir de ces moments d'angoisse suscitait d'autres images, plus désagréables encore : l'arrivée à Scio de John Atkinson! Il s'en était cru débarrassé. « Qu'il retourne à Pergame : la Grèce est assez vaste, que diable! Pourquoi n'est-il pas resté à Smyrne? Pour-

quoi cette sangsue revient-elle ici ? Quel intérêt ? Atkinson
compte-t-il bénéficier de la confiance que me témoignent les
Turcs ?... Faire monter les enchères en leur offrant des sommes
supérieures à ce que je leur propose, rafler dans mon dos mes
découvertes ? » La méthode avait fait ses preuves. Lui-même
l'avait essayée sur l'honnête Sir Thomas... Atkinson entrait-il
pour quelque chose dans son étrange mésaventure de Délos, un
incident qui aurait dû, en toute logique, lui coûter la vie ?
L'idée, jusqu'à présent, ne lui était pas venue. Cette éventualité
l'agita. Il se mit sur le dos, esquissa une brasse et reprit pied...
Non, décidément, il ne s'habituait pas à la présence d'Atkinson
au Levant. Certes la nomination d'Atkinson s'expliquait : le duc
de Buckingham était aujourd'hui chancelier de Cambridge ; il
se fiait aux recommandations de son homme lige, Balthazar
Gerbier, protecteur d'Atkinson depuis l'épisode vénitien... Tout
de même ! Parmi les dizaines de *Cambridgemen* éligibles pour
la tâche, le duc avait choisi le plus médiocre. « Cette faute de
jugement pourrait bien arranger mes affaires... Non, Atkinson
n'a jamais arrangé les affaires de personne ! Du fait même de sa
mesquinerie, il risque fort de se révéler le plus dangereux de
tous les adversaires. » Restait tant à faire ! Il réfléchissait à ses
erreurs. À la mort de son guide, le malheureux Sevan qu'il
n'avait pas sû protéger. Il songeait à ses échecs. Aux trouvailles
qu'il avait dû abandonner sur place. Aux vestiges trop grands,
trop lourds, qu'il n'avait pu emporter. À *L'Amazone de Smyrne*,
aux *Reliefs de la Porte d'Or*, à toutes ces splendeurs dont il
continuait de rêver. Et qu'il n'avait pas obtenues. Pas encore...
À tous les combats à venir. Quand il aurait rallié Smyrne, il se
hâterait de mettre en caisse le premier chargement, et de
l'embarquer pour l'Angleterre. La présence d'Atkinson sur son
terrain l'obligeait à prendre de rapides mesures d'enlèvement.
Ensuite ? Ensuite il poursuivrait l'expérience... Direction ?
Athènes, la Morée, le mont Athos... S'il devait aujourd'hui tirer
une règle de ses aventures, quelle serait la constante ?
L'absence totale de règles ! S'adapter au coup par coup. Les
voies de la Providence demeuraient impénétrables... Ses tenta-
tives de razzia sur les manuscrits du monastère de Nea Moni
constituaient, à cet égard, un épisode exemplaire. Il avait pourtant organisé son raid dans les moindres détails et pris toutes
les précautions pour contrôler les événements.

Le monastère se trouvait à six heures de route dans la
montagne. Il avait quitté le port de Scio à l'aube, avec un guide

bien armé et plusieurs mules. Lui-même avait choisi pour monture l'animal le plus sûr en terrain escarpé, un âne. Il était parti chargé d'or, de provisions et des précieuses lettres du patriarche.

Au terme d'un voyage qui avait duré le temps prévu, il avait été introduit sans difficulté chez l'higoumène, auquel il avait fait dire son désir de rendre grâce à l'image miraculeuse de la Vierge, au pouce entier de saint Jean Baptiste et à la tête de saint Euthymius. Le prieur l'avait cru, il l'avait même très aimablement invité à prendre patience jusqu'au lendemain. Quand le pèlerin serait à jeun, on lui montrerait tout ce qu'il désirerait voir.

Will n'avait pas brusqué les choses. Pour faciliter de discrètes transactions, il avait payé son guide, le congédiant avec l'âne, ne gardant que les mules.

Puis il avait accepté l'hospitalité d'une cellule.

Il avait entendu la messe à l'aube. Admiré le tronc d'arbre où l'image miraculeuse de la Vierge avait été découverte. Baisé les précieuses reliques, laissé cent piastres en l'honneur du pouce de saint Jean Baptiste, cinquante pour la Madone, dix pour les chandelles. L'après-midi, il l'avait passé à visiter le cimetière, demandant incidemment à son hôte la permission de voir sa précieuse bibliothèque. L'higoumène s'était réjoui de pouvoir le contenter en tout... sauf pour ce qui touchait à la bibliothèque. Elle était enfermée dans la tour. Lui-même n'en possédait pas la clef et n'avait pas le droit d'y pénétrer.

La porte de ce donjon ne s'ouvrait qu'en présence de la communauté entière. Une fois l'an.

Usant de son charme, déployant toute son éloquence, tirant parmi les tombes et les croix son arme suprême, Will lui avait lu à haute voix la lettre du patriarche.

Ici, contre toute attente, l'autorisation de Cyril Lucaris et ses chaudes recommandations ne valaient pas le papier sur lequel elles étaient écrites. Revenant alors aux bonnes vieilles tactiques, il avait offert au prieur le double de ses largesses du matin. Peine perdue.

C'est alors qu'il avait ressenti une fulgurante douleur à la cheville ; sa jambe avait gonflé en un instant, jusqu'à faire craquer la couture de sa botte.

Il s'était évanoui.

Un regard avait suffi au moine-apothicaire pour établir son diagnostic. Le voyageur avait été piqué par l'un de ces petits scorpions noirs, qui n'étaient pas nécessairement mortels. En dépit de la difficulté, le scorpion avait dû s'introduire dans sa chaussure.

Quel qu'ait été l'animal, son venin rendit bientôt Will si malade qu'il ne put quitter le monastère cette nuit-là, ni aucun des matins suivants. Pendant trois semaines, il ne réussit pas à se lever. Exaspéré par tout ce temps perdu, il pestait contre le ciel et contre lui-même. Et maintenant, au terme de ce mois de gâchis, une cloche qui depuis l'aube battait le tocsin achevait de le rendre fou !... Le tocsin ? Il tressaillit, se redressa sur sa paillasse et tenta de raisonner.

Près de la moitié des deux cents caloyers de Nea Moni n'étaient pas assignés à résidence, ils habitaient dans leur famille. Mais le 15 Août, fête de l'Assomption de la patronne du monastère, ils se repliaient dans leur couvent-forteresse pour vingt-quatre heures de prière en commun... Le 15 Août ? Serait-ce possible ! Le Destin lui faisait-il cet invraisemblable cadeau ?

Il réussit à se traîner jusqu'à la meurtrière de sa cellule qui donnait sur la montagne. De longues files de moines, maigres silhouettes aux longs bonnets, aux cheveux pendants, convergeaient vers Nea Moni. Tous les sentiers grouillaient de ces spectres noirs... Oui, la cloche battait le rappel de la cérémonie annuelle. Un miracle. On allait ouvrir la bibliothèque !

Aussi vite que le lui permettait son pied malade, il se précipita dans la cour. Le donjon, surchargé d'icônes, y flamboyait. À la lueur dorée des bougies et des lampes d'autel, l'édifice semblait en feu. On entendait, tombant des profondeurs, la litanie de chants lentement psalmodiés.

Il emboîta le pas à la procession qui disparaissait sous le porche de la tour. Le lieu, ouvert une fois l'an, suintait d'humidité. Les torches dégageaient une odeur âcre d'huile et de fumée. Il apercevait partout sur les murs et le plafond de vastes plaques noires : les chauves-souris, regroupées par centaines, que la lumière et le bruit tétanisaient.

Les moines se pressaient au pied d'une échelle qui grimpait à l'étage. Leurs robes relevées, ils montaient l'un après l'autre : une longue file d'âmes gravissant les échelons célestes vers le Jugement dernier, et disparaissant par une trappe.

Will déboucha sur une plate-forme et s'engouffra à leur suite dans une toute petite pièce carrée qu'emplissait déjà une foule compacte.

Son cœur fit un bond : là, sur les quelques étagères, s'empilaient des liasses de papiers. Ces feuilles grossièrement liées étaient les textes perdus des Pères de l'Église! Il touchait au but. Fébrile, il se rapprocha des murs. Les parois et les rayonnages étaient maculés de fientes d'oiseaux. Même le plancher collait et les reliures disparaissaient sous une espèce de croûte verdâtre. Il se faufila plus avant derrière le dos des moines qui s'étaient regroupés autour du prieur. Clopin-clopant, il parvint jusqu'aux liasses, souillées et poisseuses, elles aussi. S'emparant discrètement d'un tas, il réussit à le feuilleter... Titres de propriété, la charte du monastère, une trentaine de sermons, quelques textes liturgiques...Rien. Il poursuivit sa fouille... Les premiers règlements édictés par les fondateurs, le récit du miracle de la Vierge... Non, rien!

Après l'espoir de retrouver les écrits de saint Jean Chrysostome, la déception fut amère. En fait de miracle, la Providence s'était moquée de lui. Les précieux manuscrits des moines de Nea Moni se réduisaient à quelques paperasses.

La cérémonie commençait.

Dans la puanteur des chauves-souris et les vapeurs de l'encens, il dut subir, debout, six heures de chants et de prières.

En redescendant l'échelle à cloche-pied, la jambe et les nerfs plus malades que jamais, il eut tout le loisir de méditer sur les cadeaux du hasard.

Mais quand il atteignit le rez-de-chaussée, il ressentit un ultime coup au cœur, une attaque en pleine poitrine. Là, sur la terre battue, pourrissaient, éparpillées dans la boue, des masses de vieux papiers que plusieurs générations de moines avaient jugé inutile de monter. Un monceau d'ordures. Il ne l'avait pas remarqué tout à l'heure. À quelques secondes près, il passait sans le voir!

Reliures et couvertures arrachées. Feuilles moisies. Pages mangées par les vers et rongées par les rats... Des fragments de manuscrits, par centaines.

Agité d'une curiosité qu'il ne contrôlait plus, il se retrancha dans l'ombre et laissa sortir la communauté. L'higoumène, porteur des clefs, fermait la marche. Will l'épiait. Le vieillard esquissa le geste de boucler la tour derrière lui. Il n'en eut pas le temps. De l'intérieur, Will, le pied dans la porte, l'exhorta passionnément à lui laisser jeter un petit coup d'œil à ce tas de pourritures.

Le prieur était pressé. Ses ouailles l'attendaient devant l'iconostase de l'église, il n'avait le temps ni d'argumenter ni de combattre. Il lui concéda quelques heures, le temps de la messe. Il reviendrait fermer le donjon à l'aube. Il devait remettre les clefs aux moines touriers qui les serreraient en lieu sûr, loin du monastère. Pour un an.

Accroupi dans la boue, armé de chandelles, plus fiévreux que jamais, Will s'attela à l'examen de chaque volume – ouvrages religieux, Évangiles, controverses théologiques. L'absence de titres rendait son classement difficile et ses conclusions douteuses. Si, dans ce texte à demi effacé, il devait manquer l'une des premières copies du Nouveau Testament ? Ou l'original des œuvres de saint Denys l'Aréopagite qu'un Génois de Scio lui avait affirmé avoir vu à Nea Moni ?

Comment choisir ? Comment déterminer, en une nuit, l'auteur, le sujet, l'époque, la valeur de ces textes ?

... Enfourner l'ensemble dans des sacs. Se servir à pleins bras. *Tout* prendre. Et trier plus tard.

Quand l'higoumène réapparut, Will tenta une négociation rapide. En vain. Le prieur marchandait. Devant le total et drastique nettoyage de ses papiers, il se montra gourmand. Avec le jour, il devint même aussi âpre que nerveux.

Comme l'aga douanier, il ne céderait ses manuscrits qu'au prix du mastic. Il vendrait ses sacs au poids. Will accepta la proposition et commença le déblaiement.

Mais le moyen de sortir de la tour les vingt sacs de livres ? De les tirer jusqu'à la grange à grains, de les hisser sur la balance, sans qu'aucun moine ne s'interroge sur le sens de pareilles manœuvres ?

Les dernières vapeurs de la nuit se dissipaient.

Ils devaient se hâter.

Quelques taches blanches, accrochées sur la masse des montagnes, scintillaient encore dans le petit matin : les autres couvents de l'île. Si leurs moines devaient apprendre que les religieux de Nea Moni cédaient des biens d'Église, l'« inventaire » de la bibliothèque se terminerait en bain de sang. Non que les caloyers d'Aghios Georgios ou d'Aghios Isidoros soient plus intègres ou plus lettrés. Mais ils restaient superstitieux jusqu'à la violence.

Le prieur ergotait. Il savait bien que son papier pesait dix fois plus lourd que le mastic de l'aga et se promettait un gain infiniment supérieur à celui des douaniers turcs. Toutefois la peur décuplait son sens des affaires. Ses exigences croissaient d'heure en heure. À mesure que le risque augmentait, il faisait monter les enchères et refusait de conclure ses additions.

Ne pas perdre patience. Continuer à négocier. Céder un peu... Céder davantage. Parler, ne pas interrompre le flot de paroles.

Will abandonna ses sacs au regard de tous dans la cour, pour entraîner le prieur dans son appartement privé.

En huis clos, il doubla l'offre.

Quand le vieillard eut reçu son or derrière les portes de sa cellule, il put charger ses animaux.

... Finie, la mésaventure du scorpion! Si sa jambe droite restait gonflée jusqu'à l'aine, s'il boitait encore, le mal ne ralentissait pas son allure. Il ne ressentait plus la moindre gêne. De cet instant, la douleur disparut entièrement. À l'arrivée au port, il serait guéri.

Dans l'eau translucide de la baie, Will allait, venait autour de sa barque, revivant la fièvre de ce petit matin-là. Il se revoyait, fantôme plus pressé, plus mobile que l'armée de moines qui avaient, la veille, arpenté les sentiers. Il s'agitait autour des quatre mules qui attendaient, liées par la queue, au centre de la cour.

Jusqu'à la dernière seconde, il avait craint d'être retenu.

On allait accourir, l'arrêter, l'empêcher.

Surtout ne pas trahir cette inquiétude.

À pied, un flambeau à la main, il avait franchi l'enceinte.

Pas de précipitation.

Une à une derrière lui, les quatre mules passèrent le porche.

Les animaux montèrent en file dans la forêt, contournèrent prudemment le promontoire et s'apprêtèrent à redescendre sur l'autre versant. Alors, seulement, il osa se retourner. Il vit les hauts murs du couvent qui zigzaguaient autour des maisons regroupées en village. Les toits roux des granges. Les coupoles entre les pins et les cyprès noirs, le beffroi, et la tour. Sur le balcon de bois au sommet du donjon apparaissait une silhouette, semblable à celle d'un imam sur un minaret. À sa barbe blanche, il reconnut l'higoumène.

Le vieillard regardait la mémoire de son ordre disparaître vers la mer.

Qui dira jamais l'émotion du pillard qui s'enfuit, victorieux, avec son butin?

À cette heure, les manuscrits de Nea Moni se trouvaient au fond du brigantin qui mettrait à la voile ce soir, demain, après-demain, dès que les Turcs auraient reouvert le port de Scio.

Dans quelques jours, ils passeraient à Smyrne. De là, ils prendraient place, avec les caisses de statues, dans les cales des navires de la Levant Company qui les transporteraient jusqu'à Londres... Via Rhodes, Candie, Malte, Naples, Livourne, Gênes, Marseille. De longs mois sans air dans l'humidité des sentines, toute cette eau, tout ce sel sur l'encre de manuscrits centenaires ! Sans parler des tempêtes, des abordages, des coups de canon, de tous les chocs qui pouvaient faire vaciller, s'écraser, exploser les caisses et ruiner les manuscrits... En admettant que la *Chronique de Paros*, le *Pied d'Apollon*, la *Frise de Pergame* et les livres de Nea Moni parviennent jamais jusqu'aux galeries du comte d'Arundel, leur préservation tiendrait du miracle.

Mais l'incroyable odyssée qui les attendait sur trois mers n'était rien encore ! D'autres dangers menaçaient les trophées d'Arundel : Sanson Le Page avait fait, hier, une apparition remarquée à Scio.

C'était à la promenade du soir, au moment où toutes les dames de l'île exhibaient leur beauté.

« Ah ça, par exemple, mais qui vois-je ? avait-il hurlé, en rattrapant Will au bout du môle. Pâques, la Trinité, la Saint-Jean se passent... mais la Saint-Barthélemy nous rassemble. Voilà ce qui s'appelle au Levant *tenir ses délais* ! » La rivalité qui opposait à présent les deux hommes n'avait rien ôté au plaisir des retrouvailles. Si la jubilation ostentatoire de Le Page manquait un peu de naturel, Will éprouvait une véritable sympathie envers le Français, ses effets de manches, ses fanfaronnades : « Sacré Petty, clamait-il, je ne t'aurais jamais reconnu sous ce chapeau d'ancêtre ! Il n'y a qu'ici que les hommes portent encore la fraise et les braies : c'était bon du temps d'Henri IV, cet accoutrement ridicule ! Et toi, un garçon si raffiné, tu te déguises en Génois, sous le prétexte que tes amis Giustiniani ne connaissent pas d'autre mode depuis cinquante ans ? Mais les *belles Sciotes*, mon petit, ce sont les élégants comme moi qu'elles regardent ! Observe un peu comme ces deux mignonnes-là me mangent des yeux. »

Ils avaient donc repris leur conversation où ils l'avaient laissée dans la grande rue des Francs à Smyrne. L'un, Le Page, commentait à mi-voix les appas des filles qu'il aurait trouvées jolies, toutes nues. Son humeur aigre s'en prenait à leur costume, notamment à leur chapeau, une sorte de capuchon blanc et pointu qui leur retombait sur l'épaule. L'autre, Will, commentait la longueur de leur chevelure, qu'elles portaient dénouée, l'éclat de leur teint, et leur gorge pigeonnante.

Ils n'eurent pas achevé trois tours de promenade qu'ils avaient repéré les conquêtes possibles et passaient à l'attaque. Cette fois, l'accostage ne fut pas couronné de succès.

Avec leurs mœurs de soudards, l'habitude et le goût de ce qui se faisait de plus frais en matière d'esclaves et de prostituées, ils avaient élu deux tendrons dont ils avaient confondu la gaieté avec de la provocation. Ces jeunes vierges, qui n'avaient pas treize ans, furent rejointes par leurs mères et soustraites en toute hâte à leur concupiscence. L'incident s'était déroulé sous le regard d'une personne que Will avait croisée plusieurs fois à la promenade du môle. Deux yeux noirs, intenses et trop sérieux.

Cette femme-là ne portait pas le traditionnel capuchon des femmes de Scio. Couverte d'une longue mantille, le col ceint d'une fraise à l'italienne, elle semblait en grand deuil.

Il n'avait pas jugé opportun d'attirer l'attention de Sanson Le Page sur la dame en question. Il n'eut d'ailleurs pas à le faire : Le Page le planta là, sans lui donner d'explications sur les affaires qui l'attiraient à Scio. Ils se retrouveraient plus tard. Pour l'heure, Will avait d'autres idées en tête. Cette femme... Quel âge pouvait-elle avoir ? Une trentaine d'années. Elle était fine et petite. Étrangement, elle lui rappelait Dyx. Même mélange des contraires. Même minois plein d'impertinence, et même expression de sagesse, même air de dignité. À cette différence près qu'elle marchait à pas lents, avec quelque chose de félin dans le balancement des hanches, de sensuel et de noble. Elle incarnait la grâce. Il cherchait cette silhouette dans la foule, chaque soir. Sans le savoir. Il n'avait pris conscience de cette attente qu'au moment du léger scandale suscité par son manque de respect aux jeunes filles.

Mais il s'était renseigné.

Elle s'appelait Coccona Tharsitza Giustiniani – donna Teresa –, bâtarde d'une paysanne grecque du village de Mesta et du podestat Marcello Giustiniani.

Ce dernier, après avoir perdu ses enfants d'un premier lit, l'avait reconnue, fait adopter par sa seconde épouse, éduquée dans un couvent de Gênes, jusqu'à la puberté. Puis il l'avait rappelée à Scio, dotée et mariée à quatorze ans à l'un de ses associés, Enrico Grimaldi Giustiniani, un homme plus âgé que lui.

Donna Teresa avait vécu dix ans avec son vieux mari, retirée l'hiver en leur superbe maison de campagne dans la région des Campos, à quelques kilomètres de la ville de Scio. L'été, dans leur forteresse de Volissos, en bord de mer.

Un événement survenu peu après la naissance de son premier fils, en septembre 1618, avait fait de donna Teresa une gloire du folklore local. Cet automne-là, alors que les récoltes de mastic retenaient tous les hommes dans les villages du Sud et que les Turcs barraient les routes jusqu'à la pesée des caisses, un vaisseau de pirates maltais avait tenté de débarquer au Nord. De tels raids étaient coutumiers autour de Volissos. Les Maltais pillaient les villages, s'emparaient des vivres, enlevaient les femmes et les enfants qu'ils vendaient ou retenaient en esclavage pour leur usage personnel. Mais, cette fois, ils avaient compté sans le courage des mères, des filles, de toutes les femmes que donna Teresa avait armées.

Non seulement elles avaient repoussé les pirates à coups de mousquet, mais elles les avaient poursuivis jusqu'à la mer. Du promontoire qui surplombait leur vaisseau, Teresa avait enflammé un baril de poudre. En le jetant, elle avait fait sauter le bateau.

Coccona Tharsitza était veuve aujourd'hui et mère de deux garçons.

En dépit des apparences, qui donnaient à croire aux étrangers que les femmes de Scio vivaient plus librement qu'en Europe, donna Teresa restait mineure à vie et sans existence légale. Sa parole pesait si peu qu'en cas de litige elle n'aurait pas eu le droit de témoigner, ni même de se présenter devant un tribunal. Elle relevait exclusivement de la justice de son père, et du bon vouloir des frères de feu son mari – la branche des Grimaldi-Giustiniani, chez lesquels Will logeait –, aujourd'hui les tuteurs de ses fils. Malgré le veuvage et la maternité, les hommes de sa famille conservaient le droit de la marier ou de l'enfermer dans un couvent.

Will n'avait entendu parler d'aucune de ces deux éventualités.

Pour l'heure, il ne savait rien d'autre.

L'eau lui montait jusqu'à la poitrine. En tournant autour de sa barque, il ressassait ces informations.

Non qu'il comptât nouer une liaison avec Teresa Giustiniani. Il n'y songeait même pas ! On la disait imprenable... Mais rêver aux rondeurs d'un être de chair et de sang, à la douceur d'une peau, à la chaleur d'un corps paraissait un exutoire assez sain à son obsession des ruines.

Dans la mer, il se livrait à tous les caprices de son imagination, sans retenue. D'autant qu'il n'avait plus connu de femmes, depuis ses anciennes frasques à Smyrne. Un an sans amours ! Mais le moyen de fréquenter les prostituées, ou de se *marier à la kabin,* quand il ne demeurait pas trois jours de suite dans un bourg ? Même à Constantinople, même à Scio, il n'avait pas trouvé le temps !

C'était le besoin de cette sorte de conquête qui l'avait conduit près de Volissos, au lieu-dit le « Bain des Dames ».

Alors qu'il remontait dans sa barque, il crut apercevoir, au centre de l'anse voisine, un petit bateau bleu. Il s'approcha à la pagaie.

Assise à la proue, une mince silhouette noire, qui pouvait être un esclave de l'un ou de l'autre sexe, poussa un cri, lui fit signe de rebrousser chemin et plongea.

Il ne se laissa pas impressionner. Il jeta son ancre, déplia son échelle et sauta dans l'eau... Il ne s'était pas trompé. Une dame nageait là-bas.

Quoique d'assez loin, il la salua.

Il crut comprendre qu'elle avait répondu à son salut, et s'en rapprocha encore.

Il sentit quelque chose lui attraper brutalement la jambe. Une violente secousse sous l'eau lui fit perdre l'équilibre. Il tomba, coula et but la tasse.

Il entendit fuser un rire.

Quand il eut repris sa respiration, il la vit debout, tout près de lui. Les cheveux mouillés plaqués en arrière, elle paraissait plus brune et plus sauvage qu'à la promenade. Une tête de nymphe. Le front bombé. Le nez grec. Les lèvres charnues, nettement ciselées. Il ne la reconnut pas tout de suite.

Elle était si petite que l'eau lui arrivait au menton. Son visage semblait posé sur la mer comme sur un plat d'argent.

Surpris, il demanda bêtement, en italien :

— C'est vous ?

— Moi ? Non...

Du menton, donna Teresa désignait l'esclave noire qui nageait sous l'eau, tournant autour d'eux comme un requin. On apercevait son ombre sur le sable, au fond.

— ... Rada : elle est jeune et très malicieuse. Prenez garde, elle va sûrement recommencer.

— Cette fois, elle me noiera... Vous me sauverez?

Il n'eut pas le temps de badiner plus avant. Rada l'avait à nouveau agrippé à la jambe, et fait basculer. Il se rattrapa comme il pouvait : au bras de donna Teresa qui le soutint.

Il crut voir qu'elle souriait. Mais elle le regardait en face et dit d'un ton qui ne souffrait aucune plaisanterie :

— Maintenant, monsieur, je vais vous demander d'avoir la politesse de nous laisser en paix.

— Je me retire, madame, et vous prie de pardonner mon intrusion. Si je puis vous être de quelque utilité, n'hésitez pas à faire appel à mes services.

Il la salua et s'en retourna.

Quand il eut rejoint sa barque, il ne put retenir un coup d'œil en arrière.

Il comprit tout de suite ce qui se passait, là-bas.

Aucune des deux femmes ne parvenait à remonter sur le bateau : l'esclave avait plongé, tout à l'heure, sans prendre le temps de descendre l'échelle.

Elles avaient beau tenter de se hisser à la force des poignets, se porter l'une l'autre : elles glissaient le long de la coque, et retombaient.

Un sourire passa dans le regard de Will.

Le bastingage était trop haut : elles ne réussiraient pas à grimper.

Ne leur restait qu'à regagner la plage.

Mais l'esclave était complètement nue, et la maîtresse enroulée dans un linge qui lui couvrait les épaules, la gorge et les flancs.

Ni l'une ni l'autre ne portaient de chaussures. Et, si le sable tapissait le fond de la mer, le rivage était bordé de galets tranchants. Les maisons les plus proches se trouvaient au bout du vallon, à quelques kilomètres.

Elles pourraient, certes, trouver refuge dans la chapelle de Sainte-Marcelle. La sainte y avait fui son père qui cherchait à la violer. Elle était morte en martyre, au fond d'une grotte, sur cette plage.

Le déshabillé de donna Teresa se prêtait peu à la fréquentation des vierges et de leurs sanctuaires.

Allongé dans sa barque qui gîtait sur son ancre, il se payait le luxe de ne rien voir et ne rien entendre. Il voulait qu'on réclame son aide, à larges gestes et à très grands cris. Il tenait sa chance, il n'était plus pressé. Il attendrait tranquillement qu'on le rappelle.

Il n'eut pas longtemps à patienter.

Volant au secours de ces pauvres dames, il se garda de leur offrir l'usage de sa propre échelle. Il poussa toutefois la complaisance jusqu'à proposer de les porter, l'une après l'autre.

Il commença par l'esclave, qui fit quelques difficultés. Sa maîtresse lui ayant intimé l'ordre de se laisser faire, il put la prendre dans ses bras, serrer son beau corps nu tout contre lui, la soulever et la déposer sur le bateau.

Il s'attaqua à donna Teresa avec plus de précautions, plus de respect, et plus de plaisir encore.

L'œil allumé, les sens ravis par ce qu'il avait vu et touché, il jugea prudent de ne pas pousser l'avantage. Le « contact » était établi : il se promettait de resserrer les liens, le soir même à la promenade.

Elles n'y vinrent pas.

Son brigantin mit à la voile le lendemain.

46. *En mer entre Scio et Smyrne, août 1625*

Le vent s'était levé en quelques minutes. La mer, changeant brutalement de couleur, avait viré à l'indigo. Il n'avait pas vu venir la tempête.

Depuis l'Antiquité, les courants du détroit qui séparait Smyrne de Scio et Samos gardaient mauvaise réputation. Mais ces immenses flux, qui projetaient le brigantin vers les rochers, aucun des six hommes d'équipage n'en avaient connu de semblables.

À chaque coup de ressac, la dunette arrière, croulant sous les marbres, plongeait au plus profond dans un nuage d'écume. Mais le plus inquiétant, c'était la proue du navire qui prenait les lames de plein fouet et montait vers le ciel, à la verticale. La tension que ces bonds successifs imposaient aux cordages rompait les entraves qui arrimaient les statues. Les fragments roulaient sur le pont, se heurtaient au mât, déséquilibraient tout le bateau. Si le pied du monumental Apollon devait se détacher, la secousse des vagues le projetterait contre le gaillard d'avant, qu'il broierait.

Will, trempé, hurlait ses ordres, resserrait les nœuds, calait, consolidait. Et tentait de sauver le navire, ses marins et sa cargaison.

En vain.

47. *Prison turque dans la citadelle de Çesme, septembre 1625*

— Si tu n'es pas un espion, prouve-le ! Où sont tes papiers ?

— Au fond de la mer.

Le prisonnier avait de la difficulté à parler, même à se tenir debout et à respirer.

Le cadi, un homme d'une cinquantaine d'années, la moustache effilée, la nuque et les tempes impeccablement rasées, le crâne recouvert d'un turban rouge dont le plissé, très raffiné, avait causé quelques difficultés à son coiffeur, l'observait avec intérêt.

Le Franc était vêtu à la génoise, détail qui venait, en apparence, confirmer ses dires : il arrivait de Scio.

— Tu gardes bien un laissez-passer sur toi, une lettre de présentation, tes sauf-conduits...

— J'ai tout perdu.

Cette affaire apportait du piquant aux séances de jugements ordinaires. Elle avait le mérite de l'originalité.

La citadelle de Çesme était trop proche de Smyrne pour que ses dignitaires statuent sur de grosses affaires et touchent d'importants dividendes. Le cadi s'y ennuyait ferme : la prise d'un Chrétien lui laissait augurer un peu d'action.

Assis sous son dais, au fond de la salle des jugements, il se tourna vers les témoins, trois pêcheurs turcs qu'il faisait venir pour la énième fois et qu'il questionnait sans se lasser :

— Où l'avez-vous trouvé ?

— Sur les rochers, au pied du fortin de Karaburun.

— Et qu'est-ce que tu faisais au pied de ce fortin ?

— Naufrage.

Le Turc tonna :

— Tu nous espionnais, comme tous les chiens d'Infidèles !

Will répéta avec désespoir :

— J'ai perdu mon bateau et mes marins dans la tempête.

— Qu'est-ce que vous transportiez sur ton bateau ?

Comment *dire* ce qu'il transportait ? Une trace. Le vestige de ce qui avait existé. Le souvenir des travaux de centaines de milliers d'hommes dont il avait voulu préserver la mémoire et la beauté... Beau sauveteur, en vérité ! Sans lui, sans les pillages de William Petty, les manuscrits de Nea Moni ne pourriraient pas au fond de la mer. Le pied d'Apollon laisserait encore son empreinte dans la poussière de Délos. Les Muses continueraient de danser, les inscriptions de témoigner.

Comme les Reivers de son enfance, il n'avait su faire que cela : dévaster ce que même le temps n'avait pas réussi à détruire. Son passage sur les côtes de la mer Égée menait à l'éradication et à la mort.

— Qu'est-ce que tu trafiquais ? répéta le Turc. Du mastic ?

Il hocha négativement la tête.

— ... De la soie ? Du coton ?

— Des pierres.

— Précieuses ?

— Des ruines.

Cette réponse excita l'hilarité de son juge :

— Ah, alors tu l'as fait exprès : tu *voulais* couler ici.

— Je n'ai pas coulé ici, mais dans le détroit.

— Avec tes pierres, tu venais m'aider à fortifier ma citadelle contre mes ennemis, c'est ça ?

Le cadi se tourna vers l'aga des janissaires :

— Vous avez repêché quelque chose à proximité ?

— Sa cargaison semble avoir sombré avec le navire.

— Quel navire ? Si ce chien se trouvait à bord d'un navire, les Francs le feraient rechercher sur les côtes ! On le réclamerait, lui, son bateau et ses marchandises. Mais nul ne le connaît.

— Je suis connu de Mr Salter, le consul d'Angleterre à Smyrne.

Le cadi ricana :

— Le consul d'Angleterre ?... Il est mort.

— Du consul de France.

— Il est parti.

— Mensonges !

— Tu oses me traiter de menteur ?

L'interrogatoire, le quatrième du genre, frisait la caricature.

Depuis dix jours, les Turcs retenaient William Petty dans cette citadelle à moins de six heures de Smyrne : le cadi avait eu tout le loisir de s'informer. S'il l'avait vraiment pris pour un espion, il l'aurait déjà fait torturer, bastonner, ou exécuter. Il connaissait donc son identité, et cherchait à obtenir une rançon de la communauté franque. Il prendrait son temps dans les négociations. Une vieille tactique pour soutirer aux *Giaours* un prix maximum. Plus l'emprisonnement tirerait en longueur, plus il pourrait faire monter les enchères.

À moins que le cadi n'ait *déjà* reçu son bakchich.

Auquel cas, on le payait non pour qu'il relâche, mais pour qu'il conserve sa proie le plus longtemps possible.

Cette idée absurde était venue à l'esprit de Will trois ou quatre jours après son deuxième interrogatoire.

Les geôliers l'avaient tiré de son cachot pour une nouvelle séance. Il émergeait, enchaîné, ébloui et chancelant dans le couloir, quand il avait cru apercevoir deux Francs qui sortaient de la salle d'audience et traversaient la cour.

La présence d'Infidèles dans une citadelle turque était hautement improbable. Il n'avait pas douté que ces deux-là fussent venus pour lui.

Se ruant à leur suite, il avait cherché à les appeler, en dépit des gardes et des entraves qui le maintenaient garrotté, à les retenir.

Quelque chose dans le pas des deux hommes, une accélération peut-être, l'avait arrêté net dans cet effort.

Ils franchirent sans se retourner le poste de garde, et disparurent dans la ville.

Atkinson et Le Page.

Une hallucination. Il avait dû confondre.

Pourtant une voix portée par le vent, cette voix pointue qui ne ressemblait à rien, la voix de ce châtré d'Atkinson, il l'avait reconnue !

Tout cela n'avait plus guère d'importance.

Que pouvait-il craindre ? Le pire était arrivé... Pourquoi redouter qu'Atkinson et Le Page achèvent ce que le destin avait si bien commencé, et subtilisent les objets qui l'attendaient encore dans le jardin du consul de Smyrne ? La razzia faisait partie du jeu... Entre pillards, ils se valaient tous. Que les vainqueurs se servent dans le butin des vaincus. Qu'ils se divisent les trophées. Que les objets d'Arundel échouent dans la collection du duc de Buckingham, ou qu'ils rejoignent celle du cardinal de Richelieu... Le résultat revenait au même : à la dispersion et à l'exil.

Les vestiges, arrachés à leur propre histoire, allaient disparaître ; voyager loin de la pierre et du sable, de cette terre d'Asie qui les avait conservés.

Lui-même avait été l'outil de cet éparpillement.

Une dernière volonté, un vœu, une prière qu'il osait à peine formuler, le retenait présent à lui-même et à la réalité du monde... Que la tempête et tous les dangers de la traversée épargnent *L'Amazone*, la *Chronique de Paros*, le *Sophocle* de bronze. Que la bêtise et l'avidité des hommes épargnent la beauté.

Allongé à plat ventre, le visage tourné contre la paille de son cachot, il attendait la fin... Tant d'énergie dépensée. Tant de batailles, tant de souffrances, d'efforts et de désirs inutiles. La fièvre, la peur, la victoire... Pour rien.

Il espérait que la mort viendrait vite. Elle lui semblait le seul espoir, la grande consolation : il s'y laissait aller.

Il avait cessé de s'alimenter et sombrait chaque jour plus avant dans l'inconscience et dans l'oubli.

Il se trouvait désormais au-delà de tout raisonnement et de tout combat. Il ne pleurait plus ses reliques au fond de l'eau. Il ne s'accusait plus de les avoir perdues. Il croyait s'enfoncer dans un tunnel plein d'eau. Il marchait vers la lumière, il marchait vers le large.

Au loin, il apercevait la mer.

Il sentait, serré tout contre lui comme un enfant, le corps nu de Teresa Giustiniani.

Chapitre 10

LA CONQUÊTE ET LE DOUTE
OCTOBRE 1625-DÉCEMBRE 1628

48. *Prison turque de Çesme, octobre 1625*

En ce mois d'octobre, l'atmosphère n'était pas à la clémence pour les Chrétiens retenus dans la citadelle du cap. La colère du cadi explosait publiquement contre l'ensemble de la communauté franque. Elle lui valait la respectueuse sympathie des commerçants turcs dont il jugeait les litiges, mais laissait augurer le pire pour l'objet de son ressentiment.

Il venait d'apprendre que les deux étrangers qui lui avaient offert cent cinq piastres le mois dernier, en échange de l'incarcération *ad vitam aeternam* de son naufragé, s'étaient moqués de lui. Le prisonnier valait bien plus de cent cinq piastres... Cinq cents, oui ! Peut-être même davantage !

Il devait cette information au témoignage d'un groupe de caravaniers, originaires du port de Çesme, qui rendaient visite à leurs beaux-frères, gardiens à la citadelle. Ces marchands prétendaient avoir reconnu le prisonnier qu'on gardait au cachot. Ils affirmaient avoir dormi à côté de lui, sur les estrades de plusieurs caravansérails. Le Chrétien avait même voyagé avec eux dans la caravane de Brousse, sur le tronçon entre Akhisar et Magnésie. Il possédait alors ses propres chameaux, et transportait des fûts de colonne et des marbres, comme il l'avait affirmé au cadi. Il se recommandait de la protection du Grand Seigneur, dont il serrait le firman dans une boîte d'ébène, incrustée de nacre. Le chef de caravane avait vu les laissez-passer ; il avait vu cette boîte, et le paraphe du sultan.

À l'entendre, le *Giaour* était immensément riche... Tout à fait capable de payer sa propre rançon au prix le plus fort.

Le cadi mesurait clairement le sens de cette révélation. La mort de cet homme pourrait bien lui attirer les foudres de Constantinople.

— Les Francs sont comme les huîtres : on ne saurait rien en tirer à moins d'avancer le couteau bien avant entre leurs écailles !... De ces deux chiens qui sont venus me demander une faveur, je me serais contenté d'un petit cadeau. Mais puisqu'ils préfèrent me tromper, je saurai vivre avec eux, de manière à ce qu'ils sachent vivre avec moi ! Amenez le prisonnier... S'il est aussi riche que vous le dites, nous lui proposerons un marché qu'il ne pourra refuser.

49. *Constantinople, octobre 1625*

À sept cents kilomètres de Çesme, en sa résidence de Pera, l'ambassadeur d'Angleterre partageait la colère et la gêne du cadi. L'incarcération de Mr Petty, voulue et prolongée par les manœuvres de son propre agent à Smyrne, pouvait lui coûter très cher, à lui aussi.

Depuis des années, depuis l'heure de son arrivée au Levant, Sir Thomas Roe rêvait de quitter la Turquie. Il avait besoin, pour obtenir son rappel, de la faveur de l'un et l'autre de ses deux protecteurs à Londres.

Si Lord Arundel devait le soupçonner d'une quelconque complicité dans les mauvais traitements infligés à son serviteur, il trouverait le moyen de le punir. En s'opposant, par exemple, à l'avancement de sa carrière. En le maintenant à son poste de Constantinople. Malgré la défaveur royale et les difficultés du comte, dont Sir Thomas était désormais informé, la famille Howard restait la plus puissante d'Angleterre. Certainement plus proche que lui de la cour et du pouvoir

Roe s'était donc hâté de payer la rançon de Will... Non sans avoir bruyamment protesté auprès du comte de Césy, ambassadeur de Louis XIII à Constantinople, contre ses intrigues. Il accusait la France de vol, rien moins : Césy s'était servi de l'incarcération de William Petty pour dépouiller les deux premiers gentilshommes du royaume d'Angleterre, le duc de Buckingham et le comte d'Arundel.

Césy s'était empressé de rejeter toute la responsabilité sur le consul de Smyrne dont l'ingérence dans ses propres affaires le hérissait. Il désapprouvait, disait-il, la présence des « deux Sanson » au Levant, et demandait le rappel de ces aventuriers depuis de longues années.

Lâché officiellement par son propre ambassadeur, Napollon avait dû faire débarquer, en toute hâte, les « marbres Arundel », dont son neveu s'était emparé dans le jardin du consul Salter. La cargaison attendait un départ imminent dans la cale d'un gros navire marseillais.

Décidément Le Page jouait de malheur! À quelques jours près...

La restitution des objets, leur rapide retour chez Salter avaient nécessité l'emploi d'un chariot et d'une dizaine d'hommes. Outre la honte de cette marche dans la grande rue des Chrétiens, le déchargement coûtait une fortune aux Français de Smyrne. Pour n'avoir pas déclaré à la douane les marchandises qu'ils avaient voulu exporter, ils étaient astreints par l'administration du Grand Seigneur à payer une très lourde amende.

La vengeance du cadi de Çesme.

Dans les lettres qu'il multipliait au comte d'Arundel, Roe s'attardait pas sur les autres détails de cette vengeance, notamment sur la taxe que ses propres marchands devaient payer aux autorité   nes, pour le recel de la seconde partie du butin. C   on-là, aussi clandestine que l'autre, avait attendu s   rquement pour York House, la demeure du duc de Buckingham à Londres.

Récupérés au fond d'un entrepôt anglais appartenant à la Levant Company, les objets seraient,   si, rapatriés manu militari chez Salter, sous la garde m   e des Turcs.

Le cadi de Çesme pouvait se montrer satisfait. Les accords qu'il avait passés avec son prisonnier en vue de sa libération rapportaient au sultan une somme mille fois supérieure à la misère proposée par les deux Chrétiens pour sa garde.

Si Thomas Roe passait rapidement sur le coût faramineux des machinations d'Atkinson, l'homme qu'il avait lui-même fait venir au Levant pour contrecarrer l'appétit de rapines de William Petty, il protestait de sa propre innocence, avec un mélange d'embarras, d'agacement, de sympathie et d'admiration envers celui qui en était la victime :

« (...) J'ose espérer que Votre Lordship mesurera l'importance de l'épreuve que vient de traverser Mr Petty, par le récit qu'il en fera lui-même à Sa Grâce. Je joins donc sa lettre à mon paquet. Mais le connaissant, je crains qu'il ne taise ses souffrances et ne minimise la dureté de son incarcération.

« Pour ce qui regarde les particularités de cette affaire, je me suis moi-même occupé d'expédier le serviteur du duc de Buckingham aussi loin que possible des rivages de la mer Égée. Ces rivalités entre personnes d'une même nation ne donnent pas aux Turcs belle opinion des Chrétiens. Sur tous les plans, elles sont d'un effet désastreux. Quoi qu'il en soit, j'ai fait renvoyer à Smyrne un nouveau firman pour Mr Petty.

« Votre Lordship doit savoir que ces firmans sont extrêmement difficiles à obtenir, que j'en ai déjà réclamé trois, que j'ai épuisé mon crédit auprès du Divan, que je ne peux rien demander de plus. Reste à souhaiter que Mr Petty conservera ses saufconduits jusqu'au terme de sa mission.

« En dépit de notre petit désaccord, je serais, pour ma part, très heureux de jouir de sa compagnie à Constantinople. Je lui ai écrit en ce sens, mais doute qu'il vienne me raconter ses aventures. J'espère néanmoins qu'il acceptera mon invitation à passer Noël avec ma famille, et qu'il prendra ici quelque repos.

« Sa Grâce a vraiment bien su choisir son homme ! À peine remis de ses malheurs, Mr Petty est retourné sur les lieux de son naufrage.

« On m'a dit qu'à Scio, il a embauché une équipe de plongeurs pour recouvrer ses statues (...). »

50. *Scio, octobre 1625-janvier 1626*

En fait d'équipe, ils étaient cinq, lui compris.

De la barque plate, que Will tentait d'immobiliser dans le détroit, il se penchait sur l'eau. Elle était si claire qu'il pouvait voir le fond à l'œil nu.

L'instrument d'optique d'un astrologue turc de Smyrne, une espèce de lunette qu'il avait fait adapter à ses besoins, lui permettait de repérer la position des objets. En immergeant le bout, il recevait, par la réfraction des puissantes lentilles, l'image inversée des Muses gisant parmi les algues, le pied d'Apollon à plat sur le sable, le fronton du magasin de Samos, coincé plus bas, entre deux gros rochers.

Les marbres semblaient intacts. Seuls les sacs de livres, les précieux manuscrits de Nea Moni, dissous par la mer, avaient totalement disparu. À ce stade, s'il réussissait à récupérer la plupart des sculptures, il se tiendrait pour satisfait.

Dans son instrument, il suivait les gestes des silhouettes et des ombres qui nouaient les cordes, dans les profondeurs.

Ici, à Scio, la tradition des pêcheurs d'éponges n'existait pas. Point de jeunes garçons capables de tenir plusieurs minutes en apnée, comme au port d'Halicarnasse ou sur les îles du Dodécanèse. Lui-même nageait trop mal pour tenter l'aventure. Il avait dû se contenter de donner ses directives, sans pouvoir montrer lui-même aux sauveteurs la façon de passer les filins sous les bras des statues, de les entortiller autour des torses.

Pour l'heure, il acceptait son impuissance et trouvait son intérêt à opérer lentement. Le petit nombre de personnes qu'il employait au repêchage garantissait la relative discrétion de l'entreprise. Quand les antiquités seraient toutes encordées, il reviendrait sur les balises qui marquaient leurs emplacements, avec un caïque à voile et six Turcs. Alors, ils remonteraient d'un coup tous les filets.

Ce matin, troisième jour de travail, il se sentait inquiet. Comment s'en remettre à autrui ? Faire confiance ? Laisser travailler ses plongeurs ? Sans contrôle, sans ordre, sans protection ?... Ses plongeurs, ou plutôt ses plongeuses ! C'étaient Teresa Giustiniani, deux de ses serviteurs et son esclave noire qui s'employaient à récupérer son trésor disparu. Elle avait su dénicher le bateau à fond plat qui permettait l'usage de la lunette. Recruter, parmi ses gens, les quelques bons nageurs de l'île. Et les diriger.

Jusqu'à l'âge de huit ans, cette femme avait grandi parmi les paysans et les pêcheurs. Avant d'être reconnue par le podestat Marcello Giustiniani, adoptée par son épouse, envoyée à Gênes, elle avait vécu dans un hameau en bord de plage, face au continent. Elle avait navigué sur ces eaux peu profondes et connaissait les courants du détroit. En outre, si elle avouait ne pas comprendre la passion de Will pour les héros et les dieux, elle avait vu les bustes des empereurs qui ornaient les cours d'honneur des palais Giustiniani de Gênes. Les sarcophages dans les jardins. Toutes les statues le long des escaliers, des galeries et des loggias... Elle mesurait très exactement la valeur de ce qu'il avait perdu, et pouvait rendre possible la réalisation du projet qui l'avait ramené à Scio.

Comment qualifier les jours, les nuits, qu'il venait de passer, enfermé avec elle dans le secret des hauts murs de la maison des Campos ? Si le parfum des oranges qui montait du jardin, le chahut des oiseaux qui les réveillait à l'aube, et la fraîcheur des draps sur sa peau pouvaient vaguement lui rappeler les luxes de Murano et les jours de réclusion avec Dyx, il mesurait, à l'intensité de son bonheur, qu'il n'avait jamais été amoureux avant d'étreindre cette femme.

Pourquoi si tard ? Pourquoi maintenant ? Pourquoi ici ?

... Pourquoi Teresa ? Parce qu'en l'histoire des Giustiniani convergeaient tous les mondes dont il avait rêvé en Angleterre ? Parce qu'elle incarnait à la fois l'Italie et la Grèce ? Parce qu'elle personnifiait la mer et combinait en elle la rudesse des îles avec la fascination luxuriante de Scio ? Parce qu'elle était aussi sensuelle, pragmatique et bâtarde que noble, grave, et soumise aux contraintes de sa caste ? Parce que son passé réunissait tous les éléments de l'aventure ? Et qu'elle portait en elle la semence du péril ? Il se gardait de s'arrêter sur ces questions.

Il évitait même de se demander pourquoi une dame de la trempe de Coccona Tharsitza Giustiniani s'était donnée à lui, si vite et si complètement. Elle prétendait que Will, après la perte de ce qui constituait sa vie, quand il était revenu en vaincu sur ses pas, n'était plus le même. Ni persifleur, ni sarcastique. Mais vulnérable. Cet homme l'avait touchée.

Il pensait, au contraire, que s'il avait su lui plaire, c'était en sauveteur, lors de l'épisode de l'échelle, quand il l'avait prise dans ses bras et portée contre lui.

Quoi qu'il en soit, au terme de son emprisonnement et de sa convalescence chez Salter, il n'avait plus osé provoquer une rencontre. Il avait trop rêvé d'elle pour tenter sa conquête.

C'était Teresa qui, cette fois, l'avait accosté sur le môle.

Il revoyait sa frêle silhouette noire, se découpant durement sur le ciel et le large. Au cœur de ce vide, d'un bleu transparent, elle semblait flotter. Pourtant elle avait marché droit sur lui, royale et nonchalante, son ombrelle noire à la main. Dans le contre-jour, il ne pouvait distinguer son expression. Que disait son visage ?

Elle lui avait adressé quelques paroles de bienvenue, lui souhaitant un bon retour à Scio, et l'invitant à venir goûter chez elle le lendemain. La voix se voulait calme.

En proie à son propre saisissement, il ne l'avait pas entendue vibrer.

Comparé aux émotions qui allaient suivre, le trouble où cette rencontre l'avait jeté lui paraissait presque anodin aujourd'hui.

Il se souvenait de sa chevauchée vers elle dans les ruelles roses, entre les hauts murs de pierre qui bordaient les vergers. Là, dans ce quartier des Campos, au sud de la capitale, se regroupaient les innombrables maisons de campagne des aristocrates génois, des princes grecs de Byzance, et des dignitaires turcs. Toutes les noblesses de Scio se retiraient ici en villégiature. Leurs immenses domaines s'étendaient à perte de vue sur une plaine que fertilisaient les nombreuses nappes phréatiques du sous-sol.

Il serpentait dans l'enchevêtrement des murs qui se resserraient quelquefois, jusqu'à ne laisser à sa monture qu'un très étroit passage. Il ne pensait pas à ce qui allait advenir. Il n'imaginait rien. Il affectait même d'avoir totalement oublié le trouble où cette femme le jetait. Et plus il se rapprochait d'elle, moins il prétendait s'en souvenir. Ses rêves dans la prison de Çesme, toutes ses visions en lisière de la mort semblaient s'être évanouis. Enfouis dans un passé qui n'avait pas existé.

Le sable blanc du chemin réverbérait la lumière. De chaque côté, les ombres des enceintes se rejoignaient ou bifurquaient brusquement, pour disparaître dans des virages à angle droit.

À chaque sinuosité, il s'apprêtait à tourner bride. Il devinait la proximité d'une menace, qu'il ne parvenait pas à définir. Pourquoi avait-il accepté cette invitation ? Il s'en voulait. Son naufrage, son incarcération, le vol des objets de Smyrne l'avaient déjà trop retardé ! À cette heure, il aurait dû voguer vers Athènes ! Bon : il avait accepté. Il ne pouvait plus se dédire. Mais il ne demeurerait chez donna Teresa que le temps minimum pour rester courtois. Les Giustiniani-Grimaldi l'avaient reçu avec une extrême politesse. Il ne voulait pas offenser une dame de leur parentèle.

Qu'attendait-elle de lui ?

En se perdant dans le méandre des ruelles, il se raccrochait à ses projets. Repêcher les statues : tel était l'unique mobile de son retour à Scio. La tâche serait difficile. Probablement impossible. Il devait s'y atteler.

Partagé entre deux instincts, il aurait voulu rebrousser chemin et ne pouvait qu'avancer. Que signifiait ce mélange d'agitation et de sérénité ? Il préférait l'ignorer.

Mais la curiosité le poussait de l'avant.

La ligne infinie des murailles ne se brisait que pour laisser place aux décrochés des porches d'entrée : d'immenses ouvertures scandaient, ici et là, le rythme des clôtures. Il retenait son cheval devant les blasons qui coiffaient les arches et les voûtes, et tentait de reconnaître les armes des Grimaldi, couplées avec les deux tours et l'aigle des Giustiniani.

À cette heure le soleil l'aveuglait. Rien ne distinguait ces propriétés les unes des autres. Par moments, il jetait un coup d'œil à la carte des sentiers, qu'il tenait à la main : le croquis d'un gigantesque labyrinthe... Trop loin, trop long, trop compliqué ! Pourquoi continuer sur cette voie ?

La vague sensation d'effroi persistait... Le pressentiment d'un désordre imminent, auquel venait se mêler une étrange paix.

Il entendait, derrière les grilles closes, le pas des ânes qui tournaient autour des puits. Leurs sabots qui claquaient sur les galets ouvragés des cours. Le grincement des roues à aube, et le chant de l'eau qui ruisselait dans les canaux d'irrigation. De ces rigoles, qui couraient jusqu'au plus profond des orangeraies, montait une odeur d'humus, à laquelle s'ajoutait le parfum acidulé des agrumes.

Pas un souffle ne troublait l'air immobile. Seule la crête des arbres s'agitait vaguement au-dessus des murailles. Une rangée de cyprès protégeait les fleurs, les fruits, la vigne des violences du vent. La haie achevait de couper cet univers idyllique du reste du monde, et de le défendre contre une invasion étrangère.

Bien que la demeure de donna Teresa Grimaldi-Giustiniani ressemblât à toutes les demeures des Campos, Will fut frappé par le charme du domaine.

Au milieu de la cour, un bassin surélevé servait de citerne. La grande vasque de marbre, flanquée de colonnes antiques, distillait une fraîcheur qu'un rosier, grimpant sur la pergola, parfumait. Au-dessus de cette treille, du bassin, du puits, de la roue à aube, et de l'âne, se dressait une grosse ferme.

Le rez-de-chaussée servait d'entrepôt. Un escalier extérieur montait vers les appartements. L'ensemble, un édifice cubique de deux étages, était fortifié par une petite tour carrée qui donnait sur la campagne.

Il laissa son cheval à un serviteur. La jeune esclave noire l'attendait au premier, devant la porte du palier. Il la suivit, traversant un froid couloir, qu'ornaient des tableaux de l'école vénitienne. Une copie de *L'Amour sacré et l'Amour profane*. Une réplique des *Noces de Cana*. Titien et Véronèse : l'étrangeté de cette présence lui rendit la maison aussi familière que troublante.

De la galerie, ils montèrent dans la tour et débouchèrent sur une terrasse qui surplombait les vergers. Donna Teresa, tournant le dos à la campagne, s'éventait. Elle était assise au centre d'une banquette qui courait sur les quatre côtés du belvédère. Seule.

Il ne s'attarda pas sur son visage. Il évita de détailler sa tenue. Mais il nota tout de suite les deux verres à sorbet sur la table basse, les deux tasses à café, la pipe déjà préparée. Elle n'attendait pas d'autres convives.

Il prit place à sa droite. L'esclave se retira.

Il n'avait jamais su bavarder. Le silence s'installa.

Elle s'agita et lui offrit des confitures. Désirait-il celle-ci, à l'orange ? Ou celle-là, au jasmin ?

Elle le servit elle-même.

Au moment où il prenait la soucoupe, elle se pencha et l'embrassa.

Aujourd'hui, six semaines plus tard, l'audace de ce geste le bouleversait encore.

Il s'était souvent laissé choisir par les prostituées et les filles d'auberge. Mais, à l'exception de Dyx, il n'avait guère connu de dames.

Il revivait ce moment où, se penchant sur lui, Teresa avait baisé sa bouche comme l'un des plus grands chocs de son existence.

Immobile, il s'était longuement laissé faire.

Il ne comprit que plus tard, quand il la serra contre lui, quand elle devint très pâle et chancela, la sorte d'émotion dont elle-même pouvait être la proie. Submergée par cet élan, qui lui avait fait donner un baiser à un homme qui ne le réclamait pas, par la tension de ce désir qu'elle n'avait pas su contrôler, et par la peur d'être refusée, elle manqua se trouver mal dans ses bras. Il dut desserrer son étreinte, l'asseoir, lui faire reprendre souffle. Ce fut le seul instant de faiblesse, la seule halte dans un pacte d'alliance qui se scella, sans doutes et sans délais.

Il ne se demanda jamais si elle en avait usé avec d'autres voyageurs comme avec lui. Si elle accostait les étrangers sur le môle, les attirait chez elle et satisfaisait leurs désirs dans le secret des Campos. Que Teresa ait eu d'autres amants, avant ou après le décès de son mari, importait peu. Il ne lui réclamait pas ses secrets. Elle n'exigeait pas de serments. Ils se sentaient, d'instinct, si certains d'eux-mêmes qu'ils ne doutaient pas d'être, l'un pour l'autre, le premier homme et la première femme.

Hormis les moments de passion, ils n'éprouvaient pas le besoin de se toucher. Ni protestation de tendresse, ni phrases, ni mots. L'amour était. L'évidence se passait de signes. Plus encore que la grâce, Teresa incarnait cela : l'absolu de la confiance. Il ne craignait désormais ni les trahisons d'Atkinson, ni les Jésuites, ni Buckingham, ni Thomas Roe, ni Sanson Le Page. Il ne redoutait rien. Sinon de la perdre.

L'idée de la séparation l'obsédait.

Teresa n'évoquait jamais son départ.

Le départ était au cœur même de leur aventure. L'eût-elle accosté sur le môle et séduit si rapidement si elle n'avait redouté qu'il disparaisse à nouveau ?

Sans un adieu, il l'avait quittée une première fois. Il était revenu sans un salut. Entre ces deux moments, elle l'avait arrêté et fixé. Mais le choc de la rencontre précédait l'instant où il l'avait, lui, remarquée : c'était Teresa qui l'avait choisi. Pour elle, l'émotion datait du tout premier débarquement de Will à Scio.

À l'époque, elle s'en souvenait, il portait une longue barbe, un turban, une robe bleue délavée. Cette tenue, comme le costume génois des Giustiniani qu'il adopterait plus tard, lui permettait de se fondre parmi les autochtones. Invisible dans la foule.

Pourquoi la haute silhouette de cet étranger-là l'avait-elle frappée ?

Par ses beaux-frères, elle avait su qu'il était anglais, au service d'un important personnage. On le lui avait décrit comme un érudit sans naissance, spirituel et dangereux. Elle avait refusé qu'on le lui présente.

Elle avait toutefois repéré ses habitudes et son goût pour les jolies filles qui s'exhibaient sur le port à la *passeggiata* du soir.

Le regard plein de curiosité qu'elle décocha à William Petty, au terme de sa longue absence à Nea Moni, attira son attention. Enfin.

Dans la seconde, elle sut qu'elle lui plaisait.

Satisfaite et rassurée, elle continua de le rechercher à distance, sans se laisser approcher. Le hasard qui devait les mettre en présence dans l'anse du « Bain des Dames » bouleversa son jeu.

Quand l'homme dont elle avait rêvé surgit à ses côtés, la violence de sa surprise et l'intensité de sa joie lui firent peur. Elle le chassa. L'incident ridicule de l'échelle, l'humiliation d'avoir dû l'appeler au secours, l'émotion de s'être trouvée à demi nue contre lui firent le reste. Elle se promit de ne plus jamais se trouver en sa présence et s'abstint de promenade le lendemain.

Le bateau de Will se perdit en mer la nuit suivante. Elle le crut mort. Le destin avait réalisé sa volonté. Elle ne le reverrait plus.

Sa réapparition sur le môle, un mois après le naufrage, lui fit l'effet d'un cataclysme. Elle n'assistait pas seulement à la résurrection d'un être cher. Elle jouissait de son propre retour à la vie.

En ce mois d'octobre 1625, les circonstances n'étaient pas favorables à Teresa : elle se sentait au bord du gouffre. On parlait de la séparer de ses fils et de la réexpédier à Gênes auprès d'un vieillard, associé des Giustiniani dans le commerce de la soie. Un second époux sexagénaire. Elle ne songeait pas à se rebeller contre son destin.

Mais avant de mourir loin de ses enfants, loin de Scio, loin de tout ce qu'elle aimait, elle aurait voulu vivre.

Elle comprit que le temps lui était compté.

Bien qu'elle ne connût de l'amour que le dévouement et la compassion envers un mari beaucoup plus âgé, donna Teresa avait une longue expérience des hommes. Et notamment des aventuriers.

La position des Grimaldi-Giustiniani l'obligeait à recevoir les voyageurs de qualité qui faisaient escale à Scio. Elle avait fréquenté de nombreux étrangers. Ambassadeurs français, capitaines hollandais, marchands vénitiens, diplomates et négociants de toutes nationalités l'assommaient de la même cour pressante. En quête d'une liaison exotique dont ils pourraient se souvenir, ces messieurs menaient leurs affaires tambour battant.

Ils croyaient les femmes de Scio faciles. Ils avaient peu de jours pour les séduire, peu de nuits pour les posséder. Ils se permettaient avec elles des mots, des gestes qu'ils n'auraient pas osés ailleurs. Teresa était habituée à leur brutalité. Elle savait s'en défendre.

En conviant cet Anglais chez elle, loin de la ville, seul, elle n'ignorait pas à quelles sortes d'assauts elle s'exposait. Ce qu'elle n'avait pas imaginé, c'était la réserve de cet énigmatique personnage. Et son respect.

Lorsqu'elle avait lancé son invitation, il n'avait exprimé ni surprise ni joie. Pis : il avait semblé sur le point de la refuser.

Elle pensa qu'elle avait cessé de lui plaire.

Honteuse, elle regretta son audace. Elle crut même qu'il ne viendrait pas. Elle l'attendit dans l'inquiétude.

Quand il parut sur la terrasse, sa présence ne la rassura pas.

Il ne lui servit pas les compliments habituels. Il ne s'émerveilla ni de la splendeur du jardin, ni du luxe de la maison. Il ne s'extasia pas non plus sur la beauté de la maîtresse du lieu, conformément à l'usage. Il ne chercha même pas à l'impressionner en lui parlant de lui, comme tous ceux qui lui faisaient la cour d'ordinaire. Pas un mot sur son incarcération dans une prison turque. Rien sur ses exploits. Le danger de ses aventures ? Ses voyages, ses projets ? Il parlait par euphémismes et refusait de briller auprès d'elle... Aucune volonté de l'éblouir, aucune volonté de se vendre.

Elle le savait courageux. Sa réputation de bravoure commandait le respect des plus âpres, même l'admiration des Grimaldi-Giustiniani qui le lui avaient décrit comme un prédateur rapide, déterminé, avide... Pourquoi renonçait-il à livrer bataille ? L'aimait-il trop pour lui réclamer ce qu'il désirait ?

À nouveau, elle pensa qu'elle s'était trompée, qu'elle ne lui plaisait pas. Le trouble, le frisson de tout l'être qu'elle avait cru percevoir chez cet homme quand il l'avait serrée contre lui dans l'eau, ne correspondait à aucune réalité. Un leurre de sa propre imagination. William Petty repartirait sans rien exiger d'elle.

Elle allait le perdre.

Ce fut cette évidence qui la poussa vers lui, dans un grand élan de tendresse et de peur.

*

Ils vécurent dans un présent sans mémoire, un univers sans traces et sans souvenirs. Un monde où rien ne pouvait survivre à la tombée de la nuit, où chaque lever de soleil semblait détaché de la veille et coupé du lendemain.

Pourtant l'hiver s'annonçait. L'idylle touchait à son terme, Will le savait.

... Comment demeurer à Scio un mois, une semaine, un jour de plus ? Les instructions du comte d'Arundel s'empilaient chez le consul de Smyrne. Toutes ses lettres le pressaient de rallier Athènes, Corinthe, Mycènes, Olympie... Pourquoi diable s'éternisait-il à Scio ?

Aujourd'hui les statues, repêchées, attendaient au port. Ne manquait que son ordre pour lever l'ancre. Mais la destruction des manuscrits de Nea Moni et la perte irrémédiable des nombreux fragments qu'il avait dû abandonner lui donnaient la mesure du danger auquel lui-même exposait ce qu'il prétendait sauver. Les tempêtes de décembre menaçaient toute la cargaison d'un nouveau désastre. Pouvait-il prendre ce risque ?

Il hésitait. Devait-il partir ou rester ? Poursuivre ou renoncer ? La crise occasionnée par son naufrage, cette brusque et totale incertitude sur le sens de sa quête, s'accroissait de sa découverte du bonheur.

Il s'accusait de douter de la mission que lui avait confiée Lord Arundel par intérêt personnel.

Il avait si peu le désir de quitter Teresa !

Mais, sur ce front aussi, le temps jouait contre lui.

Que leurs amours aient pu rester secrètes jusqu'en cet instant tenait du miracle. Combien d'heures encore, combien de minutes, avant qu'un esclave ne les trahisse ? Alors, qu'adviendrait-il de Teresa ?

Le doute n'était guère permis. Son père, ses beaux-frères, ses fils la puniraient du déshonneur où les amours d'une Giustiniani avec un hérétique plongeaient toute la lignée. La question était de savoir de quelle façon...

Se hâteraient-ils de la donner en mariage à son lointain prétendant de Gênes, avant que le scandale n'éclate ? L'enfermeraient-ils dans un couvent ? Ou bien lui réserveraient-ils un châtiment plus terrible ?

Will songeait à l'enlever. Elle était veuve, lui célibataire. Pouvait-il l'épouser ?

Outre la différence de religion qui compliquait leurs affaires, le révérend William Petty n'avait rien à offrir à une femme comme Teresa Giustiniani-Grimaldi ! Ni nom, ni fortune. Ici, ailleurs : pas de maison, pas de famille. Aucun bien. Pas même le bénéfice d'une paroisse qui leur assurerait quelques revenus.

Depuis son arrivée au Levant, il n'avait pas cherché à s'enrichir. Il ne s'adonnait à aucun trafic. Il n'acquérait ni pierres précieuses, ni médailles, ni bustes, aucun des mille objets qu'il aurait aisément pu revendre à des clients obscurs.

À l'inverse de John Atkinson, à l'inverse de Sanson Le Page, il ne se servait pas de ses voyages pour construire sa propre fortune. Au contraire même du très intègre Sir Thomas qui rentrerait à Londres chargé de joyaux, de babioles rares et précieuses qu'il offrirait à divers personnages de la cour. En échange d'un poste plus prestigieux et plus lucratif.

William Petty travaillait, lui, pour la gloire... Celle de Lord Arundel. Sans autre salaire que les défraiements qu'il s'allouait à lui-même.

Il ne se refusait rien. Il vivait largement. Peu de frais et peu de besoins.

À quarante ans passés, pour la première fois de son existence, il faisait ses comptes.

Résultat ?

Libre. Il s'était voulu ainsi.

Libre dans quel but ? Pour quoi ? Pour qui ?

*

— Et maintenant ? demanda-t-elle.

— Je vais poursuivre ce que j'ai commencé.

— Tu as commencé de m'aimer.

— ... Continuer de t'aimer aussi.

— Je ne comprends pas !

— Tu comprends mieux que moi.

— Tu vas partir ?

— Puis-je faire autrement ?

De nouveau elle affecta l'ingénuité :

— Tu pars pour Smyrne expédier les marbres du comte d'Arundel ?

— Oui.

— Tu seras absent longtemps ? murmura-t-elle.

— Il faut achever.

Elle réfléchit un instant et demanda :

— Pourquoi ?

Il choisit de ne pas répondre à cette question-là.

Néanmoins, pour la première fois, il formulait ses intentions, parlait de lui, et s'expliquait :

— Après avoir embarqué les caisses de Smyrne, un premier chargement, je poursuivrai en Grèce. Je fouillerai les bibliothèques d'Athènes et du mont Athos. Ensuite, je reviendrai par Constantinople. Je m'assurerai que le patriarche a bien reçu sa presse, que l'imprimerie fonctionne, et que j'ai rempli ma part du contrat. Là-bas, je détacherai les reliefs de la Porte d'Or... Quand je me serai acquitté de tous les devoirs qui me lient, alors...

— Tu rentreras en Angleterre.

— Je reviendrai à Scio.

Elle n'éprouva pas le besoin de demander ce qui adviendrait d'eux, au retour de Will.

Attendre et tenir.

51. Un an plus tard, Constantinople, le palais d'Angleterre, janvier 1627

— ... Même Énée, même Ulysse s'endorment de temps à autre, Mr Petty ! La nuit, quelquefois, les héros se reposent. Ils peuvent aussi prendre du bon temps... Pourquoi ne fêteriez-vous pas les Rois avec nous cette année ? Mon épouse nous a préparé un petit divertissement : il y aura bal et comédie demain à l'ambassade, vous y verrez votre ami le patriarche.

Sir Thomas Roe observait son visiteur avec la même attention qu'autrefois. Petty se tenait en contre-jour devant la fenêtre, comme lors de leur première rencontre... Ni yatagan à la ceinture, ni caftan, ni tarbouche. Vêtu d'une robe à l'orientale, il portait un turban hâtivement enroulé, la moustache et la barbe longue. Sans panache et sans coquetterie. Le révérend avait cessé de jouer. Il était pressé. Il allait à l'essentiel. Le visage s'était émacié jusqu'à l'extrême maigreur. Le corps semblait voûté aux épaules. Dans les yeux attentifs, plus aucune trace de cette raillerie qui étonnait naguère. La distance et le flegme avaient fait place à quelque chose d'interrogateur, de fébrile, d'anxieux, que Roe ne reconnaissait pas.

Mais il pouvait se tromper.

Comment se prononcer avec certitude, dans le clair-obscur où se perdait sa silhouette? On se serait cru à Londres, tant il faisait noir ici! Une brume épaisse enveloppait la Corne d'Or et les dômes du sérail. La pluie qui tombait en rafales sur Constantinople bouchait toute la vue.

Oui, certainement, Roe se trompait... Si William Petty paraissait désincarné, il n'était pas défait, ni même abattu. Et pour cause! Il triomphait partout.

À Corinthe, il avait chargé les navires de la Levant Company de poids tels que les capitaines s'étaient vus contraints d'abandonner leurs raisins secs à d'autres transporteurs. Il avait arraché vingt-quatre manuscrits précieux au nez et à la barbe des intermédiaires de Roe à Athènes. Il avait même fini par avoir raison de son vieil ennemi Atkinson, qui avait crié forfait en mourant de la peste à Patras. Cette disparition, au terme de vingt-cinq ans de combats, avait eu d'étranges conséquences sur le jeu de Petty. La mort d'Atkinson bouclait-elle le cycle des batailles? L'absence de ce rival, dernier témoin du passé, rendait possible une évolution personnelle qui conduisait à l'abandon de toutes les formes de compétition entre pairs.

Non, ni défait, ni vaincu.

Pis.

Bah, Petty s'en tirerait. Il était increvable. Il renaîtrait de ses cendres.

Sir Thomas imaginait trop clairement les difficultés que cet homme avait dû affronter, à chaque instant de cette longue année d'exploits sur les routes du Péloponnèse, pour se soucier outre mesure de son délabrement physique et de son usure morale. Mais, en l'observant, il se posait une question qui ne lui serait certes pas venue à l'esprit deux ans plus tôt : Petty croyait-il encore à ce qui l'avait conduit jusqu'au plus profond de l'Empire ottoman? Rêvait-il encore de transplanter la Grèce en Angleterre? À en juger par la perplexité de son regard, certains scrupules, une forme d'incertitude étaient venus restreindre son engagement. Le doute devait diablement lui compliquer la tâche! Si ses obsessions restaient vivaces, s'il cherchait encore à sauver la beauté, à préserver la mémoire, il avait, en partie, perdu la foi.

Cette impression expliquait la légère hésitation de Roe à lui communiquer brutalement les dernières nouvelles d'Angleterre :

— Je suppose que les instructions du comte d'Arundel vous ont poursuivi partout, en dix exemplaires, selon la bonne habitude de Sa Grâce ? commença-t-il... Sans doute vous étonnez-vous de ne pas trouver plusieurs copies de ses lettres, vous attendant ici ?

— En effet.

... Laconique, comme d'habitude ! Si Petty semblait moins calme, il n'en était pas devenu plus bavard. Roe choisit de contourner l'obstacle :

— Ah, l'amour, s'exclama-t-il, l'amour, Mr Petty, quand l'amour nous tient !

Ce lieu commun, inattendu dans la bouche de l'ambassadeur, provoqua chez son interlocuteur un mouvement de surprise, un recul, dont Roe ne mesura pas la violence. Il poursuivit :

— Lorsque vous vous interrogez sur le silence de Sa Grâce, vous ne songez pas à l'éventualité d'un imbroglio sentimental ?... Erreur, Mr Petty : l'amour, tous vos soucis viennent de là !

Réprimant son émotion, Will resta figé. Roe savait-il quelque chose de son idylle de Scio ? Un malheur était arrivé. Il attendit la suite, dans la terreur du pire.

— ...Qui l'eût cru ? Une liaison secrète, un enlèvement, un mariage...

Cette fois, Will n'y tint plus. Il explosa :

— Mais de quoi parle Son Excellence ?

— Vous allez comprendre... L'héritier de Lord Arundel, le jeune Lord Maltravers, qui fut votre élève je crois, fêtait l'an passé son dix-huitième anniversaire. Consulté par son père sur le choix d'une épouse, il prétendit n'être pas intéressé. Et pour cause : le garçon était déjà marié ! Il avait épousé en secret – avec la complicité de madame sa mère – une jeune fille catholique. Or cette jeune fille était destinée par le roi à un proche du duc de Buckingham. Les tourtereaux auraient tranquillement continué à vivre chacun chez soi, si les parents de la demoiselle ne l'avaient, en grande pompe, fiancée au candidat de Sa Majesté. La noce était imminente. Alors... Alors votre élève, prosterné aux pieds de son père, lui avoua la vérité.

Un sourire passa sur le visage de Will.

— Ce n'est que cela ? murmura-t-il avec soulagement.

Roe lui décocha un regard sévère.

— Vos longs séjours en marge de la civilisation vous ont fait perdre le sens des réalités ! S'opposer à la volonté du roi, lui désobéir, le tromper : ces fautes, Mr Petty, portent un nom en Angleterre. *Crime de lèse-majesté !* Lord Arundel est aujourd'hui incarcéré à la Tour de Londres. Lady Arundel, ses deux fils, leurs proches, leurs amis, leurs protégés, leur clientèle se trouvent en résidence surveillée à une centaine de lieues de la capitale. La famille est ruinée. Les Howard vendent des fermes, des terres, des châteaux. Mais l'emprisonnement du comte et l'exil de la comtesse rendent leurs affaires ingérables... Je crains que ce désastre ne touche de près vos entreprises au Levant, Mr Petty... Les fonds qui devaient vous arriver par la Levant Company ne nous parviendront pas. Vous êtes insolvable.

La sympathie n'excluait pas le plaisir de la revanche. Une petite lueur de triomphe vibrait dans les yeux de Sir Thomas Roe. Il se retint de conclure : « Et vous ne détacherez jamais les marbres de la Porte d'Or ! » Il poursuivit :

— Comment paierez-vous au grand trésorier du sérail les statues que vous avez acquises en Grèce, sur les terres du sultan ? Si vous ne réglez pas vos dettes, les dignitaires du Grand Seigneur vous accuseront d'avoir volé leur maître... Ici, à Constantinople, Mr Petty, les voleurs sont précipités de toute la hauteur du Château des Sept Tours sur un gros crochet de boucherie : ils restent là, empalés par le ventre ou les épaules, vivants, quelques jours... On appelle cela le « supplice de la ganche ». Personnellement, je préférerais vous éviter cette acrobatie... Mais les Français me lient les mains, avec leurs maudites intrigues ! Ma position est devenue d'autant plus délicate que les Turcs me soupçonnent – moi ! – de trahison... Encore un cadeau des Jésuites ! Et cette fois, leurs accusations m'impliquent directement. Tout le mal vient de ma complicité dans l'affaire de l'imprimerie. J'ai fait entrer la presse de votre ami le patriarche parmi les marchandises anglaises, comme vous me l'aviez demandé. Je l'ai installée dans un pavillon qui nous appartient, juste en dehors du jardin. Un petit local, à quelques mètres de l'ambassade... à quelques mètres aussi du palais de France ! La presse fonctionne et le patriarche a pu imprimer le premier livre en grec moderne, dont il est lui-même l'auteur. Son *Confessio Fidei* défend des principes très proches de notre foi : il l'a dédié à Sa Majesté, le roi d'Angleterre. Un grand honneur... Mais ce que je redoutais est arrivé ! Informés par leurs espions de l'existence de la presse, les Jésuites français se déchaînent. L'idée que le patriarche répande le dogme calviniste avec ses écrits a rendu fous ces satanés prêtres !... Cependant, ils restent habiles, et prétendent que le patriarche fait circuler des pamphlets qui attaquent le Coran. Que le patriarche insulte Mahomet. Que le patriarche encourage le soulèvement des Grecs contre les Turcs. Ils affirment enfin que je me charge, moi, de distribuer ses tracts aux armées ennemies, massées sur les frontières, et que j'invite les cosaques à envahir l'empire du Grand Seigneur... Quelques bakchichs apaiseraient ces rumeurs ridicules. De l'or, de belles poignées de piastres habilement distribuées feraient oublier la presse aux dignitaires du sérail, oublier les tracts, oublier jusqu'aux pillages de certains Anglais qui ne paient pas leurs dettes au sultan... Mais voilà : où trouver les fonds ? Les cadeaux coûtent si cher ! Et les sommes dont je dispose, Mr Petty, les lettres de change et les espèces sonnantes appartiennent toutes à Monseigneur le duc de Buckingham...

Le diplomate arrivait où il voulait en venir. La situation ne semblait pas inextricable. Il préconisait une solution raisonnable. L'abandon de l'épave Arundel. Le passage du révérend William Petty au service de Buckingham. Ce n'était pas la première fois qu'on lui proposait le marché. À Venise, Balthazar Gerbier l'avait approché sur ce thème...

En ce temps-là, pour prix de sa trahison, les intermédiaires de Buckingham lui avaient offert l'élévation des Petty-de-Soulby à la caste des gentilshommes. Aujourd'hui on lui offrait la vie sauve. Will songeait, avec son ironie habituelle, qu'en cinq ans le prix de sa corruption avait été révisé à la baisse... En 1622 : le titre de *squire* contre l'œil du révérend. Il n'avait pas pris le troc au sérieux. Il avait eu tort. L'obscur Gerbier était *Sir Balthazar* aujourd'hui. Voilà ce que rapportait la fidélité au duc de Buckingham. Que rapportait la loyauté au comte d'Arundel ?

Contrairement à ce que l'ambassadeur avait pu craindre, Will prenait son offre en considération. Était-ce l'opportunité qu'il attendait ?

Buckingham, le favori de Sa Majesté, le ministre le plus riche du royaume, le chef des armées d'Angleterre, le grand amiral de la flotte, lui donnerait les moyens du succès. Le duc pouvait l'anoblir, il pouvait l'enrichir. Travailler pour lui, c'était bâtir sa propre fortune... Travailler pour lui, c'était se rapprocher de la conquête de Teresa Giustiniani.

En outre, le service du duc de Buckingham lui permettrait de rester au Levant... à Scio ou ailleurs.

L'avenir avec Teresa devenait soudain possible !

De quand dataient les informations de Sir Thomas ? Entre la Tamise et le Bosphore, les nouvelles mettaient de trois à six mois : le plateau de la balance pouvait avoir oscillé d'un côté. Et de l'autre. Plusieurs fois... Comment mesurer l'ampleur de la chute des Arundel à Londres ?

La complicité supposée du comte dans le mariage secret de son héritier n'était qu'un prétexte. Une aubaine pour justifier son incarcération. Le « crime » du jeune Maltravers arrivait à point nommé. Au moment précis où Lord Arundel s'apprêtait à frapper le duc de Buckingham d'*impeachment* à la Chambre des Lords. Sur ce point, Will connaissait les intentions du comte par sa dernière lettre.

Son séjour à la Tour l'arrachait au prétoire et le coupait de ses pairs.

On pouvait toutefois supposer que, lorsque le danger d'une mise en accusation devant la chambre serait écarté pour le duc, le roi libérerait Arundel... Vraiment ? Le père du comte était mort à la Tour de Londres pour moins que cela !

Même si Lord Arundel sortait de prison, il n'en sortirait pas indemne.

Taxé sur ses propriétés, chassé de la cour et, selon toute probabilité, exilé de Londres. Comment le trahir maintenant ? Comment lui ôter, en ces jours de malheur, l'unique satisfaction de son orgueil et la consolation de son cœur ?

Comment le dépouiller de sa collection ?

À cette heure, les marbres de Smyrne, et peut-être le premier chargement de Corinthe, devaient avoir rallié Arundel House. Qu'était-il advenu des sculptures ?

... Choisir en connaissance de cause. Attendre confirmation des faits. Gagner du temps.

Le long silence de Petty, son manque d'empressement à accepter une proposition qu'il ne pouvait refuser exaspérèrent l'ambassadeur.

Roe s'inquiétait sincèrement des risques qu'ils couraient tous – Petty, Cyril Lucaris et lui-même. En temps ordinaire, il aurait caché son anxiété. Il s'en servait maintenant pour presser son adversaire. Il devint menaçant :

— Vous ne vous en tirerez pas avec les Turcs de Constantinople comme avec votre cadi de Çesme ! Assez de faux-fuyants. Vous devez jouer franc jeu à mon égard, vous n'avez plus le choix... Vos méthodes de jadis m'ont contraint à embaucher des mercenaires et des forbans. Je me suis commis avec eux à mon corps défendant. Aujourd'hui mon agent, Mr Atkinson, est hors d'état de me servir. Et Lord Arundel, votre maître, hors d'état de vous employer. Le combat a cessé, faute de combattants. La raison exige que nous unissions nos efforts... La raison, Mr Petty...

Le visage de l'ambassadeur s'adoucit d'un sourire :

— ... Et l'amitié. Après toutes ces années, vous me devez bien cela !

— Votre Excellence me donne-t-elle jusqu'à demain pour lui suggérer une alternative ?

Roe réprima un mouvement de dépit.

— Ma sympathie vous ennuie peut-être ?

La réserve de Petty le vexait :

— ... Vous avez perdu le sens des usages et le goût du monde, révérend ! Il est vrai que vous êtes un philosophe et que vous arrivez de loin. Allez donc vous raser. Prenez quelque repos. Rendez-vous présentable pour notre petite fête de demain. Nous discuterons à déjeuner de l'instabilité de votre situation, si les janissaires du Grand Seigneur nous en laissent le loisir.

Les janissaires n'eurent pas cette politesse.

Le lendemain, 6 janvier à midi, fête de l'Épiphanie, un raid de cent cinquante fantassins s'abattait sur Pera.

Sir Thomas, debout dans son salon, un verre de vin à la main, commençait son discours de bienvenue à ses hôtes, quand ils entendirent les premiers cris. Will et Cyril Lucaris, siégeant côte à côte au premier rang, échangèrent un regard inquiet... Le martèlement sourd d'un pas de charge : les Turcs bouclaient le quartier des ambassades. Les soldats avaient enfilé la rue mitoyenne du palais d'Angleterre. Ils longeaient le mur d'enceinte. Ils se rapprochaient du pavillon qui abritait la presse.

Roe, imperturbable, affectait de ne rien remarquer et poursuivait ses vœux de bonne santé pour l'année nouvelle.

Les coups de bélier qu'on assénait dehors scandaient maintenant chacune de ses phrases. Il continuait son discours L'assistance ne l'écoutait plus.

Les coups se firent plus rapides. Puis il y eut un bref silence. La porte du pavillon avait dû céder.

N'y tenant plus, Will sauta sur ses jambes. Du regard, Roe lui intima l'ordre de se rasseoir et de se tenir tranquille.

Dehors la rumeur s'accrut.

Les janissaires s'étaient rués dans le local. On entendait un vacarme d'une nouvelle sorte, un bruit de cognées. Will bondit vers la sortie du salon. Le patriarche esquissa le geste de le suivre.

— Où allez-vous, Mr Petty ? tonna l'ambassadeur.

— Voir ce qui se passe.

— Vous n'en ferez rien.

— Ils vont détruire la presse, tout brûler.

— C'est en effet leur intention.

— Et vous les laisserez faire ?

— Croyez-vous que votre mort les en empêchera ?

Will passa outre.

Roe lui barra le passage :

— ... Courez, entraînez avec vous Sa Sainteté jusqu'au pavillon, c'est exactement ce que les Jésuites attendent du patriarche, et des Anglais. Jetez-vous sur les janissaires. Empêchez-les d'accomplir leur mission. Massacrez-en quelques-uns. Au couteau, au sabre ou au mousquet, comme il vous plaira. Les Français applaudiront chacun de vos exploits : ils savent ce que votre résistance va coûter aux Orthodoxes.

Roe conclut avec sécheresse :

— Pour l'heure, nous n'avons pas le choix : nous devons laisser faire les soldats du sultan.

Will lui décocha un regard furieux :

— Les manuscrits du patriarche se trouvent aujourd'hui en Angleterre : l'honneur commande que nous protégions son imprimerie.

— L'honneur commande, Mr Petty, de ne pas donner aux Français le plaisir d'avoir interrompu notre petite fête... Musique, s'il vous plaît !

*

À genoux, sa robe d'apparat baignant dans les flaques d'encre, le vieux patriarche tentait de rassembler ce qui restait des lettres de son alphabet.

La porte du pavillon était fendue en deux. Les livres avaient disparu, probablement saisis par l'armée. La presse, hachée menu, gisait en miettes sur le sol, parmi les caractères d'imprimerie dispersés à coups de crosse et projetés dans toute la pièce.

Will étouffait les flammèches de centaines de feuilles qui voletaient partout. Du talon, il achevait de les réduire en cendres. Mais un jaillissement de feu, incendiant d'un coup toutes les rames de papier entassées contre les murs, le força à reculer. Il attira le patriarche en lisière du brasier.

Ils se maintinrent sur la véranda dévastée, un instant. Au-dessus d'eux, un grand rugissement leur apprit que le toit brûlait. Les volutes de fumée s'enroulèrent autour de leurs têtes. Alors ils reculèrent, à demi étouffés par les serpents noirs de la destruction qui les poursuivirent jusqu'au bas des marches.

52. *Au même moment à Londres, Arundel House, 6 janvier 1627*

À des centaines de lieues de Pera, à la même heure, dans la même atmosphère crépusculaire de fin du monde, une longue barge descendait la Tamise. Elle arrivait du port de Londres et convoyait le chargement d'un navire de guerre en provenance de Smyrne.

Les cinquante rames s'abattaient sur l'eau à coups réguliers. Leur claquement résonnait jusqu'à la grande demeure abandonnée qui s'élevait entre la rivière et le Strand. Seuls les serviteurs fidèles et quelques jardiniers italiens veillaient sur la maison des Arundel en disgrâce.

Le vieil intendant, Mr Dyx, surchargé de responsabilités, errait dans les galeries. Bien qu'il ne s'intéressât guère à la peinture, il s'arrêtait devant les Titien, les Véronèse et les Tintoret. Perplexe, il regardait les *Femmes au bain*, et la *Cérès*. La nécessité de se départir de certains tableaux pour renflouer les coffres du comte l'inquiétait. Quelles toiles convenait-il de vendre ? Sûrement pas les Holbein, ni aucun des portraits de famille ! Il se sentait très seul. Son épouse, Mrs Dyx, aurait peut-être su désigner les œuvres qui importaient le moins au cœur des maîtres. Elle avait voyagé en Italie, elle connaissait la valeur des peintres. Mais Mrs Dyx se trouvait avec Milady et ses dames, en exil à la campagne. Quant à la cession des statues... Le vieil intendant n'osait même pas s'aventurer dans la galerie des antiques.

Le portrait au-dessus de la cheminée du hall, *Thomas Howard, deuxième comte d'Arundel* par l'artiste Mytens, disait clairement l'importance des sculptures. Si Milord avait choisi de se survivre à lui-même en compagnie des statues, c'est qu'il les considérait comme parties intégrantes de sa personne, de son nom et de sa maison. Aux yeux de l'intendant, une chose restait donc claire : on ne se séparerait pas des dix effigies représentées sur la toile... Parmi les centaines d'autres, comment choisir? Quelles Minerves, quelles Vénus pouvait-on abandonner au duc de Buckingham, pour apaiser les créanciers, et régler les dettes les plus urgentes?

La barge accosta lourdement contre l'embarcadère de la maison. Les marins déchargèrent, à grand-peine, leur cargaison.

Affolé devant ce chaos de caisses si monstrueusement lourdes qu'il ne pouvait les faire transporter nulle part, le pauvre Mr Dyx courait en tous sens, essayant vainement d'organiser l'amoncellement au fond du jardin. S'il l'avait pu, il aurait empêché ce débarquement et renvoyé la barge d'où elle venait. Les caisses arrivaient de Smyrne? Fort bien. Qu'elles y retournent!

Il n'attendit pas le lendemain pour se rendre en toute hâte chez son homologue, l'intendant de la maison de Lady Kent, sœur de Lady Arundel : l'érudit John Selden. Protégé par Lord Arundel, Selden avait appartenu à l'Antiquarian Society, il saurait les mesures à prendre avec ces abominables caisses. Que souhaitait Sa Grâce? Fallait-il les ouvrir? Transporter les objets dans les nouvelles galeries?

Selden, n'ayant reçu aucune instruction, suggéra de demander conseil à Robert Bruce Cotton, grand collectionneur des reliques de l'invasion romaine, confident de tous les Howard, notamment de feu « Willie l'Audacieux » et de Lord Arundel. Il était le seul de la petite bande d'antiquaires à pouvoir prendre la responsabilité de la réception des marbres. Le malheur voulait que son opposition à la politique de Buckingham et son intimité avec le comte en aient fait la bête noire du pouvoir. Toutes ses entreprises semblaient suspectes.

Cotton proposa donc de s'adjoindre les services de deux autres savants, mieux en cour que lui-même : il songeait notamment au très lettré Patrick Young, le bibliothécaire personnel de Sa Majesté. La collaboration de Young et d'un second érudit de ses amis, qui jouissait de la faveur du roi, permettrait à Cotton et à Selden d'établir le catalogue des objets, sans éveiller la méfiance de Buckingham.

Dans la pluie, dans le vent de ce sinistre mois de janvier, les quatre mandarins se retrouvèrent sur l'embarcadère d'Arundel House. Armés de piques, ils s'attelèrent ensemble à l'ouverture des caisses. Ce qu'ils allaient découvrir les jetterait dans un état d'exaltation qui n'aurait d'égal que l'ampleur de la tâche à laquelle le plus jeune et le plus libre d'entre eux, le brillant John Selden, décida de se consacrer durant de longs mois.

Selden retranscrirait trente des inscriptions qui éclairaient d'une lumière totalement nouvelle l'histoire de la Grèce. Il les traduirait en anglais, avec l'aide et le conseil de ses trois acolytes auxquels il soumettrait ses doutes. Et il les publierait.

En attendant la parution de l'ouvrage, Selden et ses amis faisaient campagne dans toute l'Europe : ils informaient leurs correspondants de l'importance de leurs travaux.

53. *Dans toute l'Europe, 1627-1628*

« (...) Il y a quelques jours, écrivait Patrick Young, bibliothécaire du roi d'Angleterre, à un professeur de l'université de Pise, on a apporté chez le comte d'Arundel (qui est le seul de tous les grands personnages de ce royaume à s'intéresser à cette sorte de choses) des inscriptions grecques remarquables. Parmi ces inscriptions se trouve notamment une plaque de marbre qui contient le traité entre Smyrne et Magnésie à l'époque de Séleucos Kallinikos. Si tu considères l'importance de ce que peut nous révéler cette tablette, elle n'a pas sa pareille. Elle est la plus précieuse parmi les antiques que nous connaissons. (...) »

Cette première lettre ouvrit le feu à un flot d'échanges en latin qui sillonnèrent bientôt la république des lettres. Historiens, linguistes, théologiens, collectionneurs, amateurs et curieux se transmettaient la nouvelle : aucun antique de cette qualité n'avait rejoint le nord de l'Europe depuis les invasions romaines. Ces témoignages du passé livraient, sur tous les plans et dans toutes les disciplines, des informations capitales.

« (...) Outre les marbres, on a rapporté de précieux codex, dont celui d'Éphrem le Syrien, poursuivait Patrick Young. Ses prédications sont ici traduites en grec. Du fait des défauts de la traduction, il existe beaucoup de différences avec la version élégante de la langue syrienne. Pourtant ce manuscrit me paraît d'une valeur inestimable. Il est écrit sur parchemin. (...) »

De Londres à Pise, de Paris à Padoue, de Rome à Aix, de Lyon à La Haye, de Leyde à Londres, dans toute l'Europe, une longue chaîne d'érudits s'informait, demandant partout des précisions. Chacun incluait dans sa propre missive les copies des dernières lettres qu'il venait de recevoir.

« (...) Je suis d'autant plus intéressé par ce que vous me dites de l'importance de ces dépouilles d'Orient, écrivait au conservateur de la bibliothèque vaticane le conseiller au parlement d'Aix, Nicolas Fabri de Peiresc, d'autant plus touché de la valeur de ces marbres, que l'une des tablettes dont vous me parlez m'était destinée. L'un de mes bons amis à Smyrne l'a cédée à un Anglais qui l'en priait instamment, chose dont mon ami s'est amèrement repenti depuis. (...) »

« (...) L'honneur de l'érudition, lui répondait tristement son correspondant romain, et le monopole des belles-lettres reviennent désormais à l'Angleterre. (...) »

« À qui le dites-vous ! insistait l'amateur français. Celui qui le premier rassembla ces inscriptions était pourtant fort de mes amis, se lamentait-il... Il avait une fois commencé de faire travailler pour les enlever et me les apporter. Mais il fut tant prié par un Anglais, qu'il les lui céda. (...) »

Peiresc resterait si désolé de cette perte que le premier érudit qui écrirait sa biographie, confondant bientôt les mésaventures des deux Sanson – la perte des gemmes par Sanson Le Page à Baalbek et la cession de la *Chronique de Paros* par Sanson Napollon à Smyrne –, en rendrait compte à la postérité comme d'un seul et même larcin : un vol éhonté de messieurs les Anglais.

La rumeur, qui vantait la perfection des sculptures d'Asie Mineure et l'importance scientifique des inscriptions, revenait à Londres après avoir fait le tour de l'Europe : elle allait diablement arranger les affaires de Lord Arundel !

Le comte était sorti vivant de la Tour. Mais, comme l'avait naguère supposé Will, le pouvoir royal lui avait vendu sa liberté au prix fort. L'amende, le tribut auquel Charles Ier et son ministre le condamnaient, l'appauvrissait de façon spectaculaire. Banni de la cour, il avait l'interdiction de résider à Arundel House et de s'approcher de la capitale. Comble d'ironie, l'homme qui passait désormais pour « le père de tous les arts en Angleterre, l'un des plus grands mécènes de l'histoire » était le seul amateur de Londres à n'avoir pas vu les marbres qui faisaient sa gloire !

S'il ne pouvait admirer ses trophées, il ne pouvait pas non plus rencontrer ses créanciers et payer ses dettes. Ce dernier point ne l'inquiétait guère... À son intendant incombait la tâche de trouver des expédients. Milord ne manifestait, pour sa part, aucune intention de se pencher sur ses comptes, et de se laisser freiner dans ses acquisitions par un souci financier. Comment échapperait-il à la faillite ? En continuant d'emprunter : l'aristocratie anglaise, le roi compris, vivait à crédit.

Pour la conquête des biens qu'il devrait rapidement arracher à d'autres convoitises en les payant comptant, restaient les miettes de la dot de sa femme. Des miettes conséquentes, somme toute. Et puis, l'arrivée de nouveaux héritages. Lord Arundel se savait si bien né, il appartenait à un réseau si riche, que sa fortune se rétablirait d'elle-même, par la mort de quelques parents.

Pour la survie de sa race, l'essentiel était ailleurs.

Le rêve du comte s'était incarné. Sa *virtù* se confondait avec l'honneur du royaume d'Angleterre. Il avait été le premier à exposer ce que nul, en dehors des conquérants romains, n'avait jamais vu – la perfection de la statuaire grecque –, le premier à transplanter les splendeurs du siècle de Périclès à Londres. Dans toutes les cours et toutes les universités, les érudits attendaient la publication du travail de ses protégés. Le volume portait déjà un titre éternel : *Marmora Arundelliana*.

Quand le fameux philosophe Francis Bacon, peu avant sa mort et l'arrivée des inscriptions, avait levé les bras au ciel devant les hommes et les femmes nus qui surgissaient dans les jardins du comte, quand il était tombé à genoux, s'écriant : « C'est le Jugement dernier ! », sa plaisanterie ne témoignait pas seulement de son admiration. Elle se voulait une allusion au duel que se livraient les deux grands du royaume par statues interposées, une évocation de l'épreuve finale qui allait bientôt les départager.

L'heure du triomphe sonnait aujourd'hui, avec la révélation des vestiges de Smyrne.

Paradoxe : depuis que George Villiers, duc de Buckingham, avait vaincu Thomas Howard en l'écartant du pouvoir, jamais la lignée des comtes d'Arundel n'avait été plus glorieuse !

Leur victoire venait de trop loin, cependant, pour que quiconque se souvienne de l'obscur et discret personnage qui en avait été l'instrument.

« Tu te rappelleras peut-être son nom ? s'enquérait un érudit romain auprès d'un savant de Leyde. Moi je l'ignore, et l'ai toujours ignoré... Je te parle de l'homme qui a trouvé les marbres. »

Même ses pairs de Londres, même les autres protégés de Lord Arundel, même John Selden, le brillant auteur de *Marmora Arundelliana*, semblaient avoir oublié son existence. Sur son rôle, tous gardaient le silence.

Seul le Français Peiresc s'étonnait : « Je trouve bien étrange que Mr Selden ait fait l'édition de *Marmora Arundelliana* sans rendre l'honneur qui était dû à celui qui les avait arrachés des mains des Barbares, avec tant de sollicitude et de dangers. »

Décidément, le révérend William Petty ne recevait d'hommages que de ses rivaux !

54. *Constantinople, juillet 1628*

— Ne me dites pas que l'appropriation de vos travaux vous laisse froid ? tempêtait Thomas Roe, profondément choqué.

Une telle indélicatesse, perpétrée par des commanditaires et des amis, laissait augurer à l'ambassadeur le pire pour ses propres affaires. Il craignait que son dévouement n'ait été oublié à Londres. Six ans d'absence dans ce lieu qu'il exécrait pouvaient lui coûter, à lui aussi, son droit à la reconnaissance royale.

Les deux hommes remontaient la pente de Pera, au terme d'une ultime visite de l'autre côté de la Corne d'Or, à la résidence du patriarche.

— ... Entre nous, Mr Petty, vous l'avez cherché ! À force d'opérer dans l'ombre, de filer entre les doigts de vos ennemis et de vous dérober à la sympathie de ceux qui vous veulent du bien, vous êtes devenu, non pas insaisissable, mais évanescent. Or pour survivre en ce monde – et même au-delà ! –, il faut rester présent à son public, se battre sous les feux de la rampe.

Will esquissa un salut.

— J'entends bien et remercie Son Excellence de sa sollicitude. Je prends même ses conseils en considération au point d'accepter son offre.

Roe n'écouta pas.

— ... Et voulez-vous que je vous dise ? Vous appelez « détachement » une faiblesse qui vous enchaîne. Votre incapacité à défendre vos propres intérêts n'est que l'expression de votre orgueil ! Quant à cette fuite en avant, cette course sempiternelle après... Que poursuivez-vous, au juste ? Vous n'avez jamais jugé bon de me l'expliquer...

Malgré l'estime qu'il portait à Roe, une amitié qu'il lui rendait au centuple, Will demeura impénétrable. Affectant de n'avoir pas ressenti la sollicitude de son interlocuteur, il insista :

— Je disais à Son Excellence que je suivrai son avis et servirai ma fortune, en travaillant pour elle... C'est-à-dire pour le duc de Buckingham.

Roe, s'arrêtant net, lui lança un regard torve.

— Merci, Mr Petty. Vous acceptez de m'aider au moment précis où je quitte le champ de bataille. Je vous reconnais bien là : je m'en vais, vous accourez.

— Il m'était difficile d'accepter plus tôt.

Roe lui jeta un second regard où le mécontentement le disputait à la méfiance. Petty se moquait-il de lui, en prétendant abandonner le service de Lord Arundel ?

— Pourquoi maintenant, quand je pars de Constantinople ?

— Deux affaires en cours, deux entreprises à terminer, m'ont empêché de porter une réponse aussi rapide qu'enthousiaste à votre proposition.

Parlait-il de l'arrivée des marbres à Arundel House ? De l'installation, ou de la destruction, de la presse ?

L'ambassadeur avait vu avec quelle énergie Petty s'était employé au déblaiement du pavillon, à la réparation du mobilier, des tiroirs, des montants et des machineries. Il avait été témoin de son dévouement au patriarche en ces jours où l'espoir s'effondrait.

Pourquoi cet homme, que Roe avait de longue date jugé incorruptible, passait-il à l'ennemi en fin de parcours ? L'ambassadeur demeurait sur ses gardes. Son incrédulité se manifestait si clairement que Will jugea opportun de le rassurer :

— Mais oui, Excellence, insista-t-il en souriant, mais oui, je suis à vos ordres et vous appartiens corps et âme. À vous, et au duc de Buckingham si Sa Grâce veut bien me payer le centuple de ce qu'elle payait Atkinson.

Un *déserteur*, Petty, qui l'eût cru ?... Il avait besoin d'argent, il en cherchait, il en trouvait. Un brigand, ne pas l'oublier ! Un brigand qui tentait de sauver sa peau et trahissait son maître... Roe pouvait se féliciter : il lui avait brossé un tel tableau de sa situation financière, le traitant de voleur et le menaçant du supplice de la ganche, que Petty recourrait à n'importe quel expédient, comme tous les mercenaires.

Mais depuis des mois, c'était plutôt Sir Thomas qui le trompait. Dans l'espoir de le circonvenir au profit du duc, il avait négligé de l'avertir des derniers événements. Notamment du fait que, dès sa sortie de prison, Lord Arundel avait fait parvenir à Constantinople, en empruntant aux banquiers Giustiniani, ou Dieu sait comment, les fonds nécessaires au paiement des objets... Les Turcs étaient satisfaits. Petty ne courait plus le risque d'une arrestation pour dettes. De ce côté, il pouvait dormir tranquille.

L'ambassadeur le connaissait assez pour savoir que l'imminence du danger ne lui avait pas ôté le sommeil. Alors, *pourquoi trahissait-il ?*

Sans doute jouait-il double jeu, une nouvelle fois ! Encore une ruse, l'un de ces trompe-l'œil dont il avait le secret pour gagner du temps. Il *prétendait* déserter. Mais il n'en avait pas l'intention... Aucune intention, vraiment ? Méfiance ! Petty ne se trouvait jamais où on l'attendait... Peut-être disait-il vrai ?

En quatre ans, Roe ne se souvenait pas de l'avoir pris en flagrant délit de mensonge. Petty dupait par son silence. Ou par son absence. Il laissait dire, il laissait faire et péchait par omission. Mais il ne racontait pas de fables.

Au fond, rien ne permettait de douter de sa sincérité quand il proposait ses services. L'explication qu'il donnait lui-même à son changement de cap était plausible. Il avait rempli le contrat qui le liait à Lord Arundel. Il avait tenu tous ses engagements et toutes ses promesses. Il pouvait, en effet, s'estimer moralement libre de contracter de nouveaux liens, d'embrasser de nouvelles obligations.

Sa mission accomplie, Petty comptait se lancer dans des aventures plus lucratives. Qui pouvait l'en blâmer ?

L'ambassadeur ne se satisfaisait pas de cette seule raison. Il devinait tout un enchevêtrement de mobiles et mesurait qu'il ne savait rien de la vie privée de son interlocuteur. Quel lien, aussi impérieux que son attachement aux Arundel, retenait Petty en Orient ?... *Libre d'embrasser de nouvelles obligations ? Envers qui ?*

Envers Milord Buckingham ?

Si tel était le cas, Roe devait se hâter de lui payer la fortune qu'il demandait !

... Avait-il une maîtresse, une faiblesse, un vice caché qui justifiait ce pressant besoin d'argent ? Était-il prisonnier d'une passion ? L'alcool ? Le haschich ? L'opium ? Roe sentait qu'il se rapprochait de la vérité. Pourtant il ne parvenait pas à imaginer Petty esclave de ses sens et des paradis artificiels... Les femmes ? Épris d'une Turque ou d'une Grecque jusqu'à se vendre lui-même au plus offrant ? Allons donc ! Chez un homme comme lui, le reniement d'une si longue fidélité, l'abandon d'une cause qu'il avait servie avec tant de fougue ne s'expliquaient – aux yeux de l'ambassadeur – que par un sentiment plus fort que l'amour d'une femme... La colère ? Renonçait-il par esprit de vengeance ? Par amertume ?

Oui, certainement : l'amertume ! Elle devait entrer pour beaucoup dans sa décision de lâcher prise... Une forme de tristesse, de découragement devant la conduite de Lord Arundel.

L'indifférence du comte qui avait laissé publier les découvertes de son champion par un protégé plus bruyant, qui permettait que le monde ignore le rôle de William Petty dans la conquête des marbres, qui acceptait que ce beau titre de gloire lui soit ravi : cette trahison-là avait dû le blesser au plus profond.

Petty n'en laissait rien paraître, selon son habitude. Roe poussa un profond soupir :

— Que voulez-vous, les bandits, au Levant comme ailleurs, ne sont jamais ceux que l'on croit... Regardez les Turcs. Qui eût pu prévoir ? Ils se sont diablement bien conduits avec nous !

L'ambassadeur faisait allusion à leur effort commun pour obtenir justice du pillage de l'imprimerie auprès du grand vizir. Cette ultime bataille les avait rapprochés.

On les avait fait attendre trois jours avant de leur donner audience. Mais au troisième jour, dans la salle du Divan de Topkapi, l'ambassadeur s'était offert une colère spectaculaire, l'une de ces explosions dont il avait le secret. Aux dignitaires du sérail médusés, il rappela en hurlant que le lieu du pillage relevait de son ambassade, qu'un tel comportement l'humiliait personnellement, offensait sa nation et déshonorait son roi. Il exigeait donc l'examen immédiat, par les autorités religieuses, de tous les livres saisis chez lui.

Roe avait poussé de tels cris que le vizir avait accepté de soumettre la cause à plusieurs mollahs.

Tous relevèrent les mêmes évidences : les textes du patriarche ne mentionnaient ni Mahomet ni le Coran. Ils ne formulaient aucune insulte à l'égard du sultan et n'invitaient pas les Grecs à l'insurrection.

Roe ne se montra pas satisfait. Il exigea que le vizir en appelle au chef suprême de la spiritualité ottomane. Il voulait le jugement du grand mufti de Constantinople.

Après inspection des ouvrages, le mufti conclut en ces termes :

« Les livres imprimés par le patriarche ne traitent que de la liturgie des Chrétiens. Puisque le Grand Seigneur accorde aux Infidèles la permission de pratiquer leur foi, le prêche de leur doctrine dans leurs églises n'est pas plus criminel que l'impression du dogme dans leurs livres. Conformément à la loi musulmane, ce n'est pas la diversité d'opinion en matière religieuse qui est criminelle et blasphématoire, mais le scandale qui accompagne ordinairement la propagation de ces opinions. »

La tolérance dont témoignait cette réponse donnait à toutes les communautés du Levant la mesure du fanatisme des Chrétiens.

Le vizir s'était laissé manipuler dans une querelle entre *Giaours*.

Non seulement les Francs s'étaient servis des Turcs pour régler leurs comptes, mais ils les avaient trompés, et volés : l'ambassadeur de France et son clergé n'avaient pas payé ce qu'ils avaient promis en contrepartie de la destruction de la presse.

Outré par une telle accumulation de malhonnêtetés, le vizir venait de prier l'ambassadeur d'Angleterre d'accepter ses humbles excuses. Il avait promis à Mr Petty de restituer les livres du patriarche...

Mais le mal était fait.

Désormais, les dignitaires du sultan Murad IV enveloppaient *tous* les Chrétiens dans le même mépris, une méfiance qui englobait les êtres. Et les choses.

Les pierres, les médailles, les livres, les statues, tout ce que ces chiens désiraient, leur serait, à l'avenir, refusé. Leur or salissait la main de celui qui le recevait. Avec eux le crachat était l'unique monnaie d'échange. Ils n'obtiendraient rien d'autre. Leurs divinités pouvaient rester en suspens, accrochées par quelques clous de bronze sur la muraille des Sept Tours. Jusqu'à leur effondrement. Qu'importait aux Ottomans?

— On ne peut pas *tout* réussir, Mr Petty...

Roe se gardait de souligner que si les Jésuites, expulsés de Constantinople et de Smyrne, avaient perdu cette bataille, ils gagnaient la guerre : l'imprimerie du patriarche ne reprendrait pas son activité et le *Confessio Fidei* ne serait pas édité à Constantinople. Will payait l'incident de l'échec des deux derniers projets qui lui tenaient à cœur. La presse de Cyril Lucaris. Et le rapt de l'un des vestiges qu'il avait jugé le plus nécessaire de sauver.

Cette fois l'ambassadeur osait formuler l'évidence :

— Vous ne détacherez jamais les reliefs de la Porte d'Or.

Roe ne croyait pas si bien dire. Un siècle suffirait pour que les marbres soient réduits en poussière.

Will et Sir Thomas atteignaient le palais de l'ambassade. Ils achevaient leur course où ils l'avaient commencée ensemble, près de quatre ans plus tôt. L'effort d'avoir grimpé la colline faisait transpirer l'ambassadeur :

— Qu'accomplirez-vous de plus au Levant? haletait-il en franchissant la grille...

Le jardin de la résidence, la fraîcheur de ses pelouses, la couleur de ses buis évoquaient déjà l'Angleterre :

— ... Servir le duc de Buckingham? Allons donc! Vous n'y croyez pas. Et moi non plus. Vous n'êtes pas fait pour la trahison. De toute façon, la guerre est finie... Nous embarquons, mon épouse et moi-même, dans quelques semaines... Pourquoi ne rentrez-vous pas avec nous à Londres? Vous devez témoigner de ce que vous avez accompli... Décrire ce que vous avez été le seul Chrétien à voir dans l'Empire ottoman. Raconter vos voyages au fin fond de la Grèce. Formuler et fixer vos aventures dans un ouvrage... Réfléchissez à ce que la publication de vos découvertes par autrui implique pour votre réputation et pour l'avenir... Chasser la mémoire de l'humanité, c'est bien joli. L'ancrer me paraît de la même importance. Laissez une trace de vos travaux. Déposez votre empreinte quelque part. Sinon, qui se souviendra de vous, Mr Petty?

Roe lui parlait avec cette franchise parce qu'ils se séparaient. Will reverrait-il cette lourde silhouette, gesticulant dans les rues de Pera?

Comment dire à Sir Thomas, comment « formuler et

fixer » ce qu'il n'avait pas su exprimer durant toutes ces années ? Son admiration pour le courage et l'intelligence de l'ambassadeur ? Sa gratitude ? Le regret de n'avoir pu vivre, sans méfiance et sans réserve, leur complicité ?... Comment *ancrer* maintenant, tout de suite, les mille sentiments qui le liaient à cet homme ?

Occupé à monter la haute marche du perron, l'ambassadeur ne vit pas les émotions que réprimait son interlocuteur. Il crut que Petty ne l'écoutait pas.

« L'atmosphère de Constantinople est devenue irrespirable, avouait Roe à Lord Arundel, concluant sur ces mots leur correspondance. Nos exportations sont gelées. Nos négociants font faillite. Les affaires d'Angleterre vont au désastre... Mr Petty a sans doute écrit à Sa Grâce qu'il comptait repartir pour Corinthe et la Grèce ? »

Will n'avait rien écrit de la sorte.

Au terme du long silence, conséquence de l'incarcération du comte, les missives de Londres rejoignaient leur destinataire par paquets. Lord Arundel y témoignait, en termes très chaleureux, de sa satisfaction et de sa gratitude. Sa Grâce attendait Mr Petty en Angleterre avec impatience.

Les effusions du comte restèrent sans réponse.

Dans l'épître suivante, le comte exposait plus clairement ses instructions. L'heure avait sonné : l'aventure était close. Mr Petty devait rentrer.

Aucune réaction.

De l'injonction amicale, le comte passa donc au commandement : on ordonnait à Mr Petty de se joindre au train de Sir Thomas Roe.

Rien.

Un bombardement de lettres, envoyées chacune en plusieurs exemplaires, témoigna bientôt de la colère du comte.

Sa fureur de n'être point obéi s'exprima dans un paroxysme de rage qui ne lui valut pas une explication, une excuse ou un regret de la part de son dévoué serviteur.

De la sommation, le comte glissa aux menaces : il avait demandé au nouvel ambassadeur, qui partait pour Constantinople, de retirer à Mr Petty tous ses sauf-conduits. Le firman du Grand Seigneur ne serait pas renouvelé.

Lord Arundel tonnait dans le désert.

Advienne que pourra. « ... Jamais. Je ne rentrerai jamais. »

À pleines voiles, Will voguait vers Scio.

55. *Scio, août 1628-décembre 1628*

— Partie ! Où ?

— À Gênes.

— Cloîtrée ?

— Mariée.

— Les Grimaldi savent ?

L'esclave prit un air innocent :

— ... Savent quoi ?

Will la dévisagea :

— Rien.

La scène s'était passée comme il l'avait redouté.

Dans la cour de la maison des Campos, l'âne tournait autour du puits. Ses sabots butaient sur les galets du sol, la roue à aube grinçait, l'eau ruisselait, et les orangers exhalaient leur parfum acidulé dans l'air surchauffé du mois d'août. Au sommet de la tour, la nouvelle maîtresse des lieux, épouse de l'un des beaux-frères, s'éventait sur la terrasse. Rada, la jeune esclave noire, lui servait des sorbets et des confitures. Il arrivait que les deux femmes voyagent ensemble au nord de l'île et qu'elles aillent se rafraîchir au « Bain des Dames ».

— Elle ne t'a rien laissé pour moi, une lettre, un message ?

L'esclave hocha négativement la tête.

— En es-tu certaine ?

À nouveau, Rada leva sur lui ses grands yeux vides, arborant cet air ingénu qu'elle semblait avoir beaucoup pratiqué ces dernières années.

Il répéta avec violence :

— Qu'est-ce que donna Teresa t'a priée de me dire ?

Une lueur passa dans le regard de l'esclave.

Avide de réponses, il ne sut pas interpréter son expression. Ironie ? Légèreté ? Cruauté ?

Éclatant de rire comme au temps où elle jouait à lui faire perdre l'équilibre dans l'eau, Rada jeta :

— Devine !

Dans un balancement de jupe, elle lui tourna le dos.

« Et maintenant ? » Ainsi s'interrogeait Teresa, autrefois.

Maintenant il ne pouvait plus bouger. Au terme de toutes ces distances parcourues, de tant de courses et d'agitation, il se liquéfiait et s'effondrait.

Pourquoi cette débâcle intérieure ? Il avait toujours su la conquête de Teresa aussi improbable que son propre retour !

Il n'avait pourtant pas cessé d'y croire.

Depuis deux ans, depuis l'heure de la séparation, il avait attendu ce jour qui ne viendrait plus. Pour rejoindre cette femme, il avait voyagé loin, jusqu'au bout de lui-même. Il avait combattu les fantômes de son passé et dominé ses terreurs les plus secrètes.

« Le Seigneur m'a donné deux fils, psalmodiait jadis son père. Le second est un déserteur qui abandonne sa famille et laissera crever sa mère. » Toute sa vie, Will avait tenté de faire échec à cette prédiction. Toute sa vie, il avait voulu surmonter la culpabilité et la honte du Tabouret du Repentir. Toute sa vie, il avait eu la hantise de sa propre trahison.

Rester fidèle à Lord Arundel. Coûte que coûte.

En acceptant d'abandonner le service du comte par amour pour Teresa, il avait osé transgresser le dernier interdit, la limite ultime, la seule frontière qui lui semblait impossible à franchir. Il était passé de l'autre côté de la faute, de l'autre côté du bien et du mal. Il avait pris le risque de vivre. Vivre pour lui. Vivre avec elle. L'amour avait vaincu la peur. Toutes les peurs.

Mais la disparition de Teresa rendait cette victoire illusoire... Absurde comme tous ses autres gestes désormais. En la perdant, il s'était perdu lui-même.

La défaite était totale.

« Et maintenant ? » Il devait... Que *devait-il*, au juste ? Il ne savait plus.

À mesure que le jour déclinait, sa brève conversation avec Rada perdait tout son sens. Il ne comprenait ni le présent ni l'avenir. Il errait sur les rivages qu'il avait tant aimés et n'éprouvait que le vertige du vide. Même ses noces avec la terre bénie des dieux étaient rompues.

Jour après jour, les habitants de Scio le virent arpenter le môle. L'Anglais allait et venait avec rapidité, comme il l'avait toujours fait. Mais il avait l'air hagard. Le soleil d'Asie Mineure, la lumière, la mer avaient quelquefois cet effet sur les Francs. Ils s'échouaient ainsi sur le sable, épaves humaines, parmi les vestiges du passé. Le médecin du cadi, l'apercevant au loin, diagnostiqua une forte insolation, et prédit qu'il finirait par s'évanouir.

L'Anglais ne s'écroula pas, mais, un matin, il cessa de gesticuler. Il alla s'asseoir sur le petit mur du remblai, face à la mer, et n'en bougea plus. Ce fut du moins l'impression qu'il donna pendant toute une semaine.

Dès l'aube, on le rencontrait assis là, les jambes pendantes au-dessus des vaguelettes. Son ombre s'allongeait au soleil couchant, interminable sur l'eau, sans qu'il donne signe de vie. Où dormait-il? Comment se nourrissait-il? Les dames s'interrogeaient. Que regardait-il au loin?

Penché sur l'abîme de ses doutes, il luttait contre la fascination du gouffre, et cherchait à conjurer le chaos. Il essayait encore de réfléchir. Son esprit trop tendu se heurtait à toutes ses incertitudes.

... Rentrer?

Il songeait à l'Angleterre, à l'obscurité de Cambridge, aux contraintes de la vie à Arundel House... Renoncer à la Grèce? Renoncer à cette passion de tous les instants qui l'avait tenu par la tête, le cœur et les sens durant si longtemps? Il croyait entendre les cloches des chèvres aux yeux jaunes, le vent dans les peupliers de Sardes, le murmure du Pactole, le fleuve d'or du roi Crésus...

Mais sans argent, sans firman, son activité en Orient se réduisait à néant. Évidemment, restait le duc de Buckingham qu'il pouvait encore servir! Ou les Jésuites?

Chassés de Constantinople, de Smyrne et de Scio, ils s'étaient retranchés sur le sol italien. En attendant l'occasion de revenir, les bons pères seraient trop heureux de l'employer à toutes sortes de besognes... Comme espion, par exemple? Ou, plus noblement, comme chasseur d'antiques à la solde du cardinal de Richelieu? Pourquoi pas? Il pourrait travailler pour les amateurs français, les fournir en antiquités grecques et romaines... Non, impensable. Comment un Anglais, un *Cambridgeman*, songerait-il sérieusement à enrichir les collections des Français?

Il pouvait aussi se vendre aux Turcs. Sa connaissance du grec et de l'hébreu, sa qualité d'érudit le feraient adopter parmi les historiens du Grand Seigneur. Alors il se ferait musulman. Un renégat, ministre de l'Église anglicane? La chose était rare et pouvait se monnayer grassement... Il ne se sentait, pour son malheur, aucun désir d'abjurer sa foi.

Pourquoi diable était-il resté pauvre ? S'enrichir au Levant eût été si facile ! Sir Thomas disait-il vrai en traitant son désintéressement de faiblesse ? « Qu'ai-je gagné pour ma peine ? Pas un objet de cette terre, pas un buste, pas une tête ne m'appartient. Je ne possède rien... Pas même l'amour de Teresa. »

Sa silhouette immobile devint bientôt une curiosité de la *passeggiata*.

À l'automne, elle y était si familière que les Turcs et les promeneuses cessèrent d'y prêter attention. Ils ne se rappelèrent son existence que lorsque l'étranger eut disparu du paysage.

On disait qu'il avait élu domicile dans une dépendance de l'église Sainte-Marcelle, proche du « Bain des Dames ».

À l'ombre de la chapelle, il fixait, au-dessus de la ligne d'horizon, un point invisible, symbole de son désespoir. Et il continuait d'attendre. Dans son égarement, il ne pouvait faire que cela. Attendre. Il attendait donc.

Bien lui en prit !

En novembre, le consul de Smyrne, Mr Salter, qui représentait à Scio les intérêts de la Levant Company, vint lui rendre visite.

Pour donner plus de poids à cette démarche, Salter apparut sur la plage en compagnie d'un capitaine de vaisseau qui arrivait d'Angleterre. Cet homme apportait une nouvelle fracassante, une nouvelle ancienne de trois mois, qui allait répondre, en partie du moins, à l'une des interrogations de Mr Petty.

Le 23 août 1628, le duc de Buckingham était mort assassiné d'un coup de poignard à Portsmouth.

Surgissant de l'ombre, Lord Arundel s'était alors emparé des cargaisons que Sir Thomas Roe destinait au duc. L'ambassadeur, trop heureux de se débarrasser de fardeaux dont il avait dû, à la dernière minute, avancer le coût et payer le transport sur ses deniers, les lui avait cédés sans balancer.

Ironie du sort. Ces trophées, si péniblement rassemblés par Atkinson et par tous les espions qui avaient suivi Will sur les chemins de Morée, rejoignaient finalement les galeries d'Arundel House. La collection d'antiques reflétait le regard et le goût d'un seul homme, « l'œil du révérend William Petty ». Les beautés qu'il avait vues, aimées, choisies, toutes ses conquêtes se dressaient ensemble dans le seul écrin digne d'elles.

Sur ce point, la satisfaction du consul Salter, qui avait participé, dans la faible mesure de ses moyens, au triomphe de

Mr Petty, comme il se plaisait à le souligner, n'avait d'égale que la clarté du témoignage qu'apportait ici le capitaine de vaisseau : Lord Arundel restait l'unique *virtuoso* d'Angleterre... Et la disparition de Buckingham lui rendait la place qui lui revenait auprès du roi. Sa Majesté avait perdu un ami, un frère. Mais elle avait gagné la paix avec son aristocratie. Les barons de Charles Ier battaient le rappel autour de sa personne. Tous les opposants au duc se ralliaient au monarque. Le comte d'Arundel retrouvait la faveur de son souverain.

Cette intrusion de la cour des Stuarts sur une plage d'Asie Mineure eut des conséquences inattendues. Elle redonna au révérend William Petty le sens des réalités. Elle le conforta dans son rejet d'un monde auquel il ne souhaitait prendre aucune part, dans son refus des jeux de la politique et des intrigues du pouvoir. Elle lui rendit du même coup la conscience aiguë de ses désirs et la mesure de sa liberté. Il comprit qu'il pouvait décider de son destin.

... Et parmi toutes les voies qui s'ouvraient à lui, il devina que s'il voulait poursuivre ses voyages, se lancer dans d'autres aventures, il devait choisir le chemin du retour.

À seule fin de repartir.

Maître de son destin, il prenait le parti de continuer sa quête aux côtés du comte. Mais à son rythme et selon ses propres règles.

Il rentrerait à Londres. Il hanterait quelque temps les galeries d'Arundel House. Puis il s'embarquerait à nouveau... Vers l'Italie par exemple ? Vers Gênes en particulier ? Faire fortune pour conquérir Teresa... Ce rêve reprenait toute sa force.

Teresa était mariée. Il l'avait perdue.

Mariée, oui, mais vivante !

*

Will s'enfonçait dans le silence de Scio, dans la lumière qui baignait les ruines du temple d'Apollon, dans le parfum blond des pierres, comme s'il jouissait de l'éternité pour la première fois.

Tout restait possible. Sans limites.

Épilogue

EVVIVA LA LIBERTÀ !

1629-1639

SUR TOUS LES CHEMINS DU RETOUR
Entre la Méditerranée et la Manche
Entre l'Italie et l'Angleterre
Durant les dix ans à venir
1629-1639

Entre les rivages de la Méditerranée et les côtes de la Manche, combien de fois avait-il retraversé les mers ? En dix ans, ses allers et retours ne se comptaient plus !

Mais il avait beau resurgir à Londres quand on ne l'attendait plus, apparaître discrètement et s'évanouir en silence, rien n'y faisait : il ne pouvait échapper à sa réputation. L'extraordinaire beauté des trophées qu'il rapportait, autant que ses retards et ses absences, faisait couler l'encre des informateurs sur tous les chemins qui le ramenaient à Arundel House.

Le long de sa route vers le comte, c'était toujours le même tapage :

« Il semblerait que Mr Petty ait passé les Alpes la semaine dernière, écrivait fiévreusement l'ambassadeur de Charles Ier en France, et qu'il s'arrêtera à Paris avant de s'embarquer pour Douvres. Nous sommes impatients d'entendre le récit de ses aventures et d'admirer son formidable butin. »

« Mr Petty aurait intérêt à ne pas s'attarder chez vous, lui répondait avec sécheresse le secrétaire aux Affaires étrangères. Faites en sorte qu'il se dépêche ! Milord Arundel l'attend depuis des mois : il est furieux contre lui. »

« Aujourd'hui, Mr Petty a quitté Paris, poursuivait le diplomate anglais. Il se dirige vers Calais, avec une dizaine de nos gentilshommes. Il devrait se trouver à Londres avant la fin de la semaine. »

« ... Vos dix gentilshommes sont arrivés à Londres. Tous... sauf Mr Petty ! S'il continue à se moquer du monde, Milord ne pourra se contenir : il le tuera. »

Oui, depuis son premier retour de Grèce en 1629, c'était la même histoire ! Sa Grâce oscillait entre la satisfaction et la rage. Elle méditait de l'enfermer. Elle rêvait de l'honorer. Elle projetait simultanément de le récompenser et de le punir.

La raison de ces atermoiements était simple : le comte savait « l'œil du révérend » irremplaçable et ne le laissait s'éloigner qu'avec la terreur de le perdre. Lui-même restait trop conscient de ses propres intérêts pour l'empêcher de chasser à son service sur les rivages de la Méditerranée, à Naples, à Rome, à Gênes. Dans toute l'Italie. Mais il craignait que Petty, s'il devait oublier trop longtemps les contraintes d'Arundel House, ne finisse par s'envoler ! Aussi tentait-il de lui rogner les ailes... Et tant pis si ses constants rappels mettaient en péril l'heureuse conclusion de certaines négociations sur le continent ! Un moindre mal. Lord Arundel considérait que l'indépendance de son agent menaçait plus gravement l'avenir de sa collection que l'arbitraire de ses accès d'autorité.

En obligeant Petty à tenir des délais ridicules, en le forçant à rentrer à dates rapprochées, il essayait de le brider. Peine perdue, le comte le savait : le révérend se souciait de ses colères comme d'une guigne. Petty ne faisait que ce qu'il voulait. Il franchissait la Manche au gré de ses caprices et de ses convenances.

Mais, s'il ignorait les ordres, il respectait les goûts de son mécène. Sur ce seul point, il se montrait rigoureux jusqu'au scrupule. Depuis près de vingt ans que durait leur alliance, il devinait les directions où le conduisaient les désirs du comte. Il n'avait guère à se contraindre sur ce terrain. Les deux hommes partageaient les mêmes instincts et la même vision. Pas une toile, pas une statue qu'ils n'aient aimée ensemble. Pour tout ce qui touchait à la collection, point de rapports de force. La beauté les conduisait tout naturellement vers l'harmonie.

Afin de communiquer, Arundel et Petty avaient mis au point entre Rome, Florence, Gênes, Venise et Londres un réseau de relais et de complicités qui leur permettait d'échanger des informations. Les collectionneurs rivaux épiaient les mouvements de l'un et de l'autre. Garder leur correspondance secrète, à travers l'Europe entière, tenait de la gageure. Ils avaient réussi.

Que Petty connaisse une hésitation sur le prix d'un marbre, qu'il éprouve une antipathie ou un coup de cœur envers un tableau, il soumettait ses doutes à son commanditaire. Dans les plus brefs délais, Milord lui renvoyait un messager avec ses instructions. Petty les suivait au plus près.

Pour le reste... Mystère. Quand le révérend jugeait inutile de lui donner signe de vie, Arundel perdait sa trace. La rumeur disait qu'il vaquait à ses propres affaires.

Le comte s'inquiétait souvent de la nouvelle détermination de Petty à s'enrichir, une détermination relativement récente qui datait de sa période de liberté à Scio... Milord le payait avec la promesse de lui faire donner les bénéfices d'une très grosse paroisse. En attendant qu'une cure se libère sur ses terres, il lui concédait des émoluments. Mais aucun salaire. Dans ces conditions, comment se plaindre des méthodes du révérend ?

Le comte préférait fermer les yeux sur les commissions qu'il s'octroyait. Pourvu qu'il construise sa fortune sur le dos d'autrui, sans user de la cassette ou de la caution des Arundel, et qu'il n'acquière pour son compte que des œuvres mineures, des tableaux, des livres ou des statues qui ne regardaient en rien la Collection, Sa Grâce se désintéressait de ses trafics. Elle le connaissait assez honnête envers lui-même pour séparer le grain de l'ivraie, assez fidèle pour ne rien soustraire aux galeries des Howard.

Figée dans ce statu quo durant des années, leur relation allait pourtant se tendre jusqu'à la rupture au mois de janvier 1633.

Cet hiver-là un marchand anglais répandit à Londres d'édifiants ragots sur les frasques du chapelain de Lord Arundel.

Le marchand racontait qu'en débarquant à Gênes il avait vu William Petty en galante compagnie. Interrogé sur ce point, le marchand donna tous les détails qu'on lui demandait : Petty passait pour très lié avec une femme de la gent Giustiniani. Leur aventure était de notoriété publique. Le couple vivait maritalement, au nez et à la barbe de l'époux légitime, un commerçant qui trouvait de très gros avantages financiers à cet arrangement.

Lord Arundel tenait sa réponse : les petits trafics – les immenses pots-de-vin dont Petty se gratifiait ! – finançaient ses vices.

Le comte se garda de réagir avec trop de violence. Dans un premier temps, il fit même preuve d'habileté et se contenta de prier l'intéressé de bien vouloir regagner l'Angleterre.

Petty répondit selon son habitude quand on lui suggérait de rentrer : il éluda.

Lorsque Sa Grâce, sur un ton beaucoup plus comminatoire, lui ordonna de s'embarquer dans l'heure, Petty réagit en se conduisant de la façon tant redoutée : il se volatilisa.

Cette fois, Lord Arundel ne se laisserait pas manœuvrer et ridiculiser !

Il adressa un courrier à son ami le cardinal Francesco Barberini, neveu du pape Urbain VIII et protecteur attitré de la nation anglaise à Rome.

Le cardinal Francesco Barberini se souciait beaucoup d'établir de bonnes relations entre les États pontificaux et la cour des Stuarts. La survie des Catholiques de Londres requérait qu'il noue des liens étroits avec le parti favorable à Sa Sainteté, dont le chef restait Lord Arundel. Les deux hommes correspondaient. L'un et l'autre étaient collectionneurs. Leur amour commun pour les antiques et les tableaux les unissait... quand cette passion ne les opposait pas ! Ils s'empressaient donc de se rendre tous les services qui leur coûtaient peu.

La requête du comte concernant William Petty ne présentait aucune difficulté à satisfaire. Le cardinal s'engagea fort aimablement à faire rechercher l'insaisissable serviteur du Lord en Italie et promit de le lui expédier manu militari.

Le cardinal Francesco Barberini connaissait bien le révérend William Petty. Il l'avait rencontré lors de son retour d'Asie Mineure. Il l'avait revu brièvement, mais de manière régulière, à l'occasion de ses séjours successifs à Rome... Il l'avait même apprécié au point de le retenir à souper en tout petit comité et de le loger chez lui au palais Barberini.

Petty devait cette faveur à la curiosité du prélat pour son érudition. Et surtout à l'importance de ses protecteurs. Depuis l'époque de ses raids sur les sites de la Grèce, il ne travaillait plus seulement pour le premier Lord d'Angleterre. Il chassait aussi pour le roi. Le partage de « l'œil du révérend » constituait le plus généreux des présents d'Arundel à son souverain, le symbole de leur réconciliation. Ce cadeau restait toutefois occasionnel. Il permettait à Petty de disposer de fonds illimités auprès des banquiers italiens.

Il usait largement de son crédit.

Non content de vider les galeries des princes et des dignitaires de l'Église, d'emporter à Londres leurs antiques et leurs tableaux de maîtres, il venait de découvrir sur la Via Appia l'un des obélisques égyptiens qui ornaient l'ancien cirque Maxence.

Le monument, rompu en quatre morceaux, avait été enlevé par ses soins et payé Dieu sait à qui. L'administration pontificale n'avait réussi à en bloquer l'exportation qu'in extremis. Pour l'heure, un jésuite de l'entourage du cardinal, qui se flattait de savoir déchiffrer les hiéroglyphes, travaillait sur les inscriptions. À terme, Son Éminence rêvait d'ériger l'obélisque devant une église ; sur une grande place de Rome. Mais le sujet restait sensible : Milord réclamait à cor et à cri son aiguille, arguant qu'elle avait été trouvée et achetée par son agent. Le cardinal louvoyait en lui donnant satisfaction sur d'autres points. L'affaire les gardait en contact et continuait de faire courir bien des messagers entre le palais Barberini et Arundel House. Mais le cardinal ne cédait pas. Il considérait le refus de lever son veto comme sa seule victoire sur l'avidité des pilleurs étrangers.

Pour le reste : la razzia.

Petty était le premier Anglais à s'intéresser aux ébauches préparatoires des peintres de la Renaissance. Il avait acquis en bloc plusieurs collections de dessins. Mines de plomb, pointes sèches, sanguines. Il raflait des dizaines de croquis de la main de Léonard de Vinci et de Michel-Ange. Il comptait, en outre, enlever à Venise un ensemble de gemmes antiques que le négociant en faillite, Daniel Nys, lui cédait. Le « cabinet de Daniel Nys », dernière prise du révérend, allait bientôt partir pour Londres.

Mais le pire était que William Petty ne se contentait pas d'enlever les « objets de vertu » ! Le cardinal avait lui aussi entendu parler d'une histoire de femme à Gênes.

Ses espions l'avaient de longue date informé de la liaison du voyageur avec l'épouse d'un marchand de la cité. Le cardinal ne pouvait rien contre ce scandale, sinon contribuer à l'étouffer, ce qui semblait être le vœu de tous. Le vieux mari cédait son épouse de plein gré, contre espèces sonnantes. Le père de la dame, ses frères, ses fils ne cherchaient pas à s'en venger. Nul ne se plaignait de sa conduite. La famille relevait des podestats de Gênes, non de l'autorité du pape... Et qui sait si l'amour d'une catholique ne ramènerait pas le révérend à la vraie foi ?

Non, certes, le cardinal Francesco Barberini ne se serait pas donné tant de mal pour retrouver ce personnage en Italie, s'il n'avait jugé politiquement opportun d'obliger Arundel et si les circonstances qui retenaient Petty loin de son maître ne lui avaient semblé un cas de force majeure.

Au terme de sa petite enquête, le cardinal avait découvert que le révérend se trouvait à Milan, possession des Habsbourg de Madrid. Et, plus précisément, qu'il séjournait dans une cellule du couvent dominicain de Santa Maria delle Grazie... Au secret, dans les geôles de l'Inquisition espagnole en Italie ? Son silence ne présentait rien d'étonnant !

Petty avait été arrêté sur la dénonciation d'un aubergiste, auquel il avait réclamé – signe irrécusable de son hérésie – du vin et de la viande un vendredi.

Parmi tous les inquisiteurs, Fra Giovanni Michele Pio passait pour le plus indépendant et le plus zélé. Il avait mis plusieurs semaines avant d'avertir la Sainte Congrégation à Rome de cette prise intéressante. Il tenait à la garder pour lui aussi longtemps que possible, se promettant de faire abjurer l'hérétique selon les méthodes qui avaient fait leur preuve. Son avidité était bien compréhensible. Il ne jouissait pas tous les jours du plaisir de tenir un anglican.

En théorie, le pape Urbain VIII Barberini aurait pu exiger qu'il relâche sa proie : l'inquisiteur était un moine italien qui relevait du Saint-Office. Mais Urbain VIII ne souhaitait pas intervenir dans les affaires de l'Inquisition espagnole, et de Fra Giovanni Michele Pio en particulier. La requête de son neveu, le cardinal Francesco, serait restée vaine, sans le secours du nonce et de l'ambassadeur d'Angleterre en poste à Madrid.

Ces négociations, dans les plus hautes sphères, en faveur de la libération du *Signor Guilielmo Petti*, les archives de quatre pays allaient en garder la trace.

Le prisonnier ne devait pas à son mérite cet intérêt pour sa personne, mais à la puissance de ses maîtres et aux circonstances.

Exposer à la torture un serviteur du roi d'Angleterre, alors que l'Espagne entrait en guerre avec la France, c'était courir le risque d'un incident diplomatique. Une crise inutile. Philippe IV rappela donc à l'inquisiteur de Milan les malheureuses exigences du pouvoir temporel et de la politique européenne.

L'hérétique anglais, qui mangeait gras le vendredi, sortit du couvent de Santa Maria delle Grazie en août... Dans quel état, les dépêches ne le précisent pas. Elles stipulent en revanche que Petty reprit le chemin de sa nation.

Au terme d'une si longue disparition, la logique eût voulu qu'il se hâtât. Mais, contre toute attente, il ne semblait toujours pas pressé. La rumeur disait qu'il musardait en chemin, qu'il lambinait entre Milan, Gênes et Livourne. Cette fois, la mesure était comble ! Petty dépassait les bornes. Dieu seul savait à quelles représailles le comte allait se livrer.

L'orage qui grondait sur sa tête s'annonçait si violent, la menace d'une incarcération – à la Tour de Londres, maintenant ! – devenait si précise qu'un chargé d'affaires italien, un catholique appartenant à l'entourage de Lady Arundel, y fit allusion dans ses *Avvisi di Londra*, les nouvelles hebdomadaires qu'il envoyait à Rome.

L'Italien revint sur le sujet la semaine suivante dans la dépêche chiffrée qu'il adressait au cardinal Francesco Barberini, chef du gouvernement qui l'employait. Aux dires de l'informateur, la fureur du comte s'expliquait par une véritable urgence.

On attendait l'arrivée du révérend William Petty en Angleterre pour célébrer une messe.

Il s'agissait de la cérémonie d'intronisation d'un nouveau recteur dans une paroisse appartenant aux Howard. Une église fort riche : San Andrews de Greystoke, non loin de la frontière entre l'Écosse et l'Angleterre, du côté des Borders. Les bénéfices s'élevaient à quatre cents livres par an. L'heureux élu, que cette prébende enrichirait, devait prendre possession de son autel en grande pompe, au cours d'un service solennel qu'il célébrerait lui-même. La tradition voulait que le comte d'Arundel disposât de six mois pour installer son candidat. Si la prise de possession n'avait pas eu lieu dans ce laps de temps, la paroisse tombait dans l'escarcelle de l'évêque de Carlisle. À charge pour lui de placer son propre protégé sur le fief du comte et de profiter des avantages de cette superbe sinécure.

Lord Arundel ne voulait à aucun prix d'un recteur qui ne lui appartienne, la chose va sans dire.

Cette messe avait donc été programmée, puis remise, deux, trois, quatre fois dans le courant de l'hiver, du printemps, et de l'été. L'absence du principal protagoniste expliquait ces délais.

En février, on avait cru le candidat du comte à Venise, d'où il s'apprêtait à reprendre la mer pour la Grèce. Ou bien à Gênes, comme à son habitude.

On avait ensuite appris sa mésaventure de Milan.

En juillet, alors qu'il était encore incarcéré au couvent de Santa Maria delle Grazie, Petty avait symboliquement reçu son clocher des mains d'un certain Warwick, pasteur de Bownes. Du fait des malheurs du candidat, l'évêque de Carlisle acceptait de renoncer à ses prétentions. Un renoncement très momentané. Si Petty n'avait pas célébré sa messe avant la Toussaint, les Howard perdaient la paroisse. Et, cette fois, définitivement. Lord Arundel ne pouvait le tolérer !

Ainsi, le scandale de la dernière éclipse du chapelain n'eut d'égal que le tapage de son arrivée fin octobre.

Supposant que le cardinal Barberini s'intéresserait au retour d'un homme dont il avait lui-même permis la libération, le chargé d'affaires italien se proposait de lui rendre compte des retrouvailles de Mr Petty avec Lord Arundel devant l'église de Greystoke.

L'informateur précisait que ni les tortures de l'Inquisition ni les amours du révérend avec une Giustiniani n'avaient été évoquées. Pas une allusion à ses souffrances ou à ses plaisirs durant l'affrontement.

La rencontre se situait sur un autre terrain.

Pour permettre à Son Éminence de visualiser la scène, l'Italien lui faisait part des raisons de sa propre présence sur les lieux. Le comte se trouvait alors en Écosse et l'avait envoyé, avec Lady Arundel et tout son train de catholiques, l'attendre sur les terres dont dépendait la paroisse. La lignée des Howard s'apprêtait à occuper leur église, conformément à la tradition. Et pour une fois, Milady secondait son mari dans cette entreprise.

Bien qu'elle affichât une totale indifférence envers les choix religieux de son époux, on murmurait que c'était elle qui avait soutenu le nouveau recteur, maintenu sa candidature envers et contre tous, organisé pour lui cette cérémonie selon le rite anglican.

*

Ce jour-là, les pierres rousses de l'église du village étaient si détrempées que la tour carrée de San Andrews avait pris la couleur du sang. Le ciel, d'un bleu-noir, pesait sur les murets qui zébraient la campagne. Les rayons de soleil tombaient dru, crevant les nuages chargés d'eau. Sous cette lumière, le vert des prairies devenait d'un jaune presque phosphorescent.

Malgré le déluge qui menaçait, les paysans affluaient vers l'église. Ils voulaient rencontrer le seigneur de Greystoke, leur suzerain ; et leur nouveau pasteur.

Mais au terme de ces innombrables délais, on attendait encore les deux protagonistes.

Le service était fixé à quatre heures.

La comtesse avait fini par entrer dans l'église avec Mrs Dyx, sa dame d'honneur.

Tandis que les deux femmes s'impatientaient devant l'autel, grelottant de froid en compagnie de l'évêque, le diplomate italien et les gens du château restèrent dehors, pour accueillir le comte.

Soudain, venant du nord et du sud, on aperçut deux cavaliers. Ils semblaient pressés de se rejoindre et galopaient l'un vers l'autre. Leurs lourdes montures soulevaient des mottes de boue qui giclaient derrière eux. Ils parvinrent ensemble sur la prairie qui servait de parvis à l'église. Ils sautèrent de cheval au même instant.

Ici le représentant du cardinal interrompt son récit par des considérations sur l'aspect physique de Lord Arundel et de William Petty.

Le comte – cheveux gris, sourcils broussailleux, nez busqué – avait un visage osseux, qu'aiguisaient encore les poils d'une courte barbe en pointe. Sous la pommette, au creux de sa joue droite, la petite verrue, déjà visible dans le portrait de Rubens, avait légèrement grossi. Ses yeux perçants évoquaient, par leur fixité, le regard de l'aigle. Bien qu'il fût de haute taille, il n'incarnait ni la force ni la santé. Aujourd'hui pourtant, la cuirasse en acier, qui lui élargissait les épaules et lui bombait le torse, donnait à sa présence un aspect formidable.

On ne pouvait en dire autant de son interlocuteur.

« ... Mr Petty est très grand, comme se le rappelle peut-être Monsieur le cardinal. Pour ma part, je l'ai toujours connu maigre. Mais cette fois, il me sembla décharné. »

L'allure néanmoins restait vive. L'Italien, sensible à la *bella figura* du révérend, souligne l'impression d'extrême jeunesse qui émanait de Mr Petty, impression causée peut-être par son agilité en sautant de cheval. Peut-être aussi par la masse de ses cheveux noirs ; ou par son costume : une cape sombre, un pourpoint râpé, sans ornement.

« ... Quoi qu'il en soit, Lord Arundel et Mr Petty étaient plus ou moins du même âge. Quarante-cinq ans, environ. »

L'Italien raconte ensuite que les deux hommes, essoufflés par leur course, tête nue, hirsutes, trempés, crottés, se mesurèrent un instant.

— Combien de lettres vous ai-je envoyées, vous intimant l'ordre de rentrer, Mr Petty ?

— Sur les routes d'Italie, les courriers se perdent, Votre Grâce...

Plutôt chaleureuse et calme, la voix gardait dans la neutralité du ton une lointaine trace de raillerie :

— ... Je n'aurai pas reçu les instructions de Votre Excellence.

— Vous seriez bien le seul en Europe ! Tout Rome, tout Venise ont fini par les lire ! Même les espions des Français ont réussi à en prendre connaissance ! Vous avez sciemment passé outre. Et vous serez châtié pour ces mille désobéissances !

Un sourire passa dans le regard du serviteur qu'on menaçait :

— Est-ce bien utile, Votre Grâce ?

En dépit de l'ironie, l'accent était mélancolique.

Derrière eux, les paysans continuaient à se masser, s'adossant aux murailles de l'église. Une longue file de visages dans l'expectative. Ils venaient de loin, de Soulby, de Kirkby Stephen, de Brough, de tous les villages des Borders.

Les Borders, de sinistre mémoire : le mot était aujourd'hui interdit. Depuis l'unification de l'Écosse et de l'Angleterre, la frontière entre les deux nations n'existait plus : les chefs de clan obéissaient désormais à un seul et même souverain, le roi de la « Grande-Bretagne ».

La pluie ruisselait sur l'armure de Lord Arundel qui arrivait d'Édimbourg : il y avait accompagné Charles Stuart pour son tardif couronnement dans la ville de son père. Le comte portait encore l'ordre de la Jarretière au cou. Et l'épée. Il semblait si près de la dégainer que la foule se rapprocha pour ne pas manquer le spectacle.

Mr Petty, pressé d'en finir, prit l'initiative de s'avancer vers l'église.

— Votre Grâce a-t-elle reçu les dessins que je lui ai envoyés de Naples ?

Les deux hommes marchaient à grandes enjambées parmi les tombes. Le chargé d'affaires italien et les gens du château leur emboîtèrent le pas.

— Vos errances sont terminées, Petty : cette fois, vous ne vous échapperez plus !

— Que pense Votre Grâce du *Bacchus* de la collection Ludovisi ? Un Titien ?

— La cérémonie achevée, tu retourneras au néant dont je t'ai tiré...

— J'avais mes raisons, Votre Grâce, pour préférer qu'elle n'ait pas lieu. Ou qu'elle ait lieu sans moi.

— Que sont tes raisons, au regard de mes ordres ?

— J'aurais souhaité rester loin d'ici.

— Tu oublies qui tu es !

— Je n'oublie rien.

— Tu me dois cette paroisse... Tu me dois *tout* !

— Je vous dois beaucoup.

— Et je vais t'en faire souvenir !

— Vous pouvez me retirer votre amour, ma liberté...

— Bien plus que cela.

Lord Arundel, s'engouffrant sous le porche, franchit le portail. Les diacres, qui devaient chanter les psaumes à son entrée, ne s'attendaient pas à une si brusque irruption et restèrent cois. Les paroles du comte résonnèrent dans le silence des voûtes :

— ... Tu n'as plus d'avenir. Plus de passé. Tu retournes à l'oubli... Je te reprends ta vie !

L'église était pleine. Debout, tournée vers la porte, l'assistance les observait.

Mr Petty ne répondit pas.

Le comte, sans ralentir, traversa la nef et rejoignit la *sedilia*, les trois sièges de pierre creusés dans le mur du chœur. Il s'assit entre l'évêque et Lady Arundel.

Mr Petty resta sur le seuil. Une vive émotion s'était peinte sur son visage. Il regardait autour de lui.

Le long du mur s'alignaient des dizaines de visages anonymes.

L'auteur de la dépêche, qui se tenait juste derrière William Petty et n'avait rien perdu de son altercation avec le comte, raconte qu'au lieu de rejoindre l'autel, le révérend s'approcha du groupe qui se tenait agglutiné dans l'un des angles.

À cet endroit, le jour tombait d'un grand vitrail, ultime vestige du culte catholique qu'on pratiquait jadis à San Andrews.

C'était un immense diable rouge qui parlait à l'oreille d'Ève, et baignait dans un halo de lumière pourpre les visages des paysans sous la fenêtre.

Mr Petty hésita.

Il se pencha vers une grande femme sèche et dit :

— Ann...

Elle eut une expression de panique. Il répéta avec respect :

— Ann de Warcop... Ann Buffield.

Un remous agita la foule.

Mr Petty lui prit la main. Il la serra. Il dévorait la femme du regard. Il la salua de la tête, longuement, comme s'il s'inclinait devant une dame.

Puis, s'adressant à son voisin avec une réserve proche de la timidité, il demanda :

— John Pool ?

En le dévisageant à son tour, l'homme sembla aussi surpris, aussi ému que lui. Après un nouveau silence, Mr Petty poursuivit :

— Elizabeth...

Le diplomate italien calcule que ces civilités au fond de l'église durèrent moins de cinq minutes : elles lui parurent un siècle.

Il décrit les personnes saluées par Mr Petty, ces gens de Soulby, d'Appleby, de Kirkby qu'il n'avait probablement pas vus depuis trente ans, comme des êtres grossiers, misérables, les plus repoussants que la terre ait portés. Pas même des paysans, ni des fermiers, encore moins des *yeomen* ! Selon le cas, Mr Petty leur serrait la main ; ou bien il les étreignait en silence.

Les claques dans le dos, les explosions de joie n'avaient jamais été son genre. Aucune félicité, d'ailleurs, n'entrait dans ces retrouvailles. Elles avaient quelque chose d'affectueux et d'intense. Quelque chose de solennel, aussi.

« ... Avec une sorte de douleur. » Le mot revient plusieurs fois sous la plume du diplomate. « Il prenait les plus vieux à bras-le-corps avec une sorte de douleur, un spectacle aussi triste que choquant. »

Au loin, dans le chœur, la comtesse et sa dame d'honneur s'étaient retournées. Surprises par ce qu'elles sentaient, intriguées par l'émotion qui agitait les âmes derrière elles, elles tentaient de voir et de comprendre. Milady ne donnait aucun signe d'impatience.

Lord Arundel se leva.

— Dites l'office ! tonna-t-il.

Le nouveau recteur passa outre.

Il continuait à reconnaître les personnages de son passé.

À haute et intelligible voix, il les appelait tous, s'obstinant à nommer ces êtres sans nom et à les citer un à un. Il semblait mettre son honneur à se souvenir de ces inconnus : « Robert Pool... John Coates... William Buffield... Bill Petytt... Willie Pettie...Will Petty... »

Le chargé d'affaires n'achève pas sa dépêche.

Il ne devait conclure son récit que sept ans plus tard, quand le recteur de Greystoke, à la veille d'une nouvelle absence, un départ définitif dans l'au-delà, remémorerait aux Arundel l'existence des gueux qu'il avait salués à la lueur du vitrail rouge de sa paroisse. Une dernière fois.

Hommes, femmes, enfants : en dictant ses ultimes volontés, il prendrait bien garde de n'oublier personne.

Le comte, son épouse, la fine fleur de l'aristocratie qui composait leur entourage sauraient alors mettre des visages sur les ombres auxquelles le révérend William Petty léguait sa mémoire.

Au soir d'une vie de conquête, si riche de rencontres et d'images, il revenait vers eux, les négligés et les trahis.

LE TESTAMENT

Il portait en lui
une ombre d'éternité

LONDRES
LE QUARTIER DU STRAND
1639

Le 23 octobre 1639, l'homologation du testament de *William Petty clerk*, ainsi se présentait-il à la postérité, suscita dans le quartier du Strand un étonnement teinté d'amertume.

Hormis ses exécuteurs testamentaires que le défunt gratifiait d'une bagatelle, pas un courtisan, ni même un érudit ou un lettré ayant appartenu aux cercles illustres qu'il avait côtoyés durant vingt ans, n'était mentionné. En revanche, cent livres allaient aux pauvres de Soulby, son village natal dans le comté du Westmorland. Puis deux cents livres à son collège de Cambridge... Et le reste ? À son clan. Des ignares, des rustres à peine civilisés qu'il espérait éduquer.

Ces gens-là se partageaient un héritage évalué à près de trois mille livres : le revenu d'un Lord pendant six ans !

En parlant de Lord, le protecteur de Mr Petty, Thomas Howard, comte d'Arundel, seule personnalité du testament, ne récoltait que l'obole d'une pensée. On lui conférait un droit de préemption sur les livres et les tableaux : si Sa Grâce les désirait, elle pouvait les acheter. Pour un prix raisonnable. On lui ferait un rabais. Mais la somme irait grossir les legs destinés aux pauvres et à la liste de manants obscurs dont les noms étaient cités.

La réaction du comte face à l'impertinence posthume de son chapelain accroissait la surprise. Comment ? Lord Arundel ne figurait parmi ces barbares que pour être rançonné, et Sa Grâce ne s'en offusquait pas ? L'usage voulait qu'un domestique laisse une part de ses biens à son bienfaiteur. Ici, rien. Pas même une prière pour la santé du comte. Ce Petty était pourtant ministre de l'Église anglicane, recteur des paroisses de

Greystoke et de Wemm... De tout temps sa piété avait laissé à désirer !

Quant à la bibliothèque, qu'il prétendait faire payer à son maître, aux peintures récoltées au cours de ses voyages, à toutes ses acquisitions qu'il affectait de lui céder, elles appartenaient *déjà* à Lord Arundel. En octroyant au comte la *permission* de choisir parmi des objets qui lui revenaient de droit, en se réservant la liberté de les lui vendre au profit de sa propre caste, Petty se moquait des prérogatives de Sa Grâce. Ultime et très emblématique désinvolture.

Le bruit courait pourtant que, loin de lui en tenir rigueur, Milord allait lui conférer une rare distinction. Il comptait envoyer la dépouille du disparu au château d'Arundel dans le Sussex, afin qu'il soit enseveli sous la crypte de la chapelle familiale. Un honneur insigne ! William Petty reposerait parmi les chevaliers et les grands maréchaux du royaume. Auprès de Philip Howard, le père du comte, martyrisé à la Tour de Londres. Aux côtés de son fils aîné et de tous ses enfants perdus.

Par ce geste, *the Right Honourable Earl of Arundel* transgressait, lui aussi, toutes les règles : il haussait cet aventurier, un individu qui n'était même pas né gentilhomme, au rang de ses ancêtres et de ses descendants.

On disait Petty mort d'épuisement, au retour d'un ultime voyage en Italie. Il y avait enterré un être cher, une femme dont nul ne savait rien, sinon qu'il l'avait enlevée lors du récent décès de son second époux.

Ce rapt, qui avait mis la parentèle de la veuve devant le fait accompli, devait obliger sa famille à la donner en mariage à son ravisseur pour réparer la honte. Peine perdue. La dispense, nécessaire à leur union, leur avait été refusée. La dame avait dû se retirer dans un couvent de Gênes. Les amants y avaient poursuivi leur commerce, jusqu'à ce que Dieu juge bon de rappeler à Lui l'âme de l'un des deux pécheurs. On pouvait parier qu'en dépit des difficultés, ils avaient été heureux.

Soutenu par une tendresse réciproque, William Petty avait accompli la tâche qu'il s'était assignée.

Envers et contre tout, il avait joui d'un bien âprement conquis. La liberté

Il suivit son amour dans l'au-delà comme il avait vécu . rapidement.

Il s'éteignit à Londres, chez son élève Lord Maltravers, le fils aîné du comte dont il préférait la simple demeure, dans le quartier de Lothbury, aux fastes d'Arundel House. La mort le prit dans son lit, en plein sommeil, sans délai ni tortures... Somme toute, une fin confortable pour un aventurier qui avait connu les prisons turques et les geôles de l'Inquisition.

Et si l'on songeait au luxe de son repos éternel parmi les mausolées des Howard, on pouvait lui envier son destin. D'autant qu'à son habitude William Petty disparaissait au moment opportun. La Providence lui évitait d'assister à la débâcle financière de son mécène, une ruine à laquelle il avait largement contribué. Elle lui épargnait les horreurs de la guerre civile, l'occupation d'Arundel House par les soldats de Cromwell, et la destruction du rêve qui avait dominé son existence.

Le mépris des Puritains pour les objets d'art, leur haine pour les tableaux et les statues allaient bientôt plonger l'œuvre de William Petty dans le néant.

Après leur incroyable odyssée, les marbres Arundel s'enfonceraient à nouveau dans la terre. Victimes du fanatisme ou de l'indifférence, Les *Muses*, naguère exhumé*es* des sables de l'Orient, le *Pied d'Apollon*, rapporté intact jusqu'aux jardins anglais, disparaîtraient, cette fois en plein Londres, et pour plusieurs siècles.

Quant à la *Chronique de Paros*, brisée, noircie au fond d'un âtre, elle servirait de plaque de cheminée.

Lors de la décapitation du roi Charles Ier, en 1649, dix ans après le décès du révérend, ne subsistaient de la collection que des miettes et des bribes.

Mais quelles bribes !

Les reliques de la quête de William Petty constituent aujourd'hui les perles des plus grands musées du monde. Les *Femmes au bain* de Giorgione, qu'il avait enlevées jadis à Venise, sont exposées au Louvre, attribuées à Titien, et s'appellent désormais le *Concert champêtre*. Le *Sophocle*, la tête de bronze découverte à Constantinople, se trouve au British Museum. Quant à l'obélisque dont il avait repéré les fragments dans l'herbe de la Via Appia, cet obélisque égyptien qu'il avait transporté jusqu'au port d'Ostie sans réussir à l'exporter, il se dresse aujourd'hui sur la fameuse fontaine des Fleuves du Bernin, au centre de la place Navone à Rome. Même les échecs de

William Petty aboutissent au couronnement de son rêve : la préservation de l'histoire et de la beauté.

Parce qu'il refusa de chanter ses propres exploits, qu'il ne publia pas le récit de ses conquêtes, et que les générations à venir jugèrent superflu de conserver les papiers d'un serviteur, la mémoire de William Petty s'est perdue. Ne demeurent, pour témoigner de ses aventures, que les instructions de Lord Arundel et de son fils, les lettres qu'ils lui dépêchèrent en Italie, pieusement conservées par leur descendance.

Restent les merveilles : les trophées de ses chasses.

Et puis, dans les réserves des musées italiens et les caves des châteaux anglais, ces tableaux intitulés *Portrait d'un gentilhomme inconnu*, dont les propriétaires ignorent la provenance et les conservateurs recherchent les auteurs... Mais dont les amoureux murmurent que le modèle portait en lui une ombre d'éternité.

Ce qu'ils sont devenus

LES LÉGATAIRES DE WILLIAM PETTY : ni les paysans du Westmorland, ni les pauvres de Soulby, ni les *fellows* de Cambridge ne recevront jamais l'héritage que William Petty leur destinait. Dès le mois de mai 1640, les professeurs de Jesus porteront plainte et tenteront de récupérer les deux cents livres sterling qui devaient revenir au collège. En vain. À qui intenter un procès, sinon aux exécuteurs testamentaires du défunt et peut-être à Lord Arundel, que la ruine et les désastres de la guerre civile vont contraindre à la fuite ?

En 1642, lors de l'exil du comte, le registre de ses dettes révèle qu'il doit encore à feu William Petty cinq cent dix livres, quatre shillings et deux pence. Même avec la meilleure volonté, Lord Arundel ne pourrait payer cette somme aux ayants droit de son serviteur défunt.

LORD ET LADY ARUNDEL : les ultimes acquisitions de William Petty à Venise, l'enlèvement du fabuleux « cabinet de Daniel Nys », leur ont coûté la bagatelle de dix mille livres sterling. Cette dépense colossale sonne le glas de leur splendeur.

Il faudra aux descendants de Lord Arundel plusieurs générations pour éponger son déficit.

Il terminera ses jours loin de ses collections, sur le sol italien qu'il a tant aimé, dans un palais de Padoue. Il y mourra seul, en septembre 1646, sept ans presque jour pour jour après William Petty.

Le cœur et les viscères du comte sont emmurés dans le cloître du Magnolia de la basilique Saint-Antoine, à Padoue. La tablette, avec son inscription latine, y reste parfaitement visible.

Le père du comte, Philip Howard, décédé en 1595, sera canonisé par le pape Paul VI en 1970.

Lady Arundel, que cette sanctification eût comblée, ne partagera pas les dernières années de son époux. Elle choisira de vivre loin de lui, exilée, elle aussi, mais aux Pays-Bas. Elle réussira à fuir la guerre civile, en arrachant de sa maison de Londres tous les objets transportables – lors de la disparition de William Petty, elle n'habitait déjà plus avec son mari –, et gardera près d'elle sur le continent le « cabinet de Daniel Nys » et ses propres objets d'art.

Malgré leurs dissensions, Lord Arundel fera d'elle son légataire. Un geste malheureux, peut-être. Ce testament sera contesté par Lord Maltravers, leur fils aîné, qui ne reconnaîtra pas à sa mère le droit à cet héritage.

Avec le décès de Lady Arundel à Amsterdam en 1654, les querelles entre les survivants aboutiront à l'éclatement de la famille, au partage des trésors et à leur dispersion. La « collection Arundel », que le comte considérait comme un tout, une entité indissociable de son nom et de sa maison, sera éparpillée dans l'Europe entière. Les objets finiront disséminés chez la plupart des curieux du Grand Siècle. Nombre de dessins, de tableaux et de statues iront grossir les collections de Mazarin et de Louis XIV.

Aux yeux de la postérité, Lord Arundel passe pour l'un des amateurs les plus sensibles et les plus audacieux de tous les temps.

LE PATRIARCHE DE CONSTANTINOPLE : dix ans après le départ de Sir Thomas Roe en juin 1638, Cyril Lucaris mourra, assassiné par les calomnies des Jésuites qui, de retour à Constantinople, l'accusent d'une nouvelle trahison. Cette fois, le sultan Murad IV ne s'embarrassera pas. Ses janissaires arrêtent le patriarche, l'étranglent et jettent son corps à la mer.

SIR THOMAS ROE : William Petty avait eu bien raison de décliner l'invitation de l'ambassadeur à s'embarquer avec lui, son retour en Angleterre fut une véritable épopée. Les cheva-

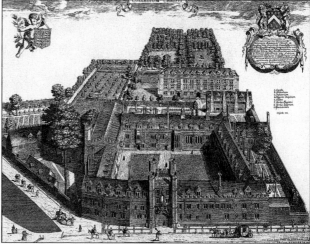

LE MUR D'HADRIEN SUR LA FRONTIÈRE ENTRE L'ÉCOSSE ET L'ANGLETERRE

William Petty naît vers 1587 dans cette région dite des « Borders » qui reste, sous le règne d'Elizabeth, l'une des régions les plus violentes et les plus primitives d'Europe. Construit par les légions de l'empereur Hadrien qui occupaient l'Angleterre, le Mur séparait alors l'Empire des tribus de Barbares. Il incarnait aux yeux des Romains la limite ultime du monde civilisé. À l'époque de William Petty, le Mur continue d'être le théâtre d'atrocités : les hordes de bandits anglais et écossais y massacrent les paysans des deux nations. La grande aventure commence pourtant ici, quand le jeune Petty découvre, parmi les ruines des anciens forts de frontières, quelques traces de l'histoire de Rome. Son rêve de conquérir le passé et de préserver la mémoire de l'humanité prend sa source au cœur de ce paysage désolé. L'enfant habite alors, du côté anglais, une humble ferme du village de Soulby : Bonny Gate Farm. En 2004, sa maison existe toujours.

CHRIST'S COLLEGE, CAMBRIDGE

Contre toutes les probabilités, le jeune paysan obtiendra d'étudier dans l'une des deux universités d'Angleterre. Il y fourbira les armes qui lui permettront de se lancer dans sa formidable quête.

LA SUPPLIQUE

autorisant William Petty à se présenter à son diplôme de *Master of Arts* en 1611

THOMAS HOWARD, DEUXIÈME COMTE D'ARUNDEL

Il sera le mécène de William Petty et le commanditaire de ses chasses. Il passe pour l'un des plus grands collectionneurs de tous les temps et pose ici devant ses statues antiques, incarnations de sa propre immortalité. Le tableau, signé Daniel Mytens, date de 1618. La plupart des sculptures sont aujourd'hui conservées à l'Ashmolean Museum d'Oxford.

LADY ARUNDEL

Catholique convaincue, elle aimera l'Italie au point d'abandonner Londres pour vivre trois ans à Venise. Sa fortune personnelle lui permet de financer les acquisitions de son mari et de se constituer sa propre collection de peintures. Elle est ici représentée avec son bouffon, son nain, son chien, son faucon, et l'ancien ambassadeur d'Angleterre à Venise. Le tableau est exécuté par Rubens, qui accepte de faire son portrait alors qu'elle va prendre les eaux à Spa. Toute vêtue de noir, elle y porte le deuil de son père et de son dernier fils, Charles, disparu en 1620. Malgré l'austérité de sa toilette, la comtesse arbore la broche et tous les splendides bijoux des familles Howard et Talbot, notamment dans ses cheveux la couronne qui témoigne de son rang. Elle trône sous le blason et les emblèmes de sa lignée.

LE DUC DE BUCKINGHAM

Favori de deux rois, mais de petite noblesse, il reste le véritable maître de l'Angleterre jusqu'à sa mort. Doué d'un vrai sens du décorum, il se sert de ses collections pour étaler sa puissance. Sa politique sera systématiquement combattue par Lord Arundel, représentant de la vieille aristocratie. Les deux hommes s'affrontent sur le terrain de l'art, tentant de se vaincre par chefs-d'œuvre interposés. Sur ce tableau de 1625, Buckingham se fait représenter en triomphateur par Rubens, qu'il rencontre à Paris alors qu'il tente de séduire la reine de France et d'obtenir quelques cadeaux de Richelieu. Notamment *La Joconde*…

le superbe visage de LORD ARUNDEL, tel que Rubens l'a dessiné.

LADY ARUNDEL,

vers vingt-cinq ans. Elle est ici dessinée par Inigo Jones et représentée dans le costume de théâtre qu'il lui destine pour un « masque ». À l'inverse de son très sérieux mari, elle aime s'amuser.

INIGO JONES

L'architecte d'Arundel House, le mentor du comte en Italie, est ici dessiné par le jeune artiste flamand dont la comtesse repère l'immense talent lors de ses voyages sur le Continent, et qu'elle invite en Angleterre : Antoine Van Dyck.

BALTHAZAR GERBIER,

l'architecte qui se prétend l'égal d'Inigo Jones, sert d'agent au collectionneur rival des Arundel : le duc de Buckingham.

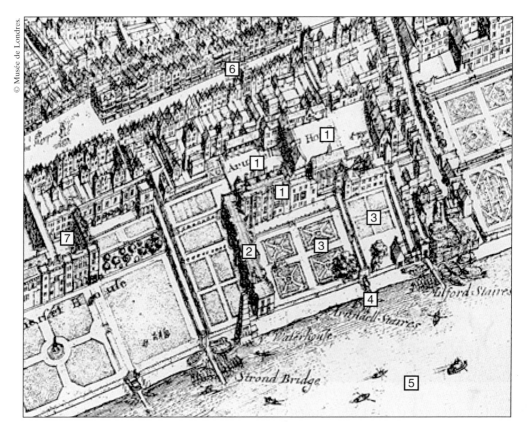

ARUNDEL HOUSE

La propriété se situait entre le grand boulevard de Londres bordé par les hôtels de l'aristocratie – le Strand (6) – et la Tamise (5). Le parc jouxtait Somerset House, la demeure de la reine (7). On peut voir sur ce détail du plan de Londres gravé par un protégé de Lord Arundel, l'artiste Wenceslaus Hollar qui habitait la maison, l'agencement des bâtiments. En particulier le corps de logis (1), les jardins italiens (3), et l'aile gigantesque construite par Inigo Jones pour abriter les galeries d'objets d'art (2). Les lourdes caisses de tableaux et de statues, que William Petty embarquait d'Italie ou de Turquie dans les cales des navires marchands, étaient déchargées au port de Londres, rechargées à bord des barges qui voguaient sur la Tamise et livrées sur le débarcadère d'Arundel House (4).

Ce sera sur une partie de ce terrain, la parcelle la plus proche du fleuve, que les constructeurs de l'hôtel Howard retrouveront en 1972 plusieurs sculptures ayant appartenu aux plus beaux temples romains de la Grèce.

LES COMMUNS DANS LA COUR INTÉRIEURE D'ARUNDEL HOUSE :
loin des cabinets de dessins et des galeries d'art, une atmosphère encore très médiévale.

LA CONTINENCE DE SCIPION, DE VAN DYCK

Ce tableau aurait été offert par le comte d'Arundel à son ennemi le duc de Buckingham, en 1620-1621, au moment où les deux hommes tentent encore de s'allier. Le cadeau est signé du protégé des Arundel, le jeune Antoine Van Dyck, qui séjourne pour la première fois en Angleterre. Il s'agit d'un épisode de l'histoire romaine. Couronné des lauriers de sa victoire, Scipion renonce à la captive qu'il aurait pu garder en esclavage. Grand seigneur, il la rend à son fiancé, le bel Allucius, qui apparaît au centre de la composition sous les traits de Buckingham. Scipion – vainqueur sur le champ de bataille et maître de ses passions – est entouré des trophées qui témoignent de sa gloire, et notamment d'une frise de Gorgones, un vestige provenant d'un temple romain d'Asie Mineure qui appartenait aux collections de Lord Arundel. De toutes les façons possibles, le comte rappelle à Buckingham que, tel Scipion, c'est lui, Arundel, le grand personnage du tableau, son inspirateur et son véritable propriétaire.

Cette frise, aujourd'hui conservée au musée de Londres, sera retrouvée par hasard dans la boue d'un chantier, sur l'ancien emplacement d'Arundel House, un jour de septembre 1972.

LE CONCERT CHAMPÊTRE, DE TITIEN

Aujourd'hui exposé au Louvre, il fut l'un des fleurons de la collection Arundel. William Petty, qui l'attribuait à Giorgione, l'obtint à Venise vers 1622.

LE CHRIST ET LE CENTURION, DE VÉRONÈSE

Aujourd'hui exposé au Prado, le tableau appartint lui aussi aux Arundel.

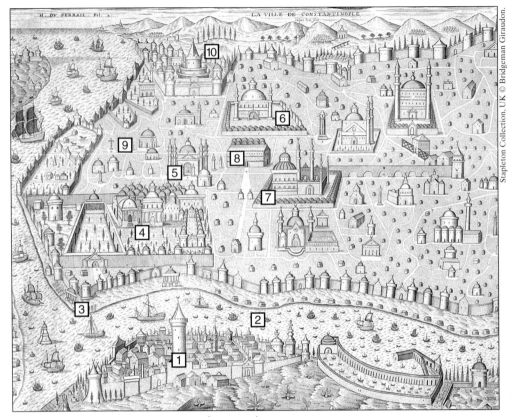

CONSTANTINOPLE PEU AVANT L'ARRIVÉE DE WILLAM PETTY

Cette représentation, quoique très approximative, rend bien compte des lieux tels que les découvre William Petty en 1624. D'abord la tour de Galata (1), l'ancien quartier génois habité par l'ensemble de la communauté franque ; et Pera, le quartier des ambassades, où se trouvent la résidence d'Angleterre et Sir Thomas Roe (1). La Corne d'Or (2), que Petty traverse sans cesse pour rendre visite au patriarche Cyril Lucaris dans le quartier du Phanar. La pointe du Sérail (3) et le palais de Topkapi (4), visibles de chez Thomas Roe. Puis les mosquées : Sainte-Sophie (5), Beyazid (6), Süleymanye (7). Le Grand Bazar (8) et l'Hippodrome (9) où se dressent les obélisques et la colonne Serpentine. Enfin, le Château des Sept-Tours – Yedikule –, avec, encastrée dans le rempart de la ville, la fameuse Porte d'Or que Petty tentera de démanteler (10).

Le grouillement d'hommes de toutes les nations **SUR LES QUAIS DE CONSTANTINOPLE.** On peut voir, entre autres dans les barques, plusieurs popes.

L'ATMOSPHÈRE DU GRAND BAZAR DE CONSTANTINOPLE

TÊTE DE SOPHOCLE
EN BRONZE

L'une des pièces les plus importantes du British Museum, ce bronze,
du IIIe siècle avant Jésus-Christ,
fut rapporté de Constantinople.
Il passait alors pour une effigie
d'Homère. Il figure sur un tableau
de Van Dyck, le dernier portrait
de Lord et Lady Arundel, l'année
de la mort de William Petty.

Photos de l'auteur.

LA PORTE D'OR
AUJOURD'HUI :

la porte des triomphes, un ensemble monumental. Une folle entreprise et le plus cuisant des échecs de William Petty. Il voulut sauver les hauts-reliefs qui ornaient ces murailles. Le destin l'en empêcha. Les œuvres se détachèrent et se brisèrent. William Petty fut l'un des derniers à les voir.

En 1625, quand Petty admire les sculptures, il n'existe déjà plus beaucoup de traces de l'Antiquité grecque et romaine à Constantinople. Ces reliques restent accrochées par quelques chevilles de bronze, de part et d'autre des propylées qu'on appelle la Petite Porte d'Or. Ne demeurent aujourd'hui que les entablements vides…

… Et dans l'herbe, des splendeurs en miettes.

Ashmolean Museum, Oxford, UK © Bridgeman Giraudon.

LE BUSTE D'OXFORD

Il s'agit de deux statues romaines (une tête et un buste) copiées sur deux originaux grecs que Lord Arundel fit restaurer en les montant ensemble. Ce marbre lui était si cher qu'il le fit figurer, avec le bronze d'Homère-Sophocle, dans le dernier tableau qui le représente en 1639. Le marbre fut aussi dessiné – sur la même feuille qu'un croquis du profil de Lady Arundel – par son protégé Wenceslaus Hollar, qui le grava en 1645 sous le titre de L'Impératrice Faustine. Cette pièce demeura si célèbre qu'au XIXe siècle elle servit de modèle à *La Femme de Pygmalion*, un tableau alors très prisé du public et signé G. F. Watt.

Ashmolean Museum, Oxford, UK © Bridgeman Giraudon.

UNE AMAZONE,
un splendide marbre romain dont l'original grec en bronze daterait de 430 avant Jésus-Christ.

INTAILLE GRÉCO-ROMAINE EN CORNALINE : LE *FELIX GEM*

Œuvre de Felix, célèbre sculpteur de gemmes, représentant le vol du palladion (la statue qui garantissait la sécurité de Troie, enlevée par Diomède et Ulysse), cette précieuse intaille ne mesure que 2,6 cm de haut sur 3,5 cm de large. Après avoir été l'un des fleurons de la collection de gemmes des Gonzague de Mantoue, elle appartient ensuite au marchand de Venise, Daniel Nys, qui s'en empare, probablement lors de ses tractations dans la vente des collections des ducs de Gonzague au roi d'Angleterre. Les malhonnêtetés de Nys et la mauvaise foi de Charles Ier vaudront au marchand une faillite retentissante qui le contraint à céder l'intégralité de son cabinet de pierres précieuses à William Petty. Ce dernier rapporte le meuble avec tous ses trophées en 1638 à Lord Arundel, que cette ultime et fabuleuse acquisition achèvera de ruiner.

LA CHRONIQUE DE PAROS

Expédiée de Smyrne par William Petty en 1626, cette table de marbre, qui ne paye pas de mine, fournit des informations capitales sur le passé le plus reculé de la Grèce. Dès son arrivée en Angleterre, elle est retranscrite et publiée dans un recueil qui fera grand bruit en Europe.

Malgré l'importance de ce vestige pour l'histoire de l'humanité, les armées de Cromwell, qui occupèrent Arundel House durant la guerre civile, s'en servirent comme plaque de cheminée et la brisèrent. Au XIXe siècle, son authenticité fut contestée. Devenu le sujet de nombreuses thèses, le marbre déclencha une polémique au sein des universités, jusqu'à la découverte d'un second fragment sur l'île de Paros en 1897.

Ce qui reste de la précieuse inscription acquise par Petty pour Lord Arundel est aujourd'hui conservé à l'Ashmolean Museum d'Oxford.

ALLÉGORIE REPRÉSENTANT LA DÉESSE MINERVE QUI CONDUIT L'UNIVERSITÉ D'OXFORD VERS LA CONNAISSANCE DE L'ANTIQUITÉ, DE LA SCULPTURE ET DE L'ARCHITECTURE

Cette superbe gravure, publiée en 1757 dans l'almanach d'Oxford, commémore le souvenir d'une donation faite à l'université deux ans plus tôt. Ce présent ouvrait le monde de l'érudition sur un univers fabuleux : Oxford avait reçu le reliquat de la collection d'antiques du comte d'Arundel. On reconnaît ici certaines des statues qui apparaissaient déjà en 1618 sur le tableau de Daniel Mytens représentant Lord Arundel devant sa galerie de sculptures. Notamment l'*Éros endormi* (1). On admire aussi les pièces provenant d'Asie Mineure, les chapiteaux (2), les inscriptions (3 et 7), le *Sarcophage de Troie* (4), toutes les traces d'une civilisation perdue, toutes les découvertes de William Petty. Même le *Metrological Relief* que Petty avait trouvé sur l'île de Samos (5).

Ce marbre (5), qui date de 460-450 avant Jésus-Christ, ornait le fronton d'un bâtiment de poids et mesures. Il nous permet de connaître la dimension exacte d'une brasse (1 m 83, l'écartement entre les bras ouverts du personnage sculpté), et la mesure d'un pied (au fond, sur la gauche entre la nuque et le bras du personnage).

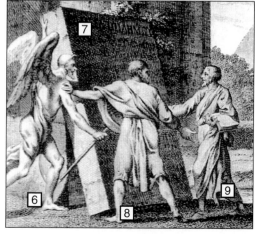

Petty avait expédié à Arundel House cette imposante table de marbre (7).

Dans ce détail de la gravure, le maléfique génie du Temps (6) essaye de détruire l'inscription qui ratifie le très ancien traité d'alliance entre les cités de Smyrne et de Magnésie (7). Mais le Temps est repoussé par le génie de la Connaissance de l'Antiquité (8), qui invite son collègue, le génie de l'Histoire Classique (9), à étudier l'inscription et à conquérir le passé.

UNE LETTRE DE WILLIAM PETTY AVEC SON ENVELOPPE,

adressée en décembre 1636 à Lord Arundel en service à la cour de Charles Ier. Petty, alors à Rome, lui rend compte de leurs finances, notamment d'une somme d'argent consentie par les marchands anglais et les banquiers italiens pour leurs acquisitions.

LE DERNIER TABLEAU REPRÉSENTANT LORD ET LADY ARUNDEL EN 1639

Ruiné par les frais de sa collection, le comte cherche alors des investisseurs pour se lancer dans une expédition qu'il croit très lucrative : la création de la Madagascar Company. Cette œuvre – réplique d'atelier d'un original de Van Dyck – est conçue comme un outil de propagande pour son entreprise : Lord Arundel brandit son bâton d'Earl Marshal de la main droite, tandis qu'il pointe, de la main gauche, l'île vers laquelle il compte s'embarquer. La comtesse, très vieillie mais toujours parée de la couronne, de la broche et des bijoux symboles de son rang, désigne l'objet de leur conquête avec un compas. Malgré sa présence sur la toile, Milady s'oppose à ce projet. Autour du couple se trouvent rassemblés les objets dont ils s'enorgueillissent tous deux… Ainsi qu'un troisième personnage qui ne figure pas dans l'original du tableau. Il se dresse au-dessus du buste de *L'impératrice Faustine*, s'appuie sur la tête en bronze du *Sophocle* et tient un rouleau de parchemin à la manière du *Romain en toge* de la collection Arundel. S'agit-il du bibliothécaire d'Arundel House, comme le stipulent les catalogues du château de Knole, où l'œuvre est conservée ? S'agit-il d'un autre érudit, plus intimement lié aux antiques qui l'entourent ? Si cette silhouette devait être celle de William Petty, elle aurait été rajoutée à l'époque de sa mort.

LA PIAZZA NAVONA À ROME

Parmi tous les admirateurs de la *Fontaine des fleuves* du sculpteur Bernin, qui s'est jamais demandé d'où venait l'obélisque ? Il a été découvert par William Petty en 1636, rompu en plusieurs morceaux et dispersé dans l'herbe du cirque Maxence, sur la via Appia à Rome. Petty l'acheta à l'administration pontificale pour l'embarquer avec lui en Angleterre. Le pape, Urbain VIII Barberini, comprenant soudain la valeur de ce vestige, en bloqua l'exportation *in extremis*. Ce geste ouvrait une ère nouvelle : Rome prenait conscience de la valeur de son patrimoine et tentait désormais d'en réglementer les exportations. Le pape suivant érigea l'obélisque au centre de la place Navone, devant son propre palais.

LES CABINETS DE PEINTURES

Il s'agissait d'immenses salons à l'étage noble des palais italiens. Lord Arundel en lança la mode en Angleterre. Après la mort du comte, la plupart de ses objets d'art, particulièrement ses peintures et ses dessins, furent vendus aux curieux du Grand Siècle, dans toute l'Europe. Les acquéreurs, dont ici l'archiduc Leopold Wilhelm à Bruxelles, se firent alors représenter pour la postérité, trônant parmi les perles de leur propre collection. On peut voir sur cette œuvre de David Teniers le Jeune bon nombre de tableaux, aujourd'hui célèbres, qui furent traqués par William Petty.

UN INVENTAIRE DE WILLIAM PETTY EN MARS 1638

Il y fait la liste de ses acquisitions vénitiennes, à l'intention des négociants anglais qui devront les embarquer du port de Livourne vers le port de Londres. Lui-même part à cheval avec le cabinet de Daniel Nys. Il passera par Turin, les Alpes, la France… Une expédition dangereuse, car il rapporte des gemmes et des pierres précieuses. Ce sera son ultime voyage sur le Continent.
Pour faciliter la tâche de son correspondant, il décrit au transporteur le sujet des tableaux, leur auteur, le nombre de figures et la dimension des personnages. Devant le titre de chaque peinture, il adjoint un numéro qui correspond à son jugement personnel sur la qualité de l'œuvre. Ce qu'il considère comme sa meilleure prise de guerre durant cette chasse, un *Christ aux outrages* de Titien, passe aujourd'hui pour l'un des chefs-d'œuvre de la dernière période du maître. Petty se trompe rarement. Jusqu'au terme de ses aventures, il garde son enthousiasme, son courage, et cet « œil » qui fait son génie.

liers de Malte, jugeant que toute cargaison en provenance de l'Empire ottoman leur appartenait, attaquèrent son bateau. S'ensuivit une bataille navale qui dura sept heures. Sir Thomas Roe et son épouse s'en sortirent indemnes. Mais le perroquet de Lady Roe fut tué.

Pour le reste, Sir Thomas poursuivra sa carrière dans des eaux plus tranquilles.

LES DEUX SANSON : après avoir négocié, avec grand succès, un traité de paix entre la France et les Barbaresques, Sanson Napollon périra dans une escarmouche, en tentant de défendre le bastion de France à Alger. Sanson Le Page prendra sa succession et deviendra le deuxième gouverneur du fort.

LES ANTIQUES DU COMTE D'ARUNDEL : le visiteur verra exposé, dans les galeries de l'Ashmolean Museum d'Oxford, le *Felix Gem*, une intaille romaine du Ier siècle après Jésus-Christ, l'un des trésors du cabinet de Daniel Nys. Il verra aussi ce qui reste de la *Chronique de Paros*, et pourra admirer de nombreuses sculptures acquises à Rome et en Asie Mineure, notamment le fronton du magasin de mesures provenant de Samos, aujourd'hui intitulé *The Metrological Relief*, les *Muses*, et certains des vestiges récemment découverts dans la terre et les murs d'Angleterre.

La frise des têtes de Gorgones ne se trouve pas à Oxford, mais au musée de Londres. Certains autels, exhumés du Strand, ont été transférés à Arundel Castle, dans le West Sussex.

La dénomination *Arundel Marbles* ne s'applique qu'aux inscriptions qu'avait publiées en 1628 l'érudit John Selden dans *Marmora Arundelliana*. Ce corpus d'inscriptions, offert à l'université d'Oxford en 1667 par le petit-fils du comte, est pieusement conservé, lui aussi, à l'Ashmolean Museum. L'ensemble reste si précieux pour la connaissance de la Grèce que les « Marbres d'Arundel » sont mentionnés dans la plupart des dictionnaires. Mais la légende, relayée jusqu'en 1972 en France par les éditions successives du *Larousse*, veut que ces marbres aient été rapportés du Levant par le comte d'Arundel en personne. Quant au *Dictionary of National Biography*, monumentale somme de connaissances, bible des grandes figures britanniques en plusieurs dizaines de volumes, il ne consacre pas une notice à l'homme qui, le premier, entreprit de transplanter Athènes au bord de la Tamise.

Le révérend William Petty demeure l'un des grands oubliés de l'Histoire.

LES CARNETS DE L'ENQUÊTE

Ma liaison avec le révérend William Petty date de dix ans. Je l'ai croisé lors de mon enquête sur Artemisia Gentileschi et ne l'ai plus quitté. Nos rapports furent ludiques et passionnés : à quatre siècles de distance, il m'a souvent entraînée où je renâclais à le suivre.

Depuis l'heure de notre rencontre, je suis restée convaincue que seul le respect des faits et du contexte historique me permettrait de lui rendre justice. Mais ses brusques disparitions et ses longs silences au cœur de l'aventure m'ont contrainte à combler les vides par des hypothèses et des paris. Au lecteur qui souhaiterait connaître l'histoire de mes recherches, j'en livre ici les carnets.

Parmi les monceaux de documents dépouillés, six ouvrages ont été mes compagnons de route. Ils m'ont suivie dans tous mes voyages. Je ne cesserai d'y faire référence dans ces notes, et c'est avec une immense admiration que je rends hommage à leurs auteurs.

Tout d'abord l'œuvre magistrale de Mary Hervey, qui fut la première biographe de Lord Arundel : *The Life, Correspondence and Collections of Thomas Howard, Earl of Arundel*, publiée à Cambridge en 1921. Puis les travaux considérables de David Howarth, qui, en 1979 à Cambridge, consacra sa thèse de doctorat à *Lord Arundel as a Patron and Collector, 1604-1646*. Cette thèse ouvre la voie à toutes les études consécutives. Son livre, *Lord Arundel and his Circle*, publié six ans plus tard par Yale University Press, demeure le fondement des recherches sur les collections Arundel. Pour ce qui touche aux nombreux essais du professeur Howarth et à ses précieuses découvertes, je renverrai le lecteur à la bibliographie générale.

Je voudrais en outre attirer l'attention sur le numéro de la revue *Apollo* du mois d'août 1996 : « The Arundel Collection », édité par David Jaffé, une somme d'articles entièrement consacrés aux Arundel. Quant à la correspondance de Lord Arundel et de son fils, Lord Maltravers, conservée à la British Library sous la cote Add. MSS 15970, elle fut, pour l'essentiel, publiée à Londres en 1963 par Francis C. Springell sous le titre *Connoisseur & Diplomat*. Le livre contient tout un corpus de lettres adressées au révérend William Petty.

Enfin, je dois une reconnaissance toute particulière à Elizabeth Chew, qui a bien voulu me faire parvenir par courrier électronique ses brillants chapitres sur Lady Arundel, extraits d'une thèse encore inédite.

Pour le reste, je ne citerai dans ces notes que le titre des ouvrages qui m'ont permis d'établir la suite chronologique des événements de la vie de William Petty. Le lecteur en trouvera les références complètes dans la bibliographie.

Chaque fois que je l'ai pu, je suis retournée aux documents originaux. J'ai systématiquement vérifié les sources citées par mes prédécesseurs. J'y ai quelquefois manqué ce qu'eux-mêmes y avaient découvert. Mais la chance a voulu que certains inédits, révélant d'autres secrets, me lancent sur de nouvelles pistes. Je livre dans ces carnets les méandres de cette filature, une quête qui m'a conduite des villages perdus des Borders à ceux du Levant, en passant par Cambridge et Constantinople.

Prologue
PORTRAIT D'UN GENTILHOMME INCONNU

1587-1608

LONDRES, LE QUARTIER DU STRAND, SECONDE MOITIÉ DU XXe SIÈCLE

En 1972, à l'occasion de la construction d'un hôtel sur le Strand, plusieurs marbres antiques furent exhumés de la boue de Londres. Voir à ce propos les rapports de fouilles publiés à Londres en 1975, dans le volume 26 des _Transactions of the London & Middlesex Archaelogical Society_, pages 209 à 251. Et notamment les articles du professeur Hamerson : « Excavations on the site of Arundel House in the Strand, W.C.2, in 1972 », et du professeur Cook, « The classical marbles from the Arundel House site ». Voir aussi l'article du professeur Haynes, « The Fawley Court Relief », publié dans la revue _Apollo_ en juillet 1972 ; ainsi que le catalogue de la vente du 10 décembre 1985, chez Christie's, à Londres : _The Arundel Marbles and Other Sculptures from Fawley Court and Hall, Barn_. Voir enfin, de Michael Vickers, « The Thunderbolt of Zeus : Yet More Fragments of the Pergamon Altar in the Arundel Collection », dans _American Journal of Archaelogy_ de juillet 1985. Et le formidable article de John Harris : « The Link between a Roman second century sculptor, Van Dyck, Inigo Jones and Queen Henrietta Marie », publié dans le _Burlington Magazine_ de 1973, où l'auteur établit la relation entre la frise des têtes de Gorgones découverte sur le Strand en 1972 et une peinture de Van Dyck, qui daterait des années 1620. Or le départ de William Petty pour l'Asie Mineure date de 1624. Cela tend à prouver que la frise se trouvait à Londres _avant_ son voyage. À l'inverse de ce que j'avais supposé au début de mon enquête, la frise de Gorgones est donc probablement le seul objet découvert sur le site d'Arundel House qui n'ait pas été rapporté par notre révérend. Comble du paradoxe : elle fut à l'origine de mon aventure sur ses traces ! Je l'ai vue exposée dans la Stuart Room du Museum of London. Elle est intitulée « Medusa Head Marble found on the site of Arundel House », avec un texte explicatif : _This part of a frise from Asia Minor was probably imported to England by the Duke of Buckingham in about 1620. It was later in the Earl of_

Arundel Collection. *Stuart noblemen eagerly competed for possession of greek and roman antiquities.* Dans sa thèse de doctorat, David Howarth la décrit comme un fragment de l'entablement du Trajanéum de Pergame.

Quant au tableau de Van Dyck, *La continence de Scipion* où figure la frise de Gorgones, une seule certitude : l'œuvre appartenait au duc de Buckingham. Mais l'histoire du tableau est matière à conjecture. David Howarth, dans *Lord Arundel and his circle*, pense que le comte d'Arundel aurait possédé la frise et qu'il aurait commandité le tableau pour l'offrir en cadeau de noce au duc de Buckingham qui apparaîtrait sur la toile comme l'incarnation du grand général romain, Scipion. Christopher White, dans *Anthony Van Dyck, Thomas Howard the Earl of Arundel*, pense au contraire que la tableau n'a pas été offert par Arundel, mais commandité par le duc lui-même, auquel la frise aurait appartenu. Dans ce cas, la frise de Gorgones, retrouvée sur le terrain d'Arundel House, n'aurait, en effet, rejoint la collection du comte que tardivement, après l'assassinat du duc en 1628. Au terme de bien des hésitations, j'ai choisi de suivre l'interprétation de David Howarth, en restant toutefois très perplexe quant à l'éventualité d'un tel présent de Lord Arundel à Lord Buckingham. Si Lord Arundel avait en effet offert l'œuvre de Van Dyck à Buckingham, je doute que le comte ait poussé la complaisance jusqu'à y faire représenter son rival en parangon de vertu, vainqueur sur tous les fronts : la guerre et la passion. En admettant que Buckingham apparaisse bien sur cette toile, ce serait, selon moi, sous les traits du personnage central, le fiancé qui rend grâce à Scipion de sa générosité. D'autant qu le mariage de Buckingham ne venait de se conclure que par l'intervention royale, au terme de grande difficultés. Quoi qu'il en soit, je demeure incertaine de l'identité du premier propriétaire de la frise.

L'hôtel construit sur le site d'Arundel House en 1972 porte le nom de « The Howard ».

Pour l'histoire de la collection Arundel, je renverrai le lecteur aux ouvrages de David Howarth (*op. cit.*) ; à la revue *Apollo* d'août 1996 (*op. cit.*) ; au catalogue d'exposition de l'Ashmolean Museum de novembre 1985, *Thomas Howard, Earl of Arundel* ; aux ouvrages de D.E.L. Haynes, notamment *The Arundel Marbles* ; d'Adolf Michaelis, *Ancient Marbles in Great Britain* ; de Humphrey Prideaux, *Marmora Oxoniensia* ; et aux articles de Michael Vickers, « Hollar and the Arundel Marbles » et « Rubens' Bust of Seneca ».

La difficulté de mes recherches s'est trouvée multipliée par la confusion entre quatre personnages pratiquement contemporains, tous baptisés William Petty. Parmi ces homonymes se trouvait le célèbre « Sir William Petty » qui attirait la lumière et rejetait tous les autres dans l'ombre. Né en 1623 (donc seize ans avant la mort de mon William Petty, que j'appellerai désormais « W.P. »), plébéien d'origine, autodidacte, mathématicien, médecin, économiste, membre de la Royal Society, ami de John Evelyn et de Samuel Pepys, ce William Petty-là figure dans tous les dictionnaires. On a même prétendu que W.P. avait eu l'honneur d'être l'oncle de l'autre, de l'illustre Sir William Petty. Cette rumeur a toujours été démentie par les historiens d'art, et je pris tout d'abord leur avis pour argent comptant : il n'existait aucun lien entre les deux.

Par acquit de conscience, j'allai tout de même me renseigner et fouiller dans les papiers du Sir... Son testament, dont je retrouvai une retranscription à la Biblioteca Apostolica Vaticana de Rome, me fit bondir sur trois points.

Le Sir laissait une somme d'argent à la paroisse de St Margaret in Lothbury, où il avait vécu dans sa jeunesse, afin que soit construit un monument funéraire à la mémoire de son frère, mort en 1649 dans ce même quartier de Lothbury. Or, coïncidence, le testament de W.P. avait été rédigé en 1639 à St Margaret in Lothbury. Deuxième coïncidence : dix ans après le décès de son frère et vingt après celui de W.P., le Sir avait acheté une maison à St Margaret in Lothbury, précisément la maison des Arundel, et, plus précisément encore, la demeure de Lord Maltravers où était mort W.P. Enfin, le cousin du Sir, son bras droit lors de toutes ses aventures, s'appelait John Petty. Or un John Petty figurait dans le testament de W.P. comme son neveu et principal héritier.

Ces trois détails m'intriguèrent au point de me plonger dans les archives du Sir. D'autres coïncidences me lancèrent sur de nouvelles pistes. Je devais découvrir que le Sir avait étudié à Amsterdam en 1644. Or, en 1644, Lady Arundel habitait Amsterdam. Enfin, durant ces années de guerre civile, le Sir s'était lié avec le marquis de Newcastle, en exil. Newcastle logeait dans la maison de Rubens avec Nicholas Lanier, un amateur d'art, ami de W.P. et lui aussi agent de Lord Arundel. Se pouvait-il qu'en remontant le fil de la vie du Sir je finisse par arriver à notre W.P. ? Ses traces restaient si ténues que je n'avais rien à perdre en tentant cette aventure-là.

Les papiers du Sir, autrefois à Bowood Wilshire, sont aujourd'hui conservés à la British Library et consultables sur microfilms à la Bodleian Library d'Oxford, où je les ai dépouillés en février 2001 (MS 1956, Petty's papers, box J10 à J51). J'allais trouver dans la boîte J51, folios 1 à 42, les informations qui m'intéressaient.

Au XIXe siècle, soit deux cents ans après la mort du Sir, ses descendants, les ducs de Landsdowne, s'étaient posé la même question que moi sur ses origines, mais dans l'autre sens. En cherchant les antécédents de leur aïeul, ils étaient tombés, eux, sur un révérend William Petty qui avait été l'agent du comte d'Arundel. Or le Sir avait raconté dans ses Mémoires qu'un de ses oncles, révérend, lui avait remis une somme d'argent pour le féliciter d'avoir écrit un poème en son honneur. S'agissait-il du chapelain des Arundel ?

La question m'intéressait d'autant plus que, dans son testament, W.P. cite parmi ses légataires un neveu du nom de William Petty. Ce neveu était-il le Sir ?

En 1920, le duc de Landsdowne, toujours en quête des antécédents de son aïeul, allait faire appel à des généalogistes professionnels. Ces services remontèrent, comme moi, jusqu'au testament du révérend W.P., conservé au Public Record Office. Ils réagirent de la même façon aux coïncidences qui liaient la vie des deux hommes. Ils conclurent pourtant qu'il n'y avait aucune raison de penser que les parents du Sir, les Antony Petty, drapiers à Romsey, aient été apparentés aux William Petty, paysans de Soulby. Aucune raison de penser le contraire non plus !

J'étais revenue à la case départ.

L'imbroglio entre W.P. et le Sir se compliqua encore du fait de l'existence d'un troisième William Petty. Celui-là, exactement contemporain de notre W.P., aura un cursus universitaire parallèle. Latiniste et lettré, il obtiendra son *B.A.* à la même date. Mais à Oxford ! Il deviendra, lui aussi, révérend. Seule différence, de taille : le révérend William Petty d'Oxford est né gentleman. Il ne voyagera pas et se contentera d'occuper honorablement son rectorat de Thorley, sur l'île de Wight.

Quand les héritiers du Sir tentèrent de rassembler, au xixᵉ siècle, les vestiges de leur passé, ils achetèrent les notes et les sermons du révérend William Petty d'Oxford, qu'ils prenaient pour les papiers du révérend William Petty de Cambridge, agent des Arundel, et probablement oncle de leur aïeul.

Aujourd'hui, les papiers du troisième William Petty (Oxford) se trouvent donc conservés dans la collection Landsdowne à la British Library et apparaissent dans le descriptif du catalogue comme ceux de W.P.

Je ne saurais exprimer ma déconvenue en les dépouillant.

Mais, comble d'ironie, j'allais aussi trouver, dans l'index de ce même catalogue, la traduction d'un livre qui aurait été rapporté de Grèce par le révérend William Petty, recteur de Thorley, sur l'île de Wight.

Il s'agit en fait d'un très précieux volume, ayant appartenu à John Coates, qui fut l'exécuteur testamentaire de W.P. Dans sa préface, le traducteur rend hommage à l'homme qui a trouvé le manuscrit en Asie Mineure : William Petty de Soulby, agent et chapelain du comte d'Arundel. Ces constants échanges d'identité me donnèrent à penser que les papiers de W.P. subsistaient peut-être, mais attribués à l'un des autres, dans leurs archives.

Cette hypothèse se confirma.

En consultant tous les documents de la main du Sir à la Bodleian Library, j'allais trouver plusieurs feuilles qu'on disait de l'illustre personnage, dans un cahier d'autographes (fonds MSS Marshall 80 ; ancien MSS 8661). Il s'agissait de propos sur l'art, où s'étaient successivement exprimés le peintre Van Dyck, l'agent Peter Fitton et l'architecte Inigo Jones. Le quatrième intervenant, anonyme, s'opposait aux propos tenus par William Petty, chapelain de Lord Arundel. Il notait ses arguments, en vue d'une sorte de « disputation » sur les mérites comparés des peintres italiens de la Renaissance.

Ce fascicule, que j'ai retranscrit dans son intégralité, m'a été extrêmement précieux pour établir les goûts de W.P.

Last but not least... un quatrième William Petty se profilait à l'horizon !

Les archives de Jesus College, Cambridge, mentionnent que William Petty de Soulby est ordonné prêtre à Petersborough le 12 juin 1625. Or, à cette date, W.P. se trouve dans le Levant.

Le dépouillement des registres de Jesus révélera que le William Petty qui reçoit la prêtrise en 1625 est né autour de 1602 à Kirkby Stephen, qu'il est entré comme *sizar* au collège en 1614, et qu'il a été recommandé par son oncle, *fellow* de Jesus et chapelain des Arundel. Ce garçon deviendra l'élève de Master Slater quand W.P. quittera l'université pour Londres en 1615-1616. Le 11 janvier 1621, William Petty Junior sera recommandé par Slater pour sa remise de diplôme. Le 27 mai 1625, il obtient la lettre, signée de Mr. Slater, qui va lui permettre d'être ordonné prêtre. Junior se verra nommé à la cure de Waltham Holy Cross. Les deux personnages, William Petty Senior et Junior, ne feront bientôt plus qu'un dans les annuaires de Jesus.

Livre premier
PARCOURS INITIATIQUE D'UN *BORDERER*
1587-1608

Chapitre 1ᵉʳ
AUX CONFINS DE TOUS LES MONDES CIVILISÉS
1587-1604

1. Soulby, un hameau entre l'Écosse et l'Angleterre,
dans le comté du Westmorland, 1587-1597

Les registres de la paroisse dont dépend Soulby au moment de la naissance de W.P. ont disparu. J'ai donc consulté aux archives de Kendal les
registres successifs qui concernent la paroisse de Kirkby Stephen pour les
baptêmes, les mariages et les enterrements, entre 1647 et 1731 (*Kirkby Stephen Register of Baptisms, Marriages and Burials, 1647-1731*, W.P. E.77/1,
notamment le microfilm 626). J'ai également dépouillé le *Ravenstonedale
Register of Baptisms, Marriages and Burials*, 1578, p. 89, et le *I.G.I.*, William
Petty, conservés au Cumbria County Record Office de Kendal.

La famille Petty est très présente dans tous ces registres. J'y retrouve en
outre les noms de tous les personnages cités dans le testament que dictera
W.P. à la veille de sa mort. Plusieurs de ses légataires vivent encore sur la
paroisse de Kirkby Stephen en 1656. Quant aux « cousins Buffield », ils sont,
comme les « William Petty », implantés à Soulby.

Au fil des ans, de nombreux Petty apparaissent dans les archives comme
originaires d'un lieu que je transcris « Bonny Yeat ». Me rendant moi-même à
Soulby, j'ai interrogé les habitants qui m'ont conduite à l'entrée du village,
devant une ferme où se balançait un panneau : « Bonny Gate Farm ». Les descendants de W.P. l'habitaient-ils encore ? J'ai frappé. Ce ne furent pas les
« frères Petty » qui m'ouvrirent, mais les « frères Bainbridge » : le nom du
maître d'école de W.P. Quatre siècles après sa naissance, j'entendais toujours
les noms qui lui furent familiers.

Pour établir le niveau de vie de la famille de W.P., j'ai dépouillé au Cambria Record Office de la ville de Carlisle tous les testaments des Petty, addi-
tionnant pour chacun le montant de ses legs. Il en résulte qu'ils sont tous
cousins, mais de fortunes très inégales. Certains Petty se révèlent être de
riches métayers dépendant de Richard Musgrave, dont ils travaillaient les
terres.

Dès 1565, William Pettie (*sic*) de Soulby laisse à ses héritiers cinquante-
deux livres, deux shillings et deux pence. En 1593, George Petty laisse vingt-
cinq livres, deux shillings et trois pence. Toujours en 1593, John Petty lègue
vingt livres, deux shillings et un pence. Enfin Margaret Petty : dix livres,
treize shillings et un pence. 1593 semble avoir été une mauvaise année pour
les Petty de Soulby qui sont trois à décéder coup sur coup. Sans doute la
peste a-t-elle gagné le village.

En 1604, la famille semble s'être encore enrichie : John Pettie (*sic*), mari
d'Eleanor et père de George, de William, de Margaret et de Catherine, laisse
une somme assez considérable : soixante-seize livres, cinquante-cinq shillings

et dix pence. Tandis que Henry Petty, mari d'Isobel et père de George, de John, d'Agnes, de Thomas, d'Isobel et de Margerie, laisse en 1605 cinquante et une livres et neuf shillings.

En 1607, un William Petty of Soulby meurt sans postérité, en laissant seulement trois livres, dix shillings et dix pence. Son inventaire est très succinct. Mais ses légataires portent les mêmes noms que ceux du testament de W.P. En 1614 James de Soulby, en 1615 Isabel, la veuve de Henry et, en 1624, Eleanor, la veuve de John et la mère d'un William Petty, laissent entre dix et vingt livres.

À partir de 1660, les Petty sont explicitement présentés comme des *yeomen*. En 1670, Rowland Petty laisse dix-sept livres, dix-sept shillings et deux pence. Plus les créances qui lui sont dues : douze livres, seize shillings et un pence.

Mais, dès 1661, Margaret Petty et John Petty, qui décèdent tous deux la même année, ne sont plus assez riches pour avoir droit à un inventaire et à un testament enregistré par la loi.

Ensuite, petit à petit, les Petty disparaissent des registres. Sans doute quittent-ils la région, car on n'en trouve plus beaucoup de traces. Aujourd'hui, à l'inverse des Bainbridge, extrêmement présents en Cumbria, les Petty demeurent peu nombreux. Il y a pourtant un William Petty à Dacre.

Pour la vie quotidienne sur les Borders, pour tout ce qui concerne les Reivers et les atrocités de la Semaine maudite d'avril 1603, je renverrai le lecteur à la bibliographie générale. Il y trouvera en outre les ouvrages qui ont étayé mon travail sur le système élisabéthain des *grammar schools*.

Le personnage de Mr. Finch, le premier maître d'école de W.P., n'est pas de mon invention. Ce Mr. Finch était instituteur à Kirkby Stephen vers 1594. Il aurait été le second *grammar school teacher*, succédant à un Écossais du nom d'Edward Minyes (ou Menzies, ou Wemyss). L'école de Kirkby Stephen avait été fondée en 1566 par Sir Thomas Wharton, de sinistre mémoire, qui prévoyait une bourse de trois livres, six shillings et huit pence par an pendant sept ans, pour l'éducation de deux élèves pauvres de Kirkby Stephen dans les universités d'Oxford ou de Cambridge. Les Musgrave, Lords dont dépendent les Petty de Soulby, sont *governors of the school*.

Entre Mr. Finch, dont on ne sait ni quand commence ni quand s'achève le mandat, et son successeur Richard Barlow en poste en 1617, il y a un vide, qui pourrait signifier que l'instituteur de Kirkby Stephen vient à manquer. La logique commande alors que le jeune W.P. poursuive son éducation dans l'école la plus proche de Kirkby Stephen, à Appleby, chez Reginald Bainbridge. (Voir *Kirkby Stephen Grammar School, 1566-1966*, Kirkby.)

2. Soulby-Appleby, 1598-1603

Le personnage de Reginald Bainbridge m'a semblé particulièrement attachant. J'ai donc poussé mes recherches aussi loin que possible et respecté dans mon récit ce que nous savons de son existence.

Je me suis rendue à Appleby pour voir l'école où W.P. avait étudié, et la collection de Bainbridge, ces inscriptions romaines à l'origine de toute l'aventure. Je savais, par les textes, que Bainbridge avait scellé ces inscriptions dans un mur de son école. En comparant les anciens plans et la carte de la ville contemporaine, j'arrivai devant une maison que les propriétaires m'invitèrent à visiter. Elle pouvait, en effet, avoir servi d'école et dater du XVIIᵉ siècle. Mais point d'inscriptions ! Je m'assis face à cette maison, sur un muret longeant un terrain de football. Mes jambes frôlèrent des pierres râpeuses et inégales. Je me penchai. C'est alors que je les vis : les inscriptions de Bainbridge ! Ses tablettes étaient encastrées dans la clôture du terrain de football. J'étais assise dessus. Elles sont totalement ignorées et continuent de passer inaperçues.

Il est exact que Bainbridge fut l'un des premiers érudits à s'intéresser aux traces de l'Antiquité romaine, inventant avec Sir Robert Cotton le concept du musée en Angleterre.

Pour ce qui touche à ses connaissances, je renverrai le lecteur à l'article du professeur Haverfield dans le volume 11, New Series, des *Transactions of the Cumberland and Westmorland Antiquarian and Archeological Society*, pages 343 à 378 ; ainsi qu'à *Some Notes on the History of Appleby Grammar School*, par Lionel Budden (*ibid.*, New Series, volume 39, pages 227 à 261). Enfin à l'essai en mémoire d'Arnaldo Momigliano, *Ancient History and the Antiquarian*, publié par le Warburg Institute en 1995.

J'ajouterai qu'entre 1580 et 1588 Bainbridge se lia d'amitié avec l'un des fondateurs de l'école d'Appleby, un certain Reginald Hartley, et que les deux compères écumèrent les foires de livres. Ce nom de Hartley est lié à celui des Musgrave, seigneurs de Soulby, et figure dans le testament de W.P. en 1639. La bibliothèque de Bainbridge est aujourd'hui conservée à l'université de Newcastle-upon-Tyne. Voir à ce propos l'inventaire, publié en 1996, par E. Hinchcliffe, *The Bainbrigg Library of Appleby Grammar School*. Il existe en outre au British Museum, parmi les manuscrits Cotton (Jul. F. VI), des lettres et des papiers de Reginald Bainbridge, que j'ai pu consulter.

Il est exact que Bainbridge mourut près de Beverley, puisque son testament est homologué à York en septembre 1613.

3. *Le Mur d'Hadrien et toutes les régions de frontière, avril 1603 – La Semaine maudite*

On trouve les traces de la cruauté des Reivers jusque dans certains termes du vocabulaire anglais contemporain. Le verbe *to bereave*, qui signifie déposséder, est issu de l'expression : *to be reived*, « être razzié par les Reivers ». Les mots *bereavement*, « deuil », ou *bereaved*, « affligé d'un deuil », viennent de la même racine et découlent de la même idée. Il en va de même du mot *blackmail*, passé dans le langage courant et signifiant « chantage ». Il s'agissait de l'argent que les fermiers de la frontière devaient payer aux Reivers pour qu'ils les épargnent. Gare à ceux qui refusaient de payer le *blackmail* : ils étaient certains d'être assassinés par ceux dont ils avaient méprisé la « protection ». La mafia du XXᵉ siècle n'a rien inventé !

Plusieurs musées ont été consacrés aux faits d'armes de ces bandits. J'ai moi-même visité celui de Carlisle, dont le guide a été rédigé par un descendant de William Howard de Naworth. Ce dernier était en effet un grand ami du maître d'école de W.P. J'ai respecté dans mon récit l'histoire violente de sa pacification des Borders. Mais que W.P. ait été exposé à l'opprobre public sur le Tabouret du Repentir est de mon invention.

Le camp de Birdoswald sur le Mur d'Hadrien a bien été visité par Reginald Bainbridge. Il en porte témoignage dans son propre récit : « De Lanercost, j'ai suivi le Mur, complètement en ruine, jusqu'à ce que j'arrive à Birdoswald qui semble avoir été une grande ville, à en juger par ses ruines. (...) Les inscriptions que j'ai pu y voir sont, soit très usées par les outrages du temps, soit mutilées par la bêtise et la grossièreté des habitants. » Un recensement de la baronnie de Gilsland en 1603 confirme l'existence d'une maison de pierre ayant appartenu à Thomas Tweddle, auquel Bainbridge avait rendu visite. Les Tweddle passaient pour appartenir aux Border Reivers anglais. En 1590, le clan Tweddle of Birdoswald avait porté plainte contre les Armstrong of Harlaw, pour avoir détruit leurs portes à coups de hache, brûlé leurs granges et volé quarante moutons et quarante vaches. Le fort de Birdoswald est aujourd'hui ouvert au public, ainsi que la plupart des villes de garnison qui jalonnent le Mur.

4 et 5. *Neuf mois plus tard, Naworth Castle et Appleby, 1604*

William Howard de Naworth est un véritable personnage de roman. Walter Scott ne s'y est pas trompé et a chanté ses prouesses dans une ballade intitulée *The Lay of the Last Minstrel.* Dans cette ballade, Walter Scott appelle son héros « Belted Will ». En ce cas, le mot *belted* n'a rien à voir avec *belt*, « ceinture », mais vient de *bauld*, puis *bould* et *bold*, qui signifient « audacieux ». Pour éviter toute confusion, j'ai opté pour l'orthographe première.

Ma visite de Naworth Castle m'a donné la mesure des entreprises de ce grand féodal. Pour sa biographie, je renverrai le lecteur à un ouvrage qui m'a été très précieux : *Life of Lord William Howard, « the Belted Will » of Naworth Castle.*

Si j'avais caressé le rêve de retrouver quelques traces de W.P. dans les archives de Bauld Willie, j'ai déchanté. En 1844, un désastreux incendie a détruit la bibliothèque de Naworth et la plupart des documents.

Je n'ai trouvé aucune preuve que la candidature de W.P. à Cambridge ait été recommandée par William Howard ou par Reginald Bainbridge. La chose est plausible, mais reste une hypothèse.

Chapitre 2
DANS LE DÉDALE DES SAVOIRS
1604-1608

6, 7, 8, 9 et 10. *Premier séjour à Cambridge, Christ's College, 1604-1608*

Le personnage de John Atkinson est entièrement de mon invention. Un jeune homme de ce nom fut *pensioner* à Christ's College en même temps que W.P., fit comme lui partie du train d'Arundel lors du voyage à Heidelberg, et sévit dans le Levant dans les années 1620. S'agissait-il du même homme ? En dépit de mes recherches, je n'en ai trouvé aucune preuve. La famille Atkinson est originaire du Westmorland. On en rencontre de nombreuses traces dans les registres de Kirkby Stephen, aux côtés des Petty. Ajouterai-je que l'économe de Christ's s'appelait Troylus Atkinson et passait pour un parent

pauvre de John? Toutes ces pistes m'ont servi pour créer le condisciple de
W.P.

Que William Amis (ou William Ames, 1573-1633) ait été le tuteur personnel de W.P. lors de son premier séjour à Cambridge est une conjecture de ma
part. Sa personnalité m'a paru représentative de l'époque et de l'esprit des
autres professeurs. J'ai avancé de deux ans la date de son départ de Cambridge : il n'en sera exclu qu'en 1610-1611, après l'élection de son ennemi
Valentine Cary au poste de *Master of Christ's College*. Il est néanmoins exact
qu'Amis fut forcé de quitter Christ's du fait de la violence de ses opinions
puritaines et de son différend personnel avec ce Valentine Cary. Exact aussi
qu'il fut suspendu de ses fonctions en raison de son opposition aux évêques
de l'Église anglicane et de ses propos hostiles à la monarchie de droit divin.
Exact enfin que le Dr Amis refusait de porter le surplis à la chapelle, qu'il prêchait contre les jeux de cartes et les pièces de théâtre à Noël. Amis, qui fut un
théologien de grande envergure, incarne l'un des courants religieux les plus
importants à Christ's College durant les années où W.P. fréquente Cambridge. Voir l'article « William Ames » dans le *Dictionary of National Biography*, et la préface de Matthias Nethenus aux œuvres latines de William Ames
en 1658 : *Historia vitae et scriptorum D. Amesii*.

La tentative de recrutement de W.P. par les services d'espionnage de John
Poley est de mon invention. La pratique était extrêmement courante dans les
universités. Je me suis appuyée sur les documents secrets touchant au recrutement de Christopher Marlowe, élève de Cambridge quelques années plus tôt.
Voir à ce propos *The Elizabethan Secret Services*, par Alan Haynes ; *The Reckoning, The Murder of Christopher Marlowe*, par Charles Nicholl ; et *Unnatural
Murder, Poison at the Court of James I*, par Anne Somerset.

Pour Cambridge dans la première moitié du xviiᵉ siècle, je renverrai le
lecteur à *Athenae Cantabrigienses*, vol. II, 1586-1609, de Charles Henry et
Thomson Cooper ; ainsi qu'à l'ouvrage de John Venn, *The Book of Matriculations and Degrees, from 1544 to 1659*. Pour l'histoire de Christ's, voir les travaux de John Peile, *Christ's College Cambridge, 1505-1905*, vol. I, 1448-1665 ;
et de H. Rackham, *Christ's College in Former Days*.

Pour l'aspect du collège où arrive W.P. en 1604, j'inviterai le lecteur à
consulter la *Loggan's View*, une gravure plus tardive, mais extrêmement
détaillée de Christ's College en 1688. Je me suis en outre servie de mes
propres impressions, des photos et des notes prises au cours de mon enquête.

Je dois à l'amabilité de l'archiviste de Christ's, le professeur Geoffrey
Martin, à la directrice de la bibliothèque, le Dr Virginia Cox, à la bibliothécaire, Miss Candace J.E. Guite, d'avoir pu consulter, durant l'été 2001,
tous les livres de comptes de 1589 à 1638. Parmi les fascicules, quatre carnets
m'ont été particulièrement précieux pour reconstituer la vie des élèves. Il
s'agit des listes des menues dépenses quotidiennes, enregistrées pendant
vingt-cinq ans par l'un des professeurs : le célèbre Joseph Mead. Mead note
tout. Même le prix des chandelles, des boutons de culotte, des clefs de la salle
d'étude, d'un peigne, de la location du court de tennis... Sans oublier ce que
chaque élève verse tous les trois mois au personnel du collège : un shilling
pour le barbier, trois shillings pour la lingère, etc.

J'ai eu la chance de pouvoir consulter l'original des papiers de John Peile,
qui servirent à l'écriture de son livre, *Register of Christ's College*. J'ai trouvé
dans la boîte 82 la liste de tous les élèves admis le 5 juillet 1604, en même
temps que W.P. Sont immatriculés, cette année-là, trente jeunes gens, dont

quinze *sizars*. John Garthwaite, le futur remplaçant de W.P. à l'école de Beverley, appartient à cette promotion, mais dans la classe sociale des *pensioners*, comme John Atkinson.

En 1607 arrive à Christ's William Branwaithe, lui aussi *pensioner*. Il sera envoyé comme attaché d'ambassade à Venise, où il retrouvera W.P. en 1622, et le recommandera à Sir Thomas Roe, en septembre 1624. Il est originaire du Westmorland, comme beaucoup d'élèves et de professeurs de Christ's, notamment les deux Bainbridge. D'après mes calculs, le collège comptait, entre 1604 et 1608, cent soixante élèves environ, auxquels s'ajoutaient une vingtaine de *fellows*. L'année scolaire était divisée en quatre trimestres. Elle commençait à la fête de la Saint-Michel, le 29 septembre. Les élèves ne retournaient chez eux qu'à la fin du mois de juillet pour les moissons.

Il est exact que W.P. présentera son *B.A.* sous la protection d'un professeur du nom de William Chappell. J'en veux pour preuve le registre des *Supplicats 1605-1608*, conservé aux archives de l'université de Cambridge, Christ's BA 1607-1608 N° 53. Je livre ici la transcription du document. *Supplicat reverentiis Vestris Guielmus Petty, ut duodecim termini completi, in quibus lectiones ordinarias audiverit (licet non omnino secundum formam statuti) una cum omnibus oppositionibus responsionibus, caeteris, exercitiis per statuta regia requisitis : sufficiant ei ad respondendum questioni. Guliel Chappell praelector.* Le William Chappell qui signe le *supplicat* avait été admis à Christ's en 1599. Il y était *fellow* depuis 1607. Il passait pour un puritain peu commode. Cette réputation lui restera au-delà des siècles. On dit que ce fut lui qui flagella John Milton en 1625. L'illustre poète était alors son élève.

J'ai pu retranscrire aux archives de l'université un second *supplicat*, celui du *Master of Arts*, que W.P. passe en 1611, alors qu'il est maître d'école à Beverley. Sa candidature est présentée par William Addison : « *(...) reverentiis vestris Guilielmus Petty ut novem termini completi post finalem eius determinationem in quibus lectiones ordinarias audiverit (licet non omnino secundum formam statuti) una cum omnibus oppositionibus, respontionibus, declamationibus, caeteris, exercitiis per statuta regia requisitis, sufficiant ei ad incipiendum in artibus.* » *Guiliel Addison praelector.* (Supplicat 1, M.A. 1611 Christ's M.A. N° 26).

Ce sont tous ces documents qui m'ont permis d'établir avec précision la chronologie de la carrière universitaire de W.P.

Livre deuxième
STEEPLE-CHASE D'UN ÉRUDIT DANS LES CHÂTEAUX ANGLAIS
1608-1620

Chapitre 3
« MES PRISONS »
1608-1616

11. *Beverley Grammar School, Yorkshire, 1608-1612*

W.P. figure dans les annuaires de Cambridge comme ayant été recteur de la paroisse de Flamborough avant d'occuper son poste de maître d'école à

Beverley. Il apparaît en effet dans le *Crockford's Clerical Directory* et dans *A Guide to St. Oswald's Church* comme le vicaire de cette paroisse sous le nom de William Pettrill ou Petrie en 1608. Mais il ne dut pas y rester plus de quelques mois, car je l'ai trouvé dès 1608 à Beverley, où la chance m'a souri.

La Public Library y conserve un manuscrit dactylographié relatant l'histoire de la Beverley Grammar School, depuis ses origines jusqu'en 1912. Ce travail d'archives est dû à John Robert Witty, qui a minutieusement retranscrit tous les documents relatifs à cette institution. Il a notamment retrouvé le salaire de « Mr. Petty », maître d'école, ses dépenses pour la construction d'un nouveau bâtiment, la liste des livres dont il dote la salle de classe, la description des lieux qu'il habite, et la correspondance des notables à son propos. En comparant les frais des autres instituteurs, j'ai pu constater que W.P. est de loin celui qui a coûté le plus cher à la ville. Il passe aussi pour le fondateur de sa bibliothèque.

Grâce au travail de Mr. Witty, j'ai suivi W.P. pas à pas, dans toutes ses activités, même au cabaret. Ses amours avec Miss Fanny sont en revanche une invention de ma part.

J'ai aussi consulté la bibliographie de la *Yorkshire School History* et les plans de Beverley en 1613, qui m'ont permis d'établir avec certitude l'emplacement de son galetas, puis de l'école.

Il est exact qu'il se fera remplacer par l'un de ses anciens condisciples de Christ's et qu'il emmènera avec lui à Jesus les meilleurs de ses élèves. Voir à ce propos les Mémoires de Sir Hugh Cholmley, découverts par David Howarth, *Lord Arundel and his Circle* (*op. cit.*).

12 et 13. *Second séjour à Cambridge, Jesus College,*
Fellow Building, septembre 1612-avril 1613

L'élection de W.P. à une *fellowship* de Jesus n'est pas tout à fait un hasard. Le fondateur de ce collège, John Alcock, évêque d'Ely, était né à Beverley deux siècles plus tôt. Il y avait grandi et s'intéressait toujours au sort de son école. Devenu l'un des plus éminents hellénistes de sa génération, Alcock avait exigé que les professeurs de Jesus approfondissent l'enseignement de Pythagore, de Thucydide et de Xénophon. Depuis l'an 1500, ses préceptes étaient tombés en désuétude. Mais W.P. avait repris ses leçons avec succès à la *grammar school* de Beverley. Sa réputation d'érudit et le poste qu'il occupait ne pouvaient donc qu'attirer sur lui l'attention du doyen.

En 1612, Jesus College est beaucoup plus petit que Christ's. L'homme qui deviendra l'ami de W.P., William Boswell, y a reçu son *B.A.* en 1603-1604. L'élection de William Boswell à une *fellowship* à Jesus date de 1606. Voir à ce propos *Jesus College*, d'Arthur Gray, et *A History of Jesus College, Cambridge*, du même auteur en collaboration avec Frederick Brittain.

J'ai pu consulter aux archives de Jesus College les notes préparatoires d'Arthur Gray pour l'écriture de ses ouvrages. Ces notes sont conservées dans un cahier vert, qui me fut très précieux. Arthur Gray confirme que W.P. figure comme *fellow* dans le livre de comptes du collège, le *Bursar's Book*, à partir de la Saint-Michel 1612. Qu'il a obtenu le poste d'un certain Master John Squire, qui continuera sa carrière à Oxford. Et que les deux cents livres que W.P. léguera à Jesus College dans son testament sont instamment réclamées par l'administration le 8 mai 1640.

Ce dernier point est confirmé par John Sherman dans son *Historia Collegii Jesu Cantabrigiensis* dont je consulterai aussi le manuscrit aux archives de Jesus College. Sherman note, au lendemain de la Restauration, donc près de trente ans après la mort de W.P. : *Guil Petty, STB, 200 lib legavit, quas autem perfidus executor nunquam numeravit*. On comprend la colère des légataires frustrés : deux cents livres étaient une très grosse somme, l'équivalent de deux cent mille livres aujourd'hui.

Sa fortune, il l'avait certes commencée modestement. Son salaire à Beverley Grammar School s'élevait à dix livres par an.

L'*Audit Book* de Jesus College pour les années 1599-1643 (account 1. 3.) le mentionne dans les comptes du dernier trimestre 1612 comme un professeur payé dix shillings et quatre pence par trimestre. Il signera le reçu officiel de son salaire en septembre 1613.

Le paraphe de sa main sur ce registre prouve qu'il n'a pas suivi Lord et Lady Arundel en Italie à la suite du voyage à Heidelberg, ce qui contredit l'opinion de beaucoup d'historiens d'art.

De septembre 1613 à septembre 1614, W.P. est présent *tous* les trimestres et reçoit chaque fois ses dix shillings et quatre pence. Le 29 septembre 1614, il signe à nouveau personnellement le registre. De septembre 1614 à septembre 1615, idem.

C'est la dernière fois.

De septembre 1615 à septembre 1616, il est payé à chaque trimestre ses dix shillings et quatre pence, mais sa signature manque en septembre 1616 : il n'est donc pas présent à l'université. Idem entre septembre 1616 et septembre 1624. En 1625, il a complètement disparu des registres de Jesus.

Son absence du collège à partir de la fin de l'année 1615, ou du début de 1616, correspond à son entrée au service des Arundel et à son installation chez eux à Londres. Il ne quittera probablement pas l'Angleterre avant 1619. J'en veux pour preuve la liste de ses trimestres sabbatiques, disséminés entre les pages du Register Book (voir *infra*).

Dans le *Treasury Book de 1582 à 1632* (account 6. 2.), W.P. figure à profusion. Il apparaît dans le registre tous les 30 janvier des années 1615, 1616 et 1617. Et pour cause ! C'est lui qui a la responsabilité de l'argenterie offerte à Jesus par ses élèves les plus riches. Il veille notamment sur le bol d'argent des deux Mr. Probys, les fils du maire de Londres, qui ont été admis en 1614 comme *fellow commoners*, apportant cette pièce d'orfèvrerie en tribut. Un an plus tard s'ajoutent au bol des fils Probys les précieux cadeaux de MM. Cholmley, Wingate, Pearson et Jackson. L'année suivante, W.P. garde une véritable caverne d'Ali Baba. Mais, le 31 janvier 1618, il n'est plus mentionné avec les objets. Une nouvelle liste datée de juillet 1618 précise que les trésors ne se trouvent plus entre les mains de W.P. Un autre *fellow*, un certain Paul Le Marchand, en prend soin. Le 31 janvier 1619, il est mentionné une dernière fois, avec un grand blanc après son nom :

In hands of Master Petty : ...

Il y a de bonnes raisons de penser que W.P. ne vit plus à Jesus College, et qu'il fait des allers et retours entre Londres et Cambridge.

Le *Register Book of Jesus College, 1618-1689* (col. 1. 1.) va me permettre de suivre précisément ses déplacements durant les années suivantes. Ce registre, où W.P. figure très souvent, consigne toutes ses permissions de s'absenter. Elles se prolongent de trimestre en trimestre entre 1618 et 1619. À la page 4, recto, on accorde *encore* à Master Petty un trimestre sabbatique. Le document est daté du 22 février 1619 et concerne les mois de mars, avril et mai. Le mot « encore » sous-entend que dans les registres précédents (qui ont disparu) W.P. avait demandé et reçu le droit de s'absenter. Ces autorisations culmineront le 27 juin 1619 avec un blanc-seing extraordinaire : *Master William Petty has licence to be absent from the College for three years, with the grant of 16 pence a week, on the recommendation of Master Slater, pro exercitiis.* Trois années sabbatiques !

Il n'apparaît plus dans le *Register Book* jusqu'au 10 avril 1622, où il obtient une nouvelle prolongation de trois mois : de la Saint-Jean (juin) jusqu'à la Saint-Michel (septembre). Manifestement, il ne rentre pas en septembre, car, le 28 novembre 1622, on lui renouvelle son permis, cette fois jusqu'au 1er mai 1623. Il est stipulé que ce *leave of absence* ne sera pas valable si dans l'intervalle il rentre de l'étranger.

Cette précision confirme l'hypothèse qu'il voyage *hors* d'Angleterre. La comparaison des dates de son absence et des dates du séjour de Lady Arundel en Italie permet de conclure qu'il l'accompagne.

Et le 1er mai 1623 : toujours pas de W.P. à Jesus ! Le collège lui concède encore une nouvelle prolongation. 29 avril 1623, puis 16 juin 1623, *Mr Petty has licence to be absent until Michaelmas 1623, omitting any other limitation.*

Cette fois, il tiendra ses délais.

Le 27 septembre 1623, W.P. se trouve à Jesus, où il est élu « sénéchal » du collège. Mais il y reste probablement peu de temps, car, le 29, il ne signe pas l'*Audit Book*, prouvant qu'il a bien reçu son salaire. Il est l'un des professeurs les mieux rémunérés, puisqu'il gagne dix-sept shillings et quatre pence par trimestre : il a été payé toute l'année. L'absence de sa signature prouve qu'il ne se trouvait pas à Cambridge le jour dit.

Un mois et demi plus tard, le 12 novembre 1623, nouvelle permission de s'absenter, accordée à Master Petty pour six mois. Il s'agit de deux trimestres sabbatiques consécutifs, sans relations avec les trois ans déjà prolongés deux fois. Ce nouveau document tend à prouver que W.P. est bien revenu *avant* la Saint-Michel 1623 comme stipulé dans sa dernière autorisation.

Mais qu'il n'est revenu que pour repartir.

Il a toute liberté jusqu'en mai 1624.

Et, le 29 avril 1623, son autorisation est prolongée jusqu'au 29 septembre 1624.

Le 27 octobre 1624, Master Petty, Master Boswell et Master Osgody sont autorisés à s'absenter jusqu'à septembre 1625. Ils ont donc droit à une année sabbatique. Le délai paraît bien court pour les aventures dans lesquelles s'est embarqué W.P : en ce mois d'octobre 1624, il vogue vers le Levant.

Toutes ces autorisations s'achèveront par sa démission, qui sera enregistrée dans le *Register Book* de Jesus le 9 novembre 1624. Déjà, le 27 septembre 1624, il avait renoncé à son titre de sénéchal. Un certain Master John Hume sera élu à la *fellowship* vacante de Mr. Petty à l'heure où il débarque à Smyrne.

Lors de mon enquête à Cambridge, j'ai tenté d'approfondir les rapports des familles Arundel et Shrewsbury avec l'université. Les Talbot sont de grands mécènes de St John's, le collège auquel les Howard appartiennent de tradition. Les lettres de Lord Arundel au doyen de St John's sont conservées parmi les *Gwynne Papers, St John's College*, archives D 76. 7 ; D 94. 74 ; D 94. 118 ; D 105. 318 ; D 105. 319. Le comte enverra ses fils y passer l'été 1624. Les garçons disposeront de cinq chambres, où ils logeront avec leur suite.

C'est très certainement en raison de cette connexion entre la famille Howard et St John's que, dans le *Parish Register* de Greystoke, fief des Howard, W.P. figure, de façon erronée, comme ayant appartenu à ce collège.

W.P. est mentionné dans le volume XIX (pages 311-312 et 324-327) de l'*Eagle Magazine* édité à Cambridge en 1887, journal qui publie certaines archives de St John's. J'ai également trouvé dans ce volume XIX plusieurs lettres de recommandation signées par William Boswell, l'ami de W.P., et par Lord William Howard de Naworth. Tous deux y présentent au doyen de St John's des érudits éligibles au professorat. Dans le volume XXXVI, j'ai pu lire des lettres de Thomas Coke, l'agent des Arundel, avant que W.P. ne prenne sa relève.

14. Arundel House à Londres, jeudi 8 avril 1613

Pour l'histoire, le plan et la description d'Arundel House, voir l'article de Charles Lethbridge Kingsford, « Bath Inn or Arundel House » dans le volume LXXII d'*Archaeologia or Miscellaneous Tracts Relating to Antiquity*. Ainsi que le rapport de fouilles de 1975 (*op. cit.*). Voir aussi les gravures représentant les bords de la Tamise par Wenceslaus Hollar, conservées à l'Ashmolean Museum d'Oxford, et ses dessins d'*Arundel House* au Fitzwilliam Museum de Cambridge.

Pour la collection de portraits dans les galeries d'Arundel House, voir l'article de Susan Foister « " My foolish curiosity ", Holbein in the collection of the Earl of Arundel », in *Apollo*, août 1996 (*op. cit.*).

Pour le personnage de Thomas Coke, voir Hervey (*op. cit.*); Howarth (*op. cit.*); les archives de St John's College Cambridge (*op. cit.*) et le *Dictionary of National Biography*, qui retrace la carrière de son frère, John Coke, secrétaire d'État de Charles Ier; enfin la Pierpont Morgan Library de New York, où se trouvent conservées beaucoup de ses lettres.

15. De William Petty à... William Petty, 12 avril-12 août 1613

La découverte de la signature de W.P. dans les registres de Jesus College en septembre 1613 a compliqué mes recherches et ralenti mon récit. Elle prouvait que son voyage dans le train d'Arundel, lors de l'ambassade à Heidelberg, ne débouchait pas pour W.P. sur l'aventure italienne, contrairement à ce qu'on avait toujours cru. J'ai alors voulu douter de sa présence dans la suite du Lord, puisque cet incident ne changeait rien à son destin et qu'il retournait à Cambridge. Je dois à l'amabilité du professeur Holtgen d'avoir pu vérifier *toutes* les listes. Peine perdue : il y figure aux principales étapes. J'ajouterai qu'outre plusieurs de ses condisciples de Christ's apparaît dans ces listes un Richard Cholmley de Beverley, le père de Hugh Cholmley, l'un de ses élèves les plus fortunés, qui évoquera son maître W.P. dans ses Mémoires. Est-ce par cet intermédiaire que W.P. obtint le privilège de cette invitation ? Dans le doute, j'ai choisi de la lui faire obtenir par le biais d'une disputation avec Chappell. Et, pour le reste, je me suis alignée sur l'itinéraire et l'emploi du temps d'un autre *Cambridgeman* attaché au comte, le poète William Quarles, qui regagnera l'Angleterre en août.

Bainbridge est bien décédé dans les environs d'York, fin août-début septembre 1613, mais j'ignore les raisons de son voyage loin d'Appleby. J'ai imaginé qu'il rendait visite à son compère collectionneur, William Howard de Naworth.

Le manoir de Willie l'Audacieux au nord d'York a été détruit au xviiie siècle, pour permettre l'édification du légendaire Castle Howard, l'un des plus splendides châteaux anglais.

Le testament de Bainbridge léguant ses biens, ses livres et ses collections à son école sera enregistré à York à la mi-septembre 1613. Voir à ce propos l'article du professeur F. Haverfield (*op. cit.*). Bainbridge laisse environ deux cent quatre-vingt-quinze volumes, quantité énorme pour l'époque. Sa bibliothèque est aujourd'hui conservée à l'université de Newcastle-upon-Tyne. Voir l'essai du professeur Hinchcliffe (*op. cit.*).

16. Troisième séjour à Cambride, Jesus College, septembre 1613-janvier 1616

William Petty sera bien présent à Jesus College pour la rentrée de septembre 1613. Voir l'*Audit Book* (*op. cit.*), *supra*, séquence 8.

Entre septembre 1613 et décembre 1615, W.P. enseigne à Cambridge. Il est le *tutor* de riches *fellows commoners*, qu'il a lui-même présentés à Jesus, notamment les fils du maire de Londres. Voir *Bursar Book* (*op. cit.*), *supra*, séquence 8.

Dans le livre des immatriculations conservé aux archives de l'université figure, en 1614, le second William Petty, originaire de Kirkby Stephen, le bourg le plus proche de Soulby. Voir *supra*, séquence « Prologue ». Les testaments conservés aux archives de Carlisle (*op. cit.*), *supra*, séquence 1, et les registres de baptêmes conservés dans les archives de Kendal et de Carlisle (*ibid.*), témoignent de la naissance de plusieurs William Petty dans différents foyers du Westmorland à des dates rapprochées. Tous ces « William Petty » sont parents de notre W.P. Le garçon immatriculé *sizar* en 1614 était-il le fils de son frère, ou un petit-cousin ? Junior aura une carrière ecclésiastique ordinaire, obtiendra son *B.A.*, son *M.A.* et une paroisse (voir *supra*, séquence « Prologue »). Je ne sais s'il est encore vivant à la mort de W.P. et s'il appartient à la liste de ses héritiers. Un « William Petty » est cité dans son testament, parmi d'autres parents.

Les Arundel réintègrent Londres en décembre 1614 et Mr. Coke rentre en effet très malade de leur périple. On craint pour sa vie entre Noël 1614 et avril 1615. Voir Hervey (*op. cit.*).

Selon toute probabilité, William Petty devient chapelain et précepteur de la maison Arundel dans les premiers jours de l'année 1616. Avant cette date, il semble en résidence à Cambridge de façon constante. Voir *supra*, séquence 8, les dates de sa signature autographe dans l'*Audit Book*.

La période et les circonstances de son départ de Cambridge pour Arundel House sont attestées dans les Mémoires de son élève Hugh Cholmley (*op. cit.*).

Thomas Howard accepte la communion de la main d'un anglican le jour de Noël 1615. Il se « convertit » et passe à la Réforme contre le gré de sa mère et de sa femme, toutes deux ferventes catholiques. Voir à ce propos *Historical Anecdotes of some of the Howard Family*, par *The Honourable Charles Howard*.

Voir aussi Hervey (*op. cit.*), Howarth (*op. cit.*), Springell (*op. cit.*), et la thèse d'Elizabeth Chew. (*op. cit.*) W.P. figure pour la première fois parmi les dépendants des Arundel dans une lettre du comte, que Mary Hervey (*op. cit.*) date de mars 1616 (voir Arundel Castle Archives, lettre n° 204, vol. 1, 1585-1617).

Chapitre 4
L'ŒIL DU RÉVÉREND
1616-1620

17. Londres, Arundel House, janvier 1616-juin 1620

Je n'ai aucune preuve de l'hostilité de Lady Arundel envers le révérend William Petty. Il est néanmoins exact que l'arrivée de W.P., chapelain anglican, à Arundel House coïncide avec la conversion du comte, un geste auquel Lady Arundel ne souscrira jamais. Avec les années, elle s'entourera de prêtres et se liera avec tous les papistes de la cour. Elle sera particulièrement proche des agents du cardinal Barberini et des prélats romains, de passage à Londres.

J'ai regroupé en une seule description les excentricités qui traduisent sa passion pour l'Italie. Elle ne ramènera au bord de la Tamise son Maure, ses escargots et sa gondole qu'au retour de ses années à Venise, en 1623. Pour les dîners à l'italienne de la comtesse, voir la description de Robert Chamberlain à Dudley Carleton, dans les *Lettres de Robert Chamberlain à Dudley Carleton*. Pour l'atmosphère d'Arundel House, je renverrai le lecteur aux ouvrages des biographes des Arundel (*op. cit.*).

Pour l'élève de W.P., « Baby Charles », voir la biographie de son frère, *Sir William Howard, Viscount Stafford*, sans nom d'auteur, en 1929. Je n'ai pu retrouver ni les circonstances de sa maladie ni la date de sa mort. La tradition veut qu'elle soit survenue avant le second voyage de Lady Arundel en Italie. Sa mère porterait son deuil dans le tableau que peindra Rubens en 1620.

La lectrice, Mrs. Dyx, est entièrement de mon invention. Pour créer son personnage, je me suis servie d'une autre présence féminine à Arundel House, une dame de compagnie liée à un agent sur le marché de l'art, un homme travaillant comme intermédiaire des Arundel à Florence. Cet agent, lointain parent des Howard, s'appelait Anthony Tracy. Ce sera chez Tracy que William Petty descendra lors de ses missions en Toscane, chez lui qu'il se fera adresser son courrier. « Mistress Tracy » épousera à Londres un artiste appartenant lui aussi à la *casa* Arundel : le jeune graveur Wenceslaus Hollar, que le comte avait ramené avec lui de son ambassade en Bohême.

Il reste néanmoins exact que les gentilshommes de la famille Dyxwell, Dix ou Dyx, et leurs épouses servirent la famille Arundel, de génération en génération, en qualité d'intendants et de dames de compagnie.

Pour le petit jeu des attributions auquel se livre Inigo Jones, je me suis appuyée sur le récit de l'envoyé du pape auprès de la reine Henriette-Marie qui raconte la réaction exaltée du grand architecte, s'agenouillant, bougie à la main, devant les tableaux envoyés par la cour pontificale. Voir à ce propos l'article de Rudolf Wittkover, « Inigo Jones, puritanissimo fiero », *Burlington Magazine*, 1948, pages 50-51.

Pour l'attribution de la *Cérès* par William Petty, j'ai choisi une toile aujourd'hui perdue. Domenico Tintoret était connu des Arundel. Ils lui avaient commandé un portrait avec leurs enfants, tableau exécuté lors de leur passage à Venise en 1613 (voir M. Boschini, *La Carta del navegar pittoresco*). Ce portrait de la famille Arundel par Domenico Tintoret semble perdu, lui aussi. Il est possible que l'auteur qui en mentionne l'existence, Boschini, ait fait une confusion de dates, et que le tableau ait été exécuté entre 1620 et 1623, quand la comtesse et ses fils se trouvaient de nouveau à Venise. Lady Arundel a eu, durant cette seconde période, des relations très suivies avec l'artiste. Les portraits de Domenico Tintoret étaient particulièrement appréciés des Anglais de passage.

Quoi qu'il en soit, la *Cérès*, attribuée à « il Tintoretto », appartient bien au groupe de peintures vénitiennes qui ont rejoint Londres en 1615. Elle figure, avec une *Vénus* de Titien, dans les inventaires, parmi les autres tableaux destinés au comte de Somerset. Elle sera acquise par Lord Arundel en 1616.

Pour l'histoire de ces quinze tableaux, et des vingt-neuf caisses de marbres que Dudley Carleton, l'ambassadeur d'Angleterre à Venise entre 1610 et 1616, avait envoyées d'Italie, voir les travaux de Robert Hill, notamment sa thèse, *Works of Art as Commodities. Art and Patronage : the Carreer of Sir Dudley Carleton, 1610-1625*, où le Dr Hill raconte le destin de ces œuvres qui entreront, pour la plupart, dans les collections de Rubens et d'Arundel.

Voir aussi tous les travaux de David Howarth sur la collection Arundel (*op. cit.*). Ainsi que les articles de Timothy Wilks : « The Picture Collection of Rovert Carr, Earl of Somerset Reconsidered » dans le *Journal of History Collections*, I, n° 2 (1989); et de Philip Mcevansoneya : « Some Documents Concerning the Patronage and Collections of the Duke of Buckingham », dans le *Rutgers Art Reviews*, VIII, 1987.

Enfin, pour les relations des amateurs anglais entre eux, pour les goûts d'Inigo Jones, ceux d'Arundel et de Buckingham, leurs rivalités, voir l'ouvrage de Graham Parry, *The Golden Age Restored*.

Pour l'histoire de la formation artistique de William Petty, je me suis appuyée sur les correspondances des agents et des marchands d'art, à toutes les époques et sur tous les terrains de chasse. Je tiens néanmoins à souligner combien les propos de Daniel Wildestein, recueillis par Yves Stravidès, m'ont été précieux. Dans *Marchands d'art*, il dresse de formidables portraits de collectionneurs et synthétise à la perfection leurs émotions. Il réussit à capturer l'essence de la passion dont parlent tous les intermédiaires.

Pour les croyances esthétiques des familiers d'Arundel House, pour leurs goûts et leurs façons d'en discuter, je renverrai le lecteur à un cahier conservé à la Bodleian Library (Marshall 80, *op. cit.*).

Dans son livre sur l'entourage d'Arundel (*op. cit.*), le professeur David Howarth est le premier à mentionner l'existence de ce cahier. Il le décrit comme les notes de W.P., pour l'ouvrage que le chapelain aurait préparé sur l'histoire de la peinture. L'examen et la transcription du manuscrit m'ont déçue sur ce point. Je ne crois pas que ces notes soient de la main de W.P. En revanche, ce carnet immortalise les opinions d'hommes illustres, tels que Van Dyck et Inigo Jones, sur les artistes dont ils estiment ou méprisent la manière.

Ce mince livret, de dix-neuf centimètres de long sur quatorze de large, aurait appartenu à l'érudit Thomas Marshall, né en 1621 et mort en 1685. Dans les catalogues de la Bodleian, l'ouvrage est daté de 1643.

Il s'agirait, selon moi, d'un cahier d'autographes, du genre de ceux que les dames et les jeunes gens du XVIIᵉ siècle faisaient passer dans les salons pour qu'on y jette quelques pensées, un sonnet, des maximes sur l'amour. Ou des réflexions sur l'art.

Dans le cas qui nous intéresse, les textes de Van Dyck et d'Inigo Jones sont autographes. Je les ai comparés à d'autres spécimens de leur écriture. Van Dyck s'exprime en flamand, du folio 11 r à 12 v. Puis viennent, en latin, du folio 13 r à 17 v, les arguments d'un anonyme, qui semble s'opposer aux idées de W.P. – *Observata quaedam in Adversarijs Guil. Pettie*. Ensuite, en italien, du folio 18 r à 19 r, les goûts de Peter Fitton, un prêtre anglais qui habite Rome et sert d'intermédiaire à la plupart des transactions artistiques entre la capitale pontificale et Londres. Enfin, en anglais, sur le folio 19 v, les croyances d'Inigo Jones. La page 20 r semble écrite d'une autre main, que je n'ai pas réussi à identifier. Suivent plusieurs pages blanches, jusqu'au folio 22 r, où sont consignées des notes sur la *Biblioteca Belgica* et la *Biblioteca Gallica*. Puis folios 25, 26, 27 r : une sorte d'inventaire de la bibliothèque d'Isaac Vossius, répertoriée par « Franciscus Junius et F. Filius ».

Franciscus Junius était en 1643, et depuis fort longtemps, le bibliothécaire des Arundel. Il est l'ami de W.P. (voir à ce propos le récit du passage de W.P. à Leyde, que lui adresse son beau-frère Gérard Vossius en avril-mai 1629) et deviendra intime de Thomas Marshall Junior, dont il est aussi le professeur. Junius finira même sa vie en s'installant à Oxford près de son élève.

Je crois la plupart de ces pages bien antérieures à 1643 : Van Dyck serait mort depuis deux ans. Et W.P. depuis quatre, ce qui rendrait une disputation de peu d'actualité ! Selon moi, ce cahier daterait du milieu des années 1630. Mais, inconvénient de cette anticipation : Thomas Marshall semblerait alors bien jeune pour recevoir de telles confidences. À moins que le cahier n'ait appartenu à son père, qui porte le même prénom. Ou qu'il n'ait été offert à Marshall Junior par son maître Junius, quand les deux hommes sont voisins à Oxford.

L'hypothèse que Junius ait pu être le premier propriétaire de ce cahier me semble d'autant plus plausible que celui-ci conduit lui-même une immense enquête sur la peinture, en vue d'un livre qu'il publiera sous le titre *De pictura veterum* en 1637. Et qu'il a lui-même a répertorié la bibliothèque d'Isaac Vossius, dont il est le parent, sur quelques-uns des feuillets.

Quoi qu'il en soit, ce cahier fut pour moi une mine. Il m'a permis de cerner les goûts des quatre mentors, experts de la peinture italienne, qui fréquentent Arundel House, et d'imaginer leurs dialogues sur les mérites comparés de l'école de Florence et de Venise.

Pour l'histoire de l'esthétique et l'évolution du goût, le manuscrit Marshall 80 me paraît un document d'une extrême importance.

18. *Spa, dans l'évêché de Liège, juillet 1620-octobre 1620*

Les longues autorisations de s'absenter que William Petty obtient de Jesus College entre 1619 et 1623 correspondent exactement au voyage des enfants Arundel sur le continent.

Mais je n'ai pas trouvé trace de la présence de W.P. à Rome en 1619, dans le document découvert par le professeur Howarth à la bibliothèque Marciana de Venise (MS 9057, VII, 1928 fol. 89 r-90 v). Cette lettre du majordome des

Arundel, Francesco Vercellini, datée de 1633, raconte bien que lui-même était à Rome en 1619, et qu'il y débauchait, en l'église de San Lorenzo in Lucina, le sculpteur Clemente Coltreci pour qu'il vienne travailler à Arundel House. Mais, à ma connaissance, Vercellini ne parle pas de W.P. à ses côtés.

Je n'ai pas non plus trouvé Petty mentionné dans la suite de la correspondance de Vercellini (Marciana MS 9057, VII, 1928 folio 91-95). Pas plus que dans les nombreux actes de notaires conservés à l'*Archivio di Stato* de Venise, où Vercellini figure à profusion (voir mon dépouillement dans les sources manuscrites de la bibliographie).

Pour construire mon récit, je me suis donc limitée à mes seules certitudes : la présence de W.P. en Italie entre 1620 et 1623. Il reste toutefois fort possible qu'il ait visité Florence et Rome, avant que Lady Arundel ne s'installe à Venise.

Livre troisième
VIVRE... ENFIN VIVRE !
1620-1624

Chapitre 5
D'AMORE, DI COLORE... E DI VINO FRIZZANTE
1620-1621

19. *Venise, novembre 1620-avril 1621*

Pour ce long épisode vénitien, je renverrai le lecteur à « The Plunder of the Arts in the Seventeenth Century » de Hugh Trevor-Roper et aux travaux exhaustifs de Jennifer Fletcher, notamment son article « The Arundels in the Veneto », dans la revue *Apollo* de 1996. Ainsi qu'à l'essai de David Howarth, « The patronage and collecting of Aletheia, Countess of Arundel, 1606-54 », publié dans le *Journal of the History of Collections* de 1998. Et à la thèse d'Elizabeth Chew (*op. cit.*). Je me suis aussi beaucoup appuyée sur le livre d'Olivier Logan, *Culture and Society in Venice, 1470-1790.*

Pour les rapports des deux ambassadeurs d'Angleterre à Venise avec les Arundel, voir les travaux de Robert Hill sur Dudley Carleton (*op. cit.*) et la biographie de Logan P. Smith, *The Life and Letters of Henry Wotton.*

Quant aux lascars, Daniel Nys et Balthazar Gerbier, ils seraient dignes de retenir l'attention des romanciers, tant leurs personnalités restent psychologiquement complexes, et leurs activités riches en drames et en rebondissements. Tous deux demeurent des personnages clefs du marché de l'art dans la première partie du XVIIe siècle, pour tout ce qui regarde les acquisitions anglaises. Non seulement les transactions conclues à Venise, mais en France et aux Pays-Bas.

Dès 1602, Daniel Nys est un marchand d'armes et de curiosités, établi sur la lagune (voir à ce propos le livre de Wilfrid Brulez, *Marchands flamands à Venise (1568-1621)*. La nationalité de Nys varie, selon les auteurs. On le dit flamand ou français, et même hollandais ou suédois. Je dois à l'amabilité de Vittorio Mandelli, qui m'a communiqué le contrat de mariage de Nys, récemment découvert par Francesca Ruspio à l'*Archivio di Stato di Venezia, Nottarile Atti, Protocoli Giovanni Piccini*, registre n° 10802, 3 septembre 1640, cc 318-320, de connaître ses origines avec précision !

Dans ce document, Nys dit être né à « Veselia ». Il s'agit de Wessel-sur-le-Rhin au nord de Düsseldorf. Son contrat de mariage est rédigé en français le 9 août 1610. Il épouse à Amsterdam une demoiselle Cecilia Muisson. Il a déjà pour témoin Giovanni delle Forterie, qui sera son associé et son correspondant à Londres durant trente ans. Le dépouillement des comptes des frères Forterie, marchands de Rouen, permet de suivre de près la carrière de Nys. Ils restent liés d'intérêt jusqu'à sa mort à Londres en 1647. Une longue histoire.

Quand Nys expédiera à Londres les tableaux que l'ambassadeur d'Angleterre à Venise, Sir Dudley Carleton, avait destinés au favori Somerset, Lord Arundel ira les voir avec Inigo Jones dans les dépôts de la firme de Jean de La Forterie ou John Fortery à Bishop Gate en mars 1616.

En juillet 1621, l'agent de Buckingham, Balthazar Gerbier, devra la somme de cent cinquante et une livres et dix shillings à Nys et aux frères Fortery, pour les tableaux que lui-même a acquis à Venise et à Rome.

De longue date, Nys achetait les œuvres que l'ambassadeur d'Angleterre, Sir Dudley Carleton – parrain de sa première fille –, destinait à ses protecteurs. Par son intermédiaire, Nys était entré en contact avec les Arundel. C'était en 1613 lors du voyage en Italie qui avait suivi le périple à Heidelberg. Nys allait rester leur pourvoyeur et leur créancier, ainsi que celui des ambassadeurs successifs. Ainsi travaillerait-il à l'achat d'objets d'art pour Buckingham, puis pour le roi, et pour la plupart des Anglais de qualité voyageant à Venise.

Dans la tempête de sa ruine, qui sera due, en partie, aux refus de paiement de Charles Ier, Nys attendra le salut du soutien de Lord Arundel. Le comte lui-même lui doit beaucoup d'argent.

On a souvent évoqué la malhonnêteté de Nys. Elle aurait consisté à remplacer les objets dont il avait convenu avec son acheteur par des objets de moindre qualité. Les belles pièces figuraient dans les inventaires de départ, mais manquaient à l'arrivée dans les caisses. Nys aurait eu la fâcheuse habitude de garder pour lui-même les splendeurs, tableaux ou statues, qu'il se réservait de conserver ou de vendre à part à d'autres acquéreurs.

Si ses pratiques sont attestées, elles s'expliquent largement par le fait que ses commanditaires anglais s'acquittaient rarement – autant dire jamais – du prix sur lequel ils s'étaient entendus.

Malhonnête, Nys l'était certainement. Mais j'ai pu mesurer, en faisant ses comptes, à quel point, sur ce chapitre, ses clients n'avaient rien à lui envier. Il se payait donc en nature. Ce système, qui lui réussit jusqu'en 1628, finit par le perdre.

Quand Nys avança des sommes faramineuses pour acheter les collections du duc de Mantoue au nom du roi d'Angleterre, dont il n'avait pas la caution officielle, et qu'il tenta de tromper Sa Majesté sur certaines marchandises, le roi se servit de ses duperies pour afficher la plus totale méfiance à son endroit. Les banquiers de la cour d'Angleterre prétendirent attendre des garanties avant de le rembourser. Le manque de liquidités qu'entraînèrent ces délais causa sa ruine.

Si les vicissitudes des négociations de Nys avec la cour de Mantoue pour l'achat en bloc de la collection des Gonzague par Charles Ier – le *coup* du

siècle – sont connues depuis les publications de A. Luzio en 1913, les conséquences de cette vente sur le destin de Nys et sur l'histoire des collections
européennes ont fait, très récemment, l'objet d'immenses travaux. Je renverrai donc le lecteur à la bibliographie générale, et notamment aux remarquables ouvrages de Linda Borean, d'Isabella Cecchini, d'Irene Favaretto et
de Raffaella Morselli. Leurs recherches et leurs découvertes ont clarifié la
saga des six cabinets de Nys, qu'avaient confisqués ses créanciers, lors de sa
faillite de 1631.

Mon dépouillement des actes du notaire Piccini, pour les années 1631-
1638, à l'*Archivio di Stato di Venezia* m'a permis d'établir un inventaire assez
précis des possessions sous séquestre de Nys (voir le détail des sources
manuscrites dans la bibliographie générale). Le cabinet de gemmes que W.P.
achètera en 1638 pour la somme astronomique de dix mille livres, « *the
famous cabinet* », n'appartient pas à ce groupe de biens confisqués. Un document, découvert par Vittorio Mandelli, *Archivio di Stato di Venezia, Nottarile
Atti, Protocolli Paganuzzi Girolamo*, registro n. 10906, 27 Gennaio 1643 m.v.,
cc. 448-450, nous donne le lieu où Nys a caché ce cabinet pour le soustraire à la
saisie, le descriptif du contenu et les conditions d'acquisition par Lord Arundel, via William Petty. Il s'agit d'un contrat, passé devant notaire à Ratisbonne,
le 5/15 novembre 1636, entre le comte et Nys. J'en livre ici la transcription, que
m'a aimablement communiquée Vittorio Mandelli. Nys cède *la sua tavola, o
sia cabinetto, dentro al quale vi sono disegni, pitture, medaglie, camei, intagli in
agata, et corniolla antichi, cristalli intagliati, giogie, e molto atre rare curiosità
nominate destintamente in un libro scritto a mano con inventario di quanto
s'attrova nella sudetta tavola stata data a Sua Eccellenza dal sudetto Nijs; Si
obliga percio l'Eccellentissimo Signor Conte d'Arundel di fare im pagamento di
detta tavola al Signor Nijs, o suoi heredi nella maniera come segue cosi restati
insieme dacordo. Farà sua Eccellenza promettere dal Signor Pietro Bychan* (Peter
Rychaut *?) alli Pietro et Nipoti della Fortiera Mercanti di Londra di pagare a loro
lire sterling tre mille duecento* (3 200 livres) *nel tempo di mesi diciotto* (18), *in
due pagamenti, principiando l'obligo del Bychant alli fortiera di pagare la sudetta
somma il giorno stesso che la tavola, o cabinetto, sia consegnato in Venezia o
altrove all Ecellentissimo signor Conte d'Arundel commessi, o vero deputati,
conforme all inventario che il tutto sia ritrovato giusto e originalle attrovandosi
al presente la detta tavola in mano delli fattori di Monsieur Musson in sigurta di
detta somma che li deve dare Daniel Nijs, e per il suplimento dell inventario
manca in essa tavola diverse gioie, camei, intaglie, cristalli, agatta legato in oro
con adornamento di diamanti, rubini, et altre pietre pretiose, come erano in essa
tavola, le quali saranno da me Daniel Nijs, da mia moglie, o figlioli giustamente
consegnato nell istesso tempo, o prima, che si consegnara la tavola a sua Eccellenza, o alli suoi deputati, e nell' istesso tempo che saranno consegnato le gioie,
agate, camej, et altro, fara sua eccellenza pagare a Venezia ad esso Nijs in
contanti lire sterline trecento* (300 livres). *Promette Sua Eccellenza, arrivato che
sia in Londra detto Nijs, di darli casa libra, e franca per se, e sua famiglia, o vero
di dargli lire sterline trenta all anno* (30 livres par an), *accio che piglia casa a suo
gusto e che con quelli denari paghi il fitto; Si obligha di piu l'Eccellentissimo
signor Conte d'Arundel di pagare ad esso Nys sino che vive e doppo la sua morte a
sua moglie e figlioli, Per il tempo dieci anni, lire cento cinquanta di sterline ogni
anno* (150 livres), *pagandoli d'anno in anno anticipati, dovendo principiar il
tempo il giorno del suo arrivo a Londra, di sua moglie, o figlioli, et in caso che sua
Eccellenza procurasse qualche utile a detto Signor Nijs, moglie o figlioli sino alla*

proportione di lire cento cinquanta all'anno, o vero il suo valsente, s'intende Sua Eccellenza esclusa et solevata di pagare la sudetta pensione di lire cento cinquanta all'anno, come si obliga il Signor Daniel Nijs a sua Eccellenza e suoi eredi, in caso che loro li procurassero qualche gran utile, avanzo o guadagnando, di restituire in dietro a Sua Eccellenza le lire tre mille due cento di sterline che hanno fatto pagare il Signor Bichaut alle Fortiera per il conto del sudetto Nijs, il quale sara sempre pronto per la sua industrie di operare, etc.

Au total, en 1636, Nys vend son cabinet pour une somme moindre que les dix mille livres qu'il réclamera lors de la transaction finale. Il est vrai qu'en 1636 le cabinet, sous séquestre à Venise chez le marchand français Musson (son beau-frère?), est incomplet. Nys a caché plusieurs pièces importantes, que W.P. récupérera lors de l'enlèvement de l'ensemble deux ans plus tard.

L'inventaire de 1636, signé par Nys et Arundel, sera enregistré chez le notaire vénitien Girolamo Paganuzzi le mercredi 27 janvier 1643 par Abram Ermans, le chargé d'affaires à Venise de Mme Nys. Elle cherche à se faire payer. Ermans demande en son nom à deux Anglais en résidence à Venise, Robert Talbot et Thomas Rowlandson, d'authentifier légalement la signature du comte.

W.P. ne cessera jamais d'être en contact avec Nys. Leur association a commencé dans les années 1621-1622. Elle se poursuit en mars 1633, après la faillite de Nys, quand W.P. lui achètera ses dessins. En novembre 1634, ils se retrouvent tous deux à Londres. À l'occasion de ce voyage, l'ambassadeur de Venise en Angleterre soutiendra la pétition de Nys et priera la Sérénissime de surseoir à la liquidation de ses biens jusqu'à son retour. L'ambassadeur dit avoir vu les créances de Nys : les aristocrates anglais, dont Lord Arundel, lui devraient quatre-vingt mille ducats! Voir *Calender of State Paper*, Venice, novembre 1634.

Nys habitera Arundel House. Il suivra Lord Arundel dans son ambassade à Ratisbonne en 1636 (voir le contrat *supra*), avant de rentrer à Venise où l'attend W.P.

Le 19 février 1638, Petty annonce qu'il a clos la transaction avec Nys et qu'il rapportera le cabinet, via Turin et Paris (Howarth, *op. cit.*).

Le 5 mars 1638, Nys nomme un mandataire pour récupérer en son nom à Turin la somme de cinq mille quarante-sept ducats, crédit qu'il possède chez le banquier Ottavio Baronis. Pour cette transaction, le mandataire de Nys n'est autre que Francesco Vercellini, le majordome de Lord Arundel.

Le 2 avril 1639, l'agent des ducs de Mantoue en poste à Venise écrit à son gouvernement qu'il a parlé avec son homologue l'ambassadeur d'Angleterre de la faillite de Nys : l'ambassadeur confirme que Lord Arundel est débiteur du marchand, mais qu'il ne lui remboursera rien... tant ses créances à son égard sont énormes! (Luzio, *op. cit.*).

Ces difficultés financières expliquent-elles la conduite politique de Daniel Nys?

Il appartiendra bien au réseau d'espionnage qui travaille pour l'Espagne (voir Paolo Preto : *I Servizi Segreti di Venezia*). Dans les dépêches des secrétaires espagnols et de leurs ambassadeurs successifs, Nys figure à profusion, non en tant que marchand mais en tant qu'agent double. Certains des plans de Daniel Nys sont soumis directement à Olivares. Nys vend même à l'Espagne une technique pour prendre Venise. J'ai dépouillé les documents, prouvant sa trahison, qui sont conservés aux archives d'État de Simancas, *Estado*, *Venecia* pour les années 1618-1620 et 1631-1633. Le lecteur en trouvera le détail dans les sources manuscrites de ma bibliographie. Toutes ces lettres, notamment celles de septembre à novembre 1632 (n° 86, 96 et n° 98, in E. Leg 3540), ouvrent d'étranges horizons sur le personnage. Il se présente à cette époque comme le confident du chef du mouvement des *Nobili Poveri*, Renier Zeno, qui avait été exilé de Venise en juillet 1628.

L'honnêteté de Balthazar Gerbier n'a rien à envier à celle de Daniel Nys. C'est l'Angleterre que Gerbier trahira, toujours au profit des Espagnols.

Pourtant, à l'inverse de Nys, étranglé par ses besoins de liquidités, Gerbier aura une carrière florissante. Après l'assassinat de Buckingham, il restera en faveur et deviendra le représentant de Charles Ier à Bruxelles.

Du fait de ce poste diplomatique, il aura accès à certains secrets d'État qu'il n'hésitera pas à livrer, contre monnaie sonnante. Ses trahisons provoqueront l'arrestation et la mort de plusieurs de ses compatriotes. Gerbier ne s'arrêtera pas en si bon chemin. Son forfait découvert, il en accusera l'ambassadeur d'Angleterre en Espagne.

Il sera néanmoins anobli et deviendra *Sir Balthazar Gerbier*.

À la chute de la monarchie, il accablera la mémoire de Charles Ier, son ancien maître, et travaillera pour Cromwell. Il poursuivra ses petites et grandes affaires en espionnant à la fois l'Angleterre et l'Espagne, cette fois au profit de la France. Je dois cette information à l'amabilité d'Alexis Merle Dubourg, qui a découvert dans les archives du ministère des Affaires étrangères les traces de rencontres secrètes entre Balthazar Gerbier et le réseau d'espionnage de Richelieu. Il publiera prochainement ces documents dans sa thèse sur la fortune de Rubens en France.

Pour l'histoire des superbes collections de Buckingham, voir le *Catalogue of the Curious Pictures of George Villiers, Duke of Buckingham*, édité par Horace Walpole en 1758 ; l'article de R. Davies, « An inventory of the Duke of Buckingham's pictures at York House in 1635 » ; l'article de Lita-Rose Bletcherman, « The York House Collection and its Keeper ». Et surtout la biographie du duc de Buckingham par Roger Lockyer.

Pour les activités artistiques de Gerbier, voir l'article de I.G. Philip, « Balthazar Gerbier and the Duke of Buckingham's Pictures ». Gerbier se flatte – à juste titre – d'avoir été le créateur de la collection. Il écrira à l'intention du duc, en 1625 : *Let ennemies and people, ignorant of painting say what they will (...). Our pictures, if they were to be sold a century after our death, would sell for good cash, and for three times more than they cost.* Il est intéressant de noter ici que Gerbier comprenait déjà la peinture comme un placement, et qu'il se flattait d'avoir fait faire de bonnes affaires à son patron.

Les critiques du peintre italien Orazio Gentileschi, établi à Londres dans la maison même de Buckingham, ses réserves quant à la qualité de certaines acquisitions de Gerbier, et surtout ses doutes quant à l'autenthicité de certains tableaux, vaudront à Gentileschi – ainsi qu'à toute sa famille – l'ire et les persécutions de Gerbier. Ce dernier n'aura de cesse qu'il ne se débarrasse de ces Italiens qui se disent meilleurs experts que lui.

Les très réelles connaissances de Gerbier en matière de peinture lui attireront néanmoins la sympathie de Rubens, qu'il avait rencontré à Paris, avec Buckingham, lors du mariage par procuration de la fille de Marie de Médicis avec Charles Ier. Les deux artistes (Gerbier avait été peintre et se disait un architecte bien plus doué qu'Inigo Jones) entreprendront ensemble un voyage en Flandres où, sous couvert de visiter les collections de tableaux, ils négocieront au nom de leurs gouvernements respectifs le traité de paix entre l'Angleterre et l'Espagne (voir *The Letters of Peter Paul Rubens,* éditées par Ruth Sunders Magurn).

L'amitié de Rubens, qui peindra le portrait de Gerbier avec sa femme et ses enfants, servira de caution morale à Gerbier. Notamment dans le différend qui opposera Gerbier à Van Dyck : ce dernier l'accusera de malversation dans l'achat d'un tableau que Gerbier lui attribue, et que Van Dyck affirme ne pas avoir peint.

Pour la suite des aventures rocambolesques de Gerbier, notamment l'enlèvement de l'une de ses filles (non pas *du* couvent, mais *vers* le couvent où elle voulait s'enfermer en France) ; pour la mort d'une seconde fille lors d'une mutinerie (sur le bateau qui conduisait la famille Gerbier en Guyane, où il comptait prendre possession de mines d'or), voir le livre de Hugh Ross Williamson, *Four Stuart Portraits.*

Chapitre 6
PORTRAITS DE FEMMES
AVRIL 1621-AVRIL 1622

20, 21, 22 et 24. Venise, palais Mocenigo, palais Priuli

Pour ce qui regarde l'histoire des collections et du commerce de l'art à Venise aux xvie et xviie siècles, les travaux de Michel Hochmann, notamment *Peintres et commanditaires à Venise (1540-1628),* ont été mes livres de chevet durant toutes mes recherches. Je renverrai en outre le lecteur aux publications de Linda Borean, d'Isabella Cecchini, d'Irene Favaretto, de Fabrizio Magani, de Stefania Mason, de Krzysztof Pomian et de Simona Savini Branca dans la bibliographie générale. Je tiens notamment à signaler le numéro 77 de la *Revue de l'Art* consacrée aux « Intermédiaires », et tout particulièrement l'article de Dirk Jacob Jansen, « Jacopo Strada et le commerce de l'art », qui m'a été précieux pour évoquer les pratiques souterraines de tous les protagonistes.

Pour construire les activités d'intermédiaire et la carrière d'agent de W.P., je me suis appuyée sur de très nombreuses sources, dont certaines datent d'époques plus tardives de sa vie. Pour éviter les redites, j'ai choisi de limiter la période à 1620-1623, et le lieu à Venise. Je présente, en un seul tableau, les témoignages de son activité qui s'étalent sur dix ans, après son retour d'Asie Mineure. Entre 1629 et 1639, W.P. sévira à Rome, à Florence, à Naples, repassera plusieurs fois par Venise, Mantoue, Ferrare, Sienne, Piacenza, séjournera à Gênes, et visitera systématiquement les capitales de tous les États d'Italie, comme les plus petites villes. En présentant une synthèse de ses méthodes, j'ai tenté d'en rendre compte au plus serré.

Je me suis bien sûr servie de ce qui reste des instructions que lui adressera Lord Arundel durant vingt ans. Voir la publication de leurs lettres par Springell (*op. cit.*). Voir aussi Hervey (*op. cit.*) et Howarth (*op. cit.*). Voir en outre la correspondance qu'échangent, à la fin des années 1630, Basil Feilding, l'ambassadeur d'Angleterre en poste à Venise, et le marquis de Hamilton à Londres, qui a repris le flambeau du duc de Buckingham en devenant le favori de Charles Ier. Hamilton s'est mis en tête de séduire le roi et d'acquérir les peintures qui pourraient avoir l'heur de lui plaire. Son plan serait d'en offrir certaines à Sa Majesté et d'en monnayer d'autres. Il se sert de son parent l'ambassadeur pour ses emplettes vénitiennes. Les échanges épistolaires des deux ambitieux témoignent de leur volonté de ravir les trois collections que W.P. convoite pour Lord Arundel. Pour toute cette aventure, je renverrai le lecteur au formidable article de Paul Shakeshaft, « Documents for the History of Collecting : " Too much bewiched with those intysing things " : the letters of James, third Marquis of Hamilton and Basil, Viscount Feilding, concerning collecting in Venice, 1635-1639 », paru dans le *Burlington Magazine* en 1986. Cet article relate l'histoire des tricheries de Feilding et de W.P. J'ajouterai que la lutte se conclut par la défaite de mon héros. Et que Feilding rend compte avec humour et sympathie de l'échec de W.P.

Pour ce qui regarde tous les tableaux que je cite dans mon récit, ils ont appartenu à la collection Arundel. Mais l'absence presque totale d'inventaires, qui permettraient de dater leur entrée chez le comte, rend leur histoire difficile à suivre. La rapide et complète dispersion de ses collections achève de brouiller les pistes. Elle empêche de déterminer à la fois la provenance et l'avenir des objets. Dans un souci de clarté, au terme de bien des hésitations, j'ai choisi de me limiter aux rares certitudes des historiens d'art.

Parmi les centaines d'œuvres qui ornaient les galeries d'Arundel House, seules une dizaine apparaissent aujourd'hui comme les reliques indiscutables de sa collection. J'ai choisi d'évoquer *Le Concert champêtre* du Louvre, aujourd'hui attribué à Titien, qui est longtemps passé pour un Giorgione, intitulé *Femmes au bain*. Le comte possédait en outre une version des *Noces de Cana*, par Véronèse. Mais de quelle version s'agit-il ? Le seul tableau de Véronèse qui semble lui avoir indiscutablement appartenu serait *Le Christ et le centurion*, aujourd'hui au Prado. J'évoque en outre l'acquisition de deux Titien dernière manière : un *Christ aux outrages*, aujourd'hui à la Pinacothèque de Munich, dont W.P. parlerait dans l'une de ses lettres datée de Venise en 1638 (*Archivio di Stato di Firenze*, collection Galli-Tassi, busta 1904), et un *Marsyas*, aujourd'hui au château de Kromeriz. Les deux tableaux ont été identifiés par David Howarth.

L'épisode du Bellini, copié et recopié à l'intention de Gerbier, est de mon invention. Je me suis inspirée des tromperies que relate la correspondance de l'intermédiaire Jacopo Strada. Et des mille problèmes que pose à Paolo del Serra, agent du duc de Toscane, l'identification des originaux : la reconnaissance des copies autographes, des copies d'atelier, des répliques d'autres mains, et des contrefaçons des faussaires. Ces lettres témoignent de la difficulté pour les marchands de déterminer la valeur d'une œuvre et de fixer son prix. John Price, lui aussi au service du duc de Toscane, un érudit qui avait été l'ami de W.P., se plaint des mêmes soucis. Les lettres de Price sont conservées à Florence à la *Biblioteca Medicea Laurenziana* (Carteggio Redi).

La vente de tableaux, en grand secret, par un membre d'une famille de patriciens, à l'insu du reste de sa parentèle, l'immédiat remplacement de cette toile par une réplique à peine postérieure à l'original ont abouti récemment à d'étonnantes découvertes. Plusieurs toiles dont on pouvait connaître l'historique avec certitude – car on les avait vues exposées, *in situ*, depuis plusieurs siècles – ne se sont pas révélées de la main et de l'époque que l'on croyait. Entre plusieurs versions du même tableau, il peut devenir difficile de déterminer l'antériorité, ou de démêler l'original de la copie, quand les toiles ont été exécutées dans les mêmes années.

À l'époque de W.P., les peintres se formaient en imitant les maîtres anciens. L'un d'entre eux, Pietro della Vecchia, un artiste extrêmement habile qui conduisait par ailleurs une carrière personnelle et des activités de marchand de tableaux, s'était spécialisé dans la « manière de Giorgione ». On l'appelait la *scimmia di Giorgione*, le singe de Giorgione (voir l'article d'Annick Lemoine, « Nicolas Régnier et son entourage : nouvelles propositions biographiques », dans la *Revue de l'Art* n° 117). Aux yeux de tous, son talent d'imitateur prouvait sa virtuosité : il n'en faisait pas mystère. Le problème commence quand un amateur lui présente la perle de sa collection, un splendide Giorgione, qu'il voudrait lui vendre... dont le peintre-marchand reconnaît, dans un éclat de rire, son propre travail. Si la confusion avait de quoi le flatter, ce type d'erreur précoce, ces tromperies en amont pourront devenir le casse-tête des experts et des historiens d'art.

Pour les pratiques du marché de l'art au XVIIᵉ siècle, le prix des tableaux, les fluctuations des cotes, voir tous les travaux d'Olivier Bonfait et de Richard Spear.

Pour les dangers et l'atmosphère paranoïaque de Venise dans les années 1620, voir, d'Alvise Zorzi, *La République du Lion* ; et, de Paolo Preto, *I Servizi Segreti di Venezia* (*op. cit.*).

Pour les impressions des contemporains de W.P. à Venise, je me suis inspirée des récits de voyageurs, notamment du témoignage de Coryate, qui fait une formidable description de tout ce qu'il voit dans *Coryate's Crudities*.

Le *Journal*, plus tardif, d'un jeune attaché d'ambassade, Bullen Reymes, m'a été tout particulièrement utile. Je dois à l'amabilité d'Edward Chaney, propriétaire du *Journal*, qui m'a signalé son existence, et à celle de François-Pierre Goy, qui a bien voulu m'envoyer sa très savante transcription, de connaître le nom des bordels à la mode parmi les Anglais de Venise, la fréquence de leurs visites aux courtisanes, leur goût pour les théâtres, les maisons de jeu et les cabinets de peinture. Dans les pages datées des années 1633-1636, on retrouve fréquemment W.P., qui semble partager les activités de ces jeunes gens. Reconnaissons toutefois qu'en ses années de maturité, il figure plus souvent dans les cabinets de peinture que dans les lieux de perdition...

Je me suis aussi servie du *Journal* de Thomas Raymond, que j'ai transcrit dans son intégralité à la *Bodleian Library* d'Oxford. La conservation du manuscrit en deux parties (MSS Tanner 93, f. 45 à 68 ; et MSS Rawlinson, D 150, f. 33 à 107) a pu faire penser à deux auteurs distincts. Raymond en est bien le seul rédacteur. Il appartenait au même groupe de jeunes gens que Bullen Reymes et fréquentait, en tant que secrétaire, l'ambassade d'Angleterre à Venise. Il était le neveu de l'ami de W.P., William Boswell, désormais en poste à La Haye. C'est au titre de cette ancienne amitié que Raymond suivra W.P. dans l'un de ses nombreux voyages entre Venise et Rome, notamment en 1636. Le portrait qu'il en dresse témoigne de l'infatigable curiosité de W.P., de son énergie, de son efficacité. Il témoigne aussi des premiers signes de surmenage : une santé qui commence à chanceler pour avoir été trop négligée. La maladie qui terrassera W.P. à Sienne donnera à penser au jeune Raymond que son compagnon n'en réchappera pas. Il se trompe, mais pas de beaucoup...

Chapitre 7
MORTS À VENISE
1622-1624

23, 25, 26 et 27. Ambassade d'Angleterre,
île de Murano et la Piazzetta devant le palais des Doges,
mars 1622-septembre 1623

Le personnage complexe de l'ambassadeur Wotton est splendidement évoqué dans la biographie de Logan Pearsal Smith (*op. cit.*). J'ai tenté de rendre, dans les dialogues, divers propos tenus par l'ambassadeur. Son léger cynisme, notamment l'une des boutades pour laquelle Wotton reste connu dans l'histoire de la diplomatie, lui a coûté très cher : *An ambassador is an honest man, sent to lie abroad for the good of his country*. « Un ambassadeur est un honnête homme qu'on envoie mentir à l'étranger pour le bien de son pays. » Cette plaisanterie, écrite en latin dans le livre d'or d'un ami, lui vaudra les foudres royales. Lady Arundel, en rendant Wotton publiquement responsable du scandale qui la touche lors de l'affaire Foscarini, se chargera du reste de sa carrière : Wotton sera rappelé en Angleterre au mois de juillet 1623. Il n'obtiendra plus de poste à l'étranger. Il deviendra finalement doyen d'Eton, une sinécure qui lui assurera une vieillesse tranquille parmi des jeunes gens qui le vénèrent.

Le destin aura été plus dur envers le sénateur Antonio Foscarini, un homme politiquement proche de Wotton et de leur mentor commun, Paolo Sarpi, le grand théologien de Venise. Il semblerait même qu'en abattant Foscarini ce fût Sarpi que l'on visait.

Pour reconstruire l'affaire Foscarini, je me suis appuyée sur la biographie du diplomate par Sandra Secchi et sur les dépêches des résidents de Florence et de Turin à Venise. Notamment celles du 23 avril 1622 de Giacomo Piscina et du 18 janvier 1623 de Sigismond d'Este (pour Turin). Et les lettres des 9, 12, 16, 21, 23, 30 avril et du 7 mai 1622 de Nicolò Sacchetti (pour Florence). Ainsi que sur les discours de Wotton, les réponses du Conseil et les réactions du roi d'Angleterre, qui sont publiés par Romanin dans *Storia Documentata di Venezia*, vol. VII. Voir aussi le *Calender of State Paper, Venice*, entre les mois d'avril et novembre 1622.

Victime de dénonciations perpétrées par des agents doubles et des faux témoins, Foscarini sera totalement disculpé de toutes les accusations près d'un an après son exécution, et sa mémoire publiquement réhabilitée. Cet acte de justice rétrospective fera l'admiration de l'Europe : il n'était pas dans les habitudes des nations de reconnaître leurs erreurs. Garder le silence sur son inutile cruauté eût été bien plus confortable pour la République.

L'innocence avérée de Foscarini n'empêchera pas la rumeur d'enfler autour de sa prétendue liaison avec la comtesse d'Arundel. Cette rumeur n'a aucun fondement.

Depuis toujours, Foscarini déplaisait à la comtesse. À Londres l'antipathie de Milady avait frisé la grossièreté. Outre des raisons d'ordre personnel (l'adversaire de Foscarini était un intime du cercle de Lady Hay, grande amie de Lady Arundel), l'hostilité d'Aletheia s'expliquait par leurs divergences politiques. Non seulement Foscarini se conduisait en sympathisant de la

Réforme, mais il s'opposait aux volontés du pape et des Jésuites dans toutes les affaires de Venise. En outre, sur aucun plan il ne passait pour un séducteur. On ne lui avait pas connu d'amour heureux ou de maîtresse attitrée. Lors de ses précédents procès, les témoignages le présentent même comme un personnage difficile et peu attirant.

Néanmoins, le drame d'une passion romantique entre Lady Arundel et le sénateur Foscarini alimentera le répertoire des petits théâtres du XIX⁰ siècle.

28 et 29. Londres, puis sur le bateau entre Venise et Smyrne, septembre 1623-septembre 1624

Pour l'antagonisme politique et toutes les disputes entre le comte d'Arundel et le duc de Buckingham, je renverrai le lecteur à la biographie de Buckingham par R. Lockyer (*op. cit.*) et à l'ouvrage de Kevin Sharp, *Faction and Parliament*.

Le départ de W.P. en Asie Mineure a bien suivi le décès de John Markham, consul de Smyrne et de Scio, un employé de la Levant Company qui s'occupait des intérêts de Lord Arundel. Markham était probablement un *Cambridgeman*, il aurait fréquenté l'université peu avant W.P.

La lettre de recommandation du comte présentant W.P. à Sir Thomas Roe est la traduction du document original publié en 1743 par Samuel Richardson dans *Negotiations of Sir Thomas Roe in His Embassy to Ottoman Porte from the year 1621 to 1628*. Toutes mes recherches en Asie Mineure se fonderont sur les documents publiés dans cet ouvrage.

La lettre de recommandation de Michael Branwaithe est datée de Venise, le 18-28 septembre 1624. Il ne s'agit pas, telle que je la cite, de la traduction du document original, mais du montage de trois documents. La première partie correspond exactement à la lettre de Branwaithe (voir Howarth, *op. cit.*). La deuxième partie correspond à une lettre de recommandation plus tardive, adressée par le comte d'Arundel à William Hamilton à Rome. Dans cette lettre, Lord Arundel développe la même idée que Branwaithe. Hamilton ne doit pas se fier aux apparences : le « peu » dont W.P. fait parade n'est pas représentatif des trésors qu'il recèle. Enfin je me suis servie de l'avertissement du marquis de Hamilton (parent du précédent) à l'ambassadeur d'Angleterre à Venise en 1637. Il s'agit cette fois d'une mise en garde contre W.P. De Londres, Hamilton somme l'ambassadeur de se méfier du silence de l'agent d'Arundel. N'accorder aucun crédit à son ostentatoire absence d'intérêt pour l'affaire qui les intéresse. *Beware Master Petty !* (Voir l'article de Shakeshaft, *op. cit.*)

Il est très peu probable que Lord Arundel ait consenti à envoyer W.P. en Turquie, sans que celui-ci ait *déjà* vu Rome. Petty a forcément visité la Ville éternelle avant de s'enfoncer dans l'ancienne Grèce ! Sa découverte de Rome daterait selon moi de la période 1620-1623, lors du long séjour de Lady Arundel à Venise. Accompagne-t-il Van Dyck en juin 1622 ? Le peintre serait parti de Venise pour les États du pape, où il se trouve en juillet. Mais de Rome, au terme de ce premier séjour assez bref, Van Dyck serait revenu sur le Grand Canal (août 1622 ?)... avant d'en partir encore ! Les voyages de Van Dyck, comme ceux de W.P. durant ces quelques mois (entre février 1622 et mars 1623), sont bien difficiles à suivre. Le peintre flamand sera de nouveau à Rome entre mars et octobre 1623.

Quoi qu'il en soit, en dépit de toutes mes recherches, je n'ai pas trouvé de documents qui témoignent du passage de W.P. à Rome, avant les années 1630. Lui emboîter le pas sur le cirque de Maxence de la Via Appia deviendra alors possible ; le suivre via Monserrato, lors de ses dîners à l'English College ; le rejoindre à l'auberge du Tedesco Cecco, via Frattina, visiter avec lui le palais Pighini ; et déambuler dans les ruelles du quartier des artistes... Voir, pour toute cette aventure, les journaux de voyage de Thomas Raymond et de Bullen Reymes (*op. cit.*).

Mais avant ?

En l'absence du moindre indice, j'ai choisi de passer sous silence les séjours romains qui auraient précédé son départ au Levant, tout en pensant que sa connaissance de la Ville éternelle avait dû éclairer sa découverte de Constantinople.

Livre quatrième
SANS LIMITES
1624-1628

Chapitre 8
LE TEMPS DANS LA LUMIÈRE BLEUE D'ORIENT
OCTOBRE 1624-MARS 1625

30, 31, 32, 33, 34 et 35. Smyrne, octobre 1624-janvier 1625

Je voudrais signaler au lecteur qui s'intéresserait à l'histoire du goût pour l'Antiquité et à la naissance de l'archéologie les cinq ouvrages qui ont été mes guides. Tout d'abord, *La Conquête du passé*, d'Alain Schnapp. *Pour l'amour de l'Antique*, de Francis Haskell et Nicholas Penny. *Naissance de l'archéologie moderne* et *le Dictionnaire biographique d'archéologie*, d'Eve Gran-Aymerich. Et *The Origins of Museums*, d'Oliver Impey et Arthur MacGregor.

Pour toute cette partie, je me suis appuyée sur les récits de voyage des Anglais et des Français entre 1580 et 1720. Mon grand souci – et l'une des difficultés auxquelles je me suis heurtée – fut d'éviter les pièges de l'anachronisme. Comment décrire ce que W.P. avait vu ? Entre les descriptions de ses prédécesseurs et celles de ses successeurs, à vingt ans près, certaines antiquités ont disparu... D'autres ont resurgi. Parmi tous les voyageurs dont on trouvera les ouvrages dans ma bibliographie, j'en citerai neuf dont les écrits se répondent d'année en année. J'ai refait sur certains tronçons leurs voyages. Ce sont mes notes, nourries de leurs récits, qui m'ont permis d'évoquer les impressions de W.P. Tout d'abord, Pierre Gilles : *Les Antiquités de Constantinople, 1544-1547*. Puis Jean de Thévenot : *Relation d'un voyage fait au Levant en 1655*. Antoine Galland : *Voyage à Constantinople (1672-1673)* et *Voyage à Smyrne (1678)*. Jacob Spon et George Wheler : *Voyage d'Italie, de Dalmatie, de Grèce, et du Levant fait aux années 1675-1676*. Joseph Pitton de Tournefort : *Relation d'un voyage du Levant fait par ordre du Roi en 1702*. Jean-Baptiste Tavernier : *Les Six Voyages de Jean-Baptiste Tavernier en Turquie, en Perse et aux Indes*. Enfin Paul Lucas : *Voyage du sieur Paul Lucas fait par ordre du roy dans la Grèce, l'Asie Mineure, la Macédoine et l'Afrique.*

W.P. s'embarque-t-il pour Smyrne sur le bateau en partance de la Sérénissime, qui lève l'ancre le 22 septembre ? Si tel est le cas, il a bien voyagé avec l'agent de Richelieu, un certain Sanson Le Page, chargé par le cardinal de négocier au Levant la libération des esclaves détenus par les Barbaresques. Ce Sanson Le Page est en effet le neveu du consul français de Smyrne, un *certain Samson* (*sic*). Voir à ce propos les ouvrages publiés et annotés par Tamizey de Larroque sur *Les Correspondants de Peiresc* (volume VI). Et *L'Été Peiresc Fioretti II.*

Que W.P. ait été en contact avec Napollon, le fait est documenté. Voir à ce propos la correspondance de Nicolas Fabri de Peiresc, que je cite *infra* (séquence 41). Mais qu'il se soit lié d'amitié avec Le Page reste une hypothèse de ma part. Leur rencontre est probable, puisque Le Page débarque chez son oncle Napollon à Smyrne en octobre-novembre 1624, date de l'arrivée de W.P.

Les deux Sanson m'ont paru si représentatifs d'un certain type d'aventuriers au Levant que je les ai suivis.

Pour le vol dont Le Page fut victime à Baalbek, voir *Journal et Correspondance de Gédoyn « Le Turc », consul de France à Alep, 1623-1625.* Pour les rivalités entre Sanson Napollon, Sanson Le Page et le comte de Césy, voir *Les Voyages de Louis Deshayes de Cormenin.* Voir aussi *Les Voyage* (sic) *du Sieur Du Loir* en 1639. Pour les rapports de Sanson Napollon avec les jésuites de Smyrne et de Constantinople, voir *Les Relations inédites des missions de la Compagnie de Jésus.* Pour le rôle de Napollon et Le Page dans le rachat des Français retenus en esclavage par les Barbaresques, voir la *Correspondance des Deys d'Alger avec la Cour de France, 1579-1833.* Pour les affaires des marchands français au Levant, voir *Histoire du commerce français dans le Levant au xviiᵉ siècle*, par Paul Masson, qui décrit à merveille la vie quotidienne des consuls et des trafiquants. Enfin, pour les chasseurs d'antiquités, voir *Les Missions archéologiques françaises en Orient aux xviiᵉ et xviiiᵉ siècles*, par Henri Omont. Pour les rapines des ambassadeurs français, notamment celles du prédécesseur du comte de Césy, Achille Harlay de Sancy, voir les inventaires du cardinal de Richelieu. Sancy offrira à Son Éminence les précieux manuscrits dont il s'est emparé dans les monastères orthodoxes. Ses razzias restent le seul succès de son ambassade. Pour le reste, un désastre ! Le Grand Seigneur l'a fait fouetter... Du jamais vu ! Devenu prêtre oratorien à son retour de Constantinople en 1620, le « père de Sancy » accompagnera la sœur de Louis XIII en Angleterre, quand elle épousera Charles Iᵉʳ. Il semble probable qu'il sera consulté à Londres par le comte d'Arundel qui vient d'envoyer W.P. à Constantinople, où le cousin du père de Sancy, le comte de Césy, a pris sa relève. À cette heure, Césy s'est déjà querellé avec l'ambassadeur d'Angleterre, Sir Thomas Roe.

Pour la vie quotidienne des marchands dans la communauté britannique en Asie Mineure, voir les travaux de M. Epstein : *The Early History of the Levant Company*, et de A. Wood : *History of the Levant Company*, deux ouvrages fondamentaux sur le négoce de l'Angleterre avec l'Empire ottoman.

36. Constantinople, mars 1625

Pour les écrits sur Constantinople, se reporter à la bibliographie générale. Je voudrais toutefois signaler un livre publié en 1603, qui fut probablement le « guide » de W.P. dans le Levant : *The Generall Historie of the Turkes*, de Richard Knolles. Ainsi que *The Ottoman Centuries*, par Lord Kinross, et *Constantinople*, par Philip Mansel. Voir en outre *Histoire de l'Empire ottoman*, sous la direction de Robert Mantran, et, surtout, du même auteur : *Istanbul dans la seconde moitié du XVIIᵉ siècle*.

Pour la personnalité de l'ambassadeur Thomas Roe, ses rapports avec W.P. et l'histoire de leur collaboration, je renverrai le lecteur à ses propres dépêches, publiées par Richardson en 1743 : *The Negociations of Sir Thomas Roe*, dont je retranscris des extraits *infra* dans la séquence 39. La plupart de mes dialogues reprennent ses propos mot pour mot, et le récit de toutes ses difficultés reste si vivant que j'invite le lecteur à retourner à l'original. Plusieurs ouvrages consacrés à Sir Thomas Roe dressent de lui un excellent portrait, notamment *Itinerant Ambassador. The Life of Sir Thomas Roe*, de Michael Brown ; et *Sir Thomas Roe, 1581-1644. A Life*, de Michael Strachan.

37 et 41. *Patriarcat orthodoxe, mars et mai 1625*

Pour la personnalité et le tragique destin du patriarche de Constantinople, Cyril Lucaris, voir *The Great Church in Captivity*, de Steven Runciman. Et *Protestant Patriarch*, de George Hadjiantoniou. Enfin, le chapitre « The Church of England and the Greek Church in the Time of Charles Iᵉʳ », dans le livre de Hugh Trevor-Roper : *From Counter-Reformation to Glorious Revolution*.

Chapitres 9 et 10
LA PORTE D'OR – LA CONQUÊTE ET LE DOUTE
MARS 1625-DÉCEMBRE 1628

38. *Château des Sept Tours, mars 1625*

Pour la description de la Porte d'Or, je me suis servie des travaux de R. Janin : *Constantinople byzantine*, et de ceux d'Alexander Van Millingen, *Byzantine Constantinople, the Walls of the City and Adjoining Historical Sites*. De mes photos et de mes propres plans lors de mes nombreuses visites du site. Enfin, de Pierre Gilles (*op. cit.*) et de *Ancient Marbles in Great Britain* (*op. cit.*). Il est exact que Sir Thomas Roe et W.P. seront parmi les derniers voyageurs à pouvoir admirer les hauts-reliefs. Je renvoie le lecteur à l'ultime descriptition de l'abbé Domenico Sestini en 1778, qui mentionne l'existence de très rares bribes de marbre, encore accrochées à la Porte d'Or. Quinze ans plus tard, tout aura disparu. En 1805, M. Pouqueville, un Français enfermé plusieurs années au Château des Sept Tours, évoque le souvenir d'« ornements pulvérisés » qui avaient décoré la muraille, jadis.

39, 40, 42, 43, 44, 46, 48, 49 et 54. de Constantinople
à Constantinople, via Smyrne, les îles de la mer Égée
et la prison turque, mars 1625-juillet 1628

Pour établir la chronologie de tous les déplacements de W.P. entre 1624 et 1629, j'ai suivi pas à pas les informations qu'échangent Sir Thomas et Lord Arundel avec divers correspondants. Ce sont ces lettres qui m'ont enthousiasmée au point de vouloir rendre témoignage de l'audace et de l'énergie du révérend William Petty. Comme le lecteur le verra dans la transcription ci-dessous, aucune fiction ne pourrait dépasser cette réalité. W.P. a bien fait naufrage entre Samos, Scio et Smyrne, il a bien été emprisonné comme espion dans une citadelle turque et relâché grâce au témoignage de caravaniers. Il est bien retourné sur les lieux de son naufrage pour y repêcher ses statues, avant de poursuivre sa quête dans le Péloponnèse. Obsédée par la volonté de respecter toutes ses péripéties, j'ai été très gênée par la vitesse et la multitude de ses allées et venues, qui rendaient difficile la construction dramatique de ses aventures. Dans un souci de clarté, je m'en suis tenue à ses rapines sur les rivages de la mer Égée. Et j'ai inventé la lettre qu'il adresse à Lord Arundel, en me servant des doléances de Sir Thomas Roe qui se plaint de ses pratiques au comte.

Les lettres d'Arundel et de Roe ont été publiées dans plusieurs volumes, quelquefois sans les réponses de leurs correspondants. Voir notamment Harvey (*op. cit.*), Howarth (*op. cit.*), Michaelis (*op. cit.*), Springell (*op. cit.*), Strachan (*op. cit.*), Walpole (*op. cit.*). Le lecteur trouvera rassemblés ici les échanges qui touchent aux chasses de W.P. À moins qu'il n'en soit spécifié autrement, les lettres de Thomas Roe sont tirées de : *The Negotiations of Sir Thomas Roe, in His Embassy to the Ottoman Porte, from the Year 1621 to 1628 Inclusive.* J'ai consulté la plupart des originaux au *Public Record Office* de Londres (TY MSS. PRO. State Papers Turkey, SP 97).

Pour les dates de ces lettres, il convient de rappeler qu'à cette époque l'année commence en Angleterre non pas le 1er janvier, mais le 25 mars. Exemple : janvier 1615 (date anglaise) est en réalité janvier 1616 (à Rome ou à Paris). À partir de fin mars, l'année (date anglaise) devient la même que chez la plupart des peuples européens. La différence se poursuit néanmoins sur les jours. L'Angleterre est dix jours en retard sur Rome. Exemple : le 26 juin en Angleterre (*old style*, ancienne mode) est le 6 juillet (*new style*, nouvelle mode). Le lecteur verra que les correspondants font figurer, en fin de lettre, les deux jours, et les deux années, pour la période entre janvier et mars.

Je présente ici les lettres dans leur ordre chronologique. Afin d'éviter la répétition, je n'en donnerai pas la traduction dans ces carnets. Les dialogues de mon récit reprennent presque mot pour mot leur contenu, et tous les extraits sur lesquels je me suis appuyée figurent sous forme de citations dans le fil du texte.

Au lecteur désireux d'en savoir plus et de prendre la mesure des travaux de W.P., je livre ici les documents originaux qui témoignent de l'immensité de sa tâche.

My Lord,
I receiued your lordships letter in the Downes; and though my imployment bee the other end of the circle, to attend new things; yet myne owne inclynation is curious enough, to my meanes, to look back upon antiquity, and some learnings lost and decayed, rather, as I think, ex industria, then by the moth of tyme; in which opinion the little examination I haue made in these parts, confirms me... hereby I find no difficulty in procuring such reliques, if I could discouer them... But now I desire only to giue your lordship an accompt of the care I haue of your lordships commands. I moued our consul, Richard Milward at Scio, whom I found prepared and ready. Wee conferred about the maid of Smirna, which he cannott yet obteyne, without an especiall command. I brought with mee from Messina, the bishop of Andre, one of the islands of the Arches, a man of good learning, and great experience in these parts. Hee assured mee, That the search after old and good authors was utterly vaine... Concerning antiquities in marbles, there are many in diuers parts, but especially at Delphos [Delos], vnesteemed here; and, I doubt not, easy to be procured for the charge of digging and fetching, which must be purposely vndertaken. It is supposed, that many statues are buried, to secure them from the enuy of the Turks; and that, if leaue obteyned, would come to light, which I will endeauour as soone as I am warme here. Coynes wilbe had from Jewes, but very deare when enquired for. Two are giuen me by Dominico to present to your lordship, which I haue deliuered Antony Wood, captain of the Rainbow; the one gold, is of Alexander; the other is brasse, and very antient, of a queen of Seruia, with hieroglyphicks now unknowne. I haue also a stone taken out of the old pallace of Priam in Troy, cutt in horned shape; but because I neither can tell of what it is, nor hath it any other bewty, but only the antiquity and truth of being a peece of that ruined and famous building, I will not presume to send it you; yet I haue deliuered it to the same messenger, that your lordship may see it, and throw it away... I am a louer of those vertues which haue made mee Your Lordship's Seruant.
Constantinople, 27 Jan. 1621-1622

My Lord :
I have receaved from your Lordship two favours, in that you please to command mee any service : and though these tumultuous tymes hinder mee from an exact performance, and such as might give your Lordship full assurance of my readiness; yett I doubt not you will accept of what I can, and, in your wisdome, consider, that the distractions here breed feares, and needless jealousies; and the daily mutations of officers give us some frends, some foes, all so full of trouble, that I scaree live safely, much lesse in power to doe your Lordship, or the generall, service. To give you accompt of somwhat : The command you required for the Greeke to be sent into Morea, I have sollicited two viziers, one after the other; butt they both rejected mee, and gave answere, That it was

no tyme to graunt such priviledges; Nor, if I had obteyned them, would they have bene of any use, where there is no obedience, nor estimation of their kinge; but every pety officer exacts, and makes use of his place, to gett money. The reasons given mee, were grounded upon needless suspitions, that such a command might bee used to view the sea coast, and to take some advantage upon the discovery. And I have found they are very fearfull of some revolt in these parts, or, at least, of some enterprise from the Spaniards : so that, not without some offence, the motion was received.

Neare to the port they have not so great doubt, and therfore I have prevailed for another, sent Mr. Markham, assisted with a letter from the Capten Bassa, whose jurisdiction extends to all the islands and sea-ports; the copy whereof I herewith send your Lordship that you may see it is sufficient, thought not so large as was mentioned by a copy sent mee : but hee hath so good experience in this cuntry, that hee knowes how to make use of it; and that some things by him required, were impossible to obteyne, as beeing against their law and customes : such as it is, I heseech your Lordship to take in good part; and to beleeve, that it was very difficult to procure so much; and I hope the effects therof will content you. Antiquities in gold and silver, of the antient Greeks, from Alexander downward, and many Romans more antient, are here to be gathered; but so deare, by reason the last French Ambassador made great search, and some Italians are ready to buy, that I know not whether your Lordship will esteeme them at such rates. The meddles of gold, or olde quoyne, if they bee faire, and the inscriptions ledgible, are held at twice and thrice the waight. Some, for curiosity, I have bought, with others pretended to be Ægiptian, Armenian and Arabian; but my skill is not great, I judge only by the eye; these shall serve your Lordship, if you like them. I may also light of some pieces of marble by stealth; as now I am offered a lyon to the wast, of pure white, holding a bull's head in his claws; butt the very nose and mouth is defaced, the rest very faire, and they say, à l'antiqua; I have not yett seene it, butt expect it howrely, if the shipp meet is not : it was taken up at Lampsacum in Natolia. On Asia side, about Troy, Zizicum, and all the way to Aleppo, are innumerable pillers, statues, and tombstones of marble, with inscriptions in Greeke; these may be feteht at charge and secrettly : butt yf wee ask leave it cannot be obtayned; therefore Mr. Markham will use discretion, rather then power, and so the Turks will bring them for their proffitt.

I know the worth of Mr. Markham, now our Consull, so well, that I should wronge my selfe, if in all things I gave him not his due : butt being recommended as one your Lordship respects, it shall oblige mee to all particular offices of frendshipp; and therof, I hope, hee shall in tyme give testimony.

Constantinople, 01-11 May, 1623

Lettre n° 3
De Lord Arundel à Thomas Roe – septembre 1624

« (...) and to beginne doe putte you to a new trouble, wch is to recomende unto y^u, one Mr. William Pettye, a man of very good learninge & other partes whoe hath bin longe in my House & is ledde wth a greate desire to see Turkye. My earnest requeste is unto y^r Lo^p to give him all ye favor & direction y^u may, to see what antiquities eyther of bookes, medalles, or stone wch may be founde,

& that where he shall desire to travell y ʳ Lo ᵖ will directe him for safetye as much as may be, for he doth not only love antiquityes extremely but understandes them very well. What favor y ʳ Lo ᵖ shall doe him I shall very thankefully acknowledge. Soe w ᵗʰ my best wishes I rest ever

Y ʳ Lo ᵖˢ very affectionate freud
Arundell & Surrey.

Lettre n° 4
De Thomas Roe à l'archevêque de Canterbury – 01-11 décembre 1624

(...) I heare your grace hath written by one Mr. Petty, that is arriued at Smirna, ymployed by my lord of Arundell to buy books and antiquities. Hee will find, that barbarisme hath worne out all the footstepps of ciuility and learning; yett manuscripts are plenty, old Greeke books, that are litle worth; they haue bene cerned ouer by many of good indgment, and I thing the glenings are uery poore. When hee comes, I will present and assist him...

Constantinople, 01-11 décembre 1624

Lettre n° 5
De Thomas Roe au duc de Buckingham – 24 janvier 1624-1625

(...) The antiquities which I conceiue your grace doth desire, (for curiosity in newe arts there is none here) are either columns or statues in stone, or bookes, or ancient coynes, or medalls. I confesse my ignorance in choosing or knowing any of these; yett, for the reuerence I beare to them, either as lights or reliques of antient learning, or noble sciences, I haue a litle endeauored to search, and enforme my selfe. Butt I haue found, the spight or sordidness of barbarisme hath trode-out all the stepps of ciuility, or, like rust, destroyed them. For columnes, the building of so many Mahometan moschyes hath many enquiry euen into the rubbish of all old monuments, and into the bowells of the earth; so that there is litle to bee hoped for by industry, if chance assist not. Statues, or figures of beasts, because they are forbiden in their lawe, are either defaced on purpose by them, or sought for by others, and conueyed away, so they are become very rare. One of that kinde I heard of, beeing a halfe lyon of white marble, holding the head of a bull in the pawes, the neck renuersed. I sent for it a great way, to Lamsacum in Asia, vpon report; and when it arriued, it had no grace in my eyes; for the face was broken off: the rest makes a showe of art, but beyond my capacity; for when the principall part was defaced, I thought it not worthy any estimation. I did dessigne it for your grace, but haue kept it two yeares, as not worth the portage, except there bee any mistery in these things, that I vnder. (...) stand not... Medalls and coynes in gold and siluer, of the antient Greeke kings and emperours, Armenians and Romans, by chaunce I light vpon: of those I will gather all that haue either bewty or antiquity; and these, and all, and all I can performe of finde, are freely presented to your grace. Whatsoeuer I can collect, hauing now your graces command, added to myne owne desire, shall not goe out of the way to Venice : I knowe as well howe to send them, and haue as much affection to serue your grace, as any man liuing. I

expect daily here the comming of one Mr. Petty, recommended by my lord of Arundell, I think, to the same vses. It seemes, that gentleman is better praticque, and may informe my judgment. With his ayd, I doubt not to giue your grace satisfaction, either in effects, or in industry : and I hope I am now fallen into a good way by the help of the patriarch of this citty, who hath enformed mee of a small, despised, vninhabited island, in the Arches, a place antiently esteemed sacred, the buriall of all the Greekes, as yett vnbroken vpp; where, hee tells mee, are like to bee found many rare things. Your grace may please to giue order to some shipping, that comes for this place, (if in the meane tyme I can procure none) to take directions of mee, and a guide from hence, and to anchor there 5 or 6 dayes, to search it; where they may take, without trouble or prohibition, whatsoeuer they please, if any man of judgment to make the choyce. Hee hath also asured mee, that Alexandria, which was once the retraict and delici÷ Romanorum, hath yett about it more rare peeces, then any part within the Leuant seas; whereof, when hee was patriarch there, he discouered many; and, among others, a statue of a Negro, of black marble, taken vpp whole, butt by accident a thigh broken, the forehead inlayd with a work of gold; which hee hath promised to procure mee, and sayes it is one of the most bewtifull figures and stone in the world, and that hee will write thither to recouer whatsoeuer can be gotten...

Constantinople, 24 janvier 1624-1625

Lettre n° 6
Du comte d'Arundel à Sir Thomas Roe – 10 mai 1625

My very good Lord :
I have received divers letters from y^r Lo^D wherein I see much kindnesse expressed by y^u towardes me, & am exceedingely gladde to heare, as I doe by those wch came later to my handes, that Mr. Pettie is safely arrived at Constantinople, after soe much cause of doubte of his well doinge : I muste only nowe reiterate my former suite unto y^r Lo^p that (as he writes unto me howe very much I am beholdinge unto y^u for y^r noble care of him & furtherance in all his occasions) soe that y^u will continewe, & whereas he hath certified me of sixe fine peeces of Stories in a wall at Constantinople wth some other antiquities, soe I must intreate y^r Lo^p by all the love & respecte y^u beare me, that y^u will helpe me wth them. I knowe eyther for some crownes to ye Bashawe, they may be had, or els stollen for inony by ye Turkes, they caringe not for them; but the way I leave unto y^r Lo^{ps} consideracion. And I beseech y^r Lo^p helpe me to gette what soever Mr. Pettie shall fall upon for me, for as I doubte not but an hundred times more antiquities are to be found in those partes then will serve us soe what soever I shall deale for I desire to goe singly & wth dispach. And wth my best wishes I rest ever

Y^r Lo^{ps} most faithfull frende
Arundell and Surry
Whithall, 10 mai 1625

Lettre n° 7
De Sir Thomas Roe au comte d'Arundel – 01-11 mai 1625

My Lord :
Since ye arrival of Mr. Pettye, wee have done little but looke abroad and consult, wch way to procure such things as shalbe found; wch is verye difficult here, and must bee done wth great warines. I am constituted by his Grace ye Duke of Buck : a factor for him in such Antiquityes as I can fynd; wherein I had little sekyll, and continuing in one residence should not see many : but I have sent to divers places, and Mr. Petty is now going into ye Arches, and along ye sea coast : his experience wilbe my best direction, what to gett, yet I presume his grace would not command mee to woorke upon y^t advantage, nor y^r L^p thincke it a breach of promise in mee, to doe y^t service to his Grace, wch I owe him. The case then stands thus, Mr. Petty may fynd, and choose, but hee cannot gett them, nor bring them away, y^t must bee left to mee; so yt wee must bee both interessed in any great matter. Therfore trusting y^t his Grace will approve yt I have honestly moved to joyne in all chardges, and y^t ye Collection by his advise, and my creditt y^t wee can make, shalbe putt into one stocke, and divided by some eaven course when they come in to England : this motion hee doth approve, if it bee also accepted of y^a L^p and I hold yt to bee very equall to avoyd emulation and prevention, and as it is not amiss for his Grace, who hereby shall have good things, such as hee hath; so I take yt also to bee a service to y^a L^p, because hee can procure little w^{th}out me, espetially if I seeke at ye same tyme. If then his Grace to whome I have written, and y^r L^p accept herof, wee desire a speedy answere, y^t wee may conforme therunto, if not, as I will endeavor to give his Grace ye best satisfaction I can, so I protest to y^r L^p I will deale fayrelye, and no way cross, but further Mr. Petty in any thing hee shall propound for y^r service. And to y^t end I have procured him, wth very much adoe, in these Jealous tymes a good Command, having altered it three tymes after it had ye signature of ye Grand Signor. I doubt not Mr. Petty hath enformed your L^p of ye tables upon Porta Aurea here in this Cyttye, wherof I have made a dull discription to his Grace : I will endeavor, through they stand in so eminent a place y^t I doubt they will not bee gotten, to take 4 of them downe, to bee divided betwixt y^w, and if y^r L^{ps} so agree wee will follow y^t course, and herein, because ther may bee no exceptions taken hereafter, wch I seeke to avoyd, and to stand rectus in curia ; o^r meanings are to make ye division only of all such pieces, wherin both shalbe really interessed, hee by his discovery, and procurement by my assistance, and I by getting any thing by his direction in his absence, which is I am sure ye harder taske, such things as wee fynd apart, to bee left to o^r severall directions. In this, and all other things, I have been ready to do y^r L^p service, and him al manner of curtesyes in my power, wch I doubt not hee will testefye, and so submitting myselfe to y^r L^p favor I humbly take my leave, &c.
Constantinople, 01-11 mai 1625

Lettre n° 8
De Sir Thomas Roe au duc de Buckingham – 01-11 mai 1625

May it please your Grace,
By conference with Mr. Petty, sent hither by my lord of Arundell, I haue somewhat bettered my sckill, in such figures as your grace hath commanded mee to seeke; at least, hee hath made mee more assured, to venture vpon some things, which I should of my selfe haue little esteemed, for the defacings, either by age, or accident; if I committ any great error, I must excuse my selfe vpon him, on whose judgement I relye; yet I will, as neare as I can, reguard the bew-tye, which takes the eye, and that the principall parts bee not too much dis-graced.
Wee haue searched all this cyttye, and found nothing but vpon one gate, cal-led antiently Porta Aurea, built by Constantine, bewtifyed with two mighty pil-lars, and vpon the sides and ouer yt, twelue tables of fine marble, cutt into historyes, some of a very great releuo, sett into the wall, with small pillars, as supporters. Most of the figures are equall, some aboue the life, some less. They are, in my eye, extreamly decayed; but Mr. Petty doth so prayse them, as that he hath not seene much better in the great and costly collections of Italye. Your grace, for better enformation, may view his letters to the earl of Arundell, how he hath allowed them. There are of them but sixe that are woorth the taking downe, the other beeing flatt Gothish bodyes, lame, and of later tymes sett vp only to fill place of the other sixe. Two, in my opinion, (though Mr. Petty like them) want much of excellence, great, but brute; and, as I coniecture, are some storye of Hercules, not mentioned in his labors. The tower, to which I haue most affec-tion, are fuller of woorke : the one is (as wee comment) and Endimion carelessly sleeping by his sheepe; Luna descending from the sckye with a torch in her hand, representing night; and a Cupid houering in the ayre, to signifye her loue. This last gentleman is much misused, and wee can only know him; the other two want some parts, and the faces battered; but the generall proportions are both braue and sweete. The next is an historye I vnderstand not, either of some race, or game; in the middest is a horse, a young man naked running by yt, and reaching to pull another off. Some other figures ther are, which I remember not; but it hath beene a peice of great bewtye and art; the releuo so high, that they are almost statues, and doe but seeme to sticke to the ground : some leggs, and other parts, standing holow off, are brocken and lost; yet, in the whole, it hath a showe of rare antiquitye. The third is a Pegasus, with the Nimphs or Muses; one representing the founteyne Pirenne powring out water. These figures are many, but less then halfe the life, as I judge them, not so much defaced, standing high, and to a vulgar eye, like myne, of most grace and pleasure. The last is a Satyre, sckipping beweene an Hercules, or a wild man, and a woman, which he seemes to auoyd : the one hath a whip in his hand, the other a pott of water held behind her, and may signifye a rescue from rauishment : these are aboue the life, and rather great and stately, then delightfull; but generally they haue all suffered much uiolence, both by weather and spight : yet they are so well esteemed by this gentleman, that I will endeauor to get them. Promise to obteyne them I cannot, because they stand vpon the ancient gate, the most conspicuous of the cyttye, thought now mured up, beeing the entrance by the castell called the Seauen Towers, and neuer opened since the Greeke emperors lost yt : to offer to steale them, no man dares to deface the cheafe seete of the grand signor : to procure

them by fauour, is more impossible, such enuy they beare vnto us. There is only then one way left; by corruption of some churchman, to dislike them, as agaynst their law; and vnder that pretence, to take them downe to bee brought into some priuat place; from whence, after the matter is cold and unsuspected, they may be conuyed. I haue practised this for the foure, and am offered to haue it done for 600 crownes. To send them home chested, and freight, with some other bribes att the water syde, may cost 100 more. This is a great price, and yet I rather despayre of obteyning them.

I haue sent to Angory [Ankira] in Galatia, the seate of Midas; and Mr. Petty is going to search some other parts of Asya, with commands; he may discouer and choose, but can hardly bring any thing away : that I must doe by tyme. On the other syde, without his directions, I may committ great errors. Therfore, that wee may not preuent one the other, I haue mooued him, and he is well content, yf your grace and the earle marashall approoue yt, to joyne, and whatsoeuer both can recouer, to putt into one stocke; and so to diuide them, when they come into England, by lotts, or any other way that shall seeme best to your grace : our meaning is such things as both shalbe interessed in, he by discouerye, I by procuring : in this poynt I humbly desire an answere. The blacke statue from Alexandria, and some other that I hope to prouide alone, your grace will accept from your seruant...

Constantinople, 01-11 mai 1625

Lettre n° 9
De Sir Thomas Roe au duc de Buckingham – 26 août 1625

May it please your Grace,
I shall render a barren reckoning of your command laid vpon mee to prouide your grace some antient statues; yet I had rather giue you any account of my endeauour, then by long silence to deserue the imputation of negligence. That which hath discouraged mee, is the failing of my promise for the black goddesse from Alexandria; which beeing giuen mee by the patriarch, confident is was yet in his garden, I sent for, in company of his seruant; but beeing retorned, they haue only discouered, that a colloire left in that charge had sold it 18 moneths since, to the French consull, for 30 dollers, who hath transported it into France, to the exceeding displeasure of the patriarch, and my shame. Yet I thought it fitt to aduise your Grace thereof : perhaps you may there recouer it at no great charge, beeing esteemed the jewell of all the stones in this part of the world.

I haue not left any probable city vnsearcht into, and heare of diuers peeces; but what they will proue, I cannot yet iudge. Some I am absolutely promised, but nothing entire; halfe bodyes, heads and bustos. In Salonica a Jewe hath a whole marble, and antient : I haue procured letters to the metropolitan to buy it, if mony will preuail. From Angora I am in hope, at least, of a faire lyon. These on porta aurea will not bee remoued : no man dares aduenture to steale them from the principall gate, nor any fauorite of the vizier presume to mention the defaceing of the wall : yet I will not leaue to hope, by some art they may bee made dropp, and that so I may gather them. Mr. Petty hath bene at the so much famed Pergamo, and brought somewhat away, as hee writes, meane things, not worth his charge, only as testimonyes of his trauailes; but hee is a close and

subtill borderer, and will not bragg of his prizes. From thence hee is gone forwards into the islands, and hath this aduantage of mee, that hee makes search with his owne eyes, and is not sparing to spend, when hee finds content; though hee shall not out-buy mee, if wee fall in competition. Somewhat your grace may expect with patience, that is, all that I can find or procure; which you will accept by the measure of my ambition to your seruice...
Halchys, 26 août, old stile, 1625

Lettre n° 10
Du comte d'Arundel à Sir Thomas Roe – 12 mai 1625

My good Lord :
I write ye effecte of this letter unto y^r Lo^p double, leaate one of my letters showlde miscarrye, all is to give y^u many thankes for y^r good newes of Mr. Petties safe arrivall after feare of ye contrary & y^r kinde usage of him since his arrivall at Constantinople & assistance in procuringe antiquities for me, He hath written me worde of six antiquities in a wall, as allsoe a victory in an other parte of a wall, wch I doe conjure y^r Lo^ps by all loves, that y^u will helpe to procure for me presently; mony I knowe there will doe any things & I am willinge to bestowe it. For antiquities I am confidente those partes are able to furnishe infinite more, then will serve all Englande, and therfore am resolved that Mr. Pettie shall search only for me, because he knowes what will fitte me beste. Therfore I beseech y^r L^p to assiste him in what soever he shall finde for me, as allsoe wth all comandes for search & security in his travell, as y^r Lo^p hath most nobly promised me, soe wth my best wishes to y^r Lo^p I rest ever
Y^r Lo^ps most affectionate true frende
Arundell and Surry
Whithall, 12 mai 1625

Lettre n° 11
De Sir Thomas Roe au comte d'Arundel – 20-30 octobre 1625

My Lord :
I have received recompense enough for more service then I am able to doe your Lordship, by your acceptance of that little I have a desire to doe, expressed in your two letters of the 10th and 12th of May. If myne of the 1st and 25 of the same moneth, bee arrived, I hope they have given your Lordship more satisfaction : since which tyme I have bene able to doe nothing here, beeing fledd untill the last weeke, from the great contagion, that hath carried away in this citty, and the suburbs neare 200,000 people. Mr. Petty this while hath visited Pergamo, Samos, Ephesus, and some other places; where he hath made your Lordship greate provisions, though hee lately wrote to mee, hee had found nothing of worth. Your Lordship had good experience in a man for such an imployment, that spareth no paynes nor arts to effect his service. When hee departed, I hoped wee had bene joyned, and that hee would have acquainted mee freely with his proceedings : but hee hath therein deceived mee; for I now perceive, your Lordship (by way of prevention) hath resolved to bee alone; and Mr. Petty, in this space, hath prevented mee, upon confidence, to have sent one

with or before him, and hath advised mee, hee can find nothing. I am so assured in your Lordships integrity and wisdome, as I dare write you playnly according to my nature. I have done for Mr. Petty whatsoever was in my power, by giving him forceable commands, and letters of recommendation from the patriarch. I have bene free and open to him, in whatsoever I knewe, and so I will continue for your Lordships command : but your Lordship knowing, that I have received the like from his grace the Duke of Buckingham, and engaged my word to doe him service, hee mights judge it want of witt, or will or creditt, if Mr. Petty (who could doe nothing but by mee) should take all things before or from mee. Therefore to avoid all emulation, and that I might stand ch... before two so great and honorable patrons, I thought I had made agreement with him or all our advantages. Therefore wee resolved to take downe those sixe mentioned relevos en porta aurea, and I proceeded so farre, as I offer'd 600 dollers for 4 of them, to bee divided betweene his Grace and your Lordship by lotts. And if your Lordship liked not the price, Mr. Petty had his choice to forsake them; but now I perceave hee hath entitled your Lordship to them all, by some right, that if I could gett them, it were an injury to divide them. Your Lordship shall never find mee to write you an untruth, nor dissemble the truth : Mr. Petty did not discover them. When I carried him to the Patriarch, and there discoursed with him, what places were like to furnish us with old statues; hee told mee of those on porta aurea, and wished mee to goe see them, though hee thought the difficulty would bee great to procure them. Whereupon I, having no skill, sent a Janizary with Mr. Petty to view them; upon whose report of liking them, I wend with him a second tyme; and so wee resolved to take them downe, if possible, and I was not only content, but desirous your Lordship should have halfe : and so I assured him, though I both must bee the meanes to gett them, and to disburse the mony, which I would willingly doe for your Lordship. And this beeing the truth, and I remayning constant in the same resolution, I hope your Lordship will well accept it. Since, hee wrote mee another letter, in manner renoucing them at that price, and advising mee not to spend above 200 dollers for all sixe. It seemes, hee beeing better provided at Pergamo, or willing to leave these for a better occasion, was content I should not meddle with them : but when I answered him, hee knewe I had made lardger offers, and if hee refused, would take them for my owne account, and yet in England offer your Lordship your part, hee then wrote mee, That he would not leave his interest in them, nor yet encourage mee what to spend to procure them : but I am sorry wee strive for the shadowe. Your Lordship, beleeve an honest man and your servant, I have tryed the Bassa, the Capteyne of the Castle, the overseer of the Grand Signors works, the soldiours that make that watch, and none of them dare meddle : they stand beweene two mighty pillars of marble, in other tables of marble, supported with lesse pillars, uppon the chiefe port of the citty, the entrance by the castle called the Seaven Towres; which was never opened since the Greeke Emperour lost it, but a counterscarfe and another wall build before it. The vizier dares not, for his head, offer to deface the chiefest port, so many will clamour against him : the capteyne of the castle, nor the overseer of the walls, cannot doe it without a speciall command from the Grand Signor : the soldiours cannot steale them beeing 30 foot, and 40 foot high, made fast to the walls with iron pinns; and must bee lett downe with scaffolds and the help of at least 50 men; for if they fall, they will breake to dust, the ground being so thinne and worne with age. There is then but one way left in the world, which I will practice; and if I can procure them your Lordship shall know my service by the part I send you without Mr. Petty or any other helpe. Within the castle, and on that gate, is a continuall watch of 20 soldiours : it is the Kings prison; and how hard it were to take downe such things, of at least a tonne weight apeece, from the Tower-gate of London, your Lordship will easily judge. And if I gett them not, I will pronounce, no man, nor ambassador, shall ever bee able to doe it, except also the Grand Signor, for want, will sell the castle.

After all these disputes for nothing, Mr. Petty hath advised mee, that retorning from Samos, where hee had gotten many things, going to Ephesus by sea, hee made shippwrack in a great storme upon the coast of Asia; and saving his owne life, lost both all his collection of that voiadge, and his commands and letters by mee procured, desiring mee to send him others, or else, that hee can proceed no further. Hee was putt in prison for a spy, having lost in the sea all his testimonyes; but was relessed by the wittness of Turks that knew him. From thence he recovered Scio, where hee furnished himselfe againe; and is gone to the place where hee left his boate to fish for the marbles, in hope to find them, and from thence to Ephesus; and this is the last newes I heard from him. To renew commands so often, gives great jealousy to these people, having taken out 3 in little more than a yeare, for your Lordship : so that with much adoe and by force of a bribe, I have againe procured another, and more large, for your Lordship, which is nowe by mee, and shalbee sent to Mr. Petty, so soone as I know where he is : though I have written to him to leave the sea, and to spend this winter with mee, where hee shalbee welcome.

In conclusion, I desire your Lordship to bee assured that as I cannot faile of my duty to my Lord of Buckingham, so I will doe your Lordship that service, that shall witnesse for mee my affection thereto. I will in all things assist Mr. Petty, and seeing I must goe alone in this business, I will search all Asia, but I will find somwhat worth my labour. My mysery is, using others, I must take badd and good; and I have things sent mee from divers places, figures indeed, that cost me much, but not worth the portage. When I have done my best, and alone, your Lordship shall have somwhat from mee, that you shall knowe I would have dealt fairely, and that I had a syncere purpose to meritt your Lordships favour.

Your Lordship most humble and affectionat Servant,
Constantinople, 20-30 octobre 1625

Lettre n° 12
Du comte d'Arundel à Sir Thomas Roe – 26 septembre 1625 (ou 1626?)

My good Lord :
I thanke y^u very hartily for y^r kinde letters & am very confidente of y^r greate love & respecte to me, wch I make noe doubte but y^u will ever exprease upon all occasions. For Mr. Pettie, he hath often written unto me, howe favorably & kindely y^r Lo^p hath used him, & I assure y^r Lo^p both he, & I for him, are very sensible of y^t kidnes therein, & I... intreat y^r Lo^p to excuse him if he want courtshippe especially nowe, when his desire to showe his love to me & my House, I make accounte takes up hig whole time; as y^r L^p writes I thinke he is very fittely composed to be a seareher of thinges of that nature, wch he hath now putte himselfe unto, I pray God his successe may proove aunswarable unto his good will & paynes & I doe earnestly intreate y^r Lo^p to continewe to assiste him wth y^r favor, in procuringe comandes & such thinges, as he shall be a suiter unot y^r for, & so he directes all his labor of collectinge for this House alone,

w ^{ch} I must never thinke to breake but keepe entire, soe I shall very thankefully accepte y ^r Lo ^{ps} kinde offer in havinge a share, in such other thinges as the industry of those whome y ^r Lo ^p employes shall produce & shall keepe them distinguished in my House, by themselves, as a memory of y ^r Lo ^{ps} love to me & my Family, w ^{ch} I shall endeavor to deserve in any things I may. Soe w th my best wishes to yo ^r Lo ^p & yo ^r good Lady, I rest ever

Y ^r Lo ^{ps} most affectionate true frende

Arundell and Surry

I send this by Sea, because I thinke it be a save way, hopinge my former letters be longe since come to y ^r Lo ^{ps} handes.

Arundell House, 26 septembre 1625 (ou 1626?)

Lettre n° 13
De Sir Thomas Roe au comte d'Arundel – 20-30 octobre 1625

My Lord,

I haue receiued recompence enough for more seruice then I am able to doe your lordship, by your acceptance of that litle I haue a desire to doe, expressed in your two letters of the 10 th and 12 th of May. If myne, of the first and 25. of the same moneth, bee arriued, I hope they haue giuen your lordship more satisfaction : since which tyme I haue bene able to doe nothing here, beeing fled vntill the last weeke, from the great contagion, that hath carried away in this citty, and the suburbs, neare 200 000 people. Mr. Petty this while hath visited Pergamo, Samos, Ephesus, and some other places; where he hath made your lordship greate prouisions, though hee lately wrote to mee, hee had found nothing of worth. Your lordship had good experience in a man for such an imployment, that spareth no paynes nor arts to effect his seruices. When hee departed, I hoped wee had bene ioyned, and that hee would haue acquainted mee freely with his proceedings : but hee hath therein deceiued mee; for I now perceiue, your lordship (by way of preuention) hat resolued to bee alone; and Mr. Petty, in this space, hath preuented mee, vpon confidence, to haue sent one with or before him, and hath aduised mee, hee can find nothing. I am so assured in your lordships integrity and wisedome; as I dare write you playnly according to my nature. I haue done for Mr. Petty whatsoeuer was in my power, by giuing him forceable commands, and letters of recommendation from the patriarch. I haue bene free and open to him, in whatsoeuer I knewe, and so I will continue for your lordships command : but your lordship knowing, that I haue receiued the like from his grace the duke of Buckingham, and engaged my word to doe him seruice, hee might iudge it want of witt, or will, or creditt, if Mr. Petty (who could doe nothing but by mee) should take all things before or from mee. Therefore, to auoid all emulation, and that I might stand cleare before two so great and honorable patrons, I thought I had made agreement with him for all our aduantages. Therefore wee resolued to take downe those sixe mentioned relueos on porta aurea, and I proceeded so farre as I offer'd 600 dollers for 4 of them, to bee diuided betweene his grace and your lordship, by lotts. And if your lordship liked not the price, Mr. Petty had his choice to forsake them; but now I perceaue hee hath entitled your lordship to them all, by some right, that if I could gett them, it were an injury to diuide them. Your lordship shall neuer find mee to write you an vntruth, nor dissemble the truth : Mr. Petty did not discouer them. When I carried him to the patriarch, and there discoursed with him, what places were like to furnish vs with old statues; hee told mee of those on porta aurea, and wished mee to goe see them, though hee thought the difficulty would bee great to procure them. Whereupon I, hauing no skill, sent a Janizary with Mr. Petty, to view them; vpon whose report of liking them, I went with him a second tyme; and so wee resolued to take them downe if possible; and I was not only content, but desirous, your lordship should haue halfe : and so I assured him, though I both must bee the meanes to gett them, and to disburse the mony, which I would willingly doe for your lordship. And this beeing the truth, and I remayning constant in the same resolution, I hope your lordship will well accept it. Since, hee wrote mee another letter, in manner renouncing them at that price, and aduising mee not to spend aboue 200 dollers for all sixe. It seemes, hee beeing better prouied at Pergamo, or willing to leaue these for a better occasion, was content I should not meddle with them : but when I answered him, hee knewe I had made lardger offers, and if hee refused, would take them for my owne account, and yet in England offer your lordship your part; hee then wrote mee, That hee would not leaue his interest in them, nor yet encourage mee what to spend, to procure them : but I am sorry wee striue for the shadowe. Your lordship beleeue an honest man, and your seruant, I haue tryed the bassa, the capteyne of the castle, the ouerseer of the grand signors works, the soldiours that make that watch, and none of them dare meddle : they stand betweene two migthy pillars of marble, in other tables of marble, supported with lesse pillars, vpon the cheife port of the citty, the entrance by the castle called the Seauen Towres; which was neuer opened since the Greeke emperour lost it, but a counterscarfe and another wall built before it. The vizier dares not, for his head, offer to deface the chiefest port, so many will clamour against him : the capteyne of the castle, nor the ouerseer of the walls, cannot doe it without a speciall command from the grand signor : the soldiours cannot steale them, being 30 foot, and 40 foot high, made fast to the wall with iron pins; and must bee let downe with scaffolds, and the help of at least 50 men; for if they fall, they will breake to dust, the ground being so thinne, and worne with age. There is then but one way left in the world, which I will practice; and if I can procure them, your lordship shall know my seruice by the part I send you, without Mr. Petty, or any other helpe. Within the castle, and on that gate, is a continuall watch of 20 soldiours : it is the kings prison; and how hard it were to take downe such things, of at least a tonne weight apeece, from the Tower-gate of London, your lordship will easily iudge. And if I gett them not, I will pronounce, no man, nor ambassador, shall euer be able to doe it; except also the grand signor, for want, will sell the castle.

After all these disputes for nothing, Mr. Petty hath aduised mee, that retorning from Samos, where hee had gotten many things, going to Ephesus by sea, hee made shippwrack in a great storme vpon the coast of Asia; and sauing his owne life, lost both all his collection of that uoiadge, and his commands and letters by mee procured; desiring mee to send him others, or else that hee can proceed no further. Hee was putt in prison for a spy, hauing lost in the sea all his testimonyes; but was released by the witness of Turks that knew him. From thence hee recouered Scio, where he furnished himselfe againe; and is gone to the place where hee left his boate to fish for the marbles, in hope to find them, and from thence to Ephesus; and this is the last newes I heard from him. To renew commands so often, giues great jealousy to these people, hauing taken out 3, in litle more then a yeare, for your lordship; so that with much adoe, and

by force of a bribe, I haue again procured another, and more large, for your lordship, which is nowe by mee, and shalbee sent to Mr. Petty, so soone as I know
where he is : though I haue written to him to leaue the sea, and to spend this
winter with mee, where he shalbee welcome.

In conclusion, I desire your lordship to bee assured, that as I cannot faile of
my duty to my lord of Buckingham, so I will doe your lordship that seruice, that
shall witnesse for mee my affection thereto. I will in all things assist Mr. Petty,
and seeing I must goe alone in this business, I will search all Asia, but I will
find somwhat worth my labour. My mysery is, vsing others, I must take bad and
good; and I haue things sent mee from diuers places, figures indeed, that cost
mee much, but not worth the portage. When I haue done my best, and alone,
your lordship shall haue somwhat from mee, that you shall knowe I would haue
dealt fairely, and that I had a syncere purpose to meritt your lordships fauour...
Constantinople, 20-30 octobre 1625

Lettre n° 14
De Sir Thomas Roe au comte d'Arundel – 28 mars 1626

My Lord,
My last letters brought your lordship the aduice of Mr. Pettyes shipwracke,
and losses vpon the coast of Asya, returning from Samos : his commands and
letters of recommendation, and his labors, togither there perished. The first I
presently renewed, and send them to Smyrna; and the other, I thincke, he hath
by great industrye, since recouered. From that tyme, what aduentures he hath
passed his owne enclosed will giue best satisfaction; and it shall suffice mee to
say in gross, that, although he will not boast to mee, yett I am informed hee hath
gotten many things, rare, and antient. Ther was neuer man so fitted to
an imployment, that encounters all accident with so vnwearied patience; eates
with Grekes on their worst dayes; lyes with fishermen on plancks, at the best; is
all things to all men, that he may obteyne his ends, which are your lordships
seruice. He is gone to Athens, where also I haue sent; and from thence promi-
seth mee to visitt this citty, wher I shalbee glad to enterteyne him, and to know
the history of his labors. I haue in my endeauour bad success, by the ignorance
of those that I am forced to employ, who send mee heuay stones at great
chardge, that prooue newe images, wher I seeke old idolls; for such also were
the Roman statues of their emperors. From Angory I had an hal-woman,
brought 18 dayes by land, vpon change of mules, which wants a hand, a nose, a
lip; and is so deformed, that shee makes me remember an hospital : yet the mali-
cious Turkes brought troubles on the buyers, by a false command, accusing
them of a great wealth stollen out of the castle; it hath cost mee money to
punish them, and that is all I haue for my labor. I haue send three seruants togither to Tassos, Caualla, Philippi, and all the coast of Thrace; followed Mr. Petty
to Pergamo, and Troy; am digging in Asya; and, to fulfill the prouerb, turning of
all stones. Somwhat I hope to gett, to saue my creditt; but I dare not write to his
grace, vntill I am in possession : so often I haue beene by Greekish promise
deceiued. Those on Porta Aurea stand vp, ready to fall, in spight of all my arts,
and offers; the tymes are so dangerous that I dare not uenture to entreague
others; but ther is an opportunity attended to make them stoope : the glorye of
taking them from the gate of Constantinople inciteth me farther then any bew-

tye I see in ruines, that only showe their was once bewtye good emblemes of one that had beene a handsome woman, if an old woman were not a better; yet few loue them. When I haue made my collection, I will not forgett that I was enga- ged by your lordships commands; as I am assured your lordship will not grudge mee to performe the seruice I owe the duke of Buckingham, betweene whom, and your lordship, if ther had beene an vnion, ther had nothing beene difficult to us both here, and many things much cheaper...

Constantinople, 28 mars old stile 1626

Lettre n° 15
De Sir Thomas Roe au duc de Buckingham – 08-18 mai 1626

... My agents from Greece are retorned with no great fruit of their labours, other then discoueryes of some marbles vnder ground, which will require tyme and priuacy to take vpp, to auoid the enuy of these people, who suspect treasure in euery place where Christians breake the earth. I haue omitted no search nor expence to giue your grace some testimony of my desire to obey your first command, wherein I would not bee judged by effects, though I doubt not also by them to bee in part iustified.

Mr Petty, in the islands, hath gotten many marbles : hee takes all; what they will proue, is beyond my judgment. I haue some, but I desire not to lade your grace with vngracefull stones : they shall haue some bewty with antiquity which I will present; and if there come other, they must passe in a throng, for number, not for weight, though they bee uery heuy.

I haue a litle marble, a halfe woman, in releuo, excellent workmanshipp, and a stone of rare whiteness and hardness, recouered from Troy, though, I think, in those days, no such masters, but the hand of some later Roman. It will serue for a chimney, though it bee not a statue. À head of Germanicus from Angury [Ankyra], whence I expect daily a whole peece, brought vpon a litter, by fower mules. From Athens I haue no retorne; but looke this moneth to know the suc- cess. In an island called Augusto [?], neare Paris [Paros], in the Arches, I haue heard of two great marbles, and haue taken a command to fetch them, by the bis- hopp of Naxia. Another of Scyra hath promised mee a whole cupid, taken vpp in Delos, of white alabaster. From Tiria [Tenos] I expect a retorne of another factor. From Pergamo, by the consull of Smirna. From Morea, by the merchants of Patrass. From Aleppo and Alexandria, by the industry of Mr. Kirkham. If all these should produce nothing, I may bee ashamed, but not accused of negligence.

Those on Port Aurea are like to stand, till they fall with tyme : I haue vsed all means and once bought them, and deposed, 3 moneths, 500 dollers. Without authority, the danger and impossibility were alike; therefore I dealt with the great treasurer, who in these tymes is greedy of any mony, and hee had consen- ted to deliner them into a boat without any hazard of my part. The last weeke hee rode himself to see them, and carried the surweigher of the citty walls with him; but the Castellano and the people beganne to mutine, and fell vpon a strange conceit; insomuch that hee was forced to retyre, and presently sent for my enterpreter, demanding if I had any old booke of prophesy : inferring, that those statues were enchanted, and that wee knew, when they should be taken downe, some great alteration should befall this citty. Hee spake of a vault vnder ground, that I vnderstand not; which, concurring with the rumour of the Cos-

sacks, filled them with superstition, and suspition of mee; in conclusion, hee sent to mee, to think, nor mention no more that place, which might cost his life, and bring mee into trouble; so that I despair to effect therein your graces seruice : and it is true, though I could not gett the stones, yet I almost raised an insurrection in that part of the city...
　　Constantinople, 08-18 mai 1626

Lettre n° 16
De Sir Thomas Roe au duc de Buckingham – 03-13 novembre 1626

... I expected... your farther order how I should proceed in the search of marbles, which I haue found a quarry and stone busines... For your graces command of marbles, I haue beene so unlucky, that with much industrie and expence, I haue yet beene able to procure none such as, I feare, your curiositye doth expect. Mr. Petty hath raked togither 200 peices, all broken, or few entyre : what they will proue, I cannot judge. Hee had this aduantage, that hee went himselfe into all the islands, and tooke all hee saw, and is now gon to Athens [...] agent 9 monethes, and haue now sent the Venice bayloes letters to his consull their resident, to assist mee, patiently attending some better issue. I haue foure bustoes, and some heades and peices collected in Asya and Paris [Paros]; but being left at Scio, I cannot commend what I haue not seene. New hopes are giuen me from Andri and Santerino, and other parts... I am tyed to a residence almost to a prison; and my ignorant instruments take all figured marbles, how disgracefull soeuer, for statues, and with them haue cloyed mee...
　　Constantinople, 03-13 novembre 1626

Lettre n° 17
De Sir Thomas Roe au comte d'Arundel – 17 février 1626-1627

My L^D :
It is now 3 moneths since I heard of Mr. Petty from Athens, being then returned from a search of divers cyttyes in Morea, where he hath gotten many Marbles, such as will give y^r L^p great satisfaction. I suppose he will ship them for Zant & after I know not how he will dispose of himselfe. I have heard from a Spachye y^t he resolved on a voyadge to Corynth, to buy two statues, one entyre, ye other wanting ye head, wch were discovered to him for me, pretending y^t he was employed by me, & by y^t meanes he had first knowledge of them, but I may not beleeve so discurteous proceeding, though certeyne I am, he leaves nothing, nor since y^r L^{ps} order not to joyne, would never concurre in any participation wth me. Notwthstanding y^t I had received Commission from my Ld Duke of Buckingham to buy for him, wherein my creditt is engaged, yet I have not spared to renew his Commands, and to send them at my owne chardge, & to doe him all pleasure, & give him all assistance in my power, wch I doubt not he will freely acknowledge : but fynding him so wholy alienated, & singular, I have been enforced at great expence to send my servants into all parts, where after him I feare I shall have but poore gleaning. If we had joyned, both might have done more at less chardge, because I am enformed of many brave things, buried in

divers places of Greece, w ^{ch} by a disjoynted inquirye grow deare and I have none so expert & industrious, able to doe y ^t w ^{ch} his sckill & labour doth performe : for I thincke hardly any man can match him in patience, travell, & cunning to obteyne his ends. If I doe heare further of him, I will continew to show my respect to y ^r L ^p by all wayes to me possible, & I hope y ^t in y ^e end both of us shall fynd o ^r contentment : & y ^t he will not grudge me some fruict of great paynes & expence, having professed both to y ^r L ^p & to him, y ^t I would express y ^e realitye of my desire to doe y ^r L ^p service, by somwhat of my owne finding, besides y ^e strength I have given him, w ^{ch} he useth sometyme to my disadvangage, & w thout w ^{ch}, he could have carried nothing away. The Patriarch sent me this enclosed letter to y ^r L ^p. I suppose an answere to y ^{rs} brought by Mr. Petty. I heare my stay in this Cytty wilbe very short, if before my returne I shall receive any of y ^r L ^{ps} commands, I will give y ^u a good account of them & if my industrye prove happy, I shall demonstrate y ^e sinceritye of my proceedings. In y ^e meane tyme I wilbe confident y ^t I shalbe preserved in y ^r L ^{ps} favour, as he y ^t desires to be found.

Y ^r L ^{ps}

Most humble servant
Constantinople, 17 février 1626-1627

Lettre n° 18
De Sir Thomas Roe au comte d'Arundel – 20-30 juillet 1627

Right Hon ^{ble} my very good L ^D :

With the enclosed letter from Mr. Petty, I received another from y ^r L ^p dated in Septemb. last, full of y ^r favour, in acceptance of y ^t little service I have beene able to doe you : which hath beene far short of my humble affections, if I had not beene engaged by great obligations of duty. Yet I will not prove so barren as to pay my thanckfullnes to y ^r L ^p only in wordes; when I returne I will render some fruicts of my profession, w ^{ch} I know you will vouchsafe to accept according to y owne noble nature. What course Mr. Petty meaneth to take I presume hee hath advised y ^r L ^p only intimating to me y ^t hee will returne to Greece, to meete a servant of myne who is in search of y ^e same Comoditye. There hath beene some emulation rather then discontent betweene us, and as I did not looke for much Courtship from a Philosopher, so I did not expect some other requitall of my curtesies to him. But all he doth, is for y ^r L ^{ps} service, to w ^{ch} hee is so true and affectionate, y ^t I will not consider other, then his zeale to y ^t. Hee chalengeth two marbles bought by him at Athens, which is true, y ^t hee bargayned, and gave earnest, and so I have given order, that if hee returne thither, hee shall have them for y ^r L ^p or if my man have found meanes to send them away, that hee shall pay for them, and dispose them ether to Mr. Petty or to Zant, to y ^r L ^{ps} use. Further I have taken out for him a new Command, and given directions to my servant, when hee hath finished y ^t for w ^{ch} I sent him, that hee shall leave Mr. Petty all his strength friends, commands, and letters, and in y ^e meane tyme to lett him use them as for himselfe, for my purpose is not of y ^t latitude to make a generall Collection, but to fetch away some statues of w ^{ch} I have beene enformed in Corynth, Lacedemon, und Achaya; and often abused in y ^e information. There is enought under ground, if our licenses would extend to digge : but I worke by y ^e Turkes themselves, and buy, or it were too dangerous a Trade in

Turky. In ye rest I will doe Mr. Petty all helpe, and service, and show it y^r L^p in effects as one y^t is most ambitious to concurr in y^r noble dessignes, and to be truly esteemed, &c.,
    Constantinople, 20-30 juillet 1627

45, 50 et 55. Scio, août et octobre 1625, janvier 1626, août-décembre 1628

D'après l'ensemble de ces lettres, Scio semble avoir été le lieu où W.P. ait consenti à rester le plus longtemps. Son choix s'expliquerait par la situation de l'île, sur la route entre l'Orient et l'Occident. La multitude de ses raids m'a fait craindre des redites, et j'ai dû renoncer à rentre compte de *tous* ses déplacements entre 1625 et 1628. Notamment à raconter ses conquêtes dans le Péloponnèse et ses razzias dans les monastères du mont Athos. J'ai donc choisi le pillage de Nea Moni comme représentatif de tous les autres. Piquée moi-même par un scorpion, l'incident m'a infiniment servi. J'ai pu lire les nombreux récits de voyageurs, que les bibliothécaires de Scio, émus par mon état, m'ont aidée à dépouiller. C'est ainsi que j'ai rencontré donna Teresa, son esclave noire et l'épisode de l'échelle. Si la passion de W.P. est imaginaire, il reste néanmoins exact qu'un aventurier du XVIIe siècle a rencontré l'amour en se baignant dans une crique de l'île.

Pour l'atmosphère de Scio et les mœurs de la communauté génoise, voir les travaux exhaustifs de Philipp Argenti, notamment *Bibliography of Chios*. Ainsi que *Hieronimo Giustiniani's History of Chios. Diplomatic Archives of Chios, 1577-1841. Libro d'Oro de la Noblesse de Chios*. Enfin *The Occupation of Chios by the Genoese, 1346-1566*. Pour les rapports entre le marquis Giustiniani à Rome et le comte d'Arundel, voir Howarth (*op. cit.*). Les collections des Giustiniani ont fait l'objet de longues recherches et d'expositions récentes. Voir en premier lieu les gravures de ses marbres publiées en 1631, par le collectionneur lui-même : *Galleria Giustiniana del Marchese Vincenzo Giustiniani*. Pour l'histoire de la formation de la galerie d'antiques, voir *Le sculture della Collezione Giustiniani*, par Angela Gallotini ; ainsi que le catalogue d'exposition, *Giustiniani e l'Antico*, sous la direction de Giulia Fusconi. Enfin, pour les tableaux, voir l'article de Luigi Salerno « The Picture Gallery of Vincenzo Giustiniani », et *Caravaggio e i Giustiniani : toccar con mano una collezione del Seicento*, sous la direction de Silvia Danesi Squarzina.

51. Un an plus tard, Constantinople, le palais d'Angleterre, janvier 1627

La dénonciation de Cyril Lucaris par les Jésuites, la descente des janissaires dans le quartier des ambassades et la destruction de la presse le jour de l'Épiphanie, à l'heure où Sir Thomas Roe recevait ses marchands, sont authentiques. Je n'ai aucune preuve que W.P. ait été mêlé à l'affaire. Mais sa présence est probable, car l'épisode n'a pas eu lieu en 1627 comme je l'ai daté, mais en 1628, quand W.P. se trouve à Constantinople. J'ai été contrainte ici d'anticiper les événements pour resserrer et clarifier mon récit. En réalité, l'imprimerie disparaîtra un an, jour pour jour, *après* l'arrivée des marbres à Londres, et non au même instant.

52 et 53. Londres, Arundel House,
6 janvier 1627-décembre 1628

Les tablettes d'Asie Mineure sont bien arrivées à Arundel House le jour des Rois 1627, en l'absence de Lord Arundel. Les caisses ont bien été ouvertes par Cotton, Selden, Young et James. Ils ont bien averti la « république des lettres », en expédiant des descriptions émerveillées aux érudits d'Europe qui s'intéressaient aux antiquités. Selden a bien retranscrit et publié les inscriptions. L'ouvrage paraîtra en 1628. Très attendu.

C'est au futur conservateur de la Bibliothèque vaticane, Lucas Holstein (Holstenius), que Nicolas Fabri de Peiresc raconte, dans sa lettre du 24 août 1628, la raison de son impatience à lire le livre, et de son intérêt particulier pour l'un des marbres. *Celui qui découvrit le premier le marbre est fort de mes amis* (Napollon) *et avait une fois commencé de faire travailler pour l'enlever et me l'apporter. Mais il fut tant prié par un Anglais qu'il le lui céda à mon grand préjudice – dont il s'est bien repenti depuis.* (Voir Tamizey de Larroque, vol. 5, *op. cit.*)

Quand *cet Anglais* – W.P. – passera par Florence en février 1629, Holstenius ne manquera pas de le signaler à Peiresc. Voir sa lettre en latin du 25 février 1629, que j'ai transcrite à la Bodleian Library d'Oxford : *On m'écrit de Toscane qu'est passé par là cet Anglais que le comte d'Arundel avait envoyé en Grèce, il y a quatre ans. Il est chargé de beaucoup de livres précieux et de splendides dépouilles de l'Antiquité dont il affirme avoir été déterminé à s'emparer. J'ai entendu dire en Angleterre qu'il est un grand érudit et qu'il avait tenté de m'attacher à la Maison Arundel. Je crois que tu auras vu le superbe livre publié à Londres dont je t'ai parlé et entendu la nouvelle des manuscrits rapportés de Grèce. Patrick Young, le secrétaire du roi, m'en avait déjà parlé par lettre. Ainsi maintenant l'honneur de l'érudition et des belles-lettres revient à l'Angleterre, séparée du reste du monde. Mais j'imagine que tu ne sais pas que grâce au patriarche de Constantinople, l'ambassadeur d'Angleterre a rapporté avec lui des monastères grecs beaucoup de livres antiques extrêmement précieux.*

Trois mois plus tard, le 25 mai 1629, Holstenius affine ses informations en joignant à sa lettre deux autres épîtres. La première, de Patrick Young, datée de février 1627, à laquelle il avait fait allusion. La seconde, très récente, du professeur Paganino Gaudensi en poste à Pise, qui l'avertit de sa rencontre avec W.P. au mois de février précédent. Dans cette lettre, publiée dans *Epistolae ad diversos*, Gaudensi fait allusion à l'amertume de W.P., que Selden ne s'est pas donné la peine de citer.

Réagissant aux informations d'Holstenius, Peiresc, qui maintenant a lu *Marmora Arundelliana*, répond le 8 juin 1629 en s'étonnant lui aussi que Selden n'ait pas rendu hommage, dans son beau livre, à l'homme qui avait arraché les marbres aux Barbares (*Epistolae ad diversos*, *op. cit.*, pages 160 et 161).

De tous ces échanges, j'en déduis que W.P. a quitté l'Asie Mineure, qu'il est en Toscane en février 1629, sur le chemin du retour. J'en veux pour preuve la lettre d'avril 1629, qu'adresse un érudit de Leyde, Gerardus Joannus Vossius, à Franciscus Junius, bibliothécaire d'Arundel à Londres. Cette lettre figure aux pages 135-136 des lettres latines de Vossius, *Epistolae ad diversos* (*op. cit.*). Je l'ai retranscrite à partir de l'original, conservé à la Bodleian Library, MS Rawlinson, Letters 84 (C), f. 42 rv ; f. 44. Les réponses de Junius à Vossius père et fils sont conservées à la British Library, Ms Add 34727. Il évoque W.P. aux folios 26 ; 38 et 39 ; 55 ; 58 r.v. ; 60.

Voici comment Vossius raconte à Junius le passage de W.P. à Leyde en avril 1629. *La présence ici du très insigne Pettaeus m'a beaucoup réjoui. J'ai pris un grand plaisir à être suspendu à ses lèvres, tandis que j'écoutais les très belles et très merveilleuses histoires de ses voyages. Il est d'un très grand mérite dans la République des Lettres, et cela apparaîtra encore plus clairement quand il aura donné au public les choses qu'il a observées. Je te félicite qu'il te soit permis de vivre avec son si grand mécène, je parle du très illustre comte d'Arundel qui a patronné cette grande entreprise. Mais quand Pettaeus m'a dit espérer que tu irais toi aussi en Grèce, j'ai espéré, moi, que ses paroles ne seraient que langue de bois et prêche dans le désert. D'autant plus qu'il m'a raconté qu'il a été plusieurs fois jeté en prison comme espion et qu'il a fait un terrible naufrage. Comme il aura essayé de te convaincre d'entreprendre toi aussi ce voyage, je voudrais que son discours soit tout à fait dépourvu d'éloquence à tes oreilles. Qu'un désir si funeste ne vienne pas faire briller les Grecs à tes yeux – même si Pettaeus a ramené de ces terres tant de choses mémorables. Est-ce toi, à ton âge, qui irais entreprendre pareil travail ? Qui irais t'exposer à de semblables périls ? Je préférerais ô combien que tu viennes en France, en Italie, et surtout chez nous les Belges, où tu nous rendrais visite, nous qui attendons de te voir avec un tel désir. Et j'espère que tu le feras sous peu, à moins que tu ne veuilles travailler auparavant à quelque monument de ton génie et de ta diligence. Je comprends, à la fois par tes lettres et celles de mon fils, que tu mets la dernière main à quelque ouvrage sur l'art de la statuaire antique et la peinture des Anciens. D'autres ont traité de ce sujet, non seulement Gaurico, mais Cesar Brutengerus qui a publié en France, il y a moins de deux ans, deux livres sur la peinture et la statuaire. Je suis certain que tu as vu les livres de Giovanni Mollani, théologien de Louvain, sur l'histoire de la peinture et des images sacrées. Mais que ce soit lui ou les autres, tous ceux qui ont touché à ce sujet t'ont laissé un gros travail. Je désire tant voir paraître ton ouvrage que j'espère que le comte d'Arundel sera ton mécène, lui, le patron des Belles-Lettres. Ce sont ces choses-là qui nous rendent éternels, et nous permettent de trouver de nouveaux protecteurs quand les premiers ont disparu...*

Un mois après, en mai 1629, W.P. est en Angleterre. La plus grande aventure de son existence aura duré cinq ans.

Épilogue et Testament
« IL PORTAIT EN LUI UNE OMBRE D'ÉTERNITÉ »

LONDRES, DIX ANS PLUS TARD, 23 OCTOBRE 1639

Les dix années suivantes verront W.P. sur les routes d'Italie. L'histoire de ses allées et venues entre Rome et Naples, Florence et Gênes, Venise et Padoue, documentée par la correspondance que lui adressent les Arundel, a été publiée par Springell (*op. cit.*). Une phrase du professeur Howarth sur un incident qu'il mentionne dans sa thèse (*op. cit.*), mais qu'il n'évoque plus dans son livre sur l'entourage d'Arundel (*op. cit.*), m'a intriguée. L'arrestation de W.P. à Milan par l'inquisition espagnole en 1633. Je me suis donc plongée dans les registres de l'inquisition, conservés à l'*Archivio di Stato di Milano*. Je n'y ai pas trouvé trace de W.P. dans les dix-huit cartons que j'ai étudiés. Je me suis ensuite tournée vers les archives du Saint-Office à Rome. Et là, miracle ! Je dois à l'érudition de la Dottoressa Simona Feci, qui a dépouillé à l'*Archivio della Congregazione per la Dottrina della Fede* (que j'appellerai désormais *ACDF*), les lettres de l'Inquisiteur de Milan, Fra Giovanni Michele Pio, d'avoir pu comprendre le fin mot de l'histoire. W.P. n'est pas le seul à être arrêté en 1633. Dans un document conservé à l'*ACDF* (Stanza storica M 4 b (1), cc. 520r-523r), l'Inquisiteur rend compte le 30 mars 1633 de l'arrestation de deux autres Anglais, alors qu'ils traversent les États espagnols d'Italie, totalement fermés aux étrangers du fait de la guerre que préparent les Espagnols. L'un se dit catholique, ami et client du comte d'Arundel. L'autre, marchand. Le premier n'est autre que William Frizell, lui-même agent sur le marché de l'art, collectionneur et *postmaster* du roi d'Angleterre. Les prisonniers seront libérés sur les instances de Rome, qui ne peut se permettre de laisser torturer les serviteurs d'un aussi puissant personnage que Lord Arundel : ce serait risquer les représailles de Charles Ier sur les Catholiques anglais ! Mais l'interdiction de traverser le Milanais est réitérée fermement. Gare au prochain violateur de frontières ! W.P. sera celui-là. Pressé de regagner l'Angleterre pour entrer en possession de la paroisse de Greystoke – et de ses bénéfices – que lui destine Lord Arundel, il passe outre à toutes les interdictions. Il sera incarcéré fin mai-début juin 1633, et manquera la cérémonie d'investiture du rectorat en juillet 1633. Il se débrouillera néanmoins pour faire parvenir de ses nouvelles à son ami, Thomas Rowlandson, chargé des affaires d'Angleterre à Venise, en l'absence d'un ambassadeur. Rowlandson en réfère immédiatement au secrétaire d'État à Londres et à l'ambassadeur d'Espagne à Venise. Il écrit parallèlement à Sir Arthur Hopton, ambassadeur d'Angleterre à Madrid, pour qu'il intervienne auprès de Philippe IV. Toutes ces démarches prennent du temps, et W.P. reste dans les geôles de Santa Maria delle Grazie au moins jusqu'en septembre 1633. Voir à ce propos la lettre que Hopton, à Madrid, adresse à son gouvernement le 1er septembre 1633 (*Public Record Office*, SP, Spain 94/36 folios 330 et 331). Il y dit qu'il a vu le roi d'Espagne, lequel lui a promis d'écrire au vice-roi de Naples, et de là à Milan. En effet, le 15 septembre 1633, une lettre de Philippe IV est envoyée au cardinal infant qui se trouve à Milan, pour lui communiquer la requête de Hopton et l'article XIX du traité passé en 1630 entre l'Espagne et l'Angleterre (voir à l'*Archivio di Stato* de Milan, Dispacci Reali 1633, boîte 67). Le 23 septembre, Hopton confirme que la question est réglée, mais insiste encore une fois sur l'interdiction faite aux sujets de Sa Majesté le roi d'Angleterre de traverser les États de Milan (*Public Record Office*, SP, Spain 94/36 folio 334v). Sa lettre arrivera à Londres le 11 octobre. On peut supposer qu'à cette date l'ordre de libération ratifié par le roi d'Espagne aura rejoint Milan. W.P. n'arrivera donc pas en Angleterre avant début novembre.

La scène de l'intronisation à Greystoke et la lettre de l'agent italien à Francesco Barberini sont de mon invention. Il est néanmoins exact qu'entre 1633 et 1639 Lady Arundel s'entoure des envoyés de la cour pontificale en poste à Londres. Et que W.P. deviendra recteur de Greystoke et d'un autre fief relevant de l'autorité des Howard, la paroisse de Wemm, dans le Shropshire. Il ne résidera ni dans l'une, ni dans l'autre. Je me suis servie de mes impressions à Greystoke et de *Greystoke Parish Registers, 1633-1639*, que j'ai dépouillé au *Cambria Record Office* à Carlisle. J'ai en outre dépouillé les archives du château de Greystoke, qui ont été déposées à Carlisle en novembre 1953, après avoir échappé au grand incendie de 1868, qui avait détruit la plupart des documents. Une petite phrase dans les *Miscellanous manorial papers and deeds, 1162-1787* (D/HG/10) m'a fait dresser l'oreille. Le village de Soulby apparaît comme dépendant de la baronnie de Greystoke en 1633.

J'ai trouvé aussi à Carlisle la liste des œuvres accrochées dans les salles du château, avant le feu qui décimera les bâtiments. Le catalogue, établi en 1849 par Ann Cofser (D/HG/203), compte deux cent vingt-deux tableaux et cent trente-six gravures. Le grand hall et plusieurs galeries étaient ornés des portraits d'Aletheia Talbot et de Thomas, comte d'Arundel. Dans les pièces adjacentes, on trouve plusieurs mentions de tableaux anonymes, tous baptisés *Portrait of A Gentleman Not Known*.

W.P. a bien été peint vers 1636 par un artiste vénitien du nom de Tiberio Tinelli. Voir la lettre du 3 février 1637 que lui adresse Lord Arundel, lui réclamant le tableau pour l'exposer dans le cabinet des dessins à Arundel House, Springell (*op. cit.*). Tinelli travaille à la manière de Van Dyck. Ses portraits sont extrêmement appréciés des Anglais. L'ambassadeur Basil Feilding lui-même et la plupart de ses secrétaires posent pour lui. Ainsi que le futur agent de Leopold de Médicis, Paolo del Sera, plus tard en contact avec Lord Arundel. Je suis reconnaissante à Francesca Bottacin de m'avoir aimablement montré tous les tableaux de Tinelli dont elle a pu faire l'inventaire dans sa thèse. À notre grande déconvenue, celui de W.P. n'y figurait pas. Son portrait par Tinelli est néanmoins répertorié, comme appartenant en 1648 à la collection de Francesco Bergonzi, négociant de soie à Venise (voir les ouvrages de Carlo Ridolfi et de Simona Savini Branca). Pourquoi l'effigie de W.P. se trouvait-elle non chez Arundel, mais chez Bergonzi ? S'agissait-il d'une réplique autographe, le portrait original ayant rejoint l'Angleterre ? Quoi qu'il en soit, un autre serviteur de Lord Arundel a été peint par Tinelli : son majordome Francesco Vercellini. J'ai pu admirer le tableau au Museo Civico de Padoue. La présence de la toile en Italie s'explique : le portrait était destiné au meilleur ami de Vercellini, vénitien comme lui.

Le professeur Howarth a émis l'hypothèse que l'érudit figurant dans la réplique du *Madagascar Portrait* de Lord et Lady Arundel, peint par Van Dyck en 1639, puisse être W.P. J'ai été examiner cette copie d'atelier, conservée au château de Knole. La silhouette de l'érudit (qui n'apparaît pas dans la composition originale conservée à Arundel Castle) est évidemment un rajout. La facture donne à penser que ce fantomatique personnage aurait pu être peint de mémoire, en effet, ou reproduit à partir d'un autre portrait... 1639 est l'année de la mort de W.P. : Lord Arundel désirait-il fixer son souvenir ? Quoi qu'il en soit, je ne pense pas – à l'inverse de ce qui figure dans le catalogue des collections du château de Knole – que l'érudit du tableau représente Francescus Junius, le bibliothécaire des Arundel : Junius, dont nous possédons plusieurs portraits, ne ressemble pas à l'inconnu de Knole. En revanche, le personnage émacié qui effleure de la main la tête en bronze de Sophocle pourrait bien passer pour *grec parmi les Grecs, turc parmi les Turcs*.

Tel ne pourrait être le cas d'un autre homme posant pour un portrait que les historiens attribuent tantôt à Van Dyck tantôt à Tiberio Tinelli, et dont Howarth se demande également s'il ne s'agirait pas de W.P. J'ai été voir ce tableau au palais Pitti de Florence. Si le modèle ressemble bien à un riche Anglais, il ne correspond à aucune des descriptions de W.P. faites par Sir Thomas Roe.

Le visage en couverture de ce livre m'a accompagnée depuis que je l'ai découvert au musée de Padoue, en même temps que le visage du majordome des Arundel fixé par Tiberio Tinelli. Certains croient ce portrait lui aussi de Tinelli, et le datent des années 1633-1636. D'autres disent l'œuvre de beaucoup trop bonne facture pour appartenir au peintre vénitien, et l'attribuent à Bernardo Strozzi, ou à la main d'un peintre de l'école de Gênes. La toile anonyme figure dans les inventaires comme le *Portrait d'un jeune homme inconnu*.

Le contenu du testament de W.P. est connu depuis les recherches généalogiques des ducs de Landsdowne (voir *supra*). Ses références ont été publiées, mais avec la cote d'un testament postérieur, celui d'un énième William Petty, mort, lui, au xviiie siècle. Je livre ici la transcription du document conservé au *Public Record Office* (Probation 11, 181 [166]).

In the name of God, Amen the thirteenth day of September 1639, I William Pettie, clerke, do make my will as followeth. First I will, I name and make Mr John Coates and Mr Robert Poole executors. Item, I give to John Pettie my brothers eldest sonne £ 1 000 to be paid him at his age of 21 years and in the meane tyme to be allowed, after the rate of six in the hundred for his education. To John Cooke the younger sonne £ 400. To my sister Ann Buffield £ 20.

To John Buffied (sic) my sister's sonne £ 50.

Item I give for the good of the poore of the town of Soulbie in Westmorland where I was borne £ 100.

To Jesus Colledge in Cambridge £ 200 for the repaireing thereof.

I will all my books and picturs to be sold for the best advantage and that my lorde of Arundell shall have such of them as he shall please, paying reasonablie for the same.

I give to my said executors £ 10 a peece. To John Hartley 20 shillings. To William Buffield my sister's sonne £ 100. The rest of my estate I give into and amongst my Kinred named in a paper of this date and not before in this my will remembered, equally amongst them. I name and entreat my good friend Mr Marsh to be overseer of this my will, and for his paynes, I give him £ 5 for his burriall and tombe; he, being asked, leaves the same to the discrecion of his executors. Witnesses hereunto : H. Matravers (sic), Francis Mosse, notary public, Henry Robinson, William Marsh – 13 September 1639

A thousand pounds : George, Margaret, John, William and Ellen Pettey; Elizabeth Ann Buffield; Thomas, James, William, John, Elizabeth, Ellen and Hanna Buffield; Thomas Buffield; one daughter Ellen Buffield, one son and two daughters, his sisters, daughters children viz. Margaret Cook's, 3 sons and 2 daughters £ 400 Edward Cooke's children one son, 2 daughters, Thomas Cooke's children 2 sons; cousins James Fossett, Elizabeth Poole, Francis Sheppard, Hugh Heartley your quondam servant. Witness hereunto (same witnesses as above).

S'il est vrai que Jesus College ne recevra jamais le legs de W.P. (voir *supra*, séquence 8), je crains fort qu'il n'en soit de même pour les pauvres de son village. Je n'ai trouvé aucune trace, au *Cumbria County Record Office* de Kendal, d'un don de cent livres aux « aumônes de Soulby » dans les années 1639-1650. Voir aussi *Reports of the Commissioners to inquire concerning Charities and Education in Westmorland*. En revanche, son principal héritier, John Petty, le fils de son frère, semble avoir pu profiter de sa généro-

sité. Je l'ai retrouvé étudiant à Queen's College d'Oxford, où il reçoit son *B.A.*
en 1650. Il rédige son testament le 21 avril 1653, toujours à Oxford. Il
demande à être enterré dans la chapelle de Queen's College et lègue – outre la
maison de Wemm sur la paroisse dont W.P. avait jadis été recteur – environ
cinq cents livres, dont deux cent cinquante à son propre frère William Petty.
Ne resterait donc, en moins de quinze ans, que la moitié des mille livres de
l'héritage de l'oncle. Son exécuteur testamentaire, John Cotes, porte le même
nom que celui de W.P. quinze ans plus tôt. S'agit-il de la même personne ?
Quoi qu'il en soit, le testament sera homologué un an et demi plus tard. John
Petty meurt donc vers vingt-cinq ans, sans postérité. J'ai retrouvé à la
Bodleian Library les vers écrits à sa mémoire par ses condisciples. Bien qu'il
n'ait rien à voir avec le John Petty compagnon de l'illustre Sir William Petty,
ses papiers ont été classés parmi ceux du Sir (voir Petty's Papers, microfilm
J 51, folio 22).

Le texte annonçant la mort de W.P. a été découvert par David Howarth
(*op. cit.*). L'information émane d'un gentilhomme du nom de Sir Tobie Matthew, prêtre catholique et grand amateur d'art, lié aux Arundel. Parmi les dernières nouvelles de la capitale que Matthew distille au profit de son
correspondant, il commente, le 23 septembre 1639, le récent décès de W.P.
(voir *Historical Manuscripts Commission* « Appendix to fourth Report »,
p. 294, Earl De La Warr). W.P. disparaît donc entre le 13 septembre, date de
son testament, et le 23, date de la lettre. Plus que la tristesse de l'événement,
l'épistolier souligne en gentilhomme imbu de sa propre naissance, avec un
mélange de surprise et de condescendance, le sort grandiose reservé aux
mânes du révérend. Malgré un décès survenu à Londres, W.P. sera inhumé au
château d'Arundel, effet de l'immense générosité de son protecteur. *Petit,
whom my Lord Marshal employed into Italy and Greece about pictures and statues, is dead here in London, and the Lord Marshal was so nobly good to the
poor man as to send him to be buried at Arundel Castle.*
    Dans les archives d'Arundel Castle, je n'ai trouvé aucune trace de la
sépulture de W.P. Son nom ne figure pas dans la liste des défunts enterrés au
château. Le premier archiviste des descendants du comte, qui écrira en 1834
The History and Antiquities of the Castle and Town of Arundel, le révérend
M.A. Tierney, ne le mentionne nulle part. Seul un certain Robert Spiller, serviteur de Lady Ann Dacre, la mère de Lord Arundel, aurait reçu l'insigne honneur de reposer dans la chapelle. Tobie Matthew se serait-il donc fourvoyé ? À
moins que W.P. n'ait pas été enterré au château, mais dans le cimetière de la
paroisse ? Je dois à l'amabilité du conservateur de la bibliothèque d'Arundel
Castle, John Martin Robinson, de Sara Rodger et de Heather Warne, les deux
archivistes de Sa Grâce le duc de Norfolk, d'avoir pu pousser l'enquête... En
vain. Le révérend William Petty ne figure pas dans les *Parish Registers of
Arundel Town*, conservés au County Record Office de Chichester. Il ne figure
pas non plus dans les registres de St Margaret in Lothbury, la paroisse dont
dépendait la demeure de Lord Maltravers chez lequel il mourut, dont j'ai
dépouillé les archives au *Guild Hall* de Londres.
    Mais W.P. n'en est pas à une ruse près. Qui sait si, en dépit des appa-
rences, il ne goûte pas le repos éternel au château de son « compère » Arun·
del, où nul ne l'espère plus : sous Milady's Chapel, dans l'un des trois caveaux
qui n'ont jamais été ouverts, ni même répertoriés, depuis le xviie siècle ? Il
garde ses secrets jusque dans la mort.

REMERCIEMENTS

Seule une longue chaîne d'entraide a rendu possible l'écriture de ce livre. Je ne peux malheureusement remercier ici tous les amis qui m'ont soutenue en m'ouvrant leur porte en Allemagne, en Espagne, aux États-Unis, en France, en Grande-Bretagne, en Grèce, en Italie et en Turquie. Que chacun d'entre eux sache combien je lui suis reconnaissante.

Je voudrais tout particulièrement exprimer ma gratitude à Simona Feci, dont l'érudition et la maîtrise des archives m'ont permis d'interpréter les sources manuscrites; ainsi qu'à Danielle Guigonis, dont la générosité et les compétences font mon admiration depuis vingt ans.

Je tiens à remercier ma famille qui a supporté mon obsession de W.P. avec tant d'indulgence, et mon complice, Vincent Jolivet, qui a bien voulu m'initier aux mystères de l'archéologie.

Comment dire à mes premiers lecteurs mon immense reconnaissance? Que Frank Auboyneau, Delphine Borione, Odile Bréaud, Carole Hardoüin, Michel et Frédérique Hochmann, Aliette Lapierre, Dominique et Dominique Lapierre, Véronique et Mathieu Meyer, Pauline Prévost-Marcilhacy, Catherine et Serge Sobczynski, Martine et Pierre Spitz, qui ont reçu les feuillets du manuscrit par dizaines de petits paquets au fil de l'écriture de ce livre et qui ont accepté d'en corriger les différentes versions, sachent combien j'ai apprécié leurs précieux conseils et leur inaltérable patience.

Je tiens aussi à exprimer toute ma gratitude à mes mentors anglo-saxons et à mes généreux correspondants du monde entier. Notamment à Edward Chaney, du Southampton Institute, et à Arthur MacGregor, de l'Ashmolean Museum, qui ont soutenu mon entreprise avec une inlassable amabilité. Que John Martin Robinson, Sara Rodger et Heather Warne, de l'Arundel Castle Archives; Virginia Cox, Candace Guite, Paul Joannides, Jeffrey Martin, Jean-Michel Massing, John Morrill, Frances Willmoth, à Cambridge; David Berry à Oxford; Brett Dolmann à Londres; Clare Morton, à Greystoke; Elizabeth Chew, Paul Dumont, Jennifer Fletcher, Maria Fusaro, François-Pierre Goy, Robert Hill, Andrew Hopkins, Karl Joseph Höltgen, Nicholas Howard, David Howarth, Marika Keblusek, Raffaella Morselli et Sir Oliver Millar, qui tous ont pris du temps sur leurs propres travaux pour m'aider dans mes recherches, soient très chaleureusement remerciés.

Le Voleur d'éternité n'existerait pas sans l'accueil de l'École française de Rome. Je dois à la générosité de ses directeurs, André Vauchez et Michel Gras, des conservateurs de la bibliothèque, Christiane Baryla et Yannick Nexon, des directeurs d'études, Brigitte Marin, qui a eu l'extrême gentillesse de réviser la dernière version du texte, François Bougard et Stéphane Verger, d'avoir pu travailler dans ce lieu mythique, chaque jour de cette longue aventure. Que les chercheurs que j'ai eu le privilège d'y rencontrer, ainsi que tout le personnel de la bibliothèque, sachent combien je leur sais gré de leur gentillesse.

Je rends grâce à mes amis Rina et Takis Anoussis, en Grèce ; Jane Green, aux États-Unis ; Marco Fabio Apolloni, Jean-François Bernard, Solange Biagi, Francesca Bottacin, Martine Dewailly, Andrea Fortina, Alexandra Ginobbi, Marie-Christine Labourdette, Vittorio Mandelli, Giorgio Piccinato et Antonella Romano, en Italie ; Catherine et Jacques Dalarun, Tony Guigonis, Gérard Labrot, Annick Lemoine, Bernadette Moro, Carlos, Caroline, Sita et Xavier Moro, Francine Werquin, en France et en Espagne, qui ont répondu à mes demandes avec un dévouement infini, et m'ont pilotée dans les méandres des disciplines qu'ils connaissent si bien.

Que ma fille Garance, qui a vécu avec W.P. pendant six ans, sache combien j'ai admiré sa bonne humeur et ses merveilleuses suggestions.

Qu'Antoine Caro soit remercié pour sa gentillesse et sa formidable efficacité, ainsi que toutes les équipes des éditions Robert Laffont. Je voudrais également exprimer ma profonde gratitude à mes éditeurs, Leonello Brandolini, Robert Laffont, Nicole Lattès et Susanna Lea, pour leur confiance qui ne s'est jamais démentie, et pour leur affection.

SOURCES MANUSCRITES ET BIBLIOGRAPHIE

SOURCES MANUSCRITES

Espagne

SIMANCAS
Archivio Generale de Simancas
Estado, Venecia, E. Leg. 1930, n°s 305 et 306; 320 à 322; 328 à 330
Estado, Venecia, E. Leg. 3540, n° 2; 17 et 18; 42; 62 et 63; 86; 96; 98; 145
Estado, Venecia, E. Leg. 3581, n° 10 à 25; 27 à 52; 9 à 92
Estado, Venecia, E. Leg. 3831, n° 167; 188 à 191

France

PARIS
Bibliothèque de l'Institut
Collection Godefroy, boîtes 490, 516, 529, 530, 548

Grande-Bretagne

ARUNDEL
Arundel Castle Archives
Autograph Letters, 1585-1617; 1617-1632; 1632-1723
Deeds Catalogue 8, Part I; GD 51; GD 76
Depts A 1307; Charges and Discharges A 90
Howard Letters and Papers (I) 1636-1822; (II) 1636-1822

CAMBRIDGE
Cambridge University Archives
Degr. M.1, 1614-1700
Matriculation (1), 1544-1613
Matriculation (2), 1613-1702
Supplicats (1), 1605-1608
Subscriptions, 1613-1618

Christ's College Archives
Account Books of Joseph Mead : 1614-1638 (4 vol.)
Accounts of Christ's College : 1589-1609
Accounts of Christ's College : 1609-1626
John Peile's Papers : Box 82, 83

Jesus College Archives
Arthur Gray's Papers, green book
Audit Book, 1599-1643 (account 1. 3)
John Sherman's Manuscrits and Notes
Register Book, 1618-1689 (Col. 1. 1)
Treasury Book, 1582-1632 (account 6. 2)

St John's College Archives
Gwynne Papers : D 76. 7 ; D 94. 14 ; D 94. 24 ; D 94. 74 ; D 94. 118 ; D 94. 169 ;
   D 94. 438 ; D 94. 455 ; D 105. 62 ; D 105. 318 ; D 105. 319 ; D 105. 332

CARLISLE
Cumbria Record Office
Greystoke Parish Registers, 1633-1639
Howard Family Papers
Wills, 1565-1671

KENDAL
Cumbria County Record Office
I. G. I. William Petty
Kirkby Stephen Register of Baptisms, Marriages and Burials, 1647-1731,
   W. P. E. 77/1 (microfilm 626)
Ravenstondale Register of Baptisms, Marriages and Burials, 1578, p. 89

LONDRES
British Library
MS *Add* 4106, f. 116 à 121b (*extraits des papiers de Sir Thomas Roe*) ; f. 123 (*lettre
   de William Boswell à Thomas Roe, où il lui raconte la mésaventure de Carleton
   avec la duchesse de Chevreuse*) ; f. 186 (*Royal Warrant to W.P., 8 juillet 1634*)
MS *Add* 15970 (*Arundel's papers*)
MS *Add* 34600, f. 101 ; 114 ; 170 (*lettres de William Boswell à Sir Henry Spel-
   man, 1637-1639*)
MS *Add* 34727 (*lettres de Franciscus Junius à Isaac Vossius*, f. 26 ; 38 et 39 ; 55
   pour la lettre évoquant Petty ; 58 r.v. ; 60)
MS *Egerton* 2597, f. 82, 84, 88, 92, 122, 142 (*lettres de William Boswell à Lord
   Carlyle*) ; f. 27, 66, 158, 160 (*lettres de Balthazar Gerbier*) ; f. 38 (*lettre de Wal-
   ter Montagu*)

MS *Harleian* 991, f. 33 (*Richard Symonds' papers*)
MS *Harleian* 1581, f. 390 (*Buckingham's papers*)
MS *Harleian* 4049 (*Nicholas Stone, Italian Journal*, 1638-1642)
MS *Landsdowne* 770, vol. XIII, 1613 etc. (*cahier de notes du rév. W.P. recteur à Thorley sur l'île de Wight*)
MS *Landsdowne* 1669 (*copie et traduction d'un manuscrit rapporté de Grèce par W.P., manuscrit ayant appartenu à John Coates de Middle Temple*, 1644)
P.R.I. A.36-41 (*Catalogue des grandes ventes du xixᵉ siècle contenant des lettres de Thomas Howard 2ᵉ Earl of Arundel, notamment l'original de 1632 qui figure en fac-similé dans le Manuscrit Add 15970 de la British Libr. In* « *James Bindley, part III* », p. 53)

Historical Manuscript Commission
HMC, 3, Denbigh 1, p. 258 (*lettre de Hamilton à Feilding, s.d.*)
HMC, 8, Denbigh 4, p. 554a (*lettre de William Boswell à Basil Feilding du 29 janvier 1637*)
HMC, 68, Denbigh 5, p. 62 (*lettre de Lord Scudamore, ambassadeur à Paris, à Basil Feilding encore à Turin, annonçant le départ de William Petty pour Londres le 5 novembre 1638*)
HMC, 3, Earl De La Warr, p. 294 (*lettre de Tobbie Matthew à Lord Middlesex du 23 septembre 1639, annonçant la mort de W.P.*); p. 294 (*lettre du comte de Newburgh au comte de Middlesex commentant le prix des 10 000 livres payées par Arundel pour le cabinet de Nys*); p. 296 (*idem, lettre du 5 août 1642 entre les mêmes correspondants*)

Public Record Office
PRO Prob. 11. 181 (166) (testament de W.P.)
TY MSS. PRO. State Papers Turkey, Venice, Rome & Spain, 1619-1639

Somerset House, Witt Library
Photothèque Cartons Tiberio Tinelli, Domenico Tintoretto, Palma il Giovane, il Padovino

OXFORD
Bodleian Library
MS *Marshall* 80 (antérieurement MS 8661)
MS *Rawlinson*, Letters 84 (C), f. 42 rv; f. 44 (*lettre de Vossius à Junius racontant le passage de W.P. à Leyde en 1629*)
MS *Savile* 49 (1) (*cahier de notes de John Greaves*); f. 16 (*il mesure l'Obélisque avec W.P.*)
MS *Tanner* 93, f. 45 à 68; *et MS Rawlinson*, D 150, f. 33-107 (*journal de voyage de Thomas Raymond en Italie*)
MS 1956, *Petty's papers*, box J10 à J51

WARWICK
Warwickshire County Record Office
Earl of Denbigh, Pailton House, C1/53, C1/78, C1/91, C5/97, C48/32, C93/2/3, C95/1, C97/1

Italie

FLORENCE
Archivio di Stato di Firenze
Carteggio Mediceo, 4199
Galli-Tassi, Busta, 1795, 1893, 1894, 1895, 1896, 1897, 1898, 1899, 1900, 1901, 1902, 1903, 1904
Guardaroba Mediceo, filza 390, inserto 5, f. 455
Mediceo del Principato, 998; 3327; 3334; 3506; 3508; 3514; 4189; 4196; 4199; 4232; 5143; 6003; 6028; 6068, f. 270 r, 378 r, 386, 387 r, 288 v, 389 r, 469 r
Notarile moderno, 1606-1633, prot. 11093-11097, filze 5498 et 5499, n°s 8732-8736

Biblioteca Medicea Laurentiana
Carteggio Redi (Lettres de John Price à Francesco Redi)

Biblioteca Nazionale di Firenze
MS Autographi Palatini, 1, f. 75-109 (*lettres de Léopold de Médicis à Paolo Del Sera et John Price*)

MILAN
Archivio di Stato di Milano
Culto, Parte Anciana : 1685; 1981; 2107; 2166; 2200; 2201; 2222
Dispacci Reale, 67
Lettere Reali, 2
Potenza Estere, n° 104; n° 130; n° 51; n° 29; n° 221
Registi di Cancellerie : S.XIII, 10; S.XI, 2; S.XXI, 31; S.XIV, 16; S.V, 8; S.XVIII, 15; S.XXII, 59; S.XVI, 21; S.XX, 2; S.XVIII, 47

PADOUE
Université de Padoue
Biblioteca del Seminario Patavino MS 634
Registro di Viaggatori Inglesi in Italia

ROME
Archivio Segreto Vaticano
Avisi da Milano, 1633

Biblioteca Apostolica Vaticana
Barberini Latina MS 1937; 6263; 6491; 7368 f. 1-5; 7917; 7931; 8396; 8426; 8619; 8620; 8636 f. 43-44; 8639 f. 118v

Archivio della Congregazione per la Dottrina della Fede
Stanza storica M4b(1) Cc 518r-528r

Archivio di Stato di Roma
Camerale II, Antiquita e Belle Arti, Busta 11, fasc. 283

Camerale 1, Diversorum del Camerlengo, anno 1631-1638, microfilm n°s 40, 41, 42 et 43
Notai AC Busta n°s 118; 119, carta 851rv; 120; 147 à 176

Venerable English College
General Index (Scritture)
Liber Ruber
Pilgrim Book MS 282

VENISE
Biblioteca Marciana
MS 9057, VII, 1928, f. 89-95

Archivio di Stato di Venezia
Consoli dei Mercanti (INV 222), busta 58, 59, 95, 127, 128
Esaminador, lettere 53, 55 et 56; interdetti 103, 104 et 105; sentence 54, 55 et 59
Inquisitori di Stato, busta 916
Notarile Atti, busta 10784 à 10799; 10825, 10826; 10906; 11016 à 11019; 11120 à 11122; 11148 à11189
Proveditori alla Sanità, Anagrafi, busta 568 et 569
Quarantia civile vecchia, busta 113
Savi alla Mercanzia (INV 225), busta 919

BIBLIOGRAPHIE

ACTON, W., *A New Journal of Italy, Containing What is Most Remarkable of the Antiquities of Rome, Savoy and Naples,* London, 1961.
Acts of the Privy Council of England, 1628 July-1629 April; 1629 May-1630 May, London, 1930-1960.
Âge d'or du Mécénat (1598-1661) (L'), actes du colloque international CNRS (mars 1983), par R. Mousnier et J. Mesnard, éditions du CNRS, Paris, 1985.
AGO, Renata, « Gerarchia dele merci e mecanismo dello scambio a Roma nel primo Seicento », *Quaterni Storici,* n° 96, 1997.
— *Economia Barocca. Mercato e Instituzioni nella Roma del Seicento,* Roma, 1998.
AIKEMA, B., *Pietro della Vecchia and the Heritage of the Renaissance in Venice,* Florence, 1990.
ALBION, Gordon H. J., *Charles I and the Court of Rome. A Study in Seventeenth-Century Diplomacy,* Bibliothèque de l'Université, Louvain, 1935.
Albion's Classicism. The Visual Arts in Britain, 1550-1660, edited by L. Gent, Yale University Press, New Haven-London, 1995
ALMIRA, Jacques, *La Fuite à Constantinople,* Mercure de France, Paris, 1986.

Ambasciatori di Francia a Venezia xvie-xviiie sec., Marie-Laure Richert, Venise, s.d.

AMOURETTI, Marie-Claire, RUZÉ, Françoise, *Le Monde grec antique*, Hachette, Paris, 1990.

Ancient History and the Antiquarian, Essays in Memory of Arnaldo Momigiano, edited by M.H. Crawford and C.R. Ligota, The Warburg Institute, London, 1995.

ANDREWS, Kevin, *Castles of Morea*, Princeton, New Jersey, 1953.

ANSTRUTHER, Godfrey, *The Seminary Priests. A Dictionary of the Secular Clergy of England and Wales, 1558-1850*, Mayhew-McCrimmon, Great Wakering, vol. II.

Anthony Van Dyck, 1599-1641, edited by C. Brown & H. Vlieghe, Royal Academy of Arts, London, 1999.

Antikensammlungen des Europäischen Adels im 18. Jahrhundert als Ausdruck einer europäischen Identität, Internationales Kolloquium in Düsseldorf vom 7. 2-10.2.1996, Konzipiert von D. Boschung und H. von Hesberg, Verlag Philipp von Zabern, Mainz/Rhein, 1998.

Antiquities, *Apollo*, juillet 2000

APPLEBY, A., « The deseases of famine. Mortality in Cumberland and Westmorland, 1580-1640 », *Economic History Review*, vol. 26, août 1973.

— *Famin in Tudor and Stewart England*, Liverpool University Press, 1978.

Archeologia n° 72, 1922.

ARCHER, John Michael, *Sovereignity and Intelligence Spying and Court Culture in English Renaissance*, 1993.

Archivio del Collezionismo Mediceo : Il Cardinal Leopoldo, édité par P. Barochi, Milan-Naples, 1987.

ARGENTI, Philipp, *Bibliography of Chios*, Clarendon Press, S.P., 1940.

— *Hieronimo Giustiniani's History of Chios*, Cambridge University Press, Cambridge, 1943.

— *Diplomatic Archives of Chios, 1577-1841* (2 vol.), Cambridge University Press, Cambridge, 1954.

— *Libro d'Oro de la Noblessse de Chios*, Oxford University Press, Cambridge, 1954.

— *The Occupation of Chios by the Genoese, 1346-1566*, Cambridge University Press, Cambridge, 1958.

Art, the Ape of Nature : Studies in Honour of H.W. Janson, Henry N. Abraham publ., Eaglewood Cliffs, New Jersey, 1982.

Art Markets in Europe, 1400-1800, edited by Michael North and David Omrod, Ashgate Publishing Limited, Hampshire, 1998.

Art and Patronage in the Caroline Courts, Essays in Honour of Sir Oliver Millar, edited by D. Howarth, Cambridge University Press, Cambridge, 1993.

« Arundel Castle », *Connoisseur*, vol. 197, n° 793, mars 1978.

« Arundel House », *Past and Present*, vol. I, John Murray, London, 1891.

ARUNDELL, Francis Vyvyan Jago, *Discoveries in Asia Minor*, Georg Olms Verlag, Hildelsheim, New York, 1975.

ASHLEY, Maurice, *England in the Seventeenth Century*, Penguin Books, Harmondsworth, 1961.

ASHTON, R., « The Disbursing Official under the Early Stuarts : the Cases of Sir William Russell and Philip Bularmachi », *Bulletin of Institute of Historical Research*, 30 (1957), pp. 150-174.

Askew, Pamela, « Ferdinando Gonzaga's Patronage of the Pictorial Arts : the Villa Favorita », *Art Bulletin*, LX, 1978.

Aston, Margaret, *England's Iconoclastes, vol. I, Laws Against Images*, Clarendon Press, Oxford, 1988.

Athènes au xviiᵉ siècle – Dessous des sculptures du Parthénon attribuées à Carrey, publié par Henri Omont, Ernest Leroux, Paris, 1898.

Atkinson, George, *The Worthies of Westmorland or Notable Persons Born in that Country since the Reformation*, London, Robinson, 1849.

Aubrey, John, *Aubrey's Lives*, Bodleian Letters, vol. II.

— *Natural History and Antiquities of Surrey*, vol. V, Londres, 1719.

Audeber, N., *Le Voyage et Observations de plusieurs choses diverses qui se peuvent remarquer en Italie*, Paris, 1656.

Autobiography of Edward, Lord Herbert of Cherbury (The), edited by Will H. Dirks, Walter Scott, London, 1888.

Autobiography of Thomas Raymond, edited by G. Davies, Camden, 3ʳᵈ series, vol. XXVIII, London, 1917.

Bacon, Francis, *The Essays*, Penguin Books, New York-London, 1985.

Bacque-Grammont, Jean-Louis, *Représentants permanents de la France en Turquie (1536-1991)*, Isis, Istanbul-Paris, 1991.

Bainard, T.C., *Sir William Petty as Kerry Iron Master*, Dublin Royal Academy, 1982.

Baker, Christopher, *Collecting Prints and Drawings in Europe, 1500-1700*, Aldershot, Ashgate, 2000.

Bann, S., *Under the Sign – John Bargrave as Collector, Traveller and Witness*, Ann Arbour, 1994.

Banti, Anna, *Vincenzo Giustiniani : Discorsi sulle arti e sui Artieri*, Firenze, 1981.

Baratte, François, *L'Art romain*, Flammarion, Paris, 1996.

Barefoot, Brian, *The English Road to Rome*, Images Publishing, Malvern, 1993.

Baretti, G., *An Account of the Manners and Customs of Italy*, T. Davies, London, 1768.

Barri, Giacomo, *The Painters Voyage of Italy*, Venice, 1671.

Bassompierre, François de, *Mémoires*, 2 volumes, Pierre de Martineau, Paris, 1692.

Battilotti, Donata, *Le Ville di Palladio*, Electa, Milano, 1994.

Batu, Hâmit, Bacqué-Grammont, Jean-Louis, *L'Empire ottoman, la république de Turquie et la France*, éd. Isis, Istanbul, 1986.

Baudrillard, J., « The System of Collecting », in J. Elsner and R. Cardinal eds., *The Culture of Collecting*, London, 1994.

Bean, George K., *Aegean Turkey*, E. Benci, London, 1966.

Beltratti, A., Siniscalco, D., « Collezionisti, investitori, specularori : la determinazione dei prezzi sul mercato dell'arte », *Giornale degli Economisti e Annali di Economia*, n.s., I. (1-2), 1991.

Bely, Lucien, *Espions et ambassadeurs au temps de Louis XIV*, Fayard, Paris, 1990.

Benedict, P. « Towards the Comparative Study of the Popular Market for Art : The Ownership of Paintings in the Seventeenth-Century Metz », *Past and Present*, 109, 1986.

Bennassar, Bartolomé et Lucile, *Les Chrétiens d'Allah, l'histoire extraordinaire des renégats*, Perrin, Paris, 1989.

BERCHET, Jean-Claude, *Le Voyage en Orient*, Robert Laffont, Paris, 1985.

BERKAVITZ, David, *John Selden's Formative Years*, Washington, 1988.

BERNABEI, Franco, « Cultura artistica e critica d'arte. Marco Boschini », *La civilta Veneziana nel eta barocca*, Sansoni, 1959.

BERNARD, Y., *L'Orient du XVIIe siècle à travers les récits des voyageurs français*, regards portés sur la société musulmane, Paris, 1988.

BERTOLOTTI, Antonino, « Esportazione di ogetti di Belle Arti da Roma nei secoli XVI a XIX », in *Archivio Storico, Artistico, Archeologico e Litterario della Cita e Provincia di Roma*, 1875-1880.

Beschreibung der Reiss, 1613, s.é.

BETCHERMAN, Lita Rose, « Balthazar Gerbier in Seventeenth Century Italy », *History Today*, XI, 1961.

— « The York House Collection and Its Keeper », *Apollo*, XCII, 1970.

Beverley Minster, The Pitkin Guide, 2000.

BIAGOLI, M., *Le Prince et les Savants. La civilité scientifique au XVIIe siècle*, Annales E.S.C., 6, 1995.

BIANCHI, Lorenzo, *Renascimento e libertinismo : studi su Gabriel Naudé*, Napoli, Biblipolis, 1996.

BITTAR, Thérèse, *Soliman le Magnifique*, Gallimard, Paris, 1994.

BLAKE, Robin, *Anthony Van Dyck. A Life, 1599-1641*, Constable, London, 1999.

BLOT, Jean-Yves, *L'Histoire engloutie ou l'Archéologie sous-marine*, Gallimard, Paris, 1995.

BLUNT, Anthony, *The Artist and the French Writer, Naples as Seen by French Travellers, 1630-1780*, 1994.

— , COOKE, Hereward Lester, *The Roman Drawings of the XVII and XVIII th Centuries in the Collection of Her Majesty the Queen at Windsor Castle*, Phaidon, London, 1960.

— , CROFT-MURRAY, Edward, *Venetian Drawings of the XVII and XVIII th Centuries in the Collection of Her Majesty the Queen at Windsor Castle*, Phaidon, London, 1957.

BOBOVIUS, Albertus, *Topkapi. Relation du sérail du Grand Seigneur*, Actes Sud, Paris, 1999.

BONFAIT, Olivier, « Le public du Guerchin : recherches sur le marché de l'art à Bologne au XVIIe siècle », *Revue d'histoire moderne et contemporaine*, XXXVIII, 1991, pp. 401-427.

— « Le livre de compte, la mémoire et le monument. La carrière des artistes à Bologne durant l'époque moderne », *Annales E.S.C.*, 1993, pp. 1497-1518.

— *Geografia del collezionismo : Italia e Francia tra XVI e XVIII secolo*, a cura di Olivier Bonfait, École française de Rome, Rome, 2001.

— *L'Idéal classique : les échanges artistiques entre Rome et Paris au temps de Bellori (1640-1700)*, sous la direction d'O. Bonfait, coordination éditoriale d'A.-L. Delmas, Académie de France à Rome, Paris, 2002.

BONNEFOY, Yves, *Rome, 1630*, Flammarion, Paris, 1994.

The Book of Matriculations and Degrees in the University of Cambridge from 1544 to 1659, compiled by J. Venn and J. A. Venn, Cambridge, University Press, 1913.

BOREAN, Linda, « Bernardo Strozzi's portrait of a collector as Perseus in Dijon », *Burlington Magazine*, CXLII, 2000.

— *La quadreria di Agostino e Giovan Donato Correggio nel collezionismo veneziano del Seicento*, Forum, Udine, 2000.

Boschini, M., *La carta del navegar pitoresco*, Venezia, 1660, éd. par A. Palluccini, Venise-Rome, 1966.

Bottacin, Francesca, « Tiberio Tinelli : un artista veneziano del Seicento nel suo studio », *Studi Veneziani*, Pise-Rome, 2000.

— « Tra pittura e poesia : Tiberio Tinelli e l'Accademia degli incogniti », *Studi Veneziani*, Pise-Rome, 2000.

Bouch, C.M.L., Jones, G.P., *A short Economic and Social History of the Lake Countries, 1500-1830*, Manchester University Press, s.d.

Bouchard, Jean-Jacques, *Le Voyage à Rome, Journal*, Giappicelli Editore, Torino, 1976-1977, 2 vol.

Boyer, Jean-Claude, Volf, Isabelle, « Rome à Paris : les tableaux du maréchal de Créquy (1638) », *Revue de l'Art*, n° 79, 1988.

Brandi, Cesare, *Viaggio nella Grecia antiqua*, Editori Riuniti, Roma, 2001.

Brennan, Michael G., *The Travel Diary of Robert Bargrave, Levant Merchant (1647-1656)*, The Hakluyt Society, London, 1999.

Bresson, Agnès, « Peiresc et le commerce des antiquités à Rome », *Gazette des Beaux-Arts*, 6e période, tome LXXXV, 117e année, 1975.

Brigstocke, Hugh, *William Buchanan and the 19th Century Art Trade : 100 Letters to his Agents in London and Italy*, The Paul Mellon Center for Studies in British Art, 1982.

Brown, Christopher, *Van Dyck*, Cornell University Press, Ithaca (N. Y.), 1982.

— *Van Dyck's Collection : « a document rediscovered »*, *Essays on Van Dyck*, Galerie nationale du Canada, 1983.

— , Vlieghe, Hans, *Anthony Van Dyck, 1599-1641*, Royal Academy of Arts, London, Antwerpen Open, Antwerp, 1999.

Brown, Horatio, *Inglesi e Scozzesi all'Università di Padova, 1618-1775*, Venezia, 1921.

Brown, Jonathan, *The Golden Age of Painting in Spain*, Yale University Press, New Haven, London, 1991.

— *Kings and Connoisseurs. Collecting Art in Seventeenth Century Europe*, Yale University Press, New Haven and London, 1995.

— , Elliott, J. H., *A Palace for a King : the Buen Retiro and the Court of Philip IV*, Yale University Press, New Haven and London, 1980.

Brown, Michael J., *Itinerant Ambassador. The Life of Sir Thomas Roe*, The University Press of Kentucky, Lexington, 1970.

Brulez, Wilfrid, *Marchands flamands à Venise (1568-1621)*, 2 vol., Bruxelles-Rome, 1965.

Bruyn, J., Millar, Oliver, « Notes on the Royal Collection-III : The " Dutch Gift " to Charles I », *Burlington Magazine*, CIV, 1962.

Buisine, Alain, *Dictionnaire amoureux et savant des couleurs de Venise*, Zulma, 1998.

Burgess, Anthony, *Mort à Deptford*, Grasset, 1995.

Burke, Marius B., *Private Collections of Italian Art in 17th Century Spain*, 3 vol., New York University Press, New York, 1984.

Burke, Peter, *Venice and Amsterdam. A Study of XVIIth Century Elites*, Temple-Smith, London, 1974.

— « Investment and Culture in three XVIIth Century Cities : Rome, Amsterdam, Paris », *Journal of European Economic History*, VII, 1978.

— *The Historical Anthropology of Early Modern Italy : Essay on Perception and Communication*, Cambridge University Press, Cambridge, 1987.

— *Venise et Amsterdam*, Gérard Montfort, Brionne, 1992.

496   *Le voleur d'éternité*

— *The Fortunes of the Courtier : the European Reception of Castiglione's « Cortegiano »*, Polity Press, Cambridge, 1995.

BURNET, G., *The Memoirs of the Lives and Action of James and William, Dukes of Hamilton,* London, 1677.

Calendar of State Papers Domestic, Reign of Charles I, 1628-1629, London, 1859 ; *1629-1631,* London, 1860 ; *1631-1633,* Longman et al., London, 1862.

Calendar of State Papers and Manuscripts Relating to English Affairs Existing in the Archives and Collections of Venice and in Other Libraries of Northern Italy, Hereford, London, 1864-1921, vol. XV, XVIX, XXI, XXIII.

Calendar of State Papers, Venetian 1623-1625, London. *1628-1629, 1629-1632,* London.

Cambridge illustrated History of Archaeology (The), edited by Paul G. Bahn, Cambridge University Press, 1996.

CAMDEN, William, *Britannia,* éd. Gibson, 1698.

— *Remains concerning Britain,* edited by R. D. Dunn, Press, Toronto, 1990.

Camillo Massimo, Collezionista di Antiquità, L'Erma di Breitschneider, Roma, 1996.

CANOSA, Romano, *Storia dell'Inquisizione in Italia,* Sapere 2000, 1998.

Caravaggio e i Giustiniani : toccar con mano una collezione del Seicento, a cura di Silvia Danesi Squarzina, Electa, Milano, 2001.

Cardinale Leopoldo, Rapporti con il mercato Veneto (Il), tomes I et II, Ricardo Ricciardi, Milano, Napoli, 1987.

CARPENTER, W. H., *Mémoires et Documents inédits sur Antoine Van Dyck, P. P. Rubens et autres artistes contemporains,* Buschmann, Anvers, 1845.

CARRACIOLI, Charles, *The Antiquities of Arundel,* London, 1761.

CASTIGLIONE, Baldassare, *Il Cortegiano,* a cura di B. Maier, UTET, Torino, 1955.

CECCHINI, Isabella, *Quadri e commercio a Venezia durante il Seicento,* Saggi Marsilio, Venise, 2000.

CECI, Giuseppe, « Un mercante mecenate del secolo XVII, Gaspare Roomer », *Napoli nobilissima,* n. s. I, 1920, pp. 160-164.

Ceremonies of Charles I, The Note Books of John Finet, 1628-1641, edited by A. J. Loomie, Fordham University Press, New York, 1987.

CHALIAND, Gérard, RAGEAU, Jean-Pierre, *Atlas historique du monde méditerranéen,* Payot, Paris, 1995.

CHANEY, Edward, *The Grand Tour and the Great Rebellion,* Slatkine, Genève, 1985.

— *The Evolution of the Grand Tour,* Frank Cass, London, 1998.

— « The Italianate Evolution of English Collecting », in *The Evolution of English Collecting : The Reception of Italian Art in the Tudor & Stuart Periods,* Yale University Press, 2003, édité par E. Chaney.

— , WORSDALE, Godfrey, *The Stuart Portrait,* Southampton City Art Gallery, 2001.

CHARLES, R. J., « Venetian Glass of the Seventeenth Century, An Essay in Identification », *Apollo,* novembre 1979.

CHASTEL, André, POMIAN, Krzysztof, « Les intermédiaires », *Revue de l'Art,* 77, 1987.

CHEETHAM, F. H., « Hampstead Marshall and sir Balthazar Gerbier », *Notes and Queries,* VII, 1913.

CHEW, Elizabeth, « Lady Arundel and Tart Hall », in *The Evolution of English Collecting : The Reception of Italian Art in the Tudor & Stuart Periods*, Yale University Press, 2003.

CHIARINI, Marco, « I quadri della collezione del principe Ferdinando di Toscana », *Paragone*, XXVI, 1975 (301), pp. 57-98; (303), pp. 75-108; (305), pp. 55-88.

CHOLMLEY, Sir Hugh, *Memoirs; Addressed to His Two Sons*, privately printed, 1817.

Christ's College Cambridge Biographical Register, compiled by J. Peile, Cambridge University Press, 1910, I, 1448-1665.

Christ's College in Former Days, edited by H. Rackham, University Press Cambridge, 1939.

CHRISTIE, MANSON, WOODS Ltd, *The Arundel Marbles and Other Sculptures from Fawley Court and Hall Barn*, Sale Catalogue, 10th December, 1985.

Civilta veneziana nell' eta barocca (La), *Cronologia veneziana del Seicento*, Sansoni, 1959.

CLIFFE, J. T., *The World of the Country House in the Seventeenth Century England*, Yale University Press, New Haven-London, 1999.

COCHRAN, Eric W., *Florence in the Forgotten Centuries, 1527-1800. À History of Florence and the Florentines in the Age of the Grandukes*, University of Chicago Press, Chicago and London, 1973.

Collezione Boncompagni Ludovisi, Algardi, Bernini e la Fortuna dell'Antico (La), a cura di Antonio Giulano, Marsilio, Venezia, 1992.

COLVIN, Howard, *The Canterbury Quadrangle*, St John's College, Oxford University Press, Oxford, 1988.

Commerce de l'art de la Renaissance à nos jours (Le), sous la direction de Laurence Bertrand Dorléac, La Manufacture, Besançon, 1992.

Commercium litterarium. La communication dans la République des Lettres, 1600-1750, éd. Hans Bots et Françoise Waquet, APA-Holland University Press, Amsterdam & Maarssen, 1993.

COOK, Brian F., « The classical marbles », *Excavations on the Site of Arundel House in the Strand, London*. Transactions of the London and Middlesex Archeological Society, vol. 26, 1975, pp. 247-251.

— *Greek and Roman Art in the British Museum*, The Trustees of the British Museum, London, 1976.

— *Greek Inscriptions*, British Museum Press, London, 1987.

COOPER, Charles Henry, COOPER, Thompson, *Athenae Cantabrigienses*, Cambridge, Deithon, Bell, 1861, II, 1586-1609.

Correspondance de Peiresc et Aleandro (1616-1618), éd. par Jean-François Lhote et Danielle Joyal, Adosa, Clermont-Ferrand, s.d.

Correspondants de Peiresc (Les) : lettres inédites écrites de Rome à Peiresc, 1633-1637, publ. par Philippe Tamizey de Larroque, Paris, 1881.

CORYATE, Thomas, *Coryate's Crudities*, The Beeches Press, London, s.d.

County of York East Riding, edited by K. J. Allison, University Press, Oxford, 1989, vol. VI, *The Borough and Liberties of Beverley*.

COXE, W., *The Private and Original Correspondance of the Duke of Shrewsbury*, 1821.

COZZI, Gaetano, *Il Doge Nicolo Contarini. Ricerche sul patriziato veneziano agli inizi del Seicento*, Istituto per la collaborazione culturale, Venise-Rome, 1958.

— « Federico Contarini : un antiquario veneziano tra Rinascimento e Controriforma », *Bollettino dell'Istituto di Storia della Società e dello Stato Veneziano*, III, 1961.

CRINO, Anna Maria, *Fatti e figure del Seicento anglo-toscano. Documenti inediti sui rapporti litterari, diplomatici e culturali fra la Toscana et l'Inghilterra*, Olschki, Firenze, 1957.

— « Rapporti culturali, diplomatici et commerciali degli zar di Russia con i Granduchi di Toscana et Venezia nel Seicento », *Annali dell'Università di Padova, facolta di Lingue*, sec. II, I, 1966-1967.

CROFT-MURRAY, E., *Decorative Painting in England, 1537-1837*, vol. I : *Early Tudor to Sir James Thornhill*, Country Life, London, 1962.

Cultures of Collecting (The), edited by John Elsner and Roger Cardinal, Reaktion Books, London, 1994.

CURTIS, M., *Oxford and Cambridge in Transition*, Oxford University Press, Oxford, 1959.

CURWEN, John F., *The Later Records Relating to North Westmorland or the Barony of Appleby*, Titus Wilson, Kendal, 1932.

CUST, Lionel, « Notes on the collections formed by Thomas Howard, Earl of Arundel and Surrey, K.G. II », *Burlington Magazine*, vol. XX, Londres, 1911-1912.

Da Padovanino a Tiepolo, a cura di Davide Banzato, Adriano Mariuz, Giuseppe Pavanello, Federico Motta Editore, Milano, 1997.

D'après l'Antique, cat. de l'exposition, musée du Louvre, Paris, 16 nov. 2000-15 janv. 2001, Réunion des musées nationaux, Paris, 2000.

DALLAWAY, James, *Of Stationary and Sculpture*, J. Murray, London, 1816.

DAVIES, Randall, « An Inventory of the Duke of Buckingham's Pictures at York House in 1635 », *Burlington Magazine*, X, 1906-1907.

DE BEER, E. S., *The Diary of John Evelyn*, vol. I, Clarendon Press, Oxford, 1955.

DE BENEDICTIS, Cristina, *Per la Storia del Collezionismo Italiano*, Ponte Alle Grazie, 2001.

DEL COL, Andrea, PAOLIN, Giovanna, *L'Inquisizione romana : metodologie delle fonti e storia istituzionale*, Università di Trieste, Montereale Valcellina, 2000.

DELBEUF, Régis, *Ambassadeurs de France morts à Constantinople*, Constantinople, 1911.

DE MARCHI, N., VAN MIEGROET, H. J., « Art, Value and Market Practices in the Netherlands in the Seventeenth Century », *The Art Bulletin*, 76, 1994.

DENON, Dominique-Vivant, *Lettres à Bettine*, Actes Sud, Paris, 1999.

DENUCÉ, J., *Source of the History of Flemish Art, Art Exports in the XVIIth Century in Antwerp*, 1931 et 1949.

DE ROMILLY, Jacqueline, *Rencontres avec la Grèce antique*, éd. de Fallois, Paris, 1995.

DE SETA, Cesare, *Archittetura, ambiente e società a Napoli nel' 700*, Einaudi, Torino, 1981.

— *Napoli*, Laterza, Roma-Bari, 1981.

— *Luoghi e architteture perdute*, Laterza, Roma-Bari, 1986.

— *Napoli fra Rinascimento e Illuminismo*, Electa, Napoli, 1991.

— *L'Italia del Grand Tour, da Montaigne a Goethe*, Electa, Napoli, 1992.

Dessin à Gênes du xvie au xviiie siècle (Le), Réunion des musées nationaux, Paris, 1985.

Dessin à Rome au XVIIe siècle (Le), Réunion des musées nationaux, Paris, 1988.

DETHAN, Georges, *Mazarin et ses amis*, Berger-Levrault, Paris, 1968.

DE VIAS, Balthazar, *Lettres inédites, écrites de Marseille à Peiresc (1615-1637)*, éd. par Philippe Tamizey de Larroque, Paul Chollet, Bordeaux, 1883.

Diaries of Lady Anne Clifford (The), edited by D. J. H. Clifford, Sutton, Phoenix Mill, 1990.

DIAZ PADRON, Matias, ROYO-VILLANOVA, Mercedes, *David Teniers, Jan Brueghel y los cabinets de peinturas*, Museo del Prado, Madrid, 1992.

Dictionary of National Biography, Smith, Elder & Co, London.

Dictionnaire de l'Antiquité, Université d'Oxford, Robert Laffont, Paris, 1993.

Diplomacy of Art (The), Artistic Creation and Politics in Seicento Italy, colloque, Villa Spelman, Nueva Alfa Editoriale Florence, 1998, edited with an introduction by Elizabeth Cropper.

DIRANI, Maria Teresa, « Mecenati, pittori e mercato dell'arte nel Seicento : il " Ratto di Elena " di Guido Reni e la " Morte di Didone " del Guercino nella corrispondenza del cardinale Bernardino Spada », *Ricerche di storia dell'arte*, 1982 (16), pp. 83-94.

DIRCKS, Will. H., *The Autobiography of Edward, Lord Herbert of Cherbury*, Walter Scott, London, 1888.

Dizionario biografico degli Italiani, Istituto dell'Enciclopedia Italiana, Roma.

Documenti sul Barocco in Roma, raccolti J. A. F. Orban, 1920.

D'ONOFRIO, Cesare, *Gli Obelischi di Roma*, Cassa di Risparmio di Roma.

DONZELLI, Carlo, PILO, Giuseppe Maria, *I Pittori del Seicento veneto*, éd. Remo Sandron, Firenze, 1967.

DORIA, Gino, *Viaggiatori stranieri a Napoli*, Guida editore, Napoli, 1984.

DUCHEIN, Michel, *Élisabeth Ire d'Angleterre*, Fayard, Paris, 1992.

— *Le Duc de Buckingham*, Fayard, Paris, 2001.

DUCHÊNE, Hervé, *L'Or de Troie ou le Rêve de Schliemann*, Gallimard, Paris, 1995.

Dudley Carleton to John Chamberlain, 1603-1624, Jacobean Letters, edited by Maurice Lee, Rutgers University Press, New Brunswick, 1972.

DU GUÉ TRAPIER, Elizabeth, « Sir Arthur Hopton and the interchange of paintings between Spain and England in the seventeenth century : part 1 », *Connoisseur*, avril 1967.

DULLES, Foster Rhea, *Eastward Ho! The First English Adventurers to the Orient*, J. Lane, London, 1931.

DU LOIR, *Les Voyages du sieur Du Loir*, François Clouzier, Paris, 1654.

DURHAM, Keith, MCBRIDE, Angus, *The Border Reivers, the Story of the Anglo-Scottish Borderlands*, the Osprey Military Messenger, 1996.

Early Yorkshire Schools, York, Beverley, Ripon, edited by A. F. Leach, Yorkshire Archeological Society, 1899.

EDWARD, Earl of Clarendon, *The History of the Rebellion and Civil Wars in England*, vol. I, Clarendon Press, Oxford, s.d.

English Court from the Wars of the Roses to the Civil War (The), edited by D. Starkey, Longman, New York, 1987.

English Grammar School (The), edited by T. W. Rumsby, Eaton Hosking, London, s.d.

EPSTEIN, M. F., *Early History of the Levant Company*, London, 1908.

Esclave à Alger. Récit de captivité de Joao Mascarenhas (1621-1626), Chandeigne, Paris, 1993.

Été Peiresc (L'), Fioretti II. Nouveaux mélanges, composés sous la direction de Jacques Ferrier, Académie du Var, Aubanel, 1988.

ÉTIENNE, Roland et Françoise, *The Search for Ancient Greece,* Thames and Hudson, New York, 1992.

EVELYN, John, *The Diary of John Evelyn,* edited by E. S. de Beer, Clarendon Press, Oxford, 1955, 6 vol.

EVERETT GREEN, Mary Anne, *Elizabeth Electress Palatine and Queen of Bohemia,* Methuen and Co, London, 1909.

Faber Book of Art Anecdotes (The), edited by Edward Lucie-Smith, Faber and Faber, London, 1992.

FAGAN, Brian M., *L'Aventure archéologique en Égypte,* Pygmalion-Gérard, Watelet, Paris, 1981.

FAIRFAX, Brian, *A Catalogue of the Curious Collection of Pictures of George Villiers, Duke of Buckingham,* ed. W. Bathoe, London, 1758.

FANTELLI, Pier Luigi, « Nicolo Renieri, Pitor Fiamingo », *Arte Veneta,* 30, 1974.

Fanti e Denari, Sei secoli di giochi d'azzardo, Arsenale Editrice, Venezia, 1989.

FARNOUX, Alexandre, *Knossos Unearthing a Legend,* Thames and Hudson, New York, 1996.

Fascination de l'Antique (La) 1700-1770, Rome découverte, Rome inventée, Somogy, Lyon, 1998.

FAVARETTO, Irene, *Arte antica e cultura antiquaria nelle collezioni venete al tempo della Serenissima,* L'Erma di Breitschneider, Rome, 1990.

— *Collezioni di antichità a Venezia nei secoli della Republica,* R. G. Bibliogr., IV, 1992.

FEHL, Raina and Philippe, *Franciscus Junius, The Painting of the Anciens, De Pictura Veterum,* ed. K. Aldrich, P. Fehl, R. Fehl, University of California Press, Berkeley, Los Angeles, Oxford, 1991.

— , « Franciscus Junius and the Defense of Art », *Artibus et Historiae, 3 (II),* 1982.

FEILDING, Cecilia, Countess of Denbigh, *Royalist Father and Roundhead Son,* Methuen & Co, London, 1915.

FERGUSON, RICHARD S., *A History of Cumberland,* Elliot Stock, London, 1890.

FERMANEL, G., *Le Voyage d'Italie et du Levant, contenant la description des Royaumes, Provinces, Gouvernements, Villes,* Rouen, 1664.

FERNIE, E., « The great Metrological Relief in Oxford », *Antiquaries Journal,* 61.

FILIPCZAK ZAREMBA, Z., *Picturing Art in Antwerp, 1500-1700,* Princeton University Press, Princeton, 1987.

Firenze e l'Inghilterra – Rapporti artistici e culturali dal XVI al XX secolo, Cat. della Mostra (Firenze, luglio-sett. 1971), a cura di M. Webster, Firenze, 1971.

FITZMAURICE, Lord Edmond, *Life of Sir William Petty,* London, 1895.

FLAMENT, T. « Philippe de Harlay, ambassadeur de France à Constantinople », *Revue d'histoire diplomatique,* 1901, 15e année, pp. 225-251 et pp. 371-398.

FLETCHER, Jennifer, « Marco Boschini and Paolo del Sera – Collectors and Connoisseurs of Venice », in *Apollo,* novembre 1979.

— *The Genius of Venice,* 1983.

— « The Arundels in the Veneto », in *Apollo,* vol. CXLIV, août 1996.

FOCHESSATI, G., *I Gonzaga di Mantova e l'ultimo duca,* Ceschina, Milano, 1930.

FOLEY, H. S. J. (ed.), *Records of the English Provinces of the Society of Jesus,* 8 vol., 1875-1909.

Foster, William, *Embassy of Sir Thomas Roe to India*, Oxford University Press, London, 1926.

France et l'Italie au temps de Mazarin (La), textes publiés par Jean Serroy, 15e colloque du C.M.R., Presses universitaires de Grenoble, 1986.

Fraser, Antonia, *King James*, Weidenfeld and Nicolson, London, 1974.

Freedberg, David, « Fame, convention and insight : on the relevance of Fornenbergh and Gerbier », *The Ringling Museum of Art Journal*, vol. I, 1983.

— « Van Dyck and Virginio Cesarini : a contribution to the study of Van Dyck's Roman sojourns », *Van Dyck*, Trustees of the National Gallery of Art, Washington, 1994, pp. 153-176.

Fumaroli, Marc, *L'Âge de l'éloquence : rhétorique et « res litteraria » de la Renaissance au seuil de l'époque classique*, Champion, Paris 1980.

— *L'École du silence : le sentiment des images au xviie siècle*, Flammarion, Paris, 1994.

— *Héros et orateurs : rhétorique et dramaturgie cornéliennes*, Droz, Genève, 1996.

— *Le « siècle » de Marie de Medicis*, actes du séminaire de la Chaire Rhétorique et Société en Europe (xvi-xviie siècle) du Collège de France, sous la direction de Marc Fumaroli; études réunies par Françoise Graziani et Francesco Solinas, Edizione dell'Orso, Alessandria, 2003.

Fumi, *L'Inquisizione Romana e lo Stato di Milano*, Archivio Storico Lombardo, 1910.

Furlotti, Barbara, *Le Collezioni Gonzaga, Il Carteggio tra Bologna, Parma, Piacenza e Mantova (1563-1634)*, Silvana Editoriale, Milan, 2000.

Fusaro, Mario, *Uva passa. Una guerra commerciale tra Venezia e l'Inghilterra (1540-1640)*, Il Cardo, 1997.

Gabrielli, Vittorio, *Sir Kenelm Digby*, Edizione di Storia di Litteratura, Roma, 1957.

Galinou, Mireille, Hayes, John, *London in Paint*, Museum of London, 1996.

Galland, Antoine, *Le Voyage à Smyrne*, présenté par Frédéric Bauden, Chandeigne, Paris, 2000.

— *Voyage à Constantinople (1672-1673)*, Maisonneuve & Larose, Paris, 2002.

Gallotini, Angela, *Le sculture della Collezione Giustiniani*, L'Erma di Breitschneider, Roma, 1998.

Garas, Clara, « The Ludovisi Collection of Pictures in 1633 », *Burlington Magazine*, CIX, 1967, pp. 287-289, 339-348.

Gasquet, Cardinal, *A History of the Venerable English College, Rome*, Longman, London, 1920.

Gassendi, Pierre, *Vie de l'illustre Nicolas-Claude Fabri de Peiresc*, traduit du latin par Roger Lassalle, Belin, Paris, s.d.

Gazette des Beaux-Arts, 6e période, tome CXXXIX, 2002.

Genakoplos, Deno John, *Greek Scholars in Venice*. Studies in Dissemination of Greek Learning from Byzantium to Western Europe, Harvard University Press, Cambridge, Mass., 1962.

Gennadios, Ioannes, *Lord Elgin et les invasions archéologiques antérieures en Grèce, et à Athènes en particulier, 1440-1837*, Athènes, 1930.

Gigli, Giacinto, *Diario di Roma*, Colombo editore, Roma, 1994.

Gilles, Pierre, *The Antiquities of Constantinople*, Second Edition, Italica Press, New York, 1988.

Gillow, Joseph, *Bibliographical Dictionary of the English Catholics*, Burt Franklin, New York, vol. I, II, IV, V .

GIROUARD, Mark, *Life in the English Country House. A Social and Architectural History*, Yale University, New Haven-London, 1978.

Giustiniani e l'Antico (I), a cura di Giulia Fusconi, L'Erma di Breitschneider, Roma, 2001.

GIUSTINIANI, Vincenzo, *Galleria Giustiniana del Marchese Vincenzo Giustiniani*, Roma, s.n., 1631, 2 vol.

Gli Abasciatori, Veneti, 1525-1792, a cura di Giovanni Comisso, Longanesi & C., Milano, 1985.

GODFREY, Richard T., *Wenceslaus Hollar, a Bohemian artist in England*, Yale University Press, New Haven, 1994.

GOFFMAN, D., *Izmir and the Levant World, 1550-1650*, Seatle, London, 1990.

GOLDBERG, Edward, *After Vasari : History Art and Patronage in Late Medici Florence*, Princeton University Press, Princeton, 1988.

GOLDTHWAITE, Richard, *Wealth and the Demand for Art in Italy, 1300-1600*, John Hopkins University Press, 1993.

GONTAUT-BIRON, Théodore, *L'Ambassade de Turquie de Jean de Gontaut-Biron, baron de Salignac*, Paris, Champion, 1858.

GONZALES PALACIOS, A., *Il tempio del gusto : le arti decorative in Italia fra classicismo e barocco*, Neri Pozza, Vicenza, 2000.

GOODMAN, Godfrey, *The Court of King James I*, 1839, vol. 2.

GORDON, D. J., « Poet and Architect : The Intellectual Setting of the Quarrell between Ben Johnson and Inigo Jones », *Journal of the Warburg and Courtauld Institutes*, XII, 1949.

— « Rubens and the Whitehall Ceiling », in *The Renaissance Imagination : Essays and Lectures*, collected and edited by Stephen Orgel, University of California Press, Berkeley and Los Angeles, 1975, pp. 24-50.

GORDON, Pamela, *The Duke of Buckingham and Van Dyck's " Continence of Scipio " »*, Essays on Van Dyck, Galerie nationale du Canada, 1983.

GOTCH, J. Alfred, *Inigo Jones*, Methuen, London, 1928.

GOY, François-Pierre, « Luth et guitare dans le journal et la correspondance (1631-1636) de Bullen Reymes, in *Luths et luthistes en Occident*, actes du colloque, 13-15 mai 1998, Cité de la musique, Paris, 1999.

GRAMMONT (de), H. D., « Relations entre la France et la Régence d'Alger au XVIIe siècle » ; « La mission de Sanson Napollon (1628-1633) » ; « La mission de Sanson Le Page et les agents intérimaires (1633-1646) », Adolphe Jourdan, Alger, 1880.

GRAN-AYMERICH, Eve, *Naissance de l'archéologie moderne, 1798-1945*, éd. du CNRS, Paris, 1998.

— *Dictionnaire biographique d'archéologie, 1798-1945*, éd. du CNRS, Paris, 2001.

Grand Tour. Il fascino dell'Italia nel XVIII secolo, a cura di Andrew Wilton e Ilaria Bignamini, Skira Editore, Milano, 1997.

Grand Tour, Viaggi narrati e dipinti, a cura di Cesare de Seta, Electa Napoli, 2001.

GRAVES, Algernon, *Art Sales. From Early in the Eighteenth Century to Early in the Twentieth Century*, Framklin, New York, 1970.

GRAY, Arthur, BRITTAIN, Frederick, *A History of Jesus College Cambridge*, London, Heinemann, 1979.

GRAY, Ronald, STUBBINGS, Derek, *Cambridge Street-Names, Their Origins and Associations*, Cambridge University Press, 2000.

GREGG, Pauline, *Charles Ier d'Angleterre*, Fayard, Paris, 1981.

GREGORI, Mina, BLASIO, Silvia, *Firenze nella Pittura e nel Disegno dal Trecento al Settecento*, Silvana Editoriale, 1994.

GRIFFITHS, Anthony, « The Print Collection of Cassiano dal Pozzo », *Print Quarterly*, VI, 1989, pp. 3-10.

GROOT (de), A. H., *The Ottoman Empire and the Dutch Republic. A history of the Earliest Diplomatic Relation (1610-1630)*, Nederlands Historisch-Archeologisch Institute, 1978.

Guide di Architettura Padova, Umberto Allemandi & C., Torino, 2000.

Guide to St Mary's Church Beverley, Beverley, 1998.

Guide to St Oswald's Church Flamborough (A), s.d.

GUTTON, Jean-Pierre, *Domestiques et serviteurs dans la France de l'Ancien Régime*, Aubier, Paris, 1981.

HADJIANTONIOU, George A., *Protestant Patriarch*, The Epworth Press, London, s.d.

« Hadrien », in *Dossier archéologique*, n° 274, juin 2002.

HAMERSON, Michael J., « Excavations on the Site of Arundel House in the Strand, W.C.2, in 1972 », *Transactions of the London & Middlesex Archaeological Society*, Bishopsgate Institute, Londres, vol. 26, 1975, pp. 209-251.

— , COOK, B. F., « The classical marbles from the Arundel House site », in *Excavations on the Site of Arundel House in the Strand, WCC2, in 1972*, Bishospgate Institute, Londres, vol. 26, 1975, pp. 247-251.

HAMILTON, Elizabeth, *Henrietta Maria*, Coward, McCann and Geoghegan, New York, 1976.

HANOTAUX, Gabriel, *Recueil des Instructions données aux Ambassadeurs et Ministres de France, VI, Rome, 1648-1687*, F. Alcan, Paris, 1888.

HARBAGE, Alfred, *Thomas Killigrew, Cavalier Dramatist, 1612-83*, University of Pennsylvania Press, Philadelphia, 1930.

HARRIS, Enriqueta, « Cassiano dal Pozzo on Diego Velàsquez », *Burlington Magazine*, CXII, 1970.

— , ANDRES, Gregorio de, « Descripciòns del Escorial pro Cassiano dal Pozzo (1626) », *Archivo Español de Arte*, 1972.

HARRIS, John, « A Prospect of Whitehall by Inigo Jones », *Burlington Magazine*, CIX, 1967.

— « The Link between a Roman second century sculptor, Van Dyck, Inigo Jones and Queen Henrietta Maria », *Burlington Magazine*, CXV, 1973.

— , BELLAIGUE, Geoffrey de et MILLAR, Oliver, *Buckingham Palace*, Thomas Nelson, London, 1968.

— , HIGGOTT, Gordon, *Inigo Jones, Complete Architectural Drawings*, Zwemmer, London, New York, s.d.

— , ORGEL Stephen et STRONG, Roy, *The King's Arcadia : Inigo Jones and the Stuart Court*, catalogue de l'exposition, London, Banqueting House, Whitehall, July 12th-Sept. 2nd, 1973, Arts Council of Great Britain, London, 1973.

HART, V., *Art and Magic in the Court of the Stuarts*, London and New York, 1994.

HASKELL, Francis, « Painting and the Counter Reformation », *Burlington Magazine*, C, 1958.

– « The market for Italian Art in the XVIIth century », *Past and Present* (15), Apr. 1959, pp. 48-59, Nov. 1959, pp. 92-94.

— « Art exhibitions in Seventeenth century Rome », *Studi secenteschi*, I, 1960, pp. 107-121.

— « A note on artistic contacts between Florence and Venice in the 18th century », *Bollettino dei Musei civici veneziani*, V, 1960 (3/4), pp. 32-37.
— *La Norme et le Caprice*, Flammarion, Paris, 1986.
— *Mécènes et peintres : l'art et la société au temps du baroque italien*, Gallimard, Paris, 1991.
— *L'Amateur d'art*, Librairie générale française, Paris, 1997.
— « The Patronage of Painting in Seicento Naples », *Painting in Naples, 1606-1607*.
— , Levey, M., « Art exhibitions in 18th century Venice », *Arte veneta*, 1958, pp. 179-185.
— , Montagu, J., *The Paper Museum of Cassiano dal Pozzo (1588-1657)*, 14 mai-30 août 1993, Exhibition Catalogue, Olivetti, 1993.
— , Rinehart, Sheila, « The Dal Pozzo Collection : Some New Evidence », *Burlington Magazine*, CII, 1960.
— , Penny, Nicholas, *Taste and the Antique. The Lure of Classical Sculpture, 1500-1900*, Yale University Press, London and New Haven, 1981 (trad. française, *Pour l'amour de l'antique. La statuaire gréco-romaine et le goût européen, 1500-1900*, Paris, 1988).
Haverfield, F., « Notes on Reginald Bainbridge of Appleby, on William Camden, and on some Roman Inscriptions », *Transactions of the Cumberland and Westmorland Antiquarian and Archeological Society*, vol. 11, pp. 343-378.
Haynes, D. E. L., « The Arundel Marbles », *Archaeology, 1968-1969*, pp. 85-91, pp. 206-221.
— « Fawley Court Relief », *Apollo*, July 1972.
— *The Arundel Marbles*, Oxford, 1975.
Held, Julius S., « Rubens's Sketch of Buckingham Rediscovered », *Burlington Magazine*, CXVIII, 1976.
Hepple, Leslie W., « William Camden and Early collections of Roman Antiquities in Britain », in *Journal of the History of Collections*, 2003.
Herbert, Edward, *The Life of Edward 1ˢᵗ Lord of Cherbury Written by Himself*, ed. M. Schuttleworth, 1976.
Herlage, A., *Thomas Kiligrew, Cavalier Dramatist (1612-1683)*, Philadelphia, 1930.
Herrmann, Frank, *The English as Collectors*, John Murray, London, 1999.
Hervey, Mary F. S., *The Life, Correspondence and Collections of Thomas Howard, Earl of Arundel*, Cambridge University Press, Cambridge, 1921.
Hess, Jacob, « Lord Arundel in Rom und sein Auftrag an den Beldhauer Egidio Moretti », *English Miscellany*, I [1950].
Hewlett, John, *A Vindication of the Authenticity of the Parian Chronicle*, J. Edwards, London, 1789.
Hibbert, Christopher, *Florence, The Biography of a City*, Penguin Books, New York-London, 1994.
Hickman, Katie, *Daughters of Britannia, The Lives and Times of Diplomatic Wives*, Flamingo, London, 1999.
Hill, C. P., *Who's Who in Stuart Britain*, Shepheard-Walwyn, London, 1988.
Hill, Robert W., « Sir Dudley Carleton and Dutch Artists, 1616-1632 », in *Leids Kunsthistorisch Jaarbook 12*, 2003.
— « Ambassadors and Art Collecting : The Parallel Careers of William Trumbull and Sir Dudley Carleton, 1609-1625 », in *Journal of the History of Collections*, 15, n° 2, 2003.

— « The Ambassador as Art Agent ; Sir Dudley Carleton and Jacobean Collecting », in E. Chaney (ed.), *The Evolution of English Collecting*, London and New Haven, 2003.

— , LOCKYER, Roger, « Carleton and Buckingham : the Quest for Office Revisited », in *History*, vol. 88, 2003.

HINCHCLIFFE, Edgar, *Appleby Grammar School*, Whitehead & Son, Appleby, 1974.

Histoire de l'Empire ottoman, sous la direction de Robert Mantran, Fayard, Paris, 1989.

Historical Register of the University of Cambridge (The), ed. by J. R. Tanner, Cambridge University Press, 1917.

History of the King's Work (The), edited by H. M. Colvin, Her Majesty's Stationary Off., London, 1982.

HOCHMANN, Michel, « La collection de Giacomo Contarini », *Mélanges de l'École française de Rome ; Moyen Âge-Temps modernes*, XCIX, 1987, 1, pp. 447-489.

— *Peintres et commanditaires à Venise (1540-1628)*, École française de Rome, palais Farnèse, 1992.

HOLSTENIUS, *Epistolae ad diversos*, éd. J. F. Boissonade, Paris, 1817.

HÖLTGEN, Karl Joseph, *Francis Quarles. 1592-1644*, Max Niemeyer Verlag, Tübingen, 1978.

HOOPER-GREENHILL, Eilean, *Museums and the Shaping of Knowledge*, London, New York, 1992.

HOWARD, Charles Esq., *Historical Anecdotes of Some of the Howard Family*, London, 1817.

HOWARD, George, *Castle Howard*, London and New York, 1958.

HOWARTH, David, « Samuel Boothouse and English Artistic Enterprise in XVII century Italy », *Italian Studies*, vol. XXXII, 1977.

— « Lord Arundel as an entrepreneur of Arts », *Burlington Magazine*, 1980, pp. 690-692.

— *Lord Arundel and his Circle*, Yale University Press, New Haven, 1985.

— « Lord Arundel as a Patron of Learning and Scholarship, 1610-1640 », in *L'Âge d'or du mécénat (1598-1661)*, actes du colloque international CNRS (mars 1983), par R. Mousnier et J. Mesnard, éd. du CNRS, Paris, 1985, pp. 139-146.

— « Sir Robert Cotton and the commemoration of Famous Men », in *The British Library Journal*, 18/1, 1992.

— *Images of Rule. Art and Politics in the English Renaissance, 1485-1649*, MacMollan Press, London, 1997.

— « The Entry Books of Sir Balthazar Gerbier : Van Dyck, Charles I and the Cardinal-Infante Ferdinand », *Rubenianum*, Brepols, pp. 77-87.

— « The patronage and collecting of Aletheia, Countess of Arundel, 1606-1654 », *Journal of The History of Collections*, vol. 10, 2, Oxford University Press, 1998.

— « Rev. William Petty », in *The Dictionary of Art*, vol. 24, Grove.

HUNTER, Michael, *The Lives of the Emminent Antiquarians*, Cambridge, s.d.

Impact of Italy : the Grand Tour and beyond (The), by Clare Hornsby, The British School at Rome, London, 2000.

IMPEY, Oliver, MACGREGOR, Arthur, *The Origins of Museums. The Cabinet of Curiosities in XVI and XVIIth Century Europe*, House of Stratus, London, 2001.

Inigo Jones, Complete Architectural Drawings, catalogue de l'exposition, by J. Harris and G. Higgott, The Drawing Center, New York, 1989.

Inquisizione Romana in Italia nell'eta moderna, Atti del seminario internazionale, Trieste, 18-20 maggio 1988, Archivi di Stato, 1991.

Italian Art and Britain, catalogue d'exposition, edited by Ch. Wheeler and D. Mahon, Royal Academy of Arts, London, 1960.

IVANOFF, Nicola, « Gian Francesco Loredan e l'ambiente artistico a Venezia nel Seicento », *Ateneo veneto*, CLVI, 1965.

IVERSEN, Erik, *Obelisks in Exile*, vol. 1, The Obelisks of Rome, G.E.C. GAD, Copenhaguen, 1968-1972.

JAFFÉ, David, « The Barberini Circle », *Journal of History of Collecting, 11*, 1981.

— , and others, « The Earl and Countess of Arundel, Renaissance Collector », *Apollo*, August 1996.

— « New thoughts on Van Dyck's Italian sketchbook », *Burlington Magazine*, octobre 2001.

JAFFÉ, Michaël, « Rediscovered oil sketches by Rubens », *Burlington Magazine*, juillet 1969.

— *Van Dyck's Antwerp SketchBook*, MacDonald and Co, London, 1966.

JANSEN, Dirk Jacob, « Jacopo Strada et le commerce d'art », *Revue de l'Art*, 77, 1987, pp. 11-21.

JESSUP, F., *Sir Roger Twysden, 1597-1673*, Londres, 1965.

Jeunesse des musées (La). Les musées de France au XIXe siècle, sous la direction de Chantal Georgel, Paris, musée d'Orsay, 7. 2.-8. 5.1994, Paris, 1994.

JOHNSON, Margot, *Our English Church Heritage from the Beginning to 1662*, Turnstone Ventures, Durham, 1987.

JONSON, Ben, *The Complete Masque*, ed. S. Orgel, Yale University Press, New Haven and London, 1969.

Journal et correspondance de Gédoyn « le Turc », consul de France à Alep (1623-1625), présenté par A. Boppe, Plon, Paris, 1909.

Journal of the History of Collections, vol. 1 à 14, Oxford University Press.

JUNIUS, Franciscus, *The Painting of the Ancients. De Pictura Veterum*, ed. by K. Aldrich, P. Fehl, R. Fehl, University of California Press, Berkeley, Los Angeles, Oxford, 1991.

KAUFMAN, Helen Andrews, *Conscientious Cavalier. Colonel Bullen Reymes, MP, FRS, 1613-1672, The Man and his Times*, Jonathan Cape, London.

KENNEDY, J., *A Description of the Antiquities and Curiosities in Wilton House*, 1769.

— *A New Account and Description of the Antiquities and Curiosities in Wilton House*, 1798.

KEYNES, Sir Geoffrey, *The Life of William Harvey*, Oxford, 1966.

— *Bibliography of Sir William Petty*, Oxford, 1971.

King's Pictures (The), catalogue de l'exposition, Royal Academy of Arts, London, 1946-1947, Royal Academy of Arts, London, s.d.

KINROSS, Lord, *The Ottoman Centuries. The Rise and Fall of the Turkish Empire*, Jonathan Cape, London, 1959.

Kirkby Stephen Grammar School, 1566-1966, Kirkby, 1966.

KITSIKIS, Dimitri, *L'Empire ottoman*, Presses universitaires de France, 1985.

KNOLLES, Richard, *The Generall Historie of the Turkes*, Adam Islip, London, 1638.

KUNST, C., « Camden's Britannia », in « Ancient History and the Antiquarian : Essays in Memory of Arnaldo Momigliano », *Warburg Institute Colloquia*, 2, 1995.

KURTZ, Donna, *The Reception of Classical Art in Britain*, The Beazley Archive and Archaeopress, Oxford, 2000.

LABROT, Gérard, *Collection of Painting in Naples, 1600-1780*, Saur, Paris, 1992.

— *Études napolitaines. Villages, palais, collections, XVIIe-XVIIIe siècles*, Champ Vallon, Seyssel, 1993.

LAGUNA, Andres, *Avventure di uno schiavo dei Turchi*, Il Saggiatore, Milano, 1983.

LANDSDOWN, Henry-Charles, PETTY-FITZMAURICE, Keith, *Sell of his Collection of Antiques*, Christie's, 1930.

LANDSDOWNE, Lord, *The Petty Paper (some unpublished writings of Sir William Petty)*, 2 vol., New York, 1966.

LAPIERRE, Alexandra, *Artemisia*, Robert Laffont, Paris, 1998.

LARMINIE, Viviane, « The undergraduate account book of John and Richard Newdigate », 1618-1621, in *Camden Misc.*, 4th Serie, 39, 1990.

LARSEN, Erik, « Van Dyke's English Period and Cavalier Poetry », *Art Journal*, XXXI, n° 3, 1973.

— *L'Opera completa di Van Dyck*, Rizzoli, Milano, 1980, 2 vol.

— *The Paintings of Anthony Van Dyck*, Luca Verlag, Freren, 1988.

Late King's Goods (The). Collections, Possessions and Patronage of Charles I in the Light of the Commonwealth Sale Inventories, edited by Arthur MacGregor, McAlpine & Oxford University Press, London and Oxford, 1989.

LAURENS, A.-F., POMIAN, K., *L'Anticomanie. La collection d'antiquités aux XVIIIe et XIXe siècles*, École des hautes études, Paris, 1992.

LAVIN, Marilyn Aronberg, *Seventeenth-century Barberini Documents and Inventories of Art*, New York University Press, New York, 1975.

LEADER, John Temple, *Life of Robert Dudley, Earl of Warwick and Duke of Northumberland*, Florence, 1895.

LE BAS, Philippe, « Voyage archéologique », *Revue Archéologique*, tome XXX, 1897, 1898.

LEEDHAM-GREEN, Elizabeth, *A concise history of the University of Cambridge*, Cambridge University Press, 2001.

LEES-MILNE, James, *The Age of Inigo Jones*, Batsford, London, 1953.

LEGRAND, P. E., « Contribution à l'histoire des marbres du Parthénon », *Revue archéologique*, tome XXV, 1894.

— « Encore les marbres du Parthénon », *Revue archéologique*, tome XXVI, 1895.

— « Biographie de Louis-François-Sébastien Fauvel », *Revue archéologique*, 3e série (XXX et XXXI), 1897.

LEMERLE, Frédérique, « Nicholas-Claude Fabri de Peiresc et l'architecture antique », *Gazette des Beaux-Arts*, mars 2002.

LEMOINE, Annick, « Nicolas Régnier et son entourage : nouvelles propositions biographiques », *Revue de l'Art*, 117, 1997.

— « L'itinerario di un caravaggesco nordico : Nicolas Régnier e il movimento naturalista », *Paragone*, n° 30, mars 2000.

LESCOURRET, Marie-Anne, *Pierre Paul Rubens*, Jean-Claude Lattès, Paris, 1990.

— *Rubens, a Double Life*, Ivan R. Dee, Chicago, 1993.

LETHBRIDGE KINGSFORD, Charles Esq., « Bath Inn or Arundel House », *Archaeo-logia or Miscellaneous Tracts Relating to Antiquity*, The Society of Anti-quaires, vol. LXXII, Oxford, 1922.

Letters (The) of John Chamberlain, 2 vol., edited by N. E. Mc Clure, Philadel-phia, 1939.

Letters (The) and Works of Lady Mary Wortley Montagu, s.n., London, 1861.

Letters (The) of Mary Nisbet, countess of Elgin, s.n., London, 1926.

LEVEY, Michael, « Charles I and Baglione », *Burlington Magazine*, CIV, 1962.

— *The Later Italian Pictures in the Collection of Her Majesty the Queen*, New York Graphic Society, Greenwich (Conn.), and London, 1964.

LEVY PECK, Linda, *Patronage and Policy at the Court of James I*, London, 1982.

– *Court Patronage and Corruption in Early Stuart England*, Routledge, Lon-don-New York, 1991.

— *The Mental World of the Jacobean Court*, Cambridge University Press, 1991.

— « Uncovering the Arundel library at the Royal Society ; changing meanings of science and the fate of the Norfolk donation », *Notes Rec. R. Soc. Lond.*, 52 (1), 1998, pp. 3-24.

LEWIS, Lesley, *Connoisseurs and Secret Agents in Eighteenth Century Rome*, Chatto and Windus, London, 1961.

Libretto dei conti del pittore Tiberio Tinelli (1618-1633), édité par Bianca Lan-franchi Strina, Il Comitato Editore, Venise, 2000.

L'Idea del Bello, viaggio per Roma del Seicento con Giovan Pietro Bellori, cata-logue d'exposition, Edizioni de Luca, Roma, 2000.

Life of Lord William Howard the « Belted Will » of Narworth Castle (The), Lan-caster, s.d.

LIGHTBOWN, R. W., « Van Dyck and the purchase of paintings for the English Court », *Burlington Magazine*, vol. CXI, n° 796, juillet 1969.

LIGHTBROWN, William, *Travels*, Edinburgh, 1760.

LOCKYER, Roger, *The Life and Political Career of George Villiers, 1st Duke of Buc-kingham*, Longman, London-New York, 1981.

LOGAN, Olivier, *Culture and Society in Venice, 1470-1790, The Renaissance and its Heritage*, Batsford, London, 1972.

LOMAS, S. C., *The Memoirs of Sir George Courthop 1616-1685*, Offices of the Royal Historical Society, London, 1907.

London Encyclopaedia (The), edited by B. Weinreb et C. Hibbert, London, 1983.

LOOMIE, A. J., *Ceremonies of Charles I*, Variorum, London, 1987.

— *Spain and the Early Stuarts, 1585-1655*, Variorum, London, 1996.

LORIZZO, Loredana, « Cardinal Ascanio Filomarino's purchases of work of art in Rome : Poussin, Caravaggio, Vouet and Valentin », *Burlington Magazine*, juillet 2001.

LUCAS, Paul, *Voyage du sieur Paul Lucas, fait par ordre du roy, dans la Grèce, l'Asie Mineure, la Macédoine, et l'Afrique*, Amsterdam, 1714.

LUGT, Frits, *Les Marques de Collections de Dessins et d'Estampes*, Vereenigde Drukkerijen, Amsterdam 1921.

LUKE, Sir Harry, *Cyprus under the Turks 1571-1878*, C. Hurst and Company, London, s.d.

LUZIO, Alessandro, *La Galleria dei Gonzaga venduta all'Inghilterra nel 1627-1628*, Cogliati, Milano, 1913.

MacGregor, Arthur, *Tradescant's Rarities : Essays on the Foundation of the Ashmolean Museum, 1683, with a Catalogue of the Surviving Early Collections*, Oxford, 1983.

— « The Ashmolean Museum » in *The History of The University of Oxford n° 5*, Oxford, 1983.

— , Impey, Oliver, *The Origins of Museums*, House of Stratus, Londres, 2001.

MacKenney, R., *Tradesmen and Traders : The World of Guilds in Venice and Europe c. 1250-c. 1650*, London, Sydney, 1987.

Maddicott, Hilary, « A collection of the Interregnum period, Philip, Lord Viscount Lisle, and his purchases from the "Late King's Goods", 1649-1660, *Journal of the History of Collections*, Oxford University Press, vol. II, n° I, 1999.

Madocks Lister, Susan, « Trumperies brought from Rome » : Barberini gifts to the Stuart Court in 1635 », *Villa Spelman Colloquia*, vol. 7, éd. par Elizabeth Cropper, Nuova Alfa Editoriale, 1998, pp. 151-175.

Magani Fabrizio, *Il collezionismo e la committenza artistica della famiglia Widmann, patrizi veneziani, dal Seicento all'Ottocento*, Venise, 1989.

Magnuson, Torgil, *Rome in the Age of Bernini*, Humanities Press, New Jersey, 1982.

Mannex, P. J., *History, Topography and Directory of Westmorland and Londsdale North of the Sands, in Lancashire*, Simpkin, Marshall, Londres, 1849.

Manning, John, « Jacob Verzelini, Elizabethan Glass-Maker », *Apollo*, vol. LXXIX, n° 26, avril 1964.

Mansel, Philip, *Constantinople*, Le Seuil, Paris, 1995.

Mantran, Robert, *Istanbul dans la seconde moitié du xviie siècle*, Adrien Maisonneuve, Paris, 1962.

— *Istanbul au siècle de Soliman le Magnifique*, Hachette, Paris, 1965.

Marcheix, L., *Un Parisien à Rome et à Naples en 1632*, S. Leronc, Paris, s.d..

« Market for Italian Art in the 17th Century (The) », *Past and Present*, novembre 1959.

Marsh, Christopher, « Common prayer in England 1560-1640 : the view from the pew », *Past and Present*, mai 2001.

Marshall, Christopher R., « Senza il minimo scrupolo. Artists as dealers in seventeenth-century Naples », *Journal of the History of Collections*, Oxford University Press, vol. 12, n° I, 2000.

Martin, Gregory, « The Banqueting House ceiling. Two newly-discovered projects », *Apollo*, CXXXIX, 1994.

Masson, Paul, *Histoire du commerce français dans le Levant au xviie siècle*, Hachette, Paris, 1896.

Mason Rinaldi, Stefania, « Paintings by Palma il Giovane in British Collections », *Apollo*, novembre 1979.

Matar, Nabil, *Islam in Britain, 1558-1685*, Cambridge University Press, Cambridge, 1998.

Matthew, Arnold, Harris, *The Life of Tobbie Matthew, Bacon's Alter Ego*, Elkin Mathews, London, 1907.

Maulucci, Francesco Paolo, *Il Museo archeologico nazionale di Napoli*, Carcavallo, Milano, 1988.

Max, Frédéric, *Prisonniers de l'Inquisition*, Le Seuil, Paris, 1989.

Maylender, Michele, *Storia delle Accademie d'Italia*, Cappelli, Bologna, 1926-1930, 5 vol.

McEvansoneya, Philip, « Some Documents Concerning the Patronage and Collections of the Duke of Buckingham », *Rutgers Art Review*, VIII, 1987, pp. 27-38.

Meinardus, Otto F. A., *St. John of Patmos and the Seven Churches of the Apocalypse*, Lycabettus Press, Athens, 1998.

Mentalità, comportamenti e istituzioni tra Rinascimento e decadenza, 1500-1700, a cura di Giuseppe Galasso, Electa, Milano, 1988.

Merola, A., « Barberini, Antonio », in *Dizionario Biografico degli Italiani*, Istituto dell'Enciclopedia Italiana, Roma, 1964, vol. 6, pp. 166-170.

— « Barberini, Francesco », in *Dizionario Biografico degli Italiani*, Istituto dell'Enciclopedia Italiana, Roma, 1964, vol. 6, pp. 172-176.

— « Barberini, Taddeo », in *Dizionario Biografico degli Italiani*, Istituto dell'Enciclopedia Italiana, Roma, 1964, vol. 6, pp. 180-182.

Merolla, Riccardo, « L'Accademia dei Desiosi », *Roma moderna e contemporanea*, III, 1995, pp. 121-155.

Miato, Monica, *L'Accademia degli Incogniti e G. F. Loredan*, Leo Olschki, 1999.

Michaelis, Adolph, *Ancient Marbles in Great Britain*, University Press, Cambridge, 1882.

Michel, Patrick, *Mazarin prince des collectionneurs. Les collections et l'ameublement du cardinal Mazarin (1602-1661). Histoire et analyse*, Réunion des musées nationaux, Paris, 1999.

Micheletti, Emma, *Portrait de famille. Les Médicis à Florence*, Becocci Editore, Florence, 1992.

Michon, Étienne, « Les fragments du Parthénon », *Revue archéologique*, tome XXIV, 1894.

Millar, Oliver, « Charles I, Honthorst, and Van Dyck », *Burlington Magazine*, XCVI, 1954.

— « John Evelyn », *Burlington Magazine*, C, 1958.

— « Some Painters and Charles I », *Burlington Magazine*, CIV, 1962.

— « The Inventories and Valuations of the King's Goods, 1649-1651 », *The Walpole Society*, XLIII, 1970-1972.

— *The Age of Charles I*, The Tate Gallery, London, 1972.

— *The Queens Pictures*, Weidenfeld and Nicholson, London, 1977.

— *Van Dyck in England*, National Portrait Gallery, London, 1982.

Miller, John, *Bourbon and Stuart*, F. Watts, New York, 1987.

Mirone, M., *Mémoires et aventures secrètes et curieuses d'un voyage au Levant*, Liège, 1732.

Molfino, F. et A., *Il possesso della Bellezza*, Allemandi, 1998.

Molmenti, *La Storia di Venezia nella Vita Privata*, Istituto Italiano d'Arti Grafiche, Bergamo, 1929.

Monconys, Balthazar de, *Journal des voyages*, H. Boissat et G. Remeus, Lyon, 1665-1666, 3 vol.

Monga, Luigi, Hassel, Chris, *Travels through France and Italy (1647-1649)*, Slatkine, Genève, 1987.

Montagu, Jennifer, « The Painted Enigma and French Seventeenth Century Art », *Journal of the Warburg and Courtauld Institutes*, XXX, 1968, pp. 307-335.

— *An Index of Emblems of the Italian Academies based on Michele Meylander's Storia delle Accademie d'Italia*, The Warburg Institute, University of London, London, 1988.

— *Roman Baroque Sculpture*, Yale University Press, New Haven, 1989.

— « Antonio Raggi in S. Maria della Pace », *Burlington Magazine*, CXXXVI, 1994.

Montfaucon, B., *Travels of the Learned Father Montfaucon from Paris thro' Italy*, London, 1712.

Morandi, Clarissa, *Ritratti Medici del Seicento*, Arnaud, Firenze, 1995.

Mordaunt Crook, J., *The Greek Revival, Neo-Classical Attitudes in British Architecture, 1760-1870*, John Murray, London, s.d.

Morellet, André, *Abrégé du Manuel des Inquisiteurs*, Jérôme Million, Grenoble, 1990.

Moretti, L., « L'eredità del pittore : l'inventario dei quadri al tempo della sua morte », in *Bernardo Strozzi Geneva 1581-1582-Venezia 1644*, éd. par G. Nepi Sciré et G. Rotondi Terminiello, Milan, 1995.

Morrill, John, *The Oxford Illustrated History of Tudor and Stuart Britain*, Oxford University Press, 2000.

Morselli, Raffaella, *Le Collezioni Gonzaga, L'Elenico dei Beni del 1626-1627*, Silvana Editoriale, Milan, 2000.

Muensterberger, Werner, *Le Collectionneur : anatomie d'une passion*, Payot-Rivages, Paris, 1996.

Muller, *Rubens, the Artist as Collector*, Princeton University Press, 1989.

Munday, Anthony, *The English Romayne Lyfe*, Clarendon Press, Oxford, 1980.

Muraro, M., « Studiosi, collezionisti e opere d'arte veneta dalle lettere al cardinale Leopoldo de' Medici », *Saggi e Memorie di Storia dell'Arte*, 4, 1965.

A narrative of the Adventures of Lewis Marott, Pilot-Royal of the Galleys of France, Edward Brewster, London, 1807.

National Portrait Gallery Collection (The), National Portrait Gallery Publications, London, 1994.

National Roman Museum, Palazzo Massimo alle terme (The), Electa, Roma, 1999.

National Trust, Historic Houses and Collections (The), Apollo, avril 2000.

Naudé, Gabriel, *Bibliografia politica*, a cura di Domenico Bosco, Bulzoni Roma, 1997.

Negro, Angela, *La collezione Rospigliosi*, Argos, Roma, 1999.

Newman, John, « An early drawing by Inigo Jones and a monument in Shropshire », *Burlington Magazine*, juin 1973.

— « A draft will of the Earl of Arundel », *Burlington Magazine*, 1980, pp. 692-696.

Nicholl, Charles, *Elizabethan Writers*, National Portrait Gallery, London, 1997.

— *The Reckoning. The Murder of Christopher Marlowe*, Picador, London, 1993.

Nightingale, B., *The Ejected of 1662 in Cumberland and Westmorland*, Manchester University Press, Manchester, 1911.

Norgate, Edward, *Miniatura or the Art of Limning*, Yale University Press, New Haven-London, 1997.

Nuttall, W. L. F., « King Charles I's Pictures and the Commonwealth Sale », *Apollo*, LXXXII, 1965.

Ollard, Richard, *Samuel Pepys and His Circle*, National Portrait Gallery, Londres, 2000.

Oman, Carola, *Elizabeth of Bohemia*, Hodder and Stroughton, s.d.

OMONT, Henri Auguste, *Fragment du manuscrit de la Genèse de R. Cotton conservés parmi les papiers de Peiresc*, Paris, 1894.

— *Missions archéologiques françaises en Orient aux XVIIe et XVIIIe siècles*, première partie, Imprimerie nationale, Paris, 1902.

L'Orient des femmes, textes réunis par Marie-Élise Palmier-Chatelain et Pauline Lavagne d'Ortique, E.N.S. Éditions, 2002.

The Origins of the English Civil War, edited by C. Russell, MacMillan, London, 1973.

OTTER, W., *The Life and Remains of the Reverend Edward Daniel Clarke*, 1824.

PAGES, Georges, *La Guerre de Trente Ans, 1618-1648*, Payot, Paris, 1991.

Painting in Antwerp and London : Rubens and Van Dyck, National Gallery Technical Bulletin, vol. 20, 1999.

PALLUCHINI, R., *La Pittura Veneziana del Seicento*, Milan, 1981.

PARRY, Graham, *Wenceslaus Hollar the Antiquarian's Illustrator*, Ariel, April 1972.

– *Hollar's England, a Mid Seventeen Century View*, Wilton, 1980.

— *The Seventeenth Century : the Intellectual and Cultural Context of English Literatures 1603-1700*, Harlow, 1980.

– *The Golden Age Restored : Culture of the Stuart Court, 1603-1642*, St. Martin's Press, New York, 1981.

— « Van Dyck and the Caroline Court Poets », *Van Dyck*, Trustees of the National Gallery of Art, Washington, 1994, pp. 247-262.

— *The Trophies of Time : English Antiquarius of the Seventeenth Century*, Oxford University Press, Oxford, 1995.

PATON, James Morton, *Mediaeval and Renaissance Visitors to Greek Lands*, Princeton, New Jersey, 1951.

Patronage and Collecting in The Seventeenth Century. Thomas Howard of Arundel, catalogue d'exposition, nov. 1985-janv. 1986, Ashmolean Museum, Oxford, 1985.

PEACHAM, Henry, *The Complete Gentleman*, edited by V. B. Heltzel, Cornell University Press, Ithaca, s.d.

PEACOCK, John, « The Politics of Portraiture », in *Culture and Politics in Early Stuart England*, MacMillan, s.d.

PEARS, Iain, *Patronage and Learning in the Virtuoso Republic : John Talman in Italy, 1709-1712*, Oxford Art Journal's n° 1, 1982, pp. 24-30.

– *The Growth of Interest in the Arts in England, 1680-1768*, Yale University Press, New Haven and London, 1988.

PEILE, John, *Christ's College*, Robinson, London, 1900.

— *Biografical Register of Christ's College, 1505-1905* (2 vol.), Cambridge University Press, Cambridge, 1910.

PEIRESC, Nicolas Claude Fabri de, *Lettres aux frères Dupuy*, 3 vol., éd. par Philippe Tamizey de Larroque, Imprimerie nationale, Paris, 1888-1892.

— *Lettres à Guillemin, à Holstenius et à Menestrier (1610-1637)*, éd. par Philippe Tamizey de Larroque, Imprimerie nationale, Paris, 1894.

— *Lettres à divers*, éd. par Philippe Tamizey de Larroque, Imprimerie nationale, Paris, 1898.

— *Lettres à Naudé (1629-1637)*, éditées par P. Wolfe, Biblio, Paris, 1983.

— *Lettres à Cassiano dal Pozzo (1626-1637)*, éditées et commentées par J. F. Lhote et D. Joyal, Adosa, Clermont-Ferrand, 1989.

— *Lettres à Claude Saumaise et à son entourage (1620-1637)*, éditées par A. Bresson, Olschki, Firenze, 1992.

PENNY, Nicholas, *The Materials of Sculpture*, Yale University Press, New Haven and London, 1993.

– *Catalogue of European Sculpture in the Ashmolean Museum*, Oxford, 1995.

PEPYS, Samuel, *The Journal of Samuel Pepys*, Mercure de France, Paris, 1985.

PERI, G. D., *Il Negotiante*, Gênes, 1638.

PETERSON, R. T., *Sir Kenelm Digby, The Ornament of England, 1603-1665*, Jonathan Cape, London, s.d.

PEVSNER, Nikolaus, *Academies of Art, Past and Present*, Cambridge University Press, Cambridge, 1940.

PHILIP, I. G., « Balthazar Gerbier and the Duke of Buckingham's Pictures », *Burlington Magazine*, XCIX, 1957.

PIANTANIDA, Thierry, *À la recherche des mondes disparus, l'aventure de l'archéologie*, éd. du Chêne, Paris, 2000.

PICCINELLI, Roberta, *Le Collezioni Gonzaga, Il Carteggio tra Firenze e Mantova (1554-1626)*, Silvana Editoriale, Milan, 2000.

« Pictures at Hampton Court (The) », Editorial, *Burlington Magazine*, LXXXI, 1942.

PINTARD, René, *Le Libertinage érudit dans la première moitié du XVIIᵉ siècle*, Slatkine, Genève-Paris, 1983.

PIPER, David, *Treasures of the Ashmolean Museum*, Ashmolean Museum, Oxford, 1995.

PITTON DE TOURNEFORT, Joseph, *Relation d'un voyage du Levant fait par ordre du Roi*, Amsterdam, 1708.

PLANTET, Eugène, *Correspondance des deys d'Alger avec la Cour de France 1579-1833*, tome premier (1579-1700), Félix Alcan, Paris, 1889.

PLOWDEN, Alison, *The Stuart Princesses*, Sutton, Phoenix Mill, 1997.

POCOCK, Tom, *Voyage à Venise*, Arthaud, Paris, 1991.

POLLARD, Graham, « The Felix Gem at Oxford and its provenance », *Burlington Magazine*, vol. CXIX, 1977.

POLYCHRONOPOULOU, Olga, *Archéologues sur les pas d'Homère*, Noésis, 1999.

POMIAN, Krzyszstof, « Antiquari e collezionismo », in *Storia della cultura veneta*, vol. IV, *Il Seicento*, Neri Pozza, Venezia, 1983, t. I, p. 493-547.

– *Collectionneurs, amateurs et curieux. Paris, Venise : XVIᵉ-XVIIIᵉ siècle*, Gallimard, Paris, 2001.

POPE-HENNESSY, J., « Some bronze statues by Francesco Fanelli », *Burlington Magazine*, XCV, 1953.

PORTIER, F., « Prices paid for Italian pictures in the Stuart age », *Journal of the History of Collections*, 8, 1-2, 1996.

POTTERTON, Homan, « Aspects of Venetian Seicento Painting », *Apollo*, novembre 1979.

POULSON, George, *Beverlac or the Antiquities and History of the Town of Beverley*, London, 1829.

POUQUEVILLE, F. C. H. L., *Voyage en Morée, à Constantinople, en Albanie et dans plusieurs autres parties de l'Empire ottoman*, S.P., Paris, 1805.

POWER, M. J., « Sir Balthazar Gerbier's Academy at Bethnal Green », *East London Papers*, X, 1967.

PRESTWICH, Menna, *Cranfield, Politics and Profits under the Early Stuarts*, Clarendon Press, Oxford, 1966.

PRETO, Paolo, *I Servizi Segreti di Venezia*, Il Saggiatore, Milano, 1994.

PRIDEAUX, Humphrey, *Marmora Oxoniensia*, Oxford, 1676.

PRITCHARD, R. E., *Shakespeare's England, Life in Elizabethan & Jacobean Times*, Sutton Publishing, Gloucestershire, 1999.

PROCACCI, L. et U., « Il carteggio di Marco Boschini con il cardinale Leopoldo de Medici, *Saggi e Memorie di Storia dell'Arte*, 4, 1965.

PROSPERI, Adriano, *Tribunali della Cocenza*, Einaudi, Milan, 1997.

PY, Bernadette, VIATTE, Françoise, *Everhard Jabach collectionneur (1618-1695). Les dessins de l'inventaire de 1695*, Réunion des musées nationaux, Paris, 2001.

QUENNELL, Peter, *Shakespeare et son temps*, Fayard, Paris, 1964.

RACHET, Guy, *Dictionnaire de l'archéologie*, Robert Laffont, coll. « Bouquins », Paris, 1983.

RACKAHM, H., *Christ's College in Former Days*, Cambridge University Press, 1939.

RADCLIFFE, Anthony, THORNTON, Peter, « John Evelyn's Cabinet », *Connoisseur*, vol. 197, n° 794, avril 1978.

RAGIONIERI, Pina, *Michel-Ange, Invitation a la Casa Buonarroti*, catalogue de l'exposition, Albi, musée Toulouse-Lautrec, 24 juin-24 sept. 1995, Artificio, Milan, 1995.

RAMSAY, G. D., *English Overseas Trade*, London, 1957.

Ravenstonedale Parish Registers (The), edited by R. W. Metcalfe, Kendal, 1893, vol. I, 1571-1710.

READE, Brian, « William Frizell and the Royal collection », *Burlington Magazine*, vol. IXXXIX, mars 1947.

Recueil des instructions données aux ambassadeurs et ministres de France depuis le traité de Wesphalie, Turquie, éd. Duparc, Paris, 1969, vol. 21.

REED, James, *The Border Ballads*, The Spredden Press, Stocksfield, 1991.

Registers of the Parish of Greystoke in the County of Cumberland... 1559-1757 (The), edited by A. M. Maclean, Kendal, Wilson, 1911.

REID, Rachel, « North parts under the Tudors », *Tudor Studies*, ed. Setton, 1924.

Relations inédites des missions de la Compagnie de Jésus à Constantinople et dans le Levant, publiées par le père Auguste Carayon, Paris, 1864.

Relazioni degli ambasciatori veneti al Senato, raccolte, annotate ed edite da E. Alberi, Soc. editrice fiorentina, 1839-1863, 15 vol.

Remembrances of Things Worth Seeing in Italy Given to John Evelyn, 25 April 1646, by Thomas Howard, 14th Earl of Arundel, éd. par John Martin Robinson, The Roxburghe Club, 1987.

Reports of the Commissioners concerning Charity and Education of the Poor in England and Wales, Westmorland, The House of Commons, Londres, 1815-1835.

Revue archéologique, troisième série, tomes XXIV, XXV, XXVI et XXX, Ernest Leroux, Paris, 1894-1897.

Revue de Marseille et de Provence, « La mission de Sanson Napollon par H. D. de Grammont », mai-juin 1986 et mai-juin 1987.

RICHARDSON, A. E., « Seventeenth Century Buildings in Search of an Architect », *Journal of the Royal Institute of British Architects*, XL, 1933, pp. 624-634.

RICHARDSON, Samuel, *Negotiations of Sir Thomas Roe in His Embassy to the Ottoman Porte, from the year 1621 to 1628*, Londres, 1743.

RIDGEWAY, B. S., *Roman Copies of Greek Sculpture*, Ann Arbor, 1984

RIDOLFI, Carlo, *Le Marviglie d'arte*, Grote, Berlin, 1914-1925.

RINEHART, Sheila, « Cassiano dal Pozzo (1588-1657) : Some Unknown Letters », *Italian Studies*, XVI, 1961, pp. 35-59.

Ritterspiel der Herrn Frederichen, 1613.

ROBERT, H. and GODFREY, W. H. L. C. C. *Survey of London*, vol. XXIII, S. Bank and Vauxhall Parish of Mary Lambeth, Part I, London, 1951.

ROBERTSON, J., *The Parian Chronicle*, J. Walter, London, 1788.

ROBINSON, John Martin, « Triumph of Historical Piety », *Country Life*, Jan. 27th 1983.

— « The Collector Earl. Antiquarian Taste at Arundel Castle-II », *Country Life*, Febr. 3, 1983.

– *Arundel Castle*, Chichester, Phillimore, 1994.

— *The Dukes of Norfolk*, Chichester, Phillimore, 1995.

RODRIGUEZ CANEVARI, B., « La Casa di Pietro Liberi sul Canal Grande », *Saggi e Memorie di Storia dell'Arte*, 9, 1974.

Roma 1630. Il trionfo del pennello, catalogue de l'exposition, Roma, Villa Medici, 25 ott. 1994-1 gennaio 1995, par O. Bonfait, Electa, Milano, 1994.

Roman London, Recent Archaeological Work, ed. by Bruce Watson, Portsmouth, Rhode Island, 1998.

ROLLEY, Claude, *La Sculpture grecque*, 2 vol., Picard éditeur, Paris, 1994.

ROMANIN, S., *Storia Documentata di Venezia*, dalla Tipografia de Pietro Naratovitch, Venezia, 1858.

ROSCIONI, Gian Carlo, *Sulle tracce dell'« esploratore turco »*, Rizzoli, Milano, 1992.

ROSENBERG, Pierre, *Dominique-Vivant Denon : l'œil de Napoléon*, catalogue d'exposition, Paris, musée du Louvre, 20 octobre 1999-17 janvier 2000, Réunion des musées nationaux, Paris, 1999.

ROSS, E. Denison, *Discourse on the Turkes by Sr. Thomas Sherley*, Camden Miscellany, vol. XVI, Offices of the Royal Historial Society, London, 1936.

ROUILLARD, Clarence D., *The Turks in French History, Thought and Literature (1520-1660)*, Boivin & Cie, Paris, 1938.

ROWLAND, Ingrid D., *The Place of the Antique in the Early Modern Europe*, The University of Chicago, Chicago, 1999.

RUNCIMAN, Steven, *The Great Church in Captivity*, Cambridge University Press, 1968.

RUOTOLO, Renato, « Collezioni e mecenati napolitani del XVII secolo », *Napoli nobilissima*, XII, 1973, pp. 118-119, 145-153.

— « Aspetti del collezionismo napoletano : il cardinale Filomarino », *Antologia delle Belle Arti*, I, 1977, pp. 71-82.

— *Mercanti-collezionisti fiamminghi a Napoli. Gaspare Roomer e i Vandeneynden*, Napoli, 1982, Massa Lubrense, 1982.

RUSSELL, Conrad, *The Origins of the English Civil War*, MacMillan, London, 1973.

SACCONI, Antonella, *L'Avventura archeologica di Francesco Morosini ad Atene (1687-1688)*, Breitschneider, Roma, 1991.

SACKVILLE-WEST, Robert, *Knole*, The National Trust, London, 1998.

SAINSBURY, William N., *Original Unpublished Papers Illustrative of the Life of Sir Peter Paul Rubens as an Artist and Diplomatist*, Bradbury and Evans, London, 1859.

— « Artists' Quarrels in Charles I's Reign », *Notes and Queries*, VIII, 1859, pp. 121-122.

St. Clair, William, *Lord Elgin, l'homme qui s'empara des marbres du Parthénon*, Macula, Paris, 1967.

Salerno, Luigi, « The Picture Gallery of Vincenzo Giustiniani », *Burlington Magazine*, CII, 1960.

Salter, Mike, *The Castles and Tower Houses of Cumbria*, Folly Publication, Malverne, 1999.

Sanderson, John, *Travels*, London, 1931.

Saunders Magurn, Ruth, *The Letters of Peter Paul Rubens*, Northwestern University Press, Evanston, Illinois, 1991.

Savary, J., *Le Parfait Négociant ou Instruction Générale*, Paris, 1675.

Savini Branca, Simona, *Il collezionismo veneziano nel'600*, Cedam, Padoue, 1964.

Saward, Susan, *The Golden Age of Maria de' Medici*, UMI Research Press, Ann Arbor, 1982.

Scarisbrick, Diana, *Jewels in Britain : 1066-1837*, Michael Russell, Londres, 1994.

— *Tudor and Jacobean Jewellery*, Tate Gallery Publications, Londres, 1995.

— « The Arundel Gem Cabinet », in *Apollo*, vol. CXLIV, août 1996.

Scarpa Sonino, Analisa, *Cabinet d'amateur, Le Grandi Collezioni d'Arte nei de pinti dal XVII al XIX secolo*, Berenice, Milano, 1992.

Schaer, Roland, *L'Invention des musées*, Gallimard, coll. « Découvertes », Paris, 2000.

Schefer, Charles, *Mémoire historique sur l'Ambassade de France à Constantinople*, Ernest Leroux, Paris, 1894.

Schnapp, Alain, *La Conquête du passé*, Carré, Paris, 1993.

Schnapper, Antoine, *Le Géant, la Licorne et la Tulipe : collections et collectionneurs dans la France du xviiᵉ siècle (1)*, Flammarion, Paris, 1988.

— *Curieux du Grand Siècle : collections et collectionneurs dans la France du xviiᵉ siècle (2)*, Flammarion, Paris, 1994.

Schreiber, Roy E., *The First Carlisle. Sir James Hay, First Earl of Carlisle as Courtier, Diplomat and Entrepreneur, 1580-1636*, The American Philosophy Society, Philadelphia, 1984.

Sculpture from Antiquity to Middle Ages, Taschen, Köln, 1999.

Sculptures of Ancient Rome, The Collections of the Capitoline Museums at the Montemartini Power Plant, Electa, Roma, 1999.

Secchi, Sandra, *Antonio Foscarini; un patrizzio veneziano del 1600*, Léo Olschki, Firenze, 1969.

Seicento Fiorentino (Il), Disegno/Incisione/Scultura/Arti minori, Cantini, Firenze, 1986.

Seicento Fiorentino (Il), Pittura, Cantini, Firenze, 1986.

Selden, John, *Marmora Arundelliana*, London, 1628.

Sella, Domenico, Capra, Carlo, *Il Ducato di Milano dal 1535 al 1796*, Utet, 1984.

Sells, Arthur Lytton, *The Paradise of Travellers. The Italian Influence on Englishmen in the Seventeenth Century*, Allen and Unwin, London, 1964.

Serrai, Alfredo, *La Biblioteca di Luca Holstenius*, Forum, 2000.

Sestini, Dominique, *Lettres à ses amis de Toscane pendant le cours de ses voyages en Italie, en Sicile et en Turquie*, traduites par M. Pingeron, s.p., Paris, 1789.

Settis, S., « Des ruines au musée. La destinée de la sculpture classique », *Annales E.S.C.*, 6, 1993.

SHAKESHAFT, Paul, « Documents for the History of Collecting : " Too much bewiched with those intysing things " : the letters of James, third Marquis of Hamilton and Basil, Viscount Feilding, concerning collecting in Venice, 1635-1639 », *Burlington Magazine*, CXXVIII, 1986.

SHARPE, Kevin, « The Earl of Arundel, his Circle and the Opposition to the Duke of Buckingham », in *Faction and Parliament*, Oxford University Press, Oxford, 1978.

— *The Personal Rule of Charles I*, Yale University Press, New Haven-London, 1992.

SHEPPARD, F. H. W., *LCC Survey of London*, vol. XXVI, Parish of St Mary Lambeth. Part II, Southern Area, London, 1951.

Le Siècle de Titien, Galeries nationales du Grand Palais, 13 mars 14 juin 1993, *Connaissance des Arts*, H.S. n° 35, 1993.

SIGNOROTTO, Gianvittorio, *Milano spagnola, Guerra, Istituzioni, Uomini di Governo (1635-1660)*, Sansoni, Milano, 2001.

SIM, Alison, *Pleasures and Pastimes in Tudor England*, Sutton Publishing, Great Britain, 1999.

SIMON, J., *Education and Society in Tudor England*, Cambridge University Press, 1966.

Sir Robert Cotton as Collector. Essays on an Early Stuart Courtier and his Legacy, edited by C. J. Wright, The British Library, London, 1997.

SISMONDO RIDGWAY, Brunilde et HERZ, Norman, « The Ludovisi Head Once Again », *American Journal of Archeology*, vol. 89, n° 3, juillet 1985.

SITLINGTON STERRETT, J. R., *A plea for Research in Asia Minor and Syria*, Cornell University, New York, s.d.

SMITH, Logan P., *The Life and Letters of Sir Henry Wotton*, Oxford, 1907, 2 vol.

SMUTS, R. Malcolm, *Court Culture and the Origins of a Royalist Tradition in Early Stuart England*, University of Pennsylvania Press, Philadelphia, 1987.

— *The Stuart Court and Europe : Essays in Politics and Political Culture*, Cambridge University Press, 1996.

SOLINAS, Francesco, *Cassiano dal Pozzo. Atti del seminario internazionale di studi*, a cura di Francesco Solinas, Napoli, Istituto universitario « Suor Orsola Benincasa », De Luca, Roma, 1989.

— « Cassiano dal Pozzo (1588-1657) : il ritardando di Jan Van den Hoecke e l'Orazione di Carlo Dati », *Bollettino d'Arte*, anno LXXX, série VI, 1995.

— *I Segreti di un collezionista. Le straordinarie raccolte di Cassiano dal Pozzo, 1588-1657*, a cura di Francesco Solinas, Roma, 29 sett.-26 nov. 2000, De Luca, Roma, 2000.

SOMERSET, Anne, *Unnatural Murder, Poison at the Court of James I*, Phoenix, London, 2000.

SOURDEL, Dominique et Janine, *Dictionnaire historique de l'Islam*, Presses universitaires de France, Paris, 1996.

SOUTHORN, Janet, « Les Bentivoglio, mécènes, agents artistiques et impresarii », *Revue de l'Art*, 77, 1987.

SPARTI, Donatella L., *Le Collezioni dal Pozzo. Storia di una famiglia e del suo museo nella Roma seicentesca*, F. C. Panini, Modena, 1992.

SPEAR, Richard, *The « divine » Guido : religion, sex, money and art in the world of Guido Reni*, Yale University Press, New Haven, 1997.

SPEZZAFERRO, Luigi, « Un imprenditore del primo Seicento : Giovan Battista Crescenzi », *Ricerche di storia dell'arte*, 1985 (26), pp. 50-73.

SPINK, Ian, « Nicholas Lanier in Italy », *Music and Letters*, XL, 1959, pp. 242-252.

— « Nicholas Lanier », in *The New Grove Dictionary of Music and Musicians*, edited by Stanley Sadie, MacMillan, London, 1980, vol. 3, pp. 454-455.

Splendours of the Gonzaga, catalogue d'exposition London, Victoria and Albert Museum, 4 November 1981-31 January 1982, edited by D. Chambers et J. Martineau, Victoria and Albert Museum, London, 1981.

Splendori del Settecento Veneziano, Electa, Milano, 1995.

SPON, Jacob, WHELER, George, *Voyage d'Italie, de Dalmatie, de Grèce et du Levant fait aux années 1675-1676*, Paris, 1678, 3 vol.

SPRINGELL, Francis C., *Connoisseur and Diplomat*, Maggs Bros., London, 1963.

STARKEY, David, *The English Court from the Wars of the Roses to the Civil War*, Longman, London, 1993.

STEEGMAN, John, « Two Unpublished Paintings from Charles I's Collection », *Burlington Magazine*, vol. 99, 1957.

STONE, Lawrence, « The inflation of humours 1558-1641 », *Past and Present*, n° 14, novembre 1958.

— « The education revolution in England », *Past and Present*, vol. XXIII (23), 1962, pp. 25-43; vol. XXVIII (28), 1964, pp. 41-80; vol. XLII (42), 1969, pp. 69-139.

— *The Family, Sex and Marriage in England 1500-1800*, Penguins Books, London, 1990.

Storia della cultura veneta, « Il Seicento, Antiquari e collectionnismo », Neri Pozza, Vicenza, 1983.

— « I Turchi e la cultura veneziana del Seicento », Neri Pozza, Vicenza, 1984.

— « Stranieri a Venezia e a Padova, 1550-1700 », Neri Pozza, Vicenza, 1984.

Storia di Milano, XI, Il decimo spagnolo (1630-1706), I Edizione, 1958.

STOWE, A. Monroe, *English Grammar Schools in the Reign of Queen Elizabeth*, New York, Columbia University, 1908.

STOYE, John W., *English Travellers Abroad, 1604-1677*, 1952, Yale University Press, New Haven, 1989.

STRACHAN, Michael, *The Life and Adventures of Thomas Coryate*, Oxford University Press, London, 1962.

— *Sir Thomas Roe, 1581-1644. A Life*, Michael Russell, 1989.

STRONG, Roy, « Some early portraits at Arundel Castle », *Connoisseur*, 1978.

— *Henry, Prince of Wales, and England Lost Renaissance*, Thames and Hudson, London, 1979.

— *The Spirit of Britain, a Narrative History of the Arts*, Pimlico, London, 2000.

STUBBINGS, Frank, *Bedders, Bulldogs and Bedells : A Cambridge Glossary*, Cambridge University Press, 1995.

SUMMERSON, John, *Inigo Jones*, Penguin Books, Harmondsworth, 1966.

SUTTON, Denys, « Thomas Howard, Earl of Arundel and Surrey, as a Collector of Drawings », *Burlington Magazine*, 1947, janv., pp. 3-9, févr., pp. 32-37, mars, pp. 26-29, 75-77.

— « Aspects of British Collecting, Part I », *Apollo Magazine*, nov. 1981.

TAVERNIER, Jean-Baptiste, *Les Six Voyages de Jean-Baptiste Tavernier*, Clouzier et Barbin, Paris, 1676-1677.

TAYLOR, Francis Henry, *Artisti, Principi e Mercanti*, Einaudi, Milano, 1954.

Temps d'exubérance. Les arts décoratifs sous Louis XIII et Anne d'Autriche (Un), catalogue de l'exposition, Paris, Galeries nationales du Grand Palais, 9 avril-8 juillet 2002, Réunion des musées nationaux, Paris, 2002.

THÉVENOT, Jean de, *Relation d'un voyage fait au Levant*, Louis Brillaine, Paris, 1664-1665.

THUCYDIDE, *Histoire de la guerre du Péloponnèse*, Robert Laffont, Paris, coll. « Bouquins », 1990.

THUILLIER, Jacques, « La "Galerie de Médicis" de Rubens et sa genèse : un document inédit », *Revue de l'Art*, 4, 1969, pp. 52-62.

TONGAS, Gérard, *L'Ambassadeur Louis Deshayes de Cormenin (1600-1632)*, Maurice Lavergne, Paris, 1937.

Topkapi à Versailles. Trésors de la cour ottomane, catalogue de l'exposition, Versailles, 4 mai-15 août 1999, Réunion des musées nationaux, Paris, 1999.

Transactions of the Cumberland and Westmorland Antiquarian and Archeological Society, editor W. G. Collingwood, Kendal, T. Wilson, 1911, vol. VIII (1886), vol. IX, vol. XXXIX (new series) (1939).

Transactions of the London and Middlesex Archeological Society, vol. 26, 1975.

Transactions of the Royal Academy of Dublin, Antiquities, vol. 24, part I.

Travel Diary of Robert Bargrave, Levant merchant, 1647-1656 (The), 3rd Series, n° 3, works issued by the Hakluyt Society, 1998-1999.

Travels through France and Italy, texte établi par Luigi Monga, Slatkine, Genève, 1987.

TREASE, Geoffrey, *Portrait of a Cavalier, William Cavendish, First Duke of Newcastle*, London, 1979.

TREBBI, G., « La società veneziana », *Storia di Venezia*, vol. VI, « Dal Rinascimento al Barocco », éd. par G. Cozzi et P. Prodi, Roma, 1994.

— « Le professioni liberali », *Storia di Venezia*, vol. IV, « Il Rinascimento. Politica e cultura », éd. par A. Tenenti et U. Tucci, Roma, 1996.

TREGASKIS, Hugh, *Beyond the Grand Tour, The Levant Lunatics*, Ascent Books, London, 1979.

TREVELYAN, G. M., *Histoire sociale de l'Angleterre*, Robert Laffont, coll. « Bouquins », 1993.

TREVOR-ROPER, Hugh R., « The Plunder of the Arts in the Seventeenth Century », in *Walter Neurath Memorial Lecture*, Thames and Hudson, London, 1970.

— *Princes and Artists, Patronage, and Ideology at four Habsburg Courts (1517-1633)*, Thames and Hudson, London, 1976.

– *From Counter-Reformation to Glorious Revolution*, Pimlico, 1993.

TRISTAN, Jean, Sieur de Saint-Amant, *Lettres inédites adressées à Peiresc*, annotées par P. Tamizey de Larroque, Paris, 1886.

TURQUET de MAYERNE, Theodor, *Pittura, scultura e delle Arti minori, 1620-1646*, a cura di S. Rinaldi, Prefazione di M. Cordaro, De Rubeis, Anzio, 1995.

TYACKE, N., *Anti Calvinists : the Rise of English Arminianism*, Clarendon Press, 1987.

L'Universel Épistolier, Nicolas-Claude Fabri de Peiresc (1580-1637), bibliothèque Inguimbertine, Carpentras, 21 septembre-25 octobre 1998.

VAN DER DOORT, Abraham, « Catalogue of the Collections of Charles I », edited by Oliver Millar, *Walpole Society*, XXXVII, 1960.

VAN DER VEKEN, Emil, *Biblioteca Bibliografica Historiae Sanctae Inquisitionis*, 2 vol., Topos Verlag, 1983.

Van Dyck 350, Trustees of the National Gallery of Art, Washington, 1994.

Van Dyck a Genova. Grande pittura e collezionismo, catalogue de l'exposition, Genova, Palazzo Ducale, 22 marzo-13 luglio 1997, a cura di S. J. Barnes, P. Boccardo, C. Di Fabio, L. Tagliaferro, Electa, Milano, 1997.

Van Millingen, Alexander, *Byzantine Constantinople, the Walls of the City and Adjoining Historical Sites*, John Murray, London, 1899.

Vannucci, Marcello, *I grandi protagoniste di Firenze*, Newton Compton Editori, Roma, 1995.

Vases and Volcanoes. Sir William Hamilton and His Collections, I. Jenkins and K. Sloan, catalogue of the exhibition, London, 1996.

Veevers, Erica, *Images of Love and Religion. Queen Henrietta Maria and Court Entertainments*, Cambridge University Press, Cambridge, 1989.

Venerable English College Rome. A History, 1579-1979 (The), Michael E. Williams, London, 1979.

Venezia de grandi viaggiatori, a cura di Franco Paloscia, Emanuele Kanceff, Alvise Zorzi, ed. Abete.

Venezia Fabbrica d'Arte tra collectionnisme ed esportazione, Venezialtrove, 2001.

Venise au siècle de Titien, Le Temps, Réunion des musées nationaux, Paris, 1993.

Venitians in Athens (1687-1688) (The), from the story of Cristofino Ivanovitch, edited by James Morton Paton, Harvard University Press, Cambridge (Mass.), 1940.

Venn, John, Venn, J. A., *The Book of Matriculations and Degrees : a Catalogue from 1544 to 1659*, Cambridge University Press, 1913.

Vermeule, Cornelius, *Art and Archeology*, The Pindar Press, London, 2001.

Vertue, George, « The Note Books of George Vertue relating Artists and Collections in England », *The Walpole Society*, XXIV, 1935-1936.

Vickers, Michael, « A new source fo Rubens' descent from the cross in Antwerp », *Panthéon*, 1939.

— « Rubens' Bust of "Seneca" », *Burlington Magazine*, vol. CXIX, sept. 1977.

— « Rupert of the Rhine. À new portrait by Dieussart and Bernini's Charles I », *Apollo*, CVII, 1978.

— « Hollar and the Arundel's Marbles », *Country Life*, Marsh 29, 1979.

— « The Thunderbolt of Zeus, yet more fragment of the Pergamon altar in Arundel collection », *American Journal of Archeology*, 1985.

— *The Ancient Romans*, Ashmolean Museum, Oxford, 1992.

« Victoria History of the Counties of England », *History of Surrey*, edited by W. Page, vol. IV.

Vies remarquables de Vivant Denon, anthologie rassemblée par Patrick Mauries, Le Promeneur, Gallimard, Paris 1998.

Villani, Stefano, « *Cum scandale catholicorum...* ». *La presenza a Livorno di predicatori protestanti inglesi tra il 1644 e il 1670*, Belforte & C., 1999.

Visite reali a Palazzo Pitti : Ritratti dal XVI al XVII secolo, catalogue d'exposition, a cura di Marco Chiarini e Maddalena De Luca Savelli, Centro Di, Firenze, 1995.

Vismara, Paola, *Tra quaccheri, millenaristi e inquisitori : F. M. Van Helmont (1614-1699)*, ACME, vol. XLVIII, fascicolo III, sept.-déc. 1995.

Voyage into the Levant (A), A brief history of a journey lately performed by Master Henry Blount, Gentleman, London, 1636.

Voyage d'Italie, 1606, texte établi par Michel Bideaux, Slatkine, Genève, 1981.

Voyages du Sieur du Loir (Les), François Clouzier, Paris, 1654.

Voyageurs étrangers à Venezia, actes du congrès de l'Ateneo Veneto, 13-15 octobre 1979, Slakine, Genève, 1981.

WADDINGHAM, Malcolm, « " Artisti alla corte Granducale" at Palazzo Pitti », *Burlington Magazine*, CXI, 1969.

WADDY, Patricia, *Taddeo Barberini as a Patron of Architecture*. L'âge d'or du mécénat (1598-1661). Colloque international du CNRS, éd. du CNRS, Paris, 1985.

– *Seventeenth Century Roman Palaces. Use and the Art of Plan*, the Architectural History Foundation, New York, 1990.

WALKER, Edward, « A Short View of the Life and the Most Noble and Excellent Thomas Howard Earl of Arundel and Surrey », *Historical Discourses*, 1705.

WALKER, Jonathan, « Gambling and Venetian noblemen c. 1500-1700 », *Past and Present*, n° 162, février 1999.

WALPOLE, Horace, *Anecdotes of Painting in England*, 3 vol., ed. revised by Ralph N. Wornum, Swan Sonneschein, Lowrey & Co, London, 1888.

WALTON, Isaac, *Life of Sir Henry Wotton*, London, 1951.

WATERHOUSE, Ellis, « Paintings from Venice for XVII century England », *Italian Studies*, VII, 1952.

– *A note on British Collections of Italian Pictures in the Late 17th Century*, Burlington, May 1960, pp. 34-58.

– *Painting in Britain, 1530-1790*, Yale University Press, New Haven, 1994.

WATSON, D. R., *The Life and Times of Charles I*, Weidenfeld and Nicolson, London, 1972.

WATSON, Foster, *The English Grammar Schools to 1660 : their Curriculum and Practice*, Cambridge University Press, 1908.

WEDGWOOD, Cicely V., *The Great Rebellion*, I. *The King's Peace, 1637-1641*, II. *The King's War, 1641-1647*, Collins, London, 1955-1958.

– *Poetry and Politics under the Stuarts*, The University of Michigan Press, Ann Arbor, Michigan, 1964.

– *Rubens et son temps, 1577-1640*, Time-Life International, Nederlands, 1978.

WEIJTEMS, F. H., *De Arundel Collectie*, Rijksarchief, Utrecht, 1971.

WESTERMANN, Mariët, *Le Siècle d'or en Hollande*, Flammarion, Paris, 1996.

WHALLEY, J. Irene, « Italian Art and English Taste : an Early-Seventeenth Century Letter », *Apollo*, septembre 1971.

WHEATLEY, Henry, *London Past and Present. Its History, Associations, and Traditions*, in 3 vol., vol. I, John Murray, London, 1891.

WHINNEY, Margaret et MILLAR, Olivier, *English Art, 1625-1714*, in *Oxford History of English Art*, Clarendon Press, Oxford, 1957, vol. VIII.

WHITE, Christopher, *Anthony Van Dyck : Thomas Howard the Earl of Arundel*, The J. Paul Getty Museum, 1995.

WHITFIELD, Clovis, « Seicento Naples », *Painting in Naples from Caravaggio to Gindano*, Royal Academy of Arts, Wendenfield, 1980.

WHITWORTH, Alan M., *Hadrian's Wall : some Aspects of Its Post-Roman Influence on the Landscape*, BAR, British Series 296, 2000.

WILDENSTEIN, Daniel, STAVRIDÈS, Yves, *Marchands d'art*, Plon, Paris, 1999.

WILKS, Timothy, « The picture collection of Robert Carr, Earl of Somerset (c. 1587-1645), reconsidered », *Journal of the History of Collections* I, n° 2, Oxford University Press, 1989, pp. 166-177.

WILLIAMSON, Hugh Ross, *Four Stuart Portraits*, Evans Brothers, London, 1949.

WILSON, C. A. *Banqueting Stuffe*, Edinburgh, 1991.

WILSON, Derek, *The King and the Gentleman. Charles Stuart and Oliver Cromwell, 1599-1649*, Hutchinson, London, 1999.

WILSON, Michael I., *Nicholas Lanier, Master of the King's Music*, Scolar Press, Aldershot, 1994.

WITTKOWER, Rudolf, « Inigo Jones, puritanissimo fiero », *Burlington Magazine*, XC, 1948, pp. 50-51..

— et Margot, *Les Enfants de Saturne*, Macula, Paris, 1991.

WOOD, Alfred C., *History of the Levant Company*, Oxford, 1935.

— *A History of the Levant Company*, Frank Cass, London, 1964.

WOOD, Anthony, *Athenae Oxoniae*, Knaplock, Midwinter Touson, London, 1721.

WOOD, J. T., *Discoveries at Ephesus Including the Site and Remains of the Great Temple of Diana*, Longman, Green and Co, London, 1877.

WOOD, Jeremy, « Peter Oliver at the Court of Charles I : New Drawings and Documents », *Master Drawings*, vol. XXXVI, n° 2, June 1998.

WOODHOUSE, J. R., *Baldesar Castiglione : A Reassessment of « The Courtier »*, Edinburgh University Press, Edinburgh, 1978.

YERASIMOS, Stéphane, *Les Voyageurs dans l'Empire ottoman (XIVᵉ-XVIᵉ siècle)*, Bibliographie, itinéraires et inventaire des lieux habités, imprimerie de la Société turque d'histoire, Ankara, 1991.

YOUNG, Elizabeth and Wayland, *Old London Churches*, Faber and Faber, London, 1956.

ZAMLONI, E., *Alberghi Italiani e Viaggiatori Stranieri Sec. XV-XVIII*, Naples, 1921.

ZORZI, Alvise, *La République du lion. Histoire de Venise*, Payot-Rivages, Paris, 1996.

— *La Vita quotidiana a Venezia nel secolo di Tiziano*, Rizzoli, Milano, 1990.

TRAVAUX INÉDITS

BATEMAN, Robin, *Yorkshire School History*, Typescript, 1969.

BOTTACIN, Francesca, *Tiberio Tinelli « Pittore e Cavaliere »*. *Vita e opere di un artista veneziano del Seicento*, Università Cà Foscari di Venezia, thèse de doctorat, s.d.

BROOKES, Anne, *Sir Balthazar Gerbier, 1591-1663. A 17th Century Type?* Dissertation for the Degree of Master of Arts in English Studies, Historical Studies and Art Historical Studies, Oxford, 1992.

CALLON, Gordon J., *Nicholas Lanier, His Life and Music, Parts I and II*, PhD dissertation, University of Washington, 1983.

CHEW, Elizabeth, *Female Art Patronage and Collecting in Seventeenth Century Britain*, PhD Thesis, University of North Carolina, Chapel Hill, 2000.

COCKBURN, D. A. J., *A Critical Edition of the Letters of the Reverend Joseph Mead*, PhD Thesis, Cambridge University, 1994.

EUSTACE, K. A. T., *The Influence of Antique Collections on Contemporary Sculpture (1610-1650)*, MA Report, Courtauld Institute, 1985.

Feci, Simona, *La formalizzazione dei contratti delle donne a Roma in età moderna*, Tesi di dottorato, Istituto Universitario Orientale, Napoli, 1997.

Feil, John P., *Sir Tobie Matthew and His Collection of Letters*, PhD Thesis, University of Chicago, Chicago (Illinois), août 1962.

Goy, François-Pierre, *Transcription du Journal de Bullen Reymes, 1633-1636*.

Graham, F. Lanier, *The Earlier Life and Work of Nicholas Lanier (1588-1666), Collector of Painting and Drawings*, PhD Dissertation, Columbia University, New York, 1955.

Hill, Robert W., *Works of Art as Commodities Art and Patronage : the Career of Sir Dudley Carleton, 1610-1625*, PhD Thesis, Nottingham Trent University, 1999.

Howarth, David, *Lord Arundel as a Patron and Collector, 1604-1646 : a Study in Motive and Influence*, PhD Thesis, Cambridge, 1978.

Sharp, Lindsay, *Sir William Petty and Some Aspects of XVII th Century Natural Philosophy*, PhD Thesis, Oxford, 1976.

Villani, Stefano, *Uomini, idee, notizie tra l'Inghilterra della Rivoluzione e l'Italia della Controriforma*, Tesi in Perfezionamento in discipline storiche, Scuola Normale Superiore, Pisa, 1998-1999.

Witty, John Robert, *A History of Beverley Grammar School circa 706 AD-1912 AD*, Typescript, 1986.

TABLE

Livre troisième
VIVRE... ENFIN VIVRE !
1620-1624

Livre quatrième
SANS LIMITES
1624-1628

Épilogue
EVVIVA LA LIBERTÀ !
1629-1639

LE TESTAMENT
Il portait en lui une ombre d'éternité

Cet ouvrage a été composé et imprimé par

FIRMIN DIDOT
GROUPE CPI
Mesnil-sur-l'Estrée

pour le compte des Éditions Robert Laffont
24, avenue Marceau, 75008 Paris
en février 2004

Imprimé en France
Dépôt légal : février 2004
N° d'édition : 44068/01 – N° d'impression : 66840